Heinrich Fichtenau
Ketzer und Professoren

Heinrich Fichtenau

Ketzer und Professoren

Häresie und Vernunftglaube im Hochmittelalter

Verlag C.H. Beck München

Die Deutsche Bibliothek – CIP-Einheitsaufnahme
Fichtenau, Heinrich:
Ketzer und Professoren : Häresie und Vernunftglaube im
Hochmittelalter / Heinrich Fichtenau. – München : Beck, 1992
ISBN 3-406-36458-6

ISBN 3 406 36458 6

© C. H. Beck'sche Verlagsbuchhandlung (Oscar Beck), München 1992
Satz: Hieronymus Mühlberger GmbH, Gersthofen
Gedruckt auf alterungsbeständigem (säurefreiem) Papier,
gemäß der ANSI-Norm für Bibliotheken
Printed in Germany

Inhalt

Einleitung 7

I. Die Häresien

1. Abendländische Ketzer im 11. Jahrhundert 17
2. Das 12. Jahrhundert: Nicht-Katharer 54
3. Das 12. Jahrhundert: Bogomilen, Katharer 70
4. Erklärungsversuche 101
5. Religiöses und politisches Umfeld 120

II. Mythos und Mysterium

6. Religiöser Mythos: Bogomilen, Katharer 145
7. Philosophischer Mythos: Platonisten 160
8. Erbauung und biblische Sinndeutung 182

III. Das Reich der Vernunft

9. Ratio und Auctoritas 199
10. Schulwissenschaften 212
11. Die neuen Schulen 245
12. Frühscholastik und Häresie 258

Ausblick 285

Anhang

Anmerkungen 295
Quellen- und Literaturverzeichnis 334
Personen- und Ortsregister 345

Einleitung

«Forsche nicht, wenn du nicht irren willst!» Diese pessimistische Maxime gab den Theologen ein Prediger mit auf den Weg, dessen Lehrer Gilbert von Poitiers in Häresieverdacht geraten war.[1] Vor allem im Mönchtum stand man seit jeher unnötigem Wissen skeptisch gegenüber. Hieronymus hatte geschrieben, Aufgabe des Mönchs sei es, über sich und die Welt zu trauern, aber nicht, ein Gelehrter zu sein.[2] Daß dies nicht wörtlich zu nehmen war, ergibt sich schon daraus, daß Hieronymus eine gelehrte Bibelwissenschaft begründet hat. Freilich, was über dieses Gebiet und das Studium von Schriften der Kirchenväter hinausging, wurde von Strenggesinnten als nutzlos empfunden.[3] Wer neue Wege ging, konnte mit Wilhelm von Conches über jene klagen: «Lieber bleiben sie unwissend, als daß sie andere befragen, und wenn sie wissen, daß einer forscht, schreien sie, er sei ein Häretiker.»[4]

Niemals war das Mittelalter jene weltanschauliche Einheit, als die es der Neuzeit erscheinen mochte; nie war das Ringen um grundsätzliche Fragen heftiger als im 11. und 12. Jahrhundert. Es ging um die Methoden der Wissenschaft, ein Verbleiben im alten gesicherten Gehäuse oder einen Aufstieg zu neuen Höhen, mit dem Rüstzeug der griechischen Philosophen und der Möglichkeit des Zweifels an seit jeher tradierten Sätzen. «Durch Zweifel kommen wir nämlich zur Forschung, forschend finden wir die Wahrheit.»[5] Schon lange vor Montaigne war der Satz bekannt, daß Philosophieren Zweifeln bedeutet oder wenigstens mit ihm beginnt. Das mochte angehen, wo es kleine intellektuelle Zirkel von Magistri mit ihren Schülern betraf. Schlimmer war es, wenn Zweifel an der Glaubenslehre der Kirche und vor allem an der Funktion des Klerus Kreise erfaßten, von denen man das in früheren Jahrhunderten nicht gedacht hätte. Um das Jahr 1000 meldete sich in verschiedenen Gegenden des Abendlandes ein Ketzertum, das nach 1051 vorübergehend zu verschwinden schien und dann im 12. Jahrhundert mit wachsender Macht zutage trat. Noch im gleichen Jahrhundert erwuchs eine Art Gegenkirche von Ketzern, den Katharern, mit Bischöfen, Diözesen und Klöstern. Ihre Lehre war ein Mythos, der dem Lebensgefühl und den Problemen vieler Zeitgenossen entsprach.

Der Historiker hat das Gewesene zu beschreiben und soll versuchen, es zu erklären. Je einfacher solche Erklärungen sind, um so weniger traut ihnen der Fachmann. Sehr oft handelt es sich ja um komplexe Phänomene mit mehreren verschiedenartigen Ursachen, auch wenn nicht alle von ihnen in den Quellen ausreichend belegt sind. Manche Zeitumstände können wir am Ende unseres Jahrhunderts besser verstehen, als es früheren Generationen gegeben war. Vieles muß offen bleiben oder läßt sich bloß vermuten.

Warum ist uns aus einer langen Folge von Generationen fast nichts und dann nach der Jahrtausendwende so viel über Ketzer bekannt? Ein bloß zufälliges Schweigen der Nachrichten kann nicht der Grund dafür sein. Eher wird man darauf hinweisen, daß es Epochen eines relativen Beharrens und solche mit raschen Veränderungen, ja ungeahnten Neuerungen gibt. Was die Physik den Quantensprung und die Biologie einen Phasensprung zu nennen pflegt, hat in der Geschichte eine – begrenzte – Parallele. Im Vergleich zum 10. Jahrhundert gerät im 11. vieles in eine sehr schnelle Bewegung.[6] Es gibt weitreichende Entwicklungen, neu wenigstens insofern, daß auf breiter Front sichtbar wird, was vorher nur hier und dort vereinzelt zu finden war. Dieses Neue betrifft sehr verschiedene Gebiete der menschlichen Existenz, Änderungen der inneren Haltung und solche des äußeren Lebens. Man wird nicht kurzschlüssig eines aus dem anderen ableiten wollen.

Uns geht es vorerst um die Rolle der volkstümlichen Religiosität. Man weiß, daß die sogenannte Christianisierung des Abendlandes mit der Taufe seiner Einwohner erst begonnen hat. Archaische Vorstellungen wirkten in Gemengelage mit christlichen weiter, die lokalen Heiligen bestimmten meist stärker den religiösen Alltag der Laien als der Gottesglaube. Jetzt gab es gegenläufige Tendenzen, eine Sehnsucht mancher nach dem Wesentlichen und Allgemeinen. Darum sind diese Christen den lokalen Kulten und auch dem lokalen Klerus oft mit innerer Distanz gegenübergetreten; die Schwächen volkstümlicher Pastorisierung wurden ihnen deutlich – manchmal hat es, wie in den sich bildenden Vorstädten (suburbia), eine solche Pastorisierung gar nicht oder durch einen einzigen Priester gegeben.

Veränderungen des sozialen Rahmens mochten die neue Haltung begünstigen, begründet haben sie sie kaum – weder städtisches Wesen noch Handwerkertum können ernsthaft für häretische Bewegungen als Ursache angenommen werden. Ähnlich steht es mit den Mißständen im niederen Klerus. Im 11. Jahrhundert waren sie kaum so viel größer als im 9. oder 10. Damals nahm man hin, was nun Proteste hervorrief. Man könnte fragen, ob sich nicht die Einstellung zu den bestehenden Verhältnissen bei manchen Menschen geändert hat. Handelte es sich dabei um den Ausdruck entwicklungsmäßig bedingter Krisen?

Die Frage soll nicht Historiker dazu anregen, sich auf dem ihnen fremden Gebiet der Individualpsychologie zu tummeln. Immerhin gibt es in der Jugendpsychologie ein fest umrissenes Bild von den Krisen der Persönlichkeit; im Normalfall besitzen sie für diese einen positiven Wert. Das «Urvertrauen» ist geschwunden, jetzt wird ohne aktuellen Anlaß die Umwelt problematisiert und kritisiert, der Heranwachsende entzieht sich ihr so weit als möglich und entdeckt sein Innenleben. Für den einen ist eine vorübergehende Entwicklungsstufe, was andere durch Jahrzehnte ihres weiteren Lebens begleitet. Manche schaffen sich in Aktionen Luft, die meisten ertragen stumm die Krisenzeit. Erlebnisberichte über sie sind noch heute selten, im Hochmittelalter waren sie völlige Ausnahmen. Einen Bericht über die Glaubenskrise des jungen Mönchs Otloh von St. Emmeram besitzen wir aus dem 11. Jahrhundert, im 12. trieben Zweifel am Wesen Christi die Nonne Elisabeth von Schönau an den Rand des Selbstmordes.[7] Mönche und Nonnen konnten eher als Weltliche aus solchen Verwirrungen herausfinden. Diese sahen nur das Dunkel der Welt, in der statt Gott der Teufel zu walten schien. In schlimmen Zeiten kehren solche Vorstellungen bis heute wieder. Während des Zweiten Weltkrieges hörte der Verfasser in der Ukraine sagen: «Gott gibt es keinen, aber der Teufel existiert» (Boga nema, a čort jest).

Wenn Gott sein Wirken auf die himmlischen Sphären beschränkte und die Erde dem Bösen anheimgegeben war, hatte dieser sie vielleicht geschaffen? Graf Raimund VI. von Toulouse pflegte zu sagen: «Da sieht man, daß der Teufel die Welt erschaffen hat, denn nichts geht so, wie ich will.»[8]

So konnte nur ein großer Herr reden. Die «kleinen Leute» der Provence wären schon zufrieden gewesen, wenn sie sich nicht mehr als das Objekt der Bedrückung durch irdische und außerirdische Gewalten empfunden hätten. Unter Katharern erzählte man dort, daß die Jünger Christus baten, ihnen Sicherheit zu geben, so daß sie niemand mehr fürchten müßten. Christus antwortete, die Diener könnten nicht einen größeren Lohn als ihr Herr empfangen.[9] Die Welt als Jammertal war eine auch den Katholiken vertraute Vorstellung; sie als Hölle zu erleben und zu bezeichnen, blieb Katharern vorbehalten.

Fehlte diesen Ketzern jene gleichmütige Geistesart, die zusammen mit schlichtem Gottvertrauen geeignet ist, schlimme Zeiten zu überdauern? Man kann in diesem Zusammenhang an eine Beobachtung erinnern, die schon Tertullian im späten 2. Jahrhundert n. Chr. gemacht hatte: Daß es besonders Häretiker und (heidnische) Philosophen waren, die fragten, woher das Böse in der Welt stamme.[10] «Unde malum?» – diese Frage gab es auch in der nichthäretischen Christenheit, bedrängender im populären Bereich als im intellektuellen, wo man sich gerne mit der gelehrten und ziemlich abstrakten Feststellung beruhigte, das Böse besitze keine wirkliche Seinsqualität. Als im 10. Jahrhundert das bulgarische Reich besiegt, verheert und weithin entvölkert wurde, gewann dort das Problem solche Aktualität, daß man es als Grund für den Abfall von der Kirche ansah. «Viele der Unseren», so schrieb damals ein Priester mit dem Namen Kosmas, unsere Hauptquelle über das Bogomilentum, «hören wir sagen: Warum läßt Gott zu, daß der Mensch vom Teufel angegriffen wird?» Seine Antwort war, es sei nötig zur Unterscheidung zwischen den Dienern Gottes und denen des Teufels.[11] Solche Sprüche leuchteten nicht allen Christen ein. Viele blieben Mitglieder der Sekte, die noch zur Zeit des bulgarischen Zarentums der Priester Bogomil begründet hatte.

Sie stand dem Klerus ablehnend gegenüber und konnte sich im christlichen Bereich nur an der Bibel orientieren. In ihr war weniger vom Teufel die Rede als von abstrakteren Formen des Bösen: Abfall von Jahwe im Alten Testament, Härte und Lieblosigkeit gegen den Nächsten im Neuen. So wurde die Bibel umredigiert, im einzelnen mit Hilfe jener allegorischen Textauslegung, die ein Erbe der Spätantike war; im ganzen jedoch durch Verwerfung fast des gesamten Alten Testamentes. Das Gesetz Mosis schien eher vom bösen Feind als von Gott zu stammen. Vor allem aber wurde ein Mythos rezipiert und weitergesponnen, der den slawischen Bauern Neues und Aufregendes über Satan verkündete: Er war ein Sohn Gottes oder vielleicht sogar selbst ein Gott, jedenfalls aber der Schöpfer der Welt, deren böser Charakter damit erklärt schien. «Andere [Bogomilen] nennen ihn einen gefallenen Engel», berichtet Kosmas weiter über die Vorstellungen von Satan, «andere machen aus ihm den ‹ungerechten Verwalter›»[12] – biblische Gleichnisse wurden in den Mythos eingebaut; man erzählte ihn von Mund zu Mund, und dabei störte es nicht, wenn es etliche Varianten des Hauptthemas gab. Erst im Katharertum des Westens hat man die mythischen Elemente wenigstens zum Teil zu fixieren gesucht.

Die Form der freien mythischen Erzählung hat sich nicht auf die Problematik des Bösen beschränkt, sie konnte auch in lichtere Höhen führen und geriet dann bald in die Nähe rationaler Begrifflichkeit. Durch Plato und die Platonismen späterer Jahrhunderte ragte in das Mittelalter eine weniger spontane, philosophisch getönte Art des Mythos herein. Er vertrug sich besser mit dem traditionellen Christentum, weil er es nicht umredigierte, sondern neben ihm als die Anschauung edler Heiden weitergegeben werden konnte. Seine Denkformen haben jedoch gerade in der Zeit philosophischen Neubeginns im 12. Jahrhundert eine erstaunliche Kraft entwickelt. Platos künstlerisch gebändigte Bildersprache wurde durch seine nichtmythischen Aussagen ergänzt.[13]

In der Weiterbildung durch den Mittel- und Neuplatonismus wurde der Kosmos als absteigende Hierarchie verstanden, vom reinen Intellekt Gottes bis zu den Menschen. Es waren gleichzeitig philosophische Begriffe und real wirksame Mächte, die man am Werk sah. Im 12. Jahrhundert folgten dichtende Gelehrte diesen Ideen; in halbmythischer Form trieben sie Naturphilosophie, und die Göttin «Natura» durfte sagen, was in Prosa auszusprechen vielleicht bedenklich gewesen wäre. In der Schule von Chartres wandte man sich den Problemen des Makrokosmos und jenen des Menschen zu, den man als Mikrokosmos betrachtete. Naturwissenschaft im modernen Sinn war das noch lange nicht; man mißtraute der Sinneserfahrung und glaubte, den Bau des Kosmos «erdenken» zu können.

Neben Plato wirkte Aristoteles auf das Abendland ein, vorerst nicht mit seinen naturwissenschaftlichen Schriften, sondern als Logiker. Seine Dialektik, ansatzweise schon früher in der Schule gelehrt, wurde zu einer die Studenten begeisternden Disziplin. Hier ging es um rationale Klarheit der Aussage und einen Wettkampf der Meinungen. Sie wurden schulmäßig in These und Gegenthese gefaßt; nach den Regeln der Disziplin sprach der Magister seine «Sentenz» und löste – wenigstens formal – das Problem. Man übertrug die Methode auf die Theologie und suchte die Geheimnisse des Glaubens wenn schon nicht aufzuklären, so doch wenigstens einzugrenzen.

Ein solches Treiben an den hohen Schulen neuen Typs ärgerte so manchen Frommen, vor allem im Mönchtum. Man hatte dort gelernt, die profane Welt und ihr Denken auszuschalten; es ging um die Erbauung einer Gott zugewandten Persönlichkeit, alles andere war weltliche Neugier. Es gab in diesem Bereich eine Art Bibelwissenschaft, die sich nicht auf Erklärungen des Textes beschränkte. Hinter seinen Worten suchte man tiefere Schichten eines verborgenen Sinnes, der von rationaler Erkenntnis wegführte. Die Allegorese der heiligen Texte war eine eigene Welt, die mehr mit dem Herzen als mit dem Verstand erfaßt wurde.

Das lernte man im Kloster, doch gingen die Klosterschulen zurück; vor allem in Frankreich traten Kathedralschulen und freie Gruppen von Magistri und Studenten an ihre Stelle. Zu ihnen drängten junge Leute, die keine streng behüteten Novizen waren, im geistlichen Gewand, aber oft mit Zügen intellektueller Boheme. An die Stelle des rudimentären Lehrganges der «freien Künste» trat hier die Spezialausbildung in einzelnen Teilfächern: Grammatik, Logik, Theologie, Juristerei, Medizin. Man studierte Jahr um Jahr, und manche fanden den Rückweg in eine geordnete Existenz spät oder gar nicht.

Zusammen mit den formalen Aussagen drang in das Denken der Schulen eine große Zahl inhaltlicher Vorstellungen ein, getragen von der Autorität großer Philosophen und ihrer Kommentatoren. Wenn jetzt eine neue, «vernünftige» und systematische christliche Theologie entstand, so schritt sie auf einem sehr schmalen Pfad voran, mißtrauisch betrachtet von Konservativen vor allem im Mönchtum der Benediktiner, besonders von Zisterziensern unter Bernhard von Clairvaux. Auch Magistri liebten es, Kollegen im Lehramt der Häresie zu zeihen – was nicht immer völlig abwegig war, sehr oft jedoch diskutable Thesen vor kirchliche Gerichte gebracht hat.

Zum Häretiker im kirchenrechtlichen, engeren Sinne des Wortes konnte nur jemand werden, der nach Anzeige, einem Gerichtsverfahren und der Ermahnung zur rechten Lehre bei seinen Irrtümern verblieb; Häresie war die Lehre eines solchen verurteilten Häretikers und jene seiner Anhänger. Darum konnten sich die kirchlichen Oberen kein Prozeßverfahren damit ersparen, daß sie jemand als Manichäer oder Sabellianer bezeichneten. Wenn Gelehrte derlei taten, wurde die Entwertung solcher Begriffe noch deutlicher. Zu einem kirchlichen Verfahren hat man sich manchmal nur ungern entschlossen, wo es sich um subtile Thesen handelte, die nur von Fachgelehrten beurteilt werden konnten. Widerrief der Beklagte, was mancher sogar mehrmals tun mußte, war man weiterer Unannehmlichkeiten enthoben. Gelehrte Theologen wurden damals nicht verbrannt, eher zum Schweigen und zum Aufenthalt in einem Kloster verurteilt. Es gab bedenkliche Fälle, in denen es nicht einmal so weit kam. So ist z. B. Joachim von Fiore niemals zum Häretiker erklärt worden, weil er zu beteuern pflegte, anstößige Partien seiner Schriften ändern zu wollen. Papst Honorius III. hat ihm bestätigt, daß er als «vir catholicus» zu gelten habe.[14]

Nun gab es wiederum den Typus des gelehrten Häretikers, dem in früheren Jahrhunderten die Kirchenväter begegnet waren, neben den volkstümlichen Häresien; der Unterschied zur damaligen Zeit war jedoch groß: Die Magistri schrieben für ein Publikum von Spezialisten und haben sich nicht als Missionare für ihre Thesen betätigt. Sie waren darum seltener als häretische Volksprediger der Gefahr ausgesetzt, einem «kurzen Prozeß» durch eine Volksmenge zu verfallen. Vom Klerus wurde eine derartige Selbstjustiz beklagt; für Weltliche konnte es eine Art Volksvergnügen sein, Ketzer brennen zu sehen.

Der Feuertod war eine alte volkstümliche Strafe für Hexen und Zauberer, die so daran gehindert wurden, aus dem Grab aufzuerstehen und Böses zu stiften. Ketzerverbrennungen im Anschluß an ordentliche Prozesse wurden erstmals 1224 durch Kaiser Friedrich II. angeordnet. Bei dem Versuch einer Ausrottung des Katharertums kam es im Albigenserkrieg zu Massenverbrennungen. Im Normalfall handelte es sich um Gläubige, die den Tod einem Widerruf vorzogen.

Die Volksmeinung bedurfte zumeist keiner Glaubensprüfung für ihr Urteil. Wie sehr man sich nach dem Anschein richten konnte, zeigt ein Fall aus der Mitte des 11. Jahrhunderts. Damals wurden in Frankreich Leute als Häretiker ermordet, weil ihre bleiche Gesichtsfarbe darauf schließen ließ, daß sie übermäßig fasteten.[15] Die kirchliche Erneuerungsbewegung weitete das Verbrechen der Häresie auf die verschiedensten Delikte aus[16] und mobilisierte in dieser Weise die Gläubigen vor allem gegen die Simonie, den Kauf kirchlicher Ämter, die mit einem Weihegrad verbunden waren. Im 13. Jahrhundert hat man in Italien den Häresiebegriff sogar auf Fluchen, Eidbruch, Wucher, Wahrsagerei usw. ausgedehnt.[17] Damit wurde der durchschnittliche Bürger zum tatsächlichen oder potentiellen Häretiker und mochte sich an diese Lage der Dinge gewöhnen.

Gewohnt, am Rande der Orthodoxie mit Gedanken zu experimentieren und darum stets einem Häresieverdacht ausgesetzt zu sein, waren auch die spekulativen Theologen des 12. Jahrhunderts. Es war eine Zeit stürmischer Entwicklung rationaler Denkansätze, eine Zeit auch der Konkurrenz der «Schulen», die einander übertrumpfen wollten. Abaelard kannte seine Kollegen und sich selbst, wenn er schrieb: «Nicht Ignoranz macht den Häretiker, sondern der Hochmut, wenn sich jemand einen Namen erwerben will mit etwas Neuem, Ungewöhnlichem, das er gegen alle verteidigt, um als der Größte von allen zu erscheinen...»[18] Und sein Gegner Bernhard von Clairvaux assistierte ihm: «Immer war es das Bestreben der Häretiker, aus der Einzigartigkeit ihrer Wissenschaft zu Ruhm zu gelangen...»[19] Neues zu bringen galt mittelalterlichen Traditionalisten als bedenklich; anders dachte die akademische Jugend und jene Gruppe von Theologen, die ins Unbekannte vorstieß. Wilhelm von Conches verteidigte sich gegen den Vorwurf der Häresie mit dem seither berühmten Satz, häretisch sei etwas nicht deshalb, weil es bisher noch nicht niedergeschrieben wurde, sondern weil es gegen den Glauben ist.[20]

Das vorliegende Buch will nicht die Nähe von Schultheologie und Häresie darstellen, sondern «nonkonformistischen» Strömungen nachgehen, in denen eine neue Haltung zum Ausdruck kommt. Wenn es schon schwierig ist, das 10. Jahrhundert wenigstens in seinen hauptsächlichen kulturellen Erscheinungen zu erfassen, so wird ein solches Unterfangen für die beiden folgenden Jahrhunderte unmöglich. Diese Zeit ist so reich an Neuem und an Quellen, die von ihm berichten, daß man auswählen muß, was besonders charakteristisch scheint. Zwei solcher Indikatoren sind Heterodoxie und Frühscholastik mit ihrem geänderten Verständnis von Welt und Überwelt und dem radikalen Versuch, zu neuen Grundlagen geistiger Existenz zu gelangen. Dabei bietet das Ende des 12. Jahrhunderts keinen Abschluß, aber doch eine Zäsur. Im Jahr 1200 hat der König von Frankreich Voraussetzungen für das Entstehen der Universität Paris geschaffen[21] und so die Institutionalisierung der hohen Schule eingeleitet. Der Kreuzzug gegen die Ketzer dezimierte das südfranzösische Katharertum, und auch Pariser Theologen traf ein schlimmes Schicksal: Im Jahre 1210 wurden in Paris vierzehn Geistliche verbrannt, der Schülerkreis eines Magisters.[22] Zugleich glaubte man, die naturwissenschaftlichen Schriften des Aristoteles verbieten zu sollen. Trotz argen Auseinandersetzungen kam es bald zu einem neuen Aufschwung der Wissenschaft – auf dem Fundament, das im 12. Jahrhundert gelegt worden war, und doch anders, als man damals geträumt hatte.

«Häresiologie» und Geschichte der Frühscholastik sind zwei Gebiete, deren Umfang es verbietet, sie in eine Gesamtdarstellung zu pressen. Hier sollen jedoch nur die Hauptlinien einstiger Anschauungen nachgezeichnet werden, als Hintergrund, auf dem Denken und Handeln von Menschen jener Epoche deutlich wird. Weiters will dieses Buch keine aktuelle Lektüre bieten, oder doch nur insoweit, als Menschliches auch in verschiedenen Epochen seine Natur nicht ändert.

Herwig Wolfram und Othmar Hageneder danke ich für freundschaftlichen Rat, meiner lieben Frau und Herrn Dr. Anton Scharer für das Mitlesen der Korrekturen. Sie haben mitgeholfen, ein Vorhaben abzuschließen, dessen Plan viele Jahrzehnte zurückliegt.

I.
Die Häresien

Erstes Kapitel

Abendländische Ketzer im 11. Jahrhundert

In den letzten Zeiten des christlichen Römerreiches und weiterhin in Byzanz rangen Theologen und auch breitere Kreise von Gebildeten um Glaubenslehren, vor allem solche über Trinität und Inkarnation. Apologetische Schriften, etwa des heiligen Augustinus, hielten bei den Lateinern die Erinnerung an diese Kämpfe wach. Wirklich häretische Bewegungen hat es im Frankenreich kaum mehr gegeben, eher hin und wieder theologische Sondermeinungen und sonderbare Heilige: ein gewisser Aldebert trat zur Zeit des heiligen Bonifatius als Wanderprediger unter den Bauern auf und erlangte sogar das Bischofsamt, das ihm 744 wieder aberkannt wurde aufgrund seines unorthodoxen Gebarens; so soll er etwas von seinen Haaren und Nägeln als «Reliquien» im Volk verteilt haben.

Anders wurde das anscheinend um das Jahr 1000. Es ist eine romantische Legende, daß damals das Volk in den Kirchen betend auf den Knien lag, die Ankunft des Antichrist oder die Wiederkunft des Herrn erwartend. Wohl haben zwei Geschichtsschreiber von dem «Millennium» Notiz genommen, in der Meinung, daß es sich um eine besondere Zeit handeln müsse, und ihre Chroniken demgemäß aufgeputzt: Sigebert von Gembloux im 12. Jahrhundert datierte ein Erdbeben, einen Kometen und eine «Schlange am Himmel» auf das Epochenjahr,[1] und in den dreißiger Jahren des 11. Jahrhunderts sammelte in Cluny Rodulfus Glaber alles, was er von Ketzereien erfuhr – und dazu noch Erfundenes – für seine Darstellung des Millenniums der Geburt bzw. der Passion Christi. Er wollte der Erbauung dienen, nicht der Geschichtsschreibung, und so ist es für den Historiker nicht leicht, hier die Spreu vom Weizen zu trennen.

Erfunden scheint Rodulfs Erzählung, daß Sardinien von Ketzern voll sei, die einen Teil des Volkes in Spanien «korrumpiert» hätten, jedoch «ausgetilgt» worden seien. «Das entspricht der Weissagung des Propheten [!] Johannes, der sagte, der Satan werde am Ende der tausend Jahre aus seinen Fesseln gelöst werden.»[2] Von sardischen und spanischen Häretikern dieser Zeit ist jedenfalls sonst nichts bekannt.

Ernster dürfte zu nehmen sein, was Rodulf «über eine in Italien aufgedeckte Häresie» im gleichen Zusammenhang berichtet: In Ravenna habe es damals einen Mann namens Vilgard gegeben, der sich dem Grammatikstudium ergab, «so wie es bei den Leuten immer Sitte war, dieses Fachgebiet zu betreiben, die anderen zu vernachlässigen». Durch seine Wissenschaft wurde er hochmütig und dumm. Eines Nachts erschienen ihm Dämonen in der Maske der Dichter Vergil, Horaz und Iuvenal und dankten ihm für die erwiesene Hochschätzung;

er werde künftig an ihrem Ruhm teilhaben. Dadurch verwirrt, «begann er viel dummes Zeug [turgide, «geschwollen»] zu lehren, das gegen den heiligen Glauben gerichtet war, und er versicherte, man müsse den Aussprüchen der Dichter in allem Glauben schenken. Schließlich wurde er von Petrus, dem Erzbischof der Stadt, als Häretiker verdammt. Damals fand man in Italien noch mehr Leute dieses verderblichen Glaubens, und auch sie fanden entweder durch das Schwert oder durch Feuer den Tod.»[3]

Genügte die Begeisterung eines Altphilologen, ihn zum Ketzer zu stempeln? Man hat den Bericht zumeist kopfschüttelnd zur Kenntnis genommen: «Warum Vilgard als erster Ketzer des Mittelalters verbrannt oder enthauptet wurde, bleibt . . . schleierhaft.»[4] Gewiß stimmt an dem Bericht manches nicht, wohl auch die abschließende Verallgemeinerung auf eine ganze Sekte solcher Narren und ihren Tod – von Vilgard selbst wird ja streng genommen nur die kirchliche Verurteilung berichtet; alles weitere könnte eine Zutat sein, ähnlich wie der anschließende Bericht über Häretiker in Sardinien und Spanien. In Oberitalien ist erst aus den Jahren vor 1046 für Verona die Existenz von Ketzern (mit unbekannten Lehren) bezeugt;[5] als Rodulf, vor etwa 1030, das Kapitel schrieb, mochte es sie bereits geben, von ihrer Verurteilung wissen wir jedoch nichts. Eine weitere Zutat mag der Name des Erzbischofs Petrus sein, der vielleicht bekannt war, weil er 44 Jahre lang sein Amt innehatte, allerdings nur bis 971.

Die Grammatik zählte zu den «artes», den «sieben freien Künsten», und schon ihr Grundkurs war mit Dichterlektüre verbunden. Vilgard kann an einer Klosterschule gewirkt haben oder an einer bischöflichen,[6] während ein städtisches Schulwesen für diese Zeit wenig wahrscheinlich ist. Über die Lektüre der Klassiker war man seit je geteilter Meinung; Rigoristen hielten sie für schädlich, viele andere für durchaus nützlich, einige priesen laut die antiken Autoren, vor allem in der sogenannten «karolingischen Renaissance». Damals behauptete ein Mainzer Priester, Cicero, Vergil und andere seien in den Himmel aufgestiegen, nachdem Christus sie aus der Vorhölle befreit habe.[7] Falls Vilgard ähnlich dachte, wurde er dadurch noch nicht zum Häretiker. Wenn die Kleriker, die in Paris 1210 verbrannt wurden, behauptet hatten, «Gott habe ebenso in Ovid gesprochen wie in Augustinus»,[8] war das schon schlimmer; häretisch wurde es erst im Kontext ihrer Gesamtlehre. Ging man mit solchen Aussagen einen Schritt weiter, erlangten die Klassiker religiöse Autorität wie die Kirchenväter oder gar die Bibel. Platos *Timaios* hat man wie einen heiligen Text kommentiert und als Verkündung der christlichen Trinität gefeiert. Auch die Verehrung Vergils hat eine lange Vorgeschichte. Im 4. Jahrhundert gab es «centones», eine Aneinanderreihung von Zitaten aus Vergil, die zusammen einen christlichen Text ergeben. Im Mittelpunkt stand jedoch die vierte Ekloge Vergils, die man schon seit Konstantin dem Großen als Prophetie der Jungfraugeburt und des Königtums Christi deutete. Augustinus hatte ihren christologischen Sinn bejaht, und seither war es für alle klar, daß Vergil unter dem

Einfluß des Heiligen Geistes gedichtet haben mußte: Diese Zeilen waren geschrieben worden, um in christlichem Sinne entschlüsselt zu werden. Wenn Vergil nicht deutlicher gesprochen hatte, geschah das aus Vorsicht.[9] Erst Peter Abaelard war da zurückhaltender, wenn er meinte, dem Dichter sei vielleicht nicht bewußt gewesen, was der Heilige Geist der Sibylle oder ihm selbst eingab.[10]

Seit der Spätantike liebte man es, das literarische Erbe auf einen tiefgründigen moralischen oder religiösen Hintersinn zu prüfen. Die Amouren der Götter, an die man nicht mehr glaubte, wurden so wieder würdige Objekte der Betrachtung. Der eben genannte Abaelard konnte schreiben: «Was früher als Fabel angesehen wurde, bei oberflächlicher Betrachtung fern jedem Nutzen [für den Christen], hat sich später als voll von Mysterien erwiesen. Jetzt ist es willkommener, da es viel zum Aufbau der [christlichen] Lehre beiträgt.»[11]

Die Bibel wurde seit jeher auf ihren allegorischen Gehalt untersucht, und dabei machte man immer neue Entdeckungen erbaulicher Art. Sollte nicht auch der christliche Philologe ähnliche Beiträge zur Erbauung liefern können, indem er die Klassiker kommentierte? Fulgentius von Ruspe, Schüler des hl. Augustinus, schrieb einen allegorischen Kommentar der Aeneis, und andere folgten ihm. Wenn Vergil mit den Worten beginnt «Arma virumque cano...», bedeutet das die Kraft und die Weisheit Christi, der sich hinter dem Helden Aeneas verbirgt.[12] Als im 12. Jahrhundert Bernardus Silvestris einen Kommentar zu den ersten sechs Büchern der Aeneis schrieb, tat er dies, weil er – wie schon Macrobius – in Vergil einen ebenso großen Philosophen wie Dichter erkannte. Versuchte der Schulmeister Vilgard in Ravenna einen ähnlichen Weg? Wenn ja, dann ist er ihm wegen der Engstirnigkeit seiner Vorgesetzten nicht gut bekommen. Aber vielleicht ging er noch weiter als die anderen Ausleger des Vergil. Zum Nichtchristen muß man ihn deshalb keineswegs erklären, wie das einzelne Forscher getan haben.

Eine zweite Geschichte über Ketzer um das Jahr 1000 erzählt Rodulfus Glaber aus Frankreich.[13] Sie spielt auf dem flachen Land, in einem Weiler namens Vertus in der Champagne, nahe der Stadt Châlons-sur-Marne. Das war später immer wieder eine Ketzergegend; ohne daraus irgendwelche Schlüsse ziehen zu wollen, sei angemerkt, daß nur vier Kilometer von Vertus entfernt im Jahre 1239 in dem Burgort Mont-Aimé 184 Katharer verbrannt wurden.[14] In Châlons soll 1012 eine Synode über Ketzer stattgefunden haben;[15] das Ketzerproblem beschäftigte den dortigen Bischof wieder in den Jahren 1043–1048.

Auch bei Rodulfus Glaber tritt der Bischof von Châlons auf, als der für Vertus zuständige Ortsbischof und als ein «gelehrter Greis» namens Gebuin. Eher wird es sich um den lange regierenden Gebuin I. (gest. 998) handeln als um Gebuin II. (gest. 1004).[16] Eine Stütze der früheren Datierung könnte sein, daß 995 oder 996 der Abt Abbo von Fleury seine Könige Hugo Capet und Robert II. ermahnte, «die Schmach der Häretiker» aus dem Land zu verbannen.[17]

Nach Rodulf arbeitete bei Vertus ein Mann namens Leutard auf dem Feld, schlief ein und träumte von Bienen, die in ihn eindrangen, ihn stachen und ihm «befahlen, vieles zu tun, was Menschen unmöglich ist». Er erwachte, ging nach Hause und entließ seine Gattin – «wie auf Befehl des Evangeliums ließ er sich scheiden». Dann ging Leutard in die Dorfkirche und zerbrach das Kreuz mit dem Bild des Erlösers. Als ihn die Leute zur Rede stellten, behauptete er, er tue das gemäß einer wunderbaren Offenbarung Gottes. Anfangs hielt man ihn für einen Narren, doch bald strömte ihm das Volk zu, dem er unter anderem predigte, es sei überflüssig, den (kirchlichen) Zehnten zu geben – eine den Bauern gewiß willkommene Botschaft. Von seinen übrigen Lehren berichtet Rodulf leider nur, daß Leutard gesagt habe, die Propheten hätten teils Nützliches, teils Unglaubwürdiges erzählt. Vor dem Bischof Gebuin führte er – «was er nicht gelernt hatte» – Stellen der heiligen Schriften zum Zeugnis an, hatte aber damit natürlich keinen Erfolg. Gebuin brachte das Kirchenvolk zum Glauben zurück, und Leutard, allein gelassen und «besiegt», stürzte sich in einen Brunnen. Es war einer der wenigen Selbstmorde des früheren Mittelalters.[18]

Die Sache mit den Bienen ist wahrscheinlich als Zutat des Erzählers auszuklammern, wenn auch Bienen – wegen ihrer Art der Vermehrung – als Symbole der Keuschheit galten, was zur Ehefeindschaft passen würde.[19] Bei Gregor von Tours liest man von einem durch den Teufel gesandten Fliegenschwarm, der einen Mann verrückt werden läßt. Er wird zum Wahrsager, Wunderheiler und Volksverführer, man hält ihn für den wiedergekommenen Christus.[20]

Leutard wird als Mann aus dem Volk (plebeius) geschildert; wenn er Feldarbeit leistete, mußte er nicht unbedingt ein Bauer sein, auch Handwerker, Schafzüchter und andere haben Felder besessen und als Zubrot bebaut. Rodulf schreibt, dieser Mann habe als Gelehrter (doctor) erscheinen wollen, über die Propheten geurteilt und Schriftstellen angeführt ohne die dazu nötige Ausbildung. Weltliche der unteren Stände konnten im Normalfall nicht lesen, noch weniger haben sie sich mit den Büchern der Propheten im Alten Testament befaßt. Vielleicht gab Leutard wieder, was er von anderen gehört hatte, einschließlich einiger mündlich tradierter Bibelzitate – aber dann war er weder ein «Einzelgänger» noch ein «Häresiarch», wie man ihn immer wieder in der Forschung bezeichnet hat. Es ist sehr wahrscheinlich, daß es sich um den Anhänger eines Sektierertums handelt, das in anderen Fällen verborgen blieb, weil es weniger Lärm als Leutard gemacht hat.

Es ist schade, daß wir über die Lehren dieses Mannes so wenig wissen, und darum wird er auch nicht einwandfrei in einen großen Zusammenhang einzuordnen sein. Immerhin fällt auf, daß in Kreisen der Bogomilen des Ostens die Propheten oft völlig verworfen wurden, so bei Kosmas; anderswo hat man die 16 prophetischen Bücher hochgehalten, das Prophetentum in den Büchern der Könige abgelehnt.[21] Wenn man um diesen Bereich nicht ganz herumkam, dann vor allem deshalb, weil im Neuen Testament immer wieder auf die Erfüllung von Prophetenworten hingewiesen wird. Übrigens blieb das Problem den – bogomilisch beeinflußten – späteren Katharern des Abendlandes erhalten. In einer «Enthüllungs»-Schrift des Magisters Bonaccursus über ihre Lehren heißt es: «Einige sagen, daß die Aussprüche der Propheten durch den Geist Gottes geoffenbart seien, einige jedoch [meinen], daß sie vom bösen Geist herrühren.»[22]

Das Kreuz in einer Dorfkirche war nicht der eigentliche Mittelpunkt des Kultes, im Vordergrund des Denkens stand der lokale Heilige. Gegen ihn ist Leutard nicht vorgegangen, weder mit Worten noch durch die Zerstörung seines doch wohl vorhandenen Bildes. Die Vernichtung des Kreuzes kann kaum Zeichen der Enttäuschung über mangelnde Erhörung von Gebeten sein, sie gehört in einen breiteren Zusammenhang. Hier bieten sich mehrere Möglichkeiten an. Die eine: Der Bischof Claudius von Turin (gest. 827) hatte sich gegen den Kult von Heiligen, Bildern und Reliquien gewendet und die Kreuze aus den Kirchen seines Sprengels entfernen lassen. Es waren Nachwehen des «Bilderstreits», der im 8. Jahrhundert den Osten erschüttert hatte. Von hier führt keine Brücke zu Leutard von Vertus. Zweitens konnte das Kreuz als Folterinstrument auf Antipathie stoßen, so wie es später Goethe als «Marterholz» bezeichnet hat. Von Kosmas erfahren wir, daß die Bogomilen sagten: «Wenn jemand den Sohn eines Königs mit einem Stück Holz tötet, könnte es dann sein, daß dieses Stück Holz dem König verehrungswürdig erscheint?»[23] Später, im frühen 12. Jahrhundert, hat sich in aggressiver Form der Ketzer Petrus von Bruis gegen die Kreuzesverehrung gewandt; schließlich zündete er einen Haufen gesammelter Kreuze an, und empörte Zuschauer warfen ihn in die Flammen. Hier handelte es sich um eine totale Revolte gegen eine auf Materielles gestützte Frömmigkeit und gegen den Klerus, wofür vielleicht bogomilische Lehren mitverantwortlich waren.[24]

Die Wendung gegen das Kreuz kann schließlich vor dem Hintergrund des Doketismus gesehen werden: Christus hat nicht am Kreuz gelitten, er besaß nur einen Scheinleib, da alles Materielle böse oder vom Bösen ist. Solche Anschauungen gab es bei den Bogomilen, sie standen dort auch hinter der Argumentation gegen das Kreuz und ebenso hinter ihrer Feindschaft gegen die Ehe.[25] Freilich: Leutard hat sich auf derlei nicht berufen und für seine Ehescheidung die Räte des Evangeliums angeführt. Zwar könnte man auch die Verweigerung des kirchlichen Zehnten mit dem Antiklerikalismus bogomilischer Prägung zusammenbringen, doch waren Asketismus und Antiklerikalismus nicht spezifisch bogomilisch. Übrigens ist die Wendung gegen den Klerus bei Leutard nicht ausdrücklich bezeugt, und sie muß nicht eine Verneinung des Priesteramtes[26] sein. Immerhin kann man sagen: Es handelt sich kaum um eine «hausgemachte» Häresie, und wenn sie von anderen kam, dann können es am ehesten Bogomilen gewesen sein.

Wie aber sollten Leute vom Balkan in ein Dörfchen der Champagne geraten sein? Das ist schwer vorzustellen, und man könnte Zwischenglieder annehmen, weitgereiste Männer, die geschäftlich mit Leutard zu tun hatten. Auf dem trockenen Hochplateau der nördlichen Champagne blühte die Schafzucht;[27] in späterer Zeit sind hier die Tuchmacherei und der Fernhandel mit Tuchen bezeugt. Er folgte alten, zum Teil auf die Römerzeit zurückgehenden Handelswegen. Einer von ihnen führte von Auxerre und Troyes nach Châlons-sur-Marne und weiter nach Reims und Amiens.[28] Wir haben gehört, daß der Bischof von Châlons auch später wieder mit Ketzern zu tun hatte. Was die berühmten Messen der Champagne betrifft, so wird ihr Beginn von manchen im 10. Jahrhundert angesetzt,[29] die maßgebliche Arbeit über das Thema[30] verlegt diesen Zeitpunkt jedoch in das elfte. Sicherlich muß Leutard kein Schafzüchter gewesen sein, sicherlich muß ihn nicht ein fremder Kaufmann in die Bibelkunde eingeführt haben. Hier kann es nur Vermutungen geben, mehr nicht.

Bischof Gebuin von Châlons hatte mit Leutard zu tun, sein Nachfolger Roger I. hielt jene Ketzersynode, von der wir eine so dürftige Nachricht besitzen.[31] Das war im Oktober 1012, und es könnte sich auf sie beziehen, was später – nicht vor 1025 – der Bischof von Cambrai-Arras einem Kollegen namens «R.», vielleicht Roger von Châlons, schrieb: «Wir haben Euer Liebden, wie Ihr wißt, mitgeteilt, daß solche Menschen [Ketzer] in Eurem Gebiet wohnen, und haben es durch wahrhafte Zeugnisse bewiesen. Weil sie, Strafe fürchtend, heuchlerisch ihre Rechtgläubigkeit behaupteten, habt Ihr sie ohne Verurteilung, wie Unschuldige, laufen lassen.»[32] Weiter schreibt der Bischof, die Nichtverurteilung habe einfache Gemüter verwirrt und sei der Grund dafür, daß sie (durch die Ketzer) verführt wurden. Die Häretiker hätten in Gerhards Diözese Missionsarbeit getrieben; er habe sie jedoch nach heftigem Leugnen überführt und zu einem teilweisen Geständnis gebracht. Gerhard berichtet einige Glaubenssätze dieser Leute «und anderes, das die folgenden Darlegungen dieses Büchleins zeigen [quae huius libelli sequentia indicant]». Tatsächlich folgt in den Drucken und der ihnen zugrundeliegenden Handschrift des 12. Jahrhunderts die Denkschrift Gerhards über eine Synode, die er in Arras zu Beginn des Jahres 1025 gegen die genannten Ketzer abgehalten hat.

Einige Gelehrte meinten, der Brief sei nur zufällig mit der Denkschrift zusammengestellt worden und beziehe sich auf Ketzer in Lüttich unter dem Bischof Reginhard.[33] Das ist nicht unmöglich, obwohl Reginhard wahrscheinlich erst im Lauf des Jahres 1025 sein Amt antrat. Freilich müßte der Brief dann nicht unmittelbar nach der Synode von Arras und im Zusammenhang mit ihr, sondern später, nach Geschehnissen in Lüttich, geschrieben worden sein. Dann hätte er nichts mit Châlons und mit der Synode von 1012 zu tun. Auch wurde eingewendet, daß kein Dokument die Gegenwart von Häretikern in Lüttich vor dem 12. Jahrhundert sichert.[34] Folgendes wurde für diese Gegenwart angeführt:

Der Lütticher Schulmeister E(gbert) schrieb zwischen 1010 und 1027 ein Lehrgedicht mit dem Titel *Fecunda ratis*, worin neunzehn Verse «über die bösen Franzosen [de malis Francigenis]» berichten. Sie dürften Egbert als

Reichsangehörigem unsympathisch gewesen sein. Er schreibt: «Aus dem Westen, wo die Stürme herkommen, kam neulich eine schlimme Häresie. Die Franzosen sind ein Volk, das Gott feindlich gegenübersteht, sie fluchen (schwören) bei Speer und Kreuz, bei Eingeweiden und Seele Christi – ein Wunder, daß sie weder der Blitz erschlagen noch die Erde verschlungen hat. Bei aller Wildheit sind sie auch doppelzüngig, Totschläger im Zorn; ein böser Irrtum bewegt sie und die offenbare Verrücktheit. Man soll sie nicht als Gastfreunde einlassen, sondern die Türen verriegeln, damit derartige Leute nicht des Nachts sich einschleichen können, und du, deine Frau oder dein Sohn [durch ihre Lehren?] zugrunde gehen. Weiß man denn, was ihnen der böse Feind eingibt? ... Wer will, mag ihnen glauben; ich glaube ihnen gar nichts.»[35] Der Dichter wußte also nichts von Ketzern in Lüttich, aber er fürchtete, daß sich die Leute aus Frankreich für die Stadt zu einer Gefahr entwickeln könnten. Zeitgerechte Aufklärung der Schüler und ihrer Eltern schien geboten.

Die Gefahr für Lüttich drohte aus dem Westen, und das meint wohl die Gegend von Arras, den nördlichsten Teil Frankreichs, in der Zeit vor der Synode von 1025, die den Spuk beendete. Das paßt zu dem wahrscheinlichen Zeitraum der Dedikation des Werkes an einen Bischof «Aboldus» (Adalbold von Utrecht, 1010–1027); sie erfolgte wohl zwischen 1018 und 1022.[36] Egbert von Lüttich dachte schlecht von den Franzosen und war damit nicht allein. Man stand unter dem Eindruck politischer Spannungen zwischen dem König von Frankreich und der Reichsgewalt, die fern und fast nur durch Reichsbischöfe präsent war. Einer von ihnen, der Bischof von Cambrai, hatte einen Teil seiner Diözese auf französischem Gebiet: Es war die Gegend von Arras, um die sich Gerhard von Cambrai gleichsam ostentativ Sorgen machte. Wenn sein Schreiben, von dem wir berichteten, an den Bischof Roger I. von Châlons gerichtet war, dann begreifen wir eher den Ton, in dem es gehalten ist. Hinter formeller Höflichkeit verbirgt sich der Vorwurf lässiger Amtsführung. Frühere Ermahnungen, sich um die Ketzer seiner Diözese zu kümmern, haben nichts gefruchtet, die Untersuchung verlief negativ – jetzt sah man die Früchte dieses Tuns: Aus Rogers Stadt kamen Boten der Häretiker, um in Arras zu missionieren.

Vorteilhaft hebt sich davon die wache Sorge des Reichsbischofs für seine französischen Schäflein ab. Er hat nach heftigem Leugnen Teilgeständnisse von den Ketzern erlangt und sie auf einer Synode ausführlich belehrt, bis sie – angeblich – ihre Irrtümer einsahen und abschworen. Seine Belehrungen brachte er in die Form eines ausgefeilten Traktats, unter Aufwendung all seiner theologischen Gelehrsamkeit, und übersandte dieses Büchlein dem Kollegen, zur Nutzanwendung gegenüber den eigenen Ketzern.[37] Ob der Adressat über die Gabe erfreut war, bleibt zweifelhaft.

Die Synode von Arras fand 1025 statt, und auch dieser Zeitpunkt mag nicht zufällig gewesen sein, er kann mit dem damaligen Regierungswechsel zusammenhängen. Bischof Gerhard stammte aus der Umgebung von Lüttich und war Kapellan Heinrichs II.; dies, obwohl er Domschule und Domkapitel von Reims angehört hatte, mit dessen Erzbischof er verwandt war.[38] Im Jahre 1012 vertraute König Heinrich seinem Kapellan das Grenzbistum an, vielleicht auch im Vertrauen auf Gerhards Beziehungen. Cambrai unterstand in kirchlicher Hinsicht dem Metropoliten von Reims, dieser huldigte dem König von Frankreich. So hat Reims keinen Einspruch erhoben gegen die Tatsache, daß Gerhard noch Diakon war und die höheren Weihen erst erhalten mußte. 1012, als dies geschah, soll in Châlons die oben erwähnte Ketzersynode getagt haben. Grundsätzlich wäre es möglich, daß schon damals Gerhard seinem Amtskollegen «R.» jenen Hinweis gab, der ihn selbst in ein günstiges Licht stellte. 1022 gab es, wie wir noch hören werden, in unmittelbarer Nähe des Königs von Frankreich Häretiker, die in Orléans verbrannt wurden. Wegen der unsicheren Verhältnisse tagte 1023 eine Versammlung nordfranzösischer Bischöfe, um einen Gottesfrieden zu beschließen. Gerhard von Cambrai, der für seine weltlichen Gerechtsame als Graf fürchtete und nicht in die französische Sphäre einbezogen werden wollte, lehnte die Teilnahme ab.[39] Vielleicht hätte er anders gehandelt, wäre vorauszusehen gewesen, daß seine einzige Stütze, der Kaiser, wenige Monate später sterben würde (13. Juli 1024).

Gerhard von Cambrai hatte von dem neu erwählten Salier Konrad II. wenig zu erwarten. Die allermeisten lothringischen Großen standen diesem abwartend bis feindlich gegenüber. In den Jahren 1024 und 1025 versuchte Herzog Wilhelm V. von Aquitanien zusammen mit den Niederlothringern gegen Konrad einen Gegenkandidaten aufzustellen, den Sohn des Grafen von Anjou. Das konnte nur einen Einfall des Königs von Frankreich in Niederlothringen bedeuten. Gerhard von Cambrai sandte ihm Geschenke, um die gefährliche Situation von Cambrai abzuwenden, das als erste Stadt des Reiches an der Einfallsstraße lag.[40]

Soll man sich darüber wundern, daß der Bischof von Cambrai unter solchen Umständen Zeit zur Abhaltung einer Synode und wohl auch zur Abfassung der Denkschrift fand? Oder soll man in beidem zumindest den Nebenzweck erblikken, vor dem durch die Affäre von Orléans verunsicherten König von Frankreich als vorbildlicher Hüter des Glaubens zu erscheinen? In der Zeit nach Weihnachten drohte keine unmittelbare Gefahr für Cambrai, denn man führte damals keine Winterkriege. Entweder die Ketzereien von Arras wurden erst damals bekannt, oder sie boten jetzt den Anlaß zu einem ostentativen Vorgehen – den Ketzern ist ja nichts geschehen, der Bischof begnügte sich mit einer formalen Erklärung ihrer Rechtgläubigkeit und sandte sie «mit seinen Segenswünschen» heim.[41] Er hat sie ebenso mild behandelt, wie sein Kollege «R.» es getan hatte. Waren ihre Irrtümer nicht die allerschlimmsten, oder benötigte man diese Leute aus irgendeinem Grund? Wahrscheinlich war beides der Fall.

Was immer Bischof Gerhard auf der Synode sagen mochte, richtete sich weniger an die Häretiker, die nach seiner Aussage ja nicht Latein verstanden, als an den anwesenden Klerus und wohl auch an seine Freunde unter den nordfranzösischen Bischöfen. Die erweiterte schriftliche Fassung wurde nachgereicht, mit sehr vielen gelehrten Zitaten, «eine Art Exposé der gesunden Glaubensdoktrin».[42] Neben dem theologischen Aufputz findet sich ein rhetorischer, etwa so: «Vieles wäre dazu noch zu sagen, wenn dafür Zeit zur Verfügung stände; aber weil sich der Tag zum Ende neigt, mahnt er uns alle, nach Hause zu gehen.»[43] Das ist ein antiker Topos, eine Möglichkeit der «conclusio». Gleich darauf folgt statt des Endes der Darlegungen ein Preis der Eucharistie in liturgisch-hymnischem Stil, mit Verwendung gereimter Kurzkola wie im geistlichen Sprechgesang. Hier werden alle Register gezogen, gewiß nicht für Leute, denen man derartiges erst übersetzen mußte.

Wer waren die Ketzer von Arras? Nach dem Brief Gerhards kamen sie aus der Stadt des Bischofs «R.», also wahrscheinlich Châlons, stammten nach dem Synodalprotokoll jedoch «aus dem Gebiet Italiens».[44] Das muß kein Widerspruch sein und gibt schon einen Hinweis auf die Berufsgruppe, der die Häretiker angehörten. Händler aus Italien sind für Nordfrankreich erst zum Jahre 1074 bezeugt;[45] auch sagten die Beschuldigten, daß sie von ihrer Hände Arbeit lebten[46] – was sich schwer auf Kaufleute beziehen läßt. Als Bauern wären sie an die Scholle gebunden gewesen. So kommen vor allem handwerkliche Berufe für diese Leute in Betracht. Am Beginn des neuen Jahrtausends baute man in Frankreich an vielen Kathedralen, darunter auch in Châlons und Arras.[47] Die verschiedensten Kunsthandwerker waren nötig für den Schmuck von Kultbauten, denn anders als heute waren sie mit Wandteppichen ausgestattet, so daß auch Weber und Färber zu tun hatten. Wie durch ihren Kunstsinn haben Italiener durch ihr technisches Können im ganzen Mittelalter europäischen Ruf besessen; als «Schönfärber» waren sie bis zur Einführung amerikanischer Farbhölzer tonangebend. Schließlich war ein Handwerk – wie etwa die Zeltweberei durch den hl. Paulus – die beste Erwerbsquelle (und Tarnung) für wandernde Missionare. Wer sich nach den Anfängen der Kirche zurücksehnte, mochte die Apostel auch in dieser Hinsicht nachahmen. Ein Jahrhundert später, als man mit Webern bösen Spott trieb, haben sie erklärt, daß sie gemäß dem rechtmäßigen Leben der alten Christen und der Apostel von ihrer Hände Arbeit lebten.[48]

Auf die Frage, wer der Urheber ihrer Lebensordnung (disciplina) sei, sagten die Ketzer von Arras, sie seien «Hörer eines Mannes aus Italien namens Gundulf; sie seien von ihm über die Anweisungen der Evangelien und der Apostel informiert worden und würden außer dieser Schrift keine andere annehmen, diese aber wollten sie mit Wort und Tat einhalten».[49] Gundulf tritt nicht selbst auf, er hat seine «Schule» irgendwo in der Ferne gehalten und anscheinend eine schriftliche Aufstellung von evangelischen Lebensregeln seinen Schülern auf ihre weiteren Wege mitgegeben. Die Reduktion auf das Wichtigste und Wesentliche mochte sehr wohl ein Anliegen einfacher Men-

schen sein, die durch die Vielfalt und mangelnde Begründung kirchlicher
Gebote enttäuscht waren. Gundulf nahm ihnen das Studium der Evangelien
und Apostelbriefe ab, zu dem sie nicht fähig waren, selbst wenn der eine oder
andere von ihnen etwas lesen konnte. Sicherlich fehlten die Lateinkenntnisse
für die heiligen Schriften; Übersetzungen ins Romanische sind aus dieser Zeit
noch keine bekannt.

Die Ketzer verantworteten sich damit, daß das Gesetz (lex) und die Ordnung ihres Lebens, die sie von ihrem «Meister» angenommen hatten, den
Evangelien nicht widersprachen: Die Welt zu verlassen, das Fleisch zu bezäh-
men gegenüber weltlicher Begierlichkeit, von Handarbeit zu leben, niemen-
dem zu schaden und allen denen Liebe zu erweisen, «die vom Eifer unseres
‹propositum› ergriffen sind».[50] Dieses letzte Wort bedeutet mehr als «Vorsatz» oder «Vorhaben», es ist der Wille, den Stil einer – zumeist mönchischen
– Gemeinschaft anzunehmen, oder auch die Mönchsgemeinde selbst.[51] Und in
der Tat, die aufgezählten Punkte stehen dem mönchischen Wesen nahe, als
Vorläufer eines «dritten Ordens» für fromme Weltliche. Was der heilige Franziskus nicht gebilligt hätte: Daß sich das Liebesgebot nur auf Angehörige der
eigenen Gemeinschaft erstreckt haben soll.

Schon hier erhebt sich die Frage nach der Glaubwürdigkeit von Gerhards
Bericht. Allzu sehr konnte er von der Wahrheit nicht abweichen, denn der
Traktat wurde von den Teilnehmern der Synode gelesen. Für Gerhard spricht
auch, daß er nicht das traditionelle Schema der spätantiken Häresien bringt
und daß er keinen Versuch unternimmt, die Leute von Arras in eine dieser
einstigen Bewegungen einzuordnen;[52] im Gegenteil, er sagt, es handle sich um
eine «neue» Häresie. Man wird dem Bischof aber vielleicht vorwerfen können,
daß er die Lebenslehre der Ketzer in ihren theologischen Konsequenzen
durchdacht hat, wodurch sie erst «dogmatisiert» wurde. Wie weit er dabei
ging, läßt sich nur mehr vermuten.

Gundulf gründete eine Gemeinde, der er biblische Gebote und Verbote auf
ihren Weg mitgab. Kaum war unter ihnen eine Weisung, Distanz zur «Amts-
kirche» zu halten, doch wird sich diese von selbst ergeben haben. Der Schwerpunkt lag in einem christlichen Leben; die kirchlichen Sakramente traten
zurück, so wie bei breiten Schichten von Weltlichen. Vielleicht meinten die
Ketzer von Arras, wer christlich lebe, bedürfe nicht kirchlicher Gnadenhilfen,
ihm sei der Himmel gewiß.

In Gerhards Traktat wird daraus eine theologische Rechtfertigungslehre.
«Ihr versucht, die Doktrin einer falschen Gerechtigkeit einzuführen, die ihr
der göttlichen Gnade so sehr vorzieht, daß ihr alles den eigenen Verdiensten
zuschreibt.»[53] Leicht hätte Gerhard diese Haltung als Pelagianismus bezeichnen können, also als Leugnung einer essentiellen Notwendigkeit der göttlichen Gnade. Er tat es nicht, wohl deshalb, weil er bei der Befragung erkannt
hatte, daß es sich hier um kein Lehrgebäude handelte. Von zentralen Begriffen
wie Erbsünde, Erlösung, Trinität ist nicht die Rede. Oft mußte sich der Bischof

selbst das Stichwort geben, um seinen Abriß der Dogmatik weiterführen zu können.

Manches von dem, was Gerhard erfragte, wird uns als Volksmeinung noch öfter begegnen; er mag diese Dinge schon früher gehört haben. Kann es sich bei der Eucharistie um Christi Leib handeln, wenn er immer wieder geteilt und von so vielen Menschen verschiedener Zeiten und Völker konsumiert wird? Was kann die Taufe unwissender Kinder bewirken, oft vollzogen von sündhaften Geistlichen und in dem Wissen, daß das Taufversprechen doch immer wieder gebrochen wird? Warum soll eine Kirche als heiliger Ort gelten, da sie doch aus Steinen und Mörtel besteht und man auch zu Hause beten kann? Ist nicht der Mensch für ewig verloren, der in schwere Sünde gefallen ist, und wie soll ihn Bußetun aus ihr befreien?[54]

Der Einwand gegen die Eucharistie hat sogar in der theologischen Diskussion eine Rolle gespielt, aber man kann aus ihm sicher nicht ableiten, daß die Ketzer von Arras «kritisch die realistische Abendmahlslehre rezipiert hatten» und «daß sie über den neuesten Stand der Diskussion informiert waren».[55] Den theologischen Erörterungen zu folgen, fehlten diesen Leuten die Grundbegriffe. Hier herrschte zumeist eine grob sinnliche Vorstellung; sie war populär, während ihr Gegenteil, der Spiritualismus, eher in mönchisch-asketischen Kreisen zu Hause war. Auch ihm sollen die Ketzer von Arras gehuldigt haben.

«Ihr glaubt, daß in der Kirche nichts körperlich geschehen soll, so wie in dem Mysterium der Taufe das Wasser, das Chrisamöl [körperlich] sind...», ein Satz Gerhards,[56] der sich nicht in den Einwänden der Ketzer gegen die Kindertaufe findet. Der Bischof erklärt schon vorher ausführlich, warum die Taufe mit «materiellem Wasser» durchgeführt wird.[57] Es ist ungewiß, ob er damit auf Ansichten der Ketzer eingeht oder seine Gelehrsamkeit unter Beweis stellen will. Hat er diese Vorstellungen «weitergedacht», um sie dann widerlegen zu können? Ausführlich kommt Gerhard z. B. auf die Priesterweihe zu sprechen, und vielleicht deshalb behauptet er, daß die Ketzer durch gottlose Zaubersprüche auf Kreuzwegen und in Hainen die Gabe des Heiligen Geistes vermitteln wollen, «nach Art eines Mysteriums der Heiligung».[58] Vielleicht haben sie nach Art der Apostel über neuaufgenommene Gebete gesprochen, kaum aber jene «Geisttaufe» gespendet, von der später die Rede sein wird. Als konkrete Symbolhandlung der Ketzer von Arras ist nur die Fußwaschung bekannt;[59] der Bischof sah in ihr einen Widerspruch zum Spiritualismus, da sie mit «materiellem Wasser» erfolgte. Das wäre freilich auch den Häretikern selbst aufgefallen, wenn sie alles Materielle als unrein abgelehnt hätten.

Nicht zweifeln wird man an der strengen Sexualaskese der Gruppe. Zweimal, sowohl in dem Brief an «R.» als auch in seinem Traktat, betont der Bischof die Irrmeinung der Ketzer, kein Verheirateter könne in das Himmelreich gelangen.[60] Das steht nicht in der Bibel, ist aber ein Satz, der als bogomilische Meinung durch einen griechischen Autor berichtet wird.[61] Anderswo spricht Gerhard von dem Irrtum, «legitime», d. h. kirchlich geschlossene Ehen seien zu vermeiden.[62] Das war eine volkstümliche Anschauung in Zeiten, da die Ehe ein Entwicklungsstadium durchmachte und aus einer bloß familiären Angelegenheit zu einem kirchlichen Sakrament wurde. Die völlige Ablehnung der Ehe durch die Leute von Arras mag einen ihrer Glaubenssätze gebildet haben. Er muß nicht von den Bogomilen übernommen worden sein; wandernde Handwerker hatten keinen Haushalt und mochten aus dieser Not eine Tugend machen. Ebenso kann es sein, daß – so wie im Mönchtum – hier die männliche Virginität als Ideal galt. Damit wäre freilich die Schärfe der Ablehnung kaum zu erklären.

Von der Unwürdigkeit des Klerus ist nur gelegentlich die Rede, im Zusammenhang mit der Kindertaufe. Die Angeklagten mochten vermeiden, den Klerus zu verstimmen, doch stand Antiklerikalismus kaum im Mittelpunkt ihres Denkens; auch fehlte ihnen jegliche Aggressivität im Stil Leutards von Vertus. Das Kreuz haben sie nicht zertrümmert, sondern nur festgestellt, es habe keine «Kraft» in sich außer der Formung durch Menschenhand und sei darum nicht verehrungswürdig.[63] Es sei egal, wo man begraben werde, denn Friedhöfe seien nicht heilig.[64] Das war Unglaube, aber kaum Teil eines religiösen Glaubenssystems. Man wird nicht sagen können, daß für die Ketzer von Arras ein absoluter Gegensatz zwischen Geist und Materie bestand:[65] Vielleicht hätten sie den Satz gar nicht begriffen.

So scheint es schwierig, die Ketzer von Arras in einen gnostisch-dualistischen Zusammenhang einzuordnen. Eher können sie als Vorläufer eines «Bibelchristentums» mit Rückbezug auf die Apostel gesehen werden, das im 12. Jahrhundert seine große Zeit hatte. Wir kehren nach Châlons-sur-Marne zurück, von wo sie allem Anschein nach ausgegangen sind.

Zwischen 1043 und 1048 schrieb Bischof Roger II. von Châlons dem Bischof Wazo von Lüttich,[66] in einem Teil seiner Diözese gebe es Bauern, die dem perversen Glauben der Manichäer anhingen, auf Geheimversammlungen schmutzige Handlungen begingen und durch abergläubische Handauflegung angeblich den Heiligen Geist vermittelten. Er führte diesen Irrglauben auf Mani, den Vater des Manichäismus, zurück. Die Ketzer «zwangen, wen sie konnten, in ihre Schar hinein, verabscheuten die Ehe, vermieden nicht nur das Fleischessen, sondern glaubten, jede Tötung eines Tieres sei sündhaft», mit Berufung auf das Tötungsverbot des Alten Testaments. Einfache Leute, die von diesen Häretikern bekehrt wurden, wandelten sich in Redner, die den Katholiken an Kraft überlegen waren. Der Bischof erbat guten Rat, ob er die Leute dem Schwert der weltlichen Gewalt ausliefern sollte. In seiner Antwort[67] verbreitete sich Wazo über das Fünfte Gebot, das nicht die Tiertötung betreffe, und riet zur Exkommunikation, aber nicht Auslieferung der Sünder.

So sehr dies zu begrüßen ist, es beraubt uns doch eines näheren Wissens um die Anschauungen dieser Gruppe. Mit den Leuten von Arras verbindet sie nur die Ablehnung der Ehe. Wiederum wie bei Leutard sollen es Bauern gewesen sein, wiederum geht es nicht an zu sagen, daß sie ihren Glauben selbst erfunden hatten. Andererseits ist die Behauptung des Bischofs Roger, die Bauern hätten sich auf Mani als Sektenstifter berufen und ihn für den Heiligen Geist gehalten, in sie sicherlich «hineingefragt» worden. Was bleibt, ist die Geisttaufe durch Handauflegung, das Verbot der Tiertötung mit seiner Konsequenz des Vegetarismus und ein Hinweis auf die Anerkennung des Alten Testaments. Letzterer distanziert sie von den Bogomilen,[68] zu denen Ehescheu und Vegetariertum passen würden. Die Geisttaufe ist bei den Bogomilen erst um die Mitte des Jahrhunderts in Westanatolien bezeugt,[69] wahrscheinlich als Initiationsritus; natürlich kann sie dort schon früher vorhanden gewesen sein. Andererseits ist in der Apostelgeschichte mehrfach von einer Handauflegung im Zusammenhang mit dem Heiligen Geist die Rede,[70] so daß für «Bibelforscher» ihre Einführung – ohne Rückgriff auf die katholische Liturgie – nahelag. Sie hat dann im Katharertum eine zentrale Rolle gespielt.

Hier scheint nun tatsächlich jener Spiritualismus vorhanden zu sein, den wir bei den Ketzern von Arras bezweifelten. Die Geisttaufe benötigt kein materielles Substrat, und man kann sie deshalb im Zusammenhang mit der Nahrungsaskese ebenso wie dem «Verabscheuen» der Ehe sehen. Manichäertum war das keines; dazu hätte auch, wie Rogers Briefpartner unter Hinweis auf Augustinus richtig schrieb,[71] die Anschauung gehört, daß auch Pflanzen Lebensgeister oder Seelen in sich tragen. Denkbar sind bogomilische Einflüsse auf dem Weg über Italien, wo es damals Ketzer (östlicher Art?) gegeben hat.[72]

Châlons unterstand dem Erzbistum Reims, und dort wurden Ketzer 1049 exkommuniziert, auf einer Provinzialsynode in Anwesenheit des reisefreudigen Papstes Leo IX.[73] Man geht wohl nicht fehl in der Annahme, daß der Bischof von Châlons den Rat Wazos befolgte, jedoch einen feierlichen Rahmen für die Verdammung wünschte. Man wird die Sache näher untersucht haben, denn im Gegensatz zur Anschauung der beiden Briefschreiber sprach man von «neuen Häretikern». Sie stehen hier in der unmittelbaren Nähe des Theologen Berengar von Tours, dessen Abendmahlslehre damals viel Staub aufwirbelte.[74]

Wir hören nichts weiter von den Häretikern der Champagne, es folgt allgemein eine für das Ketzertum sehr quellenarme Zeit. Erst in den Jahren 1144/ 1145 berichtete der Klerus von Lüttich an den Papst Lucius II. über eine Häresie, die von einem «Mons Guimari» in Frankreich ausgehend sich über verschiedene Landschaften ausgebreitet habe, darunter auch in der Lütticher Diözese. Es handelt sich wohl um Mont-Aimé, später Hauptort und vielleicht Bischofssitz der Katharer,[75] in unmittelbarer Nähe von Vertus, wo Leutard gelebt hatte.

Wir verlassen nun diese ketzerreiche Landschaft und sollten uns Südfrankreich zuwenden, wo sich vorbereitete, was dann im 12. Jahrhundert als reiche Saat des Katharertums aufging. Vorher sei es jedoch gestattet, auf einen Fall einzugehen, der sich zwei Jahre nach der Reimser Synode, im Jahre 1051, im fernen Goslar ereignete. Goslar war eine Königspfalz mit einem Chorherrenstift, ein zweites wurde durch Agnes von Poitou, der Gattin Heinrichs III., errichtet; vor allem war 1047 das Reichsstift der Heiligen Simon und Juda begründet worden, 1050 wurde dort die Domkirche geweiht. Die Bautätigkeit wurde erleichtert durch den Reichtum an Silber, das die königliche Münze aus dem Bergbau nahe Goslar bezog. Ohne allzuviel Phantasie aufwenden zu müssen, kann man vermuten, daß sich bei dieser Pfalz Handwerker aus verschiedenen Ländern trafen, vielleicht auch aus Westfrankreich, der Heimat der Kaiserin. Daneben wird es Kaufleute gegeben haben, die für Hofhaltung und Sakralbauten das Nötige aus dem Ausland besorgten.

Das Weihnachtsfest 1051 feierte das Kaiserpaar in Goslar; dort war auch Gottfried zur Stelle, ehemals Herzog von Oberlothringen, dann wegen Beteiligung an einem Aufstand abgesetzt und in Haft, jetzt wieder auf freiem Fuß. Er war der Mann, von dem der Annalist Lampert von Hersfeld berichtet: «Hier [in Goslar] wurden durch den Herzog Gottfried Häretiker gefangen und gehängt.»[76] Hermann von Reichenau ergänzte die Nachricht um die Meldung, es habe sich um «eine manichäische Sekte» gehandelt, «der jeder Fleischgenuß untersagt war».[77] Die Verurteilung geschah in einem Fürstenrat vor dem Kaiser, der den Befehl zur Hinrichtung gab.[78]

Etwas mehr über die Sache bietet das schon zitierte Schreiben des Bischofs Wazo von Lüttich:[79] Der Bischof von Châlons solle nicht so handeln wie jene Franzosen, die Leute wegen ihrer bleichen Gesichtsfarbe zu Häretikern erklärten und ermordeten. Nie hätte der verewigte Bischof Wazo dem zugestimmt, was in Goslar geschehen ist: Sektierer der gleichen Richtung (wie die in Châlons entdeckten, quidam huiusmodi erroris sectatores) wurden nach langer Diskussion ihrer Irrtümer und nach ihrer Exkommunikation gehängt. Anselm kann keinen anderen Grund für ihre Verurteilung finden, als den, daß sie ungehorsam waren, als einer der Bischöfe ihnen befahl, ein Küken zu töten.

Den Ausgangspunkt von Anselms Darlegungen bildete der oben erwähnte Brief Rogers II. von Châlons über «Manichäer» in seiner Diözese, die den Fleischgenuß und die Tötung von Tieren verdammten. Wenn man am Hof Ketzern den Befehl zu einer solchen Tötung gab, geschah es gewiß nicht, um ihren Gehorsam auf die Probe zu stellen – man witterte in ihnen Manichäer, die sie nicht waren. Augustinus, der dieser Religion durch einige Jahre selbst angehört hatte, schilderte ihren Animismus: Tiere und Pflanzen sind beseelt und können ermordet werden.[80] Daß die Ketzer von Goslar ebenso dachten, ist ungewiß, ja unwahrscheinlich; ihnen ging es wohl wirklich um eine Erfüllung des Fünften Gebotes. Von dem persischen Adeligen des 3. Jahrhunderts, der den Manichäismus begründete, haben sie ebenso wenig wissen können wie die Leute von Châlons. Neuzeitliche Gelehrte sprachen von einem abendländischen «Neo-Manichäismus», in der sehr mittelalterlichen Meinung, zu den überlieferten Bruchstücken ketzerischer Anschauungen könne man das gesamte Weltbild der Manichäer ergänzen, mit «kosmogonischem Dualismus», Seelenwanderung usw. Dem ist sicher nicht so. Über viele Zwischenglieder sind östliche, letztlich auf Manichäisches zurückgehende oder zu ihm parallele Denkansätze in den Westen gelangt, einiges davon schon vor den Katharern. Woher kamen die Häretiker von Goslar? Durch ein Jahrhundert hat man ihre Heimat in Lothringen gesehen, wegen des Herzogs Gottfried.[81] Dieser hatte sein Herzogtum jedoch seit dem Aufstand von 1047 nicht mehr betreten und die Ketzer nicht von dort mitgebracht, sondern man fand sie in Goslar vor. Daß gerade er mit dem Fall betraut wurde, läßt jedoch vermuten, daß die Leute aus dem Westen gekommen waren, dessen Sprache Gottfried wohl beherrschte und dessen Verhältnisse ihm vertrauter als anderen waren. Daß der Kaiser ihn agieren ließ, war ein gutes Zeichen für einen künftigen Wiederaufstieg. Schon 1052 reihte sich Gottfried durch seine Vermählung mit der Witwe des Markgrafen Bonifaz von Tuszien wieder unter die Großen des Reiches ein.

Wir haben uns weiterhin mit dem Westen zu beschäftigen: Im Jahre 1027 oder 1028 hielt Herzog Wilhelm V. von Aquitanien, Vater der späteren Kaiserin Agnes, in Charroux (südlich von Poitiers) eine Beratung mit Bischöfen und Äbten ab, «um die Häresie auszurotten, die die Manichäer im Volk verbreiteten».[82] Des näheren heißt es, in Aquitanien hätten sich Manichäer erhoben, die den Leuten rieten, folgendes zu verneinen: die Taufe, das Kreuzeszeichen, die Kirche und den Erlöser, die Ehrung der Heiligen, legitime Ehen sowie den Fleischgenuß. Viele einfache Menschen hätten sie dem Glauben entfremdet. «Anwesend waren auch alle aquitanischen Fürsten, denen er [der Herzog] befahl, Frieden zu schließen und die katholische Kirche zu ehren.»[83] Öffentliche Unsicherheit war ein Nährboden für häretische Bewegungen auch im folgenden Jahrhundert.

Die aufgezählten Lehren finden sich im Bogomilismus, wie ihn Kosmas und am Beginn des 12. Jahrhunderts Euthymios Zigabenos beschrieben haben. Sie sind nicht nur bogomilisch, manches konnte man immer wieder erfinden oder gar aus den Kirchenvätern – besonders den antimanichäischen Schriften des Augustinus – «erstudieren». Letzteres kam für «einfache Leute» (simplices, vulgus) nicht in Frage, und so bleibt die Möglichkeit oder sogar Wahrscheinlichkeit, daß es sich um einen Import aus dem Osten handelte. Die aquitanische Ketzerei wurde nicht mit Gewalt «ausgerottet», dazu war damals der Klerus wohl noch nicht bereit. So verwundert es nicht, daß im Jahre 1056 in Toulouse eine kirchliche Versammlung alle jene mit der Exkommunikation bedrohte, die den Häretikern Schutz oder sonstige Hilfe gewährten. Weiters erfahren wir bei dem Geschichtsschreiber Ademar von Chabannes, in Toulouse habe man Ketzer gefunden und «vernichtet» (destructi); in verschiedenen Teilen des Abendlandes seien (damals) Boten des Antichrist hervorgetreten.[84] Von Ademars Chronik liegen Autographen vor, er beendete sie bald nach 1028. Der Satz über die Toulouser Häretiker findet sich in einer Abschrift des 11. Jahrhunderts, mitten in dem Bericht über die Ereignisse von Orléans

1022 – wahrscheinlich handelt es sich um einen etwas späteren Zusatz, der uns nicht berechtigt, eine Kontinuität des Ketzertums von Toulouse zurück bis in die zwanziger Jahre anzunehmen. Immerhin: Hier bereitete sich vor, was 1119 neuerlich eine Kirchenversammlung in Toulouse beschäftigte und seither das Hauptproblem für die kirchlichen und staatlichen Gewalten Südfrankreichs bildete.

In Niederlothringen scheint man nur unsichere Nachrichten über das besessen zu haben, was sich bei den Franzosen ereignete; dies, obwohl damals der Kaiser mit Aquitanien und dem Grafen von Anjou im Bunde gegen den König von Frankreich war. Doch hat der Bischof Theodoin von Lüttich um 1050 den König Heinrich I. von Frankreich ermahnt, gegen Häretiker vorzugehen. Dabei nannte er die Namen des Bischofs Bruno von Angers und Berengars von Tours, von dem wir noch ausführlich zu sprechen haben werden.[85] Berengar war ein gelehrter Theologe, der den «Abendmahlsstreit» des 9. Jahrhunderts wieder aufnahm und dafür seit 1050 mehrmals verurteilt wurde. Das hatte nichts mit den aquitanischen Ketzern zu tun, wurde aber durch Theodoin in deren Nähe gestellt: Bruno und Berengar sähen den Leib des Herrn als «einen Schatten und ein Gleichnis» an, sie seien gegen die legitime Ehe und gegen die Kindertaufe,[86] Irrmeinungen, gegen die er die Autorität von Kirchenvätern ins Feld führte. Wir werden an den Bischof Gerhard von Cambrai erinnert, der es ebenfalls liebte, gegenüber den Franzosen sein Licht leuchten zu lassen.

Wenn es in Aquitanien häretisches Glaubensgut aus dem Osten gab, so ist es wahrscheinlich, daß es seinen Weg über Italien nahm. Tatsächlich findet sich eine Nachricht, die man in diesen Zusammenhang einordnen wird: «Die Söhne des Teufels, die Fürsten der Finsternis, regieren und herrschen überall. Italien war nicht gewohnt, Häresien zu ‹nähren› – gegenwärtig hört man, daß es in einigen Landesteilen dort den Zündstoff der Häresien in reichem Ausmaß gibt... Das unglückliche Griechenland wollte nie ohne diese Dinge leben. Verona, die edelste der Städte Italiens, wird durch sie geschwängert. Strahlend ist Ravenna, glücklich Venedig, die niemals erlaubten, Feinde Gottes zu tolerieren.»[87] So schrieb ein Venezianer namens Gerhard, der in Frankreich studiert hatte, dann als Geistlicher in den Dienst Stephans des Heiligen trat. Er brachte es bis zum Bischof von Csanád (Marosvár, Siebenbürgen) und wurde 1046 von Heiden erschlagen. Der erbauliche Text, in den die oben zitierten Betrachtungen einflossen, dürfte kurz vor seinem Tode entstanden sein.[88] In seiner Diözese hatte Gerhard unter «Häresien» zu leiden; unter anderem waren das Geldrückforderungen für gelesene Totenmessen, deren Wirkung für das Seelenheil der Verstorbenen anscheinend von Ketzern geleugnet wurde. Das entspräche bogomilischen Anschauungen.[89] Der Verdacht erhärtet sich, wenn Gerhard ebenda bemerkt, «fast einmütig leugnen alle die Auferstehung des Fleisches», und der Schützenhilfe gedenkt, die den Häretikern durch die «Methodianisten», also die slawische Kirche, geleistet wird. Die Aufmerksamkeit des Bischofs wurde durch derartiges wachgerufen, was freilich nicht besagt, daß es sich auch in Verona um eine bogomilische Gruppe gehandelt haben muß. Diese Möglichkeit wird jedoch nicht auszuschließen sein. Verona war mit Venedig durch enge Handelsbeziehungen verbunden, lange galt der Veroneser Pfennig in Venedig als das übliche Zahlungsmittel. Im späteren 12. Jahrhundert hat es in Verona eine Gemeinde von Katharern gegeben, die sich so sicher fühlten, daß sie 1184 dort eine Versammlung abhielten, während Papst und Kaiser in der Stadt weilten, um über Maßnahmen gegen die Ketzer zu beraten.[90] Gerhard war bis 1015 Mönch und Abt in S. Giorgio in Venedig gewesen, er stammte aus einer angesehenen Familie der Stadt und wird mit ihr auch später Verbindungen gepflegt haben. Kurzum, er konnte wissen, was in Verona vorging und was der Stadtmagistrat anscheinend nicht wissen wollte. Es kann durchaus sein, daß noch andere Städte Italiens Ketzergemeinden beherbergten, ohne daß Gerhard davon wußte. In der Zeit des aufblühenden Städtewesens hatten die meisten ihrer Bürger andere Interessen als die Bewahrung der Orthodoxie.

Bis jetzt haben uns Häresien der «kleinen Leute» beschäftigt, die man damals nicht immer ganz ernst nahm. Aber es gab im 11. Jahrhundert wenigstens zwei andere Fälle, die Angehörige der Oberschichten betrafen. Vor allem der eine muß als Sensation empfunden worden sein, handelte es sich doch um Hofgeistliche, unter ihnen den Beichtvater der Königin von Frankreich. Die Sache war so peinlich, daß Helgald von Fleury, der Biograph König Roberts des Frommen, von ihr überhaupt nichts vermeldet. Aber wir besitzen Berichte der Geschichtsschreiber Rodulfus Glaber und Ademar von Chabannes, die Schilderung durch den Mönch Andreas von Fleury, den Brief eines Mönchs Johannes nach Spanien und vor allem die ausführliche Erzählung in einem Schenkungsverzeichnis (Cartular) des Klosters Saint-Père in Chartres,[91] das auch andere historische Partien enthält. Im Mittelpunkt steht hier der Normanne Arefast, der später in Saint-Père eintrat;[92] hat er dem Redaktor des Cartulars, dem Mönch Paul, darüber berichtet? Das ist nicht gut möglich, denn es ist erst in den achtziger Jahren des 11. Jahrhunderts entstanden; eine mündliche Überlieferung anderer Art wäre im Verlauf von mehr als sechzig Jahren in ihrem Charakter stark verändert worden. Wir haben wohl eine Niederschrift vor uns, die bald nach 1022 entstand und durch den Mönch Paul in sein Werk übernommen wurde. Dies geschah im Anschluß an die Notiz über eine Schenkung Arefasts, die spätestens 1026 stattfand.[93]

Ein zweiter Gewährsmann war vielleicht Eberhard, Sakristan des Domes von Chartres; er wurde 1024 Mönch in Saint-Père. Statt des abwesenden Bischofs hatte dieser Mann den Arefast in seine Rolle als «agent provocateur» eingewiesen; vielleicht war Eberhard als Vertrauensmann seines Bischofs auch bei der Synode gegen die Ketzer in Orléans zur Stelle. Jene Denkschrift, die sich vielleicht auf Synodalakten stützt, könnte für den Bischof Fulbert von

Chartres bestimmt gewesen sein. Ihre Urfassung hat anscheinend der Mönch Paul «verbessert», als er sie mit schaurigen Details schmückte und in sein Cartular übernahm. Die Erzählung, nüchtern und kenntnisreich, schwenkt nämlich plötzlich in einen Exkurs (digressio) über zauberische Machenschaften der Häretiker ein.

Das Vorgehen gegen die Gruppe war anscheinend Teil einer politischen Intrige.[94] Erzbischof Leutrich von Sens (nahe Orléans) hat um das Jahr 1010 mit Unterstützung des Königspaares seinen Kandidaten Thierry (Theoderich) zum Bischof von Orléans gemacht. Es war eine erzwungene Wahl, gegen die Bischof Fulbert von Chartres im Namen seines eigenen, zu kurz gekommenen Kandidaten protestierte. Im Jahre 1021 kam es zu einem Umschwung, Thierry ging ohne erkennbaren Protest nach Sens zurück; von dort wollte er nach Rom reisen, starb aber schon 1023. An die Stelle Thierrys trat in Orléans ein Mann der Gegenpartei namens Ulrich. Er war der Herr der Burg Pithiviers (zwischen Orléans und Paris) und besaß eine Herrschaft in der Nähe von Chartres. Bischof Fulbert hatte ihn – vor oder nach tätlichen Auseinandersetzungen mit Thierry in Orléans – zum Priester geweiht, und er – nicht der zuständige Erzbischof von Sens – gab ihm auch die Bischofsweihe. Das geschah in dem Jahr, in dem sich die Frage der Landesherrschaft über die Champagne vorläufig entschieden hatte: König Robert mußte einen der großen Lehensfürsten, den Grafen Odo II. von Blois, mit dem eben frei gewordenen zentralen und westlichen Teil der Champagne belehnen. Es scheint, daß damals die Zeit reif war, mit der Häresie aufzuräumen und nach dem Bischof auch das Domkapitel auszuwechseln. Für Fulbert von Chartres war das ein Triumph, für das Königspaar, den Erzbischof Leutrich und die königliche Partei in Orléans eine bittere Niederlage. Erst nach dem Tode Bischof Fulberts (1028) gab es für den Erzbischof Leutrich Genugtuung: Er setzte in Chartres einen Bischof ein, und dieser hat die noch lebenden Hauptbeteiligten an der Entlarvung der Ketzer, Arefast und Eberhard, aus ihrem Kloster Saint-Père vertrieben.

Doch nun endlich zur Erzählung des Cartulars. Arefast hatte in seinem Haus einen Kleriker namens Herbert, den er nach Orléans zum Studium schickte. Seine Lehrer waren dort zwei angesehene Geistliche, Stephan und Lisoius. Was sie ihm beibrachten, erzählte er dem Arefast, dieser gab es dem Grafen Richard II. von der Normandie weiter, seinem Lehensherrn, mit der Bitte, den König Robert (den Frommen) zu informieren. Robert lud Arefast und Herbert nach Orléans vor; auf dem Weg dorthin machten sie in Chartres Station, um sich mit dem Bischof Fulbert zu beraten. Dieser hatte jedoch gerade eine Romreise angetreten, und so übernahm der schon erwähnte Domsakristan Eberhard die Aufgabe, den normannischen «miles» Arefast für die Rolle eines Spions in Orléans zu präparieren. Dort nahm dieser am Glaubensunterricht teil, und wir erfahren ausführlich, was dabei geredet wurde und später der Anklage diente. Dann kam, wie abgesprochen, das Königspaar mit hohen Geistlichen nach Orléans und benützte das Weihnachtsfest 1022 für die Säuberungsaktion. Am 28. Dezember wurde in der Domkirche der geistliche Teil des Falles abgehandelt. Arefast und seine Leute erschienen in Ketten, als wären sie die Angeklagten. Mit normannischer Schlauheit spielte er den von Geistlichen verwirrten Laien und bat um Prüfung dessen, was man ihm gesagt hatte, durch die Synode. Stephan und Lisoius blieben bei ihren Anschauungen, und von den übrigen Beschuldigten widerriefen nur zwei, ein Kleriker und eine Nonne. Nach einer anderen Quelle bildeten den «harten Kern» zehn Kanoniker der Kathedralkirche von Orléans.[95] Als man sie aus ihrer Domkirche trieb, konnte das weltliche Strafgericht seinen Lauf nehmen. Die Königin Konstanze begann es damit, daß sie mit einem Stock ihrem Beichtvater Stephan ein Auge ausschlug. Die anscheinend impulsive Rache mochte eine wohlüberlegte Geste gegenüber dem vor der Kirche wartenden Volk sein, als Distanzierung von einem Ketzer, der ihr geistlicher Berater gewesen war. Wenn Stephan und Lisoius über ihre Sondermeinungen den normannischen Ritter Arefast bereitwillig unterrichteten, werden sie ähnliches auch bei der Königin – und dem König? – getan haben. Der Ruf Roberts «des Frommen» stand auf dem Spiel. Daher auch die Verurteilung der Häretiker zum Feuertod, eine damals durchaus ungewöhnliche Sache. Man führte die Todeskandidaten aus der Stadt hinaus in ein aus Holz errichtetes «Zelt» und verbrannte sie dort.

Es war die erste sicher bezeugte Ketzerverbrennung des Abendlandes. Sie muß außerordentlichen Eindruck hinterlassen haben, so daß man sogar eine Urkunde nach ihr datierte.[96] Diebe hängen zu sehen erregte kaum jemand und gehörte gleichsam zum Alltag der Weltlichen. Viel stärker erregte eine Verbrennung die Volksphantasie, schon wegen ihrer Nähe zur populären Strafe für Zauberer. Rodulfus Glaber hat ausgemalt, wie die Verurteilten mit ihrem Mut geprahlt, dann aber kläglich geschrien hätten, sie seien vom Teufel verführt worden. Man habe versucht, sie aus den Flammen zu ziehen, doch die Leiber der Ketzer seien zu Staub zerfallen.[97]

Das Ereignis von Orléans mag Rodulfus Glaber auch dazu angeregt haben, im Anschluß an die Vilgard-Erzählung andere Ketzer zu erwähnen, die in Italien «durch das Schwert oder die Flammen» umkamen.[98] Es war eine von Geschichtsschreibern wie Rodulf geteilte populäre Ansicht, daß diese Flammen nur ein Vorgeschmack des höllischen Feuers sein sollten,[99] das die Übeltäter erwartete. Später hat man in der Verbrennung ein Mittel gesehen, im allerletzten Augenblick doch noch zu bereuen und zum rechten Glauben zu gelangen, was vor Höllenstrafen schützte. Dem frommen König dürften solche Überlegungen ferngelegen haben; er wollte ein Fanal seiner eigenen Glaubenstreue setzen.

Dazu gehörten, gleichsam als Abgesang, die Exhumierung einer Leiche und die Untersuchung sonstiger verdächtiger Fälle. Der drei Jahre davor verstorbene Kantor des Domstiftes, Deodatus, hatte nach Aussage seiner Kollegen der Sekte angehört; jetzt wurde er außerhalb des Friedhofes in unwegsamem

Gelände verscharrt.[100] Man hat in diesem Zusammenhang auch die Verfolgungen gesehen, die der Mönch und Geschichtsschreiber Odorannus in Sens erlitt: Wegen der Nachstellungen durch «falsche Brüder» sei er nur knapp dem Tode entgangen; er flüchtete in das Kloster Saint-Denis.[101] Als Grund für die Verfolgung gab Odorannus seinen Kampf gegen eine anthropomorphe Gottesvorstellung an, was in sehr allgemeiner Weise zu dem Gedankengut der Sekte von Orléans passen würde. Aber man hat den Odorannus nach zwei Jahren in allen Ehren in sein Kloster zurückgeholt, und das spricht doch wohl gegen seine Zugehörigkeit zu diesem Kreis. Immerhin hat anscheinend eine Sensibilisierung der Öffentlichkeit stattgefunden, die unter Umständen gefährlich für Vertreter ungewöhnlicher Lehren werden konnte. Unwahrscheinlich bleibt weiterhin, was Rodulfus Glaber als Abschluß seines Berichtes über die Angelegenheit von Orléans schrieb: «Wenn man später Anhänger dieser perversen Anschauungen fand, wurden sie überall durch die gleiche Strafe [also den Feuertod] vernichtet.»[102] Ähnliches hatte er schon von Ketzern Italiens behauptet, die es kaum gegeben hat.

Der Biograph König Roberts bemühte sich, dessen unerschrockenes Wirken für die Orthodoxie zu erweisen: Der Herrscher habe den Erzbischof Leutrich von Sens mit Absetzung bedroht, der «vom Herrn [Christus] nicht gut dachte». Daraufhin habe Leutrich über die «perversen» Lehren geschwiegen, die aber in der Welt (bei den Weltlichen) zunahmen.[103] Es scheint sich um eine Prüfung der Würdigkeit zum Kommunionempfang gehandelt zu haben, begründet durch die Meinung, daß beim Empfang durch einen Unwürdigen Christus in der Hostie Schmerzen erleide. Das hat nichts mit den Ketzern von Orléans zu tun. Übrigens scheint auch Bischof Adalbero von Laon der Häresie verdächtigt worden zu sein, nach einer Andeutung in seinem Gedicht *Über den Glauben* an König Robert.[104]

Die Atmosphäre der «Ketzerriecherei» nach 1022 kommt in einem Brief zum Ausdruck, den aus Fleury ein Mönch Johannes an den Bischof von Vich und Abt zweier Klöster in Spanien richtete.[105] Er schilderte die Ereignisse von Orléans und schloß daran die Mahnung: «Forschet in eurer Diözese bzw. den Abteien eifrig nach, damit nicht jemand unter dem Deckmantel der Frömmigkeit in diesem Verbrechen verharrt, was fern sei!»

Der Skandal von Orléans war ein schwerer Rückschlag in dem Bemühen des Königs von Frankreich, seine «allerchristlichste» Haltung zu betonen. Den Mönchen zugetan, hatte er wenig Freunde im Hochklerus, und Adalbero von Laon sagte ihm in seinem Gedicht an König Robert bittere Wahrheiten. Hier wird geschildert, wieviel Verkehrtes geschieht: Ungelehrte werden zu Bischöfen erhoben; man schließt die Gelehrten aus, wenn es um die Verurteilung einer großen Häresie geht; auch der König bedient sich nicht ihres Rates – doch wohl ein Hinweis auf die Synode von Orléans.[106]

Die Zahl der bischöflichen Teilnehmer an der Synode war so klein, daß man sich gefragt hat, ob hier überhaupt von einer kirchlichen Versammlung gesprochen werden könne: Zwei Erzbischöfe und drei Bischöfe,[107] nämlich Ulrich von Orléans, der Bischof von Paris und jener von Beauvais, der nach dem Bericht des Cartulars das Verhör durchführte. Später, um 1037, schrieb Rodulfus Glaber wenig Konkretes über die Synode, obwohl er darüber von Ulrich von Orléans gehört haben könnte, den er einmal getroffen hat. Dafür gab er einen theologischen Exkurs allgemeiner Art gegen Ketzer. Unglaubwürdig ist, was er über die Herkunft der Häretiker von Orléans berichtete: Eine wandernde Frau habe in Orléans Station gemacht und mit dem «Gift ihrer Bosheit» Leute angesteckt, darunter gelehrte Geistliche aus bester Familie.[108] Frauen waren dem Mönchtum wegen Eva und der Schlange verdächtig, besonders als Ratgeberinnen und als wandernde Pilgerinnen – oder Dirnen.

Ähnlichen Geistes ist die Angabe des Mönchs Ademar von Chabannes, die Häresie sei von einem Bauern erfunden worden; gemäß dem Zusatz in einer Fassung stammte der Mann «aus dem Périgord»[109] (jetzt Départements Dordogne und Lot-et-Garonne). Die Ergänzung, daß er Zauberpraktiken trieb, diente einer weiteren Abwertung des intellektuellen Niveaus der Sekte. Neben dieser Tendenz zeigt sich der ganz allgemeine Gedanke, daß zu einer Häresie ein landfremder Häresiarch gehörte, der sie «eingeschleppt» hatte wie eine Krankheit. Da in jedem Fall der Teufel im Spiel war,[110] mochte es angehen, daß gelehrte Herren von solchen Leuten verführt wurden.

Neben dem «Manichäismus» und in Zusammenhang mit ihm gehörte die Ausübung teuflischer Praktiken, besonders auch auf sexuellem Gebiet, zur populären Vorstellung von jeglicher Häresie – nicht verwunderlich angesichts der altkirchlichen Publizistik, die ähnlich den Rhetoren eine Diffamierung der Gegner nur selten gescheut hatte. So lesen wir bei Ademar, daß die Geistlichen von Orléans den Teufel erst in Gestalt eines Äthiopiers, dann in jener des Lichtengels (Lucifer) anbeteten, wofür er ihnen viel Geld gab. Heimlich verübten sie Dinge, die zu erzählen verbrecherisch wäre; in der Öffentlichkeit gaben sie sich als Christen. Der Bauer, ihr Anführer, trug ein Pulver aus der Asche von getöteten Knaben bei sich und machte damit die Leute zu Manichäern.[111] Über die Lehren der Sekte weiß Ademar ansonsten nicht Bescheid, er behalf sich mit dem, was das generelle Bild vom Ketzertum an Interessantem zu bieten hatte.

Im Cartular von Saint-Père in Chartres werden die Lehren der Kanoniker sorgsam protokolliert, aber dem Mönch Paul, der diese Aufzeichnung kopierte, fehlte anscheinend ein wichtiger Bestandteil, den er in einer «digressio» ergänzte: Ausführlich schildert er eine schwarze Messe, die von den Domherren in Orléans zelebriert worden sei, eine Orgie mit Frauen und dem Teufel persönlich. Kinder, die aus solchen Verbindungen hervorgingen, seien getötet und zu Asche verbrannt worden – das Zauberpulver (siehe oben) machte lebenslang zum Ketzer. «Mögen sich die Christen vor solch einem schändlichen Tun hüten!»[112]

Man könnte diese Erzählungen als Mönchsphantasien übergehen, hätten sie nicht bei einigen Historikern Glauben gefunden. Magische Praktiken und sexuelle Ausschreitungen hat es im Volk immer gegeben, sie passen jedoch überhaupt nicht zu den Aussagen der Kanoniker, von denen wir gleich hören werden. Wer so primitiv dachte, hätte mit den Lehren der Sekte kaum etwas anzufangen gewußt. Orgien, Verbrennung der aus ihnen geborenen Kinder und Anfertigung eines «Zauberbrotes» aus ihrer Asche, das «als Eucharistie» konsumiert wird – das alles findet sich über die Ketzer von Soissons (1114) erzählt in der Autobiographie des Abtes Guibert von Nogent.[113] Die Geschichte, schon wegen ihrer Schaurigkeit beliebt, kursierte im Ordensklerus; Ademar hat sie, wohl nicht als einziger, in einer Predigt[114] als Einlage («Predigtmärlein») gebracht. Stets endet die Erzählung mit dem Satz, wer einmal solche Zaubermittel genossen habe, sei für immer der Häresie (oder: der Verzweiflung) verfallen.

Ob sich literarische Vorlagen auffinden lassen, oder ob es sich hier um volkstümliche «oral history» handelt, das zu entscheiden ist nicht sehr wichtig. Auch ein Import der Geschichte aus Byzanz ist möglich, wo damals Michael Psellos einen Dialog «über die Wirksamkeit der Dämonen» schrieb und mit Orgien und Kindermorden verknüpfte.[115] Die Erzählung ist jedenfalls sehr alter Herkunft, denn nach dem Bericht Tertullians wurde sie schon von den Heiden Roms den Christen angedichtet, deren Altarsakrament als «sacramentum infanticidii» im Zusammenhang mit einem «convivium incesti» erscheint.[116]

Es handelt sich also um eine «Wanderanekdote» mit polemischer Spitze gegen Feinde der eigenen Religion. Damit wird auch Vermutungen der Boden entzogen, die Kanoniker von Orléans hätten mit Magie oder mit Drogen experimentiert.[117] Tatsächlich war es, darin sind sich die meisten Gelehrten einig, eine Art «Geistchristentum» von «Erleuchteten», denen die traditionelle Form christlicher Religion und Kirche in ihrem persönlichen Erleben verblaßte. Während die zeitnächsten Quellen verschiedenartige Punkte ihrer Aussage aufzählen, wird der Zusammenhang der Lehren durch das Cartular deutlich. Auf seinen Bericht werden wir am Schluß zurückkommen.

Ein Augenzeuge der Synode war wahrscheinlich der Mönch Andreas von Fleury.[118] Nach ihm logen die Angeklagten, wenn sie sagten, daß sie an die Trinität und an die Menschwerdung Christi glaubten. Sie bekannten anderseits ihren Unglauben gegenüber der Existenz der Kirche, der Taufe, Buße, Priester- und Bischofsweihe; unnötig erschien ihnen die kirchliche Segnung der Ehe. Zur Begründung wird zweimal der Heilige Geist angeführt: kindliche Täuflinge haben ihn ebensowenig wie unwürdige Priester. Wohl aber glaubten die Geistlichen von Orléans, ihn zu besitzen. Es folgt ein schwieriger Satz, der noch zu besprechen sein wird: «Sie rühmten sich, eine der Gottesmutter ähnliche [Mutter] zu haben.»

Bald nach 1022 schrieb, wie wir schon hörten, ein Mönch Johannes aus Fleury nach Spanien an den Bischof von Vich,[119] was er über die Leute von Orléans gehört hatte: Sie leugneten Taufe, Eucharistie, Sündenvergebung, schmähten die Ehe. Sie enthielten sich des Genusses von Fleisch und Fett, wie wenn das unreine Dinge wären». Es ist unklar, ob die letzten Worte eine Zutat des Briefschreibers sind, der ja im Kloster ähnlichen, durch den hl. Benedikt jedoch nicht derart begründeten Vorschriften unterstand. Kanoniker waren Fleischesser und sollten sich nichts Mönchisches zulegen.

Nach dem Echo aus dem Reformkloster Fleury nun zu jenem aus Auxerre durch den freilich nicht sehr verläßlichen Rodulfus Glaber. Die Ketzer hätten alles für Unsinn erklärt, was im Alten und im Neuen Testament über die Trinität zu lesen sei; Himmel und Erde hätten, ohne Schöpfer, immer Bestand gehabt. Wie die Epikureer hätten die Häretiker an die Straflosigkeit der Laster geglaubt.[120] Die Werke der Liebe und der Gerechtigkeit, von denen man weiß, daß sie das Unterpfand ewigen Lohnes sind, hätten sie für überflüssige Arbeit gehalten. Für ihre Lehren, sagten die Häretiker, besäßen sie genügend Zeugnisse ihrer Wahrheit.

Daß Rodulfus Glaber von diesen Lehren nicht sehr viel wußte, ergibt sich aus seinem theologischen Exkurs, der ihre Unrichtigkeit nachweisen sollte. Hier wird im allgemeinen von Gott und der Welt gesprochen, es ist eine Christenlehre, die auch von anderen stammen könnte oder vielleicht tatsächlich stammt. Am konkretesten ist die Zurückweisung der Lehre, «Himmel und Erde, wie man sie sieht», seien ungeschöpft und ewig. Nichts davon steht im Cartular, wo von dem Schöpfergott die Rede ist. Sollten die Geistlichen von Orléans von Johannes Scotus beeinflußt gewesen sein?[121] Sehr wahrscheinlich ist das nicht. Ganz unwahrscheinlich ist es jedoch, daß hier Bogomilismus am Werk war:[122] Es fehlt jede Wendung gegen ein böses Prinzip, mit dem die Materie hier nicht gleichgesetzt wird. So wie gegen die Manichäer, hatte Augustinus auch gegen die Vorstellung von der Ewigkeit der Welt polemisiert.[123] Es könnte sich um eine Lesefrucht Rodulfs handeln, der seine Gelehrsamkeit unter Beweis stellen wollte.

Wir haben bisher nur am Rande von der besten Quelle für die Lehren der Sekte gesprochen, dem Cartular des Klosters St. Père in Chartres. Man hat es geringgeachtet, einerseits wegen des Abstandes von etwa 60 Jahren zwischen den Ereignissen und der Redaktion des Sammelwerkes, anderseits wegen der «romanhaften Darstellung» vor allem der teuflischen Orgien und Kindermorde. Schaltet man diesen Exkurs als Wandererzählung aus, so tritt der Gegensatz zwischen ihm und der nüchternen, sachlichen Darstellung des Hauptteiles voll zutage. Beides kann nicht einen einzigen Verfasser haben, und die Vermutung liegt nahe, daß es sich um die spätere Überarbeitung eines zeitnahen, wertvollen Textes handelt. Die Antworten der Domkanoniker verraten eine theologische Schulung, von der bei mündlicher Tradition durch viele Jahrzehnte wohl wenig geblieben wäre. Während die anderen Quellen

das Negative der Häresie betonen, wird hier deutlich, auf was es den Kanonikern von Orléans ankam.

Im Mittelpunkt steht hier ein persönliches religiöses Erleben, eine «vom
Heiligen Geist übermittelte Doktrin», die sich nur dem geistig oder geistlich
Reinen enthüllte.[124] Für ihn öffneten sich «die Augen des integren Geistes
zum Licht des wahren Glaubens»; er wurde durch eine Handauflegung meh-
rerer Sektierer von allen Sünden gereinigt und mit der Gabe des Heiligen
Geistes erfüllt. Dieser ist es, so hieß es, der ihm alle Tiefen der Heiligen
Schrift und ihre wahre Göttlichkeit enthüllt. Mit himmlischer Speise (geistlich) gesättigt, sieht der Eingeweihte Engelsvisionen; in ihnen wird er, wenn
er will, in andere Räume versetzt. Nichts fehlt ihm, denn Gott wird ihn immer
begleiten: Gott, in dem alle Schätze der Weisheit und alle Reichtümer Bestand
haben.

Visionäre und Visionärinnen mußten keine Ketzer sein. Sie wurden es
dann, wenn sie ihre persönliche Schau verabsolutierten und die kirchlichen
Gnadenmittel als wertlos ansahen. Daß sich die Kanoniker von Orléans im
Besitz des Heiligen Geistes und der wahren Ausdeutung der Bibel fühlten,
wäre vielleicht angegangen, hätten sie nicht sozusagen ein Monopol auf beides
behauptet. Das mußte nicht Anmaßung sein, sondern war eher die Konsequenz eines extremen Spiritualismus. Er reduzierte die Sakramente auf ein
einziges, bei dem es kein materielles Substrat gab, weder das Wasser der Taufe
noch Brot und Wein: die Handauflegung. Er konnte die menschliche Geburt
Christi auch als Jungfraugeburt nicht bejahen, ebenso nicht Christi Leiden, das
Leiden eines Gottes, dessen Wesen ja doch der Geist war. Nach beidem gefragt, gaben die Kanoniker skeptische Antworten: «Wir waren nicht dabei,
und wir können nicht glauben, daß das wahr ist.» Zur Jungfraugeburt: «Was
die Natur verweigert, weicht stets vom [Willen des] Schöpfer[s] ab.» Und
schließlich zur Mitwirkung der zweiten göttlichen Person an der Schöpfung:
«Das kannst du den Leuten erzählen, die das Irdische wissen und die Fabeln
von Menschen glauben, die aus dem Fleisch sind, Fabeln, die auf Tierhäuten
geschrieben stehen. Wir aber haben ein Gesetz, das durch den Heiligen Geist
im Innern des Menschen aufgezeichnet wurde, und wissen nichts anderes als
das, was wir von Gott, dem Urheber [conditor] aller Dinge, gelernt haben. Uns
trägst du vergeblich vor, was überflüssig ist und von der Gottheit wegführt.
Schon sehen wir unseren König, der in den Himmeln regiert, uns mit seiner
Hand hinaufholt zu unsterblichem Triumph und uns die Freuden des Himmels
schenkt.»[125]

Der Glaube baut nicht auf Hörensagen, nicht auf Lektüre der heiligen
Texte, sondern auf die innere Offenbarung an die Pfingstgemeinde, als die
sich die Geistlichen von Orléans verstanden haben. Die Texte werden studiert, man entnimmt ihnen letzte Geheimnisse, sie ergänzen jedoch nur das
Wesentliche. Hier liegt ein Unterschied zur Gnosis der späteren Antike, den
man nicht übersehen sollte. Die Entschlüsselung des geheimen Sinnes bibli-

scher Sätze, die Allegorese, scheint hier sekundär zu sein; sie dürfte von dem geistlichen Grunderlebnis ausgegangen sein. Wer den Heiligen Geist besaß, distanzierte sich dadurch von den Durchschnittsmenschen und neigte zur Mystik. Diese konnte mit Visionen verbunden sein, wie sie z. B. bei Hildegard von Bingen im 12. Jahrhundert zu finden sind. So gesehen, wären die Häretiker von Orléans frühe Vorboten der Mystik, die sich erst später zu entfalten begann.

Was man für bogomilisch erklärt hat, die Handauflegung,[126] ist erst in der zweiten Hälfte des 11. Jahrhunderts im Osten bezeugt, kann dort aber schon früher bestanden haben. Die kirchliche Liturgie machte von ihr verschiedenartigen Gebrauch, und sie ist in der Bibel zu finden, besonders dort, wo vom Heiligen Geist gesprochen wird. Die Häretiker behaupteten, Handauflegungen bei Priester- und Bischofsweihen seien nichtig, weil die Spender nicht den Heiligen Geist besäßen, im Gegensatz zu den Mitgliedern der Sekte. Eine merkwürdige Ähnlichkeit mit Bogomilischem, auf die noch nicht aufmerksam gemacht wurde, ergibt sich aus einem Text des Euthymios Zigabenos (um 1100). Nach Andreas von Fleury behaupteten die Geistlichen von Orléans, etwas der Gottesmutter Ähnliches zu besitzen.[127] Zigabenos schreibt: «Sie erklärten, jeder von ihnen [den Bogomilen] verdiene den Titel der Gottesmutter, da in jedem von ihnen der Heilige Geist seinen Sitz habe und daher jeder das Wort gebäre.»[128]

Hier muß ungeklärt bleiben, ob es sich um eine spontane Parallele handelt oder eine Übernahme – auf welchen Wegen auch immer – aus dem Osten erfolgte. Nachweisbar ist dagegen die Kenntnis und gelegentliche Übernahme von Gedanken, die Augustinus ausgesprochen hat. Es gibt die Außenwelt der Sinneseindrücke, sagt er einmal, und die innere Schau (mentis intuitus); dazu den Glauben, der aus keiner von beiden stammt: etwa den Glauben an die Jungfraugeburt Christi, ein körperliches Geschehen, das wir mit den Sinnen hätten wahrnehmen können, wenn wir damals dabeigewesen wären (si tunc adessemus).[129] Wir erinnern uns, daß die Ketzer auf die Frage nach ihrem Glauben an Jungfraugeburt, Passion und Auferstehung antworteten: «Wir waren nicht dabei, und wir können nicht glauben, daß das wahr ist.»[130] Das klingt wie ein Augustinuszitat und bedeutet, daß die Sektierer weder die handgreifliche Realität schätzten noch den Glauben an den Buchstaben der Offenbarung, sondern daß sie allein aus der göttlichen Erleuchtung, der inneren Schau, ihre Religion bezogen. Was nicht «erschaut» wurde, mußte nicht geglaubt werden.

War das Skeptizismus oder die Rettung vor ihm? Hier kann es nur Mutmaßungen geben: Daß diese Leute, oder doch einige von ihnen, ihren Glauben an Mysterien, Sakramente und Amtsgewalt der Kirche verloren hatten und daß sie jetzt etwas gewannen, das sie für eine höhere Form des Christentums hielten. Es sollte eine Religiosität für Fortgeschrittene sein, eine Vorwegnahme der Gottesschau im Paradies.

Wer sich so hoch erhob, konnte nicht mehr von Sünden beschwert sein. Andreas von Fleury berichtet, die Ketzer hätten geblaubt, nach Begehung einer Todsünde könne niemand auf irgendeine Art in den Stand der Gnade zurückkehren. Was das Cartular von der Handauflegung berichtet, daß sie vom «Makel aller Sünden» befreie,[131] mag sich auf einen Initiationsritus beziehen, den erstmaligen Eintritt in jenen Gnadenstand, den die bestehende Kirche nicht vermitteln konnte. Die Leute von Orléans fühlten sich jedenfalls als sündenlose Heilige, daher auch ihr Selbstbewußtsein. Auch diese Dinge kann man bei Augustinus lesen, der an mehreren Stellen von einer mystischen Gottesschau schon in diesem Leben spricht.[132] Nach seinen *Confessiones* bedarf der spirituelle Mensch «keines Menschen mehr zur Unterweisung; durch göttliche Erleuchtung erkennt er Gottes Willen...» An die «spirituales» verteilt der Heilige Geist seine Gaben: Vor allem Weisheit, die nur den Vollkommenen (perfecti) verständlich ist; dazu ein Wissen um zeitliche Dinge, Heilkraft, Prophetie usw.[133] Man hat gemeint, daß die Kanoniker von Orléans durch allzu eifrige Lektüre der antimanichäischen Schriften des hl. Augustinus Ketzer geworden seien; eher haben sie seine Hauptwerke gelesen. Ganz allgemein ist es unwahrscheinlich, daß die Kanoniker ihre Lehre aus Büchern bezogen. Sie mochten in ihnen eine Bestätigung ihres Erlebens finden. Im 11. Jahrhundert war viel vom Heiligen Geist die Rede, wobei man auch über die Inspiration durch ihn schrieb.[134] Um 1200 gingen dann die Schüler Amalrichs von Bena so weit zu lehren, daß in den spirituellen Menschen der Heilige Geist verkörpert sei und sich in ihnen offenbare, so daß jeder von ihnen als Christus und Heiliger Geist bezeichnet werden könne.[135]

Wo der Glaube gegenüber der Erleuchtung zurücktrat, bedurfte es auch nicht mehr des Wunders; «was die Natur verweigert, weicht stets vom Schöpfer ab».[136] Wir werden noch sehen, welche Rolle der Begriff der Natur in diesen Jahrhunderten spielte – stets handelte es sich um den Willen Gottes, der in ihr personifiziert war. Das Wunder durchbrach die Gesetze, die Gott selbst gegeben hatte, und man hat in der Frühscholastik seine Wirksamkeit auf das unbedingt Notwendige eingeschränkt. Abaelard fand neben der Formulierung, es sei «gegen die Natur», die versöhnlichere, daß hier Handlungen Gottes «über die Natur hinaus» (supra naturam) vorliegen.[137] Mit diesem Bereich, vor allem der Gottmenschheit Christi und der Realpräsenz von Leib und Blut in der Hostie, hatten nicht nur die Geistlichen von Orléans Schwierigkeiten; hier erwies sich aber am deutlichsten ihr Ketzertum. Darum wohl auch der gereizte Ton ihrer Antwort und der bissige Hinweis auf die «Tierhäute», das Pergament der heiligen Schriften.

Sicherlich waren diesen Leute Spiritualisten, vielleicht erneuerten sie aber nicht die Vorstellung des Doketismus, daß Christus als Gott nur einen Scheinleib besessen haben könne. Man hat bemerkt, es sei unklar, ob in Orléans die Schwierigkeiten in der Anerkennung des Menschentums oder aber in jener der Göttlichkeit Christi gelegen seien.[138] Glaubt man dem Cartular, leugneten die Ketzer die Passion, die «wirkliche» Grablegung und die Auferstehung Christi. Wahrscheinlich gingen sie über den Doketismus hinaus in der Ansicht, Göttliches sei unvereinbar mit dem biblischen Bericht. Während anderswo die Bibel Hauptstütze häretischer Bewegungen war, hat sie hier eine sehr geringe Rolle gespielt. Ganz ausschalten ließ sie sich nicht: Am Schluß ist von dem himmlischen König die Rede, der die Sektierer in sein Reich emporheben wird. Freilich ist es nicht ausgeschlossen, daß ihre Worte dem traditionellen Verständnis entsprechend wiedergegeben wurden.

Wenn wir die Affäre von Orléans mit jener von Arras vergleichen, so ergibt sich – im Gegensatz zu manchen Meinungen – die völlige Unvereinbarkeit beider. Die Handwerker von Arras waren eine fromme Vereinigung mit einer (geschriebenen) «Regel» aus biblischen Sätzen; im Bericht des Bischofs Gerhard treten sie als unterwürfige und belehrbare Laien auf. Die Intellektuellen von Orléans belehrten den sie verhörenden Bischof voll unerschüttertem Selbstvertrauen. Mit dem Bischof von Cambrai-Arras hatten sie dieses gemeinsam – und die Kenntnis der «Fachliteratur». Sie wurde jedoch anders interpretiert, wenigstens in einem Fall, der hier kurz angeführt werden soll.

In seiner Denkschrift erörterte Bischof Gerhard die Funktion des Kirchengebäudes: Es heiße «ecclesia», weil es das zusammengerufene Volk (griechisch: die ekklesía) enthalte.[139] Ein Satz, der auf Augustinus und auf Varro zurückgeht. Gerhard nimmt die Bezeichnung «ecclesia» nach dem Kirchenvolk an, die Leute von Orléans lehnen sie ab: Man könne nicht den (geistigen) Kirchenbegriff auf ein (konkretes) Haus übertragen.[140] Sie konnten sich dabei übrigens auf eine andere Augustinusstelle berufen, nach der das zusammengerufene Volk in Wahrheit (vere) Kirche genannt werde.[141] Das Beispiel blieb den theologischen Auseinandersetzungen des 12. Jahrhunderts erhalten, etwa wenn Gerhoh von Reichersberg dem Papst über Schüler Abaelards berichtete: Sie sagten, der Mensch Christus dürfe nur in übertragener Weise Gott genannt werden, so etwa wie man das Gefäß für den Inhalt setze, das Kirchengebäude für die in ihm zusammengerufenen Menschen.[142]

Die Sache scheint wenig wichtig, doch sollte man sich klarmachen, was es für die Angehörigen des Domkapitels von Orléans bedeuten mußte, den Ort ihres täglichen liturgischen Wirkens so abzuwerten. Diese Geistlichen glaubten nicht mehr an die Institution, der sie einst ihr Leben gewidmet hatten. Die Spannung zwischen der traurigen Realität des Daseins und dem emphatischen Aufschwung einer freireligiösen Mystik muß sehr groß gewesen sein. Der Tod der Kanoniker von Orléans war schrecklich, aber er löste sie aus der ausweglos verfahrenen Lebenssituation.

In Orléans hatte man nach dem Zeugnis des Andreas von Fleury ausschließlich mit Angehörigen des Klerus zu tun. Wir wenden uns jetzt einer Häresie zu, die ebenfalls gelehrte Züge aufweist, aber von vornehmen Weltlichen getragen wurde. Die Geschehnisse sind zwischen 1027 und 1034 zu datieren, als ihr Ort wurde lange Zeit eine Burg Monteforte in der Diözese Asti angesehen; tatsächlich war er jedoch Monforte d'Alba, südöstlich von Turin.[143] Das Bistum Alba wurde wegen der Einfälle der Sarazenen 969 mit dem Bistum Asti vereint, später wiederhergestellt, als die Sarazenen ihre Stützpunkte in den Seealpen räumten. Nach Landulf, der Hauptquelle für die Häresie,[144] handelte es sich um «eine Burg oberhalb des Ortes, der Mons Fortis genannt wird», doch kannte dieser Mailänder die Gegend nicht; da gibt es nur Hügel, und einer von ihnen wird gegen die Sarazenen oder andere Friedensstörer als Burgdorf umwallt worden sein – eine Kleinherrschaft, in deren Zentrum freie Leute unter der Gerichtsgewalt eines Grafen wohnten. Damit läßt sich durchaus vereinen, daß der wie stets nicht sehr gut informierte Rodulfus Glaber die Einwohner als «Edlere aus jenem Volksstamm» (der Langobarden) bezeichnet[145] und daß in Monforte eine Gräfin residierte. Sie war die Herrin und Leiterin der Gemeinde; Versuche des Erzbischofs von Mailand, Monforte unter seine Zwangsgewalt zu bringen, sollen diese Gemeinde im Widerstand geeint haben,[146] doch wird das von keiner Quelle über Monforte bezeugt.

Landulf schrieb im 12. Jahrhundert, aber er berichtet konkret und reiht die Fragen des Verhörs in der Art von Akten eines Häresieprozesses. Er könnte solche Akten am erzbischöflichen Hof in Mailand benutzt haben.[147] Im Gegensatz zu dem Bericht im Cartular von Saint-Père in Chartres wurde der Wert von Landulfs Erzählung nicht angezweifelt. Hier gibt es keine Schauergeschichte, sie bleibt dem Rodulfus Glaber überlassen. Dieser glaubte zu wissen, daß in Monforte ein Götzendienst «nach Art der Heiden» gehalten und zusammen mit Juden in ungehöriger Weise das (Meß-)Opfer dargebracht wurde – weitere «Kenntnisse» fehlen. An ihrer Stelle folgt die Geschichte von einem todkranken Ritter, der aus der Burg der Häretiker den Besuch einer Dame erhielt; mit ihr zusammen kam eine Schar böser Geister «in ganz schwarzen Kleidern und mit sehr häßlichen Gesichtern». Dann erklärte der Teufel in eigener Person dem Ritter, daß mit seiner Hilfe Konrad (Konrad II. aus dem Hause der Salier) die Kaiserkrone erlangt habe (1027).[148] So sehr man in Cluny Heinrich II. geschätzt hatte, so wenig erbaut war man von seinem Nachfolger. An dem ganzen Bericht scheint höchstens das eine brauchbar, daß nicht von «Manichäern» die Rede ist, sondern – in der Überschrift – von einer in Italien «erfundenen» (oder «aufgefundenen») Ketzerei. Übrigens sagt auch Landulf, es habe sich um eine jüngst (nuper) entstandene, bis dahin unbekannte (inaudita) Häresie gehandelt.

Weniger dramatisch als im Falle Orléans wird die Entdeckung der Sekte geschildert. Erzbischof Aribert von Mailand, so hören wir bei Landulf, unternahm eine Visitationsreise, die ihn auch nach Turin führte. Hier hörte er von der Ketzerei und ließ sich aus Monforte einen ihrer Anhänger kommen, der ihm offen über alles Auskunft geben wollte. Der Mann hieß Gerhard, und man hat in ihm den Grafen von Monforte vermutet, der 1014 ins Kloster gegangen war.[149] Allerdings trägt er in dem Bericht keine Standesbezeichnung, er könnte also bloß ein Sprecher der freien Leute gewesen sein, die das Burgdorf besiedelten. Er muß aber über eine gewisse geistliche Bildung verfügt haben. Stammte sie aus der «äußeren Schule» eines Klosters oder von einem geistlichen Beistand, etwa dem Pfarrer des Burgortes? So wenig wir in Orléans von Weltlichen erfahren haben, so wenig treten hier Geistliche in den Vordergrund. Nach Gerhards Aussage handelte es sich um die Lebensgemeinschaft einer gehobenen Laienschicht, deren Mitglieder sich als «Brüder» bezeichneten, mit ihren Frauen wie mit Mutter und Schwester lebten, Vegetarier waren, immer fasteten und «unaufhörlich» beteten. Ein sozusagen schichtweises Gebet bei Tag und Nacht war einst in karolingischen Klöstern versucht worden; in Monforte war es mindestens bei den Oberen (maiores) der Sekte der Brauch. Gemeinsam war auch der Besitz der Gruppe, ja sogar «gemeinsam mit allen Menschen», was immer das heißen mochte.

Wir haben hier – abgesehen von der Sektenbildung – das frühe Beispiel einer geistlichen Laiengemeinschaft, wie sie uns im letzten Jahrzehnt des 11. Jahrhunderts im oberdeutschen Raum begegnen werden.[150] Dort waren es «ganze Orte [villae]», die sich dem gemeinsamen Leben mit Gemeineigentum nach Art der Urkirche ergaben, Männer und Frauen unter der Leitung von Weltgeistlichen oder Mönchen, verleumdet von Übelwollenden, aber von Papst Urban II. beschützt. Hier jedoch lag die geistliche Leitung in der Hand von «maiores», die besonders viel beteten und vielleicht Bibelstunden abhielten; es ist anzunehmen, daß die tägliche Lesung des Alten und des Neuen Testaments, von der berichtet wird, gemeinsam erfolgte. Wohl nicht jeder konnte lesen, und nicht jeder hatte ein eigenes Exemplar der heiligen Texte zur Hand.

Geistliche Funktionen übten die «Oberen» anscheinend sonst nicht aus. Der Erzbischof suchte durch die listige Frage, wem sie beichteten, die eigentlichen Hintermänner der Häretiker festzustellen, und erhielt eine Antwort, an der man herumgerätselt hat: Sie hätten einen «pontifex», auch wenn er keine Tonsur trage, und außer diesem gebe es keinen anderen und kein (Kirchen-) Amt (ministerium).[151] Es sei nicht der römische Papst, sondern einer, der «täglich über die ganze Welt hinweg unsere zerstreuten Brüder heimsucht» und ihnen ihre Sünden vergibt. Man hat an einen Wanderbischof gedacht, doch die Allgegenwart allein zeigt schon, daß es sich um den Heiligen Geist handelt; die «Brüder» dürften nicht Angehörige der Lokalsekte von Monforte sein, sondern gute Christen allüberall. Dazu stimmt, daß die Frage unbeantwortet blieb, aus welchem Teil der Welt die Lehre denn komme: Man wußte es nicht. Ihr Ausgangspunkt dürfte die Bibelrunde von Monforte gewesen sein.

Heiliger Geist und Heilige Schrift, diese in eigener Auslegung, standen im Mittelpunkt des Denkens der Leute von Monforte. Christus sei aus Maria, d. h. aus der Heiligen Schrift geboren; der Heilige Geist sei das demütige Schriftverständnis. Darauf werden wir gleich zu sprechen kommen. Dem Erzbischof waren diese Aussagen genug; er fing «alle, die er finden konnte», und schaffte sie nach Mailand, einschließlich der Gräfin. Sie wurden dort nicht in strenger Haft gehalten, denn Bauern strömten zusammen, um sie zu sehen. Die Ketzer belehrten sie durch «falsche Bruchstücke, die aus den heiligen Schriften herausgerissen waren».

Der Rest der Geschichte ist rasch erzählt. Gegen den Willen des Erzbischofs erfolgte ein Spruch der Stadtoberen: Die Ketzer sollten wählen zwischen der Verehrung eines Kreuzes und dem Scheiterhaufen. Einige wählten das Kreuz und sprachen das Glaubensbekenntnis, «viele jedoch schritten, die Hände vor dem Gesicht, in die Flammen».

Das war heroischer Bekennermut und zugleich die Erfüllung eines rituellen Gebotes. Im Verhör hatte Gerhard folgendes geäußert: «Wenn wir durch böse Menschen gemartert werden und daran zugrunde gehen, freuen wir uns; falls wir jedoch auf natürliche Weise sterben, tötet uns unser Nächster [nächster Verwandter?], bevor wir unsere Seele aushauchen.»

Diese seltsame Lehre bleibt unerklärt. Man kann sie als Ausdruck des «Spiritualismus» deuten, doch ist das recht allgemein. Einige Forscher haben darauf verwiesen, daß – sehr spät und selten bezeugt – die Katharer einen freiwilligen Hungertod kannten, die «endura».[152] Da so sehr die Bibel im Vordergrund des Denkens stand, können es auch konkrete Bibelstellen gewesen sein, die den Anstoß gaben. Allgemein wertete man Märtyrer höher als die Heiligen, die eines natürlichen Todes (als «Bekenner«) gestorben waren, und die Tötung sollte vielleicht eine Gleichstellung mit jenen bewirken. In der Johannes-Apokalypse werden alle selig gepriesen, die wegen ihres Zeugnisses für Jesus enthauptet wurden, sie dürfen ein Jahrtausend lang mit Christus zusammen regieren; die anderen Toten dürfen es erst nach Ablauf des Jahrtausends (Apoc. 20,4 f.). Wie dem auch sei, die Häretiker sahen einem qualvollen Tod gefaßt, ja freudig entgegen. Von ihrem Sprecher Gerhard, der vor den Erzbischof bestellt wurde, heißt es bei Landulf: «Er war durchaus bereit zur Passion und freute sich darauf, daß er unter ärgsten Martern sein Leben beenden werde.»

Was die eigentlichen theologischen Lehren betrifft, so sind sie nur fragmentarisch erhalten und ohne den Versuch eines Verständnisses aufgezeichnet worden; so kann manches verändert oder doch vergröbert worden sein. Interpretieren läßt sich jede einzelne Aussage, ein System wird man nicht erwarten dürfen.

Gerhard zählte die trinitarischen Personen auf und erklärte sie: «Was ich als ‹Vater› bezeichnet habe, ist der ewige Gott, der seit Anbeginn alles ist[153] und in dem alles besteht.» Das klingt etwas pantheistisch und läßt die Frage nach der Schöpfung aus dem Nichts offen. Man hat auf Ähnlichkeiten mit den Werken des Johannes Scotus hingewiesen,[154] ohne zu erklären, wie dieser damals wenig bekannte hochgelehrte Autor in die Hände der Gemeinde von Monforte gekommen sein könnte.

«Was ich den Sohn genannt habe, ist der von Gott geliebte Geist des Menschen.» Bei Matthäus sagt eine Stimme aus einer Wolke: «Dies ist mein geliebter Sohn» (Matth. 17,5, Verklärung Jesu); Christus hat sich selbst mehrfach «Menschensohn» genannt. Hier handelt es sich jedoch um den Geist (animus), die Ausschaltung des Leibes scheint spiritualistisch bedingt und verweist auf eine Lesefrucht aus Johannes Scotus oder Augustinus.[155] Eher könnten Werke des letzteren in Monforte zur Stelle gewesen sein; dort besaß man ja neben dem Neuen das Alte Testament, wahrscheinlich in zwei oder mehreren Bänden, sowie eine Sammlung kirchlicher Rechtssätze (canones), auf die sich Gerhard bei seiner Aussage bezog. Ähnlich könnte es sich mit der nächsten Erklärung Gerhards verhalten: «Was ich den Heiligen Geist genannt habe, das ist das Verständnis [intellectus] der heiligen Wissenschaften, durch das alles mit der Gabe der Unterscheidung [discrete] regiert wird.» So wie «animus hominis» mag auch der Begriff «intellectus» einen neuplatonischen Hintergrund haben, der unter Umständen durch Augustinus vermittelt worden sein könnte.

Gerhard antwortete auf die Frage nach Jesus, Sohn der Jungfrau und «Wort des Vaters»: «Er ist ein Geist, der den Sinnen nach [sensualiter][156] durch die Jungfrau Maria geboren wurde; das heißt [videlicet], er wurde aus der Heiligen Schrift geboren.» Nur dem alltäglichen Verständnis nach ist Christus Sohn der Jungfrau, in höherem, allegorischem Sinn ist die Heilige Schrift seine Mutter. Dafür wird man kaum Parallelstellen beibringen können, es scheint sich um eine Eigenlehre der Leute von Monforte zu handeln. Der Weg zu ihr dürfte über eine Gleichsetzung des Logos vom Beginn des Johannesevangeliums mit dem «Wort» im Sinn von Gotteswort, Heilige Schrift führen. In Gottvater ist dieses Wort präexistent, in Christus kommt es zu den Menschen, und auch der Heilige Geist ist – nach dem letzten Satz von Gerhards theologischer Erklärung – aus dem Wort zu verstehen: «Der Heilige Geist ist das von Ehrerbietung getragene Verständnis der heiligen Schriften.»

Wir hätten also Gedanken vor uns, die dem Geheimnis der Trinität durch die Einbeziehung der Heiligen Schrift beizukommen trachten. Es wird auf eine andere Ebene verschoben, hängt mit der Botschaft Gottes an die Menschheit zusammen. Wenn man die Idee weiter verfolgt, ergibt sich eine Emanation des Wortes aus Gott in die Menschenseelen, also deren Inspiration ähnlich wie in Orléans. Wahrscheinlich handelte es sich jedoch um ein eher fragmentarisches Denken, intuitiv und unsystematisch. Was der Erzbischof hörte, hatte jedenfalls nicht seine Empörung, sondern sein «schweigendes Staunen» zur Folge.

Ebenso wie in Orléans fehlt auch hier eine Aussage über das Böse. Darum waren die Leute von Monforte auch keine Katharer, obwohl dies behauptet wurde. Übrigens las man in Monforte das Alte Testament, während es von den Bogomilen und Katharern als Ausdruck des Waltens des bösen Prinzips ganz oder teilweise verworfen wurde. Von einem Dualismus kann hier keine Rede sein; kaum ergäbe er sich aus einem Weiterdenken, einer Komplettierung der Lehre zu einem theologischen System.

Vergleicht man die Ketzer von Monforte mit jenen von Arras, so handelt es sich in beiden Fällen um Weltliche, die ihr Leben nach biblischen Grundsätzen ordnen und eine feste Gemeinschaft bilden wollten. In Arras begnügte man sich mit den Fundamentalsätzen, die Gundulf aufgezeichnet hatte; die Leute von Monforte waren «Bibelforscher», die Rudimente einer eigenen Theologie entwickelten. In Arras nahm man die Belehrungen durch den Bischof ergeben hin, die freien Bauern von Monforte und ihre Gräfin fanden diesen Rückweg ebensowenig wie die Kleriker von Orléans.

Orléans (1022), Arras (1025) und Monforte (um 1030) sind drei relativ gut bezeugte Fälle, über das Normalmaß dessen hinausragend, was Chronisten üblicherweise zu vermelden pflegten; schon in Goslar (1051) hat man sich nicht die Mühe genommen, ein Protokoll anzufertigen, oder es ist nicht, auch nicht auszugsweise, überliefert. Für die zweite Hälfte des Jahrhunderts bietet sich kein solcher Glücksfall, und auch Kurznachrichten gibt es fast keine. Die immerhin noch beste stammt aus einem Cluniazenserkloster in Nevers, zum Jahr 1075: «In diesem Jahr wurde der Häretiker Belinus umgebracht, und auch seine Genossen wurden dem Tod überantwortet.»[157] In Nevers trifft der Bogen der Loire die von Tours kommende Straße, die ihn abschneidet; die Stadt ist ein alter Bischofssitz. Man baute von 1066 bis 1097 in der Vorstadt eine Stephanskirche, 1076 wurde die Salvatorkirche geweiht. Waren die Ketzer Bauhandwerker, Händler oder keines von beidem? Auch von ihren Lehren wissen wir nichts. Der Name Belinus dürfte von der Ortschaft Belin oder ihrer Umgebung, dem Belinois, abgeleitet sein (arr. Bordeaux, etwa 200 km Luftlinie von Nevers).

Über Irrlehren berichtet eine weit weniger wertvolle Quelle, ein Brief des Bischofs Theoduin von Lüttich an König Heinrich I. von Frankreich.[158] Im Jahre 1049 oder 1050 hat dieser Reichsbischof den König belehrt, daß er auf Ketzereien in Frankreich achten solle: Der Scholaster Berengar in Tours und Bischof Bruno von Angers behaupteten, daß der Leib Christi nur ein Schatten und kein Körper sei; sie wandten sich gegen die legitime (kirchliche) Eheschließung und die Taufe der Kleinkinder. Berengars Abendmahlslehre wird uns noch beschäftigen. Die kirchliche Ehedoktrin war damals in Ausbildung begriffen, vielen galt die Eheschließung als Sache des Hauses, mit oder ohne kirchlichen Segen. Kinder zu taufen, ohne daß sie das Taufgelübde sprechen konnten, empfand man als Ärgernis, nicht nur im Kreis von Häretikern. Jedenfalls wird man den Brief nicht in eine Reihe mit gesicherten Nachweisen des Ketzertums stellen können.

Sehr zweifelhaft ist ferner der Wert eines Schreibens, das Papst Nikolaus II. 1060 an den Klerus von Sisteron (in der oberen Provence) richtete:[159] Der neugeweihte Bischof sollte keinen Verheirateten, keinen Krüppeln und keinen

Afrikanern (Afros) die Weihen erteilen – letzteres, weil einige von ihnen Manichäer und andere Wiedergetaufte seien. Wie schon Russell erkannte, sind hier Warnungen des Papstes Gregor II. abgeschrieben. In Rom mochte man glauben, daß es in den Seealpen immer noch Sarazenen gebe. Über deren Glauben war man gewiß nicht informiert, so hielt man sich an ein Vorbild aus dem 8. Jahrhundert.

Auf der Suche nach ketzerischen Anschauungen in der zweiten Hälfte des 11. Jahrhunderts wurde auch ein polemischer Traktat zitiert, der um 1085 verfaßt worden ist: Der *Liber contra Wolfelmum* Manegolds von Lautenbach. Hier geht es gegen die «Philosophen», fortschrittliche Zeitgenossen Manegolds, die sich auf antikes Schriftgut stützten. Um sie zu charakterisieren, nennt er die Namen Mani, Arius und Origenes; er zählt einige Irrmeinungen auf, die sich nicht ganz aus den Kirchenvätern erklären lassen. Waren es Irrlehren von Ketzern in Manegolds eigener Zeit?[160] Sicher nicht. Erstens geht es hier um die Seelenwanderung. Das ist ein antiker Gedanke, im Ketzertum (der Bogomilen) erst für das 12. Jahrhundert zu erschließen. Zweitens war die Gleichsetzung der Seele mit dem menschlichen Blut, wiederum eine antike Vorstellung, etwas, das als Häresie erst um 1300 bei Katharern belegt ist. Drittens handelt es sich um den vor allem bei Plotin und seinen Nachfolgern begegnenden Gedanken vom Leib als Kerker der Seele, was die Kathararer wiederholten. Schließlich hat Manegold in einem anderen Werk festgestellt, daß für die Zeit des Neuen Bundes das Alte Testament nur beschränkte Geltung besitze – eine recht gemäßigte Feststellung angesichts der Feindschaft von Bogomilen und Katharern gegen den Gott des Alten Testaments und alle oder doch einen Großteil von dessen Schriften.

Hätte Manegold Zeitgenossen gekannt, die eine der ersten drei Lehren verfochten, wäre er auf ihre Häresien als geborener Polemiker wahrscheinlich näher eingegangen. Das, was er berichtete, sollte dazu dienen, den «modernen Philosophen» die Gefährlichkeit der antiken vor Augen zu stellen. Die Gleichsetzung von Seele und Blut führt Manegold z. B. auf Empedokles zurück, anderes auf Pythagoras und Plato. Seine Quelle war Macrobius, *Somnium Scipionis*, mit Ansichten von 18 alten Philosophen über die Seele. Am Schluß steht die Frage, wie man in den Himmel kommen könne, wenn man die Seele für Blut halte.[161]

Wir erfahren also aus dieser Zeit über wirkliche Häretiker sehr wenig, so daß man sagen konnte, die abendländische Ketzerei sei «für ein halbes Jahrhundert erloschen».[162] Andererseits findet sich die Bezeichnung als Häretiker sehr oft, wofür auch Manegold ein Zeuge ist. In der zweiten Hälfte des Jahrhunderts liebte man es noch mehr als in anderen Epochen, theologische oder politische Gegner zu Häretikern zu stempeln. In den Auseinandersetzungen des sog. Investiturstreits gebrauchte man immer wieder dieses Kampfmittel. Erzbischof Wibert von Ravenna, der später Heinrich IV. zum Kaiser krönte, wurde nach seiner Erhebung zum Gegenpapst Clemens II. (1080) von den

Reformern als «Häresiarch» bezeichnet.[163] Zu solchen Anschuldigungen führte auch die Handhabung des Simoniebegriffes: Laien durften mit kirchlichen Ämtern nichts zu schaffen haben; Simonie war eine falsche Auffassung vom Wirken des Heiligen Geistes, also eine Häresie. In diesem Sinne schrieb z. B. Gregor VII. der Gräfin Adela von Flandern, der Archidiakon Hubert von Térouanne sei einer Häresie verfallen, man solle seinen Worten darum nicht Glauben schenken. Er war nach gregoriansicher Auffassung ein Simonist und hat es bald darauf trotzdem zum Bischof gebracht.[164] Zumeist dachte man da milder, und um die Wende zum 13. Jahrhundert wurde ein puristischer Häretiker belehrt, welch ein Unterschied zwischen persönlicher Sündhaftigkeit eines kirchlichen Amtsträgers und seinem unverletzlichen Amt besteht.[165]

Den Antigregorianern, also den Konservativen im Reichsklerus, konnte die gregorianische Anschauung über die «simoniaca haeresis» wiederum als Häresie gelten; ein Gregorianer hat das mit dem Feuertod bezahlt. Wir kennen seinen Namen nur – in der verstümmelten Form «Ramihrdus» – aus einer Chronik von St. Andreas in Cambrai.[166] Der dortige Bischof hörte, daß dieser Mann in einem Dorf (Férin bei Lambres, südlich Douai?)[167] unorthodoxe Lehren verkünde. Er prüfte ihn vor einer geistlichen Versammlung, doch fand er nichts Anstößiges an seinen Aussagen. Als jedoch «Ramihrdus» aufgefordert wurde, zum Zeugnis der Wahrheit seiner Worte den Leib des Herrn zu nehmen, weigerte er sich mit der Begründung, er werde weder aus der Hand des Bischofs noch aus jener eines der Äbte oder Priester das Sakrament entgegennehmen, weil sie entweder Simonisten oder Habgierige seien. Man nannte ihn darauf einen Erzketzer (heresiarcha, Anführer einer Häresie); einige bischöfliche Ministerialen und andere führten ihn in eine Hütte und verbrannten ihn zusammen mit dieser. Viele seiner Anhänger bemächtigten sich seiner Überreste, und noch 1135 schrieb der Chronist: «Bis heute gibt es in einigen Vorstädten [oppida] viele aus seiner Sekte, und mit seinem Namen bezeichnet man Leute, die das Gewerbe von Webern ausüben.»

Die Sache hatte ein Nachspiel: Papst Gregor VII. schrieb dem Bischof von Paris,[168] er habe gehört, daß die Leute von Cambrai einen Menschen verbrannt hätten, weil er den Gottesdienst der simonistischen und verheirateten Priester abgelehnt habe; wegen dieser Grausamkeit seien die Schuldigen zu exkommunizieren. Der erwählte Bischof Gerhard II. von Cambrai, der eigentliche Adressat des Schreibens, mußte sich auf einer von Gregor einberufenen Synode der französischen Kirche wegen Simonie und der Verbrennung des Mannes verantworten.[169]

So wie Bischof Gerhard I. hatte auch Gerhard II. Schwierigkeiten mit Leuten aus dem französischen Teil seiner Diözese; so wie die Ketzer von Arras waren auch die Anhänger des «Ramihrdus» Weltliche, und war er selbst kaum ein Geistlicher. Mit seinem Namen benannte man fast vierzig Jahre später Weber, und um Handwerker mag es sich auch bei ihm und seinen Leuten gehandelt haben. Die Weberei wurde später zum «klassischen» Ketzerhandwerk.

Das Wirken des «Ramihrdus» kann man in den Zusammenhang einer Kirchenreform «von unten» stellen, deren bekanntester Fall die Pataria in Mailand ist. Sie soll hier nicht geschildert werden. Nur soviel sei gesagt, daß sie mit dem Mittel des sakramentalen Streiks eine Besserung des Hochklerus erreichen wollte; Häretisches gab es im 11. Jahrhundert hier nicht, in diesem Falle hätte auch das Papsttum zögern müssen, den Patarenern Unterstützung zukommen zu lassen.

Was in Mailand und anderen Städten Oberitaliens geschah, scheint einen Nachhall im französischen Flandern gefunden zu haben. 1076 wurde Bischof Benzo von Alba durch Patarener aus seinem Bistum vertrieben, ein Anhänger Heinrichs IV. und Publizist im Investiturstreit; 1077 hätte ein Gleiches dem Bischof Gerhard von Cambrai geschehen können, wäre er den aufständischen Bürgern nicht durch die Gewährung von Freiheiten entgegengekommen[170]. In solch einer gespannten Lage, verbunden mit nationalen Gegensätzen innerhalb der Diözese, gewinnt das Vorgehen gegenüber den «Ketzern» ein anderes Gesicht. Ein königstreuer Bischof glaubte, gegenüber der Speerspitze des Gregorianertums ein Exempel statuieren zu müssen. «Ramihrdus» wurde zum Opfer einer politischen Demonstration.

Das Neue an der zweiten Hälfte des 11. Jahrhunderts ist einerseits die Intensität religiösen Fühlens in breiteren Kreisen der Laienschaft und anderseits die Tatsache, daß es im Klerus eine Partei gab, die diesem inneren Zustand entgegenkam. Wer den Klerus wegen seiner Verweltlichung ablehnte, mußte sich jetzt nicht mehr in eine eng begrenzte, bald «illegale» Gruppe zurückziehen. Helfer im Tageskampf gegen die beharrenden Kräfte wurden auch Mönche, die Volkspredigten hielten, was dem Mönchtum bis dahin fremd war. Es ging jetzt nicht nur um die Reform der geistlichen Gemeinschaften, sondern auch um die rechte Ordnung in der Welt.

Nördlich der Alpen war dabei das Kloster Hirsau im Schwarzwald führend, das bald andere Klöster reformierte. In einer Denkschrift über «die zu bewahrende Einheit der Kirche»[171] werden die Hirsauer angeklagt, sowohl dem Königtum als auch der Sache des Papsttums zu schaden; ein «Bürgerkrieg» (intestinum bellum) herrsche im Mönchsstand, der «in mehrere Sekten geteilt» sei. Vor allem sollen die Mönche im Kloster bleiben, doch sie streben hinaus in die Welt und senden allüberall hin die «Boten ihres Wortes»: Sie predigen, daß «nur bei ihnen und ihren Nachläufern die Kirche Gottes sei, die Gerechtigkeit Gottes und die heiligen Priesterämter». Sie fügen hinzu, «daß sie Himmlische [caelestes] und Geistchristen [spiritales] und Söhne Gottes seien». Anderswo[172] wird über die Fahrenden (girovagi) geklagt, die unter dem Deckmantel des Mönchtums umherstreifen und Zwietracht säen. Im nächsten Satz lesen wir, daß Laien das ungeheuerliche (enorme) Dekret des Papstes gegen die verheirateten Geistlichen verbreiteten. Wandernde Mönche und kirchlich aktive Laien arbeiteten Hand in Hand an der Durchsetzung der Reformziele.

Wer seinen Lebensstil als Weltlicher dem mönchisch-asketischen annähern wollte, fand jetzt nur bei einem Teil des Klerus Ablehnung, bei einem anderen Helfer und Berater. Wir haben schon kurz auf jene Laiengemeinschaften hingewiesen, die es damals im oberdeutschen Raum gegeben hat.[173] An vielen Orten, heißt es bei Bernold von St. Blasien, blühte das gemeinsame Leben, sowohl im Klerus als bei den Laien, die sich und ihr Eigentum diesem Leben darboten. Sie trugen keinen Habit, «kamen aber Weltklerus und Mönchen an Verdiensten gleich». Ihr gemeinsames Leben fand unter der Aufsicht und im Dienst des Regularklerus statt. Manche wurden, so heißt es weiter, eifersüchtig auf diese Brüder, obwohl jedermann sah, daß es sich um ein gemeinschaftliches Leben nach Art der Urkirche handelte. Es war eine «nicht zählbare Menge» von Männern und Frauen, die in den Dienst der Stifte oder Klöster traten; in den Dörfern selbst gab es ebenfalls «unzählige Jungfrauen, die sich Gott weihten, und Verheiratete, die mönchisch [religiose] lebten» und den Religiosen gehorchten. Vor allem in Schwaben blühten die Gemeinschaften überall; hier ergaben sich «ganze Dörfer» dem Religiosentum «und wetteiferten miteinander in der Heiligkeit der Sitten».

Abt Wilhelm von Hirsau hatte in seinen Klöstern nach italienischem Vorbild die Institution der Laienbrüder eingeführt. Daneben standen Gruppen von Laien, die in den Verband der geistlichen Kommunitäten anscheinend kumulativ aufgenommen worden waren, für die sie arbeiteten und bei denen sie wohl auch wohnten. Es gab aber auch Siedlungen, die «ganz» (ex integro) geistlich lebten; ein Priester sorgte hier für die Seelsorge, wie Bernold schreibt. Vielleicht hat er die Breite des Phänomens überschätzt, sicherlich ist die Sache nicht erfunden. Die Kirchenspaltung in «Gute» und «Böse», Heilige und zu Recht Exkommunizierte hat im Volk einen sehr großen Eindruck hinterlassen und die Unsicherheit so erhöht, daß man ein direktes Eingreifen Gottes erwartete. In solchen Zeiten tat man gut daran, fromm zu sein, besonders auch angesichts der Vorzeichen, von denen Bernold schreibt, daß man Blut aus dem Brot fließen und Kröten und Fische (aus einer Windhose?) vom Himmel fallen sah. «Viele, auch Religiosen, hielten das für Vorzeichen neuer Geschehnisse im Reich.»[174]

Bernolds Bericht ist einzigartig als Bild des Volksdenkens in dem von Krieg und religiösen Parteiungen zerrissenen Süddeutschland. In Italien war die Situation ähnlich, in Frankreich besser, wo ein «Investiturstreit» gerade noch vermieden worden war. Die religiöse Erregung der Volksmassen angesichts schlimmer Zustände fand hier durch die Gottesfriedensbewegung neue Ziele; durch den Bauernkreuzzug unter Peter von Amiens wurde sie in die Ferne gelenkt, oder sie fand Ruhe im Laienbrüdertum des Zisterzienserordens. All das erklärt freilich nur zum Teil das fast vollkommene Fehlen von Nachrichten über Ketzer des späten 11. Jahrhunderts. Man kann die Fakten konstatieren, sollte sich jedoch nicht mit einigen allgemeinen Sätzen über ihre Erklärung hinweghelfen.

Eines wird man immerhin vermuten können: Den Weltlichen unter den Ketzern des 11. Jahrhunderts ist es weniger um Dogmatisches als um den inneren Halt einer Lebensregel gegangen; jetzt gab es im Klerus vorbildliche Erscheinungen eifervoller Asketen und Prediger, die diese Stütze boten. Um das Leben der Apostel zu führen, frei von institutionellen Zwängen, mußte man jetzt kein Ketzer werden. Es gab ja auch Mönche, die sich vom Zwang der örtlichen «stabilitas» gelöst hatten und die Richtung zur Heiligkeit wiesen.

Zweites Kapitel

Das 12. Jahrhundert
Nicht-Katharer

Die erste Hälfte des 12. Jahrhunderts ist gekennzeichnet durch das Auftreten bedeutender Prediger mit großem Einfluß auf das Kirchenvolk. Man denke an Männer wie Norbert von Xanten und Bernhard von Clairvaux; Prämonstratenser und Zisterzienser folgten ihrem Beispiel. Wortgewaltig und oft kirchenpolitisch engagiert, verblieben sie innerhalb der Orthodoxie. Das tat auch Arnold von Brescia, bei dem das politische Moment überwog und der unglücklich endete, weil er vom Klerus Armut und Sündenfreiheit verlangte. Und schließlich war da die Gruppe jener, die den «Populismus» voranstellten, nicht nur gegen den Klerus wetterten, sondern dem Volk neuartige Lehren verkündeten, die dessen Denken entgegenkamen. Gab es im 11. Jahrhundert zumeist «stille» und mehr oder minder anonyme Gruppen von Sektierern, so waren es jetzt «laute» Nachfolger ihrer Meister, mit deren Namen sie bezeichnet wurden: «Tanchelmistae, Petrobrusiani, Heinriciani, Eunitae, Arnaldistae».[1] Die Mobilisierung der Laien durch die Vertreter der Kirchenreform hatte freie Bahn geschaffen; sich verändernde Lebensumstände, etwa das städtische oder besser: vorstädtische Wesen, kamen hinzu. Freilich gab es daneben auch Stille im Lande, über die man nur ausnahmsweise etwas in den Quellen findet.

Die Predigt war allzumeist Wanderpredigt, stand also im Gegensatz zu der ruhigen, ortsgebundenen Existenz vor allem des traditionellen Mönchtums, dem ja das Predigen eigentlich verboten war. Sie entzog sich weithin kirchlicher Aufsicht, wurde entweder überhaupt auf freiem Feld abgehalten oder in einer Kirche als Massenveranstaltung, gegen die sich nur schwer einschreiten ließ. In den Städten sollte der Bischof predigen, oft tat er es aber nur für Klerus und Gebildete, die Latein konnten. Es gab eine Pfarrorganisation und die sonntägliche Exhorte, wenigstens dort, wo gute Zustände herrschten. Da wußte man im voraus, was der Pfarrer sagen würde; ganz anders war es mit einem wandernden Volksprediger, dessen Heiligkeit schon aus seinem Auftreten hervorzugehen schien. Ihm rannte man nach, begleitete ihn auf seinem Weiterweg, man erwartete von ihm Wunder. Solche Macht über das Volk zu besitzen, hat manche auf immer seltsamere Wege geführt.

Als erster ist Tanchelm zu nennen, der in Flandern, Seeland und Brabant seine Anhängerschaft hatte. Er gab an, ein Mönch zu sein, und gehörte zu jenen, die behaupteten, unwürdige Priester könnten keine gültigen Sakramente vollziehen. Das war die Ausgangsposition der Pataria, und mit ihr teilte Tanchelm auch die Überzeugung, daß der Klerus des Landes korrupt sei. Die Konsequenz war, den Gläubigen eine Art Streik und das Aussetzen der Zahlung des Zehnten zu empfehlen. Das war Zündstoff genug; er wurde vermehrt durch eine außerordentliche Rednergabe dieses Mannes, der durch die römische Kirche eine private Enttäuschung erlebt hatte: Im Dienste des Grafen Robert II. von Flandern war er zusammen mit einem Priester namens Everwacher 1112 nach Rom gesandt worden, um bei Papst Paschal II. die Unterstellung Seelands unter eine französische Diözese zu erreichen – dem Reichsbistum Utrecht sollte damit ein Teil seines Sprengels entzogen werden. Die Mission mißlang, und der Klerus von Utrecht tat alles, um dem Feind des Bistums die Existenz unmöglich zu machen. Die Hauptquelle über Tanchelm ist ein Schreiben der Utrechter an den Erzbischof von Köln,[2] dieser sollte ihn gefangenhalten und auf keinen Fall freilassen. Wieder einmal spielt die Politik dieses Grenzraumes in die Darstellung hinein, die von einem dortigen Häretiker gegeben wird. Denn es ist gar nicht sicher, daß alle Seltsamkeiten, die man dem Tanchelm in Utrecht zuschrieb, Wirklichkeit waren.

«Er behauptete, nur bei ihm und den Seinen sei die Kirche. Die Kirche . . . will dieser Mann nur den ‹Tanchelmisten› allein zurechnen!» Der donatistische Ansatz mußte zu einer «Kirche der Reinen» führen, doch hat Tanchelm keinen Versuch gemacht, sich und den Seinen Kirchenämter zuzuführen – bis auf eine Pfarre, deren Zehnten jetzt jener Everwacher bezog, der ihn nach Rom begleitet hatte. Dazu kam «die Kühnheit, daß er sich Gott nannte»: Christus sei Gott, weil er «den Heiligen Geist gehabt habe, und er [Tanchelm] sei nicht minderen Ranges, . . . weil er die Fülle des Heiligen Geistes empfangen habe». Letzteres mag eine Aussage Tanchelms sein, ersteres kaum, falls man hier nicht Pantheismus am Werk sehen will.

Daß es diesem Mann nicht an Phantasie mangelte, zeigt das religiöse Theater, das er mit seinen Anhängern spielte. Er soll befohlen haben, ein Marienbild aus der Kirche herbeizuschaffen, dessen Hand er ergriff, um seine Verlobung mit Maria zu verdeutlichen. Das Volk solle ihm, sagte er, Hochzeitsgaben schenken – worauf Frauen ihren Schmuck spendeten. Es handelte sich also um eine bedenkliche, aber psychologisch wirksame Form der Kollekte. Tanchelm brauchte Geld, weil er mit einem Hofstaat reiste: Unter Führung eines Schmiedes folgten dem Tanchelm zwölf Männer, die die zwölf Apostel versinnbildlichten, und angeblich eine Frau, die Maria darstellen sollte. Das Ganze war zugleich eine Leibgarde und eine religiöse Bruderschaft. In Utrecht bezeichnete man sie als «Gilde», also eine jener Gemeinschaften von Handwerkern oder Kaufleuten, die der gegenseitigen Hilfe und auch politischen Zwecken dienten. Die Erwähnung eines Schmiedes verweist auf die später so häufige Nähe des Handwerkertums zu einer häretischen Bewegung.

Später, um 1155, hat man die Erzählung ausgeschmückt: Etwa dreitausend Bewaffnete seien dem Tanchelm gefolgt, so daß ihm niemand, weder ein Graf noch ein Herzog, widerstehen konnte; in goldgestickten Kleidern sei er umhergegangen, Gold habe er in sein Haar geflochten. Tanchelms Anhänger hätten sein Badewasser getrunken oder als Reliquie weggetragen.[3] In einer

zweiten Fassung desselben Berichts ist auch von Orgien die Rede,[4] was vorsichtig – «man sagt» – schon in dem Brief des Utrechter Klerus angeklungen
war. Das alles diente dazu, die Anhänger der Gruppe zu diskreditieren, nachdem den Tanchelm ein Priester erschlagen hatte.

Das geschah 1115; vier Jahre später errichtete der Bischof Burkhard von
Cambrai in Antwerpen ein Kanonikerstift, das die Häresie der «Tanchelmisten» zum Verschwinden bringen sollte. Das gelang nicht, und es bedurfte erst
der Prämonstratenser Norberts von Xanten, um mit der Sekte fertig zu werden (1124). Auch jene waren Kanoniker, aber der eben begründete Reformor-
den übte sich in strengster Askese. Das Volk wollte Heilige sehen, hier waren
sie zur Stelle.

Was weiterlebte, waren Phantasien über Tanchelms Auftreten und seine
Lehren, wobei er zu einer Art Antichrist wurde. Eine Spur davon findet sich
auch bei Abaelard in dessen Theologia ‹Scholarium›, wo man sie wahrlich
nicht vermuten würde:[5] Tanchelm habe sich als Sohn Gottes preisen und vom
verführten Volk, «wie man sagt», einen Tempel errichten lassen.

Dieser Mann war ein Reformer, der mit seiner Predigtgewalt die Menge
fortriß und gegen den Ortsklerus mobilisierte; Häretisches mag seine Predigt
enthalten haben, es war jedenfalls nicht das primäre Agens seiner Existenz.
Die Volksmenge, deren er bedurfte, wird man vor allem im Bereich kleiner,
rasch aufstrebender städtischer Siedlungen zu suchen haben. Diese gewannen
an sozialer und politischer Bedeutung, ohne daß die kirchlichen Institutionen
von diesem Prozeß Notiz nahmen. Ein Beispiel bietet Antwerpen, das zur Zeit
Tanchelms bloß aus einer einzigen Pfarre bestand, mit einem Pfarrer, der dem
Bischof von Cambrai unterstand. Mit wachsendem Reichtum der Stadt hatten
sich Filialkirchen entwickelt, deren Inhaber zumeist nicht dem Priesterstand
angehörten und verheiratet sein konnten; sie lebten in ihren eigenen Häusern
und ließen den Gottesdienst durch andere besorgen.[6] Hier sammelte sich
Zündstoff in einer auch politisch sehr gespannten Situation: Als Tanchelm
nach Rom zog, hatte der Kampf zwischen Heinrich V. und Papst Paschal II.
einen dramatischen Höhepunkt erreicht. Es war daneben eine Zeit kommuna-
ler Bewegungen; man kann zwar nicht behaupten, bei Tanchelm habe es sich
um eine «städtische» Häresie gehandelt, doch spielte bereits die Idee der Bür-
gerfreiheit eine Rolle. Der natürliche Widerpart des Sektierertums war der
Ortsbischof; wo es keinen gab, weil eine Vakanz eingetreten war (wie in
Utrecht), oder in Kleinstädten wie Antwerpen, konnte es sich ziemlich frei
entfalten. In Köln hat man Tanchelm gefangen, doch ist er wieder freigekom-
men, ohne Häresieprozeß, der wohl schwierig zu führen gewesen wäre und in
der Stadt Widerstände hervorgerufen hätte.

Tanchelm muß über ein gewisses intellektuelles Niveau verfügt haben,
sonst hätte man ihn nicht zu Papst Paschal II. nach Rom senden können. Er
wetterte gegen den Klerus, hat aber Kirchen und Klöster in Ruhe gelassen.
Anders war das bei Eon von Stella aus Loudeac in der Bretagne. Er war ein

Kleinadeliger,[7] «illiteratus et idiota», und eher ein Räuberhauptmann denn ein Reformer. Die Stimmung des Volkes gegen den Klerus scheint hier keine Heiligen verlangt zu haben, sondern ein prunkvolles Herrentum, das sakral legitimiert zu sein behauptete. Umgeben von Sippengenossen und Freunden, zog er mit Scharen von Menschen umher, die in ihm «den Herrn der Herren» sahen; die Zahl der Gefolgsleute war seine Stärke und öffnete ihm die Tore von Kirchen und Klöstern, die ausgeraubt wurden. «Großartiger Ruhm schien ihn zu umgeben, und ein königlicher Aufwand; sein Gefolge arbeitete nicht, kleidete sich prächtig, tafelte köstlich, und das alles in größter Heiterkeit.» Leute, die ihn ergreifen sollten, wurden durch diese falsche Pracht korrumpiert – daß dabei der Teufel im Spiel war, schien dem Chronisten selbstverständlich.

Teuflischen Künsten schien es auch entsprungen, daß das Räubervolk «mit wunderbarer Schnelligkeit durch verschiedene Provinzen getragen wurde» und zeitweise in unwegsamem Gelände versteckt war, dann unerwartet daraus wieder hervorbrach. Man sandte vergebens Heere gegen Eon aus, aber sie fanden ihn nicht. Dann war es jedoch dem Erzbischof von Reims leicht, ihn greifen zu lassen – anscheinend hatte nicht der Teufel, sondern hatten die Bretonen die bisherige Mithilfe an dem Versteckenspielen eingestellt, als die Truppe des Kirchenfürsten eintraf. Zusammen mit Eon wurde der engere Kreis seiner Jünger gefangen; er hatte ihnen neue bedeutend klingende Namen verliehen: «die Weisheit», «die Wissenschaft», «die Einsicht» und so fort. Anderswo wird berichtet,[8] daß es sich um Namen von Engeln und von Aposteln gehandelt habe. Daraus machte man die «Ernennung» von Engeln, Aposteln, Erzbischöfen und Bischöfen – ein Fastnachtspiel, das es kaum gegeben hat. Immerhin fand Wilhelm von Newburgh einen Gewährsmann, der berichtete, er selbst habe gehört, wie der Mann, der «die Einsicht» hieß, noch am Weg zum Scheiterhaufen (den Häschern) Rache angedroht und die Erde beschworen habe, sich aufzutun. Auch die anderen blieben fest und verteidigten ihre neuen Namen bis zum Tode. «So groß war die Macht des Irrtums, als er sich einmal in den Herzen befestigt hatte.»

Seit alter Zeit meinte man, der Name sei der Schlüssel für das Wesen einer Sache oder auch eines Menschen; manche Mönche und viele Päpste nahmen einen neuen Namen an, als sie ein «neuer Mensch» im neuen Lebensbereich werden wollten. Eon selbst hat aus seinem Namen, wie erzählt wird, seine persönliche Rolle abgeleitet: Die liturgische Formel «Per eum qui venturus est iudicare vivos et mortuos, et saeculum per ignem» (Durch den, der da kommen wird, um Lebende und Tote und die Welt durch das Feuer zu richten) habe er auf seinen Namen bezogen, aus «eum» «Eon» herausgehört – was in bretonischem Munde vielleicht wirklich so klang. Eon war also der Gottessohn. Das könnte ein Scherz von Geistlichen sein, die sich über den ungebildeten Laien lustig machten, wird aber auch durch Otto von Freising erzählt,[9] einen seriösen Historiker, der die Sache ernst genommen hat.

Eon hatte im Jahre 1148 noch einmal eine große Stunde, als er auf dem
Konzil von Reims die liturgische Formel wiederholte, er sei «Eon», der da
kommen werde, die Lebenden und die Toten zu richten und die «Welt» durch
das Feuer. So berichtet Wilhelm von Newburgh und erzählt weiter, Eon habe
in der Hand einen Y-förmigen Stab getragen. Auf die Frage, was das solle,
habe er erwidert: «Das ist eine sehr geheimnisvolle Sache. Solange, wie jetzt,
der Stock mit beiden Enden nach oben weist, besitzt Gott zwei Drittel des
Weltalls und überläßt mir ein Drittel. Wenn ich die beiben oberen Enden der
Erde zukehre und den einfachen Teil nach oben richte, überlasse ich Gott nur
ein Drittel [der Welt].» Worauf ihn die Konzilsväter gehörig auslachten.
    Nimmt man trotzdem die Sache ernst, ist sie nicht ohne inneren Zusam-
menhang. Eon ist der Christus der Parusie und als solcher Teil der Trinität;
ihm steht es (wohl deshalb) zu, ein Drittel der Welt zu beherrschen. Er trägt in
der Hand eine Art Wünschelrute, ein magisches Instrument; wenn sie aus-
schlägt, hat das seine geheime Bedeutung. Wird damit das Weltgericht ange-
kündigt, mit verstärkter Gewalt des richtenden Christus?
    Otto von Freising hat erklärt, Eon sei nicht des Namens eines Häretikers
würdig, da er so bäuerisch und ungebildet gewesen sei. Damit mochte er recht
haben, denn ohne Zugang zu den heiligen Texten konnte man weder dem
apostolischen Leben noch einer Ausdeutung der Lehre nahekommen. Wahrscheinlich hat dieser Mann bei einer liturgischen Handlung den lateinischen
Satz gehört, in dem er seinen Namen zu finden glaubte, und ihn zur Basis
seiner Selbstdarstellung gemacht. Man hat Eon als Illiteraten belächelt, den
Schäden zum Trotz, die er der Kirche seines Landes zufügte. Daß Papst und
Konzilsväter in Reims mild gestimmt waren, führte dazu, daß Eon seine letzte
Zeit im Kerker des Abtes Suger von Saint-Denis verbringen konnte, der damals eine Art Reichsverweser war. Merkwürdig ist, daß Eon nicht schon nach
seiner Gefangennahme zusammen mit seinen Jüngern verbrannt wurde. Aber
da stand vielleicht seine Familie hinter ihm oder sogar ein Teil der Bevölkerung seiner Heimat, die dem Klerus nicht wohlgesonnen war.
    Tanchelm und Eon von Stella gehören zwei verschiedenen Generationen an,
doch haben wir sie nacheinander besprochen wegen des «populistischen» Zu-
ges, der ihr Auftreten kennzeichnet, mit Voranstellung des antiklerikalen Mo-
ments. Wir wenden uns einem Typus von Wanderpredigern zu, der mehr
Zukunft haben sollte und bei dem schon eine Art geistiger Filiation zu erkennen ist. Gemeint sind Petrus von Bruis und der Mönch Heinrich. Beide derselben Generation entstammend, waren durchaus ernst zu nehmen in Auftreten
und Lehren; Männer wie Petrus Venerabilis und Bernhard von Clairvaux
fanden es nötig, sich gegen sie zu wenden. Einiges verbindet sie mit Tanchelm,
nichts außer dem Antiklerikalismus mit Eon von Stella.
    Petrus von Bruis[10] war ein Priester in der Dauphiné, wohl Pfarrer von
Bruys bei Rosans (arr. Gap, Hautes-Alpes). Um 1112 oder 1113 scheint er ein
Wanderleben als häretischer Prediger begonnen zu haben, das er durch zwan-

zig Jahre, bis Ende 1132 oder Anfang 1133, führen sollte. Ein großer Teil unseres Wissens über ihn stammt aus der polemischen Schrift des Petrus Venerabilis, des bedeutenden Abtes von Cluny, *Gegen die Petrobrusianer*.[11] Die Quelle scheint frei von tendenziösen Erfindungen, vielleicht ist hier und da eine unfertige Lehre «weitergedacht» worden, so wie bei den Ketzern von Arras. Gegen Petrus wendet sich vielleicht auch ein Kanon der Synode von Toulouse (1119).[12] Das Vorgehen dieses rauhen Mannes ist gekennzeichnet durch eine Neigung zur Gewaltanwendung. Wahrscheinlich bezieht sich nur auf ihn, was der genannte Traktat des Petrus Venerabilis auch dem Mönch Heinrich zuschreiben wollte: Daß Priester gegeißelt, eingekerkert oder mit Gewalt zur Heirat gezwungen worden seien. Er habe gepredigt, das Kreuz sei nicht zu verehren, sondern «zur Rache für Qualen und Tod» des Herrn «mit jeder Schmach zu entehren, mit Schwertern zu zerhauen, im Feuer zu verbrennen».[13] Kirchen solle man keine bauen, bestehende niederreißen, denn man könne ebensogut im Wirtshaus wie in der Kirche beten. Dem einfachen Volk am Fuß der Alpen mochten kräftige Sprüche dieser Art gut gefallen.

Man wird sich Petrus von Bruis trotzdem nicht als ungehobelten Gebirgler vorstellen dürfen. Ihm und den Seinen redet Petrus Venerabilis ins Gewissen, sie sollten doch an die vielen kirchlichen Autoritäten (auctoritates, Belegstellen aus kirchlichem Schrifttum) denken, die für den Psalmengesang sprechen; die Priester, «die ihr doch selbst gewesen seid», pflegten diesen Gesang doch ganz besonders. Petrus hat sogar selbstständig über die Lehre von der Eucharistie die Anschauung entwickelt[14], daß es sich bei der Verwandlung von Brot und Wein in den Leib und das Blut Christi um einen Vorgang gehandelt habe, der nicht mehr wiederholt werden könne. Gegen die im Volk umstrittene Gewohnheit der Kindertaufe führte er – anscheinend als erster – als Konsequenz von deren Nichtigkeit Wiedertaufen ein. Derartige Taufen sind sowohl durch Petrus Venerabilis wie auch durch Abaelard bezeugt, der von Zwang dabei spricht.[15] Es gab also keine Realpräsenz in der Eucharistie, vielleicht aber eine sakramental gedachte Taufe, wohl als Wassertaufe.[16] Nichts nütze es, für Verstorbene zu beten oder Gaben zu opfern – ein Satz, der sich aus dem Gedanken erklärt, daß es kein Fegefeuer gebe, der Verstorbene bereits im Himmel oder in der Hölle weile.

Es fragt sich, ob hinter alledem ein System steht oder ein punktuelles Verneinen von Bestehendem. Letzteres könnte auch durch die Spärlichkeit der Aussagen vorgetäuscht werden; wir wissen nicht, wie Petrus von Bruis über viele wesentliche Punkte der Orthodoxie dachte, und es läßt sich auch keine positive Lebenslehre erkennen. War Petrus Venerabilis so schlecht informiert, oder sagte er alles, was sich sagen ließ? Letzteres ist wegen der Ausführlichkeit seines Traktats wahrscheinlich. Eine positive Zusammenfassung des Gebotenen wurde in der Forschung durch seine Kennzeichnung als «Spiritualismus» versucht: Es sollte kein materielles Kirchengebäude, keine Kreuze, keine Ver-

wandlung von Brot und Wein geben. Aber wie stand es dann mit der Wassertaufe? Spiritualismus sieht man meist zusammen mit Askese; hier wurden
Geistliche zur Heirat gezwungen, man briet am Karfreitag Fleisch.

Noch weniger geht es an, einen «Dualismus» zu vermuten, denn wir erfahren nichts über den Gegensatz zwischen gutem und bösem Gott, Lichtwelt und
Welt der Finsternis. Petrus Venerabilis hat in den «Petrobrusianern» keine
Manichäer gesehen; sie waren für ihn eine «neue» Sekte, obwohl er sich mit
dem Manichäismus ausführlich beschäftigt hatte.[17] Was auffällt, ist die starke
Emotion, besonders gegenüber Kirchengebäude und Kreuz. Wir haben sie
bisher – sieht man von Eon von Stella ab – nur bei Leutard von Vertus
gefunden; die Ketzer von Arras haben das Kreuz ja als wertlos bezeichnet,
aber nicht zerschlagen. Weiters lehnte Petrus von Bruis das Alte Testament ab,
was weder die Häretiker von Orléans taten noch diejenigen von Arras[18] – diese
stützten sich auf eine Zusammenstellung von Sätzen des Neuen Testaments,
das Alte lag außer ihrer Reichweite. Wohl aber wäre Leutard von Vertus zu
nennen mit seiner feindseligen Haltung gegenüber dem Kreuz und der teilweisen Ablehnung der alttestamentarischen Texte. Beides mutet, wie wir
schon sagten, bogomilisch an.

Daß Petrus von Bruis trotzdem kein Bogomile war, hat Fearns richtig gesehen. Er dürfte im Recht sein mit der Vermutung, hier hätten bogomilische
Einzellehren Eingang gefunden in eine abendländische, wenig systematisch
ausgeprägte Häresie. Übrigens hat der geistige Erbe des Petrus von Bruis, der
Mönch Heinrich, sowohl die Wendung gegen das Kreuz als auch jene gegen
das Alte Testament anscheinend aus seiner Lehre wieder ausgeschieden, beides
wird nicht mehr erwähnt.[19]

Erbaulich zu lesen ist, wie Petrus um sein Leben gekommen sein soll: Er
hatte einen Berg von Kreuzen entzündet, empörte Zuschauer warfen ihn in die
Flammen. Seine Anhänger, in der Dauphiné und in Teilen Südwestfrankreichs
bis zu den Pyrenäen, gingen später in jenen des Mönchs Heinrich auf. Historikern blieb es vorbehalten, in Petrus von Bruis einen Proto-Waldenser oder
Vorläufer des Protestantismus zu sehen. Aber er fügt sich auch nachträglich in
keine Gruppe, so wie er schon von den Zeitgenossen nicht eingeordnet werden
konnte. Was die bogomilischen Einzellehren dieses Mannes betrifft, so scheinen sie Vorboten des Katharertums zu sein, das sich wenige Jahre später im
Westen zeigen sollte.

Der Mönch Heinrich,[20] oft fälschlich «Heinrich von Lausanne» genannt,
war nicht der Schüler des Petrus von Bruis, sondern (nach Petrus Venerabilis)
der «Erbe seiner Schlechtigkeit»; ob die beiden Prediger jemals zusammengetroffen sind, ist ungewiß. Auch wird Heinrich in Nordfrankreich greifbar, in
Le Mans (1116), wohin er aus Lausanne gekommen sein soll – das Einzugsge-
biet der Häresie des Petrus von Bruis dürfte er, wenn überhaupt, erst später
besucht haben. Daß Heinrich ein entlaufener Mönch war, wird mehrfach
bezeugt, auch durch Bernhard von Clairvaux.[21] Anderseits wußte er nicht, was

eine Profeß ist, hatte also kaum die Ordensgelübde abgelegt.[22] Heinrich galt dem heiligen Bernhard als «litteratus», weigerte sich jedoch in Le Mans, eine Anklageschrift gegen ihn zu lesen; als man sie ihm vorlas, beschränkte er sich auf ein einziges lateinisches Wort des Protestes. Passive Lateinkenntnisse dürfte er immerhin besessen haben, um die aktiven und um seine Kenntnis der Psalmen war es schlecht bestellt. All das spricht gegen die Herkunft Heinrichs aus einem cluniazensischen Kloster. Er behauptete, die Weihe eines Diakons zu besitzen, was sich nicht nachprüfen ließ. Seine Lehren bezeugen ein theologisch breiteres Interesse als jene, die von Petrus von Bruis überliefert sind. Das öffentliche Auftreten Heinrichs war wirkungsvoll und wohl auf Wirkung berechnet, mit dem ganzen Pathos des asketischen Gottesmannes. Für seinen Einzug in Le Mans wählte er den Aschermittwoch, den Beginn der Fastenzeit. Wie Jesus Christus, so schreibt der Chronist, sandte Heinrich zwei seiner Jünger voraus; sie trugen Stöcke mit darauf befestigtem Crucifixus aus Eisen und wurden in den Vorstädten «wie Boten des Herrn des Weltalls» empfangen. Nach Art eines Büßers war Heinrich gekleidet, barfuß auch im Winter, mit langem ungepflegtem Bart, ein stattlicher, noch jugendlicher Mann. Er nahm bei den Leuten der Vorstadt Quartier und seine kärglichen Mahlzeiten, war ein hervorragender Redner und hatte «eine schreckliche Stimme», wenn er den Hörern ins Gewissen redete. Man hielt Heinrich für einen Propheten, da er jedem seine Sünden sagte, die er ihm aus dem Gesicht ablas. Der Bischof von Le Mans, Hildebert von Lavardin, ein Dichter und Gelehrter, vertraute ihm; bevor er nach Rom reiste, gab er Heinrich die Erlaubnis, in der Stadt zu predigen.

Damit hatte er, wie der Chronist schreibt, ein Trojanisches Pferd in die Stadt geholt. Viele Kleriker wandten sich Heinrich zu und saßen zu seinen Füßen, wenn er zum Boykott der (besitzenden) Geistlichkeit aufrief. Er ging jedoch über das einstige Kampfmittel der Pataria weit hinaus: Häuser von Geistlichen sollten zerstört, ihre Besitztümer zerstreut, sie selbst gesteinigt werden. Die zivile Obrigkeit konnte derlei mit Mühe verhindern; immerhin wurden Geistliche verprügelt und mit Schmutz beworfen, als sie mit Heinrich verhandeln wollten. Einer von ihnen hieß «Wilhelm, der kein Wasser trinkt», ein Spottname,[23] der zeigt, welche Spannungen zwischen Klerus und Volk schon vor Heinrichs Erscheinen bestanden.

Dieser hatte neben dem alten Programm der Pataraner auch ein soziales: Die Dirnen der Stadt sollten ihrem Gewerbe absagen und in den Ehestand treten. Während der Graf den Klerus von Le Mans gegen Ausschreitungen schützte, gab es hier freie Bahn für einen Augenblickserfolg. Die Dirnen schnitten ihr Haupthaar ab, sie entledigten sich ihrer kostbaren Gewänder und warfen alles ins Feuer. Viele Jünglinge heirateten solche Frauen und konnten es tun, weil Heinrich den finanziellen Teil der Ehevereinbarungen abgeschafft hatte. Dann allerdings fehlte es am Nötigsten, junge Männer zogen aus der Stadt weg, ihre Frauen wandten sich wieder der Prostitution zu.

Als Bischof Hildebert heimkehrte, zog sich Heinrich auf eine Burg zurück, während das Volk seinem Oberhirten einen sehr unfreundlichen Empfang bereitete. Bald war er seine Sorge los: Ein Brand verheerte einen Großteil der Vorstädte von Le Mans. Darin sah man ein Gottesurteil, die Stimmung schlug um. Hildebert prüfte das Wissen Heinrichs und fand es ungenügend; von einer Glaubensprüfung wird nichts berichtet. Und das, obwohl der Klerus von Le Mans in einem offenen Schreiben behauptet hatte, Heinrich wende sich gegen die Gottheit Christi und andere Glaubenslehren.[24] Ein Ketzerprozeß war gewiß nicht im Interesse des Bischofs, der den Mönch Heinrich aus seiner Stadt abschob und sich dem Wiederaufbau der Vorstädte widmen konnte.

Heinrich wirkte später in Poitiers und in Bordeaux, wurde 1135 gefangen, mußte abschwören und seinen Eintritt in Cîteaux geloben. Bald war er wieder frei, und 1139 tauchte er in Toulouse auf. Im Frühjahr besuchte Bernhard von Clairvaux die Stadt und suchte eine öffentliche Disputation mit Heinrich; dieser wich ihr aus. Seither wird über ihn in glaubwürdigen Quellen nichts mehr berichtet. Es gab aber Nachschriften seiner Predigten, die unter den «Henricianern» kursierten. Petrus Venerabilis sah einen solchen Band, ohne der Autorschaft Heinrichs ganz sicher zu sein.[25] Aussagen über seine Lehren finden sich in der Schrift eines Mönchs mit dem Namen Wilhelm;[26] sie erklären sein Verhalten gegenüber dem Klerus von Le Mans und stehen in diesem Punkt der Pataria näher als den Anschauungen des Petrus von Bruis: Unwürdige Priester hätten keine Binde- und Lösegewalt, deshalb solle man bei Laien beichten, und sie könnten Brot und Wein nicht in Leib und Blut Christi verwandeln. Arm sollte der Klerus sein und keine Ehrenstellen annehmen. Weiters wandte sich Heinrich – wie andere – gegen die Kindertaufe, woraus man keine Leugnung der Erbsünde[27] ableiten sollte. Für Eheschließungen genügte der Konsens der Ehegatten. Abgelehnt wurde der Kirchenbau, doch predigte Heinrich in Kirchen und ließ in Le Mans keine von ihnen zerstören.

War Heinrich ein Ketzer? Der Klerus von Le Mans hat ihn als Irrlehrer bezeichnet, so wie er diese Geistlichkeit der Häresie bezichtigte. Da ging es um die Frage der Wirksamkeit von Sakramenten unwürdiger Priester und um ihre Verstrickung in weltliche Dinge. Wahrscheinlich hatte Heinrich eine Position am Rande der Kirche inne, die den Bischöfen bedenklich schien, aber doch nicht mit ganzer Kraft von ihnen bekämpft wurde. Man wollte ihn ruhigstellen, aber nicht verbrennen.

War dieser Mann ein Katharer? Sicher nicht, auch wenn er vom Alten Testament nichts hielt. Dafür bürgt seine positive Einstellung zur Ehe und zur Wassertaufe der Erwachsenen. Niemand hat ihn einen Manichäer genannt. Sein Auftreten war laut und polternd, im Gegensatz zu jenen «Stillen im Lande», die auf dem Weg der heimlichen Gruppenbildung und Indoktrination das Katharertum verbreiteten. Das begann erst, soweit wir wissen, wenige Jahre vor dem letzten Auftreten Heinrichs. Wohl aber profitierte er ebenso wie diese Sektierer von der Dynamik städtischen Lebens und politischer Machtkämpfe, einer Stimmung der Unsicherheit, aber auch des Aufbruchs ins Unbekannte.

Der außerordentliche Erfolg bedeutender Prediger setzte ein starkes Bedürfnis nach religiösen Emotionen voraus; seit der zweiten Hälfte des 11. Jahrhunderts gab es in Teilen der Laienschaft «Erweckte». Wo sie sich nicht um bestehende religiöse Zentren gruppierten, waren sie auf die Pastorisierung durch Wanderprediger angewiesen, wie es sie jetzt auch im Mönchtum gab. Sie konnten zum Sprachrohr für volkstümliche Meinungen und Beschwerden über den Klerus und seine geistlichen Funktionen, aber auch über unverstandenes Glaubensgut werden. Papst Calixt II. hielt 1119 in Toulouse eine Synode ab, in deren Akten ein «Ketzerkanon» erhalten ist.[28] Vielleicht richtete er sich gegen Anhänger des Petrus von Bruis, aber sicher nicht nur gegen diese. Zwanzig Jahre später wurde es nämlich nötig, diesen Kanon in die Akten des zweiten Laterankonzils aufzunehmen.[29] Er lautet: «Wer unter dem Anschein der Religiosität das Altarssakrament, die Kindertaufe, das Priestertum und die geistlichen Weihen sowie die legitimen Ehebündnisse verdammt, den vertreiben wir als Häretiker aus der Kirche Gottes [...]» Um 1122 fand man in der Gegend von Sedan zwei Priester und zwei Laien, die eine Realpräsenz im Altarssakrament und die Kindertaufe ablehnten.[30] Wir erinnern uns, daß schon in den Jahren 1048/1050 Bischof Theoduin von Lüttich dem König von Frankreich geklagt hatte, in seinem Reich gebe es Häresien über die Realpräsenz Christi in der Hostie, über die «legitime» (kirchliche) Eheschließung und die Kindertaufe.[31] Bloße Konsensehe und Ablehnung der Kindertaufe fanden wir auch beim Mönch Heinrich – er stand damit in einem Umfeld populären Denkens, das zur Häresie hinüberführen oder hinübergeführt werden konnte. Heinrich hat die Notwendigkeit der Kindertaufe mit der Meinung bestritten, daß auch ungetaufte Kleinkinder selig werden könnten, denn es wäre ungerecht, wenn Gott jemand wegen einer Sünde verdammen würde, die ein anderer begangen hat. Diese Aussage wurde bei seinem theologisch geschulteren Gegner Wilhelm zu einer Leugnung der Erbsünde durch ihre Reduzierung auf das erste Menschenpaar.[32]

Ein weiterer Punkt des Zweifels, der häufig auftaucht, ist der Wert von Gebet und Opfer für die Toten. Wurden sie nicht gleich nach ihrem Tod gerichtet, also Himmel oder Hölle zugewiesen? Bischof Gerhard I. von Cambrai glaubte, die Ketzer von Arras über das Fegefeuer belehren zu müssen, und Gerhard von Csanád klagte über Leute, die Stiftungen für die armen Seelen zurückforderten; Bogomilen und Katharer leugneten den Wert des Gebetes für Verstorbene. Petrus von Bruis wandte sich gegen solche Gebete und Seelenstiftungen ebenso wie gegen Eucharistie und Kindertaufe. In Lüttich tauchten 1135 Männer «in der Kleidung des geistlichen Lebens» auf, die das Gebet für Tote als sinnlos bezeichneten und die «legitime» Ehe ebenso wie die Kindertaufe ablehnten. Angeblich hatten sie ihre Frauen gemeinsam, was vielleicht böswillige Erfindung, vielleicht Unverständnis der Wendung gegen die kirchliche Eheschließung war. Man wollte diese Ketzer steinigen, doch konnten etliche fliehen; drei wurden gefangen, von denen zwei abschworen und einer verbrannt wurde.[33] Hier hat man Bogomilisches vermutet, was aber durchaus unsicher ist. Denn wenig später gab es neben der ersten konkret greifbaren Gruppe von Katharern und in Konkurrenz zu ihr eine Gemeinschaft, die den eben genannten Anschauungen folgte.

Um das Jahr 1144 schrieb Everwin, Propst des Prämonstratenserklosters Steinfeld in der Eifel, an Bernhard von Clairvaux:[34] Bei Köln habe man einige Häretiker gefunden, deren Lehren er ausführlich wiedergibt – es sind zweifellos Katharer, und wir werden später noch von ihnen hören. «In unserer Gegend gibt es noch andere Ketzer, von den ersten durchaus unterschieden; beide Gruppen wurden durch ihre Uneinigkeit und ihren Streit miteinander entdeckt.»[35] Die zweite Gruppe verwarf die Sakramente bis auf jenes der Erwachsenentaufe, also auch Altarssakrament und sakramentale Ehe, glaubte außerdem nicht an das Fegefeuer und die Gebetshilfe für Verstorbene. Die Priester hätten zwar eine Gebotsgewalt wie die Schriftgelehrten des Alten Testaments, aber keine Weihen: diese Gewalt sei seit der Zeit der Apostel durch den weltlichen Lebenswandel des Klerus völlig verlorengegangen. Sie könnten darum auch das Taufsakrament nicht spenden, dies tue Christus selbst. Über die Kindertaufe hätten sie Anschauungen, die den Evangelien nicht entsprächen. Die Ehe galt als unauflöslich, doch sollten zu ihr nur Jungfräuliche zugelassen werden. Dem Gerechten seien allein durch seine Reue die Sünden vergeben, man bedürfe nicht der Kasteiungen. Von den Gebräuchen und Riten der Kirche nahmen sie nur an, was es zur Zeit Christi und der Apostel gegeben hatte; alles übrige sei Aberglaube.

Hier wird sehr deutlich, daß es sich nicht um einen grundsätzlichen, durch eine dualistische Weltanschauung bedingten Antiklerikalismus handelt. Mit Christi Wort «Was sie euch sagen, das tuet» (Mt. 23,3) wird der Gehorsam gegen die kirchliche Obrigkeit begründet. Im übrigen mußte man sich an die Evangelien halten und ihnen eine Lebensregel entnehmen; Everwin hat die betreffenden Zitate vermerkt. Hier trafen verschiedene Komponenten zusammen: Ein «Reformismus», der Priestern wegen ihres Lebenswandels die Weihe- und sonstige sakramentale Gewalt absprach; in seiner Folge die Ausdehnung dieser Abwertung auf den gesamten Klerus und der Rekurs auf die Schriftworte. Da traf es sich gut, daß jene Dinge, die dem Denken Schwierigkeiten bereitet hatten, jetzt wegfielen. Entweder man fand sie nicht in den Evangelien, wie Kindertaufe und Fegefeuer, oder der Klerus konnte sie nicht aktualisieren, wie das Altarssakrament.

Everwin hat an den Verhören selbst teilgenommen und ging in seinem Schreiben an Bernhard nicht über einen nüchternen Tatsachenbericht hinaus. Am meisten beeindruckt hat es ihn wohl, daß einige Leute dieser Gruppe, die der Häresie abgeschworen hatten, Großes über ihre Verbreitung berichteten:

«Sie sagten uns, jene [Sektierer] hätten eine sehr große Menge [von Gläubigen], die überall verstreut sei, und sie hätten [unter den Ihren] mehrere von unseren Weltgeistlichen [clericis] und Mönchen.»[36] Mochte auch zumindest das erste übertrieben sein, hier wurde klar, um wieviel größer die Gefahr eines «stillen» Häretikertums für die geistliche Obrigkeit war als die laut tönenden, auf Einzelpersönlichkeiten ausgerichteten Massenbewegungen von Bußpredigern. Deren Stil hatte sich um die Jahrhundertmitte bereits überlebt. Für einige Zeit der letzte in dieser Reihe war Arnold von Brescia, exekutiert 1155. Doch war er als Bußprediger untypisch, vor allem durch die überwiegend politische Note seiner Tätigkeit inmitten einer verspäteten römischen Kommunalbewegung; sie braucht hier nicht geschildert zu werden. Weiters war er zeitweise in Paris ein Schüler Abaelards, überragte also in seiner Bildung bei weitem einen Petrus von Bruis oder auch den Mönch Heinrich. Immerhin wurde er niemals formell der Häresie angeklagt. Angriffe auf Macht und Besitz der Kirche, ja die Vertreibung des Papstes machten ihn zum Disziplinarfall; Ungehorsam konnte man nur im weitesten Sinn des Begriffes als Häresie auffassen. Ein Ketzer war Arnold kaum. Otto von Freising, vorsichtig bei allen Aussagen, meinte: «Man sagt, er habe über Altarssakrament und Kindertaufe unrichtig gedacht [non sane dicitur sensisse].»[37] Das bleibt unsicher; im Denken der Zeitgenossen paßte es jedenfalls zu einem solchen Grenzgänger.

Arnold hatte Schüler, aber eher unter armen Studenten in Paris[38] als im Sinne einer Sektenbildung in Italien. Sein Name war weithin bekannt, und wer die evangelische Armut des Klerus verfocht, wurde bald zum «Arnoldisten». In Oberitalien gab es nach Otto Morena Leute, die «zum Spott» (derisorie) als «Söhne Arnolds» bezeichnet wurden.[39] Konkrete Formen einer Sekte hat derlei nicht angenommen.

Arnold und die «Arnoldisten» waren Nachfahren der Pataria, in der sich der Unmut über die Verweltlichung des Klerus artikulierte. Wer glaubte, daß unwürdige Bischöfe keine gültigen Weihen vollziehen, die von ihnen Geweihten keine Sakramente spenden konnten, stand den Lehrern dieses Klerus, und bald der Kirche überhaupt, kritisch gegenüber. Er konnte im Verein mit Gleichgesinnten das «richtige» Christentum den Evangelien zu entnehmen suchen oder aber auf jene Lehren hören, die ehrwürdige Männer – wandernde Eremiten, Pilger, Kaufleute? – verbreiteten. Es war ein östlicher Mythos, mit einer plausiblen Erklärung für das Böse in dieser Welt; man nannte seine Vertreter Katharer, was im Deutschen dann zu «Ketzer» wurde. Denn zeitweise galten die Katharer fast als die Häretiker schlechthin, neben denen es wenig andere gab. Von diesen nichtkatharischen Gruppen soll im folgenden gesprochen werden. Dabei ist freilich die Grenze zwischen Sekten und Randgruppen der Orthodoxie nicht immer genau bestimmbar.

Von den Ketzern in der Nähe von Köln, über die 1144 Everwin von Steinfeld berichtete, haben wir schon gehört. Wenig später gab es anderswo im Rheinland eine Gemeinschaft, die sich von den Katharern unterschied, schon wegen ihrer

eigenen Vorschriften über die Ehe: Sie durfte nur zwischen Jungfräulichen
geschlossen werden, nur ein einziges Kind war den Ehepartnern erlaubt, die
sich anschließend des Verkehrs enthalten sollten. Um ganz sicher zu sein, daß
die Keuschheit bewahrt wurde, war sogar eine Kontrolle vorgesehen. Jeweils
zwei Männer oder zwei Frauen sollten in einem gemeinsamen Bett schlafen,
«um einander gegenseitig zu bewachen». Das berichtet Ekbert von Schönau,[40]
Bruder der Visionärin Elisabeth von Schönau (gest. 1184), Freund Rainalds
von Dassel und schon als Kanoniker in Bonn Bekämpfer der Katharer. Er
nannte die Gruppe «die Gefolgsleute des Hartwin» und zählte keine weiteren
Sonderlehren auf. Es handelte sich um Rigoristen, die in der Bibel nach einem
neuen Lebensstil gesucht hatten, aber auch ein Zitat aus Johannes Chrysostomos für ihre Ablehnung der Zweitehe verwendeten. Ob sie Ketzer waren, ist
zweifelhaft, sicher gehörten sie nicht den Katharern an, denen sie Ekbert
zuzurechnen schien.

Immerhin hatte Everwin von Steinfeld über die nichtkatharische Gruppe in
Köln berichtet, daß sie die Jungfräulichkeit der Partner zur Bedingung der
Eheschließung machte; diese Gruppe war wegen anderer Lehren zweifellos
häretisch.[41] Vielleicht mit Recht wurden darum die Gefolgsleute Hartwins als
Fortsetzer jener Kölner Sekte bezeichnet.[42] Vor allem aber setzte die erwähnte
Form der Kontrolle des Sexualverhaltens ein gemeinsames Leben voraus. Es
stand vielleicht unter dem Einfluß oder wenigstens der Beispielwirkung von
Katharerkonventen. Jedenfalls war hier etwas Neues am Werk, das wenige
Spuren hinterlassen hat.

Manche Quellen bieten zwar Nachrichten über das Erscheinen von Ketzergruppen, schweigen aber über deren Lehren. Dem entsprach eine allgemeine
Unsicherheit, wie die betreffende Sekte in das Schema der altkirchlich überlieferten Häresien einzuordnen sei. So heißt es einmal: «Manche sagen, sie seien
Manichäer, andere nennen sie Montanisten, einige Arianer, Papst Alexander
[III., 1159–1181] bezeichnet sie als Patarener [Pateriuos].»[43] Es handelt sich
um Ketzer in Flandern, von denen erzählt wird, alle Standesgruppen seien bei
ihnen vertreten, auch Adelige und Geistliche; einen Anführer hätten sie nicht
– es bleibt offen, ob es sich um Katharer («Manichäer») oder die Weiterbildung
einer Reformgruppe («Patarener») handelte. Damals wußte man in Flandern
schon über die Katharer Bescheid. Vielleicht war Alexander III. im Recht mit
seiner Einschätzung; er hörte aus den Aussagen wohl vor allem den Antiklerikalismus heraus.

Wer dem Klerus nicht mehr traute, wurde sehr oft zum Bibelforscher und
wollte so neue Anweisungen für seinen Lebensstil finden. Dazu genügten für
gewöhnlich das Neue Testament und die Apostelbriefe. Wer sehr gründlich
sein wollte, konnte, falls er imstande war, umfangreiche Folianten zu besorgen
und zu studieren, auch das Alte Testament heranziehen; im städtischen Milieu
konnten dabei jüdische Gelehrte Hilfestellung leisten. Hier lernte man außerdem einen gottesfürchtigen, streng geregelten Lebensstil kennen.

Immer schon hatte es Judaisierende und einzelne Übertritte zum Judentum gegeben; aber erst seit 1184 wird in Oberitalien eine Sekte deutlich, die ohne eine solche Konversion nach dem jüdischen – und christlichen – Gesetz zu leben beschloß. Man nannte diese Leute «Passagini»,[44] ein Wort unbekannter Herkunft. Sie vollzogen die Beschneidung, hielten die Speisegesetze und den Sabbat ein, glaubten nicht an die göttliche Natur Christi, wandten sich gegen Eucharistie, sakramentale Taufe, Bilder-, Heiligen- und Reliquienkult: Nur Gott allein sollte verehrt werden. Mit gutem Grund blieb die Sekte auf Oberitalien beschränkt. Ein Leben nach dem Gesetz Mosis und der Schriftgelehrten konnte nur in räumlicher Nähe zu jenen gedeihen, die das alles studiert hatten. Von Verfolgungen dieser Gruppen ist nichts bekannt; in den Städten Oberitaliens hatte man andere Ziele und Probleme. Auch die hier schon vorhandenen Katharer hat man zumeist in Ruhe gelassen.

Dabei handelte es sich um das städtische Bürgertum; für schlichte Handwerker in den Vorstädten und für die Landbevölkerung kam ein anderer Lebensstil in Frage, ähnlich jenem, den wir schon vor der Jahrhundertwende in Schwaben verbreitet gesehen haben:[45] ein gemeinsames Beten und Arbeiten in Demut, unauffällige Kleidung, Verzicht auf theologische Spekulation. In Oberitalien gab es ländliche Gemeinschaften solcher Frommer,[46] und es gab die Humiliaten, die hauptsächlich dem Handwerkerstand angehörten, aber gewiß nicht das «unterste Proletariat» im Kampf gegen Ausbeutung durch die Tuchindustrie waren.[47] Sie zogen nicht umher, sondern lebten mit ihren Familien; seit 1179 sind in Mailand auch Humiliatenhäuser bezeugt, klösterlich geführt, für Männer und Frauen gemeinsam. Man lehnte die Ehe nicht ab, wohl aber Reichtum und Luxus, Streitigkeiten, Lügen und auch den Eid, gemäß dem Evangelium. Das brachte Unannehmlichkeiten mit sich, da der Eid ein kirchlich wie weltlich anerkanntes, unumgängliches Rechtsmittel war. Die zweite Schwierigkeit bestand darin, daß die Humiliaten ihren Mitbrüdern predigen wollten. Dies wurde im Jahre 1179 auf dem dritten Laterankonzil verboten, und 1184 hat Papst Lucius III. die Humiliaten zusammen mit Katharern, Waldensern und anderen exkommuniziert. Innocenz III. war es, der seit dem Beginn seines Pontifikats (1198) nach einer neuen Politik gegenüber den Randgruppen suchte, auch deshalb, weil sie gegen die sich ausbreitende Häresie der Katharer eine wertvolle Gegenkraft darstellten. Als scholastisch gebildeter Theologe suchte er nach einer möglichen «distinctio»: der Scheidung zwischen wirklichem Ketzertum und Randgruppen, Scheidung zwischen unbedingt nötigem und unnötigem Eid, zwischen der Predigt über Glaubensfragen und jener über das sittliche Leben. Erstere blieb für Nichtgeistliche verboten, letztere wurde jetzt erlaubt – eine grundsätzlich bedeutsame Entscheidung. Sie gestattete es, daß 1201 die Humiliaten ein Organisationsstatut erhielten, von nun an gegliedert in drei Gruppen: Kleriker (Chorherren, Kanonissen), Laien mit klösterlicher Lebensform, Laien mit ihren Familien lebend. Die Bischöfe wurden angewiesen, den Humiliaten das Predigen zu gestatten, freilich jeweils nach persönlicher Erlaubnis. So sollte dem Neuen die Bahn geebnet und doch die kirchliche Disziplin gewahrt bleiben – eine theoretisch ausgezeichnete, in der Praxis allerdings nicht immer durchführbare Lösung. Viel wichtiger als die Humiliaten wurden im 13. Jahrhundert die Waldenser, denen eine generelle Rückgliederung in die Orthodoxie nicht beschieden war. Vieles einte sie mit den Humiliaten, auch die Forderung nach der Erlaubnis zu predigen: aber sie waren Wanderprediger und damit ein unruhiges Element; man hat in ihnen Nachfolger des Mönchs Heinrich sehen wollen,[48] und den Zeitgenossen erschienen sie durch ihren Lebensstil häufig als eine den Katharern verwandte Gruppe. Beides ist unrichtig. Sie wollten dem Evangelium nachleben und in der Kirche verbleiben, unter Voranstellung des Evangeliums vor kirchlichen Weisungen. Die Waldenser waren ein Disziplinarfall, der sich erst im 13. Jahrhundert zu einer Glaubenshäresie entwickelte.

Ihr Gründer wird meist Petrus Waldes genannt, doch ist dieser Vorname erst im 14. Jahrhundert bezeugt. «Waldes» ist ein Herkunftsname, er bedeutet «aus dem Waadtland» (pays de Vaud, Westschweiz). Es handelte sich um einen wohlhabenden, verheirateten Kaufmann in Lyon, der sich von einem Grammatiker das Evangelium, den Psalter und eine Sentenzensammlung in die Volkssprache übersetzen ließ. Das war nichts grundlegend Neues; etwa um dieselbe Zeit gab es in Lüttich einen Priester, der Apostelgeschichte und Agneslegende übersetzt hat.[49] Neben der Heiligen Schrift und den «Sentenzen der (Kirchen-)Väter» machte, wie berichtet wird, die Legende des heiligen Alexius auf Waldes Eindruck: Der Sohn eines reichen Mannes geht aus dem Elternhaus weg und kehrt dann zurück, um dort unerkannt und in Armut wie ein Bettler zu leben. Waldes verließ (um 1173) Beruf und Familie, nachdem er seinen Besitz verschenkt hatte, und zog das Evangelium predigend umher. So führte er das Leben der Apostel wie schon mancher vor ihm, doch nicht lange. Der Erzbischof von Lyon untersagte den kanonischen Bestimmungen gemäß dem Laien die Predigt.

«Gehet hin und lehret alle Völker!» und «Man muß Gott mehr gehorchen als den Menschen» – diese beiden Sätze bestimmten das weitere Schicksal des Waldes und der Waldenser durch die Jahrhunderte bis auf den heutigen Tag; bekanntlich sind sie von allen mittelalterlichen Sektenbildungen die einzige, die noch heute Anhänger hat. Eine Predigt durch einzelne Laien hatte es auch in den beiden vorherigen Jahrhunderten gegeben, aber man pflegte ihnen zu erklären, das biblische Predigtgebot könne nicht so wörtlich gemeint sein: Müßten dann doch debile Greise, Greisinnen und Taubstumme predigen.[50] Waldes appellierte an den Papst und zog wahrscheinlich selbst zusammen mit einem Gefährten 1179 nach Rom, wo das dritte Laterankonzil tagte. Ein Mitglied der englischen Delegation, Walter Map, schilderte später mit Vergnügen, wie die beiden bei einer Glaubensprüfung aufs Glatteis geführt wurden.[51] Nach einem anderen, viel späteren Bericht hat Alexander III. den Waldensern das Predigen gestattet, freilich nur «auf Bitten» der zuständigen Geistlichkeit. Das war eine sublime Form der Ablehnung.

In diesen Jahren waren die Katharer bereits weit verbreitet, und die Waldenser, die ihre natürliche Konkurrenz bildeten, predigten eifrig gegen sie. Waldes hatte mit einem durchaus rechtgläubigen Glaubensbekenntnis 1180 einen päpstlichen Legaten auf der Synode von Lyon nochmals von seiner Sache zu überzeugen gesucht, doch der Erzbischof von Lyon änderte seine starre Haltung nicht. Es mochte hinzukommen, was Ärgernis nicht bloß bei der Geistlichkeit erregte: Daß gemäß dem allgemeinen Predigtgebot auch Frauen – angeblich sogar bekehrte Dirnen – das Predigeramt ausübten. In den beiden folgenden Jahren ging Waldes mit den Seinen ins Exil. Nun gab es Waldenser in der Provence ebenso wie im Elsaß, in Piemont und in der Lombardei.[52]

Damit war der zukünftige Weg, der Weg zur Trennung von der Kirche, beschritten. Weiterhin und noch lange Zeit hatten die Waldenser den Willen, katholisch zu sein, aber der Mangel an Geistlichen für Meßopfer und Sakramentenspendung mußte zur Ausbildung von Ersatzformen führen; dazu kam die Nähe zu freireligiösen oder sektiererischen Gruppen, auch wenn die Waldenser sie bekämpften. Sie gehörten jetzt selbst zum «Untergrund» in einer Zeit, da noch kein Innocenz III. zur Stelle war, sie so wie die Humiliaten und andere wieder an die offizielle Kirche zu binden. Man kann sagen, daß Waldes eine Generation zu früh geboren wurde. Die Fehler zu vermeiden, die hier gemacht wurden, hat man sich bei Franziskus und seinen Anhängern mit Erfolg bemüht. Daß es der franziskanischen Bewegung besser erging als der waldensischen, hat auch andere Gründe: Im Konfliktfall setzte Waldes die Heilige Schrift gemäß ihrem Buchstaben an die oberste Stelle, Franz von Assisi aber die Weisungen der Römischen Kirche.

Drittes Kapitel

Das 12. Jahrhundert
Bogomilen und Katharer

«Zur Zeit des orthodoxen Zaren Peter lebte in Bulgarien ein Pope namens Bogomil [...], der als erster im Land Bulgarien die Häresie ausgesät hat.» So beginnt der Traktat des Kosmas gegen die Bogomilen.[1] Als er schrieb, war das bulgarische Zarenreich schon unter den Schlägen von Invasionen zerbrochen: Zuerst kam ein russisches Heer, dann ein byzantinisches unter Kaiser Johannes Tzimiskes; als er starb, kam es zum Aufstand der Bevölkerung und der kurzen Restauration eines bulgarischen Teilreiches in Mazedonien. Der Osten, wo wahrscheinlich Kosmas schrieb, blieb byzantinisch. Etwa um diese Zeit, also in stürmischen Jahren, entstand in altslawischer Sprache die Schrift des «Kosmas presbyter». Ein Presbyter war mehr als ein dörflicher Pope, das griechische Wort vermittelte größeres Ansehen als das slawische.

Um die slawische Sprache mußte es sich bei der Streitschrift schon handeln, weil man sie sonst im Lande kaum verstanden hätte. Das slawische Bauerntum war nur oberflächlich von Bulgaren und Griechen überschichtet, man lebte unwissend und fromm im kleinsten Lebensbereich; fern war der Hochklerus und das, was sich noch als Staatsverwaltung bezeichnen konnte. In diesem Rahmen müssen wir das Bogomilentum sehen, mit seinen Unterschwingungen von Haß und Verzweiflung in einem halb verwüsteten Land.

Hat Bogomil überhaupt gelebt? Einige Forscher haben ihn als literarische Fiktion bezeichnet,[2] aber man wird Kosmas doch glauben dürfen. Zeugnis dafür ist auch der Name des Häresiarchen: Man war überzeugt, daß im Namen eines Menschen sein Wesen zum Ausdruck kommt, doch in diesem Fall schien es genau umgekehrt; bedauernd schrieb Kosmas, daß Bogomil (soviel wie «würdig des Mitleids Gottes»)[3] Gottes Mitleid keineswegs würdig gewesen sei. Für lesekundige Gläubige, die es am Balkan immerhin mehr als im Westen gab, und vor allem für die Popen, die arme und unwissende Dorfgeistlichkeit, wollte Kosmas eine Trennungslinie zwischen den religiösen Aufrührern und der – noch – orthodoxen Mehrheit ziehen. Zweihundert Jahre später wurde indessen der Bogomilismus in Bosnien sogar «Staatsreligion».

Die Sekte ist, nach Kosmas, unter dem bulgarischen Zaren Peter (927 – 969) entstanden, und dazu passen zwei Erwähnungen von «Manichäern» in byzantinischen Quellen.[4] In der zweiten werden bogomilische Elemente mit solchen des Paulikianertums vermischt, einer kriegerischen und keineswegs asketisch orientierten Sekte; ihre Verbindungen mit den Bogomilen bleiben fraglich. Gemeinsam war beiden der Antiklerikalismus, der auch eine «nationale» Komponente hatte: Der höhere Klerus war auf die griechische Sprache und auf das Patriarchat von Konstantinopel hin orientiert. Man bezeichnete diese Geistlichen als Pharisäer, als Trunkenbolde und Faulpelze. Um die Pastorisierung ihrer Schäflein und die weit schwierigere der Abtrünnigen scheinen sie sich wenig gekümmert zu haben. Selbst ein Kosmas schrieb: «Lassen wir diese Menschen [die Bogomilen] ihren Weg ins Verderben weitergehen; schneller wird man ein Tier bekehren als einen Häretiker».[5] Solche Sprüche, die Kosmas oft genug gehört haben wird, bezeugen, daß die Kritiker des Klerus nicht ganz im Unrecht waren.

Der äußere Friede wurde auch durch die Bogomilen gewahrt: Sie gingen «aus Furcht vor den Menschen» in die Kirche, küßten Kreuz und Ikonen. Sie waren «wie die Schafe», «sanft, demütig, schweigsam», fasteten, redeten kein leeres Gewäsch, kannten kein lautes Gelächter und keine groben Scherze. «Sie vermeiden, sich bemerkbar zu machen, und all das nur nach außen, damit man sie nicht von den wahren Christen unterscheiden kann.»[6] Unter ihresgleichen trat, immer nach Kosmas, der Haß gegen die Herrenschicht zutage: «Sie lehren ihre Anhänger, sich nicht der Obrigkeit zu unterwerfen, sie hassen die Reichen, sie hassen die Kaiser, verhöhnen ihre Vorgesetzten, schimpfen über die Herren; sie glauben, daß es Gott graut vor allen, die für den Kaiser arbeiten, und sie raten allen Hörigen, nicht für ihre Herren [Fron-]Arbeit zu verrichten.»[7]

Man kann diese Worte auch so übersetzen, daß sie als Programm einer Erhebung gegen das Joch der Herren erscheinen.[8] Aber diese Erhebung hat nicht stattgefunden. Erst um 1110 wurde in Konstantinopel die Existenz der Sekte zur Kenntnis genommen, lange nachdem 1096 Kreuzfahrer mit Bogomilen in Mazedonien zusammengetroffen waren.[9] Deren Stärke blieb, daß sie sich nach außen sozial anpaßten. So konnte die Lehre bis zum Ende des 14. Jahrhunderts unter den verschiedensten politischen Gegebenheiten eine Rolle spielen. Ihre letzten Spuren sind erst im 17. Jahrhundert, nach langer türkischer Herrschaft, verschwunden.

Die Träger der bogomilischen Lehre, zum Teil frühere Geistliche, haben ihren Gläubigen Demut und Unterwerfung unter die Obrigkeit gepredigt. Die tiefe Unzufriedenheit mit dieser und einem harten Leben in ungesicherter Lage wurde so entschärft, freilich um den Preis der «inneren Emigration». Der Bogomile war kein Weltverbesserer, er trachtete dieser Welt zu entkommen. Dazu trug Arbeit im Dienst des Herrentums nicht bei; sie war keine Form der Askese, sondern sinnlos. Trotzdem haben nur wenige die bäuerliche Lebensform aufgegeben und wurden zu Wanderpredigern, die sich von ihren Zuhörern verpflegen und behausen ließen: «Sie wandern von Haus zu Haus und verschlingen, was anderen gehört.»[10] Damit mußten die Sektierer ihre Tarnung nicht aufgeben, denn es gab ein wanderndes Mönchtum, das von milden Gaben lebte, oft auf Pilgerfahrt[11] oder eine solche vorschützend. Solche Leute können öfter, als wir meinen, in den Westen weitergewandert sein. Sie trugen ein geistliches Gewand, den rauhen und dunklen Mantel der Mönche; Kosmas macht diesen Wanderpredigern den Vorwurf, daß sie «unsere Kleider tragen».[12] Schon in dieser Zeit hat es also eine geistige Oberschicht der Bogomilen gegeben, die sich jedoch auch später nicht soweit festigte wie die «perfecti», die «Vollkommenen» bei den Katharern. Zu den Bogomilen zählten auch Priester, die der Sekte angehörten, jedoch «vielleicht aus Furcht vor der weltlichen Gewalt» ihre Funktion weiterhin ausübten.[13]

An diese letzteren scheint sich Kosmas in einigen Sätzen gewandt zu haben. Sonst wäre nicht zu verstehen, daß er den «Reichen» vorwarf, Bücher zu besitzen, sie jedoch den «Armen» nicht zu borgen, wenn diese sie lesen und kopieren wollten.[14] Der Grund dafür sei, daß Besitzer von Büchern in der Achtung der Bevölkerung stiegen, wenn sie dem Volk unbekannte Sätze zitierten.[15] Dabei war die Rede vom Alten und vom Neuen Testament sowie von Texten, die die biblische Lehre unterstützten; stünde in einem von ihnen zu lesen, daß man das Gotteswort seinen Brüdern nicht zugänglich machen solle, sei er zu vernichten.[16] Dieser letzte Satz könnte sich auf bogomilische Schriften beziehen, wonach das Alte Testament und die Werke der Kirchenväter nicht anzuerkennen seien.

Zwei Mittel, schrieb Kosmas, hätten die Bogomilen, um Menschen zu ihrer Gemeinschaft zu bekehren: Einerseits Demut und Fasten, anderseits – wohl bezogen auf die Oberschicht – das Evangelium in ihren Händen und seine gottlose Auslegung.[17] «Alles, was die Häretiker lesen, verdrehen sie.»[18] Das heißt, sie waren darin geübt, Bibelzitate so einzusetzen, daß sie als Beweise für die Richtigkeit des bogomilischen Mythos dienen konnten.

Die Hauptlehre dieses Mythos war, daß der Teufel die Welt geschaffen habe und daß darum alles an der Schöpfung «schmutzig» und abzulehnen sei. Der Teufel trug auch den Namen «Mammon»,[19] ein Wort der Evangelisten für «Besitz», mit abwertendem Beiklang. Getaufte Kinder hießen «Kinder Mammons» oder «Kinder von Reichen», «denn Mammon ist der Reichtum»; die Bogomilen wandten sich von solchen Kindern ab wie von etwas Unanständigem und spuckten aus, wobei sie sich die Nase zuhielten.[20] Ob der Teufel ein Gott im Sinne des «radikalen Dualismus» oder ein mißratener Sohn Gottes war, scheint damals die Gemüter noch nicht bewegt zu haben; jedenfalls findet sich nichts darüber bei Kosmas. Er wollte ja auch keine bogomilische Theologie bieten – wahrscheinlich wurde sie erst später systematisch ausgebildet – , sondern beschränkte sich auf fragmentarische Angaben: Daß der Teufel und nicht Gott Wunder vollbringe, auch Christi Wunder seien von ihm ins Werk gesetzt, um die Menschen zu verwirren. Oder, im Bereich der Oberschicht, daß es sich um biblische Allegorien handle, die von den Evangelisten als Tatsachen dargestellt wurden.[21] Natürlich sei das Alte Testament abzulehnen, denn hier werde die Welt als Schöpfung des guten Gottes bezeichnet; abgelehnt wurde auch jeder Marienkult, wurden die Sakramente, die Reliquien und Ikonen der Heiligen, doch vor allem das Kreuz: Ein freiwilliger Erlösungstod Christi war unmöglich, und das Kreuz «ist eher der Feind Gottes», es solle verachtet werden. «Die Dämonen fürchten das Kreuz Christi, und die Häretiker zerschneiden es und machen daraus Werkzeuge», sie sind also schlimmer als die Dämonen.[22]

Das emotionale Nein zu allem Bestehenden hatte seine Grenzen in den praktischen Gegebenheiten des Lebens, das die Bogomilen weiterhin führten. «Wenn der Teufel die ganze sichtbare Welt erschaffen hat», fragte Kosmas, «warum eßt ihr dann Brot und trinkt ihr Wasser?»[23] Man ernährte sich anscheinend in der einfachen Art des Mönchtums; von einer leibfeindlichen Askese wird nichts weiter berichtet. Mühsam war es freilich, die Gebetszeiten einzuhalten; wahrscheinlich betrafen sie jedoch nur die Oberschicht der Geistlichen und Halbgeistlichen. Bauern, die den Tag über auf den Feldern arbeiteten, hat der folgende etwas mysteriöse Satz des Kosmas schwerlich betroffen: «Sie beten, indem sie sich in ihren Häusern einschließen, viermal untertags und viermal nachts, und die fünf [Stunden-]Gebete bei offenen Türen...»[24] Zu Stundengebeten waren im orthodoxen Bereich die Geistlichen verpflichtet, sie konnten die Türen offenstehen lassen, ohne daß jemand Anstoß nahm.

Ein Priestertum im üblichen Sinne wurde von den Bogomilen nicht anerkannt, die Weitergabe der Weihegewalt abgelehnt, ebenso die Rückführung der Liturgie auf die apostolische Zeit: Johannes Chrysostomos (Patriarch von Konstantinopel 398–404) habe die Liturgie geschaffen.[25] Das war eine Behauptung, die Kosmas nur von einem relativ gebildeten Mann gehört haben kann; «historische» Kritik ist im Bereich der Häresien ziemlich selten. Merkwürdig ist auch, was Kosmas – und nur er – über die Bogomilen berichtet, nämlich daß dort Frauen die Beichte hören und Sünden vergeben konnten.[26] Das hat es erst wieder bei einem Teil der Waldenser im Spätmittelalter gegeben.

Wir wissen wenig über die Bogomilen des 11. Jahrhunderts. Am Beginn des 12. Jahrhunderts traten sie in den Gesichtskreis des byzantinischen Kaisertums mit seiner ausgeprägten Neigung zur Schriftlichkeit in allen Bereichen. Im Jahre 1110 (oder 1118) befahl Kaiser Alexios Komnenos dem Euthymios Zigabenos, einem Theologen, die Niederschrift eines Traktats über die Häresien seiner Zeit. Byzantinischer Mode entsprechend trug er den Titel *Dogmatische Waffenkammer*.[27] Er beruhte auf Aussagen eines Mönchs Basileios, der bei den Bogomilen eine maßgebliche Rolle spielte, und anderer Mitglieder der Sekte in Konstantinopel. Wie weit die Bogomilen auf dem Balkan dieselben Anschauungen hatten, ist schwer zu sagen. Schon im 11. Jahrhundert zeigt ein Brief des Mönchs Euthymios vom Peribleptoskloster regionale Differenzen, in Nordwestanatolien dachte man nicht ganz so wie in Südanatolien. Leider bringt der genannte Brief ansonsten aber wenig Neues.[28]

Liturgisch gab es gegenüber Kosmas Neuerungen, vor allem eine «Geisttaufe». Alle Anwesenden, Männer und Frauen, legten ihre Hände auf den Kopf des Sektenmitglieds, das damit Vollmitglied – «Meister», «Apostel» –

wurde. Man trat damit in den Rang der «Geistlichen» ein, empfing also den dunklen Mantel des östlichen Mönchtums.[29] Es handelt sich um einen sakramentalen Weiheakt, eine Art Ordination durch die Gemeinde. Die Geisttaufe soll es seit der Mitte des 11. Jahrhunderts, zuerst bei Bogomilen im nordwestlichen Anatolien, gegeben haben.[30] Begleitet wurde der liturgische Akt durch Gebete, und man legte dem zu Ordinierenden das Evangelium auf das Haupt; zum zweitenmal übrigens, denn schon in einer Art Initiationsritus hatte das Evangelienbuch die gleiche Rolle gespielt. Die erste Zeremonie eröffnete eine Probezeit, die zweite brachte den Heiligen Geist dazu, in dem Kandidaten Wohnung zu nehmen: Von jetzt ab war er ein Vollendeter und konnte nicht mehr sündigen. Die Zweiteilung in «Gläubige» (credentes) und «Vollendete» (perfecti) wurde dann ein Kennzeichen des Katharertums.

Erst jetzt war dem Bogomilen das Gebet gestattet, und zwar das einzige, das gebetet werden durfte, nämlich das Vaterunser. In wörtlicher Befolgung des Evangeliums (Matth. 6,9) wurde das Gebetsleben auf das Beten des Herrngebetes eingeschränkt, was wohl manches zu der geringen Ausbildung bogomilischer Spiritualität beigetragen hat. Selbst hier hätte es andere Wege gegeben: Die Messalianer, eine Sekte des 4. und 5. Jahrhunderts, haben durch die gebetsmühlenartige Wiederholung des Vaterunsers eine mystische Vereinigung mit dem Heiligen Geist erstrebt.[31] Davon war nicht die Rede, das Gebet wurde auf die schon erwähnten Gebetszeiten verteilt. Der Heilige Geist wohnte dauernd in den «Aposteln», der Oberschicht, so daß man sie als «Gott gebärend» (theotokos) bezeichnen konnte, in Parallele zur Gottesgebärerin Maria der Orthodoxie.[32]

Die Mitglieder der quasi-geistlichen Oberschicht waren einander grundsätzlich gleichgestellt, wobei es natürlich ein gewisses Vorrangdenken gemäß der Persönlichkeit oder dem «Taufalter» gegeben haben mag. Es handelte sich auch im 12. Jahrhundert nicht um eine Kirche, sondern «Kirchen», lokale oder territoriale Gruppen. Vielleicht stellten sie «Älteste» auf, aus denen dann später Bischöfe wurden, mit eigenem Weiheakt. Der älteste bekannte ist Simon «von Drugunthia» (wahrscheinlich in Thrakien);[33] sein Nachfolger Niketas zog aus Konstantinopel nach dem Westen und nahm (1167) an einer Synode der Katharer teil, die uns noch beschäftigen wird. Seither begleitete das Problem der Gültigkeit erteilter Weihen Bogomilen und Katharer, wie es schon die Orthodoxie beschäftigt hatte. Die Bogomilen hatten die «apostolische Sukzession», die Abfolge der Weihen von den Aposteln her, zur Zeit des Kosmas für die bestehende Kirche verworfen[34] und für ihre Gemeinschaft noch nicht behauptet. Jetzt näherte man sich diesem Prinzip und zugleich, wiederum nach dem Abbild der orthodoxen Kirche, der Ausbildung einer Art Hierarchie. Es gab nun Bischöfe (Apostel, Lehrer) und dann auch Diakone. Eine einheitliche hierarchische Spitze hat es aber ebensowenig gegeben wie eine völlig einheitliche Lehre der Kirchen, von denen 1167 fünf, von Konstantinopel bis Dalmatien, aufgezählt werden.[35]

An der Lebensweise der Oberschicht scheint sich seit dem Bericht des Kosmas nicht viel geändert zu haben. Fleisch- und Weingenuß wurden jetzt verdammt, doch hatte schon Kosmas Brot und Wasser als Nahrung und Trank der Bogomilen erwähnt. Was den Wein betrifft, war es anscheinend nötig, eine eigene Legende zu erfinden: Der Teufel hatte eine Weinrebe in die Mitte des Paradieses gepflanzt, sie war der «Baum der Erkenntnis», und eine Weintraube trat an die Stelle des Apfels.[36]

Bedeutsamer war es, daß das böse Prinzip jetzt in einer mythischen Erzählung konkretisiert wurde. Bisher hatte es offenbar genügt zu wissen, daß der Teufel die Welt geschaffen habe – eine Negation des Glaubens an die Güte der Schöpfung, nicht eigentlich Teil eines Mythos. Dieser begann sich zu entfalten, als man die Stellung des bösen Prinzips zum guten Gott näher erläuterte. Entweder existierten zwei gleichrangige Gottheiten nebeneinander («absoluter Dualismus»), oder der Teufel war neben Christus Gottes älterer (oder: jüngerer) Sohn, der gegen den Vater revoltierte («gemäßigter Dualismus»). In der Forschung hat man diesen Gegensatz überbetont, und es gab lange Streitigkeiten über Herkunft und Ausbreitung beider Formen; sicher ist, daß jener Bischof Niketas, der nach dem Westen ging, dort im Sinne des absoluten Dualismus wirkte. Zwischen den bogomilischen Kirchen gab es Spannungen und Rivalitäten verschiedener Art, man wird sie jedoch nicht als ein Schisma zwischen dem absoluten Dualismus von «Drugunthia» und dem gemäßigten anderer Gruppen bezeichnen können.[37] Es scheint, daß man in Konstantinopel theologisch genauer war als anderswo und daß Niketas den Gegensatz im Westen zu einem Streitobjekt gemacht hat. Denn dem mythischen Denken entspricht eine Mehrzahl von Möglichkeiten, die dem Theologen ein Greuel ist. So hat man z. B. gelegentlich über eine teuflische Trinität spekuliert,[38] ohne daß es deshalb zu Weiterungen kam.

Für durchschnittliche Bogomilen war es wichtig zu wissen, daß Satan der «Fürst dieser Welt» war (Joh. 14,30;16,11), was von ihnen häufig zitiert wurde.[39] Hier setzten die Erzählungen ein: Der ältere Sohn Gottes war vom Vater zum Verwalter seines Reiches bestimmt, aber er lehnte sich gegen ihn auf, wurde abgesetzt und gründete seinen eigenen Herrschaftsbezirk, die materielle Schöpfung, der er Engelsseelen einverleibte. Der jüngere Sohn, Christus, stieg auf die Erde herab, um diesen Seelen einen Ausweg aus der Gefangenschaft in ihrem vom Teufel gebildeten Leib zu zeigen; er selbst war ein Geist ohne Körper, ging als solcher durch Maria hindurch und hat am Kreuz nicht gelitten, was menschlich und nicht göttlich wäre. Nach anderen war Christus, das «Wort», der Erzengel Michael (in Parallele zu dem abgefallenen Erzengel Satanael), er hat den Satan in der Hölle angebunden und Menschenseelen befreit.[40]

Der geistige Scheinleib Christi ist ein altes Requisit heterodoxer Christologie seit dem 2. Jahrhundert. Immer wieder wurde dieser «Doketismus» neu erfunden, wenn man die Materie als schmutzig bzw. böse ansah. Die Einfüh-

rung der Lehre in den Bogomilismus wird auf byzantinische Theologen zurück-
gehen, ebenso wohl auch eine neue Deutung der Erbsünde: Sie bestand in dem
Fall der Engel, die sich von Gott ab- und Satan zuwandten. Unter ihren Folgen
leiden alle Menschen, und ihre persönliche Sünde ist es, sich der Welt und ihren
Verlockungen gegenüber positiv zu verhalten. Sündenlosigkeit ist, auf eine
kurze Form gebracht, Weltenthaltung[41] zusammen mit dem Einfluß des Heiligen Geistes. Sünder sind alle Menschen bis auf jene, die die Geisttaufe empfangen haben und asketisch leben. Diese Vereinfachung der moralischen Existenz
zwischen Gut und Böse war sicherlich anziehend.

Die weiteren Wege des Bogomilentums sind hier nicht zu beschreiben.
Wichtig ist dagegen der Einfluß, den es auf den Westen genommen hat. Was wir
als Katharertum bezeichnen, ist eine westliche Weiterbildung dieser Sekte. Nach
langen Debatten ist man sich nahezu einig, daß es Katharer im Abendland seit
etwa 1140 gibt; das wird festzuhalten sein, wenn man von bogomilischen
Einzellehren absieht, die vielleicht schon früher im Westen Eingang fanden. Von
einem fraglichen Fall, dem Ketzer Leutard in Vertus, haben wir schon gehört.[42]
Merkwürdig ist auch eine bisher nicht besprochene Gruppe von Ketzern in der
Gegend von Soissons, kurz vor dem Jahr 1114, über die Guibert von Nogent
berichtet.[43] Diese Leute, vor allem der Landbewohner (rusticus) Clemens und
sein Bruder Eberhard, hätten im Dorf Bucy-le-Long bei Soissons behauptet,
Gottes Ratschluß über den Sohn der Jungfrau sei ein Phantasiegebilde (fantasma). Das Altarsakrament hätten sie verabscheut, den Mund der Priester als
Maul der Hölle bezeichnet, ebenso Heirat und Zeugung verworfen. Sie rühmten
sich, das Leben von Aposteln zu führen, und lasen (!) nur die Apostelakten.

Die Erzählung wurde allerdings dadurch diskreditiert, daß Guibert in diesem
Zusammenhang das Wandermärchen von Orgien und Kinderverbrennung an-
führt.[44] Weiters schreibt er: «Wenn du die von Augustinus angeführten Häresien durchgehst, wirst du finden, daß das niemand eher als den Manichäern
zuzuordnen ist.» Das führte dazu, daß der Editor Labande Guiberts Aussagen
als unoriginell abtat, obwohl der Satz ganz oder wenigstens in erster Linie die
Kinderverbrennungen betrifft. Verführerisch ist es, das Wort «fantasma» auf
den Scheinleib Christi zu beziehen.[45] Aber das steht nicht bei Guibert von
Nogent.

Er hat einen der Häretiker im Auftrag des Bischofs befragt, hatte es also nicht
nötig, etwas aus Augustinus zu ergänzen, und nahm bloß die allezeit übliche
Einordnung in die alte Liste der Häresien vor. Guibert fragte den Ketzer auch
nicht nach christologischen Spekulationen, sondern nach der – so häufig abge-
lehnten – Kindertaufe. Die Antwort war geschickt, weil anscheinend orthodox:
«Wer glaubt und getauft ist, wird gerettet werden» (Marc. 16,16). Den Hintersinn, den Glauben der Taufe vorangehen zu lassen, hat Guibert verstanden, aber
es könnte in dem Bibelzitat noch ein anderer verborgen sein: Um was für eine
Taufe mochte es sich handeln, wenn man in dem Mund des Priesters den Rachen
der Hölle sah? Vielleicht um eine «Geisttaufe»?

In seiner Autobiographie hat Guibert den Grafen Johann von Soissons (gest. um 1115) denunziert, er «habe die Häretiker geliebt» und den jüdischen Glauben gepriesen, ohne ihm nachzuleben. Er habe behauptet, von vielen weisen Männern gehört zu haben, daß alle ihre Frauen gemeinsam haben sollen und dies keine Sünde sei. Über Christus äußerte der Graf Dinge, die sich die Juden nicht zu sagen getrauten. Guibert hat einen Traktat *Über die Inkarnation gegen die Juden* geschrieben, der nach seiner eigenen Angabe gegen den Grafen gerichtet war.[46] In dieser Schrift wandte er sich gegen Argumente der Juden, mit denen sie die Jungfraugeburt leugneten, und gab Antwort auf die Frage, «ob Gott seine Schöpfung gut oder böse gemacht habe.»[47] Das Problem entspricht keineswegs jüdischer Lehre, ebensowenig wie die nächste Feststellung (des Grafen): «Man glaubt, daß Gott allmächtig sei, sicherlich war er aber nicht allmächtig...»[48]

Johann von Soissons nahm in der üblichen Art am Leben der Kirche teil, machte sich jedoch über die Religion seine eigenen Gedanken und hörte, was ihm Juden und Häretiker sagten. Daß Libertinismus keine Sünde sei, erfuhr er kaum von jüdischer Seite – sagten ihm das Häretiker? Für die Katharer unterstanden die Weltlichen dem Teufel, sie konnten heiraten, wen und wie sie wollten; der Weg zur Seligkeit führte über die Geisttaufe. Natürlich bleibt es völlig unsicher, ob sich hier eine Verbindung zu bogomilisch-katharischem Denken auftut. Dasselbe gilt für Christologie und Jungfrauegeburt, schließlich auch für den Zweifel an der Güte der Schöpfung. Auch an der Allmacht Gottes konnte jedermann zweifeln. Durch das Wort «war» wird diese Allmacht jedoch anscheinend auf die Schöpfung bezogen – wer hat die übrige Macht ausgeübt?

Solche Fragen müssen im Raum stehenbleiben; jedenfalls ist es merkwürdig, wie nahe diese Gruppe und der ihr nahestehende Graf einigen bogomilisch-katharischen Gedankengängen kamen. Eine etwaige Mission aus dem Osten war gewiß nicht der einzige Grund für das Aufkommen der Sekte. Ihrem Denken kam anscheinend manches nahe, was viele dachten und nur ganz wenige, so wie Graf Johann, in Worte zu fassen wagten.

Von einer Mission wissen wir kaum etwas. Trotzdem ist es höchst unwahrscheinlich, daß der Katharismus des Westens eine «Spontanparallele» zum Bogomilismus des Ostens darstellt, ohne Verbindung durch Missionare in Gestalt von wandernden Eremiten, Pilgern, Kaufleuten, Handwerkern. Die erste Katharergruppe wird in Köln seit 1144 deutlich, nach einem Brief der Hildegard von Bingen sogar schon seit März 1140.[49] Das war die letzte Zeit des Bürgerkrieges in Deutschland zwischen Staufern und Welfen, und bald sollte der Kreuzzug Konrads III. und Ludwigs VII. die innere Spannung nach außen ablenken. In Byzanz gab der Bogomilismus kräftige Lebenszeichen von sich: Bald nach 1140 verbreitete er sich in Bosnien,[50] während im Zentralbereich der byzantinischen Herrschaft die Sekte verfolgt wurde, besonders seit der Thronbesteigung Kaiser Manuels I. im Jahre 1143. Schon unter seinem Vorgänger Alexios I. hatte es die ersten Verbrennungen von Bogomilen gegeben; jetzt geriet sogar der Patriarch von Konstantinopel in deren Bann und mußte 1147 abgesetzt werden. Später behauptete man gar, der Kaiser selbst sei dem Bogomilismus nahegestanden, was allerdings unwahr sein dürfte.[51] Aus der bogomilischen Kirche von Konstantinopel ist dann jener Bischof Niketas hervorgegangen, der 1167 nach dem Westen zog, um die Katharer zu «reformieren».

Nicht erst seit dieser Zeit wußte man sich dort im Besitz einer alten Tradition oder sogar Sukzession. Die Kölner Katharer von 1144, von denen wir jetzt zu reden haben, sagten dem Everwin von Steinfeld, es gebe von ihnen in der ganzen Welt eine Menge, im geheimen lebend seit der Zeit der Märtyrer, in Griechenland und anderern Ländern.[52] Wir haben bereits ein Schreiben erwähnt, das Everwin an Bernhard von Clairvaux richtete, um ihm die Existenz zweier verschiedener, einander bekämpfender Gruppen von Sektierern in Köln zu melden; über die eine – nichtkatharische – Gruppe wurde dabei schon gesprochen.[53] Die Annalen des Klosters Brauweiler bei Köln berichten von der Anklage gegen die Sektierer zum Jahr 1143, zusammen mit der Verbrennung von drei Häretikern in Bonn.[54] Die Kölner Ketzer wurden milder behandelt, man unterzog sie der Wasserprobe oder ließ sie fliehen. Vielleicht handelte es sich um Anhänger der nichtkatharischen Gruppe, während man in Bonn auf zähe Verteidiger ihres Glauben stieß, die Katharer gewesen sein könnten. Ekbert von Schönau hat einige Jahre später als Kanoniker in Bonn mit dortigen Katharern Fühlung gehalten, die ihn bekehren wollten.[55]

Nach Everwins Bericht behaupteten die Kölner Katharer, nur bei ihnen sei die Kirche. «Wir und unsere Väter, als Apostel geschaffen, blieben in der Gnade Christi und werden es bis zum Weltende bleiben.» «Und das sind jene Häretiker, die sich Apostel nennen und ihren Bischof [papa] haben.» Es gibt bei ihnen die «Hörer» (auditores) und die «Gläubigen» (credentes), über denen «Auserwählte» (electi) stehen. Bei den Gläubigen und den Auserwählten sind auch Frauen zugelassen, so wie die Apostel ihre Frauen auf die Wanderungen mitnahmen. Aus der Zahl der Hörer werden durch Handauflegung Gläubige ausgesondert, die den Gebeten (der Auserwählten) beiwohnen dürfen und eine Probezeit durchmachen, bis sie die Taufe «in Feuer und Geist» erhalten und damit zu Auserwählten werden. Als solche dürfen sie andere taufen und bei Tisch «Fleisch und Blut Christi konsekrieren». Das geschieht durch das Sprechen des Vaterunsers.

Hier wird Everwin seine Gewährsleute mißverstanden haben. Bei den Bogomilen wie bei den Katharern gab es keine Realpräsenz Christi in Brot und Wein. Der Auserwählte (später: Vollendete, perfectus) vollzog eine Gedächtniszeremonie, indem er Brot und Wein segnete und austeilte, in Parallele zu der «volksliturgischen» Eulogie der katholischen Kirche.[56] Was die Hierarchie der Katharer von Köln betrifft, gleicht sie der bogomilischen von Konstantinopel auch darin, daß das bischöfliche Oberhaupt der Landes- bzw. Lokalkirche den Titel «Papa(s)», eigentlich also: «Pope» führte, so wie Niketas 1167. Einen «Papst» hat es bei den Katharern so wenig wie bei den Bogomilen geben können.[57]

Das apostolische Leben (der Auserwählten) verlangte völlige Armut und Wanderschaft, Fasten, Gebet und Arbeit «bei Tag und Nacht», um damit den Lebensunterhalt zu verdienen. Wir dürfen hinzufügen, daß Wanderschaft und Arbeit am besten in den Berufen der Handwerker und der Kaufleute zu vereinen waren, kaum hingegen in dem Saisonberuf des landwirtschaftlichen Arbeitertums. Was das Fasten betrifft, so waren Milch und Milchprodukte ebenso wie Fleisch verboten. «Sie verdammen die Ehe, aber den Grund dafür konnte ich nicht erfahren.» Den Schlüssel dazu bietet das Gebot, alle Nahrungsmittel zu meiden, die «ex coitu» stammen: Alles die Sexualsphäre Betreffende war in höchstem Maß unrein; daß auch die Frauen der Katharer enthaltsam lebten («wie sie sagen», fügt Everwin mißtrauisch hinzu), versteht sich von selbst.

In ihre eigentliche Lehre haben Everwin seine Gewährsleute nicht eingeweiht. Wir erfahren nichts davon, daß der Teufel die Welt schuf, nichts über den Scheinleib Christi und die Befreiung der Seelen aus ihrer Gefangenschaft im Leib. «Was ihre Sakramente betrifft, so halten sie sich bedeckt», schrieb Everwin, unwissend, daß das einzige Sakrament der Häretiker die Geisttaufe war, über die er Auskunft erhalten hat. Das Fehlen der Hauptelemente der Lehre sollte nicht dazu verführen, an dem Katharertum der Gruppe zu zweifeln. Bräuche und Organisation der Sektierer stimmen mit jenem so sehr überein, daß man hier ganz sicher geht. Ein kleines Beispiel: Neben dem Bischof steht ein «Genosse» (cum socio suo), der genau dem «filius maior» der späteren Bogomilen und Katharer entspricht. Es handelt sich um einen Stellvertreter des Bischofs und seinen präsumptiven Nachfolger, für die bulgarische Kirche erst seit etwa 1190 bezeugt.[58]

Der Bischof und sein Stellvertreter waren es auch, die in einer Versammlung von Geistlichen wie Weltlichen, vor dem Erzbischof von Köln und hohen Adeligen, ihre Lehre verteidigten. Sie taten dies mit Worten Christi und der Apostel, hatten aber keinen Erfolg. Darauf baten sie, ihre «magistri» beizuziehen, also wohl besonders schriftkundige Brüder, doch dazu kam es nicht. Eine Volksmenge «raubte» die Häretiker, «ohne daß wir es wollten», und verbrannte sie. Everwin rühmt die Geduld, ja Heiterkeit, mit der die Ketzer ihr qualvolles Ende auf sich nahmen.

Ausgerottet war die Häresie dadurch in Köln nicht; bald sollte Ekbert von Schönau Neues über ihre Anhänger erzählen. Die Kölner und Bonner Gruppe war auch keineswegs die einzige im Abendland, denn 1144 oder 1145 wurde über Katharer in der Champagne berichtet, die nach Lüttich kamen. Der Klerus dieser Stadt sandte einen Alarmruf an Papst Lucius II.:[59] Von dem Dorf «Mons Guimari» in Frankreich sei eine Häresie ausgegangen, durch die nach Aussage ihrer Anhänger «alle Städte des französischen und unseres eigenen [römisch-deutschen] Reiches zu einem großen Teil mit dem Gift des Irrtums infiziert wurden».«Mons Guimari» ist höchst wahrscheinlich Mont-Aimé, jener Burgort, der später den Katharerbischof beherbergt haben dürfte und in

dem 1239 eine Massenexekution von Katharern stattfand; wir haben von ihm
schon gesprochen, weil in unmittelbarer Nähe das Dorf Vertus liegt, in dem
der Ketzer Leutard lebte.[60] Die hohe Einschätzung der Zahl von Anhängern ist
natürlich übertrieben, immerhin ist das Ganze nicht aus der Luft gegriffen.
Die Städte am Rhein und an der Maas hatten mit der Champagne gemeinsam,
daß sie Zentren des Handels waren. Daß es sich bei den Ketzern um Kaufleute
gehandelt habe, kann man nicht behaupten, doch müssen es reisegewohnte
und wohl nicht ganz unbemittelte Leute gewesen sein. Ein bekehrter Ketzer
wurde aus Lüttich an den Papst Lucius gesandt, anderen wurden Wallfahrten
an verschiedene Orte zur Pflicht gemacht. Unbekehrbare hat wiederum «das
Volk» verbrannt.

Nach Aussage des Schreibens gab es in Lüttich so wie in Köln «Hörer» und
«Gläubige» (credentes), die Oberschicht trug hier den Namen «Christen», eine
später für die katharischen «Vollendeten» gebrauchte Bezeichnung. Von ei-
nem Bischof hören wir nur indirekt, wenn von «Priestern» und von «anderen
Prälaten wie bei uns» gesprochen wird. Letzteres ist sicherlich ein Mißver-
ständnis. Die Ketzer wandten sich gegen die (katholischen) Sakramente, den
Eid, die Ehe und glaubten, daß man nur nach Vollbringung guter Werke den
Heiligen Geist empfangen könne. Über das Problem der Werksgerechtigkeit
war man im Katharertum uneins.[61] Aus Gründen der Tarnung nahmen die
Ketzer am sakramentalen Leben der Kirche teil.

Um die gleiche Zeit hat das Katharertum in Südwestfrankreich Einzug
gehalten (im Périgord, Dordogne, Lot-et-Garonne). Ein sonst nicht bekannter
Mönch Herbert sandte ein warnendes Schreiben an «alle Christen» aus.[62] Vom
Wesen der Sekte hat er kaum etwas begriffen. Es handelt sich jedoch sicher um
Katharer schon wegen der Aussage, daß die Sektierer statt der Kommunion
«ein Stückchen Brot» zu sich nehmen und «hundertmal am Tag» das Knie
beugen: der katharische Ritualismus wird uns noch beschäftigen. Sozialge-
schichtlich relevant ist die Aussage, daß als Prediger ebenso Adelige wie Geistliche in die Fremde zogen, Mönche wie Nonnen. Wenn ein Priester am Ort
blieb und die Messe feierte, sprach er nicht die Kanonworte und verbarg die
Hostie beim Altar oder im Meßbuch. Katharer konnte man mit eisernen
Ketten fesseln und gut bewacht in ein umgekehrtes Weinfaß stecken – am
Morgen waren die Gefangenen frei, das Faß voll. «Sie tun auch sehr viele
andere wunderbare Dinge.» Daß ihnen der Teufel dabei half, war jedermann
klar. Und weiter: «Niemand ist so bäuerisch, daß er in ihrem Gefolge nicht
binnen acht Tagen so schriftgelehrt wird, daß er weder durch Worte noch
Taten jemals überwunden werden kann.»

Der Brief zeigt, wie sich in einem vorwiegend volkstümlichen Denken das
Häretikertum spiegelte. Heribert begann seine Schilderung mit der Feststellung, daß die Sektierer kein Fleisch aßen und sehr wenig Wein tranken. In
zweiter Linie kamen ihre seltsamen Gebräuche; er staunte über ihre Bibelfestigkeit und ihre Anziehungskraft auch auf Standespersonen. Entscheidend

war, daß sich diese Leute gegen die Messe wandten. Daran zeigte sich, daß sie nicht von Gott, sondern vom Teufel gesandt waren, der ihnen bei der Zauberei half. Daher war es richtig, sie der Strafe für Zauberer zu unterwerfen, dem Feuertod.

Die üblichen Beteuerungen des Klerus, derartiges nicht gewollt zu haben, dürften zumeist auf Wahrheit beruhen. Man wußte aber auch, daß solch ein frommer Eifer nicht wie Mord bestraft wurde. Das kirchliche Verfahren wurde durch die Volksjustiz ergänzt, nach dem Abschluß der gelehrten Verhöre kam die empörte Allgemeinheit zu ihrem Recht.

Im Verlauf von sieben Jahren gab es Nachrichten über Katharer in Bonn, Köln, Lüttich, in der Champagne und im Périgord. Eine Verbindung dieser Punkte ergibt eine etwa tausend Kilometer lange Linie, die von Nordosten nach Südwesten verläuft. Das Phänomen hatte europäische Dimensionen erreicht, und für den Klerus war es hohe Zeit, Gegenmaßnahmen zu ergreifen. Vom Papsttum ließ sich nicht viel erwarten, aber es gab eine geistige Großmacht von europäischem Zuschnitt: Bernhard von Clairvaux. 1147 zog er nach Südfrankreich gegen das Katharertum, wie er schon dem Mönch Heinrich und dessen Anhängern entgegengetreten war. Bernhard erfuhr jedoch, daß es leichter war, einen Kreuzzug ins Werk zu setzen – was er eben getan hatte –, als die Katharer zu überwinden. Er erkannte den Unterschied zwischen den beiden Gattungen der «lauten», in der Öffentlichkeit debattierenden und der im stillen tätigen Ketzer; beide Arten hat Bernhard jedoch mißverstanden, wenn er meinte, es komme ihnen allen darauf an, durch die Einzigartigkeit ihrer Kenntnisse Ruhm zu erwerben.[63] Es war nicht sein Stil, Bibelzitat gegen Bibelzitat zu stellen und in zähem Ringen eine tief verankerte Lehre aus den Angeln zu heben. «Das wäre eine unendliche und völlig unnötige Arbeit, auf alles zu antworten ... Sie werden weder durch Vernunftgründe überzeugt, weil sie sie nicht verstehen; noch durch Anführung von Autoritäten gebessert, die sie ablehnen; noch lassen sie sich durch Überredung beugen, denn sie sind verrückt.» Die wohlgegliederte dreiteilige oratorische Periode schließt mit der wirkungsvollen «conclusio»: «Man hat es erfahren: Lieber wollen sie sterben als sich bekehren.»[64]

Bernhard, der Feuergeist, hat keinen Zugang zu der nüchtern-verqueren Art dieser Leute gefunden. Immerhin hat er nicht bloß über sie geklagt, sondern sie auch zu studieren gesucht: wie sie fasten, mit Handarbeit ihren Lebensunterhalt verdienen, niemand betrügen und nach außen hin am kirchlichen Leben teilnehmen. Mit Schrecken stellte er fest, daß es unter diesen Ketzern auch Priester gab, die ihre Pfarrgemeinde verlassen hatten und jetzt, bärtig und ohne Tonsur, unter Webern und Weberinnen ihr Leben verbrachten.[65] Bernhard hat sie nicht unlauterer Motive verdächtigt, auch wenn ihm das gemeinsame Leben von Männern und Frauen der katharischen Oberschicht ein Ärgernis war. Durch ihn erfahren wir zum erstenmal von dem bevorzugten Beruf der Sektenmitglieder, über den noch zu sprechen sein wird.

Im Jahre 1148 fand in Reims eine Kirchenversammlung statt, die sich über
Eon von Stella belustigte, jedoch «gegen die Häresiarchen und ihre Anhänger
in der Gascogne, in der Provence und anderswo» die Exkommunikation und
«auf ihren Ländereien» das Interdikt verhängte.[66] Exkommuniziert hatte man
Ketzer in Reims schon 1049, das Interdikt – die Aussperrung vom sakramentalen Leben – war neu. Sie traf an einem Ort sowohl Gute wie Böse, Fromme
mehr als Unfromme, Katholiken ärger als Sektierer; der Hintergedanke war,
daß die katholische Bevölkerung auf die Dissidenten Druck ausüben sollte, die
Aufhebung der Strafe zu ermöglichen. Wenn man zu solch einer Maßnahme
griff, mußte schon ein nicht geringer Teil der Bevölkerung einzelner Gebiete
dem Katharertum anhängen. Daneben gab es wohl Adelige, «auf deren Ländereien» das Ketzertum Zuflucht fand. Der Brief des Mönchs Herbert berichtet
von Laien, ja Adeligen, die wegen der Sekte ihre Güter verließen.[67] Daß
Vornehme ihre Hand über die Katharer hielten, hat Bernhard beklagt.[68]
    Das galt für Südfrankreich. Im Norden dürfte es derartiges nur selten
gegeben haben, hier hielt sich die Bewegung eher im Untergrund. Eine zweite
Reimser Synode wandte sich 1157 gegen die «Sekte der Manichäer» (Katharer), die das einfache Volk verwirren «und durch sehr verworfene Weber, die
oft von Ort zu Ort fliehen und ihre Namen wechseln, von Sünden beschwerte
Weiblein einfangen...»[69] Der Wechsel des Ortes und des Namens deutet auf
Wachsamkeit kirchlicher und weltlicher Obrigkeit. Wieder hören wir von dem
Gewerbe der Weberei, das Katharer betrieben. Diese würden, sagt Ekbert von
Schönau, nach ihrem gebräuchlichen Handwerk der «Weber» (texerant) genannt.[70]
    Von Ekbert, dem Bruder der Seherin Elisabeth von Schönau, haben wir
schon erzählt, daß ihn zu der Zeit, da er noch Domkanoniker in Bonn war, die
dortigen Katharer zu bekehren versuchten.[71] Später, als Mönch des Klosters
Schönau, sah er 1163 die Verbrennung von fünf Katharern in Köln, darunter
ein Mädchen, das besondere Tapferkeit zeigte. Das Erlebnis bewog ihn, sich als
erster in «wissenschaftlicher» Weise mit dem Katharertum zu befassen. Seine
dreizehn «Predigten gegen die Irrtümer der Katharer»[72] bieten viele wertvolle
Nachrichten und einen Vergleich mit dem Manichäismus, aus dem er das
Katharertum ableitete. Das hat einige Unsicherheit in der Forschung geschaffen, ob er nicht manches in dieser Hinsicht zurechtbog. Als Abt seines Klosters hatte Ekbert nach 1167 nochmals mit Katharern zu tun, diesmal in
Mainz, wo einige vierzig nicht verbrannt, sondern nur aus der Stadt vertrieben wurden.
    Inzwischen waren die Sektierer bis nach England vorgedrungen. Um 1162
landete dort eine Gruppe von etwa dreißig Leuten, Männer und Frauen, unter
Führung eines gewissen Gerhard. Erfolg war ihnen wenig beschieden, angeblich haben sie eine einzige alte Frau bekehren können; dann wurden sie verurteilt und von der Insel vertrieben.[73] Das anglonormannische Staatswesen
war kein guter Boden für «dissenters». Man könnte meinen, daß sie aus dem

mächtigen Festlandsbesitz Heinrichs II. kamen, doch wird angenommen, daß die Sendboten aus Flandern oder aus dem Rheinland stammten. Eher wird es sich um Flandern handeln, denn von dort kamen um dieselbe Zeit jene fünf Katharer nach Köln,[74] die dann verbrannt wurden. Übrigens gab es auf dem heutigen Stadtgebiet von Brüssel eine Pfarrpfründe, deren geistlicher Inhaber sie als Katharer verloren hatte und immer wieder gerichtlich reklamierte; der Streit zog sich durch die fünfziger und sechziger Jahre des 12. Jahrhunderts.[75]

Wenn auch Ketzer immer wieder als bäurisch und ungebildet geschildert wurden, ihre Lehre zog dennoch Geistliche in ihren Bann oder gab ihnen wenigstens Stoff zum Nachdenken. Der Katharismus ist sogar in die Gedankenwelt der Hildegard von Bingen eingedrungen, gerade im Jahr 1163, in dem Ekbert von Schönau gegen die Häresie schrieb. Gott erschafft nicht alles und gibt nicht den Befehl, daß etwas wachsen soll; Christus erscheint nicht seit alter Zeit, d. h., er wird nicht Mensch[76] – solche Meinungen wenigstens zu erwägen, mochte in Hildegards Kloster naheliegen, von dem aus sie rheinabwärts reiste, auch nach Köln, und einen ausgedehnten Briefwechsel unterhielt.

1163 wandte sich eine Kirchenversammlung unter Alexander III. in Tours gegen die Katharer vor allem der Gascogne und der Gegend von Toulouse; das Laterankonzil von 1179 wiederholte diese Landschaftsnamen, Albi und Carcassonne werden anderswo als Zentrum im Süden genannt, und auch im Norden Frankreichs melden zahlreiche Berichte aus dem letzten Drittel des zwölften Jahrhunderts die Anwesenheit von Katharern.[77] Was diesen Zeitraum betrifft, ist es jedoch wichtiger, das Übergreifen der Sekte nach Oberitalien kurz zu besprechen.

Seit 1159 herrschten hier arge Zustände. Die Papstwahl dieses Jahres erbrachte ein Schisma zwischen dem von Friedrich Barbarossa geförderten Viktor IV. und dem bedeutenden Alexander III., der in weiten Teilen Europas anerkannt wurde, aber nach Frankreich fliehen mußte. Im Jahre 1162 ließ der Kaiser Mailand zerstören; erst 1167 konnten die Einwohner zurückkehren – unter sie mischten sich Prediger der Katharer, die offen auftraten.[78] Das jahrzehntelange Ringen zwischen den beiden obersten Gewalten führte dazu, daß nur mehr die lokalen städtischen Autoritäten ihre Pflichten erfüllen konnten, und zu diesen Pflichten zählten sie selten die Ketzerbekämpfung. Was nützte es, wenn ein Bischof Häretiker anklagte und das Stadtregiment nicht daran dachte, sie zu bestrafen! So herrschten in Italien für Sektierer bis in das 13. Jahrhundert hinein goldene Zeiten; das Land wurde damals zum Asyl der verfolgten südfranzösischen Katharer. Inzwischen gab es zwar kaiserliche Ketzergesetze, die Städte dachten aber selten daran, sie auszuführen; das Ghibellinentum und die Katharer hatten das gemeinsame Interesse, päpstliche Machtansprüche zurückzudrängen. Am Ende des 12. Jahrhunderts haben in der päpstlichen Stadt Orvieto in Abwesenheit des Bischofs die Katharer angeblich schon die Übernahme der Macht und die Verteidigung der stark befestigten Bergstadt besprochen. Als die dortigen Katholiken, von der Vertreibung bedroht, beim Papst einen Kommissar anforderten, wurde dieser 1199 ermordet.[79] Er ruht als Heiliger im Dom von Orvieto.

In der Stadt hatte das Katharertum durch einen gewissen Ormanninus aus Parma schon bald nach 1150 Boden gefaßt; gegen 1170 kamen aus Florenz zwei Prediger nach Orvieto, am Ende des Jahrhunderts folgte ihnen ein Missionar aus Viterbo. Daß wir vom Katharertum dieser Städte für die frühe Zeit kaum Nachrichten haben, ist ein Zufall der Quellenüberlieferung. Ausführlich sind wir nur über die Gegend von Mailand unterrichtet, wo nordfranzösische Katharer in der schlimmen Zeit nach der zwangsweisen Aussiedlung der Bevölkerung mit Erfolg missionierten. Als ersten bekehrten sie einen Totengräber namens Markus, einen Weber und einen Schmied in dem Dorf Concorezzo bei Mailand. Markus wurde Diakon der italienischen Katharer, dann ihr Bischof.[80] Wohl die erste (bogomilische) Gemeinde hat es übrigens nach der Aussage Gerhards von Csanád um 1045 in Verona gegeben.[81] Das frühe Katharertum in den Rheinlanden und in der Champagne könnte von Leuten stammen, die, aus dem Osten kommend, durch Oberitalien reisten, oder von Oberitalienern, die von solchen bekehrt wurden. Beweise gibt es dafür keine.

Zum Diakon Markus nach Concorezzo kam vor 1167 Niketas, Bischof der Bogomilen von Konstantinopel, und erteilte ihm die Bischofsweihe. Er könnte den üblichen Seeweg von Konstantinopel nach Venedig und anschließend den Flußweg bis Verona benützt haben. Markus und Niketas zogen dann gemeinsam nach Südfrankreich, wo – höchstwahrscheinlich 1167[82] – in Saint-Félix de Caraman bei Toulouse ein «Konzil» der Katharerbischöfe stattfand. Eine solche Tagung bedurfte der organisatorischen Vorbereitung. So wie Niketas den Markus im Dorf Concorezzo keineswegs zufällig getroffen haben dürfte, können wir annehmen, daß es eine Art Nachrichtennetz zwischen den Hauptpersonen der Sekte gegeben hat. Zwischenträger konnten unauffällige «Hörer» der Lehre sein, etwa Kaufleute, die schon aus Berufsgründen gut unterrichtet sein mußten. Durch Erzählungen des Niketas über «sieben Kirchen» (vgl. Apoc. 1,4) der Bogomilen wurde das Interesse der Katharer auf theologische und organisatorische Fragen gelenkt; Nazarius, ein Nachfolger des Markus von Concorezzo, reiste gegen Ende des Jahrhunderts mehrmals nach Bulgarien.[83] Im Schisma, das vor 1190 ausbrach, hat man die Anhänger des Bischofs von Concorezzo auch als «Bulgari» bezeichnet.[84]

Die Verbindung mit dem Osten hat die inneren Streitigkeiten des italienischen Katharismus sehr stark begünstigt. Niketas hatte den Dogmatismus der Katharer von Konstantinopel im Westen eingeführt; aber bald nach seiner Rückkehr in die Heimat und dem Tod des Bischofs Markus erschien aus «Übersee» eine Abordnung bulgarischer Bogomilen, die Schlimmes berichtete: Man habe den Amtsvorgänger des Niketas bei einem amourösen Abenteuer ertappt. Dadurch war die Weihe des Niketas ungültig, und damit jene des Markus und seines Nachfolgers.[85] Was wie Skrupulantentum erscheint, war ein kirchenpolitisches Kampfmittel, das in Italien im katholischen Bereich schon hundert Jahre früher eine Rolle gespielt hatte. Hinter ihm stand jetzt ein Gegensatz theologischer Schulen, vor allem aber die Auseinandersetzung zwischen Byzanz und dem neuen (zweiten) Bulgarenreich, das sich eben (1186) von Byzanz befreite. Solange man an dem Prinzip der Sukzession durch gültige Weihen festhielt, kam man aus den Rivalitäten der Kirchen nicht mehr heraus. An die Stelle des einen Bistums des Markus sind am Ende des Jahrhunderts sechs getreten. Die Bischöfe holten sich ihre Weihen bei verschiedenen Kirchen des Ostens, oder sie verzichteten auf eine solche Legitimität und ließen es bei der Bischofswahl durch die Gemeinde bewenden. Ähnlich wie Italien praktisch keine oberste Gewalt, sondern eine Vielzahl von Gewalten – mit Fehden und Bündnissen – kannte, so waren die Katharer Italiens in Parteien und Cliquen zerfallen. Man kann darüber streiten, ob bei den Parteiungen ein politisches, persönliches oder dogmatisches Moment an erster Stelle stand. Jedenfalls wirkte auch das Fehlen von Verfolgungen mit an der unerfreulichen Situation, die manchen «Hörer» abgeschreckt haben dürfte. So läßt sich wenigstens zum Teil erklären, daß der Gesamterfolg des Katharertums in Italien wesentlich geringer geblieben ist als in Südfrankreich.

Es war nötig, in großen Zügen die Verbreitung des frühen Katharismus in Deutschland, Frankreich und Italien zu schildern, als Voraussetzung für einen zusammenfassenden Überblick, der freilich nicht auf regionale und sonstige Verschiedenheiten Rücksicht nehmen kann. Diese Verschiedenheiten beginnen übrigens schon bei den Bezeichnungen für die Sekte, die keinen allgemein gültigen Namen hatte. Das lag auch daran, daß nur die Oberschicht die eigentliche «Kirche» verkörperte, als sündenlose «gute Menschen» (boni homines) im Gegensatz zu den – gläubigen wie ungläubigen – Sündern. Man meinte, die Häretiker hätten sich selbst als «Katharer», d. h. die Reinen (griechisch «katharoi») bezeichnet. Wahrscheinlicher ist, was Ekbert von Schönau berichtet, daß sie in Deutschland «im Volk», d. h. in der Volkssprache, so bezeichnet wurden; da kann es sich nur um ein ähnlich klingendes deutsches Wort gehandelt haben. Es wäre ja auch seltsam, wenn die Oberen der ältesten Gemeinden des deutschen Raumes ein griechisches Wort zur Selbstbezeichnung gewählt hätten, das den Bogomilen fremd war. Dagegen kannte Ekbert dieses Wort sehr wohl, das eine kirchengeschichtliche Reminiszenz darstellte: Im 3. Jahrhundert hatten sich Sektierer, die Novatianer, «Katharoi» genannt, und ein Teil der Manichäer sah sich als «katharistae» (die Reinigenden). Ekbert waren diese Ausdrücke aus apologetischen Schriften des heiligen Augustinus vertraut. Der gelehrte Name hat sich im späteren Schrifttum durchgesetzt. Heute spricht man zumeist von Katharern und meint damit nicht bloß die Oberschicht. Manchmal findet sich auch der Ausdruck «Albigenser», was eigentlich bloß die Katharer der Diözese Albi in Südfrankreich bezeichnet. Aber schon im mittelalterlichen Schrifttum wurde der Begriff verallgemeinert. Trotzdem ist es nicht gut, ihn zu gebrauchen, weil er in jüngster Zeit neben der sehr allgemeinen Bedeutung eine spezielle als theologische Richtung des absoluten Dualismus erhalten hat. Das kann nur zu Verwirrung führen. Weitere alte Bezeichnungen sind: «Patarener» (in Italien außerhalb des Einflußgebietes der einstigen Pataria von Mailand); «Popelicani», «Piphles», «Arianer» und, nach dem häufig geübten Beruf, Weber (texerants).[86] Kontroversen um all diese Bezeichnungen sind nicht beendet, müssen uns aber nicht berühren. Die Katharer wären mit ihnen kaum zufrieden gewesen: Sie haben sich schon zu Ekberts Zeit «die Kirche Gottes» genannt und als Nachfolger der Apostel gefühlt.[87] Für sie waren die Katholiken Häretiker.[88]

Eine so radikale Abwendung von der bestehenden Kirche hatte es schon seit Jahrhunderten nicht mehr gegeben. Zwar sollen die Anhänger Tanchelms behauptet haben, nur bei ihnen sei «die Kirche»,[89] doch hatten sie keine konkurrierende Organisation anzubieten; Tanchelm und seine zwölf Apostel genügten da nicht. Die Katharer organisierten sich nicht bloß, sie entwickelten auch ein – wiewohl rudimentäres – historisches Bewußtsein. Dem Everwin von Steinfeld sagte man bereits in Köln, die Gemeinschaft gehe bis auf die Zeit der Märtyrer zurück,[90] was strenggenommen die apostolische Zeit einschließt. In einem Rituale der Katharer des 13. Jahrhunderts heißt es zur Erklärung des «consolamentum», der Geisttaufe: «Die Kirche Gottes hat diese heilige Taufe, die den Heiligen Geist gibt, seit der Zeit der Apostel bis zum heutigen Tag gespendet; sie ist von Vollendeten [boni homines] zu Vollendeten bis heute weitergegeben worden und wird es fernerhin bis zum Ende der Welt.»[91]

Die Römische Kirche wurde nicht nur in ihrer bestehenden Form, sondern auch in ihrer historischen Fundierung vollkommen abgewertet. Petrus sei nie in Rom gewesen, seine Reliquien seien falsch; das antichristliche Römerreich mit seinen Christenverfolgungen sei durch Konstantin den Großen mit seinen Insignien auf Papst Silvester I. übertragen worden; das Römische Papsttum habe dieses widergöttliche Reich fortgesetzt. Über die «Kirche der Bösen» (ecclesia malignantium) werde am Ende der Zeit die wahre Kirche siegen.[92]

Die katholische Kirche umfaßt alle Getauften, Heilige wie Sünder, Böse wie Gute. Die Kirche der Katharer bestand aus jenen Gläubigen, die sündenlose Träger des Heiligen Geistes sein sollten. Aus dem donatistischen Ansatz ergaben sich ein elitärer Charakter der «Vollendeten» als Oberschicht und ihre heiligmäßige Lebensführung. Sie waren «gute Menschen», «Christen» im Gegensatz zum sündhaften ungetauften Volk der Gläubigen. Diese Unterschicht durfte Gott nicht Vater nennen und konnte darum auch nicht das Vaterunser sprechen, also nicht beten.

War das ein radikaler Bruch mit den geltenden Vorstellungen? Er wurde dem Volksdenken erleichtert durch die Tatsache, daß sich der Christ im Normalfall an Heilige und nicht an Gott, die höchste Instanz, zu wenden pflegte. Die katholischen Heiligen waren in ihren Reliquien zugegen. Der Katharer hatte lebendige Heilige vor sich und bat, wenn er einem von ihnen begegnete, um seinen Segen; der Vollendete gab ihn, wobei der Gläubige die Knie beugte

oder sich wenigstens tief verneigte. Das war das «melioramentum»[93], eine
«Besserung» durch Gebetshilfe, so wie man im katholischen Bereich von Heiligen Fürsprache bei Gott erwartete. Wie vieles bei den Katharern wurde auch
das «melioramentum» ritualisiert und kompliziert; die Grundhaltung blieb
und das Verlangen, einst am Lebensende selbst zu einem solchen Vollendeten
zu werden. Das war ein Wechsel des Standes, ähnlich wie katholische Laien am
Lebensende manchmal in ein Kloster eingetreten sind. In Frankreich lebten
viele der Vollendeten in klosterartigen Gemeinschaftshäusern, und sie trugen
ein dunkles Gewand ähnlich dem Mönchsmantel der Bogomilen. Dem Ansehen und der Funktion nach entsprachen die Vollendeten der Katharer dem
Klerus der Katholiken, mit jener Betonung auf dem mönchischen Wesen, die
für die Ostkirche noch heute charakteristisch ist.

Selbst unter den Aposteln hatte es Rangprobleme gegeben, und der heilige
Benedikt hatte in seinen Klöstern den Rang der Mönche gemäß dem Datum
ihrer Profeß geregelt. Dem Abt entsprach bei den Katharern in Frankreich der
«ancia» (der «Ältere»); er konnte einen Konvent leiten, hatte liturgische
Funktionen und predigte. Was Ekbert von Schönau als «archicatharus» be-
zeichnete, meinte wohl den «ancia».[94] Dieser konnte Stellvertreter haben,
andere Vollendete, die ihm gemäß ihrer Anciennität, d. h. dem Datum ihrer
Geisttaufe, nachfolgten.[95] Das reichte aus für die Organisation kleinerer
Gruppen; wuchsen sie an, bedurften sie anderer Amtsträger. Die Funktionäre
waren: Erstens der Diakon, der in einem größeren Sprengel umherzog, die
Bußfeiern leitete und Geisttaufen spendete; zweitens der Bischof, von der
Gemeinde gewählt und in der Form einer neuerlichen Geisttaufe ordiniert;[96]
drittens seine beiden Stellvertreter, der «ältere» und der «jüngere Sohn»
(filius maior, minor). Zugleich mit der neuen Taufe nahm der Bischof den
«ordo», also Stand und Würde seines Amtes an, hatte jedoch keine besondere
Amtskleidung und keine grundsätzlich neuen Aufgaben. Er zog predigend und
die Liturgie leitend umher wie früher, war eher der Erste unter Gleichen als
ein Befehlshaber. Bei der Tagung von Saint-Félix de Caraman erschienen
Bischöfe «mit ihrem Rat»,[97] wohl den Ältesten ihres Sprengels. In der Römischen Kirche erfolgte die Organisation, ähnlich der weltlichen, von den Städten und ihren Territorien her, der Bischof war «Bischof der Stadt N. [episcopus
civitatis N.]». Bei den Katharern war das anders; wenn man vom Bischof von
Albi sprach, so hatte er seinen Sitz doch in Lombers, jener von Toulouse lebte
in Lavaur, also ländlichen Gemeinden. Hier war man sicherer als in der Nähe
des katholischen Hochklerus und der weltlichen Obrigkeit. Da der Bischof
zumeist umherzog, stellte sich das Problem seiner Residenz kaum.

Von den «älteren und jüngeren Söhnen» der Bischöfe ist im Text über die
Tagung von Saint-Félix nichts enthalten, vielleicht hat es sie damals trotzdem
schon gegeben. Denn schon bei Everwin von Steinfeld ist von dem «Bischof
mit seinem Genossen» die Rede.[98] Im 13. Jahrhundert bestand die feste Praxis,
daß der «ältere Sohn» durch den Bischof vor seinem Tod oder nachher vom

«jüngeren Sohn» geweiht wurde, d. h. die zweite Geisttaufe erhielt. Nun
rückte der «jüngere Sohn» zum «älteren» auf. Das war vernünftig gedacht,
ließ sich in der Praxis allerdings nicht immer durchführen.

Ein festes System von Diözesen wie in der Römischen Kirche brauchte es
nicht zu geben, solange in jedem Land ein einziger Bischof genügte. In Südfrankreich war das bereits anders, und zwischen den Katharerbischöfen von
Albi und Toulouse herrschte Streit über ihre Missionssprengel. Ihn zu schlichten, trat die Versammlung von 1167 in Saint-Félix zusammen. Mit seinem
Ansehen als Bischof aus Konstantinopel und mit viel Geschicklichkeit hat
Niketas die Streitfrage beigelegt. Er kam, wie schon gesagt, als Verfechter
einer bisher unbekannten «reinen Lehre» des absoluten Dualismus und
schwang sich damit zu einer Art Ältestem der anwesenden Bischöfe auf: Seine
Weihen waren gültig, diejenigen der Bischöfe mußten wiederholt werden, und
so war Niketas der Inhaber des Vorranges (prioratus) unter ihnen. Es war eine
bedeutende Stellung, die er anscheinend allein durch seine Aussagen erlangte.
Man hat sich sogar gefragt, ob er nicht ein Schwindler war, denn von ihm ist
ansonsten nichts, vom Bistum Konstantinopel sehr wenig bekannt. Vielleicht
ist es diesem Mann sowohl um die neue Lehre als auch um persönliche Ehren
gegangen.

Wenn einer der Vollendeten sündigte, konnte das in leichten Fällen in das
Sündenbekenntnis aller eingeschlossen werden, das die Vollendeten gemeinsam in einer Bußzeremonie zu sprechen hatten: Vor dem Diakon warfen sie
sich zur Erde, einer von ihnen rezitierte nach dem Rituale von Lyon eine lange
Formel in der Landessprache. In schweren Fällen kam es – ähnlich wie in der
katholischen Beichtpraxis der Zeit – darauf an, ob die Sünde öffentlich begangen wurde. «Geheime» Sünden wurden mit sehr strengem Fasten geahndet,
öffentliche dazu mit dem Verlust der Anciennität (prioratus). In beiden Fällen
bedurfte es einer neuerlichen Geisttaufe. Der Bischof bzw. «Sohn» verlor
seine Funktion.[99]

Das Problem der Nichtigkeit der Weihen, das im 11. Jahrhundert die katholische Kirche bewegt hatte, spielte auch bei den Katharern früh eine Rolle. Ihre
Bischöfe erhielten in Saint-Félix durch den «dominus papa Niquinta», den
Herrn Bischof Niketas, eine neuerliche Geisttaufe,[100] weil sie die frühere nicht
im rechten Glauben des absoluten Dualismus empfangen hatten. Als Niketas
wieder heimgezogen war, erfuhr man, daß er eine schwere Sünde begangen
hatte, also waren auch seine Taufen nichtig. Markus, Bischof von Concorezzo,
wollte darum nach dem Osten reisen, um sich nochmals taufen zu lassen.[101]
Einer neuen Taufe bedurfte es auch z. B., wenn ein Vollendeter Fleisch gegessen hatte. Hier stieß der Rigorismus an seine Grenzen.

Die Geisttaufe ging von der Gemeinde der Vollendeten aus, und alle unter
dem Vortritt des Ältesten oder Bischofs legten ihre Hände auf das Haupt des
Kandidaten. Man unterschied nicht klar zwischen Geisttaufe und Bischofsweihe; auch hier stand die Weitergabe des Heiligen Geistes der Gemeinde zu,

und trotzdem wurde die Weihe durch eine Sünde des Ordinierenden ungültig. Auf katholischer Seite argumentierte man, daß als Nachfolger der Apostel nur Bischöfe den Heiligen Geist weitergeben können, obwohl auch Priester und Diakone ihn besitzen und Amtsträger sind.[102] Kirchenrechtliches Denken war bei den Katharern kaum bekannt, und man traf auch keine Anstalten, es sich – wie es in der Römischen Kirche geschah – in mühevollen Diskussionen zu erarbeiten.

Zum Ritus der Geisttaufe gehörten die Auflegung des Evangelienbuches auf den Kopf des Kandidaten und das Beten des Vaterunsers; letzteres galt später einem Teil der Katharer als der eigentlich konstitutive Akt. Die Gläubigen bildeten das Publikum, schweigend und hoffend, daß ihnen selbst eine solche Aufnahme beschieden sein werde. Vorerst war es allerdings besser, sich nicht den schweren Verpflichtungen zu unterziehen, die den Vollendeten aufgegeben wurden. Man hat die Geisttaufe oft an das Lebensende verlegt, mit dem Risiko, vorher ungetauft zu sterben. Um dieses Risiko zu verringern, schloß man ein Übereinkommen (convenenza) ab: Der Gläubige erklärte seinen Willen zur Taufe, und ein Vollendeter erklärte sich bereit, die Geisttaufe an ihm auch dann zu vollziehen, wenn er am Lebensende nicht mehr bei klaren Sinnen war. Von dem Grafen Raimund VI. von Toulouse wurde erzählt: «Bis heute [Anfang des 13. Jahrhunderts] führt er Häretiker in ziviler Kleidung mit sich, um an seinem Lebensende in ihren Händen zu sein. Er glaubt nämlich, daß er durch die Geisttaufe... ohne jede Reue gerettet werde.»[103]

Die liturgische Ausgestaltung der Geisttaufe und anderer Akte fand ihren Niederschlag in einem Rituale, das in zwei Gestalten aus dem 13. Jahrhundert erhalten ist. Einige Sätze daraus sind identisch mit solchen der bogomilischen Liturgie, wie sie um 1050 in Kleinasien bestanden hatte.[104] Es wäre natürlich zu gewagt, aus dieser Tatsache irgendwelche Schlüsse zu ziehen. Von der Schlichtheit und Einfachheit des apostolischen Lebens ist im Rituale nicht mehr viel zu spüren, es handelt sich um komplizierte liturgische Abläufe.[105] Während des 13. Jahrhunderts steigerte sich dieser Ritualismus zu grotesken Formen. Nach einem italienischen Traktat war vor der Morgenmahlzeit (und zweifellos auch vor der Mahlzeit am Abend) folgendes zu beachten: Der Koch des Konvents ging unter dreimaligem Beugen des Knies zum Ältesten und sprach kurze Gebetsformeln. Dann folgten vierzehn Vaterunser, drei Kurzgebete, nochmals vier Vaterunser mit drei Kurzgebeten und die Brotsegnung durch den Ältesten.[106]

Das Gebet der Vollendeten bestand auch sonst in endlosen Wiederholungen des Vaterunsers; man hat ausgerechnet, daß es «täglich wohl an die 250 Vaterunser» gewesen sind.[107] Das war ein Rekord, aber für die damalige Zeit nicht einzigartig. Im Jahre 1201 erlaubte Innocenz III. den Humiliaten, sich zur Einhaltung der sieben kanonischen Gebetsstunden mit je sieben Vaterunsern zu verpflichten.[108] Die Gebetssprache der Katharer war Latein, gepredigt wurde in der Volkssprache. Normalerweise gab es täglich 15 Gebetszeiten, einige davon zu nächtlicher Stunde. Erklärung und Übergabe des Vaterunsers bildeten eine Art Initiationszeremonie, die eine Vorbereitungszeit vor der Erteilung der Geisttaufe einleitete. Schon bei den Bogomilen des 12. Jahrhunderts wurde dem Neuling bei einer solchen Zeremonie das Buch mit dem Text des Johannesevangeliums auf den Kopf gelegt, er sollte in ihn eingehen und ihn reinigen. Diesen Ritus sah Ekbert von Schönau 1163 bei den Katharern, ohne zu wissen, was das «kleine Buch» enthielt.[109] Er hat ihn für eine Taufe gehalten, worin ihm einige Gelehrte unserer Zeit folgen.

Vollendete und Gläubige zusammen konnten vor den Mahlzeiten oder auch sonst an dem liturgischen Akt des «Brotbrechens» oder der «Brotsegnung» teilnehmen, von deren Ähnlichkeit mit den sogenannten Eulogien des Mittelalters wir schon gesprochen haben. Für Katharer konnte es sich dabei keinesfalls um eine Wandlung von materiellem Brot in den (geistig gedachten) Leib Christi handeln, eher um eine Erinnerungszeremonie. Bei den Worten «Hoc est...» habe Christus auf seinen eigenen Leib gedeutet oder eine allegorische Aussage gemacht: Das Brot ist «das Gesetz Christi, das dem ganzen Volk gegeben wurde», eine Ausdeutung, die neben anderen auch bei Augustinus erwähnt wird[110] – dort aber nicht den Glauben an die Realpräsenz aufheben will.

Solch einem Denken kam entgegen, daß die «Brotbitte» des Vaterunsers ein griechisches Wort (epiúsios) enthält, das bei Luc. 11,3 mit «quotidianus» (täglich), bei Matth. 6,11 mit «supersubstantialis» («über jedes Sein [oder: jede Substanz] erhaben») wiedergegeben wurde. Beide Deutungen sind philologisch möglich. Die Katharer wählten die zweite, aber nicht nur sie: Der heilige Bernhard von Clairvaux rügte Abaelard, daß in dessen Kloster Paraklet auf Abaelards Anweisung hin die zweite Fassung gebetet wurde; worauf ihm Abaelard seinerseits vorwarf, ein liturgischer Neuerer zu sein.[111] Zu «supersubstantialis» paßte die Anschauung der Katharer, daß das Vaterunser der Lobgesang der Engel sei, den Christus die Menschen lehrte.[112] Was sollte den Engeln irdisches, materielles Brot? Wohl aber bedeutete das gesegnete Brot dem Volk der Ungetauften viel, sie haben es in späterer Zeit nach Hause genommen und wie Reliquien verwahrt. Die Teilnahme an den Mahlzeiten der Vollendeten ersetzte dem Volk die Teilnahme an der katholischen Meßfeier, und sie hörten die Mahnungen der Predigt, ihr Leben zu bessern. Auch wenn sie sich darum bemühten, blieben sie bis zur Geisttaufe Sünder, denen das Heil verschlossen war. Leicht konnte es da zu der Anschauung kommen, daß der Lebenswandel der Weltlichen an kein moralisches Gesetz gebunden war, die Geisttaufe am Lebensende auf einmal den Weg zur Seligkeit eröffnete.

So konnte am Anfang des 13. Jahrhunderts Petrus von Vaux-de-Cernay über die «Gläubigen» schreiben: «Sie widmeten sich dem Wucher, Räubereien, Morden und den Verlockungen des Fleisches, leisteten Meineide und huldigten allen Schlechtigkeiten. Sie glaubten, ohne Rückstellung des Geraubten, ohne Beichte und Buße gerettet zu werden, wenn ihnen gelang, vor dem

Sterben ein Vaterunser zu sprechen und von ihren Meistern die Handaufle-gung zu erlangen.»[113] Gewiß war das überzeichnet, ebenso wie die häufigen Behauptungen über den unmoralischen Lebenswandel der katharischen Gläu-bigen mit Vorsicht aufzunehmen sind. Die Bekehrung am Lebensende als Normalfall entsprach eher dem Denken der Ostkirche als dem der Römischen Kirche, die eine stete begleitende Kontrolle der Moral ihrer Anhänger vorsah. Von hier aus gesehen, war es eine unverzeihliche Schwäche, sich auf ein gutes Lebensende zu verlassen.

Petrus von Vaux-de-Cernay übersah auch den begreiflichen Willen der Vollendeten, andere Vollendete zu erziehen, eine Arbeit, die freilich lange dauerte und im stillen vor sich ging. Ekbert von Schönau behauptete, «wie sie sagen», hätten die Sektierer Sympathisanten erst nach fünfzehn Jahren ganz in ihre Lehre eingeweiht.[114] Wenn man die Geisttaufe nicht einem Sterbenden spendete, sondern einem Gläubigen, der von da an das harte Leben eines Vollendeten auf sich nehmen sollte, war Vorsicht und lange Beobachtung des Kandidaten gewiß angebracht.

In der Fachliteratur ist man gewohnt, die Vollendeten als «Perfecti» zu bezeichnen, was dasselbe bedeutet, jedoch von Ekbert, Alanus von Lille und anderen von der «vollkommenen» Einweihung in die Geheimnisse der Sekte hergeleitet wird.[115] Ekbert bezeugt, daß sich die rheinischen Katharer selbst «perfecti» nannten; wahrscheinlich taten sie das auf Grund des Wortes Chri-sti: «Wenn du vollkommen sein willst, geh hin, verkaufe, was du besitzest, und gib es den Armen» (Matth. 19,21) mit der anschließenden Aufforderung, dem Herrn nachzufolgen. Die Bezeichnung hat sich weiterhin erhalten, neben anderen, auf die Einkleidung bezüglichen (indutus, vestitus) sowie dem schon erwähnten «Christ» oder «guter Mensch».

Was Hochmut einer Elite zu sein scheint und vielleicht zum Teil auch war, ist doch theologisch begründet: Der Vollendete als Träger des Heiligen Geistes kann nur gut und ein Christ sein. Daneben mögen Tendenzen des orthodoxen Mönchtums und Eremitenwesens nachgewirkt haben, die eigene Lebensform nicht nur als die beste, sondern die einzig christliche anzusehen.[116] «O ihr heiligen Katharer, die ihr nicht sündigen könnt...» – so redete Ekbert die Vollendeten an.[117] Der ironische Unterton war leider berechtigt; wenigstens in Einzelfällen waren Vollendete nicht das, was sie den Gläubigen schienen. Der berühmteste ist jener des Garattus, der um 1180 zum lombardischen Bischof gewählt wurde und nach Bulgarien reisen wollte, um sich dort die Weihe zu holen: Man entdeckte ihn zusammen mit einer Frau. Die Folge war ein Skan-dal, der zum Zerfall des oberitalienischen Katharertums in sechs Bistümer und zwei Glaubensrichtungen führte.[118]

Die Heiligkeit der Vollendeten war eine innere Haltung, die man nur an äußeren Kriterien messen konnte: Nahrungs- und Sexualaskese, Gebet, sanf-tes Gehaben und unauffällige Wanderpredigt. Gab es eine Spiritualität der Katharer? Davon wissen wir sehr wenig. Wenn es sie gab, hat sie jedenfalls keinen schriftlichen Niederschlag gefunden. Das Leben der Vollendeten war hart, ihre Heiligkeit zeigte sich eher in einer magischen Aura des Asketentums als in stiller Betrachtung göttlicher Geheimnisse. Jedermann, auch ein Krieger, sollte vor seinen Feinden sicher sein, wenn er einen Vollendeten begleitete.[119] Noch in der späten Zeit der Sekte im 14. Jahrhundert gab man vor der Inquisition zu Protokoll, seit der Austreibung der Vollendeten aus dem Ort Sabartés herrsche Schlechtwetter im Land.[120] Sündigte der Vollendete, hatte das Auswirkungen nicht nur auf Erden: «Wenn ein Vollendeter eine schwere Sünde beging..., verloren alle von ihm Getauften den Heiligen Geist und mußten wiedergetauft werden. Ja, auch die [verstorbenen] Geretteten fielen wegen der Sünde ihres Täufers [consolatoris] vom Himmel herab.»[121]

Die Volksreligiosität zu verchristlichen, hatte sich die Kirche seit Jahrhunderten bemüht, mit keineswegs totalem Erfolg. Fundamentalismus und Rigorismus der Katharer reichten ebenfalls nicht aus, das Volksdenken umzugestalten. Zumeist fehlte jenes intellektuelle Element, das in den höheren Schichten des Katholizismus immerhin vorhanden war. Ein Vollendeter wurde man ohne Glaubensprüfung, es kam auf das künftige Leben an: Der Täufling gelobte, sich gewisser Nahrungsmittel – Käse, Milch, Eier, Fleisch – zu enthalten und ebenso des Geschlechtsverkehrs.[122] Man konnte sich an höchst konkreten Vorschriften statt an schwer begreiflichen Forderungen wie Gottesliebe und Erbauung einer neuen Persönlichkeit orientieren.

Wie bei den Bogomilen setzte man moralische und physische Reinheit fast gleich; Sünde und Schmutz waren nahe verwandte Begriffe, sie verwiesen beide auf den Teufel als ihren Urheber. Schmutzig war vor allem, was mit dem Geschlechtsverkehr zu tun hatte, und zwar auch mit jenem der Tiere. In dieser Weise wurden Nahrungsverbote begründet. Graf Raimund VI. von Toulouse soll sich zu der Behauptung verstiegen haben, Zisterzienser könnten nicht in den Himmel kommen, weil sie Schafe hielten, die es miteinander trieben.[123] Selbst wenn es sich hier um einen bösen Scherz des Chronisten handeln sollte, so zeigt er doch die Richtung an, in die sich eine solche Obsession der Reinheit bewegte. Daß man als Vollendeter auf Reisen später sein eigenes Geschirr mitführte und den Teller vor jeder Mahlzeit fünf- oder gar neunmal spülte,[124] ist ein anderer Hinweis auf dieses schon fast zwanghafte Denken.

Die Vollendeten fühlten sich als eine aus der Menge herausgehobene Elite; sie waren (nach Rom. 8,15) Adoptivsöhne Gottes, den sie «Vater» nennen durften, und führten das Leben der Apostel, wandernd und predigend oder seßhaft, nicht als Bettelmönche, sondern arbeitsam; davon wird noch zu reden sein. Christus hatte seine Jünger zu zweit in die Welt gesandt, und zu zweit traten die Vollendeten häufig auf, eine Möglichkeit gegenseitiger Kontrolle, die sich nach Ekbert sogar auf das Schlafen zu zweit erstreckte.[125] Vor der Zeit der Verfolgungen waren die Vollendeten kenntlich durch dunkle Kleidung und durch Vollbärte, die ihre vom Fasten bleiche Gesichtsfarbe wirkungsvoll zum Ausdruck kommen ließen. «Was für eine bärtige Barbarei!» rief am Ende des

12. Jahrhunderts ein Chronist aus.[126] Predigten in der Volkssprache sind vorhanden,[127] sie zeigen eine Fülle von Bibelzitaten. Diese Technik war auch katholischen Autoren nicht fremd, doch kam es darauf an, wie man die Zitate verwendete. Bei Bernhard von Clairvaux wird diese Grundlage in der Flut seiner Beredsamkeit kaum deutlich. Bernhards Predigten rütteln auf, jene der Katharer wollten eher belehren. Es war etwas anderes, ob man lateinisch sprach – mit der antiken Rhetorik und jener der Kirchenväter im Rücken – oder in der nüchternen, noch wenig ausgebildeten Volkssprache.

Neben den männlichen Vollendeten gab es auch weibliche «perfectae». Anfangs muß es gemischte Konvente gegeben haben, denn Bernhard von Clairvaux wandte sich gegen das gemeinsame Wohnen von Männern und Frauen: Leichter sei es, einen Toten zu erwecken, als bei stetem Zusammensein die Keuschheit zu wahren, Seite an Seite bei Tisch, Hand an Hand bei der Arbeit, Bett an Bett. Selbst wenn alles gut gehe, bleibe ein Verdacht als Ärgernis (scandalum) bestehen.[128] Später gab es getrennte Konvente, manche der weiblichen Vollendeten lebten weiter bei ihrer Familie. Als Predigerinnen sind sie kaum hervorgetreten, und auch ihre Mitsprache in theologischen Dingen scheint als ungehörig empfunden worden zu sein. Selbst die Leiterin des Frauenkonvents von Pamiers, die Gräfin Esclarmonde von Foix, mußte sich bei einer solchen Diskussion sagen lassen: «Geht, Herrin, spinnt Wolle am Spinnrocken, es ist nicht Eure Sache, in einer solchen Versammlung zu sprechen.»[129] Im Alltag war das natürlich anders; es wird geschildert, wie «die eine webt, die andere die Wolle spinnt und wieder eine andere predigt, daß der Teufel die ganze Schöpfung geschaffen habe».[130] In den Kathararkonventen wurde gearbeitet, und wieder begegnet uns die Textilienproduktion.

War die Stellung der weiblichen Vollendeten freier und höher als jene katholischer Nonnen? Auch manche von ihnen waren recht frei. Es gab noch immer «Hausnonnen», die mit ihren Familien lebten; auch mit der klösterlichen Abgeschiedenheit war es manchmal nicht weit her. Es gab ferner wandernde Pilgerinnen, nicht immer sittenrein, die man mit den «Weiblein» vergleichen könnte, von denen Bernhard von Clairvaux sagt, daß Katharer sie mit sich führten (muliercularum circumductio); sie rechtfertigten sich damit, daß dies im Evangelium nicht verboten wurde.[131] Von Freiheiten dieser Art ist bis zur Verfolgungszeit nicht mehr die Rede. Frauen durften keine Kirchenämter (des Bischofs, älteren oder jüngeren «Sohnes», Diakons) bekleiden, wohl aber an der Spendung der Geisttaufe mitwirken. Später tritt ihr Anteil dabei zurück, ihre Taufen galten im 13. Jahrhundert als bloßes Notrecht;[132] in anderen Fällen mußten die zu Taufenden Frauen sein.

Von der Freiheit und Selbstbestimmung der Frau hören wir nichts. Wie im Katholizismus lebte sie entweder in ihrer Familie oder unter dem Schutz und in der Gewalt des Gatten oder im klösterlichen Konvent. Die These von dem hervorragenden Anteil der Frauen am katharischen Landadel Südfrankreichs hat sich nicht halten lassen, was ihren zahlenmäßigen Anteil betrifft, sie sind da eher unterrepräsentiert.[133] Wohl aber war es für Frauen und Mütter von Adeligen leichter, sich offen zum Katharertum zu bekennen, als für diese selbst, schon wegen der kirchlichen Lehen, Patronatsrechte usw., die sie innehatten. Im Fall eines Konflikts, etwa wegen Usurpation kirchlicher Rechte, war für manchen das Katharertum die bevorzugte Religion. Jetzt verloren die Nonnenklöster für den Adel ihre Funktion, überzählige Töchter aufzunehmen, und man mußte auf Frauenkonvente der Sekte ausweichen. Die Bekämpfung der Katharer durch Diego von Osma und Dominikus begann damit, daß 1206 das Frauenkloster Prouille gegründet wurde, das in allem, auch der Textilarbeit, einem Katharerkonvent glich. Es nahm zwölf rekatholisierte Adelstöchter auf.

Männer starben oft früher als Frauen, besonders in kriegerischen Zeiten; wenn ihre Witwen liegendes Gut nicht erben durften, solange männliche Erben zur Stelle waren, bildeten sie ein familiäres Problem ähnlich dem der Töchter, für die die nötige Mitgift fehlte. Jene Esclarmonde von Foix, die in männlicher Runde nicht schweigen wollte, war kurz nach 1200 Witwe geworden und kehrte zu ihrem Bruder zurück, der für sie und andere einen Katharerkonvent in Pamiers (Ariège, nördlich von Foix) errichtete, wo später ein Tribunal der Inquisition tagte. Hier deponierte Graf Raimund Roger auch seine frühere Gattin Philippa und seine Tante. Es war ein Familienkonvent ähnlich den Eigenklöstern des katholischen Bereichs.[134] In solchen Konventen konnte es sein, daß drei Generationen von Frauen zusammenlebten; denn es gab Fälle, in denen Mädchen schon mit zehn oder gar sieben Jahren die Geisttaufe erhielten. So wie in den katholischen Frauenklöstern war es möglich, daß man «Vollendete» aus dem Konvent wieder abzog und zur Ehe bestimmte.[135] Wie auch bei den Männerkonventen war die Zahl der Mitglieder im Normalfall gering; oft wurde ein Dutzend nicht erreicht, zwei Dutzend waren schon Ausnahmen.[136] Allerdings sind solche Zahlen erst aus dem 13. Jahrhundert belegt.

Von Diego von Osma, dem Anreger der Gründung des Dominikanerordens, heißt es, er habe das Frauenkloster Prouille zwischen Fanjeaux und Montréal zur Aufnahme von Adelstöchtern begründet, die ihre Eltern «wegen ihrer Armut» Häretikern zur Erziehung zu übergeben pflegten.[137] Ebenso wie im katholischen Bereich war es auch hier die einzige Möglichkeit, das Heiratsgut zu sparen, wenn man Töchter geistlich versorgte. Im Normalfall erhielt das Kloster oder der Konvent dafür eine Vergütung in Form von Schenkungen, oder es handelte sich um eine Familienstiftung, die gänzlich auf die Stifter angewiesen war. Während Nonnen eher durch das Gebet als durch ihre Tätigkeit – Harken des Klostergärtleins, Sticken von Meßgewändern usw. – Leistungen erbrachten, haben die Vollendeten in den Häusern der Katharer, Frauen wie Männer, durch professionelle Textilarbeit ihren Lebensunterhalt verdient.

Im Mittelpunkt standen Leinen- und Tuchweberei; daran angeschlossen waren das Färberhandwerk und der Tuchhandel oder der Handel überhaupt.

Auch andere Berufe haben Katharer ausgeübt, von dem des Notars bis zu dem wenig geachteten des Totengräbers (Markus von Concorezzo). In der Gegend von Modena kannte man im späten 12. Jahrhundert «die Mühlen der Patarener», womit Katharer gemeint waren.[138] Daß die textilen Handwerke bevorzugt wurden, rührt kaum daher, daß der heilige Paulus ein Zeltmacher war (Act. 18,3); eher lagen die Gründe in praktischen Rücksichten. Wer das Leben der Apostel führte, mußte mobil sein, um allen den Glauben zu verkünden. Das war nicht bei der Landwirtschaft der Fall, wohl aber bei den Gewerben der damaligen Zeit und beim Handel. Nicht in Frage kamen Berufe, die mit warmblütigen Tieren bzw. ihren Überresten zu tun hatten: Fleischerei, Gerberei, Schusterei. Aus Lehm hatte der böse Gott die Welt gemacht, mit solcher Materie mußte man sich als Maurer oder Töpfer beschmutzen. Schmutzig war die Köhlerei, laut und schmutzig das Steinmetz- oder Schmiedehandwerk; derlei erforderte physische Kraft, die man einem fastengewohnten Vegetarier nicht zumuten konnte. Die Wahl des Gewerbes wurde natürlich auch durch Angebot und Nachfrage bestimmt; als erste industrielle Fertigung war die Weberei damals ein aufsteigender Berufszweig.

Reine Handarbeit blieb dagegen das Spinnen, und es war weiterhin eine den Frauen zugemessene Aufgabe. Man hat diese Tätigkeit als den «Flaschenhals der Textilproduktion» bezeichnet und gemeint, die weiblichen Vollendeten hätten zu seiner Beseitigung beigetragen.[139] Rationeller war es jedenfalls, wenn sie sich an die Webstühle setzten und das Spinnen der Wolle der Heimarbeit in den Familien überließen. Ein Kathararkonvent war keine «geschlossene Hauswirtschaft», sondern auf die Zuarbeit anderer angewiesen; in diesem Fall waren es wohl in erster Linie «Gläubige». Ein zweites Netz von Beziehungen, die der Mission zugute kamen, ergab sich aus dem Verkauf (oder Vertauschen) der angefertigten Gewebe am Ort oder im Wanderhandel.

Das Ansehen des Webergewerbes war im allgemeinen gering. Im 13. Jahrhundert und wohl schon früher wurde es unter die «inhonesta mercimonia» gerechnet, unter die nicht mit Ehre zu betreibenden Geschäfte, die kein Priester ausüben sollte.[140] Als man mit den Webern von Kornelimünster und Looz bösen Spott trieb, protestierten sie und sagten, in der Christenheit gebe es Berufe, die viel verächtlicher seien als der ihrige; denn sie lebten rechtschaffen. Verächtlich sei nur, was zur Sünde führe, und ein armer ländlicher Weber sei besser als ein städtischer Richter, der Witwen und Waisen bedrückt.[141] Damals, im Jahr 1135, handelte es sich um keine Katharer, aber um das Umfeld, in dem Häresie und soziale Unruhe gedeihen konnten.

Daß bald darauf Katharer in Frankreich «texerant» genannt wurden, bezeugt nicht nur ihre Nähe zu diesem Handwerk, sondern auch den Spott darüber, den man auf die Ketzer übertrug.[142] Mit dem Wort «textrina», Werkstätte von Webern, verband sich die Nebenbedeutung «Kellerloch». Schon Ekbert von Schönau sprach von den Zusammenrottungen der Ketzer «in Kel-

lern und Weberwerkstätten und ähnlichen unterirdischen Häusern.»[143] Das
unterstrich sowohl den ärmlichen wie auch den verschwörerischen Charakter
dieser Versammlungen, hatte aber vielleicht auch einen technischen Grund:
Webstühle waren schwer und geräuschvoll; sie paßten am besten in ein Keller-
lokal abseits von den üblichen Wohnhäusern. Dort konnte man «Tag und
Nacht» arbeiten und sich versammeln.

«Wir sind die Armen Christi», sagten die Kölner Katharer Everwins von
Steinfeld, «wir besitzen kein Haus, keine Äcker, keine Fahrhabe irgendwelcher
Art, so wie Christus nichts besaß und seinen Jüngern gebot, nichts zu besit-
zen. Ihr aber, sagen sie uns, reiht Haus an Haus, Acker an Acker...»; auch
die Mönche hätten zwar keinen persönlichen, aber doch gemeinschaftlichen
Besitz.[144] Die Weber von Kornelimünster, von denen wir eben sprachen, waren Lohnarbeiter im Dienst von Kaufleuten. Vielleicht war es in Köln 1143
ähnlich, doch nahmen die Katharer des Périgord etwa um dieselbe Zeit kein
Geld an.[145] Diese rigoristische Haltung dürfte nicht allgemein gewesen sein.
Sie hat sich, wo sie bestand, jedenfalls bald geändert und jener des katholischen Ordensklerus angeglichen: Die Kommunität durfte Schenkungen empfangen und verwalten, während der einzelne Vollendete arm blieb. Wir haben
schon von der «convenenza» gehört, einem Vertrag, der gegen Hingabe oder
Zusicherung von Gütern die Geisttaufe vor dem Tode garantierte. Wenn ein
Kranker die Geisttaufe erhielt, wurde er vor der liturgischen Handlung befragt, ob er der Kirche etwas schuldig sei; nur im negativen Fall könnte er
aufgenommen werden. «Wenn man jedoch für einen lügnerischen und illoya-
len Menschen zu Gott betet, wird diese Bitte nicht erhört»,[146] d. h., die Taufe
war ungültig. Wer wirklich nicht zahlen konnte und dies erklärte, wurde
trotzdem getauft.

Solche Oblationen bestanden vor allem in der Frühzeit nicht aus Geld,
sondern aus Fahrhabe und liegendem Gut. «In den Marktflecken und kleinen
Städten begannen sie [die Katharer] ihre Wohnhäuser zu haben, sie besaßen
Äcker und Weingärten», so schreibt Puylaurens.[147] Zur Propaganda der Wal-
denser gegen sie gehörte der Hinweis, daß die Katharer (bzw. ihre Kirche)
nicht arm waren. Ein zweiter Vorwurf war die Nähe zum Händlertum. Der
Waldenser Durandus von Huesca meinte um das Jahr 1184, nirgends im
Neuen Testament stehe, daß die Apostel Händler waren «und wegen irdischer
Handelsangelegenheiten auf Märkte fuhren, um dort Geld anzusammeln, so
wie ihr [Katharer] es tut.»[148]

Man begann im 12. Jahrhundert die Kaufleute als einen eigenen Stand zu
sehen, und wo sie zu den «Gläubigen» der Katharer zählten, beachtete man
ganz besonders ihr Tun. Aber auch die Vollendeten, etwa als Leiter von Konventen oder Bischöfe, mußten sich um Finanzielles kümmern. Zur Tucherzeu-
gung gehörte der Tuchhandel, wollte man nicht auf das niedrige Niveau der
Lohnarbeiter von Kornelimünster herabsinken. Zum Handel gehörten Reisen,
zu Reisen in manchen Gebieten der Schutz durch Landadelige; sie meinten,

daß ihr Schutz die Zahlung von Schutzgeldern wert sei, und haben sie auch von prominenten Katharern erhoben.[149] Daß dann in der Verfolgungszeit Geldbesitz eine Voraussetzung des Überlebens sein konnte, weil er die Auswanderung nach Italien gestattete, ist klar. Die Waldenser distanzierten sich vom Kaufmannsstand deshalb, weil es dort Lüge, Betrug und Eidschwüre gab. Ähnlicher Meinung war man in weiten Kreisen der Bevölkerung gewesen, bis im Jahre 1199 Papst Innocenz III. den erst 1197 verstorbenen Kaufmann Homobonus aus Cremona kanonisierte. Das war eine weitsichtige Tat; sie muß nicht unbedingt im Hinblick auf die Häretiker erfolgt sein. Kaufleute verbreiteten den Kult des Homobonus, und als «heiliger Gutmann» wurde er in Basel Patron der Schneiderzunft, eines mit dem Tuchhandel geschäftlich verbundenen Gewerbes. Mit Katharern hat der Name Homobonus kaum etwas zu tun; nicht nur sie wurden gelegentlich als «gute Menschen» bezeichnet.

Neben Handwerkern und Kaufleuten gab es auch einzelne Geistliche, die sich dem Katharismus angeschlossen hatten. Schon die Gewährsleute Everwins von Steinfeld behaupteten, ihre Lehre sei überall in der Welt verbreitet, «und sie hätten mehrere von unseren [Welt-]Geistlichen und Mönchen».[150] Bald darauf (vor 1147) meldete ein Mönch Herbert aus dem Périgord, es gebe bei den Katharern des Landes nicht bloß Laien, «sondern auch Kleriker, Priester, Mönche und Nonnen».[151] Manche verblieben wohl in ihrem geistlichen Beruf, andere mischten sich unter die Katharer, anscheinend ohne dort eine Sonderstellung einzunehmen. Vielleicht galten sie als jene «magistri», von denen einige Quellen berichten. Zu ihnen gehörte Bonaccursus in Mailand, der im späten 12. Jahrhundert die Front wechselte und ein Bekenntnis gegen die Sekte verfaßt hat.[152] Im Jahre 1207 nahm ein «Doktor» der Katharer mit dem Tarnnamen Dietrich (Thierry) an einer Diskussion mit Katholiken in Servian (Hérault) teil – es handelte sich um den Ex-Kanoniker Wilhelm aus Nevers.[153] Auch den umgekehrten Fall gab es: 1181 schworen zwei Katharer in Le Puy ab und wurden Kanoniker; einer von ihnen war Bischof der Katharer von Toulouse gewesen, aber beide sprachen nicht Latein.[154]

Zusammen mit der bestehenden Kirche lehnten die Katharer deren Bildungsweg und das kirchliche Schrifttum ab, den Überbau über das urchristliche Fundament. In der ganzen Geschichte der Sekte ist keine einzige Schule ähnlich den Dom- und Klosterschulen bezeugt. Erst seit dem 13. Jahrhundert begann man überhaupt zu begreifen, daß die Auseinandersetzung mit dem Katholizismus eine Gleichheit der Waffen verlangte: lateinische Sprache und schulmäßige Denkgewohnheiten waren nicht durch noch so zahlreiche Bibelzitate zu ersetzen. Umgekehrt bedurfte es erst der «Modernität» des heiligen Dominikus, um die schulmäßige Form der Diskussion durch Schlichteres zu ersetzen. Er übergab eine schriftliche Ausfertigung der von ihm vorgebrachten Zitate (auctoritates, in diesem Fall sicher aus dem Neuen Testament) einem der Häretiker, der darüber nachdenken sollte. Nach einer anderen

Quelle handelte es sich hier, in Montréal 1207, um ein Schiedsgericht, dem beide Parteien ihre schriftlichen Belege gaben. Die Schiedsrichter waren Laien und weigerten sich, eine Entscheidung zu fällen.[155] So ist dieser Versuch, geistige und sprachliche Barrieren zu überwinden, gescheitert.

Erst im 13. Jahrhundert wurde die lateinische Sprache für eine bescheidene «Literatur» des Katharertums verwendet, beginnend mit schriftlichen Argumentationshilfen von Thesen und beglaubigenden Zitaten. Das erste «dicke Buch» von 160 Pergamentseiten, nur in Auszügen erhalten, lieferte im Zuge der innerkatharischen Streitigkeiten um 1230 ein Johannes von Lugio in Italien.[156] Mit der Flut dessen, was vor allem im Dominikanerorden und an der Universität Paris geschrieben wurde, läßt sich dieses Schrifttum weder quantitativ noch qualitätsmäßig vergleichen.

Die Theologie des Katharertums verzichtet fast vollkommen auf das historische Moment: Es gibt keine Entwicklung in der Kirchengeschichte und keinen Sinn für das Fortschreiten vom Alten zum Neuen Bund. Ein Traktat des 13. Jahrhunderts stellt in sechs Kapiteln die Unterschiede zwischen Altem und Neuem Testament und deren Gottesbegriff heraus; der alttestamentarische Gott ist böse, lügnerisch, er bricht sein Wort und treibt Unzucht;[157] das Gesetz Mosis hat nicht Gott gegeben, sondern der Fürst der bösen Geister.[158] Nun verweist aber das Neue Testament an vielen Stellen zurück auf das Alte, immer wieder wird es als Erfüllung vorausdeutender Aussagen gesehen. Es bleibt dem Katharer der Ausweg, entweder die Realität dieser Aussagen zu bestreiten und sie allegorisch zu deuten oder aber doch einiges aus dem Alten Testament als von Gott stammend zu bejahen. Ziemlich allgemein anerkannt waren die Psalmen, die auch am leichtesten allegorisch gedeutet werden konnten, und die Bücher mit Spruchweisheit. Es folgten die Propheten und das Buch Iob, so etwa bei der Gruppe von Desenzano.[159]

Wie auch immer, die sehr umfangreichen Bücher der Könige konnten außer Betracht bleiben. Die Reduktion des Glaubensschrifttums hatte neben der ideologischen auch eine praktische Seite: Der Katharismus war eine Religion ohne Bibliotheken, mit teilweiser Distanz zum geschriebenen Wort. Der wandernde Katharer trug seine Bibelkenntnis wie einen Schatz mit sich, aber selbst das Gedächtnis eines mittelalterlichen Menschen ließ sich nicht überbeanspruchen. Es war schon sehr viel, wenn er Teile aus den Evangelien rezitieren konnte. Später, vor allem auch im städtischen Milieu Oberitaliens, wurde das anders, freilich nur zum Teil. Kloster- und Domschule ließen sich nicht ersetzen.

Das Katharertum, vor allem jenes der Frühzeit, war nicht aus der «Bibelforschung» entstanden, sondern diese diente sekundär dazu, die Richtigkeit der mythischen Schöpfungs- und asketischen Lebenslehre zu erweisen. Hier konnte es Widersprüche und Lücken geben, was nur einige wenige Gelehrte störte. Wichtiger als alle Texte waren die eigene Lebenserfahrung und der aus ihr abgeleitete Schluß: Die Welt ist böse. Um diese Primäraussage rankte sich das, was über Theologie, Kosmogonie und Kosmologie, Psychologie und Ethik ausgesagt wurde. Je schlichter diese Aussagen waren, um so einsichtiger waren sie für die Gläubigen:

Da die Welt böse ist, kann sie nur der Teufel geschaffen haben. Gott ist allmächtig in dem Sinn, daß er die himmlischen Lichtsphären und reinen Geister, auch jene der Menschen, aus sich entlassen hat. Am Ende der Zeiten werden sie in den neuen Himmel und auf die neue Erde, in das himmlische Jerusalem zurückkehren. Jetzt aber sind die Menschenseelen in der Materie gefangen, Leidtragende einer materiellen Gegenschöpfung durch den Teufel, der ein böser Sohn Gottes oder ein Gegengott ist. Der Teufel war der Herr der Finsternis, die anfangs auf der Erde herrschte, als sie wüst und leer war; oder: Gott hat die Welt geschaffen, der Teufel schied die Elemente und besorgte, was weiterhin im Buch Genesis zu lesen steht. Er hat auch die Weltregierung inne. «Gott tut nichts in dieser Welt, er macht weder Blüten noch Früchte, bewirkt weder Empfängnis noch Geburt... Kurzum, er tut nichts in dieser Welt.»[160] Es ist die Sache des Menschen, ein Nein zu dieser Welt zu sprechen; Christus, ein Engel, hat dazu den Weg gezeigt und das richtige Gebet gelehrt. Die Geisttaufe stellt die Verbindung zur Überwelt wieder her, sie erlöst den Menschen von der Macht des Bösen. Eine außerirdische Hölle braucht es nicht zu geben, denn diese Welt ist die Hölle.[161] Erreicht man nicht die «stabilitas» in Gott, muß die Seele von Körper zu Körper weiterwandern.

«L'esperit pausat en carcer», der Geist wartet in einem Gefängnis, heißt es im volkssprachlichen Rituale. Durandus von Huesca schreibt um 1220/22: Die Körper sind nach Ansicht der Katharer Kerker und Fesseln, in denen die Söhne und Töchter Gottes durch den Teufel gefangengehalten werden, und Gott will sie zurückhaben. Woraus Durandus den erbaulichen Schluß zieht, daß jeder, der Katharer zum Tod befördere, ihnen dienlich sei und damit dem Herrn gefalle.[162] Ihren besten Ausdruck fand die extrem pessimistische Weltsicht im 136. Psalm, dem Klagelied der Juden im babylonischen Exil,[163] das zur Klage über das Leben in einer als fremd und böse empfundenen Welt wurde.

Die Erbsünde ging nicht von Adam und Eva aus, sondern schon von jenen Engeln, die von Gott abfielen und aus dem Himmel verbannt wurden. Auf Erden zu leben ist die Strafe dieser Geistseelen; die Sünde des ersten Menschenpaares wirkte sich insofern auf das ganze Menschengeschlecht aus, als durch sie unter ständiger Mithilfe des Teufels die Abfolge der Generationen in Gang gesetzt wurde. Buße ist erst nach dem Empfang der Geisttaufe möglich, die Vollendeten sind Büßer für sich und die Menschheit.[164]

Die Möglichkeit zur Buße und Rückkehr in die immaterielle Welt hat Christus den Menschen gezeigt, der vorher ein Engel war und von Gott wegen seiner Verdienste als Adoptivsohn angenommen wurde. Christus hat also nicht durch eine Opfertat die Menschheit erlöst, sondern durch die richtige Lehre.[165] Der bei aller Phantastik nüchterne Zug der katharischen Theologie wird hier besonders deutlich: Bejaht wird ein Mythos eher als ein Mysterium.

Auch die Trinität ist ja für den Katharer kein solches.[166] So wie Christus sind die Engel und die im Himmel verbliebenen Geister der gefallenen Seelen Emanationen Gottes. In der Geisttaufe findet die eingekerkerte Seele «ihren» Geist, mit dem sie im Himmel wieder vereint sein wird. Die Jungfraugeburt hat nicht stattgefunden; Christi Leib war ein Scheinleib, daher ist Christus nicht auferstanden. Alle diese Anschauungen waren nicht dogmatisch festgelegt, sie konnten variiert werden. Maria ist ein Engel, oder sie wird allegorisch als «die Kirche» verstanden. Neben Christus, der aus dem Lichtreich kommt, gibt es einen bösen Christus, in Bethlehem geboren und dann gekreuzigt. Dieser zweite Christus hat gegessen und getrunken, und man behauptete seine Verbindung mit Maria Magdalena – während der gute Christus «weder wahrhaft Fleisch annahm, noch jemals in der Welt war, außer in geistlicher Weise im Körper des Paulus.»[167]

Hier zeigt sich ein gleichsam experimenteller Charakter der Exegese. Auf die eine oder die andere Art mußte der biblische Stoff vorgegebenen Prinzipien der Weltsicht angepaßt werden; eine Instanz, die den Spekulationen Einhalt gebot, gab es nicht. Gerade das spekulative Element mag dem Denken der Zeit entgegengekommen sein. Während der Katharer die Bibel neu sah, haben die Gelehrten der Frühscholastik sowohl der christlichen Exegese wie der Philosophie und Theologie neue Akzente gegeben. In beiden Bereichen, so verschieden sie ihrer Art und ihrem Niveau nach waren, findet sich auch wenig Sinn für das Wunder. Christus hat, sagten die Katharer, keine materiellen Wunder gewirkt; die betreffenden Erzählungen der Evangelien seien allegorisch zu verstehen. Materielle Wunder müssen ein Werk des Teufels sein.[168]

Wir mußten in diesem Kapitel über den zeitlichen Rahmen des 12. Jahrhunderts hinausgehen, um zu einigermaßen systematischen Aussagen über die Lehren des Katharertums vorzustoßen. Es mußte sich dabei um eine Auswahl auch in dem Sinn handeln, daß auf die Verschiedenartigkeiten der Meinungen wenig Rücksicht genommen werden konnte. Vollständigkeit zu erstreben, entspricht nicht dem Zweck unserer Darstellung und ist vielleicht auch nicht sehr wichtig. Die zahlreichen Differenzen des Lehrguts in Oberitalien scheinen mit dem Bestreben der einzelnen Kirchen zusammenzuhängen, sich gegeneinander abzugrenzen und die «wahre Lehre» zu besitzen. Uns kommt es eher darauf an zu sehen, wie man dachte, als was daraus im einzelnen Fall resultierte. Darum werden uns Mythen und Allegorese der Katharer noch in größeren Zusammenhängen beschäftigen.

Viertes Kapitel

Erklärungsversuche

Fakten sind für den Nichtfachmann zumeist interessanter als gelehrte Theorien über sie; er mag das nun folgende Kapitel deshalb überschlagen. Allerdings sollte nicht nur der Historiker den Drang in sich verspüren, unter der Oberfläche nach dem Wesen und den Wurzeln der Erscheinungen zu forschen. Seit es Ketzer gab, hat man versucht, sie in größere Zusammenhänge einzuordnen und ist dabei zu den verschiedensten Meinungen gekommen. Eine Darstellung der Materie kann an dem allen nicht vorübergehen.

Für Fragen der näheren Herkunft des Ketzertums scheint sich die Fülle des griechisch-lateinischen Schrifttums der patristischen Zeit zu Erklärungen anzubieten. Es enthält viele oft sehr persönliche Auseinandersetzungen mit Systemen wie dem Manichäismus und dem Gruppendenken des Gnostizismus oder Neuplatonismus. Inmitten einer überaus lebendigen Geistigkeit hat man Gedanken geprägt oder verworfen, die in der Christenheit wirkten, offen oder latent, orthodox oder auch häretisch. Was auch immer sich bei Ketzern findet, es wurde schon früher gedacht oder vorgelebt, und die Frage ist, ob wir eine Weitergabe oder eine unabhängige Neufindung als «Spontanparallele» vor uns haben.

Um das Jahr 1223 schrieb der ebenso gelehrte wie geschwätzige Mönch Caesarius von Heisterbach über die Katharer, sie hätten in ihrer Lehre «einige Punkte aus dem Dogma des ‹Manichaeus› übernommen und einige Irrtümer, die Origenes in *Peri archon* geschrieben haben soll. Sie fügten dem viele Erfindungen aus ihrem eigenen Inneren hinzu.»[1] Das geht über die populäre Gleichsetzung von Katharern und Manichäern hinaus, es differenziert Fremdes und Eigenes, und das Fremde wieder nach zwei verschiedenen Bereichen. Zu Origenes (geboren um das Jahr 185), dem größten Denker der christlichen Gelehrtenschule von Alexandria, nennt Caesarius dessen apologetisches Hauptwerk *Über die Ursachen*. Hier findet sich die Lehre von einer Präexistenz der Seelen im Himmel, bevor sie mit den menschlichen Leibern verbunden oder in sie verbannt wurden, und von einer völligen Wiederherstellung des ursprünglichen gottgewollten Zustandes ohne Ewigkeit der Hölle. In den letzten Jahrzehnten haben einzelne Gelehrte eine «origenistische» Herkunft von Ketzereien vermutet: Duvernoy für die Katharer, Taviani für die Häretiker von Monforte.[2] Dazu mußten bis ins 3. Jahrhundert zurück Zwischenglieder gefunden werden, ein mühsames Unternehmen. Duvernoy dachte an die Mönche, die bei den origenistischen Streitigkeiten der Wende vom 4. zum 5. Jahrhundert und dann 553 durch Justinian verurteilt wurden. Andere, darunter Taviani, nannten die Häresie des Priscillianismus aus dem späten

4. Jahrhundert in Spanien, die möglicherweise durch den Origenismus beeinflußt wurde und die Brücke zum Katharertum im allerweitesten Sinn – einschließlich Monforte – gebildet haben soll.

Das sind weder beweisbare noch zu widerlegende Spekulationen, die dem
Katharertum eine höhere Würde verleihen: Nicht irgendwo auf dem Balkan
sei es entstanden, sondern in Alexandria, der Hochburg antiker Gelehrsamkeit. Und doch hat der Hinweis auf Origenes etwas für sich. Er betrieb als
erster eine systematische Allegorese der heiligen Texte; ohne diese Technik
der Bibelauslegung wäre es für die Bogomilen und Kathaer schwierig gewesen, ihre Aussagen mit jenen der Evangelien auf einen gemeinsamen Nenner
zu bringen. Ferner stand Origenes unter dem Einfluß des Platonismus, und
Plato hatte in seinen Mannesjahren das Bild von den Seelen gebraucht, die aus
der lichten Herrlichkeit der Geisteswelt in die finstere Materie hinabgezogen
wurden. Das waren Gedanken, die im Schrifttum der Antike bereitlagen und
durch Gelehrte hervorgeholt werden konnten. Origenes war einer von ihnen,
für Jahrhunderte vielleicht der wichtigste, aber nicht der «Erfinder»[3] des Mythos von der Präexistenz und dem Fall der Seelen.

Man kann auch den Versuch, eine historische Kontinuität zu erweisen, ganz
unterlassen und rein phänomenologisch einen Komplex spätantiker Anschauungen mit dem Katharertum zusammensehen. Das hat in einem schätzens-
werten Buch mit dem Untertitel *Studie über den Gnostizismus der Spätantike
und des Mittelalters* Söderberg getan. Aus der vergleichenden Betrachtung
ergibt sich für ihn «eine phänomenologische Konkordanz» von Paulikianern,
Bogomilen und – in verstärktem Maß – Katharern, aus der er eine Kontinuität
ableitet.[4] Das Gemeinsame sind «gnostische Auffassungen». Freilich umfaßt
dieser Begriff ein ganzes Bündel von Anschauungen und «paßt» deswegen auf
verschiedenartige Erscheinungen. Bei den genannten Sekten findet Söderberg
andererseits «eine gewisse Autonomie» der Lehren. Für den Historiker gibt es
jedenfalls keine Brücke zwischen Gnosis und Paulikianern und nur eine sehr
fragliche Verbindung zwischen diesen und den Bogomilen. Trotzdem behauptet Söderberg aus phänomenologischen Gründen «die Existenz einer Tradi-
tionskette ohne Unterbrechung zwischen dem Gnostizismus des Mittelalters
und jenem der Spätantike».[5] Hier kann es eher eine psychologische Nähe
geben: Die Welt als unrein und von bösen Archonten beherrscht anzusehen,
entspricht einer Art menschlicher Befindlichkeit, einem Lebensgefühl, das zu
Ähnlichkeiten von Lehren führen kann. Nebenbei wurde Gnostisches durch
christliche Apologeten der ersten Jahrhunderte schriftlich weitergereicht. Sie
standen diesem Lehrgut feindlich gegenüber, in der Art ihres Denkens zeigten
sich jedoch einige gnostische Züge.

Söderberg spricht von der «Häresie der Katharer oder Neumanichäer»[6] und
steht damit – keineswegs als einziger – in einer mittelalterlichen Tradition,
von der wir schon gehört haben. Ekbert von Schönau folgte ihr und hat seinen
Predigten gegen die Katharer einen Auszug aus den antimanichäischen Schrif-

ten des heiligen Augustinus angegliedert; er tat das, um zu zeigen, daß der Manichäismus «der Auswurf aller Sekten» sei.[7] Der heilige Augustinus hat dieser Religionsgemeinschaft in den Jahren 374–383 selbst angehört, distanzierte sich dann heftig von ihr und konnte doch nicht manichäische Einflüsse auf sein Denken vermeiden. Es ging um die große kosmologische Schau der «beiden verschiedenartigen und einander entgegengesetzten Reiche, beide gleich ewig, nämlich Lichtreich und Reich der Finsternis» – so die Manichäer nach Augustinus, der selbst über den Gegensatz von Gottesreich (besser: Bürgerschaft Gottes) und irdischem Reich handelte.

Nach Söderberg unterscheidet sich der Manichäismus von der Gnosis, genauer: den anderen Formen des Gnostizismus, durch seinen Dualismus.[8] Wichtig scheint, daß die Gnostiker oft meditativ, die Manichäer missionarisch aktiv bis zum Martyrium waren. Nur Manichäer wurden in der Spätantike als Staatsfeinde hingerichtet. Gegen sie wandte sich der Christenverfolger Diokletian ebenso wie der allerchristlichste Kaiser Justinian I. Hätte es keine Manichäer gegeben, wäre so mancher Katharer nicht verbrannt worden, denn man berief sich bei der Ketzerbekämpfung auf das alte Kaiserrecht und konnte so ein besseres Gewissen als bei volkstümlichen Lynchszenen haben.

Augustinus schildert, wie die Manichäer die Erscheinungen dieser Welt als Wettstreit des guten und des bösen Prinzips ansahen. Der gute Gott gab den Menschen, Bäumen, Kräutern usw. Seelen und Lebensgeister; der Fürst der Finsternis bannte sie in Körper und schuf fünf dem Menschen feindselige Elemente, Rauch, Feuer, Finsternis, Wasser und Wind. Da machte der gute Gott aus seiner eigenen Substanz fünf gute Elemente, die Luft, das Licht, himmlisches Feuer und Wasser, die guten Winde. Beides vermischte sich in allen Lebewesen, sie haben eine gute und eine böse Natur. Die gute Natur der Früchte wird frei, wenn man sie ißt, aber es ist Mord, Bäume zu fällen, denn in ihnen wohnen Seelen. Ebenso ist jede Tötung von Tieren verboten: Deren Seelen entfliehen, unreines Fleisch bleibt zurück, und Fürsten der Finsternis kommen, um die Mörder der Tiere zu strafen.

Hier wird deutlich, warum in Goslar 1051 Sektierer der Probe unterzogen wurden, ein Küken zu töten.[9] Als sie sich weigerten, schien es klar, daß sie Manichäer waren. Wahrscheinlich dachten diese Leute aber an das Fünfte Gebot mit seinem unbegrenzten Tötungsverbot.

Christus hat nach manichäischer Lehre nicht wirklich leibliche Gestalt angenommen; die Taufe mit Wasser ist abzulehnen; der Wille des Menschen ist nicht frei, und in ihm wohnen zwei Seelen, eine gute und eine böse. Wo man zu diesen und ähnlichen Sätzen eine Parallele fand, war man leicht überzeugt, daß es sich um Manichäer handeln müsse. Beweiskräftig schien – selbst modernen Forschern – die Ähnlichkeit der manichäischen Organisation mit der bogomilisch-katharischen: Es gab «Auserwählte» (electi), denen die Heirat verboten war, und verheiratete «Hörer» (auditores); über ihnen standen zwölf «Apostel» oder «Meister», und zuoberst Mani selbst, der als der Heilige Geist

in Person auftrat. Auserwählte und Hörer mit ihren Frauen gibt es auch im
Bericht Everwins von Steinfeld über die Kölner Katharer, nach dem sie sich
Apostel nennen.[10] Grundsätzlich kann es sich um Lesefrüchte aus Augustinus handeln, entweder um solche Everwins oder der Kölner Katharer. Die Scheidung in Unterschicht und Eingeweihte (psychikoi und pneumatikoi) findet sich in der
Gnosis und im Montanismus[11] und war ein natürliches Erfordernis jeder
Geheimlehre. Dazu gehört auch, daß nur die manichäischen Auserwählten,
nicht aber ihre Hörer Vollmitglieder der Gemeinschaft waren, was sich bei
den Katharern wiederholte. Nach dem Bericht des heiligen Augustinus
konnten die Auserwählten den Hörern, die vor ihnen das Knie beugten, die
Hände auflegen, was Dondaine[12] mit der Geisttaufe der Katharer in Verbindung bringt. Hier stehen wir vor einer weit über das Christentum hinaus-
reichenden Gestik, die schon im Alten Testament in verschiedenen Bedeutungen auftritt. Aus diesem Fundus hat man immer wieder geschöpft, ohne
daß ein Ritus vom anderen beeinflußt sein muß. Bei Bogomilen und Katharern kam zudem als Vorbild sicherlich auch der christliche Ordinationsritus
in Frage.

Es gibt keine Zeugnisse für eine historische Kontinuität zwischen dem
Manichäismus und den Bogomilen oder Katharern. Was dafür angeführt
wurde, ist sehr fragwürdiger Art. So schrieb Alberich von Trois-Fontaines
(gestorben nach 1251), daß ein manichäischer – donatistischer? – Bischof
Afrikas als Exulant in der Champagne gelebt und dort einen Räuberhauptmann und dessen Leute zum Ketzertum bekehrt habe.[13] Sogar Gerbert von
Aurillac, der spätere Papst Silvester II., wurde fälschlich einer Beziehung
zum Manichäismus gezogen, weil er 991 als erwählter Erzbischof von
Reims ein «antimanichäisches Glaubensbekenntnis» abzulegen hatte. Es ist
jedoch gegen den Priscillianismus der Zeit um 500 gerichtet; damals fürchtete der gallische Klerus diese Häresie. Dieses Glaubensbekenntnis bildet
den ersten Kanon einer Sammlung kirchlicher Statuten, auf die man 991
und später zurückgriff,[14] wenn man ein feierliches Glaubensbekenntnis tex-
tierte.

Dondaine hatte eine enge sachliche Verwandtschaft zwischen den Lehren
von Manichäismus und Katharertum gesehen, die Frage historischer Ab-
hängigkeit jedoch offengelassen. Ein Fund katharischer Texte, vor allem des
Buches der zwei Grundprinzipien, ließ knapp vor dem Zweiten Weltkrieg
das Problem wieder aktuell werden. Dondaine glaubte, auf Grund der
Funde müsse man von einem «Neumanichäismus» sprechen. Das tat dann
auch, unter Hervorkehrung sozialer Bezüge, in Leipzig Heinrich Sproemberg.[15] Noch weiter ging Obolensky in seinem Bogomilenbuch. Er postu-
lierte eine Bewegung des Neumanichäismus, die vom 9. bis ins 14. Jahrhundert gereicht habe. Ähnlich urteilte 1966 der Soziologe Abel:[16] Er sah als
«manichäische Religionen» Manichäismus, Paulikianismus, Bogomilismus

und Katharertum zusammen. Ihre Gemeinsamkeiten seien kosmologischer Dualismus, Verachtung der Materie und der Glaube an einen Retter; dazu komme eine «religiöse Hierarchie».

Es ist oft das Schicksal von Begriffen, daß sie immer weiter gefaßt und damit immer ärmer an Aussagekraft werden. Als Runciman sein Buch über «den mittelalterlichen Manichäismus» schrieb, war er sich darüber klar, daß das spätantike Manichäertum und der mittelalterliche «christliche Dualismus... zwei unterschiedliche und getrennte Religionen» waren.[17] Im Grunde, meint Runciman, standen jedoch die mittelalterlichen Sekten Manis System näher als dem Christentum; man habe im Mittelalter ja auch alle Dualisten für Manichäer gehalten. Es ist ein begreifliches Bestreben, mittelalterliche Anschauungen bis in die Antike zurückzuverfolgen. Ihm steht ein differenzierendes Denken gegenüber, das jeden Generalnenner mit Mißtrauen betrachtet. Das gilt auch für den «christlichen Dualismus», der schon vor Runciman postuliert wurde. Wieder ist Dondaine zu zitieren, der den Bogomilismus so viel als möglich an die westlichen Häresien annähern wollte. Nach ihm besteht der christliche Dualismus des 11. Jahrhunderts einerseits im Bogomilismus, anderseits in einem «catharisme primitif» des Westens, also einer Einheit und nicht verschiedenartigen Gebilden. Die oft wiederkehrende Bezeichnung von Sektierern als Manichäer habe der Abkürzung der Berichte gedient; was weggelassen wurde, seien manichäische Züge gewesen. Es sei darum legitim anzunehmen, daß es sich um einen einzigen Typus mit lokalen Verschiedenheiten gehandelt habe.[18]

Dondaine war seiner Zeit darin voraus, daß er schon 1952 eine quantifizierende Methode mit Zerlegung der Quellenaussagen in Einzelelemente und tabellarischer Darstellung übte: Hier Bogomilen, dort «Katharer» des 11. Jahrhunderts. Fehlende Teilaussagen wurden aus den anderen Quellen erschlossen. Das Ergebnis war vorprogrammiert: Es gab hier wie dort einen christlichen Dualismus (Neo-Manichäismus).

Wie auf Fehlendes geschlossen werden kann, zeigt ein Beispiel. Rodulfus Glaber behauptete, die Ketzer von Orléans hätten an die Ewigkeit von Himmel und Erde geglaubt. Das ist für Dondaine «ein Motiv, das man mit einer Inspiration nach Art des radikalen Dualismus verbinden muß».[19] Es kann aber eine Lesefrucht des Rodulfus sein, die auf Aristoteles oder die Stoa oder den Epikureismus zurückgeht, vielleicht auch auf Augustinus (*De civitate Dei* XI,4); möglich ist ferner ein Mißverständnis seines Gewährsmannes. Dondaine wußte, daß in der Hauptquelle von «Gott dem Begründer aller Dinge» die Rede ist, doch findet er einen Ausweg in der Deutung der Worte «Der Heilige Geist wird dich die wahre Göttlichkeit erkennen lehren». Er vermutet, daß es dann auch eine «falsche Gottheit, d. h. den Dämon» geben müsse.[20]

Was hier immerhin noch mit einiger Vorsicht ausgesprochen wurde, hat man später temperamentvoll erweitert zu einer Apotheose der Sekte. Duvernoy beginnt seinen Band über *Die Religion der Katharer* mit dem Satz: «Das

Katharertum ist eine der großen Religionen der Menschheit, sie herrschte über die Seelen von Kleinasien bis zum Atlantik, vom zehnten Jahrhundert bis mindestens zum fünfzehnten, denn sie mischt sich mit dem slawisch-byzantinischen Bogomilismus.»

Um keine Verwirrung zu stiften, sollte man ebensowenig von einem Katharertum im Osten reden wie von einem westlichen Bogomilismus. Das Katharertum als solches ist nicht vor 1140 bezeugt, und man tut gut daran, ihm nicht die Häresien des 11. und frühen 12. Jahrhunderts einzuverleiben. Hält man diese Einschränkungen der Terminologie fest, erhebt sich die Frage nach dem Verhältnis dieser Häresien des Westens zum Bogomilismus. Er ist das früher bezeugte Phänomen, westliche Einflüsse auf den Osten sind für diese Zeit nicht festgestellt worden. Hat also das Bogomilentum auf den Westen schon vor 1140 eingewirkt?

Wir haben gehört, daß Dondaine die Frage in seinen späteren Arbeiten entschieden bejahte. Er tat dies im Gegensatz zu Morghen, der in den abendländischen Sektierern des 11. Jahrhunderts eine innerkirchliche, am Evangelium orientierte Reformbewegung sah,[21] die mit dem Bogomilismus nichts zu tun hatte. Der These Morghens folgte vor allem Russell in seinem Buch über Kirchenreform und «dissent», die Abweichungen von der offiziellen kirchlichen Lehr- und Lebensform. Von dieser Seite her sah auch Moore die Sache, der Morghens These für «allgemein akzeptiert» hält.[22] Das ist nicht ganz richtig. Akzeptiert ist weithin die Tatsache, daß sich keine wirklichen Beweise für einen Einfluß der Bogomilen auf die Lehren der abendländischen Sektierer des 11. und frühen 12. Jahrhunderts finden lassen; nicht aber die inhaltliche Aussage, daß diese Sektierer bloß einem schlichten «Evangelismus» gefolgt seien. Daß es einzelne, nicht beweisbare Einflüsse aus dem Osten gegeben hat, wird von vielen für möglich gehalten oder vermutet. Moore selbst hat eine solche Möglichkeit zugegeben, «obwohl sie ebenso schwierig zu beweisen wie zu leugnen ist».[23] Zuletzt haben sich in diesem Sinne Lambert (1977) und Borst (1988) geäußert.[24]

Am Beginn des aus Frankreich bekannten Ketzertums des 11. Jahrhunderts steht Leutard aus Vertus, dessen gewaltsame Zerstörung des Kreuzes Christi an ähnliche Taten der Bogomilen erinnert.[25] Eine Parallele findet sich mehr als ein Jahrhundert später und ohne erkennbaren Zusammenhang mit Leutards Ketzertum in dem Vorgehen des Petrus von Bruis. Wie wir schon berichtet haben,[26] ließ Petrus einen Scheiterhaufen aus zerbrochenen Kreuzen anzünden, in den ihn empörte Zuschauer hineinstießen. «Erbitterter Haß und überlegte Gewalttaten gegen das Kreuz» vereinten Petrus und das Bogomilentum, wie Fearns erkannte, der auch eine Verwandtschaft der Begründungen dafür bei Kosmas und den Petrobrusianern konstatiert hat. «Diese auffallende Übereinstimmung selbst in den Einzelheiten des Arguments macht es doch wohl wahrscheinlich, daß die Petrobrusianer wie später die Katharer ihre Verachtung des Kreuzes von den Bogomilen übernahmen.»[27]

Neben dieser emotionalen Haltung gegenüber dem Kreuz stehen andere, eher rational zu begründende Züge, die weniger auffallen. Dazu gehört die Wendung gegen die Kindertaufe, von der sich im Neuen Testament nichts findet; Tertullian hatte sie in einer Schrift *Über die Taufe* abgelehnt. Die Bogomilen wiesen – ähnlich wie die Petrobrusianer – auf den mangelnden Glauben der Kinder hin. Petrus von Bruis ließ jedoch die Wassertaufe von Erwachsenen zu, während bei den Bogomilen generell alle mit Materiellem verbundenen Sakramente abgelehnt wurden. Mit Recht hat Fearns auf diesen Unterschied hingewiesen. Er zählte acht weitere Häretikergruppen auf, die im Abendland der Kindertaufe – nicht der Taufe überhaupt – ablehnend gegenüberstanden.[28] Hier zeigt sich, daß ein häretisches Einzelelement nur dann sinnvoll verwertet werden kann, wenn es in den Zusammenhang des Denkens einer Gruppe richtig eingeordnet wird.

Ebenso vorsichtig wird man mit jedem Argument umgehen müssen, das sich auf ein Schweigen der Quellen über diese oder jene Einzellehre stützt. Die Aussagen sind zumeist sehr knapp und unsystematisch, in einigen Fällen dagegen so breit, daß sie alles Wesentliche umfassen können – soweit es die Ketzer preisgaben. Man kann also vermuten, der Bischof Gerhard von Cambrai hätte in seinen langen Ausführungen zur Synode von Arras (1025) über dualistische Thesen der Ketzer geschrieben, wenn sie geäußert worden wären, und ähnliches mag von den Darstellungen der Synode von Orléans gelten; die knappen Angaben über französische Ketzer des 11. Jahrhunderts lassen sich dagegen als Zeugnis für das Fehlen von Lehren nicht verwenden. Das kann nur tun, wer wie Musy[29] an ein einheitliches Lehrgebäude der westlichen Ketzer dieser Zeit glaubt.

Schließlich ist nicht die geistige und soziale Atmosphäre zu vergessen, in der sich eine Häresie entfaltete. Wir können es nicht glauben, wenn Ademar von Chabannes versichert, die Hofgeistlichen von Orléans seien «von einem Bauern getäuscht worden, der vorgab, Wunder zu tun».[30] Rodulfus Glaber nennt im gleichen Zusammenhang eine Frau aus Italien: «Da sie des Teufels war, verführte sie, wen sie konnte, nicht nur einfache Leute, sondern auch viele, die unter den Geistlichen die Vornehmeren und Gelehrteren waren.»[31] Das sind historische Unmöglichkeiten. Wenig wahrscheinlich ist es auch, daß sich diese gelehrten Herren von Bogomilen beraten ließen. «Dem Bogomilismus am nächsten steht der Kreis aus Mitgliedern der Oberschicht in Orléans», meinte Lambert[32] und begründete das mit dem Doketismus, der Handauflegung als Initiationsritus, der Ehefeindschaft und dem Vegetariertum der Geistlichen von Orléans. Gegen Ehe und Fleischgenuß der Mönche war freilich auch der heilige Benedikt von Nursia eingestellt, dem man keine «dualistische» Gesinnung vorwerfen kann. Die beiden Gründe sind aus dem Schreiben des Mönchs Johann übernommen, dem sie wichtig schienen, obwohl in Orléans anderes im Zentrum der Lehre stand. Bei den Bogomilen ist die Handauflegung erst später bezeugt, aber es kann sie natürlich trotzdem schon 1022 gegeben haben. Der Doketismus, schon durch Paulus bekämpft, ist später immer wieder aufgetaucht; sicher gehörte er bei den Bogomilen zum Grundbestand ihrer Lehre. Für die Geistlichen von Orléans mochte es naheliegen, aus den Schriften der Kirchenväter, besonders des Augustinus, über ihn etwas zu erfahren. Das doketische Glaubensgut erscheint bei ihnen nicht im Zeichen des Dualismus, sondern in einem spiritualistischen Zusammenhang; wenigstens ist nirgends vom bösen Prinzip die Rede.

Gelehrte werden eher aus Büchern geschöpft haben, Ungelehrten blieb nur die mündliche Unterrichtung. Bogomilische Schriften haben damals im Westen keine erkennbare Rolle gespielt. Wohl aber gab es Leute aus den bogomilischen Ländern, die diese Häresie möglicherweise in den Westen brachten. Kosmas spricht von Geistlichen, die nach Jerusalem, Rom «oder nach anderen Städten»[33] wallfahrteten. Ein Teil des Klerus auf dem Balkan war antibyzantinisch eingestellt, ihm stand der heilige Petrus wahrscheinlich näher als Andreas in Konstantinopel. Da es bogomilisch gesinnte Geistliche gab, die nach außen hin der Orthodoxie anhingen, kann es durchaus sein, daß solche frommen Wanderer in Italien auftauchten und nach Südfrankreich zu den dortigen Heiligen weiterzogen. In Kalabrien hat man den Eremiten Nilus für einen Bulgaren, Franken oder Armenier gehalten; einem Armenier, Simeon von Polirone, widerfuhr es, daß man ihn in Rom für einen Häretiker hielt und steinigen oder verbrennen wollte.[34]

Von der möglichen Existenz einer Gruppe von Bogomilen in Verona (vor 1046) haben wir schon gesprochen.[35] In der Diözese Turin soll zum Jahre 1047 eine «»Bulgarenkolonie»« nachweisbar sein,[36] was mit Vorsicht aufzunehmen ist. Um 1050 schrieb Euthymios vom Peribleptoskloster aus Konstantinopel nach Phrygien, die Bogomilen seien nicht nur im byzantinischen Reich verbreitet, sondern in der gesamten Christenheit.[37] Das ist eine der üblichen Übertreibungen; vielleicht wußte der Autor aber doch von Bogomilen im Westen.

Die Kölner Katharer von 1144 erklärten, ihr Glaube sei seit der Zeit der Märtyrer in Griechenland «und in einigen anderen Ländern»[38] lebendig. Da sie einen Bischof und dessen Stellvertreter (socius) besaßen, kann ihre Zahl nicht ganz gering gewesen sein; dafür spricht auch ihr Streit mit der anderen, nicht katharisch orientierten Ketzergruppe. Diesmal hören wir die Behauptung, die Sektierer seien auf der ganzen Welt verbreitet; und zwar «in sehr großer Anzahl». Vielleicht ist es 1163 zu einer Fusion der beiden Gruppen gekommen, wobei die Nichtkatharer zu «Gläubigen» wurden, die Katharer die «Vollendeten» stellten.[39] Sicher ist dies jedoch nicht. Woher die Kölner Katharer kamen, wird leider nicht berichtet. Vielleicht aus Italien oder aus der Champagne, wo schon 1144 oder 1145 Katharer entdeckt wurden.[40]

Mit Vorsicht aufzunehmen ist auch, was um 1267 ein lombardischer Inquisitor, Anselm von Alexandria,[41] erzählte: Daß «Franken» auf dem Kreuzzug (1147) in Konstantinopel zum Katharertum bekehrt wurden, einen «Bischof der Lateiner» aufstellten und in ihrer Heimat die Mission vorantrieben. Einen abendländischen Katharerbischof gab es schon 1144 in Köln, und Rückkehrer vom Kreuzzug waren in Frankreich keineswegs die ersten Missionare der Sekte. Es scheint, daß Anselm schrieb, was er für wahrscheinlich hielt und was ja auch der Fall gewesen sein kann, nämlich daß der Zweite Kreuzzug zur Verbreitung der Sekte beigetragen hat.

Daß die abendländischen Katharer ihre geistige Herkunft im bogomilischen Osten hatten, ist sicher. Aber damit ist noch nicht die wesentliche Frage beantwortet, warum die Sekte im Westen Fuß fassen konnte. Von vornherein wird man vermuten können, daß bei einem so komplexen Phänomen eine allzu einfache Begründung in die Irre führt. Weiters wird es keine absolute Sicherheit der Aussage geben können; in diesem Bereich ist es nur möglich, wahrscheinliche Gründe festzuhalten und wenig wahrscheinliche beiseite zu lassen.

Morghen[42] hat als Kennzeichen des 11. Jahrhunderts genannt: Bevölkerungsvermehrung, wirtschaftlicher Aufschwung, neue Schöpferkraft der Menschen, Aufkommen der Stadtkommunen in Italien und ein neues Bewußtsein vom Wert des Individuums. «Es ist natürlich, daß all dies auch von einem neuen religiösen Bewußtsein begleitet wird.» Es gibt die Kirchenreform von oben und eine religiöse Erneuerungsbewegung der Gesellschaft, «die aus der Tiefe aufsteigt». Russell[43] meint, das rapide Anwachsen der Häresien seit der Mitte des 11. Jahrhunderts sei nicht zuletzt folgenden Faktoren zuzuschreiben: Der Erweiterung der Schriftlichkeit, dem Wachsen gelehrter Zentren in den Städten sowie dem Ideenaustausch durch Handelsbeziehungen. Von der Erweiterung des Handels und der kulturellen Kontakte spricht Violante[44] und nennt die stärkere Mobilität, den Austausch von Ideen längs der Handels- und Pilgerwege bei neuer Blüte des Pilgerwesens; die Verschmelzung sozialer Schichten durch Heirat, die Verstärkung von Kontakten zwischen Stadt und Land und eine neue Vitalität wirtschaftlicher, sozialer und politischer Natur.

Solche Aufzählungen, die sich beliebig vermehren ließen, kennzeichnen zumeist Voraussetzungen oder günstige Umstände für die Verbreitung von Häresien. Sie betreffen Teilerscheinungen dessen, was man mit einem neuen «Schlüsselbegriff der Deutung des hohen Mittelalters» als Aufbruch, Umbruch usw. bezeichnet hat.[45] Kaum trifft man noch Auffassungen, die den Grund für die Häresien, wie es früher oft geschah, in der Verderbnis des Klerus sehen[46]. Man wird diesen Faktor, der Polemik entkleidet, jedoch nicht vernachlässigen dürfen.

Die überwiegende Mehrzahl der Gelehrten faßt die Häresien als ein primär religiöses Phänomen auf, das mit Erscheinungen der sozialen, wirtschaftlichen, politischen und allgemein geistigen Sphäre verbunden ist. Daher die Vielfalt der Gründe. Einfach wird die Sache erst dann, wenn man gemäß der marxistischen Theorie die sozioökonomischen Verhältnisse als Ursache und Motor aller anderen Entwicklungen setzt: Häresien sind dann Teile eines revolutionären Prozesses, in dem Unterschichten gegen die herrschende Feudalklasse revoltieren; zu dieser gehört auch die Kirche. Ketzereien werden als maskierte Umsturzversuche der Gesellschaftsordnung gedeutet.

Dieses Programm, von Friedrich Engels 1850 mit ein paar Stichworten entworfen, liegt den Ausführungen marxistischer Historiker zugrunde, von denen Ernst Werner für den westlichen und Dimitur Angelov für den bogomilischen Bereich genannt seien.[47] Über den orthodoxen Marxismus hinaus hat die These in moderierten Abwandlungen auch Nichtideologen beeinflußt. So schrieb z. B. Georges Duby: Die Häresie «versammelte die Opfer der Feudalgesellschaft».[48] Und der Byzantinist Hans-Georg Beck formulierte, daß die Sekte der Katharer versuchte, «ihre Ablehnung der Gesellschaft der Zeit und ihrer festgefahrenen Klischees metaphysisch zu begründen oder im Nachhinein metaphysisch zu rechtfertigen».[49]

Sicherlich kann ein stärkeres Anziehen der Zügel «von oben» oder eine hoffnungslose Lage in Notzeiten zur Einschätzung der Welt als böse und zur Annahme des Katharertums beigetragen haben. Wir erinnern uns, daß der erste Bischof in Oberitalien ein Totengräber war, der unter den Bürgern von Mailand nach deren Belagerung und Austreibung aus der Stadt wirkte.[50] Für nichtkatharische Sektierer, etwa die Geistlichen von Orléans oder die Leute von Monforte und ihre Gräfin, fehlten solche Voraussetzungen. Auf die gesellschaftlichen Mittel- und Oberschichten trifft sicher nicht der immer wieder zitierte Satz von Engels zu, daß sie versuchten, «alles das von sich abzustreifen, was sie noch mit der bestehenden Gesellschaftsordnung versöhnen könnte».[51]

Trotz ihrer Unrichtigkeit hatte die marxistische Theorie das Gute, daß sie den ökonomisch-sozialen Gesichtspunkt in die Diskussion einführte. Man hat sich dabei von der auf Engels zurückgehenden Anschauung gelöst, daß alle westlichen Häresien in ihrem ersten Stadium städtischer Natur gewesen seien.[52]

Die «stillen» Häresien des 11. Jahrhunderts bedurften nicht der Menschenansammlungen; im 12. Jahrhundert zogen «laute» Wanderprediger wie Petrus von Bruis und der Mönch Heinrich teils auf dem Land umher, teils suchten sie ihr Publikum in den Städten im Angesicht des Klerus auf, gegen den sie wetterten. Katharer gab es in Stadt und Land, relativ wenige etwa in Toulouse; ihre Bischöfe bevorzugten als Sitz kleine Landgemeinden. Sie waren Ausgangspunkte des bischöflichen Wanderlebens.

Die territoriale Verteilung des Katharertums war sehr verschieden, mit ketzerreichen und ketzerarmen Gegenden. Das konnte auch politische Gründe haben. So gab es z. B. im Herzogtum Aquitanien keine Katharer. Wo jedoch keine straffe Zentralgewalt regierte, sondern der Kleinadel sich selbst überlassen blieb oder zwischen den Mächten jonglierte, war der Boden für die Sekte günstig. Oft richtete man sein Bekenntnis nach jenem des Herrn aus, mitsamt den abhängigen Personen: Familie, Dienerschaft und Lehensleute. Das bäuerliche Element hingegen spielte in diesem Zusammenhang nur eine geringe Rolle.

Im städtischen Bereich gab es Spannungen zwischen dem Patriziat der Kernstadt und den wachsenden Vorstädten mit Handwerkertum und dem Zuzug vom flachen Land her. Da für die «Gläubigen» der Katharer das Armutsgebot nicht galt, konnten sie reiche Kaufleute oder später auch Bankiers sein. Von der Nähe des Sektierertums zu Handel und Kaufmannschaft haben wir bereits gesprochen. Was den Begriff des «Städters» angeht, ist übrigens Vorsicht am Platz. So gab es in Toulouse zahlreiche Leute, die ihr Brot als Handwerker verdienten und im Sommer aufs Land zogen, um dort auf den Äckern zu arbeiten.[53] Die engen Wechselbeziehungen oberitalienischer Städte mit ihrem Umland (contado) sind bekannt. Das Wachsen der Bevölkerung brachte es mit sich, daß Teile des Umlandes in die Stadt einbezogen wurden: Handwerkersiedlungen vor den Toren wurden zu Vorstädten und mit einer neuen Mauer umgeben, erhielten vorerst aber nur geringe geistliche Betreuung – ein idealer Zustand für das Sektierertum. Die städtische Bevölkerung hatte ihre ländlichen Abnehmer und Lieferanten; Landbewohner wurden von Herren regiert, die in die Stadt gezogen waren, wie das in Oberitalien sehr oft der Fall war. Als man die Leute von Monforte nach Mailand geschafft hatte und sie von ihrem Glauben abbringen wollte, haben sie «wie gute Geistliche täglich im kleinen Kreis [privatim] den Bauern, die in der Stadt zusammenkamen, um sie zu sehen», Bibelstellen zitiert.[54]

In der ehemaligen DDR hat man die These Engels', vom städtischen Charakter der damaligen Häresien für Nordfrankreich, Italien und Deutschland beibehalten, Südfrankreich jedoch von ihr ausgenommen.[55] Für Deutschland und Nordfrankreich sind die Zeugnisse zu spärlich, um Aussagen dieser Art zu machen. In Italien stellte man einmal fest, Städte, Vorstädte und Burgen (castella) seien voll von Ketzern;[56] letzteres wird sich auch auf die Burgdörfer beziehen. In Nordfrankreich hat Borst den Ort Mont-Aimé in der Champagne als einen «Hauptsitz der Katharer»[57] bezeichnet.

Den Anstoß zur Ketzerei scheinen oft Geistliche oder Halbgeistliche gegeben zu haben. Für die «religiösen Bewegungen» im ganzen hat dies schon Grundmann festgestellt: Mönche, Eremiten und Kanoniker trugen Häresien «als Wanderprediger an die Laien heran, nicht zuerst an die städtische Bevölkerung und nicht vornehmlich an die unteren Stände».[58] Nach Petrus Venerabilis hat der Mönch Heinrich «zuerst in unwirtlichen Gegenden und auf kleinen Landgütern voll Furcht gesäuselt» und wandte sich erst in die Region von Toulouse, als er Anhänger und Erfahrung gesammelt hatte.[59] Hier wurde er zum «lauten» Häretiker.

Auch die kleinen Händler und die Handwerker rechnet man für gewöhnlich dem städtischen Wesen zu. Sie waren jedoch Randschichten mit starker Fluktuation. In Köln versicherten Katharer dem Everwin von Steinfeld: «Wir besitzen weder ein Haus noch irgend eine Fahrhabe ... Wir sind die Armen

Christi, ohne festen Wohnsitz von Stadt zu Stadt fliehend...»[60] Fast mit
denselben Worten kennzeichnete 1157 eine Synode von Reims die «verworfe-
nen Weber, die oft von Ort zu Ort fliehen und ihre Namen ändern».[61] Hier
verliert die Frage nach dem städtischen oder ländlichen Charakter der Häresie
ihren Sinn. Eher könnte man von «stabilen» und berufsbedingt «mobilen»
Ketzergruppen reden.

Seit Grundmann sieht man die häretischen Randschichten zusammen mit
jenen der Orthodoxie. Mönche, die als solche eigentlich nicht predigen durften, Kanoniker und Weltgeistliche haben den Sinn ihres Daseins in der Wanderpredigt gefunden und dann – mit oder ohne Nachhilfe durch den Hochklerus – strenge, mehr oder minder stabile Gemeinschaften begründet. Das
konnte geschehen, weil die Bestrebungen zu einer Reform der Kirche in der
zweiten Hälfte des 11. Jahrhunderts dafür die Voraussetzungen geschaffen
hatten. Zu nennen sind hier besonders Robert von Arbrissel und Bernhard
von Tiron (beide gest. 1117), Vitalis von Savigny (gest. 1122) und Norbert
von Xanten (gest. 1134 als Erzbischof).[62]

Im 11. Jahrhundert kam es auch zu einem neuen Aufschwung des Eremitentums, der bis in das 12. andauerte. Eremiten konnten auch Laien sein,
hatten also oft keine theologische Ausbildung genossen. Manche von ihnen
wanderten über weite Strecken, sowohl vom Osten nach dem Westen als auch
umgekehrt. Sie pflegten meist einen harten asketischen Lebensstil und wurden im Volk als Heilige angesehen. Die Predigt war nicht das Hauptfeld ihrer
Betätigung; für die stille Vermittlung unorthodoxer Lehren dürften Eremiten
jedoch eine Rolle gespielt haben, die sich den westlichen Quellen nicht entnehmen läßt. Nur Kosmas spricht von den wandernden «falschen» Eremiten, die
das bogomilische Glaubensgut verbreiteten.[63] Bogomilische Missionare er-
mahnten ihre Anhänger zur Vorsicht gegenüber Orthodoxen: «Wenn die
Leute von unseren Gebeten und unseren Aktionen hören, wird unsere ganze
Arbeit zunichte.»[64]

In karolingischer Zeit hatte man den Kampf gegen das unabhängige Eremi-
tentum gewonnen und es Klöstern eingegliedert; im frühen 11. Jahrhundert
wurde das oft rückgängig gemacht, «die Leute verloren ihre Wurzeln».[65] Manche mögen ähnliche Wege wie die «falschen Eremiten» der Bogomilen beschritten haben. Ganz allgemein führten Eremiten einen sozusagen persönlichen Kampf gegen den Teufel, wie es schon ihre östlichen Vorbilder in der
Wüste getan hatten. Ihr Weltbild war häufig sehr einfach, beherrscht durch
den Gegensatz zwischen göttlichem Geist und widerspenstigem «Fleisch». Ein
Mann von der intellektuellen Kraft des Petrus Damiani pries als Vorbild einen
gewissen Dominicus: Seine Sprache war bäurisch, er trug seit vielen Jahren
eine Eisenkette um den Leib und kämpfte eine Schlacht gegen die bösen
Geister; kaum verging ein Tag, an dem er nicht zweimal das ganze Psalterium
sang, während er mit beiden Händen Geißeln schwang, um sich zu kasteien.[66]
Nicht einverstanden war Petrus damit, daß es Eremiten auch in der Stadt gab,

Staunen im Volk erweckend durch die Blässe ihres Gesichts und den Ruf asketischen Lebens. «Ein härenes Hemd ist im Eremos ein Gewand, in der Stadt ein Schaustück. Mit nackten Armen und Beinen einherzugehen, ist im Eremos die Regel, auf dem Marktplatz eine taktlose Zumutung.»[67] Für das Kirchenvolk hatten die Eremiten eine Stellung zwischen Heiligen und öffentlichen Büßern inne. Es war eine außerordentliche Angelegenheit, mit ihnen in Kontakt zu treten. Die Gestalt des weisen, vom Volk befragten Eremiten durchzieht die beginnende Romanliteratur der Epoche und findet sich noch in Webers *Freischütz*. Die «Vollendeten» der Katharer entsprachen in manchem diesem altbekannten Typus. Man sah in ihnen heiligmäßige Asketen und bat um ihren Segen, wenn sie in ihren dunklen Gewändern vorbeischritten. Aber in Zeiten der Verfolgung mußten sie sich tarnen, und manche von ihnen zogen in andere Gegenden, wo sie unter neuem Namen lebten.[68] Ähnliches wird von Waldensern berichtet, die sich «in die Tracht der verschiedenen Stände und Handwerke kleideten». Als man einen von ihnen fing, trug er mehrere solche Trachten und Abzeichen mit sich.[69]

Städtische und ländliche Lebensform, Stabilität und Mobilität sind Aspekte, die eher die Erscheinungsform der Häresien betreffen als ihr inneres Wesen. Letzteres ist eine Frage der Religionsgeschichte oder besser: der Geschichte der Religiosität. Auch in diesem Bereich hat es den Versuch einfacher Lösungen gegeben, generelle Behauptungen, die heute noch nachwirken.[70]

Der italienische Historiker Raffaello Morghen ging einerseits von dem sozioökonomisch beeinflußten Denken Gioacchino Volpes aus, der am Beginn unseres Jahrhunderts die Häresien in den Rahmen sozialer und politischer Voraussetzungen gestellt hatte:[71] Nach der Jahrtausendwende habe ein «neues Volk» eine neue religiöse Einstellung hervorgebracht, die in den Häresien zum Ausdruck kam. Anderseits nahm Morghen Anteil an einer innerkatholischen Auseinandersetzung, dem sog. Modernismusstreit, der mit Verurteilungen der Bewegung im Jahre 1907 nicht beendet war. Was sie für die Zukunft erstrebte, sah Morghen bei den Ketzern der Vergangenheit verwirklicht: ein schlichtes, ausschließlich am Evangelium orientiertes und kirchlicher Hierarchie abgeneigtes Bibelchristentum. «Der Punkt, an dem sich alle Häretiker des 11. Jahrhunderts treffen, ist die Verdammung der korrupten Kirche und der Wunsch, eine Volkskirche zu gründen, die eher der Tradition des Lebens der Apostel entspricht . . .» Er sah hier eine Rebellion gegen die Feudalkirche, eine kompromißlose Hinwendung zum Gesetz des Evangeliums und zum Ideal der Apostelkirche.[72] Es gab ein neues religiöses und bürgerliches Bewußtsein der Laienschaft «und der neuen Klassen, die sich der Geschichte stellten: Die mittelalterliche Häresie war zum Großteil der Ausdruck dieses neuen religiösen Bewußtseins der Laien».[73] «Der allergrößte Teil solcher Häretiker . . . gehörte ganz allgemein den untersten Klassen der mittelalterlichen Gesellschaft an; mit Ausnahme der zwölf oder dreizehn Geistlichen, die man in Orléans zum Tod auf dem Scheiterhaufen verurteilte, und wenigen Adeli-

gen... von Monforte waren alle anderen... Landbewohner und Illiteraten.»[74]

Für solche Leute war eine Beschäftigung mit systematischer Theologie
«durchaus nebensächlich» – ganz im Gegensatz zur Dogmenkritik und Kritik
der Hierarchie; beides wurde inspiriert durch reine Gründe des Hausverstan-
des («pure ragioni di buon senso»).[75] Was im Mittelpunkt des Denkens stand,
war in der Kirchenreform wie bei den Ketzern «das Ideal einer moralischen
Erneuerung des Einzelnen und der Kirche».[76]

In Morghens «These über die Ursprünge des häretischen Denkens im
Neuen Testament»[77] haben die Bogomilen ihren Platz. Auch sie versuchten
das Neue Testament mit Hausverstand zu deuten, und man muß nicht auf
frühere Formen der Heterodoxie zurückgreifen, um ihr Denken zu erklären.[78]
Dasselbe gilt nach Morghen für die Katharer, bei denen es «manichäische»
Einflüsse erst um 1190 gab.[79] Er zählte also auch die Anhänger des «radikalen
Dualismus» seit 1167 zur christlichen Volkskirche, während die meisten Ge-
lehrten an dieser Stelle christlich und unchristlich geschieden wissen wollen.

Die Evangelien waren fast die einzige Glaubensquelle der Häretiker; dies
«und die Rückkehr zu ihrer buchstäblichen Auslegung sind die Grundprinzipien und die absolut vorherrschende Ausrichtung der Sekte». Das gilt sowohl
für die Bogomilen, als auch für die westlichen Häresien mit ihren – sekundä-
ren – eigenen Nuancen.[80] Anderswo spricht Morghen von der «folgenreichen
Interpretation von Schriftstellen, die buchstäblich aufgefaßt wurden, zum
Zweck der Polemik gegen die Hierarchie und die offizielle Doktrin».[81] Denn
am Ende des 12. Jahrhunderts war «die Revolte gegen Rom und die Verdammung der Römischen Kirche» der Angelpunkt aller häretischen Lehren.[82]

Der antiklerikale Affekt und eine Entfremdung gegenüber der institutionellen Kirche sind zwei Gesichtspunkte, die in den letzten Jahrzehnten wahrscheinlich zu wenig hervorgehoben wurden. Auch das Volksdenken hat einen
wichtigen Platz in der Sektengeschichte, doch fragt man sich, ob damals wirklich «neue Klassen» auftraten oder die bestehenden Schichtungen ergänzt und
differenziert wurden. Das «neue Volk» Volpes dürfte eine Metapher sein. Man
kann mit Grundmann[83] zwischen «Volkshäresien» und «gelehrten Häresien»
scheiden, ohne zu vergessen, daß am Beginn stets bibelkundige Einzelperso-
nen zu stehen scheinen.

Es ist richtig, die primär religiöse Wurzel häretischer Phänomene zu betonen. Auch das existentielle Moment, die Lebenslehre, hat eine große Rolle
gespielt, wenn Weltliche eine neue Lebensform wahrhaft christlicher Art
suchten. Einst hatte man alles auf die Dogmatik abgestellt, ohwohl diese eine
fachliche Schulung voraussetzte, die Laien fehlte. Ketzer hatten immerhin
Glaubensmeinungen, die ihnen so wertvoll waren, daß sie oft den Tod einem
Widerruf vorgezogen haben. Man wird diesen Komplex auch dort beachten
müssen, wo er kein geschlossenes System ergibt und die Lehren innerhalb der
einzelnen Gruppen variiert werden konnten.

Der schwächste Punkt von Morghens These ist die Ableitung verschiedenster Glaubensmeinungen aus einem Bibelstudium der Laien «mit Hausverstand». Bei der Annahme und Interpretation von Bibelzitaten ergibt sich
schon für die Lebenslehre kein einheitliches Bild, etwa in der Stellung zur
Arbeit. Kosmas berichtet, daß bei den Bogomilen die einen arbeiteten, während andere unter Berufung auf Matth. 6,25 untätig waren.[84] Über diesen
Punkt stritten noch im 13. Jahrhundert Katharer und Waldenser. Noch mehr
galt das für Glaubensmeinungen, gerade bei wörtlicher Interpretation einzelner Stellen, denn oft konnte man biblischen Aussagen konträr anmutende
Bibelzitate gegenüberstellen. Das geschah immer wieder bei Glaubensgesprä-
chen, obwohl der «gesunde Hausverstand» erfordert hätte, solche Bibelworte
von der Gesamtheit der Texte her zu sehen – eine Arbeit, die Laien nicht
leisten konnten, auch wenn sie die Textbasis auf das Neue Testament verkürz-
ten.

Die Häretiker haben außerdem sehr oft von dem gegenteiligen Verfahren
Gebrauch gemacht, statt der wörtlichen Auslegung eine allegorische einzuführen. Das gab es nicht nur bei den gelehrten Geistlichen von Orléans, sondern
auch bei den Laien von Monforte, den Bogomilen und Katharern, bei beiden
sogar in reicher Fülle. Da waren z. B. Wunder Christi keineswegs Heilungen,
sondern die Vergebung von Sünden; die Brotvermehrung bestand in der
Schaffung der vier Evangelien und der Apostelgeschichte. Das diente dazu,
Christus nicht mit Materie in Berührung zu bringen – kurzum: primäre
Glaubensmeinungen wurden sekundär aus der Bibel als wahr erwiesen. Das
geschah mit einer durchaus gelehrten Technik, die im Ansatz bei Paulus zu
finden ist und durch die Schule von Alexandria seit Origenes systematisch
angewandt wurde.

Das Neue Testament als «fast einzige Quelle» der Häretiker zu sehen,
verbietet sich gerade dann, wenn man ihr ethisches Interesse betont. Nah-
rungs- und Sexualaskese der Bogomilen und Katharer stammen nicht so sehr
aus der Bibel wie aus der Lebensform östlicher Eremiten und Mönche. Mit
dem östlichen Mönchtum verbindet die «Vollendeten» eine Gebetsaskese, die
dem Kirchenvolk der Laien fremd war. Sie konnte nur schwer aus metaphorisch gemeinten Bibelzitaten begründet werden: man solle «immer» oder
«ohne Unterbrechung beten» (Luc. 18,1; 21,36; 1 Thess. 5,17). Weiters trat
nirgendwo an die Stelle der Hierarchie eine «Volkskirche» mit Dominanz der
Laien. Alleinige Mitglieder der «Kirche» waren bei Bogomilen und Katharern
einstige Laien, die in eine Art Mönchsstand eingetreten waren. Das konnte
kaum anders sein in Zeiten, in denen es keine eigenständige christliche Laien-
ethik gab. Sie war eine Entdeckung des Spätmittelalters, und bis dahin «nahmen die Laien in der christlichen Gesellschaft nur dann einen geachteten Platz
ein, wenn sie die Geistlichen, und vor allem Mönche, nachahmten».[85]

Nach Morghen lassen sich die hauptsächlichen religiösen Bewegungen des
11. Jahrhunderts leicht in die damalige große Kirchenreform einordnen.[86] Die-

sen Gedanken hat Jeffrey B. Russell in seinem Buch über «*dissent*» *und Reform*[87] weiter verfolgt. «Dissent» meint im engeren Sinn die Nichtübereinstimmung mit dem Bekenntnis der anglikanischen Hochkirche, im weiteren alle Nonkonformisten, im weitesten Sektierer. Russell gebraucht auch den Begriff «Reform dissidents»,[88] etwa für die Bogomilen bei Gerhard von Csanád; alle Gruppen von Häretikern seien Reformer. Und weiter: Ihr Puritanismus habe dazu geführt, daß sie die dualistischen Elemente übertrieben, die im Christentum selbst gegeben sind.[89] Das Katharertum (im engeren Sinn) brachte ein Wiederaufleben des schlummernden westlichen Dualismus; dieser Vorgang sei durch die Übernahme aktiven dualistischen Gedankengutes aus den Balkanländern verursacht worden.[90] «Das gregorianische Papsttum bewegte sich wie die apostolisch gesinnten Häretiker in der Richtung der Reform».[91] «Robespierre, Lenin, Calvin, Hildebrand, Valdes, Tanchelm, Claudius von Turin – sie alle waren Enthusiasten, sie alle Puritaner, alle Fanatiker und alle Revolutionäre und Reformer.»[92]

Man kann sehr vieles miteinander vergleichen, auch den Investiturstreit und die russische Revolution, überschreitet damit freilich den Rahmen wissenschaftlicher Aussagen. Zwei verschiedenartige Begriffe lassen sich so definieren, daß sie auf einen gemeinsamen Nenner zu bringen sind; dieser wird abstrakter Natur sein und noch allgemeiner als die beiden Begriffe. Vorteilhaft ist es, einen negativen Begriff – wie etwa «dissent» – zu wählen, denn er paßt sich leicht solchen Forderungen an. Als menschliches Verhalten sind Revolution, Reform und «dissent» durch eine kritische Einstellung zu bestehenden Einrichtungen und ihren Vertretern gekennzeichnet. Damit ist allerdings noch wenig gesagt. Positiv gesehen kann dieses Verhalten auf eine gewaltsame, totale und definitive Umstellung oder auf eine friedliche, wiederholbare Annäherung an das Ideal zielen.[93] Letzteres tut die Reform, ersteres die Revolution. Zu den Reformern wird man nicht unbedingt die «dissenters» oder «dissidents» rechnen müssen: Viele fühlten sich der bestehenden Kirche Christi (als Christenheit) zugehörig, andere nicht. Die Idee der Reform geht vom einzelnen aus, betrifft aber auch allgemeine Nöte, also die Kirche als Ganzes.[94] Häretiker neigen dazu, die bestehende Kirche abzulehnen und ihre eigene Gemeinschaft als die Kirche zu bezeichnen.

Praktisch zerfällt die Reformbewegung in Teilreformen, etwa des Priesterbildes (Kanonikerreform), des Mönchtums, eine bischöfliche und eine päpstliche Reform; man scheidet eine institutionelle und eine Lebensreform. Zur letzteren zählte der Versuch eines apostolischen Lebensstils. Hier und nicht im institutionellen Bereich liegt der positive Ansatz auch des Ketzertums. Die Wendung gegen sakramentalen Mißbrauch und unwürdige Priester konnte aus der bestehenden Kirche herausführen und eine Neubildung an ihre Stelle setzen, die als «eigentliche» Kirche galt. Eine Reform war das nicht mehr.

Russells Buch führte zu einer Betonung der Verwandtschaft zwischen häretischen und mönchischen Idealen, ohne daß hier ein direkter Einfluß der

Reformklöster nachgewiesen werden kann.[95] Daß die Häresien nicht bloß ein Aspekt der Kirchenreform sind, dafür hat Violante gewichtige Gründe aufgezählt.[96] Die Pataria in Mailand war der volkstümliche Flügel der ansonsten vielfach innergeistlichen Reform, hat aber im 11. Jahrhundert keine häretischen Anschauungen verkündet. Die Frage nach der Gültigkeit der Sakramente unwürdiger, vor allem von Unwürdigen geweihter Priester war damals nicht einwandfrei geklärt. Auf gregorianischer Seite hat man durch einige Zeit abgewartet, denn hier besaß man ein starkes Kampfmittel gegen den reformfeindlichen Klerus. Ihn hat man zu Häretikern gestempelt, und zwar mit dem schon vor Gregor dem Großen und von ihm gebrauchten Schlagwort von der «simonistischen Häresie»: Wer wie Simon Magus ein Kirchenamt kaufen will, hat eine falsche Auffassung vom Heiligen Geist. Das waren Dinge, die mit den volkstümlichen Häresien nichts zu tun hatten.

Abgesehen von der Frage der Weihen war es der Lebensstil des Klerus, der seit dem 11. Jahrhundert stärker als früher «hinterfragt» wurde. Das geschah durch einen Vergleich mit den Aposteln und ihrem Leben – mit durchaus negativem Resultat. Der Vergleich war freilich bedenklich: Nach offizieller Lehre waren nur die Bischöfe Nachfolger der Apostel, da sie deren Amtsgewalt fortsetzten und die Priesterweihe jenen spenden konnten, die in Nachfolge der 72 Jünger Jesu als Priester amtierten. Dieser exklusive Standpunkt wurde an der Universität Paris noch im 13. Jahrhundert im Kampf gegen die Bettelorden vertreten.[97] Im Mönchtum hat man wegen seiner Lebensform die Nähe zu den Aposteln reklamiert, die Mönchsregel zur Regel der Apostel erklärt, und ein Autor, vielleicht Rupert von Deutz, wagte den Satz, die Kirche habe mit dem Mönchsleben begonnen, denn «alle Apostel waren in Wahrheit Mönche».[98] Einen gleichartigen Anspruch meldeten wegen ihres gemeinsamen Lebens und ihres Priestertums die regulierten Kanoniker an.[99] Wahrscheinlich lassen sich die seit dem 11. Jahrhundert häufigen Apostelpatrozinien von Kirchen zum Teil aus diesen Vorstellungen erklären. Schon seit dem Anfang des 11. Jahrhunderts begann sich das Ideal des Priestertums in die Richtung des apostolischen, d. h. von Weltlichem möglichst freien Lebens zu verschieben, das in Gemeinschaft und ohne Güterbesitz des einzelnen geführt werden sollte. Etwas fehlte hier freilich: Das Wandern von Ort zu Ort und die Predigtverpflichtung.

In den Augen vieler Laien genügten diese Ansätze nicht, sie wollten die totale Rückkehr der Kirche zur apostolischen Lebensform. Da sich der Klerus dem Begehren nicht fügen konnte, fühlten sich jene Laien selbst zur Nachfolge der Apostel berufen und gerieten in Konflikt mit der Hierarchie. Während der Mönch Heinrich das Zitat «. . . lehret alle Völker!» (Matth. 28,19) für sein Wirken reklamierte, verwies sein Gegner Wilhelm auf die Begrenzung der Mission: Christus hatte die Apostel ausgesandt, diese ernannten durch Auftrag und Handauflegung andere Glaubensboten; ohne beides stehe die Missionstätigkeit niemand zu.[100] Der Anspruch, das Leben der Apostel zu führen, war eine fromme Metapher, solange Laien nicht mit dem Predigtgebot Ernst machten. Sie verstießen durch seine Befolgung gegen das Kirchenrecht und wurden des Ungehorsams, ja sogar der Häresie bezichtigt, bis die Erlaubnis zur Sittenpredigt durch Innocenz III. einen teilweisen Ausweg aus dem Dilemma bot. Aber auch hier sollte es nicht ganz ohne «missio» durch den Lokalbischof abgehen, gekleidet in die Form einer Erlaubnis zum Predigen.[101] Evangelismus jenseits der Hierarchie wurde weiterhin nicht als Reform gewertet. Im Rahmen einer solchen blieben dagegen jene Teile des Mönchs- und Kanonikertums, die als Prediger ohne feste Ortsbindung auftraten. Für sie hatte schon Petrus Damiani Vorarbeit geleistet.[102]

Neben dem Anspruch auf das Aposteltum war es die Wendung gegen klerikale Mißbräuche, die im Bereich der Reform ebenso wie bei den Sekten auftauchte. Beides war unabhängig voneinander. Die Anhänger der Pataria haben die Priesterehe bekämpft, aber nicht das Leben der Apostel führen wollen, und bei den Ketzern spielte der Kampf gegen verheiratete Geistliche keine oder nur eine untergeordnete Rolle. Für beide, Reformer wie Sektierer, ging es um das Problem der Heiligkeit von Menschen, und beiden war der Begriff der «Amtsheiligkeit» fremd. Man forderte persönliche Heiligkeit von denen, die andere retten und selbst gerettet werden wollten. Das war nicht bloß Rigorismus, sondern zutiefst im damaligen Verständnis staatlicher wie kirchlicher Organe begründet.

Im früheren Mittelalter ging die Fähigkeit des antiken Menschen zurück, Institutionen als abstrakte und doch reale Wesenheiten zu begreifen. Der Staat als Anstalt mit sachlich orientierten Institutionen wurde als Personenverband mit dem König an der Spitze gesehen, und ähnlich war es mit der Kirche. Nicht das Amt, sondern der Amtsträger als Person trat in den Vordergrund, während das institutionelle Moment der Heilsanstalt oft gar nicht mehr erfaßt wurde. Ein Traktat gegen die Häretiker berichtet, daß unfromme Menschen spöttisch die Katholiken fragten: «Sagt uns, was ist die Kirche Gottes, wo ist sie und warum ist sie Gottes Kirche? Wir wollen sie kennenlernen... Das Sichtbare suchen wir und damit sind wir einverstanden, das Unsichtbare weisen wir zurück...»[103] Man begriff das Amt durch die Person des Amtsträgers, und man erfaßte seine Wirksamkeit aus dessen Befähigung. Der König brauchte Gottes Gnade für eine gute Regierung, der Priester mußte ein Heiliger sein, um Heiliges in den Sakramenten bewirken zu können. Ein unfähiger König, ein unheiliger Priester war zu entfernen; er war kein Amtsträger im eigentlichen Sinn. Vielleicht hatte ihn der Teufel geschickt.

Im 12. Jahrhundert war einem solchen Denken besonders dort Erfolg beschieden, wo die weltlichen Herrschaftsverhältnisse labil waren, wie etwa in Südfrankreich. Im benachbarten Aquitanien hingegen, wo die Plantagenets straff regierten, blieb der Klerus unumstritten, und es gab dort fast keine Ketzer.[104] Was den geistlichen Bereich betraf, so trat um diese Zeit statt der Kirche als Christenheit eine hierarchische Kleruskirche in den Vordergrund, die das institutionelle Moment stark betonte. Man nutzte bei der Umstellung auch jene Reformtendenzen, die auf persönliche Heiligkeit des Klerus hinzielten. Im Kirchenvolk sah man vielfach weiterhin die Kirche als einen reinen Personenverband; die Waldenser sagten: «Die Kirche ist immer dort, wo sich Gläubige versammeln, die den Glauben haben und ihn durch Werke erfüllen.»[105] Es sollte sich also um eine personelle Gemeinschaft der Gläubigen handeln, nicht um eine Hierarchie kirchlicher Ämter und Amtsinhaber. Daran haben die Waldenser – und nicht nur sie – festgehalten: «Die genannten Häretiker sagen nämlich, ... daß Weihe- und Benediktionsgewalt, Binde- und Lösegewalt mehr durch Verdienste bewirkt werden als durch den [geistlichen] Stand oder das [kirchliche] Amt.»[106] Gemäß dieser Anschauung wurde es möglich, aus der Gemeinde heraus Fromme mit der Ausübung dieser Gewalten zu beauftragen.

Mit der Zentralisierung und stärkeren Institutionalisierung der Kleruskirche war eine «Juristifizierung» verbunden; sie bildete sozusagen das Rückgrat zentralistischen und allgemein institutionellen Denkens. Trotzdem hat es zumindest einen Juristen gegeben, der am personellen Kirchenbegriff festhielt: Der Sektengründer Hugo Speroni in Piacenza, von dem noch zu reden sein wird, lehrte am Ende des 12. Jahrhunderts, Kleriker sei man nicht durch den «ordo», sondern durch verdienstliche Lebensführung: «Wenn jemand Geistlicher ist, dann ist er sicherlich auch heilig.»[107]

Hugo Speroni ist als Konsul seiner Heimatstadt in Streitigkeiten mit kirchlichen Stellen verwickelt worden. Das mag seine Distanzierung von der Geistlichkeit gefördert haben, war aber doch wohl nicht der Hauptgrund seiner Überzeugungen. Auch sonst war ein Antiklerikalismus aus praktischen Rücksichten kaum jemals eine primäre Ursache von Sektenbildungen; wohl aber hat er sehr oft zu ihrer Verbreitung beigetragen. Derartigen Affekten dürfte so manche Klage über den Klerus entstammen. Gaufred von Auxerre berichtete dem heiligen Bernhard aus Südfrankreich: «Wir fanden etliche widerspenstige Ritter, die dies nicht so sehr aus Irrtum ..., sondern aus Habgier und bösem Willen waren. Sie haßten nämlich die Geistlichen.»[108] Wo kein Gegensatz von Interessen erkennbar ist, war man oft erstaunlich tolerant gegen den Lebenswandel und die Handlungen von Klerikern. So sollen noch um 1200 fast alle Geistlichen im Elsaß Konkubinen gehabt haben, «weil die Bauern sie dazu allgemein anleiteten» – so waren ihre eigenen Frauen vor Nachstellungen sicher.[109] Solche Toleranz deutet auf Gleichgültigkeit gegenüber dem Klerus und auf innere Distanz zu ihm. Wir werden sehen, daß sich diese Distanzierung auch auf die Religion im ganzen beziehen konnte.

Fünftes Kapitel

Religiöses und politisches Umfeld

Hat es das «christliche Mittelalter» gegeben, oder handelt es sich bei diesem Begriff um ein Wunschbild der Romantik, das von einigen Gelehrten unserer Epoche übernommen wurde? Schon im Mittelalter hat es neben den Gläubigen Indifferente und Ungläubige gegeben. Sie haben sich freilich in den meisten Fällen recht still verhalten, wie das dem offiziell christlichen Charakter ihrer Zeit entsprach, und die geistlichen Geschichtsschreiber waren wenig daran interessiert, Anschauungen solcher Leute wiederzugeben.

Ketzer waren Gläubige, die oft ihr Leben für ihre religiöse Überzeugung einsetzten; sie hatten den Übergang in einen anderen religiösen Bereich vollzogen, ohne areligiös zu werden. Freilich hatten sie eine schwierige Phase hinter sich, in der Glaubensdinge fragwürdig geworden waren. Manche nahmen aus ihr Meinungen mit, die sich dann akzentuieren konnten, wenn sie zu der häretischen Überzeugung paßten und sie unterstützten.

Alanus von Lille berichtet über eine Argumentation, die Ketzer gebrauchten. Vieles geschieht zufällig, so sagten sie, und offensichtlich nicht auf Gottes Befehl. Auf diesen von ihren Gesprächspartnern akzeptierten Satz bauten sie den Beweis, daß die Schöpfung nicht von Gott, sondern vom Teufel stamme.[1] Für Zufall hielt man anscheinend, was so sinnlos oder ungerecht schien, daß es nicht von Gott herrühren konnte – fast jeder Mensch kam einmal in die Lage, derartiges zu erleben. Hier setzte die Mission der Katharer ein: War es nicht wahrscheinlicher, daß diese Ungerechtigkeiten von einer als Persönlichkeit aufzufassenden Kraft ausgingen? Der Teufel war dem Christen eine vertraute Figur. Nach offizieller Lehre durfte er nur bewirken, was Gott zuließ, aber das wurde nicht wirklich rezipiert. Wer dem Zufall Raum gab, schränkte schon damit Gottes Weltregierung ein. In diesen Raum trat nun das böse Prinzip sozusagen aus eigener Machtfülle – eine für manche plausibel klingende Erklärung des Bösen in der Welt.

Nicht immer waren Katharer zur Stelle, ein solches Umdenken einzuleiten. Wo es um wichtige, die Allgemeinheit betreffende Dinge ging, schrieb man sie nicht dem Zufall zu, aber man erzürnte sich über Gottes Willensentscheidung, und das sogar in aller Öffentlichkeit. So gab es im Jahre 1133 für die Mailänder zwei Könige, Lothar III. und Konrad III., und zwei Päpste, Innocenz II. und Anaklet II. Groß war das Ärgernis; im Gegensatz zur politischen Haltung des Erzbischofs verlachte man im Pfarrklerus das Gegenkönigtum Konrads und strafte den Gegenpapst Anaklet mit Verachtung. Das Maß war voll, als der Erzbischof Geistliche exkommunizierte, die die Feierlichkeiten für König Konrad sabotierten. Wegen dieser Exkommunikation «wollten die Juden von

Christus, dem Sohn der Jungfrau, nichts wissen, und der größte Teil der Bürger und der Lombarden war böse auf den Urheber göttlichen und weltlichen Rechtes...»[2] Vielleicht gestand man dem Erzbischof zu, daß er von seinem Standpunkt aus richtig handelte – Gott war es, der die politische Situation so arg verwirrt hatte.

Wenn sich schon ehrbare Bürger von der Gottesverehrung distanzieren konnten, so gab es neben ihnen Menschen, die dauernd und sozusagen aus beruflichen Gründen gottlos waren. Das gilt nicht nur für Verbrecher, sondern für einen Typus von Berufskriegern, den man unter der Bezeichnung «Rotten» (rutarii) oder «Brabanzonen» kennt.[3] Es handelte sich um Kompanien von Söldnern, deren Anführer zum Teil dem Kleinadel entstammten. Sold gab es selten; so war man auf das Beutemachen angewiesen, und Beute gab es vor allem in Kirchen und Klöstern. Heinrich II. Plantagenet, der diese Leute 1174 in England gebrauchte, mußte versprechen, das nie wieder zu tun, hat sie aber in Aquitanien zur Rückführung des Landes unter seine Herrschaft verwendet. Sein Untertan Walter Map schrieb:[4] «Unser König Heinrich II. verbannt aus allen seinen Ländern die große Schäden bringende Sekte der neuen Häretiker, die zwar mit dem Mund von Christus dasselbe wie wir bekennen, aber... bewaffnet vom Kopf bis zu den Füßen, in Leder und Eisen, mit Streitkolben und Schwertern Klöster, Meierhöfe und Städte in Asche legen, wahllos Frauen vergewaltigen und aus ganzem Herzen sagen: ‹Es gibt keinen Gott!› [Ps. 13,1] ... Sie haben für sich ein Gesetz gemacht, das gegen jedes Gesetz verstößt, und mit ihnen haben sich Menschen vereinigt, die wegen Aufständen flüchtig sind, falsche Kleriker, geflohene Mönche und wer immer auf irgendeine Weise Gott verlassen hat...»

Man sieht den Widerspruch: Die Brabanzonen bekannten sich «mit dem Mund» zu Christus, sollen aber Häretiker gewesen sein und Gott geleugnet haben. Man könnte höchstens sagen, es habe sich – wie bei der Simonie – um eine «praktische Häresie» gehandelt, die aus dem Lebensstil deutlich wurde. Auch damit war die Möglichkeit einer grundsätzlichen Verdammung gegeben. Von ihr hat Papst Alexander III. 1179 Gebrauch gemacht, nachdem Friedrich Barbarossa schon 1166 für seinen dritten Romzug 1500 Brabanzonen angeworben hatte; sie erhielten das Recht, in den Marken und vor Rom Beute zu machen. Kanon 27 des dritten Laterankonzils richtete sich sowohl gegen die Katharer, als auch gegen «Brabanzonen, Aragonesen, Navarresen» und andere, die wie Heiden gegen Klöster, Frauen und Kinder wüteten. Man solle gegen sie zu den Waffen greifen, ihre Güter (bona) seien zu konfiszieren – was sich nicht unbedingt auf liegendes Gut bezogen haben muß. Anscheinend verfaßte den Kanon der päpstliche Legat in der Provence Heinrich von Clairvaux,[5] der die dortige Lage kannte. Wer das wüste und gefährliche Leben eines Freibeuters überstand, mochte in der halben Anarchie Südfrankreichs zu einem Gütchen als Ruhesitz kommen, ohne seinen Verlust fürchten zu müssen. Daß jemand gegen Brabanzonen zu den Waffen griff, ist nicht bekannt, und wir werden sogar von einem Erzbischof hören, der mit ihnen paktierte.

Der praktische, nicht oder kaum reflektierte Unglaube war gewiß nicht auf solche Außenseiter beschränkt. Als Marc Bloch von einem «scepticisme vulgaire» sprach, wurde das nicht ganz richtig mit «Vulgärrationalismus» übersetzt.[6] Rationalismus ist mehr und anderes als eine unreflektierte Distanzierung von Erscheinungen der religiösen Sphäre. Diese richtete sich vor allem gegen Einzelzüge des Heiligenkultes und Wunderglaubens.[7] Sicherlich hat es auch Menschen gegeben, die dem christlichen Glauben im ganzen wenig aufgeschlossen waren, auf Grund ihrer Lebensumstände und persönlichen Erfahrungen oder einfach aus mangelndem Sinn für diese Sphäre. Sie haben sich jedoch in einem Zeitalter des Konformismus der «Sitte» wenig artikuliert. Man konnte an den kirchlichen Veranstaltungen teilnehmen, um nicht aufzufallen; unterließ man es, gab es vorerst keine kirchenrechtlichen Sanktionen. Man glaubte auf sie verzichten zu können, solange das juridische Moment nicht bestimmend war und der gesellschaftliche Druck ein Wohlverhalten der Laienschaft förderte. Erst zusammen mit der Ketzergesetzgebung wurden Minimalpflichten der Gläubigen aufgestellt: Sakramentenempfang wenigstens einmal jährlich (4. Laterankonzil 1215, c.21) und, in den Ketzergebieten, 1229 ein jährlicher Treueschwur sowie die Verpflichtung zu regelmäßiger Erfüllung von Beichtpflicht und Kirchenbesuch (Synode von Toulouse). Es wurden also erst gesetzliche Maßnahmen ergriffen, wenn (und wo) die «Sitte» und die Kontrolle durch die Gemeinde nicht mehr funktionierten. Eine allgemein verpflichtende Teilnahme am Sonntagsgottesdienst hat es im ganzen Mittelalter nicht gegeben.

Mehrfach suchten Theologen im 12. Jahrhundert die innere Haltung des Glaubens an das öffentliche Bekenntnis zu binden: Alanus von Lille nannte in einem Atemzug «nicht an Gott glauben, nicht in die Kirche gehen und ähnliches» als Beispiele von Lastern. Durch äußere Handlungen komme die psychische Einstellung zum Ausdruck, die Verachtung (contemptus) des Guten und der böse Vorsatz, von diesem abzufallen.[8] Auch wer aus anderen Gründen nicht den Gottesdienst besuchte, etwa weil er an dem zelebrierenden Priester Anstoß nahm, wurde den Gottlosen zugerechnet.

Für den Einzelmenschen war ein solcher Zustand der Distanzierung von der Gemeinde gewiß schwer erträglich; er mußte eine andere Gemeinschaft zu finden suchen, die ihm den Rücken stärkte. Das konnten Anhänger der Pataria sein – oder Häretiker. Nur für Intellektuelle gab es noch eine andere Möglichkeit: sich auf die geistige Gemeinsamkeit mit Autoren zurückzuziehen, deren Bücher man las. Damit verschob sich das Problem auf eine höhere Ebene, aber auch hier wurde man leicht der Gottlosigkeit verdächtigt – nicht durch die Gemeinde, sondern durch Kollegen. So sagte etwa Wilhelm von Saint-Thierry, stoischen Einfluß vergröbernd, über Wilhelm von Conches: «Er scheint der Lehre dummer Philosophen zu folgen, die sagen, es gebe nichts außer den Körpern und körperlichen Erscheinungen [corporea]: Nichts anderes sei Gott innerhalb der Welt als das Zusammenkommen von Elementen und die Abstimmung der Natur.» Nach stoischer Lehre war Gott das immanente Prinzip der Elementarqualitäten, ihr Regelprinzip (temperatura).[9] Es wird noch davon zu reden sein, wie leicht Gelehrte zu Häretikern gestempelt werden konnten.

Im 12. Jahrhundert ist Neues in das Denken von Menschen verschiedener Gesellschaftsschichten eingedrungen und hat hier Reaktionen verschiedenster Art ausgelöst. Bei den Gelehrten wurden durch die antike Wissenschaft Probleme aufgeworfen, die sie nach bestem Wissen und Gewissen zu meistern trachteten; das Laientum mancher Länder mußte zu den Häresien Stellung beziehen, eine Aufgabe, für deren Bewältigung oft die Grundvoraussetzungen fehlten. Sie waren nicht nur theologischer, sondern manchmal auch politischer Natur: Geistlich und Weltlich waren bei den oberen Ständen eng verflochten, ein Glaubenswechsel hatte materielle Konsequenzen. Vor allem in Südfrankreich gab es den Typus des Adeligen, der mit den Katharern sympathisierte, weiblichen Familienmitgliedern den Übertritt gestattete, selbst jedoch formell katholisch blieb. Ähnliches gab es in den Städten, etwa Toulouse: «Um die bekennenden Häretiker bildete sich eine neutrale Zone, in der es Gefühle gab, die von der Bewunderung bis zur Resignation reichten. Sie genügten, um eine Reaktion unmöglich zu machen.»[10] In diesem praktischen Neutralismus konnte man auf beiden Schultern tragen; begünstigt wurde das durch die Tatsache, daß die Katharer erst am Lebensende ein endgültiges Bekenntnis, die Geisttaufe, verlangten. Das änderte sich nicht grundsätzlich durch die Verfolgungen. Noch in der Spätzeit gab es Leute, die ihr Geld sowohl dem Klerus wie den Vollendeten zukommen ließen, weil sie nicht wußten «welche der beiden Glaubensrichtungen die wirksamere ist». Man nannte das «an beiden Ufern fischen».[11] In der Grafschaft Foix und wohl auch anderswo gehörte es zum guten Ton der Oberschichten, eine gewisse Indifferenz gegenüber Glaubensdingen zu zeigen.[12]

In diesem Schwebezustand, da man sich in den Nöten des Lebens weder auf die Heiligen noch auf die Vollendeten voll verlassen konnte, gewannen die untersten Bereiche der Volksreligiosität oder, wenn man will, der Aberglaube an Wichtigkeit. Raimund VI., Graf von Toulouse, brach im Jahre 1211 Verhandlungen mit päpstlichen Legaten ab und reiste weiter, weil ein bestimmter Vogel zu seiner Linken an ihm vorbeiflog, «was ihn sehr erschreckte. Denn nach Art der Sarazenen setzte er sein Vertrauen in den Flug und Gesang von Vögeln».[13] Ein Graf aus der Gascogne wollte sich Simon von Montfort als Lehensmann unterstellen. Als er ihm huldigen sollte, mußte Simon niesen. Darauf weigerte sich der Graf, zu der Rechtshandlung anzutreten. «So sehr beachten nämlich die sehr dummen Menschen dieses Landes die Bedeutung von Vorzeichen [auguria], daß sie ganz fest an folgendes glauben: Wenn sie einmal niesen müssen, oder einer, der [mit ihnen] zu tun hat, niest einmal, könne ihnen an diesem Tag nichts gelingen.»[14]

Auf katholischer Seite fürchtete man Zauberkräfte der Katharer: Ein Adeliger aus der Gegend von Vienne trug stets geweihtes Salz bei sich, mit dem er Speisen bestreute, die ihm von Katharern gereicht wurden; diese hätten die Macht, damit Menschen zu ihrem Glauben zu verführen.[15] Über die Katharer des Périgord behauptete der Mönch Herbert, daß sie Wunderbares taten. Wenn man sie fing und an Händen und Füßen gefesselt in ein umgekehrtes Weinfaß steckte, mit Wachen davor, waren sie am nächsten Morgen entflohen – der Teufel hatte sie befreit.[16]

Das Vertrauen in die schützende Hand Gottes und der Heiligen war einem Zustand der Unsicherheit gewichen, in dem jederzeit Böses geschehen konnte. Das entsprach den Erlebnissen in einer schweren Zeit und schuf den geeigneten Boden für die Ausbreitung des Katharismus, dem Gott ferne und der Teufel allezeit nahe war. Zügen des Animismus, einer Belebung des Unbelebten, stand eine Materialisierung geistiger Inhalte gegenüber, wie sie im mythischen Denken der Brauch ist.[17] Das gab es auf beiden Seiten; Hugo von Amiens sagte über die Häretiker «und andere unfromme Menschen», daß sie manchmal hohe Gedanken fassen, aber ihr Wissen um die körperlichen Dinge auf Unkörperliches, Göttliches, übertragen,[18] d. h. es materiell auffassen. «Wer von den Illiteraten und einfachen Leuten erträgt es, wenn du predigst, Gott habe weder Augen noch Ohren noch andere für uns nützliche Körperteile? Er wird sofort entgegnen, wer keine Augen habe, könne nicht sehen, niemand könne hören oder arbeiten ohne Augen und Hände.» So schrieb Abaelard,[19] sicherlich aus eigener Erfahrung. Bei der Disputation von Verfeil (bei Toulouse) im Jahre 1206 legte Diego von Osma prominenten Katharern eine Bibelstelle vor, in der Gott sagt: «Mein Sitz ist der Himmel, die Erde der Schemel für meine Füße» (Isa. 66,1). Er fragte, ob sie meinten, daß Gottes Beine vom Himmel bis zur Erde reichten. «Als sie sagten, daß sie das glaubten, stellte er fest: ‹Ihr seid gewaltige Häretiker [grossi haeretici]!›»[20]

Einen solchen Anthropomorphismus hat es immer wieder gegeben, und zwar nicht nur bei Laien. Rather von Verona klagte über Geistliche der Diözese von Vicenza, die durch falsche Bibelauslegung Gott eine körperliche Existenz zuschrieben.[21] Der Mönch Odorannus von Sens, der schon im Zusammenhang mit den Ketzern von Orléans (1022) erwähnt wurde, wandte sich gegen «falsche Brüder», die ihm nachstellten, weil er behauptet habe, Gott besitze keine Hände und anderen Glieder.[22] Solche Anschauungen sind durch Metaphern im Alten Testament – vor allem in den älteren Büchern – bestärkt, aber kaum hervorgebracht worden. Sie entsprechen weit mehr einem allgemeinen menschlichen Verhalten und finden sich in vielen Religionen.

Nicht erst Gläubige, die ein neues Verständnis der Bibel durch den «gesunden Menschenverstand» suchten, haben auch das Mysterium der Eucharistie materiell gesehen. Ein alter Einwand findet sich schon in der Schrift des Bischofs Gerhard von Cambrai-Arras gegen die Ketzer, mit denen er 1025 zu tun hatte: Wieso der Leib Christi, «der in so vielen Teilen, so vielen Epochen, von so vielen Völkern und Menschen täglich genommen wird, sich nicht vermindert»?[23] Zu Ekbert von Schönau sagten Katharer: «Ich kann nicht glauben, was über den Leib Christi erzählt wird, weil ich in keiner Weise einsehe, wie das geschehen soll.» Worauf Ekbert antwortete, Gott könne tun, was der Mensch nicht versteht; so sei es in allen Sachen des Glaubens. Ein sterbender Katharer, dem Ekbert die Hostie reichen wollte, gebrauchte den alten Einwand in lokal abgewandelter Form: Wenn der Leib Christi so groß wie der Hermelstein (bei Koblenz) wäre, er müßte schon aufgegessen sein.[24] Auch Berengar von Tours kannte Vergleiche mit einem Berg oder Turm,[25] wie sie immer wieder gebraucht wurden, ohne daß er deshalb der Nähe zum Katharismus verdächtig wäre.

Ähnlich war das Denken über die Auferstehung am jüngsten Tag von materiellen Vorstellungen geprägt. «Wir sehen, daß manchmal die Körper von Menschen zerrissen und zerstreut oder von wilden Tieren und Vögeln weggetragen und verschlungen werden... Diese Körper können auf keine Weise wieder zusammengesetzt werden.»[26] Wenn Katharer solche Anschauungen äußerten, so standen sie mit ihnen gewiß nicht allein. Viele nahmen schweigend hin, was nur Ketzer ausdrücklich zu verneinen wagten. Was man als gemeinsamen Nenner verschiedener Sektenbildungen ansah, hat oft seine Wurzel im Denken breiter Volksschichten. Das besagt nicht, daß der Klerus von solchen Vorstellungen ganz frei gewesen wäre. Sogar ein Erzbischof, Leutrich von Sens, mußte sich vorwerfen lassen, daß er die Mysterien der Trinität, Taufe und Eucharistie «allzu fleischlich» (nimis carnaliter) interpretierte.[27] Nach der Angabe Helgalds von Fleury habe König Robert den Erzbischof gefragt: «Warum schreibst du der Gottheit körperliche Trübsal zu und verbindest du mit der göttlichen Natur die Schwäche menschlichen Schmerzes?»[28] Im konkreten Fall scheint es sich um die Vorstellung gehandelt zu haben, daß Christus in der Hostie durch unwürdigen Kommunionempfang Schmerzen leide; auf der gleichen Ebene liegt die später oft berichtete Erzählung von blutenden Hostien.

Ein zweites Charakteristikum der Volksreligiosität ist der Gedanke, daß sich religiöses Bemühen in meßbare und zählbare Leistungen umsetzen läßt. Wir haben schon gehört, wie genau die Vorschriften von Bogomilen und Katharern über Gebetsstunden und Gebetsleistungen waren, wozu noch Kniebeugen, Speisengebote und andere Regelungen kamen. Im katholischen Mönchtum vor allem der Cluniazenser normierten «consuetudines» bis ins Detail das tägliche Leben, wozu auch stetes Aufsagen von Psalmen gehörte. Der eben zitierte Helgald lobte an seinem König besonders das häufige Psalmengebet und die Sorge für liturgische Detailfragen. Frömmigkeit mußte in Handlungen sichtbar, in Gebeten hörbar und meßbar sein.[29] Eine solche Haltung begünstigte die Schriftlichkeit von Anweisungen einer Lebensregel, das Hängen an einem Text. War er nicht vorgegeben, konnte man ihn in den Evangelien suchen und für alles, was man tat, eine Bibelstelle zitieren.

Das Schrifttum der nachapostolischen Kirche blieb dabei außer Betracht, und dies nicht nur aus praktischen Gründen. Ein historischer Sinn war damals schon bei den Gebildeten wenig entwickelt; dem Volksdenken fehlte er ganz. Man sah nicht die schrittweise Entfaltung und Differenzierung des Glaubensgutes auf seinem Weg durch die Jahrhunderte, sondern die Unterschiede zwischen dem ursprünglichen und dem zeitgenössischen Bestand. Zu dem negativen Bild vom Leben des Klerus kam die Erkenntnis, daß seine Lehre fragwürdig sei, wenn man sie an den Evangelien maß. Die Intensität des Glaubens verlangte nach Einfachheit, einem neuen Fundamentalismus.

Wann diese Haltung maßgebend wurde, läßt sich nicht eindeutig feststellen. Immerhin hatte das 11. Jahrhundert hierfür eine gewisse Bedeutung. Damit steht anscheinend in Zusammenhang, was man über den Wandel der Volksreligiosität dieser Zeit geäußert hat. Vorher war das Christentum (nach R. W. Southern) «sehr dünn», es gab eine Menge von Heidnischem, das nur zum Teil unterdrückt worden war. «Erst im 11. Jahrhundert haben wir die ersten überzeugenden Zeichen ... dafür, daß das Christentum daran war, eine Volksreligion zu werden ...»[30] Ein hartes Urteil, das wahrscheinlich dann gerecht ist, wenn verlangt wird, daß das Christsein den gesamten Menschen erfaßt. Man hat von einer «neuen Religiosität» der Zeit um das Jahr 1000 gesprochen und sie mit einem ähnlichen Phänomen in der Spätantike verglichen.[31]

So allgemein gehaltene Feststellungen zu konkretisieren ist schwierig für eine Zeit, in der die überwiegende Mehrheit der Menschen nicht selbst zu Wort kam, sondern höchstens durch Geistliche in die geschichtlichen Quellen eingegangen ist. Doch hat ein Fachmann für das frühere 12. Jahrhundert «ein Erwachen des Gewissens im Christenvolk» festgestellt, zusammen mit persönlichem Gebet, Gewissenserforschung und Kritik der Sittlichkeit, wobei «der Materialismus der Tarife in den Bußbüchern, gegen den sich Abaelard wandte, durch das Urteil der Beichtspiegel ersetzt wurde».[32]

Zum Erwachen des Gewissens gehört eine neue Wachheit in Glaubensfragen, die nicht mehr unbesehen hinnimmt, was ihr geboten wird. So schrieb z. B. Hugo von Amiens: «Unsere Leute fragen, nicht streitbar wie die Ketzer, sondern voll frommem Eifer als Katholiken. Sie fragen, warum es die Kirche gibt. Aber das kann niemand wissen außer demjenigen, der innerhalb der Einheit der Kirche den Heiligen Geist empfangen hat.» Alles geschieht aus Gottes Willen, «man soll also nicht fragen, warum, woraus oder wann Gott die Welt geschaffen hat».[33] Wir können uns denken, wie unbequem solche Fragen von Laien dem Klerus werden konnten und wie gerne man sich hinter den eigenen, vom Heiligen Geist gegebenen «ordo» zurückzog.

Grüblerischen Naturen mochte durch solche Antworten der geistliche Stand selbst zum Problem werden. Schwierigkeiten der Abstraktion und die Gewohnheit, Dinge nach dem Augenschein zu beurteilen, gaben den religiösen Zweifeln Nahrung. «Die Seele geht mit dem Körper zugrunde, wie viele falsche Christen, ja Häretiker unserer Zeit sagen», berichtet Alanus von Lille und gibt auch die Begründung dafür: «So wie nach dem Tod eines Tieres keine Spur der Seele zu sehen ist, ebenso bleibt nach dem Tod des Menschen keine Spur einer Seele zurück.»[34] Wenn man die Glaubensdinge mit dem Verstand untersuchte, konnte das zum Unglauben führen: Abaelard, selbst ein Intellektueller der neuen Art, meinte, «daß unter allen Menschen jene die Unglücklichsten sind, die ohne Glauben und Hoffnung weder zusammen mit den Heiden an die Unsterblichkeit der Seele glauben, noch von Gott Belohnung für die Guten erhoffen; sie ergeben sich ganz den Sinneswahrnehmungen [sensuum experimentis] wie das Vieh. Sie teilen das Los des Viehs, zusammen mit dem Leib zu sterben.»[35]

Gehen wir fehl mit der Vermutung, daß das, was Abaelard mit soviel Anteilnahme schilderte, auch für ihn zeitweise eine Denkmöglichkeit war? Sie blieb wohl niemand erspart, der aus traditionellen Vorstellungen kommend zu einem persönlichen Glaubenserlebnis vorstieß. Zweifel konnten auch den Glaubenden weiterhin begleiten. Ein Mönch, Otloh von St. Emmeram bei Regensburg, schrieb «über seine Versuchungen» und schilderte hier, wie er eine Fälschung der Evangelien in Betracht zog.[36] Und die Nonne Elisabeth von Schönau, eine als Heilige verehrte Visionärin, berichtete, daß der Teufel sie mit der Frage zu Glaubenszweifeln angestiftet habe, wer Christus eigentlich gewesen sei. «Kann denn all das wahr sein, was von ihm in der Schrift steht?» Schließlich habe ihr der Teufel eingeflüstert sich umzubringen, um ihrer Trübsal ein Ende zu bereiten.[37] Auch in der Dichtung hat die Haltung des «zwîvels» ihren Ausdruck gefunden: Im sog. Millstätter Exodus «macht das wiederholte Vorkommen dieses Themas klar, daß es sich um ein Problem handelte, dem der Autor beträchtliche Wichtigkeit zumaß».[38] Bei Wolfram von Eschenbach, am Beginn des 13. Jahrhunderts, ist im *Parzival* der Zweifel, besonders religiöser Art, «das zentrale Problem».[39]

Otloh von St. Emmeram und Elisabeth von Schönau haben ihre Zweifel überwunden. Andere gerieten in den Kreis von Häretikern, deren Lehre sie vertrauten. Es gab aber auch eine Zwischensphäre, in der Schwanken und Grübeln kein Ende nahmen. Petrus Venerabilis schrieb, daß nach der Austreibung der Leute des Petrus von Bruis schädliches Gedankengut «im geheimen Denken auch guter Katholiken» zurückgeblieben sei und daß sie Schaden nehmen konnten durch (früher) «unerhörte Fragen».[40] Man debattierte auch miteinander: «Die Nacht zeigt der Nacht, der Irrende dem Häretiker ... das in seinem Sinne aufgefaßte Wissen, gefährlich durch falsche Meinungen ... Das Wissen macht nämlich aufgeblasen, die Liebe führt zur Erbauung [1 Cor. 8,1].»[41] Das Bibelzitat paßte gewiß nicht zu den Nöten jener, die ihren persönlichen Weg zu Gott gehen wollten, desillusioniert von Wesen und Predigt des Klerus und uneinig mit den Aussagen der Häretiker. Im 13. Jahrhundert gab es dann wirkliche «Freidenker», die einiges den häretischen Lehren entnommen hatten, ohne sich ihnen ganz auszuliefern.[42] Das Phänomen einer neuen Gruppenbildung mit Einzelgängern als Randerscheinung kennzeichnete schon im 12. Jahrhundert die «Schulen» der Frühscholastik, neben denen junge Gelehrte «wie Vagabunden herumirren, ... alle [Lehrer] gleichzeitig zurückweisen, verachten und auslachen, als ob jene nichts Vernünftiges vorzuweisen hätten...»[43] Die neue, «erweckte» und intensive Frömmigkeit von Laien suchte oft Halt und Bindung durch den engen Anschluß an heilige Texte. Das gab es auch in der Form, daß Illiteraten solche Texte auswendig lernten. Bisher hatte man dem Gedächtnis der Laien nur zugetraut, daß sie Vaterunser und Glaubensbekenntnis hersagen konnten. Jetzt entnahm man dem biblischen Fundus die Prinzipien täglicher Existenz und die Kernsätze der Glaubensanschauung. Beides stand je mehr im Zentrum des Denkens, desto weniger Predigt und Sakramente des Klerus akzeptiert wurden. Die neue Art, vorerst auf wenige beschränkt, verlangte eine größere Wachheit des Geistes. Jetzt zählte jedes biblische Wort in seiner Beziehung zur eigenen Existenz.

Solche Beobachtungen bilden die Grundlage, auf der Brian Stock seine Thesen entwickelt hat: Häresie, Reform, Sakramentaltheologie und philosophische Erfassung von Texten führten zu einem Wandel, zu einer Wiedergeburt der Kultur durch «schriftliche Arten des Denkens».[44] Es ist Stock zu danken, daß er neuerlich auf die Parallelentwicklung von Häresie, Theologie und Philosophie hingewiesen hat, wozu noch das Rechtsdenken nicht nur der Kirchenreform kommt. Wurde das alles durch die Hinwendung zu Texten, denen man nachlebte, hervorgerufen? Die Leute von Arras beispielsweise lebten gemäß einer Zitatensammlung aus den Evangelien und der Apostelgeschichte, die ihr «magister» Gundulf zusammengestellt hatte; «nichts wollten sie außer dieser Schrift annehmen.»[45] Die Jünger hatten den Meister «gehört», und er gab ihnen eine schriftliche Fassung der Hauptpunkte mit auf den Weg. Sie hatten den Text verinnerlicht und lebten jetzt nach ihm. Nach Stocks These hätte das eine Verstärkung der Rationalität oder gar des Rationalismus der Mitglieder dieser Gruppe bewirken sollen. Davon wird jedoch nicht berichtet. Sicherlich wurde sie anderseits durch ihre «Regel» zusammengehalten.

Schriftlichkeit (literacy) führt nach Stock zu Selbstbewußtsein und kritischem Wahrnehmungsvermögen. Vielleicht gilt das eher für frühscholastische Schulen als für das Ketzertum im ganzen. Dort gab es ja auch Gruppen, die durch das Charisma des Meisters – ohne Textbasis – nach außen abgegrenzt wurden. Man denke an den Illiteraten Eon von Stella und seine Räuberbande, an Petrus von Bruis und den Mönch Heinrich. Letzterer konnte ein paar Worte Latein, und man hat seine Predigten nachgeschrieben. Es geht aber gewiß zu weit, den Ketzer Leutard, die Geistlichen von Orléans und die Handwerker von Arras auf den gemeinsamen Nenner zu bringen, daß sie alle von Texten ausgegangen seien, was zu einer «rationalistischen Ethik» gemäß den Prinzipien des Neuen Testaments geführt habe. Hier wird in quantifizierender Methode Sekte gleich Sekte, Text gleich Text genommen, ob es sich nun um «ein paar Maximen oder ein ausgearbeitetes Programm» handelte. Geschriebene «Regeln» steuerten nach Stock das Benehmen der Einzelmenschen und führten zu «Interaktionen» in der Gruppe.[46]

Eine solche soziologisch-linguistische Betrachtungsweise kann zwar die Beobachtungen der Historiker ergänzen, muß aber modifiziert werden. Den «gelebten Text» hat es schon in der Frühzeit des Mönchtums gegeben, sowohl als Regel äußeren Verhaltens wie auch als Grundlage der Spiritualität, etwa durch Verinnerlichung von Lesungen und Psalmengesang. Dazu kamen dann die umfangreichen Vorschriften des cluniazensischen Mönchtums über Benehmen und Tagesablauf. Bei den Bogomilen gab es, soviel wir wissen, derartiges nicht, obwohl sie zum Teil den Stil des basilianischen Mönchtums kopierten und Basilius mehrere Mönchsregeln geschrieben hatte. Hier und bei den Katharern war der «gelebte Text» die Summe der Evangelien. Ekbert von Schönau stellte den Katharern gegenüber fest, daß sich diese rühmten, allein die Evangelien zu «wissen» und zu befolgen.[47] Sie zwangen ihren Gegnern eine ähnliche «Textualität» auf: Die beiden Handschriften des *Liber antihaeresis* des Durandus von Huesca, in Kleinformat mit winzigen Schriftzügen, sind ein Zeugnis dafür, daß ein Missionar ein Kompendium von Bibelstellen mit sich tragen mußte.[48] Der Dominikanerorden, zur Bekehrung der Häretiker begründet, führt in seinem Wappen ein Buch.

Das intensive Studium von Texten, die man lernte und nicht bloß las, hatte für die schriftliche Bildung freilich auch negative Folgen. Die Bogomilen lehnten das Alte Testament ab und sind niemals in das Schrifttum der griechischen Väter eingedrungen. Sie hatten keine Bibliotheken zur Verfügung, das «wissenschaftliche» Schrifttum war griechisch oder in einem mit Gräzismen versetzten, kaum verständlichen Slawisch geschrieben. «Die Bogomilen leugneten alles, wozu sie keinen Zugang hatten.»[49] Das war im Westen nicht viel anders. Man denke daran, daß das Alte Testament etwa dreißigmal soviel Text umfaßt wie eines der Evangelien. Anderseits wurde das Alte Testament im Neuen immer wieder zitiert; allein die Verweise auf die Psalmen füllen acht ganze Druckseiten, für Isaias sind es neun.[50] So wurden Teile des Alten Testaments von manchen Häretikern akzeptiert. Nicht übernehmen konnte man die für das Alte Testament so wichtigen Kommentare; ein satzweises Verständnis trat an die Stelle eines solchen aus dem Gesamtzusammenhang, ganz besonders dort, wo man auch ein Evangelium oder eine Evangelienharmonie nicht vollständig vor sich hatte, sondern wie Suren des Korans aufsagen konnte. Dieser Zerstückelung des Wissens stand seine noch höhere Sakralisierung gegenüber. Wir erinnern uns, daß für die Leute von Monforte Christus aus der Heiligen Schrift geboren wurde und der Heilige Geist das Verständnis dieser Schrift war. Es handelte sich weniger um eine rationale Erklärung der heiligen Texte als um eine mythische. Die Schrift führte an den Heiligen Geist heran, ja sie war mit ihm fast identisch. Umgekehrt konnte das, was man ablehnte, des Teufels sein, und Moses als böser Zauberer gelten.[51]

Das rationale Element hatte dort seinen Platz, wo es um Argumente gegen Amtsgewalt und Mysterien der nachapostolischen Kirche ging. Als Rationalismus wird man das nicht bezeichnen können, denn das Neue Testament und so manches Mythische blieb ohne Kritik. Neu war die Schulung des Gedächtnisses von Weltlichen, die dabei erstaunliche Leistungen erbrachten. In Diskussionen wußten sie das Gelernte jeweils am richtigen Ort einzusetzen und machten damit eine etwaige rhetorisch-dialektische Schulung gelehrter Gegner wett. Man hat von einem «Quasi-Literatentum» gesprochen;[52] Laien breiteten dieses Wissen voreinander gerne aus. Petrus Damiani berichtete, daß Bauern, statt zu pflügen oder Schweine zu hüten, auf öffentlichen Plätzen vor einem Publikum von Dirnen und Ochsentreibern über den Sinn der heiligen Schriften diskutierten.[53] Abgesehen von der rhetorischen Überhöhung zeigt die Briefstelle, daß religiöse Fragen Tagesgespräch auf dem Markt sein konnten, auf Grund einer Kenntnis der heiligen Texte, die dem durchschnittlichen Laien nicht zuzumuten war.

Übrigens gab es noch eine andere Seite der «Textualität»: Das Buch konnte als «geisterfüllter» Gegenstand dienen. Die Vollendeten der Katharer pflegten ein Evangelienbuch bei sich zu tragen, das sie bei Erteilung der Geisttaufe auf den Kopf des zu Taufenden legten. Ein solches Büchlein ist in romanischer Sprache erhalten, nur der Prolog des Johannesevangeliums ist hier lateinisch.[54]

Wir haben versucht, den religiösen und allgemein kulturellen Umkreis des Ketzertums kurz zu erfassen; dasselbe muß auch für das politische und soziale Umfeld geschehen – eine Aufgabe, die nur ansatzweise anhand einiger Beispiele aus dem am meisten von Häresien betroffenen Gebiet gelöst werden kann. Es handelt sich um die häretisch beeinflußten Teile Südfrankreichs bzw. der Provence im mittelalterlichen, nicht im sehr eingeschränkten modernen Sinn. Man vergißt zumeist die regionalen Differenzen: Katharer in reicher Zahl gab es in einer etwa 50 km breiten, von Norden nach Süden reichenden Zone; sie fehlten zumeist östlich der Rhône, in der Gascogne, dem Gebiet von Narbonne usw.[55] Das hatte politische und soziale Gründe. Wir haben schon darauf hingewiesen, daß der König von England sein aquitanisches Herrschaftsgebiet mit Hilfe von Brabanzonen von allem säuberte, was schädlich schien.[56] Umgekehrt gaben Gegenden politischer Anarchie dem Ketzertum auch insofern Raum, als man sich hier als Katharer an Kirchengut bedienen konnte. An Einzelfällen läßt sich zeigen, daß besonders jene Gebiete betroffen waren, in denen kirchliche und weltliche Grenzen nicht übereinstimmten, ein Bischof keinen Grafen zur Hand hatte, der seine Rechte verteidigte.[57] Nur in solchen Landschaften gab es eine Art Gleichgewicht zwischen den beiden Bekenntnissen, während im Großteil des Landes das Katharertum samt seinen Sympathisanten eine Minorität bildete. Man hat es auf fünf bis zehn Prozent der Gesamtbevölkerung geschätzt,[58] was angesichts der Quellenlage unsicher bleiben muß.

Die politische Geschichte Südfrankreichs in dieser Zeit war durch das Fehlen einer zentralen Regierungsgewalt und das Gegeneinander verschiedener, auch «ausländischer» Gewalten gekennzeichnet. König («von Burgund») war seit 1032 der römisch-deutsche Herrscher. In dem Reichsgebiet östlich der Rhône war das jedoch meist eine bloß nominelle Herrschaft, bis Friedrich I. versuchte, Regierungsrechte wirklich geltend zu machen. Er stieß dabei auf den Widerstand einheimischer Großer und des Königs Alphons II. von Aragón, der die Grafschaft Provence beanspruchte. Im Südwesten regierten Graf Raimund V. von Toulouse (1148–1195) und sein Gegenspieler, der Graf von Barcelona. Die Kriegszüge der Großen belasteten vor allem die Kleinen, und die Überforderung der Lehenstreue führte zu ihrer Mißachtung; dem politischen Egoismus öffnete sich ein weites Feld. Lehensherr des Grafen von Toulouse war der König von Frankreich, dem schließlich Südfrankreich zufiel, nachdem König Peter II. von Aragón 1213 eine Schlacht verloren hatte und seine Pläne einer Machtübernahme aufgeben mußte. Es war ein durch den Kreuzzug gegen die Katharer halb verwüstetes Land, in dem Frankreich eher zögernd die Herrschaft übernahm: Graf Raimund VII. von Toulouse verlobte seine einzige Tochter mit dem Bruder König Ludwigs IX. (1229), und schon jetzt fiel ein Großteil seiner Einflußgebiete dem König zu.

Damit wurde der Süden Frankreichs zur Provinz, frei für eine Rekatholisierung mit Hilfe der Inquisition. Es sollte noch ein Jahrhundert dauern, bis das Katharertum ausgetilgt war, aber schon längst hatte es seinen Nährboden in den politischen Verhältnissen verloren: Der mittlere und kleine Adel des Landes, all die Grafen und Vizegrafen, Burgherren und Burgvögte hatten ihre Freiheit der Entscheidung eingebüßt. Sie wußten, welchem Bekenntnis man angehören mußte, um seinen Besitz zu erhalten und zu vermehren, und mit ihnen wußte es ihre Sippe, wußten es ihre Diener und Bauern. Religiöser Bekennermut war etwas, daß sich nur Wenige leisteten, nachdem ihn Viele gebüßt hatten. Aber schon vor dem Ketzerkreuzzug dachte man im Adel vorwiegend politisch.

In Termes (bei Carcassonne) hatte es auf einem hohen Felsen eine als uneinnehmbar geltende Burg gegeben: «Herr dieser Burg war ein Ritter namens Raimund..., der sich offen zur Häresie bekannte... und weder Gott noch irgendeinen Menschen fürchtete. Er vertraute so sehr auf die Stärke seiner Befestigungen, daß er einmal den König von Aragón bekämpfte, ein andermal den Grafen von Toulouse, und dann wieder seinen Lehensherrn, den Vizegrafen von Béziers.»[59] Man pflegte aus Gründen der Opportunität zu handeln. Viele Adelige unterstellten sich dem Anführer der Kreuzfahrer, Simon von Montfort; als das Heer auseinandergegangen war, sollte er das Land verwalten, doch im Jahre 1209 «verließen fast alle Eingesessenen unseren Grafen, weil er in allerkürzester Zeit mehr als vierzig Burgen verloren hatte...»[60] Mit der Abneigung gegen den Katholizismus verbanden sich der Widerstandswille gegen eine landfremde Besatzungsmacht und die Sorge um die eigene Position. Das Ende freien Handelns war gekommen, als vor dem Frieden des Jahres 1215 verkündet wurde, die dem Bann verfallenen Ritter (milites faiditi) dürften keine Städte betreten, keine schnellen Pferde reiten, keine Waffen tragen und statt zwei Sporen nur einen.[61] Das war eine Art Berufsverbot; hinzu kam die Schande, der Spott der «kleinen Leute», denen man früher hoch überlegen gewesen war.

Den nötigsten Lebensunterhalt mochten Gebannte auch jetzt aus ländlichem Besitz oder Mitbesitz beziehen; schlimmer erging es jenen, die nur in einer Stadt Besitzrechte hatten und sie nicht mehr betreten durften. Das waren z. B. in Carcassonne Anteile an Wehrtürmen und Steuern aus den umliegenden Quartieren.[62] Viele Ritter standen im Dienst eines der großen Herren oder verwalteten ein Militärlehen, wie etwa in Verfeil, wo es «hundert Unterkünfte [hospitia] von Rittern gab, die Pferde mit Wappen [auf den Schabracken] und Waffen besaßen und nicht auf den Hafer anderer angewiesen waren, sondern ihren eigenen hatten»[63] – es gab also auch solche, die der Herr mitsamt ihrem Pferd durchfüttern mußte.

Das führt hinüber zur Problematik der weltlichen Oberschichten Südfrankreichs, die durch Zahl, hohen Anspruch und geringe Bindungen sehr zur politischen und religiösen Destabilisierung des Landes beitrugen. Schon in karolingischer Zeit war hier im Gebiet «geschriebenen», auf provinzialrömische literarische Traditionen zurückgehenden Rechtes, das Lehensband schwach, ja manchmal gar nicht vorhanden; eher üblich war auch zwischen dem Herrscher und seinen «Getreuen» die «convenientia», der Vertrag, als die strenge Bindung des «Mannes» an den «Herrn». Nicht alles Land wurde als Lehen ausgegeben; so mancher kleine Adelige hatte seinen Eigenbesitz und mußte keine Lehenseide schwören, sondern nur einen allgemeinen Treueid, der als Formalität galt und nicht mehr eingehalten wurde.

Im 11. Jahrhundert war das südfranzösische Feudalwesen in einer Krise; ländlicher und städtischer Kleinadel suchten sich mit Erfolg ihrer Dienstleistungen an die Großen zu entledigen, es war eine «Zeit rapider Dezentralisierung».[64] Von den etwa 500 Burgen der Familie Trencavel, der Vizegrafen von Béziers, war nur ein Zehntel in ihrem Besitz, 100 waren als Lehen ausgegeben; 350 lagen in den Händen von praktisch unabhängigen «Getreuen» oder Vasallen. Weder diese noch die geistlichen Herren in der Vizegrafschaft konnten dazu veranlaßt werden, ein militärisches Kontingent zu stellen.[65] Seit dem 12. Jahrhundert führte der Machtverfall der Großen zu Unsicherheit im Land, zur Unterwanderung durch auswärtige Gewalten und zur Anwerbung von «Brabanzonen, Aragonesen, Navarresen»,[66] die das Land schwer heimsuchten.

Was die Lehenspflichten betraf, so galt hier nicht der Grundsatz, daß der Beliehene dem Herrn mit ganzer Kraft zu Hilfe kommen müsse, sondern es gab einen vertragsmäßig geregelten «Dienst vom Lehen» und die Möglichkeit, ihn durch Geldzahlungen zu ersetzen. Man konnte, wo dies geschah, das Lehen teilen, veräußern und mit ihm Grundstücksspekulationen treiben.[67]

Aber auch wenn das Lehen ungeteilt und unveräußert in der Hand einer Erbengemeinschaft (paragium, pariage) blieb, war es um das Aufgebot im Kriegsfall schlecht bestellt: Alle Erben betraf diese Pflicht der Heeresfolge gleichmäßig, und so ging sie keinen persönlich an; man pflegte zu Hause zu bleiben.[68]

Während in Nordfrankreich das Recht der Erstgeburt eine Zersplitterung des Besitzes der Kleinadeligen verhinderte, hat man im Süden alle, anfangs auch die Töchter, als gleichberechtigte Erben anerkannt. Sie konnten miteinander einen Kontrakt auf gemeinsamen Besitz schließen, was in der ersten Generation noch angehen mochte, in der nächsten und übernächsten aber zu grotesken Verhältnissen führen konnte. Wenn es viele Besitzer einer Burg und ihres Umlandes gab, entfiel auf jeden ein Bruchteil des Wohnraumes und der Einkünfte. Das mußte nicht unbedingt zu einer Verarmung der Familien führen, für die sich konkrete Beispiele nicht erbringen lassen.[69] Aber der psychische Druck durch derartige Situationen dürfte beträchtlich gewesen sein und zu einer weiteren Destabilisierung der allgemeinen Lage beigetragen haben. Man konnte seine Dienste dem Hochadel anbieten, der übrigens die Gefahr der Teilungen vermieden hat, oder man saß auf dem Gemeinbesitz ohne Hoffnung auf standesgemäße Familiengründung und vielleicht voll von jener Bitterkeit, die ein günstiger Nährboden für den Katharismus war.

Es mag ein Zufall sein, daß die drei Burgen mit der höchsten Zahl von Mitbesitzern Orte von Versammlungen der Katharer waren: In Lombers (mit 50 Gemeinerben) entstand 1165 ein katharisches Glaubensbekenntnis; 1206 versammelten sich 600 Katharer in der Burg Mirepoix (36 Erben) zu einer Synode, und Montréal (ebenfalls 36 Erben) war 1209 der Ort eines Glaubensgesprächs.[70] Es ist vermutet worden, daß die 100 Ritter der Burg Verfeil ebenfalls Gemeinerben gewesen sind.[71] Das ist wohl unrichtig, zeigt aber eine ähnliche Situation: Als Bernhard von Clairvaux dort predigen wollte, schlugen die Ritter Lärm, so daß er nicht zu Wort kam. Bernhard verfluchte den Ort. Seither soll es dort Naturkatastrophen, Aufstände und Fehden gegeben haben, durch die bittere Armut einzog[72] – eher waren die Einkünfte der Grundherrschaft überfordert und haben kriegerische Aktionen der Ritter zu Gegenaktionen geführt.

Ein so lautes Bekennertum hat es nicht immer geben können. Manche Mitglieder des Adels standen zwischen den Bekenntnissen, teils aus politischen Rücksichten, teils wegen ihrer Familie. Ein Ritter sagte dem Bischof Fulco von Toulouse, die Argumente der Römischen Kirche seien gut. Auf die Frage, warum man dann die Ketzer nicht aus dem Land vertreibe, antwortete der Mann: «Wir können nicht, denn wir sind mit ihnen von Kindheit an aufgewachsen [nutriti] und haben Blutsverwandte unter ihnen, und weiters sehen wir, daß sie ehrbar leben.»[73] Auch im Hochadel war man nicht gerade darauf aus, die Ketzer auszurotten, vor allem dann, wenn man nur aus politischen Gründen katholisch blieb. Raimund Roger, Graf von Foix, hatte eine

Gattin, von der jedermann wußte, daß sie eine Häretikerin war, und zwei Schwestern, deren eine in seiner Gegenwart die Geisttaufe empfing, während die andere waldensisch dachte.[74] Man konnte sogar Bischof sein und aus einer Katharerfamilie stammen: Bei der Belagerung einer Burg in der Gegend von Carcassonne war der dortige Bischof unter den Belagerern, während seine Mutter und sein Bruder zu den Belagerten gehörten; Bischof Bernhard Raimund führte mit ihnen Verhandlungen, allerdings ohne Erfolg.[75] Ein Bischof von Toulouse hieß Raimund von Rabastens; alle Miterben dieser Burg waren Katharer. Er selbst wurde wegen seiner Sympathien für die Gegenseite abgesetzt, und das gleiche Schicksal traf 1211 den eben genannten, erst 1207 gewählten Bischof von Carcassonne.[76]

Die religiöse Spaltung von Familien stellte ein ernstes Problem dar. Graf Raimund V. von Toulouse klagte, es handle sich um die Trennung des Gatten von der Gattin, des Sohnes vom Vater.[77] Das war 33 Jahre vor dem Kreuzzug, und diese Verwirrung hat sich im Laufe der Auseinandersetzung bis zum Brudermord eines Grafen von Toulouse gesteigert: Nach seiner Niederlage bei Muret ließ Graf Raimund VI. von Toulouse seinen Bruder Balduin, der auf der anderen Seite kämpfte, aufhängen.[78] Angeblich handelte es sich um Blutrache für den Tod des Königs Peter II. von Aragón, der bei Muret gefallen war, aber im Hintergrund stand das Glaubensbekenntnis: Balduin war ein frommer Katholik, während Raimund VI. zu jenen Hochadeligen zählte, «die fast alle Beschützer der Häretiker waren und sie bei sich aufnahmen, heiß liebten und gegen Gott und die Kirche verteidigten».[79] Anders als in Südfrankreich war die Lage in Oberitalien, wo nur von einem einzigen großen Feudalherrn eine solche Haltung bezeugt ist.[80]

Damals hat man sich in der ritterlichen Sphäre einen imaginären Raum geschaffen, in dem man seine Sorgen vergessen konnte. Es ist nicht wahr, daß die Gedichte der Troubadours symbolisch aufzufassen und Ausdruck ihres Katharertums sind.[81] Eine derartige Maskierung war in diesen Kreisen kaum nötig. Es müssen auch nicht immer soziale Gründe gewesen sein, etwa die Verarmung des Ritterstandes, die zu einer Wunschprojektion adeligen Lebensstils führten. Der erste bekannte Troubadour war Wilhelm IX., Graf von Poitiers, Herzog von Aquitanien. Anderseits gab es unter diesen Dichtern einen Marseiller Kaufmann, einer war der Sohn eines Domestiken, ein anderer ein Findelkind.[82] Mit dem Christentum hatte das höfische Spiel der Troubadours nichts zu tun, es war durchaus innerweltlicher Art. Es bewegte sich in den Kategorien des Lehenrechts: Die Herrenwahl wurde zur Wahl der Herzensdame, der man Gehorsam und Treue schuldete. Zu den Spielregeln gehörte, daß es sich um unerfüllte Liebe handeln mußte, voll Diskretion, doch oft unter Duldung durch den Gatten der Dame; er zog damit junge Männer an seinen Hof, ohne ihnen materielle Leistungen erbringen zu müssen. Freilich besangen die Troubadours nicht immer ihre Dame, sondern flochten Wünsche – nach einem schnellen Pferd und ähnlichem – in ihre Gesänge ein.

Daß dabei die Religion ausgeklammert blieb, konnte verschiedene Gründe haben. Diese jungen Leute waren in ihrer Mehrzahl arm und gehörten einer Schicht an, der es um eine Verwirklichung ihrer irdischen Existenz und nicht um die himmlische ging – an sie konnte man später denken; so mancher wurde schließlich Mönch oder Kanoniker, einer sogar Bischof von Toulouse. Oder man vermied gemäß höfischer Sitte ein Thema, zu dem nicht alle einer Meinung waren und das allzu sehr die Nerven der Zeitgenossen beanspruchte. Sicherlich war ein Teil der Troubadours antiklerikal gesinnt, stand dieser oder jener dem Katharismus nahe. Aber auch die größeren Adeligen haben sich nur sehr selten offiziell als Katharer deklariert, schon wegen ihrer kirchlichen Lehen und Rechte. Einer Dame (und einem Herrn) zu gefallen, war der Troubadour bemüht, und so hielt er sich streng an die geltende Konvention. Er «suchte sich in das Milieu der [adeligen] Herrschaft einzufügen und mit ihr zu verschmelzen».[83] Ob das «der Beginn eines neuen Kapitels der abendländischen Kultur», eine Verfallserscheinung des Lehenswesens in Südfrankreich oder eines der höfischen Spiele war, darüber ist man sich nicht einig.[84] Übrigens haben auch andere literarische Schulen von der Liebe gehandelt, freilich eher gelehrt und in lateinischer Sprache.

In Kriegszeiten bekam der Musenhof ein anderes Gesicht. Das Wort «masenata» (mainata, maisnie) bezeichnete erstens die Personen der Hofhaltung eines Herrn, zweitens seine Vasallenschaft im Kriegsdienst und drittens eine bewaffnete Bande in Nähe zu den Brabanzonen.[85] Es gab arme Ritter, die einem Adeligen als Lehensleute dienten, und solche, die auf Zeit als Söldner zu einem Kriegszug angeworben wurden. Hier trafen sie mit Brabanzonen zusammen und wurden oft ihre Anführer.[86] Die höfische Kultur verwilderte in einigen Fällen so sehr, daß der Graf von Foix, ein Freund der Katharer, in einem Kloster Quartier nahm «zusammen mit Brabanzonen, Possenreißern und Dirnen».[87] Geschichtsschreiber und päpstliche Briefe nennen in einem Atemzug Katharer und Brabanzonen (haereticos et ruptarios) als Feinde des Klerus; von dem Grafen Raimund VI. von Toulouse heißt es: «Er liebte die Brabanzonen außerordentlich ... und beraubte durch sie Kirchen, zerstörte Klöster und brachte alle Nachbarn, soweit er konnte, um ihr Erbe.» Zwei Bischöfe vertrieb er, zwei andere wurden ausgeplündert, bischöfliche Einnahmen gingen an den Grafen.[88] Jene Ritter, die dann dem Bann verfielen und nur ohne Waffen auf langsamen Pferden in der Öffentlichkeit erscheinen durften, waren auf der falschen Seite in die Ereignisse hineingeraten.

Nicht nur Katharer bedienten sich eines solchen Söldnertums. Simon von Montfort schrieb 1209, nach dem Abzug der Großen mit ihren Kontingenten, an Papst Innocenz III.: «Ich muß Söldner mieten, zu höherem Preis als in den anderen Kriegen: Kaum kann ich nämlich einige bei mir zurückhalten, wenn ich ihnen nicht doppelte Löhnung bezahle.»[89] Wenn Geld vorhanden war, mochte das gutgehen. Schlimm für ein Land konnte es werden, wenn Kriegsleute anstelle von Sold vom Beutemachen lebten. Der Graf von Toulouse konnte die Sicherheit des Bischofs und seine eigene nicht mehr gewährleisten «und berief aus Spanien Freibeuter [ruptarios], denen er das Recht gab, frei im Land umherzuziehen», also sich zu nehmen, was ihnen beliebte.[90] Man befestigte gegen diese Leute die Dörfer; schon 1184 gründete ein Zimmermann aus Le Puy die «Bruderschaft der Kapuzenträger», die sich in Südfrankreich schnell verbreitete und den marodierenden Söldnerbanden erbitterte Gefechte lieferte. Nicht nur Adelige, die solche Kriegsleute benötigten, sondern auch Prälaten zogen ihrerseits gegen die Kapuzenträger zu Feld, die den beiden Mächten nicht gewachsen waren und größtenteils aufgerieben wurden.[91]

Während Papst und Konzilien die Brabanzonen in einem Atem mit den Ketzern nannten und verurteilten, hat sie Berengar II., Erzbischof von Narbonne, gut gebrauchen können. Sein Vorgänger hatte einen von ihnen namens Nikolaus exkommuniziert; Berengar machte ihn zum Burgvogt (villicus) über zwei seiner Burgen. Nikolaus war ein «Führer der Aragonesen, Verwüster des Landes, eifriger Zerstörer von Klöstern und Kirchen». Er richtete bei beiden Burgen unerlaubte Wegzölle ein, in eine von ihnen schleppte er – in Gegenwart des Erzbischofs! – Beute aus einer eroberten «Burg von Katholiken».[92] Der Skandal war so groß, die Pflichterfüllung des Erzbischofs so lässig, daß er schließlich abgesetzt wurde. Narbonne war das bedeutendste Erzbistum Südfrankreichs, aber Berengar hat es in 13 Jahren seiner Amtszeit nie visitiert; als Halbbruder des Königs von Aragón und natürlicher Sohn des Grafen von Barcelona lebte er in den Kategorien der Adelswelt, mit ihrer bedenkenlosen Schuldenmacherei zugunsten von politischen Zielen. Er ließ kirchliche Ämter unbesetzt, um die Einkünfte einstreichen zu können, verlangte Geld für eine Bischofsweihe und tolerierte das skandalöse Leben von Mönchen und Kanonikern.[93]

Vom Klerus der Kirchenprovinz Narbonne schrieb Innocenz III.: «Alles tun sie um des Wuchers willen. Alle . . . vom Größten bis zum Kleinsten huldigen der Habsucht . . . Sie kümmern sich nicht um die Menge der Kirchen und Kirchenämter und verleihen diese an Knaben ohne Schulbildung . . . Von daher kommt der Spott, von seiten der Häretiker kommen die Lästerreden der Großen und des Volkes gegen Gott und kommt die Verachtung der Kirchen. Dadurch werden die Prälaten zum Gespött der Laien.»[94] Das war schon zwei Generationen früher nicht viel besser. Über die Grafschaft Toulouse schrieb Bernhard von Clairvaux 1143, also noch zur Zeit des Mönchs Heinrich: «Die Kirchen sind ohne Kirchengemeinde, die Gläubigen ohne Priester, die Priester leben ohne die nötige Ehrfurcht [der Bevölkerung], die Christen ohne Christus»; die Leute sterben ohne Beichte und Kommunion, Kinder werden nicht getauft.[95]

Sowohl Bernhard als auch Innocenz III. waren begnadete Rhetoriker; dazu gehörte es, einprägsame Schwarz-Weiß-Bilder zu zeichnen. So wie es nicht überall Ketzer gab, herrschten auch nicht allerorts solche Zustände. Aber wo es sie gab, prägten sie im Denken das Gesamtbild und bestärkten den Adel in seiner Haltung, Kirchengut und Kirchenzehnten an sich zu ziehen. Gegen Mahnungen, von solchem Tun abzulassen, verhielt man sich zumeist indifferent, und so gab es durch Jahre strittige Besitzrechte, vom kleinen Weinberg bis zum Priorat. Erst wenn der Täter exkommuniziert oder sein Wohnbezirk unter das Interdikt gestellt wurde, gab er nach – bis nach einiger Zeit das Spiel von neuem begann.[96] Nicht nur aus solchen Gründen verarmte oftmals der Klerus. Der Adel war schon zur Zeit der Kirchenreform mit sich selbst beschäftigt und nicht in Geberlaune, das aufstrebende Bürgertum kargte mit Schenkungen, daher stand dem ständigen Abfluß von Kirchengut kein vergleichbarer Zuwachs gegenüber. So kann man es begreifen, daß im Jahre 1200 der Bischof von Toulouse von seinem Domkapitel verpflegt werden mußte. Die Kanoniker bewilligten ihm ein Pfund Brot und etwa einen halben Liter Wein am Tag sowie die Rationen von zwei Domkanonikern an Fleisch, Fisch, Eiern und Käse.[97] Sein Nachfolger mußte im Streit mit einem Vasallen Häuser und Burgen verpfänden; er wurde abgesetzt, und der päpstliche Legat verhalf 1205 einem Zisterzienser zu der Bischofswürde. Es war Fulco, einst ein reicher Kaufmann in Marseille, dann Troubadour am Hof des Königs von Aragón. Er zog in den Bischofspalast mit vier Maultieren ein, die er jedoch nicht zur Tränke ans Flußufer senden konnte; Gläubiger verfolgten den Bischof, der kein disponibles Vermögen außer 96 Goldstücken vorgefunden hatte.[98]

Was konnte ein Bischof bewirken, von dem man sich in seiner Stadt solche Dinge erzählte? Im Jahre 1211 erging eine Sentenz des päpstlichen Legaten, daß überall dort, wohin der Graf von Toulouse komme, das Interdikt herrschen sollte. Deshalb bat Fulco den Grafen, wenigstens während der Meßfeier im Dom sich auf einen Spaziergang außerhalb der Stadt zu begeben. Daraufhin vertrieb der Graf den Bischof, der über keinerlei militärische Machtmittel verfügte. Wenn er Pfarren visitierte, mußte er um Geleitschutz durch die lokalen Adeligen bitten – und ihn bezahlen.[99]

Gering war das Ansehen des Klerus einerseits wegen wirtschaftlicher Schwierigkeiten, andererseits wegen seines Lebenswandels und seiner Unbildung. Wie sehr diese Dinge zusammenhingen, schildert Wilhelm von Puylaurens: Wenn Geistliche ausgingen, kämmten sie ihre Haare so, daß sie die Tonsur verdeckten. «Denn die Ritter weihten selten ihre Kinder dem geistlichen Stand; den Kirchen, deren Zehnten sie bezogen, präsentierten sie die Söhne ihrer Diener [hominum], und die Bischöfe machten alle, die sie weihen konnten, zu Klerikern.»[100] Wo die Subsistenzmittel des Klerus entfremdet waren, standen entweder die Kirchen leer, oder Unfreie und Ungeeignete ohne schriftliche Bildung versahen die geistlichen Funktionen. Im Jahre 1178 verhörte man einen Katharerbischof und seinen Stellvertreter in der Volkssprache, da beide kein Latein konnten. Drei Jahre später wurde der eine Domkanoniker, der andere Kanoniker von Saint-Sernin in Toulouse.[101] Ihre Lateinkenntnisse werden inzwischen nicht größer geworden sein. Die Hauptsache war, zwei «bekehrte» Funktionäre der Gegenseite versorgt und unter Kontrolle zu wissen.

Der Lebensstil des Klerus war ein beliebtes Argument der Katharer in allen Diskussionen. Als Innocenz III. Zisterzienser als Legaten nach Südfrankreich entsandte, wollten sie das Unternehmen aufgeben, «weil sie mit ihren Predigten wenig oder nichts ausrichteten. Jedesmal, wenn sie den Häretikern predigen wollten, hielten diese ihnen den schlimmen Lebenswandel der Geistlichkeit vor; wenn sie diesen bessern wollten, dann müßten sie ihre Predigttätigkeit einstellen.»[102] Allerdings mögen die Predigten nicht gerade geschickt angelegt gewesen sein. Petrus von Vaux-de-Cernay, ein Zisterzienser und seit 1206 Katharermissionar, beschimpft in seiner *Geschichte der Albigenser* diese, wo er kann: Sie seien Strohhalme für das höllische Feuer, Glieder des Antichrist, Erstgeborene des Teufels, Verbrecher, Heuchler und Lügner, die die Herzen der Einfältigen verführen.[103]

Als Bischof Berengar I. von Carcassonne in seiner Predigt die Katharer mit einem Kreuzzug und dem göttlichen Weltgericht bedrohte, trieben sie ihn aus der Stadt und ließen durch einen Büttel verkünden, unter strenger Strafe sei es jedermann verboten, mit dem Bischof und seinen Leuten Handel zu treiben oder sonstwie zu verkehren.[104] Es war eine Umkehrung jenes «cordon sanitaire», den Innocenz III. gegen die Häretiker errichten wollte, zuerst in Viterbo 1199 durch die später berühmte Dekretale *Vergentis in senium*: Wer die Häretiker begünstigte, sollte seiner bürgerlichen Rechte entkleidet werden, als Geistlicher Ämter und Benefizien verlieren.[105] Außerhalb Reichsitaliens war Innocenz damals in seiner Ketzerpolitik noch vorsichtig, aber im folgenden Jahr wurden die Sanktionen auf Südfrankreich ausgedehnt. Als die zivile Zwangsgewalt versagte, setzte er seine Hoffnung auf die militärische. Der Ketzerkreuzzug brachte die Franzosen ins Land, es kam zu einem Wüten mit Feuer und Schwert. Als alles vorüber war, fragte ein Bischof einen provenzalischen Adeligen, wen er mehr hasse, die Geistlichkeit oder die Franzosen. Die Antwort lautete: Die Geistlichen, denn sie hätten die Franzosen ins Land gebracht, und wenn es keinen Klerus gegeben hätte, wären die «Gallier» niemals gekommen.[106]

Noch haben wir nicht von den Städten gesprochen, deren innere Geschichte nur in wenigen Fällen nach modernen Gesichtspunkten erforscht wurde. Am ehesten ist dies für Toulouse geschehen, die Hauptstadt des alten Aquitanien und einstige Residenz westgotischer Könige. Die politischen und religiösen Verhältnisse in dieser bedeutendsten Stadt Südfrankreichs[107] können als Beispiel dafür dienen, wie der Aufstieg des Bürgertums Hand in Hand ging mit einer Komplizierung der Lage in einer nur zum Teil dem Katharismus anhängenden Stadt.

Wenn Bischof Fulco von Toulouse, wie wir gesehen haben, ohne jede Macht war, hatten das nicht die Ketzer verschuldet. Schon im 11. Jahrhundert diktierte der Adel dem Klerus, betrachtete er das Kirchengut als sein Eigentum oder Lehen, mit allen Folgerungen; der Graf von Toulouse war der Herr des Bischofs und bestimmte, wer dieses Amt erlangen sollte. Im Zuge der Kirchenreform verlor der Graf diese Gewalt, aber der Bischof konnte keine wirkliche Machtposition erringen. Der rapide Aufstieg der städtischen Gesellschaft in diesem Handelszentrum zwischen Atlantik und Mittelmeer ging an ihm vorüber. Er konnte an der geistlichen Gerichtsbarkeit über Laien in Kriminalsachen nicht festhalten; das Domkapitel unterstellte sich im Zuge der Reform dem Papst, Kirche und Kirchengut von Saint-Sernin wurden Eigentum des heiligen Petrus. Die Herrschaft des Cluniazensertums blieb hier eine Episode, und sonst waren es im Land eher die alten Benediktinerklöster, die ihre Rechte behaupteten und vermehrten, zusammen mit dem Rodungen fördernden Johanniterorden. Stadt und Land waren auch deshalb eng miteinander verbunden, weil die Patrizierfamilien von Toulouse – Ritter und Bürger – sich nicht mit ihren etwa 300 Wehrtürmen in der Stadt begnügten, sondern in deren Umland Güter aufkauften: Reichtum konnte fast nur in Landbesitz angelegt werden. Auch darin glich Toulouse einer der oberitalienischen Stadtrepubliken, daß schließlich eine Anzahl von kriegerischen Expeditionen die Eingliederung des Umlandes in den städtischen Machtbezirk herbeiführte.

Städtische Unternehmer kauften oder pachteten Landgüter und ganze Herrschaften; man erlegte den Kaufpreis und bezog die Einkünfte des Landstücks so lange, bis es vom früheren Eigentümer um dieselbe Summe wieder zurückgekauft wurde. Allzu geschäftstüchtige Praktiken führten zu Reaktionen der Betroffenen. In der Altstadt von Toulouse bildete sich eine Bruderschaft der «Weißen», Patrizier, aber auch Handwerker, die Wucherer angriffen und ihre Häuser zerstörten; in der Vorstadt herrschten die «Schwarzen», wirtschaftliche Aufsteiger, die das Zinsnehmen verteidigten. Mit ihnen solidarisierten sich Familien von Katharern, da die Sekte kein Zinsverbot kannte, während der bischöfliche Gerichtshof mehrfach Wucherer zur Rechenschaft gezogen hatte. Es kam nur deshalb zu keinem Bürgerkrieg, weil der Ketzerkreuzzug eine neue äußere Gefahr für die Stadt schuf.

Schon vorher, im späten 12. Jahrhundert, hatte man sich auf ein Statut berufen, das jedem, der «bedrückt» wurde, das Fehderecht gegen den Bedrükker einräumte. Wenn er mit seinen Freunden gegen den Bedrücker zog und einer von ihnen fiel, sollte er das Recht zur Klage gegen den oder die Täter haben. Wer als Bedrücker galt, bestimmte der Magistrat. Meist waren das Nachbarn der Stadt, und städtische Milizen rückten zur Exekution aus. Der Traum von einer Hegemonie war zu Ende, als 1215 der neue Stadtherr Simon von Montfort die Stadtmauern schleifen ließ.[108] Die meisten Wehrtürme hat aber erst König Ludwig VIII. von Frankreich 1226 abtragen lassen.[109]

Es ist nicht leicht, die Rolle des Ketzertums in Toulouse näher zu bestimmen. Sicherlich fand es durch den Rückgang der alten staatlichen und kirchlichen Bindungen und durch den raschen Aufstieg neuer Personengruppen einen günstigen Boden. Dieser Aufstieg bedrohte andere mit einem Absteigen: Arme, also etwa Handwerker, standen unter dem Druck von Wucherern; manche Patrizier verloren Ansehen und politischen Einfluß. Einige der führenden Häretiker gehörten zu diesem Kreis. Umgekehrt waren die Neureichen und die großen Geldverleiher eher bei der katholischen Partei zu finden.[110] Doch stand die Bruderschaft der «Weißen» ebenfalls in diesem Lager, begründet von Bischof Fulco auf Befehl des päpstlichen Legaten. Das Quellenmaterial ist zu unvollständig, um statistische Nachweise zu geben. Wahrscheinlich wäre ihr Resultat, daß Katharertum und Katholizismus kaum abhängig von der sozialen Schichtung waren.

Schließlich muß noch einiges über die Grafen von Toulouse gesagt werden. Als sie 1054 das Prinzip der Erbteilung verließen und zum Recht der Erstgeburt übergingen, waren sie die mächtigsten Herren von Südfrankreich und fast ungekrönte Könige. Ihre Ländereien lagen zwischen Garonne und Rhône und reichten über diese hinaus bis in die (heutige) Provence. Das begann mit Raimund IV. und endete mit Raimund VI. (1194–1222), dessen Landbesitz noch größer als der seines Vorfahren war. Aber seine Stellung war schwach angesichts allgemeiner Mißachtung der Lehenspflichten und der politischen Aufsplitterung der führenden Schicht. Schon 1181 zählte der Troubadour Bertrand de Borne unter den Feinden des Grafen Raimund V. seine bedeutendsten Vasallen auf, die Trencavels in Béziers, die Grafen von Foix und von Comminges. Sie favorisierten die Katharer, er war katholisch.[111] Die Stadt Toulouse war nur selten die Residenz der Grafen und ist ihnen bald entglitten. In den achtziger Jahren des 12. Jahrhunderts kam es zum offenen Kampf gegen Raimund V. durch einen Teil der Bürger, die sich auf die englische Herrschaft in Aquitanien stützten.[112]

Raimund V. starb 1194, und sein Sohn Raimund VI. stand innerlich auf der Seite des Katharertums, während er den äußeren Anschein des Katholizismus zu wahren trachtete. Er bewies dem Klerus Ehrfurcht, begünstigte Klostergründungen, gab Schenkungen an geistliche Institutionen; in privatem Kreis äußerte er seinen Unglauben, und er ließ einer seiner vier Gattinnen die Geisttaufe erteilen, um sie in einem Konvent der Katharer verschwinden zu lassen. «Jedesmal, wenn ihm seine Gattin mißfiel, schickte er sie weg und nahm eine andere»,[113] schrieb Petrus von Vaux-de-Cernay. Ganz so einfach war die Sache nicht, es handelte sich um politische Heiraten, darunter mit zwei Schwestern von Königen. Raimund weigerte sich, die Ketzer zu bekämpfen. Sein Schicksal erfüllte sich 1209, als er vor dem Kreuzzug sieben Burgen ausliefern und sich einer Schandstrafe unterziehen mußte: Vor der Domkirche und einer Versammlung von 22 Bischöfen mußte der Graf nackt erscheinen und einen Gehorsamseid ablegen. Dann absolvierte ihn der päpstliche Legat, legte ihm eine Stola um den Hals und zerrte ihn unter Schlägen in die Kirche.[114] Für das Volk war das ein Schauspiel, für die ritterliche Welt schlimmer als eine Hinrichtung.

Wir haben versucht, mit ein paar Strichen den politischen und sozialen Rahmen des Katharertums in der Provence nachzuzeichnen; nicht deshalb, weil es sich aus diesen Verhältnissen erklären ließe, sondern um zu zeigen, daß sie für Ketzereien einen günstigen Nährboden bildeten. Auch für die Art der Häresie können die Zeitumstände richtungweisend gewesen sein. Während bei Gruppen wie jenen von Orléans, Arras, Monforte und auch bei den Ketzerpredigern des 12. Jahrhunderts der Teufel kaum eine Rolle spielte, war er für die Bogomilen und Katharer gegenwärtig, ja die eigentlich wirksame Kraft auf Erden. Man wird wohl annehmen dürfen, daß wiederholte Kriegsverheerungen und Fremdherrschaften auf dem Balkan ebenso wie die Zustände in den politisch labilen Gebieten des Westens hier eine Rolle spielten. Die Mysterien der christlichen Religion, dargeboten von einem als unheilig empfundenen Klerus, traten zurück hinter dem Mythos, den die «Vollendeten» als lebende Heilige predigten.

Auf der Suche nach Sinngebungen jenseits der christlichen hat das 19. Jahrhundert in Südfrankreich das Katharertum selbst zum Mythos werden lassen. In romantischer Verklärung sah man seit etwa 1840 Südfrankreich als ein Land des freien Geistes und der Poesie, kulturell höher stehend als jenes Nordfrankreich, das im Feuer der Scheiterhaufen und Kriegszerstörungen diese Blüte vernichtete. Frédéric Mistral begann provenzalisch zu dichten und errichtete in Arles das «Muséon Arlatén», ein rührendes Zeugnis der Begeisterung für die alte Volkskultur. Die Reste der Burg Montségur, wo sich noch 1244 Katharer verschanzten, wurden zum Wallfahrtsort von Intellektuellen. Einige von ihnen begründeten 1925 unter der Führung von Déodat Roché einen Neo-Katharismus, der von einer «Gesellschaft der Freunde von Montségur» und einer eigenen Zeitschrift getragen wird. Man hat ihn mit der Gralslegende verknüpft: Montségur sei ein Kultort gewesen, an dem dieser magische Smaragd verwahrt wurde, nachdem er aus dem Orient gekommen war; der Ketzerkreuzzug wurde zum «Kampf gegen den Gral».[115]

Im Jahre 1970 erschien ein Buch *Das katharische Gedankengut im 20. Jahrhundert*. Darin wird festgestellt, daß schon im 1. Jahrhundert n. Chr. die Revolte der Erniedrigten und Beleidigten gegen die römische Aristokratie begonnen hat; daß diese das Christentum verfälschte, während die reinen Christen, die Katharer, die wahre Religion bis in unsere Tage bewahren. Zu ihren Prinzipien zählt der Glaube an eine Seelenwanderung und an die Familie, in der das Evangelium «gelebt» wird. «Die katharische Familie hat als Devise: Freiheit, Gleichheit, Brüderlichkeit!»[116]

Das ist ein Mythos des 20. Jahrhunderts, ein Mythos aus der Schreibmaschine. Auch derlei hat unter Umständen historische Wirkungen. Was unserem Thema nähersteht, ist die eigentliche Gestalt des Mythischen in ihren Auswirkungen auf Glauben und Denken des Hochmittelalters.

II.
Mythos und Mysterium

Sechstes Kapitel

Religiöser Mythos
Bogomilen, Katharer

Alanus von Lille, der selbst einem mythischen Denken nicht abgeneigt war, beschuldigte die Katharer, daß sie nicht wie die Häretiker der Antike mit Vernunftgründen den christlichen Glauben besiegen wollten, sondern ohne diese «nach Lust und Laune Ungeheuerliches erdichten».[1] Auch heute sieht mancher eine bewußte Manipulation am Werk, etwa wenn behauptet wird, «daß der Katharer grundsätzlich darauf hinzielt, Geschichte durch Mythos zu ersetzen...»[2] Das wird der historischen Wahrheit nicht gerecht.

«Mythos» ist ein von Plato für seine Darstellungsart gebrauchter Begriff, der in moderner Zeit ausgeweitet, aber nicht endgültig definiert worden ist.[3] Das Wort bedeutet Rede, Erzählung, Sage, und diese zentrale Stellung des Erzählens wird festzuhalten sein, auch wenn mythische Bilder (Kosmosmensch, Himmelsdrache usw.) aufscheinen, die ja immer der Erklärung durch Worte bedürfen. «Jeder Mythos erzählt eine Geschichte.»[4] Das tut auch der Roman, und doch herrscht zwischen beiden ein sehr großer Unterschied: Der Mythos ist mehr als eine bloße Erfindung (fiction); er wird intensiv rezipiert, ja erlebt, und wie eine Wahrheit verinnerlicht. Zentral ist «die Bedeutung, die er für das menschliche Bewußtsein besitzt und die geistige Macht, die er über dasselbe ausübt».[5]

Im religiösen Mythos wird die Erzählung zur Lehre. Bei den byzantinischen Bogomilen z. B. erscheint Christus nicht als Erlöser, die Passion hat nicht stattgefunden. Christus ist der Lehrer, der den Menschen den Rückweg aus ihrer Gefangenschaft durch Satan zeigt.[6] Der philosophische Mythos ist eine Schullehre, die aus den Worten des Meisters hervorgeht, wenn dieser so, wie es Plato getan hat, als Lehrer «erzählt». Schließlich gibt es neuzeitliche Versuche der Erstellung eines – zumeist politisch orientierten – kollektiven Mythos als «Weltanschauung» mit oder ohne wissenschaftlichen Anspruch. Jeder Mythos kann sich im Verlauf der Zeit so ändern, daß kaum mehr ein Grundgerüst bleibt; der religiöse Mythos ist dagegen am ehesten resistent. Doch hat man die antiken Götter philosophisch verstanden, während umgekehrt der Platonismus fast zur Religion wurde.

Dieser Wechsel der Ebenen wird dadurch erleichtert, daß der Mythos keine Gliederung der Umwelt in verschiedenartige Bereiche kennt. Hier hängt alles mit allem zusammen und kann aus einer Daseinsform in eine beliebige andere übergehen. Neben solchen «mythischen Metamorphosen» gibt es die Gleichsetzung von Beziehungen zweier Einheiten mit deren Identität.[7] Diese Dinge sind dem Dialektiker ein Greuel, und auch Plato hat sich von ihnen möglichst ferngehalten. Der philosophische Mythos will dem Unbegriffenen mit seinen Erzählungen und Bildern näherrücken, ohne ihre Tatsächlichkeit zu behaupten; er verwendet die mythische Erzähltechnik als Kunstform und in jener Nähe zur Dichtung, die man in der Zeit der Romantik als den Ursprung des Mythischen ansah. Deshalb teilt der philosophische Mythos mit dem religiösen die Fähigkeit zur Variation und zur Weiterbildung. Es gibt keinen kanonischen Text, vom Engelssturz und Rückweg der Seelen wird immer wieder neu erzählt. Niemand wollte Plato «rein» erhalten, im Platonismus waren die Kommentatoren vielmehr zugleich schöpferisch tätig.

Formal gesehen stellt der Mythos ein eigenes Genus dar, dem eine Bindung an die aristotelische Dialektik widerstrebt. Deswegen muß er nicht in einem affektiven, emotionalen und irrationalen Verhalten wurzeln.

Rationale Denkoperationen werden zwar durchgeführt, aber mit anderem Ausgangspunkt und Ziel. Ernst Cassirer hat von einer «mythischen Kausalität» gesprochen: «Jede Gleichzeitigkeit, jede räumliche Begleitung und Berührung schließt hier schon an und für sich eine reale kausale Folge in sich.»[8] Wo es nicht um tote Dinge, sondern um lebendige Kräfte geht, hat die Kausalität ein anderes Gesicht. Das christliche Mysterium kann ebenso wie das biblische Wunder hier nur dann einen Platz haben, wenn es in den religiösen Mythos hineinpaßt. Er ist exklusiv, das Verständnis Gottes und der Welt hat sich nach ihm auszurichten. Anders steht es um die philosophischen Mythen, vor allem jene Platos, die schon durch ihn selbst Wandlungen unterworfen waren.

Was die Bibel betrifft, so hat sie mythische Partien, etwa das Buch Genesis. Ansonsten will sie nicht bloß Erzählung, sondern historische Erzählung sein, sie handelt von Menschen im Ablauf der Generationen und gibt einen festen, nicht erweiterungsfähigen geschriebenen Text. Die Spannung zwischen diesem und dem sozusagen frei schwebenden Mythos der Bogomilen und Katharer war groß und wurde überbrückt durch Umdeutungen, Gleichsetzungen und Weglassungen – eine mühsame Arbeit, die immer wieder zur Variationsbreite der Lehre beitrug. Die historischen Teile des Alten Testaments, die Geschichte und Heilsgeschichte des Volkes Israel, waren nicht geeignet für eine mythische Betrachtung, vor allem nicht für einen «ätiologischen Mythos», der aus einem Urereignis die gegenwärtige Lage der Menschheit ableitet. Das Buch Genesis war trotz seiner mythischen Erzählform in diesem Sinne unbrauchbar, weil hier der Teufel nur eine Nebenrolle spielt, in märchenhafter Form verkleidet als Schlange. Um dem Bösen seine Lebensmacht wiederzugeben, wurde der Gott des Alten Testaments zum bösen Gott oder Gottessohn. Das Neue Testament verlegte die Auseinandersetzung zwischen Gut und Böse fast vollkommen in das Innere des Menschen, was sich nicht in mythischen Formen ausdrücken ließ. Daher kam es zur Verschiebung auf den Gegensatz von rein und unrein, Geist und Materie, Kerkerhaft der Seele und ihrer Befreiung durch die rechte Lehre.

Die Frage, ob das noch Christentum war, wurde verschieden beantwortet; meistens zog man die Demarkationslinie zwischen gemäßigtem und radikalem Dualismus. Dann wäre die Bezeichnung des Teufels als Sohn Gottes häretisch, der Glaube an einen guten und einen bösen Gott heidnisch – was von der Dogmatik her gesehen stimmen mag, aber doch den Kern der Sache nicht zu treffen scheint. Das Christentum ist eine Mysterienreligion, wird jedoch von manchen wohl zu Unrecht unter die Mythen gerechnet. Im Gegensatz dazu scheint der Katharismus trotz Verwendung biblischer Figuren und Erzählungen das Mysterium auszuschließen. Es wird umgedeutet oder wegerklärt.

Eine zweite Frage ist jene nach dem Kerygma, also der «Botschaft», aus der ein Mythos seine Kraft bezieht. Da er unbeweisbar ist und auch nicht im rationalen Sinn wahrscheinlich, kann er seine Wirkung wohl nur dadurch erhalten, daß er zu Denkart und Existenznöten seiner Gläubiger «paßt» wie der Schlüssel zum Schloß. Das ist auch deshalb festzuhalten, weil er ja nicht in einen leeren Raum eindringt, sondern andere religiöse Vorstellungen verdrängen oder verarbeiten muß, die ihre Lebenskraft eingebüßt haben. Freilich kann man auch der Meinung sein, daß dies nur dann gelingt, wenn die vorherige Glaubensform nicht wirklich in die Tiefe gedrungen ist.

Die Botschaft des Katharertums handelte vom Walten des Teufels in der Welt und einer Möglichkeit, ihm durch Eintritt in eine Art Mönchsstand zu entfliehen. Gott trat zurück, er hatte in dieser Welt nichts zu schaffen und thronte hoch im Himmel. Man kann annehmen, daß die Botschaft vor allem bei Menschen Gehör fand, die selbst die Absenz Gottes und das Walten des Teufels verspürt hatten, sei es durch ihr Schicksal oder auch auf Grund eines «negativen Lebensgefühls». Menschen dieser Art mochten der Meinung sein, daß die reale Kraft des Bösen im Christentum unterbewertet wurde. Real erkennbar waren die Verwüstungen durch Krieg und Naturkatastrophen, war das Walten böser Mitmenschen und einer bösen Obrigkeit. Wenn Gott das alles nicht hinderte, so konnte er es wohl nicht hindern – aber warum? Bogomilen und Katharer wußten die Antwort; sie waren «gute Menschen», denen man sein Heil anvertrauen konnte.

Der Kampf zwischen Gut und Böse fand also nicht im Menschen statt, sondern – was leichter zu begreifen war – zwischen himmlischen Heerscharen und ihrem finsteren Widerpart; der Gute kämpfte gegen die mit dem Bösen verbundene Materie und wurde so zum Vollendeten. Das kosmogonische und kosmologische Element dürfte das primäre gewesen sein, das psychische erst sekundär.[9] Die Frage nach der Herkunft der Seele oder des Geistes führt kaum zu einem Mythos der Weltentstehung und des Engelssturzes. Das Erlebnis der Außenwelt entspricht einer früheren Entwicklungsstufe als jenes der eigenen Persönlichkeit; sicherlich ist es aber von der Art dieser Persönlichkeit unbewußt mitbedingt.

Es kann sich dabei um verschiedene Menschentypen oder um eine Parallele zu verschiedenen Entwicklungsaltern handeln. Familiäre Geborgenheit des

Kindes steht auf der einen Seite, Distanzierung gegen Zwänge der Außenwelt entspricht dem Aufbegehren und der Unausgewogenheit der Jugendjahre. Gott rückt in die Ferne, das Böse gewinnt Realität; der Mensch wird mit den Negativa seiner Existenz konfrontiert. Für manchen ist das ein Durchgangsstadium, andere verbleiben in ihrer Ablehnung der Umwelt, die dritten wenden sich als Lebenspraktiker von einer Gesamtschau ab. Wem die Welt als Jammertal erscheint, der bedarf eines starken Gottvertrauens, um Christ zu bleiben; hat er es nicht, wird er Wege suchen, um all dem Unheil zu entrinnen.

Der Teufel hat seinen Ort in der Theologie, während Philosophen und philosophisch geprägte Theologen lieber «das Böse» im Rahmen der Ethik untersuchen. Mit rationaler Klarheit weist man nach, daß es keine wirkliche Realität besitzt. Boethius hatte den Satz aufgestellt, daß Gutsein eine transzendentale Qualität sei und darum alles Existierende gut sein müsse; was Gilbert von Poitiers dahin ergänzte, alle Dinge seien gut, weil der Schöpfer aller Dinge gut sei.[10] So schien alles in Ordnung, das positive Lebensgefühl hatte eine gelehrte Bestätigung gefunden. Ähnlich wie das Böse eine Negation des göttlichen Seins war, wurden menschliche Handlungen nur böse durch einen Mißbrauch gottgegebener Fähigkeiten. Das galt etwa von der Kunst der Magier und in gleicher Weise von den «Wissenschaften der Häretiker».[11] So gesehen wurde die Sünde zu einem Nicht-Tun (des zu Tuenden), also einem Nichts.[12] Augustinus hat das, als Gegenposition zum Manichäismus, stark betont. Er ging noch weiter, und Abaelard zitierte seine Worte, «daß es gut ist, daß es das Böse gibt», wenigstens «gut» im Sinne von «nützlich», um das Gute erstrebenswert zu machen.[13] Dem durchschnittlichen Laien werden solche Erwägungen kaum Trost gespendet haben.

Bei Plato fand man den Gedanken, daß ein guter Werkmeister nach seinem eigenen Bild die Materie formte, sie deshalb also verehrungswürdig und Objekt des Studiums sein solle. Zwar blieb die ungeformte primäre Materie unheimlich, das Böse war aber vor allem innermenschlicher Natur. Solche Lehren ließen sich als Argumente gegenüber philosophisch geschulten Gnostikern und Manichäern der Spätantike verwenden, sie zeigten aber wenig Wirkung auf die Katharer, denen nicht das Böse, sondern der böse Feind als Gottessohn oder Gott gegenwärtig war. Freilich erschien der Teufel im Neuen Testament nur als Widersacher, nicht als Gestalter und Herr der sichtbaren Welt. So stützten sie sich auf eine sonderbare Exegese des Prologs zum Johannesevangelium (Ioh. 1,3): Alles wurde durch Gott gemacht, «und ohne ihn wurde [das] Nichts gemacht [factum est nihil]». Diese Auslegung geht auf Origenes und Hieronymus zurück, die Nichts und Sünde gleichsetzen – die Sünde konnte nicht von Gott stammen. Für manche Katharer wurde dieses Nichts zur Wesenheit teuflischer Natur: «Einige verstehen unter ‹Nichts› eine körperliche Substanz, eine unkörperliche und alle sichtbaren Geschöpfe. So denken die Manichäer und die modernen Katharer der Diözesen Albi, Toulouse und Carcassonne.»[14]

Daß es sich bei dieser Substanz um einen wirkenden Gott gehandelt haben sollte, wurde zu Unrecht bestritten[15] und wird heute generell bejaht. Zu den Spekulationen über das Wesen des Nichts zogen Theologen der Katharer übrigens auch die berühmte Stelle 1 Cor. 13,2 heran. Paulus sagt hier, er sei nichts ohne die Liebe. Das gelte, so wurde argumentiert, für alle Lieblosen. «Wenn alle bösen Geister und bösen Menschen und alles Sichtbare in dieser Welt nichts sind, weil sie ohne Liebe sind, wurden sie also ohne Gott gemacht.» Denn Johannes sagt ja: «Ohne ihn [Gott] wurde nichts [das Nichts] gemacht.»[16] Von der Eigenart katharischer Bibelexegese werden wir noch zu sprechen haben.

Die negative Einschätzung des Bestehenden findet ihren Ausdruck immer wieder in den Resten des Schrifttums der Katharer, so auch in einem Traktat, der dafür biblische Beispiele von David bis Paulus sammelt: Alles ist voll von Leid und Finsternis, die Welt enthält mehr Böses als Gutes, und sie ist darum eher des Teufels als Gottes. Die Tage hier auf Erden sind böse auch wegen der Ängste, Krankheiten, Beschwernisse und Unglücke, die die Menschen in diesem Leben zu erleiden haben. «Wir hatten schlimme Tage», sagen die Leute, wenn ihnen ein Unglück zugestoßen ist.[17] Für die Gläubigen waren solche Feststellungen eine Bestätigung dessen, was sie empfanden; sie brauchten keine Syllogismen wie den oben zitierten über die Liebe. Wichtig war vor allem, daß es einen Weg aus den irdischen Nöten gab, den die Vollendeten wiesen.

Es handelt sich ja nicht um eine Erlösungsreligion, sondern um Befreiung durch Wissen und Handeln nach Art der Gnosis. Man hat die Gnosis – in ihren verschiedenen Zweigen und Ausprägungen – einen «künstlichen Mythos» genannt.[18] Das mag richtig sein, sie ist aber doch aus fundamentalen Existenzproblemen erwachsen. Dasselbe gilt vom Manichäismus wie von dem Bogomilen- und Katharertum. Auf beide könnte man beziehen, was über die manichäische Gnosis geschrieben wurde: Sie sei geboren «aus der Angst, die der menschlichen Natur innewohnt» in einer «fremden, unerträglichen, radikal bösen Situation».[19]

Die Gnosis ist aus politischen und sozialen Verhältnissen in der Spätantike erklärt worden als «das Erlebnis der Welt als [eines] entgötterten und darum widergöttlichen Zwangssystems».[20] Das wurde bestritten mit dem Hinweis auf die Wiederkehr gnostischer Ideen im Mittelalter.[21] Gewiß ist die politische und soziale Ordnung der Spätantike nicht mit jener vergleichbar, die Bogomilen oder Katharer vorgefunden haben. Die «Angst, die der menschlichen Natur innewohnt», kann aber anscheinend durch Notsituationen verschiedener Art so gesteigert werden, daß sie – bei Mangel einer geistlichen Führung durch den dazu berufenen Klerus – einem für sie typischen Mythos freien Raum gibt. Übrigens sollte man in diesem Zusammenhang nicht von mittelalterlichem Gnostizismus sprechen,[22] weil sich aus den Quellen keine Kontinuität zwischen Gnosis und Bogomilen nachweisen läßt. Die genannten Ähnlichkeiten können auch «Spontanparallelen» sein.

Wer die Welt als ein Jammertal erlebt, braucht die Möglichkeit, ihr zu entkommen und in lichten Höhen eine neue Existenz zu finden. Wer die Welt als Wirrsal unbegreiflicher Erscheinungen ansieht, wird diese zu ordnen suchen. Das einfachste Ordnungsprinzip ist das binäre; dabei handelt es sich entweder um die «Eins» und die «Null», Sein und Nichtsein, oder um einen Dualismus, wie man ihn in der Weltbetrachtung und den religiösen Vorstellungen der verschiedensten Völker findet.[23] Wie wir schon sagten, scheint es, daß diese Zweiheit zuerst im kosmischen Raum gesehen wird, dann sekundär im menschlichen und – enger gefaßt – ethischen Bereich. «Die Entfaltung des mythischen Raumgefühls geht überall von dem Gegensatz von Tag und Nacht, von Licht und Dunkel aus. Die beherrschende Macht, die dieser Gegensatz über das mythisch-religiöse Bewußtsein ausübt, läßt sich bis in die höchstentwickelten Kulturreligionen verfolgen.»[24]

Die Zweiheit muß nicht durch den Gegensatz von Gut und Böse bestimmt sein, wird aber mit ihm häufig zusammengesehen; Platos *Timaios* kennt einen Dualismus, der erst bei seinen Kommentatoren nach ethischen Kriterien bewertet wurde. Diese betreffen vorerst menschliche Strebungen «ohne Substanz», wie sie Aristoteles verstand. Gnosis, Bogomilen und Katharer ordneten dann den menschlichen Geist dem lichten, guten Prinzip zu, den Leib als Materie dem bösen (oder, bei einem Teil der Gnostiker, «nicht-seienden»). Der Dualismus wurde zum universalen Schlüssel; von den Katharern hieß es: «Sie sagen nämlich... es gebe zwei Weltzeiten [saecula], eine gute und eine böse; ebenso zwei Welten [mundos], zwei Reiche, zwei Himmel, zwei Erden, und in dieser Weise sagen sie von allem, es sei doppelt vorhanden.»[25] Das ist nicht völlig zutreffend, zeigt jedoch eine Grundtendenz dieser Seinslehre. Zu ihr paßte eine Erzählung, die sich nicht mit den gnostischen Emanationen des guten Prinzips zufrieden gab. An die Stelle dieses undramatischen Mythos trat ein dramatisch wirksamer, menschlichen Emotionen entgegenkommender von Engelssturz, Kerkerhaft, Befreiung und Wiederaufstieg.

Es war ein Weltenkampf, der auch im Menschen stattfand. Ein Katharertraktat sagt, daß «der böse Gott alle Tage sehr schlimm gegen ihn [den guten Gott] wirkt ... und dieser Gott, der unsere, bemüht sich kraftvoll, ihn zu bekriegen.»[26] Das ist kein bloß moralischer Dualismus, denn in den Bibelzitaten der Katharer mischt sich mit dem Moralischen Kosmologisches. Wenn Paulus von Teufelskindern und Kindern des Lichts sprach, richtete er diese Worte an eine Gemeinde, der rhetorische Überhöhung ein vertrautes Stilmittel war. Bei den Katharern konnte man derlei nur wörtlich nehmen, ebenso wie die Worte Eccli. 42, 25: «Alles ist zweifach, eines gegen eines, und [Gott] bewirkte, daß nichts fehlte», obwohl es um Gottes Werke und die Zweigeschlechtigkeit in der Natur geht.[27] Gewiß, solche Zitate finden sich in Traktaten, die schon einer späteren Zeit angehören, aber es ist nicht bekannt, daß Katharer vor 1167 anders gedacht hätten. Man wertete jetzt systematisch aus, was im jüdisch-christlichen Bereich an Spuren dualistischen Denkens vorlag.

Damit kommen wir zu einem anderen Problem. Hat es auch jenseits der Sekten Mythisches gegeben? Manche Theologen haben von dem «mythischen Charakter» der Bibel gesprochen, doch geht das – trotz mythischer Partien im Buch Genesis und der Offenbarung Johannis – sicherlich zu weit. Aber die ersten Jahrhunderte nach Christus waren dem Mythos so aufgeschlossen, daß es zu verwundern wäre, hätte es im Christentum jenseits der Sekten keine Anklänge an ihn gegeben. Zu diesen gehört etwa die Aversion besonders von Mönchen gegen das «Fleisch» (im paulinischen Sinn); auch bemühte sich so mancher Mönch – wie der legendäre Johannes Kolobos[28] – ein Engel zu werden. Von da ist manches in das Bogomilentum und den Katharismus eingegangen.

Zu diesem Umkreis gehört die Lehre des Pseudo-Dionysius Areopagita von den himmlischen und den ihnen entsprechenden neun dämonischen Heerscharen, die durch Johannes Scotus und Alanus von Lille im Abendland weitergeführt wurde.[29] Ohne jede biblische Grundlage gab es seit Gregor dem Großen eine kirchliche Tradition, wonach die Menschen geschaffen worden seien, um die Zahl der Engel nach der Verstoßung eines Teiles von ihnen wieder voll zu machen.[30]

Noch ein Gelehrter wie Hugo von Saint-Victor konnte schreiben: «Am Anfang hatte Gott die Welt geschaffen, und der Teufel besaß sie von Anfang an. So enstand ein Streit zwischen Gott und dem Teufel.» Hier handelte es sich allerdings um ein Wortgefecht beider, das Hugo anschließend wiedergab.[31] Die Vorstellung ist verwandt mit einer anderen ernstzunehmender Theologen: Der erste Mensch habe sich dem Teufel unterworfen, und das Menschengeschlecht gehöre nun zum Teufelsreich, denn Gott dürfe nicht gegen Recht und Gerechtigkeit handeln. Weil der Teufel jedoch den sündenlosen Jesus Christus dem Reich des Todes unterwarf, überschritt er dieses Prinzip und verwirkte seinen Anspruch. Das sei der Grund für die Erlösungstat Christi gewesen.[32] Manche meinten, daß auch ein Engel oder ein Mensch die Erlösungstat vollbringen, nicht aber die Menschheit zu der früheren Freiheit zurückführen hätte können: Durch Rückkauf wird man der Sklave des Käufers, und nur Christus konnte durch die Inkarnation dieses juridische Problem lösen.[33] Gott und der Teufel sind hier zwei gleichgestellte Kontrahenten, das Mysterium der Erlösung wird zu einem geschickten Schachzug. Man konnte das Unbegriffene dadurch zu erfassen suchen, daß man es auf eine andere Ebene verschob.

Was Zahl und Bewohner der himmlischen Sphären betrifft, so werden wir bei der Besprechung der kosmologischen Epik des 12. Jahrhunderts noch einiges darüber sagen müssen. Bei einem ihrer Autoren, Alanus von Lille, werden die Engelschöre mit den menschlichen Berufsgruppen in Verbindung gesetzt, die Seraphim mit den Mönchen, die Cherubim mit den Lehrern der Theologie usw. jeweils mit einer Nutzanwendung. «Arbeite, o Mensch, daß du durch die Glut deiner Liebe der Ordnung der Seraphim zugeteilt werdest!»[34] Menschenseelen und Engel verschwimmen zu einer einzigen Ordnung, wenn sie auch nicht identisch sind. Von hier ist es nicht mehr weit zur Annahme, daß die Menschengeister schon vor dem Engelssturz in diesen Sphären gewohnt hätten oder daß sie später zur Auffüllung der Zahl der Engel im Himmel geschaffen wurden. Alles in allem ist es aber relativ wenig, was sich im Hochmittelalter an derartigen Vorstellungen im kirchlichen Christentum findet; in den ersten Jahrhunderten nach Christus hatten die Auseinandersetzungen mit der Gnosis in ihren verschiedenen Formen die Standpunkte geklärt.

Daß es solche Elemente innerhalb der Orthodoxie geben konnte, sollte man nicht bloß negativ aus dem Mangel dogmatischer Festlegungen erklären. Es entspricht dem sehr menschlichen Bestreben, an dem Bestehenden so wie ein Erzähler an seiner Erzählung weiterzubauen. Verschieden war das Ausmaß, in dem das geschehen konnte. Was für den Katholizismus vereinzelte Randerscheinungen waren, bildete für den Mythos ein Wesenselement. Solange das Grundmuster blieb, konnte man Einzelteile variieren.

Aus dieser Perspektive verliert auch die Frage nach dem gemäßigten oder radikalen Dualismus manches von ihrem Gewicht. Man kann sie als Dogmatiker sehen, wie das 1167 Niketas getan hat, oder im Rahmen erlaubter Variationen desselben Themas. Für den Katharer war von existentieller Wichtigkeit, daß der Teufel auf Erden Macht besaß, Gott jedoch zurücktrat. Ob sich der Teufel im Alten Testament lügnerisch als Gott bezeichnete oder ob er wirklich eine Gottheit war, dürfte nicht das Allerwichtigste gewesen sein.

Über die Bogomilen des 10. Jahrhunderts sagte Kosmas, daß sie glaubten, der Teufel habe die Welt geschaffen; ob dieser Teufel ein Gott oder Gottessohn war, erklärte er nicht. Die Gelehrten streiten darüber, ob es bei den Bogomilen einen radikalen oder einen gemäßigten Dualismus gab, oder aber beides bei verschiedenen Gruppen von Gläubigen. Michael Psellos (nach 1050) sagt über den Glauben der «Enchiten» (Bogomilen): «Dem Vater gehörten nur die überweltlichen Dinge, von seinen Söhnen herrschte der Jüngere über die Himmelssphäre, der Ältere über die sichtbare Welt.» Dieser hieß Satanael. Da der Jüngere den Menschen Naturkatastrophen sandte, verfluchten sie ihn – seine Verstimmung hatte ihren Grund darin, daß die Menschen Satanael anbeteten.[35] Der Teufel war also ein Gottessohn, der wie ein Gott angebetet wurde. Anders bei den byzantinischen Bogomilen des Euthymios Zigabenos im frühen 12. Jahrhundert: Satanael sei ein Engel gewesen, dessen Platz zur Rechten Gottes war und der als Verwalter des Reiches Untreue zeigte (vgl. Luc.16, 1–8). Nach seinem Sturz schuf er einen zweiten Himmel und das erste Menschenpaar und ließ sich als «zweiter Gott» anbeten. Der Logos, eine Emanation Gottes, fesselte ihn und stürzte den Satan in die Hölle. «Dann aber vereinigte er sich mit dem Wesen des Vaters, aus dem er hervorgegangen war.» In einer Variante hieß Satanael jedoch Samael und war der ältere Gottessohn, dessen Erstgeburtsrecht nach dem Sturz auf den Logos überging.[36]

Hier gab es keine «reine Lehre», sondern die freie Variation eines Generalthemas. Um so mehr erstaunt, daß 1167 der angebliche oder wirkliche Bischof von Konstantinopel, Niketas, die Katharer Frankreichs und Italiens auf den radikal dualistischen Standpunkt verpflichtete und ihre Bischöfe weihte,[37] einige davon zum zweitenmal. Man kann daran denken, daß in Konstantinopel die Verfestigung von Lehre und Organisation durch die Nähe zur orthodoxen Hierarchie und ihren Theologen Fortschritte gemacht hatte, so daß jetzt etwas wie ein «Dogma» möglich wurde. Daneben scheint es, daß Niketas den Dualismus so sehr in den Vordergrund stellte, weil er damit seine eigene Position als Verkünder des wahren Glaubens stärkte. Er dürfte ein kluger Kopf gewesen sein und dazu ein überzeugender Redner in der Rolle eines Lichtbringers aus dem Osten.

Gegen Ende des 12. Jahrhunderts hat der Prozeß der Mythenbildung neue Kraft gewonnen. Die Phantasie wurde angeregt durch Texte, die um 1190 in den Westen kamen: Die *Interrogatio Iohannis* und die *Visio Isaiae*. Beide zählen zu der von der Bibel angeregten Literatur der Apokryphen, die im Osten kursierte.[38] Vor 1209 ist weiters bei Katharern die Lehre von der Seelenwanderung bezeugt,[39] deren Herkunft von den Pythagoreern man kannte. Die mythische Erzählung wurde ergänzt und zum Teil korrigiert durch die immer neue Hineinnahme alter «Geschichten»: Nach der *Vision des Isaias* aus dem 2. Jahrhundert, überliefert in einem bulgarischen Text, sah der Prophet bei seiner Wanderung durch die sieben Himmel eine «andere Erde», die nicht der Teufel, sondern Gott geschaffen hatte. Dort waren die Steine aus Saphiren, das Erdreich aus Gold; dort wohnte das Volk Gottes, bis der «Fürst dieser Welt» mit seinen Heerscharen kam und die Gotteskinder auf die Erde hinabzwang. Durandus von Huesca, der die Schrift gelesen hatte, fragte in echt mittelalterlicher Art, wie auf dieser aus Gold bestehenden Erde über dem Firmament Getreideanbau möglich gewesen sein sollte.[40]

Bischof Nazarius von Concorezzo, der die *Interrogatio Iohannis* bekanntmachte, hat anscheinend als erster um 1190 die Meinung vertreten, daß Christus keine menschliche Natur, sondern die eines Engels annahm «und einen himmlischen Leib»; die Jungfrau Maria sei ein Engel gewesen.[41] Hier waren gegenläufige Tendenzen am Werk, eine Materialisierung des Himmels in Anlehnung an die himmlische Stadt der Apokalypse und die Entmaterialisierung Marias und der menschlichen Person Christi. Derlei war weniger als dogmatische Aussage zu verstehen denn im Zusammenhang mit Erzählungen, die auf Fragen der Gläubigen Antwort gaben. Auch die *Interrogatio*, vom Standpunkt der Lehre nach den Beschlüssen von 1167 veraltet, wurde wegen ihrer Geschichten geschätzt. Beim letzten Abendmahl soll Jesus auf die Fragen des Jüngers Johannes folgendes berichtet haben:

Satan, ein hoher Funktionär Gottes, verleitete einen Teil der Engel zum Aufstand und wurde deshalb von Gott in eine niedrige Himmelssphäre verbannt. Er erhielt die Erlaubnis, dort bis zum siebten Weltentag zu tun, was ihm beliebte. So holte er aus der Wasserwüste das feste Land herauf, aus der Krone eines Engels machte er Sonne und Mond, aus Edelsteinen die Sterne.

Gemäß seiner eigenen Natur schuf (oder besser: gestaltete) Satan den Menschen, indem ein Engel mit einem Körper aus Schmutz umkleidet wurde. Später enthüllte er seinem Diener Enoch seine Göttlichkeit und lehrte durch ihn die Menschen, Satan als einzigen Gott zu feiern. Der gute Gott sandte gegen ihn Christus aus; Satan ließ durch einen seiner Engel dem Moses, seinem Diener, von drei Bäumen Holz bringen, an dem Christus gekreuzigt werden sollte. Und so geht es weiter, bis schließlich die Engelseelen, von ihrem Leib befreit, in den Himmel zu ihren Gewändern und Kronen zurückkehren, die sie dort hinterlassen haben.[42]

Bevor die italienischen Katharer die *Interrogatio* zu Gesicht bekamen, hatten sie auf die Frage, warum es zur Verbannung Satans und seiner Engel kam, keine Antwort oder die folgende: Neben Gott gab es einen bösen Geist, ohne zeitlichen Beginn und unbeweglich, das (personifizierte) Chaos. Dieser gab Luzifer den Rat zum Aufstand gegen Gott.[43] Teile des Mythos waren austauschbar, auch fremdartige wie die einst philosophische Lehre vom Chaos ließen sich assimilieren, solange der Kern der Gesamtaussage gleichblieb. Man konnte auch den Sohn des bösen Gottes für den Aufstand der Engel verantwortlich machen und erhielt dafür eine gerne gehörte Erklärung: Der Sohn des bösen Gottes habe sich als Lichtengel verkleidet und sei in den Himmel aufgestiegen, wo ihn die Engel (also nicht der allwissende Gott) zum Verwalter machten. Er verführte sie zur Sünde und zog sie mit sich in das Reich des bösen Gottes hinab.[44] Oder man verband die Geschichte mit der Erzählung vom verlorenen Sohn (Luc. 15, 11–32): Gottes jüngerer Sohn, Adam, verläßt den Himmel und verpraßt sein Vermögen. Geläutert kehrt er zurück und erhält von Gott (als Festgewand) seinen himmlischen Leib zurück. Das ärgert den älteren Gottessohn, Satan, und es kommt zum Aufstand.[45]

Neben dem Hauptmythos der Katharer mit all seinen Varianten gibt es noch einen Gedankenkreis, der die Sexualsphäre und die menschliche Nahrung betrifft, also die asketische Lebenslehre mythisch unterbaut. Man hätte sich damit begnügen können, biblische Aussagen heranzuziehen; volkstümlicher war auch hier eine Begründung aus dem Mythos, auch wenn er «ad hoc» erfunden wurde. Der Fleischgenuß war, so sagten manche, verboten wegen eines Fluches, den Satan auf das feste Land legte, von dem die Vierfüßler ihre Nahrung beziehen; wer ihr Fleisch ißt, hat an diesem Fluch Anteil. Darum soll Christus Fisch und nicht Fleisch gegessen haben, auch nicht in Gestalt des Osterlammes. Oder: Die Landtiere haben – im Gegensatz zu den Fischen – in sich Menschenseelen und sollen darum nicht getötet werden.[46]

Die weit verbreitete Anschauung, daß der Sündenfall des ersten Menschenpaares eine Angelegenheit der Sexualsphäre sei, hat ihren Niederschlag in Weiterdichtungen bei den Katharern gefunden. «Sie sagen, der Teufel habe Eva gemacht und mit ihr geschlafen, und daraus ging ... Abel hervor, von dem sie sagen, daß er den Kain umbrachte [statt umgekehrt!], und aus seinem Blut wurden die Hunde geboren und deshalb sind die Hunde den Menschen so treu. Aus den Töchtern Evas und Dämonen, so sagen sie, wurden Riesen geboren, die, wie sie sagen, von den Dämonen, ihren Vätern, erfuhren, daß der Teufel alles geschaffen habe.»[47] Hier steht die Gigantensage neben einer Antwort auf die Frage, wie die Bindung von Haustieren an die Menschen zu erklären ist; alles wird «genealogisch» gedeutet und durch Einbeziehung in die Sexualsphäre abgewertet. In der Langfassung des eben zitierten Textes heißt es: «Sie glauben, daß der Teufel die Sonne sei und daß er mit Eva, dem Mond, allmonatlich Verkehr habe so wie ein Mann mit einer Dirne.»[48] Das ist ein alter manichäischer Mythos, der im 13. Jahrhundert weitergesponnen wurde.[49] Aus der biblischen Mutter des Menschengeschlechtes ist hier eine Gestirngottheit geworden.

Eine Übernahme fremden Mythengutes scheint auch die im frühen 13. Jahrhundert zuerst bezeugte Lehre von der Seelenwanderung zu sein. Hier ist das – ansonsten fehlende – Motiv von Lohn und Strafe für irdisches Tun präsent. Bei Caesarius von Heisterbach kommt ein Mönch mit einem Ritter ins Gespräch, der ihm folgendes erzählt: Er gibt Almosen, damit sein Geist nach dem Tod «ruhmvoll weiterlebt»: Wer von Gott Gutes verdient, dessen Geist geht ein in den Körper eines künftigen Fürsten, ja Königs. Im gegenteiligen Fall wird er als Armer oder Bresthafter leben; er durchwandert mehrere Körper, auch solche von Tieren «und Schlangen».[50] Nur den Vollendeten, so meinte man, bleibt die Wanderung erspart. Auch sie können einmal in Tierkörpern gelebt haben. Einer von ihnen hat erzählt, daß er einst als Pferd an einer bestimmten Stelle ein Hufeisen verloren habe – es wird von Gläubigen gefunden, ein «Beweis» für die Richtigkeit der Lehre.[51] Die Zahl der möglichen Inkarnationen war der Fabulierlust freigegeben; sogar der heilige Paulus habe dreizehn (oder gar 32) Leben bis zur Vollendung benötigt.[52] Man sagte, daß die Lehre von «Pythagoras» stamme oder den Pythagoreern. Sie ist im Manichäismus und bei einigen Vertretern der nichtmanichäischen Gnosis zu treffen.[53]

Wollte man alle Mythologeme der Katharer in ihren Variationen aufzählen, wäre das eine große Arbeit, die hier nicht geleistet werden kann. Noch ist auch die Aufklärung in Lesern wie Autoren so lebendig, daß die Freude am Mythos, wie sie die Romantik seit Schelling pflegte, nicht ein gewisses Mißbehagen kompensiert: Wie konnten Menschen so leichtgläubig sein? Vielleicht deshalb, weil sie differenzierten zwischen Erzählern, die durch Aussehen und Lebensstil Vertrauen erweckten, und anderen, deren Lehren schon wegen des Mangels an persönlichen Qualitäten auf Gleichgültigkeit oder Mißtrauen stießen. Einem Vollendeten glaubt man, was man einem Landpfarrer kaum geglaubt hätte.

Dazu kommt, daß der Mythos eine dramatische Abfolge äußerer Ereignisse erzählt, die die Phantasie erregen und das Selbstbewußtsein der Gläubigen steigern. Wer möchte nicht ein Lichtengel sein, den ein widriges Geschick auf die Erde verschlagen hat? Im Neuen Testament liegt der Schwerpunkt der

Gleichnisse in einer sehr menschlichen Sphäre, es geht vor allem um den inneren Aufbau der religiösen Persönlichkeit. Eine Ausnahme macht die Apokalypse; an sie hat der Mythos in verschiedener Hinsicht angeknüpft. Auf katholischer Seite hat man sich manchmal bemüht, einem solchen Denken entgegenzukommen. In einer Predigt zum Palmsonntag schilderte Alanus von Lille, Platonist und Dichter, folgendes: Der König des Himmels und der Erde hat die Welt nach dem Bild einer Stadt geschaffen. In der Burg über dieser Stadt wohnte das Heer der Engel, doch Teile dieser Armee revoltierten gegen den König. Sie wurden in einen Abgrund geworfen und bauten dort eine zweite Festung, verführten Eva und setzten die Zeugung des Menschengeschlechtes in Gang, das deshalb zur «familia» des Teufels gehörte. Gott mit den treugebliebenen Engeln ging zum Gegenangriff vor und schuf auf Erden eine zweite Burg, nämlich Maria, «befestigt» mit allen Tugenden. Christus stieg zur Erde herab und errichtete eine weitere Burg, nämlich die Kirche.[54]

Die Geschichte geht noch weiter; da die Predigt in lateinischer Sprache gehalten wurde, war sie wohl primär für Geistliche und für gebildete Laien bestimmt. Sie spiegelt schon die militante Atmosphäre wider, in der Geistliche und Barone die gewaltsame Bekämpfung der Ketzer in Südfrankreich begannen. Dabei handelte es sich ja weithin um einen Burgenkrieg. Alanus hat einen Traktat gegen die Ketzer geschrieben, als Missionar mit Katharern zu tun gehabt und aus ihrem Denken gelernt, ohne ihrem Glauben zu verfallen. Man mußte den Gläubigen ein kosmisches Epos vorerzählen, um gegenüber den Katharern «konkurrenzfähig» zu sein.

Die katharische Mission konnte sich nicht darauf beschränken, durch persönliches Auftreten und Erzählen des Mythos Eindruck zu machen. Das Christentum ist eine Buchreligion, und die Katharer haben in beschränktem Umfang das Buch als Quelle angenommen. Der Mythos wurde, da der biblische Text nicht korrigiert werden konnte, diesem Text in verschiedener Weise angepaßt. Das geschah durch Übernahme biblischen Personals und mancher Erzählungen mit ganz oder teilweise neuer Bedeutung. Wie das mit der Parabel vom verlorenen Sohn geschah, haben wir schon angemerkt und von der Rolle des «ungerechten Verwalters» in der kosmischen Geschichte gesprochen. Der Mann, der auf dem Weg von Jerusalem nach Jericho unter die Räuber fiel, wurde zum Lichtengel, der «mit äußerster Gewalt» durch den Teufel in einen irdischen Körper hineingezwungen wurde.[55] Auf denselben Vorgang wurde die Parabel von dem König bezogen, der einem seiner Knechte eine Schuld nachließ (Matth. 18, 23 ff.). Der Mann sagte zu einem seiner Mitknechte: «Zahle, was du schuldest.» Dazu wird die Erklärung gegeben: «das heißt, unterwirf dich dem menschlichen Fleisch. Doch Adam [!] fiel auf die Knie und bat ihn: ‹Habe Geduld mit mir!› ... Satan [!] wollte ihn jedoch nicht so ziehen lassen, sondern schloß ihn in einen Körper aus Lehm ein...»[56]

Die Vielfalt biblischer Gleichnisse wird hier immer wieder in den Hauptmythos der Katharer einbezogen. Ähnlich steht es mit Einzelsätzen des Neuen Testaments. Begünstigt durch das Analphabetentum vieler Gläubigen gewann der Satz nahezu absoluten Charakter, als ob es sich um einen Spruch handelte und nicht um etwas, das erst im Zusammenhang eines erzählenden und belehrenden Evangelientextes oder Apostelbriefes richtig verstanden werden kann. Kosmas erklärte, daß die Worte der Bogomilen «nicht zusammenpassen, sondern auseinanderfallen wie ein verschlissenes Stück Stoff».[57] Solche Tendenzen gab es übrigens auch bei Mönchen. Otloh von St. Emmeram in Regensburg sah sie als eine Versuchung an: Der Teufel wollte ihm anhand eines aus dem Zusammenhang gerissenen Bibelzitats beweisen, daß das Gebet nutzlos sei; Gott erwies das Gegenteil durch ähnlich fragmentarische Zitate. «Beide Male verleiht er gemäß einer im Mittelalter häufig erkennbaren Tendenz einigen Wendungen der Bibel absoluten Wert, ohne das übrige zu bedenken.»[58] Ähnlich erging es seit jeher den umfangreichen Werken der Kirchenväter; man zitierte aus ihnen oft einzelne Stellen, ohne den Kontext zu kennen.[59]

Im Rahmen des erbaulichen Schrifttums war das zumeist harmlos, konnte aber zur Waffe werden, wenn es um Streitpunkte ging. Man legte einen Zitatenschatz an, um seine Meinungen damit zu unterbauen, und ähnliches tat die Gegenseite. In Disputationen ging es weniger um die Sicht der Streitfragen im Gesamtzusammenhang als um die Verwendung dieser gesammelten Munition. Reichte sie nicht aus, konnte man vom Literalsinn einer Bibelstelle absehen und sie allegorisch deuten – ein Mißbrauch, gegen den sowohl Pseudo-Dionysius als auch Thomas von Aquino, der ihn zitierte, neben anderen gekämpft haben.[60] Von der Allegorese als Technik wird später zu sprechen sein; über den Wortsinn hinaus tiefere Sinndeutungen einer Bibelstelle zu versuchen, war eine Art schöpferischer Tätigkeit im Rahmen der geistlichen Erbauung – mit allen Gefahren des Subjektivismus. Schon deshalb kam es hier auf die Wahrung des Gesamtzusammenhanges an. Die Exegese der Bogomilen und Katharer hat auf ihn keine Rücksicht genommen.

Das hing einerseits mit dem Willen zu einer Untermauerung des Mythos aus der Bibel zusammen, andererseits mit einer Abwertung der irdischen Wirklichkeit, wie sie auch von einem Teil des Mönchtums praktiziert wurde. Wenn Rupert von Deutz vom Wortsinn einer Bibelstelle sprach, dann tat er es mit der Warnung, daß das Zeitliche gegenüber dem Ewigen durchaus irrealen Charakter habe: Der allegorische Sinn war das eigentlich Reale, so wie die ewige Wahrheit bei Gott lag im Gegensatz zur Schattenhaftigkeit dieser Welt.[61] Hieronymus hatte gesagt, daß in der Bibel alles – Sätze, Silben, Satzzeichen – voll von (tieferem) Sinn sei.[62] Hier setzten wiederum die Zweifel Otlohs von St. Emmeram ein: Wenn alles voll geistlichem Sinn ist, wie kann man die Aussagen dann wörtlich verstehen wollen? Hat doch Paulus geschrieben: Der Buchstabe tötet, der Geist – «und das ist der Sinn» – macht lebendig.[63]

Die allegorische Deutung bot nicht nur Bogomilen und Katharern eine Möglichkeit, ihre Lehren als biblisch erscheinen zu lassen. Nach byzantinischen Zeugnissen behaupteten die Paulikianer, die anzubetende Gottesmutter sei nicht Maria, sondern das himmlische Jerusalem; Fleisch und Blut Christi im letzten Abendmahl seien das Wort der Lehrrede, das Kreuz der Herr selbst.[64] Wir erinnern uns an ähnliche Umdeutungen, die in Orléans (1022) und in Monforte (1027/34) eine bedeutende Rolle spielten. Nach Kosmas setzten die Bogomilen den Leib Christi mit den vier Evangelien, das Blut mit den Apostelakten gleich,[65] obwohl es beides zur Stunde des Herrenmahles noch nicht gab. Der historische Sinn wurde ausgeschaltet. Kosmas, der historisch dachte, widerlegte die Bogomilen damit, daß er darauf hinwies, Matthäus habe acht, Markus zehn, Lukas fünfzehn und Johannes dreißig Jahre nach der Himmelfahrt Christi geschrieben.[66]

Im katholischen Bereich blieben die Mysterien der Religion von jeder Allegorisierung ausgenommen. Auf indirektem Weg hatte man für diese aber Material geliefert. Es gab Zusammenstellungen der Möglichkeiten, Begriffe der Bibel zu allegorisieren, und hier taucht auch die Gleichsetzung von Brot und Heiliger Schrift auf. Wenn es z. B. heißt, daß Kinder um Brot baten, sei jene gemeint.[67] Ja, Hildebert von Lavardin, ein katholischer Erzbischof, führte die Auslegung noch näher an das Herrenmahl heran: «Das Brot bezeichnet die Heilige Schrift; das Brot brechen ist die Schrift erklären: Man erkennt daraus Christus, wenn der geistliche Sinn klar wird.»[68] Das war unverfänglich, da es sich um die Szene der Jünger von Emmaus (Luc. 24, 31) und nicht um das letzte Abendmahl handelte. Man sieht jedoch, wie nahe die orthodoxe Bibelwissenschaft jener Grenze kam, die der Katharismus überschritt. Letztere geschah nicht aus der «Sucht nach Neuerungen», wie Durandus von Huesca meinte[69] – derlei konnte man eher auf dem Feld der Scholastik finden – sondern wegen der Unvereinbarkeit von Materie (des Brotes) und Geist, d. h. Christus.

Die apologetische Bibelkunde der Katharer begegnet schon bei Ekbert von Schönau: «Sie sind bewaffnet mit Worten der Heiligen Schrift, die einigermaßen mit ihren Sondermeinungen übereinzustimmen scheinen; und sie wissen aus ihnen ihre Irrtümer zu verteidigen... Allzu wenig wissen sie aber von dem richtigen Verständnis, das in den heiligen Worten verborgen ist und nur mit großer Unterscheidungsgabe erkannt werden kann.»[70] Vielleicht überwog in dieser Frühzeit die Berufung auf den Wortsinn, und man hat in der Diskussion Belehrungen über die allegorische Ausdeutung hinnehmen müssen, bis eine eigene Allegorese erarbeitet war. Das konnte mit Hilfe von Geistlichen geschehen, die zum Katharismus übergetreten waren. Er wurde damit zur «Wissenschaft» traditioneller Art in einer Zeit, die erst Begriff und Methode einer moderneren Theologie erarbeitete. Später überwucherte dann die Allegorese wichtige Bezirke der Lehre. Wenn es heißt, daß Jesus das Brot nahm, bedeutete dies die geistlichen Vorschriften und das Gesetz der (im Gegensatz zu Moses teilweise anerkannten) Propheten; er brach es, d. h., er erläuterte die Texte «in geistlicher Art» (spiritualiter). Jesus gab das Brot seinen Jüngern, indem er sie lehrte: «Das ist mein Leib», d. h., diese geistlichen Vorschriften der Alten sind mein Leib. Ich bin in ihnen (den Jüngern), in ihnen wohne ich. Die Brotbitte in dem so oft gebeteten Vaterunser wurde zur Bitte um Kraft, das Gesetz Christi zu erfüllen.[71] Allegorisiert wurden die Wunder Christi, da sie sich mit Materiellem befaßten, allegorisch deutete man auch die Bibelstellen über die Ehe: Sie sollten entweder auf Christus und die Kirche oder auf Bischof und Gemeinde oder auf Leib und Seele bezogen werden.[72] Welche Deutung man bevorzugte, war nicht so wichtig wie die prinzipielle Ablehnung der Institution. Man scheute auch Widersprüche nicht, wenn sie das richtige Resultat ergaben: «Auf zwei hintereinanderliegenden Seiten erklärt der Autor [des *Liber de II principiis*] dieselbe Bibelstelle genau entgegengesetzt, beide Male, um seine These damit zu rechtfertigen.»[73] Die Hauptsache war es, dem Mythos nahezubleiben und seinem «Sitz im Leben», der Abkehr von dieser bösen Welt.

Im 13. Jahrhundert war die allegorische Methode als «Wissenschaft» schon veraltet, und vereinzelt haben Traktate der Katharer versucht, mit den Mitteln der Dialektik ihre Lehren zu beweisen. Das Ergebnis war kümmerlich[74] und nur in Gegenden vorzeigbar, in denen es noch keine Universität gab. Für die Vollendeten mochte es nach außen hin wichtig sein, ihre theologische Bildung zu erweisen – innerlich haben sie das alles nicht benötigt. Die Wachstumsphase der Scholastik mit ihrem Drang zu Methode und Systembildung ist an ihnen fast spurlos vorübergegangen; gewiß wäre es unmöglich gewesen, in Zeiten der Not und Verfolgung eine Weiterbildung zu versuchen. Was das Volk der Gläubigen betraf, so hat es sich anscheinend mit fragmentarischen Bibelkenntnissen zufriedengegeben. Isoliert steht daneben eine Quelle des Jahres 1243, die berichtet, aus Oberitalien habe man junge Katharer nach Paris geschickt, die dort durch das Studium von Dialektik und Theologie das Rüstzeug für die Bekämpfung des katholischen Glaubens erlangen sollten. Der Verfasser, ein Exkleriker namens Ivo von Narbonne, nahm es mit der Wahrheit nicht sehr genau,[75] und darum wird hier kaum eine systematische «Missionspolitik» der Katharer anzunehmen sein. Gelegentlich verwendeten sie rationale Argumente, aber die Syllogismen in ihrem Schrifttum sind sehr selten. Ein wirklicher Brückenschlag zwischen Mythos und Vernunft ist nicht versucht worden.

Siebtes Kapitel

Philosophischer Mythos
Platonisten

In Platos Dialog *Phaidros* ist die Seele aus ihrem Verschulden mit dem Leib verbunden; in den *Nomoi* gibt es neben einer guten auch eine böse Weltseele. Aber das sind zeitweilige Gedanken eines nach allen Seiten hin offenen Philosophen, der kein System gebildet hat. Weitaus überwiegt eine positive Beurteilung der Erscheinungen dieser Welt und ihres Schöpfers (oder besser: Werkmeisters). Mit dem Mythos der Katharer ist bei Plato nichts wirklich vergleichbar. Es handelt sich ja auch um eine andere Art des Mythos, um einen philosophischen, nicht primär religiösen. Die religiösen Göttermythen wurden zu Platos Zeit von Intellektuellen nicht mehr geglaubt; man hatte versucht, ihnen einen neuen allegorisch-moralischen Sinn zu geben, doch genügte das tiefer veranlagten Geistern nicht. Notwendig war ein Neuansatz, eine Schau des Kosmos im ganzen und der Versuch, seine Zusammenhänge zu erkennen.

Während das «wilde» Denken kurzschlüssig solche Zusammenhänge herstellte und in die Form des erzählten Mythos goß, verbot sich das bei gebildeten Griechen dank ihrer rationalen Schulung und einer «Aufklärung», die Leichtgläubigkeit dem Spott preisgab. Das galt für Religion und Philosophie. Mit einer rein rationalen Welterklärung kam man aber bald an eine Grenze der Aussagen; man konnte sich mit ihnen begnügen oder jenen Weg gehen, den Plato gewiesen hatte: Den Gründen des Seins, ja diesem selbst durch das Mittel des Gleichnisses nahezukommen.

Das war eine eminent künstlerische Tätigkeit mit philosophischem Zweck, gegen die auch Sophisten nichts einwenden konnten. Plato suchte die Wahrheit, indem er sie in wechselnden Bahnen umkreiste. Der Mythos wollte hier nicht Offenbarung sein, sondern Ausdruck dessen, was sein Schöpfer erahnte. Zugleich handelte es sich um ein Kunstmittel, die Hörer zu fesseln und an den Schülerkreis zu binden. Diesem Zwecke diente z. B. auch die Erzählung von Atlantis im *Timaios*, die bis heute Gelehrte und Ungelehrte zu Deutungen anregt. Dieser Dialog war übrigens praktisch das einzige Werk Platos, das man im 12. Jahrhundert kannte, und auch dies nur fragmentarisch aus einer kommentierten Übersetzung des 4. Jahrhunderts durch Calcidius. Erhalten sind die früheren, kosmologischen Partien des Werkes; was anschließend Plato über den Menschen schrieb, fehlt. Von anderem, das in einem langen Leben und in immer neuen Denkansätzen entstand, gab es nur aus zweiter oder dritter Hand einige Kenntnis, mit den Übermalungen des späteren Platonismus. Den Christen war es angenehm, von einem heidnischen Philosophen zu

lesen, daß er an die Unsterblichkeit der Seele geglaubt hatte, an einen persönlichen Weltschöpfer und an ein Reich der Ideen, während in dieser Welt
Unvollkommenheit herrsche und die Materie zwar nicht böse sei, aber den
Menschen «verdumme». Plato hat in der antiken und in der abendländischen
Welt als ein großer Anreger gewirkt, im Mittel- und Neuplatonismus und
dann wieder, an einer Nahtstelle der intellektuellen Entwicklung, in der Frühscholastik. Im 13. Jahrhundert ging seine führende Rolle auf Aristoteles über,
den Systematiker der antiken Wissenschaft, einen nüchternen Denker, der im
Mythos eine Verfallsform des menschlichen Geistes sah.[1] An die Stelle des
freien, wenn auch durch den Verstand kontrollierten Waltens der Intuition
trat die trockene, sachbezogene Darlegung im Rahmen eines Systems der
Wissenschaften. Die platonische Ideenlehre hatte ausgedient, doch kehrte platonistisches Gedankengut durch arabische Kommentatoren und Umformer des
Aristoteles in neuer Form nach Europa zurück.

Daß das *Timaios*-Fragment von der Entstehung der Welt handelte, machte
es für jene Gelehrten des 12. Jahrhunderts wertvoll, die nicht mehr nur – wie
Augustinus – «Gott und die Seele» im Auge hatten. Man konnte Gott auch
durch seine Schöpfung zu erfassen suchen. Von der Hauptstraße der damaligen Wissenschaft zweigte hier ein Nebenweg ab, der zur Naturphilosophie
und später zur Naturwissenschaft führte. *Timaios*, der seinen Namen nach
einem Schüler des Sokrates hat, der als Gesprächspartner auftritt, wollte den
kosmologischen Rahmen für Reformen moralischer und politischer Art aufzeigen, die Plato anstrebte; durch Betrachtung des Kosmos und seiner Ordnung sollte der Mensch geläutert und auf den Baumeister der Welt hingewiesen werden.[2] Der göttliche Meister formte die Materie; er war nicht der
Schöpfer, wurde aber im Mittelalter mit dem Schöpfer gleichgesetzt. Das
erleichterte die «Christianisierung» von Platos Gedanken; Schwierigkeiten
bereitete die nicht von dem Weltenbaumeister geschaffene Materie. Schon
Calcidius hat übrigens das mythische Element des *Timaios* zurücktreten lassen.[3] Im späteren Platonismus begann freilich ein neuer, gnostisch orientierter
Prozeß der «Remythisierung».

Plato gab seine Erzählung über Werden und Wesen der Welt ohne Begründung oder Anknüpfung an eine bestehende Tradition; erst dem mittelalterlichen Menschen mußten Anklänge an das Buch Genesis auffallen. Hier ist ein
religiöser Mythos einem philosophischen begegnet. Beide stimmten in der
Bejahung dessen überein, was der Dualismus leugnete: Daß diese Welt gut ist
und auf einen guten Baumeister schließen läßt. Man hatte meist auch wenig
einzuwenden, wenn Plato «über die himmlischen Lebewesen» sprach, die
«Seelen der Sterne», die auf diesen sitzend die Natur betrachten.[4] Hier haben
sehr alte Vorstellungen sowohl den *Timaios* wie auch das Mittelalter bestimmt.

Bilder und Erzählungen nach Art des Mythos waren gedankliche Schöpfun-
gen, die zur Weiterführung anregten. Dabei war man nicht streng an einen

Text gebunden, wie im christlichen Bereich an die Bibel, und hatte es darum nicht nötig, diesen Text zu allegorisieren – obwohl auch das versucht wurde. Man konnte ihn «weiterdichten» und hat dies in verschiedenen Epochen getan. Für Christen, vor allem jene geistlichen Standes, wurde der heidnische Charakter platonistischer Schriften dadurch entschärft, daß es sich nicht um Religion, sondern um eine Art poetischer Philosophie handelte. Hier konnte man experimentieren, wie Plato selbst mit immer neuen Gedanken experimentiert hatte, die um ein gemeinsames Zentrum kreisten. Es waren Metaphern, die dem realen Sein näherkamen als der übliche Ausdruck.

Nicht allen hat, damals wie heute, Platos Methode gefallen. Manegold von Lautenbach stellte am Ende des 11. Jahrhunderts Platos «Definitionen» der Seele zusammen, besser gesagt: seine Vergleiche der Seele mit anderem; es waren dreiundzwanzig.[5] Manegold war ein trockener Eiferer gegen Heidentum und neue Denkrichtungen, und er begriff keine Sätze Platos, die von der Seele als Idee, als Geisteshauch, als Sternenfünkchen sprachen. Doch gab es auch andere: Obwohl Abaelard von der Sprachlogik herkam, meinte er, daß Bilder ein Spiegel des Göttlichen sind. Die Sprache ist nach ihm weniger vollkommen als die bildliche Kontemplation.[6] Gewiß, es war gefährlich, im Geiste Platos zu immer kühneren Gleichnissen vorzustoßen. Was hätte Manegold zu einem Satz gesagt, den später Alanus von Lille schrieb: «Durch den Verstand wird die Seele zum Geist, durch ihre Teilnahme am [göttlichen] Intellekt [intellectualitas] wird die menschliche Seele zu Gott.»[7] Das hat dem Alanus nicht geschadet, denn im Zusammenhang verstand man den Satz «erbaulich». Nur wer diesen Zusammenhang mißachtete, konnte ihn für ein Theorem halten. Auch Mystiker haben manches dieser Art gesagt, das nicht der Zensur verfiel.

Platos mythische Erzählungen waren offen für ein Weiterbauen durch «Platonisten» aller Jahrhunderte. Was das Hochmittelalter besaß, waren zum geringsten Teil Texte Platos, zum größten solche des Neuplatonismus, mit allen Widersprüchen zwischen den einzelnen Aussagen in diesem großen Konvolut. Daneben gab es den Lateiner Boethius mit seinen Verbindungen zur Schule von Alexandria und zu der Athener Schule mit Pseudo-Dionysius Areopagita.[8] Aus dem Mittelplatonismus hat sich dauernd, sowohl bei Calcidius wie dem Neuplatonismus, eine Art philosophischer Trinität erhalten: Der oberste und durchaus jenseitige Gott, dessen Wesen den Menschen verborgen blieb; von ihm verschieden der Geist Gottes, in dem die Ideen und die Vorsehung ihren Platz haben; und schließlich die Weltseele,[9] den einzelnen Menschenseelen verwandt. So schien das Problem gelöst, daß die Transzendenz Gottes mit seiner Zuwendung zur Welt vereint werden sollte. Verlockend war für christliche Theologen der Versuch, diese Trias als verschlüsselte Erkenntnis des Vaters, des Logos im Prolog des Johannesevangeliums und des Heiligen Geistes zu sehen. Der Geist Gottes als Träger der Ideen («Formen») und diese als Gedanken Gottes, das sind Vorstellungen, die durch Augustinus in das abendländische Denken eingeführt wurden.[10]

Schon im Mittelplatonismus des 2. Jahrhunderts n. Chr. wurde das philosophische Element von einem religiösen überschichtet; es bereitete sich vor, was Plotin und der Neuplatonismus seit dem 3. Jahrhundert zu einem Weltsystem erhoben: Aus Emanationen des letzten und höchsten Seins ist alles hervorgegangen, der Geist mit den Ideen, die Weltseele, die körperliche Welt und die ungeformte Materie. Die Gnostiker identifizierten mit der Materie das Böse, und auch im Platonismus hat sich dieses konkretisiert. Was im *Timaios* höchstens anklang, wurde durch Calcidius verstärkt, ohne daß das generell optimistische Weltbild in ein pessimistisches umgewandelt wurde. Im System des Neuplatonismus gibt es nach dem Abstieg von einem transzendenten Gott zur dummen, aber auch verführerischen Materie einen Aufstieg zu lichten Höhen, eine Heimkehr aus der Fremde. Das Göttliche im Menschen wird zum Göttlichen im All zurückkehren. Die «lichte» Grundstimmung des Platonismus unterscheidet ihn auch im Hochmittelalter von einem Dualismus, wie ihn die Manichäer und dann die Katharer gesehen haben. Im Neuplatonismus mischt sich mit der Lehre des Meisters übrigens Gedankengut aus den verschiedensten – aristotelischen, stoischen, pythagoreischen, – Quellen und einiges scheint den Mysterienkulten der Zeit entnommen. Daß Schulen und Autoren einander widersprachen, hat auf das Mittelalter nicht abstoßend, sondern anregend gewirkt; es war eine eigene Welt neben der christlichen und doch mit ihr seit den Zeiten der Kirchenväter in steter Berührung. Gelegentlich fand man hier auch Argumente gegen die Katharer: ein *Buch der Ursachen* mit seiner Emanationslehre aus dem 4. Jahrhundert wurde seit Alanus von Lille immer wieder gegen sie zitiert.[11] Der Platonismus des Hochmittelalters hat seine Spuren auch in der bildenden Kunst hinterlassen: Abt Suger von Saint-Denis (1122–1151) hat in seiner Abteikirche ein «neuplatonisches Programm» verwirklicht. Wie es dazu kam, ist erwähnenswert, weil es zeigt, auf welchen Umwegen Tendenzen das Platonismus Intellektuelle des 12. Jahrhunderts beeinflußten.

Dionysius ist der Name eines athenischen Richters, den der heilige Paulus bekehrte. Von ihm ist nichts Weiteres bekannt. Ein Mitglied der Athener Schule des Platonismus schrieb um 500 unter seinem Namen, und die Werke dieses Pseudo-Dionysius Areopagita wurden 827 durch den byzantinischen Kaiser Michael «den Stammler» an Ludwig den Frommen gesandt. Dieser gab sie an die Abtei Saint-Denis weiter, denn hier glaubte man die Reliquien des heiligen Dionysius zu besitzen, der die Abtei gegründet haben sollte. Abt Hilduin versuchte sich an einer ersten Übersetzung der Schriften. Eine zweite, freiere Übersetzung gab dann Johannes Scotus (Eriugena), der den Ruhm des Pseudo-Dionysius im Abendland begründete. Man war in Saint-Denis sehr böse, als der dorthin versetzte Abaelard behauptete, Dionysius sei Bischof von Korinth gewesen und habe mit Saint-Denis nichts zu schaffen.

Johannes Scotus stand unter dem Schutz Kaiser Karls des Kahlen (gest. 877) und konnte es sich darum leisten, bis an die Grenze der Rechtgläubigkeit vorzustoßen. Pseudo-Dionysius und mystische Schriften, die Johannes über-setzte, brachten ihn an den Rand des Pantheismus. Hier war das Böse keine Realität, während Gottes Licht die Welt durchstrahlte. Die «Lichtmystik»[12] (oder besser: «Lichtmetaphysik») entfaltete ihre Wirkung seit dem 12. Jahr-hundert, denn im 11. waren Johannes Scotus und der Areopagite so gut wie vergessen. Sugers Bau der Kirche von Saint-Denis folgte dem Programm, diesem himmlischen Licht die Architektur zu öffnen; es wurde von da an für die französischen Kathedralen bestimmend. Im Zuge des neu erwachten Plato-nismus kopierte man die einschlägigen Schriften, zum Teil mit dem Zusatz, daß dieses oder jenes häretisch sei.[13] Es dauerte aber bis 1225, also 350 Jahre nach dem Tod des Johannes, daß sein Hauptwerk durch Papst Honorius III. verurteilt wurde. Die große Zeit des Platonismus war zwar schon vorüber, doch wirkte er weiterhin nach, auch z. B. bei Thomas von Aquino.[14]

Man hat von den «Platonismen» des 12. Jahrhunderts gesprochen, und tatsächlich konnte jeder Gelehrte aus der reichen Fülle des platonistischen Erbes sich aneignen und weiterbilden, was ihm gemäß war. Das betrifft z. B. Abaelard[15] und Gilbert von Poitiers, aber auch die Gelehrten von Saint-Victor in Paris.[16] Im Vordergrund steht jedoch die Schule von Chartres – so dürfen wir sie wohl nennen, obwohl ihre Existenz bezweifelt wurde[17] und sie nur Teil eines größeren Ganzen war. An ihrem Anfang stand Bernhard von Chartres (gest. 1124), «der Gelehrteste unter den Platonisten seines Jahrhunderts», wie ihn Johann von Salisbury nannte.[18] Bedeutender scheint uns heute Thierry (Dietrich) von Chartres,[19] wahrscheinlich ein Bruder Bernhards, Kanzler von Chartres in den vierziger Jahren, bevor er sich 1150 in ein Kloster zurückzog. Er wollte den biblischen Schöpfungsbericht, wörtlich (ad litteram) und nicht allegorisch aufgefaßt, mit den Aussagen des *Timaios* vereinen. Dabei konnte er auf Mythisches und eine metaphorische Ausdrucksweise nicht verzichten. Es war Thierry jedoch bewußt, daß sie etwas Willkürliches an sich hatte. Wenn man von Gott Vater, Gott Sohn und dem Heiligen Geist sprach, konnte man dann nicht auch von Gott Mutter, Gott Tochter und Gabe (donatio) reden? Die Gaben des Heiligen Geistes waren ja Feminina.[20] Solche Gedanken blieben in der Tradition von Aussagen des Pseudo-Dionysius. Alles Vergäng-liche ist nur ein Gleichnis, und so müssen wir mit Gleichnissen vorliebneh-men, wenn wir vom Ewigen reden.

Thierry wurde früher des Pantheismus geziehen. Es ist richtig, daß er schrieb: «Die einzelnen Dinge empfangen ihr Sein aus der Göttlichkeit», aber das sollte im Zusammenhang gelesen werden. Es ging hier um Gottes Allge-genwart.[21] Bedenklicher war es, daß Thierry die Trinität nach ihrer Wirkungs-weise auf die Schöpfung erklärte: Der Vater sei die bewirkende Ursache, der Sohn die formale, der Heilige Geist die finale (zweckbestimmende) Ursache der Materie.[22] Von dieser «modalistischen» Auffassung her war es nicht weit zur Beziehung der platonischen Ideen (oder «Formen») auf die zweite trinita-rische Person. Thierrys spekulative Theologie verleugnete die Nähe zum Platonismus auch nicht in der Zusammenführung pythagoreischer Aussagen mit solchen über die Trinität. Den Weg dazu hatte Boethius den abendländischen Theologen gewiesen.[23]

Schon vor Thierry lebte in Chartres als Student, Kanoniker und dann Kanzler der bedeutende Gilbert von Poitiers. Wenn von beiden nicht ausdrücklich bezeugt ist, daß sie in Chartres lehrten, so haben sie doch ganz sicher dort mit ihren Kollegen debattiert und als starke Persönlichkeiten auf sie Einfluß ausgeübt.[24] Gilbert war ein zu selbständiger Geist, als daß er sich einer Schule einordnen ließe. Anders der wenig bekannte Clarenbald von Arras mit seinem Boethius-Kommentar und einem Traktat, den er an die Werke Thierrys anhängte; Thierry war «sein Lehrer», wie er schrieb.[25] Den «tractatulus» hat man früher Thierry zugeschrieben; in ihm findet sich Pythagoreisches ebenso wie Thierrys Aussage, daß die Urmaterie «von Gott herabstieg».[26] Zu den Bedeutenden zählt dagegen Wilhelm von Conches, der die gleiche Methode wie Bernhard von Chartres befolgte, so daß es wahrscheinlich ist, daß er dort auch seine Vorlesungen hielt.[27] Thierry gewidmet ist die Kosmographie des Bernardus Silvestris, der einen dem Thierry nahestehenden Platonismus in dichterische Formen goß.

Was diese und andere Autoren wollten, ja wozu alle abendländischen Intellektuellen – zum erstenmal seit der Zeit der Kirchenväter – aufgerufen waren, das war die geistige Auseinandersetzung mit dem platonischen Erbe. Im Gegensatz zu dem Mythos der Katharer hat es das Denken außerordentlich befruchtet; beim religiösen Mythos ging es um Glauben oder Nichtglauben, bei dem philosophischen um ein Experimentieren mit Gedanken und Weiterbildungen des Platonismus. Den Versuch einer Christianisierung platonischen Denkens konnte man schon bei Augustinus finden. In seinen *Confessiones* erzählt er, man habe ihm Bücher Platos in lateinischer Übersetzung besorgt, und hier habe er Sätze gefunden, die – nicht wörtlich, aber sinngemäß – den ersten Sätzen im Prolog des Johannesevangelium glichen.[28] «Plato christianus» trat schon damals neben den «Vergilius christianus», dessen vierte Ekloge die Ankunft Christi zu prophezeien schien. Im Lauf der Jahrhunderte traten diese Dinge zurück, doch jetzt wollte man sie wieder für sich erobern. Ein Autor von Glossen zum *Timaios* schrieb: «Wir fordern, daß niemand in Lachen ausbricht und kein Hörer ärgerliche Worte sagt, wenn wir hin und wieder bei dem, was wir [über Plato] sagen wollen, Gottvater, Gottsohn oder den Heiligen Geist erwähnen.»[29]

Die Verchristlichung Platos hatte schon zur Zeit des Augustinus dazu geführt, daß man behauptete, der Meister habe die jüdischen Propheten gekannt, ja sei ihr Schüler gewesen, etwa in Ägypten. Augustinus lehnte das ab: Plato und Jeremias waren keine Zeitgenossen; wenn sie es gewesen wären, so hätte Plato die Propheten nicht lesen können, denn sie waren noch nicht ins Griechische übersetzt.[30] So blieb der Rekurs auf eine innere Verwandschaft: Gott hatte den antiken Philosophen eingegeben, wahrer zu reden, als sie es wußten und verstanden. Wenn (in Rom. 1.18–23) von dem Wissen der Heiden um Gott gesprochen wird, bezieht das Abaelard auf den konkreten Fall:[31] «Nach dem Propheten haben Plato, der größte der Philosophen, und seine Nachfolger ... die Hauptsache [summam] der gesamten Trinitätslehre veröffentlicht, dort wo sie den Geist, den sie ‹nous› nennen, aus Gott geboren und ewig wie Gott sein lassen – das heißt: den Gottessohn, den wir die Weisheit Gottes nennen.»[32] Abaelard war keineswegs allein, wenn er den Sohn als Gottes Weisheit bezeichnete. Das tat z. B. auch Wilhelm von Conches, der noch weiter ging: Bei ihm war die zweite göttliche Person gleich der Idee, die Gott vor der Schöpfung von dieser hatte, wodurch die Verbindung mit den Gedanken des *Timaios* sehr stark hervortrat.[33] Hier war freilich Vorsicht geboten; Wilhelm von Saint-Thierry hat den Vorwurf der Häresie jenen gegenüber ausgesprochen, die die Trinität von der Schöpfung her begreifen wollten.

Nach christlicher Lehre war die Trinität im Neuen Testament geoffenbart, im Alten vorausgeahnt worden. Jetzt ruhte die Lehre auf zwei Pfeilern, dem Neuen Testament und den antiken Philosophen, Dichtern und Sibyllen. Abaelard meinte, in der Antike sei man zu größerer Klarheit gekommen als bei den Juden, die Formulierungen der Propheten über das Wort (des Herrn) seien unschärfer als jene Platos über den aus Gott geborenen Verstand (mens), den «Sohn Gottes». Vielleicht seien sich die Philosophen gar nicht dessen bewußt gewesen, daß sie eine Offenbarung empfingen.[34] Abaelard, der um Platos Methode sehr wohl Bescheid wußte und den Begriffen des Meisters ein «gleichsam» oder «gewissermaßen» voranstellte, ist hier der Versuchung erlegen, den philosophischen Begriffen ein theologisches Sein zuzuschreiben, also sie zu ontologisieren. Aber Vorsicht schien unnötig zu sein, sprach doch die Bibel von der Offenbarung an die Heiden, wie dies auch Kirchenväter taten. Dazu kan die hochstehende Ethik mancher dieser Heiden in Parallele zu den «christlichen» Einzellehren, die bei ihnen zu finden waren.[35]

Man konnte eine Parallele zwischen dem göttlichen Logos und dem platonischen «nous» herstellen, also dem auf die Schöpfung der Welt gerichteten Geist Gottes, und man konnte den Logos neben die Idee der Schöpfung setzen. Weniger gut vertrug sich ein weiteres Begriffspaar, der Heilige Geist und die Weltseele. Nach der Erzählung Platos im *Timaios* schuf die Gottheit ein sichtbares Lebewesen, das alle anderen Lebewesen in sich enthielt; durch Gottes Voraussicht hatte die Welt eine Seele und einen Verstand.[36] Platos Gedanke wurde verstärkt durch seine Kommentatoren, die aus der Weltseele eine quasi-göttliche Person machten. So fanden es griechische Kirchenväter unverdächtig, sie dem Heiligen Geist gleichzusetzen. Im lateinischen Bereich war man vorsichtiger, und Augustinus sprach von einer «großen und dunklen Frage».[37] Immerhin hatte schon das Buch Genesis von dem Geist Gottes gesprochen, der über den Wassern schwebte. Ciceros Kommentator Macrobius hatte Stellen gesammelt, an denen Vergil von der Weltseele zu sprechen schien als dem Geist, «der von innen her Länder und Meere und Sterne ernährt». Das zitierte Abaelard;[38] ohne Kommentar stellte er fest, daß Weltenseele und Heiliger Geist hier gleichgesetzt seien.

Anderswo hat Abaelard seine persönliche Ansicht geäußert: Wenn von der Weltseele gesprochen wird, ist das eine allegorische Ausdrucksweise, die nicht den Heiligen Geist meinen kann, denn dieser ist ewig wie der Vater, nicht sein Geschöpf; er regiert in manchen Gläubigen, nicht in allen Menschen. Seit der Schöpfung hat der Heilige Geist auch den Namen «anima» (Seele), weil er lebendig macht (animare = vivificare).[39] Trotzdem scheint man auf der Synode von Sens Abaelard der Häresie bezichtigt zu haben, daß er den Heiligen Geist mit der Weltseele gleichsetze.[40]

Auch Wilhelm von Conches war zeitweise die Zielscheibe solcher Anschuldigungen. Tatsächlich schrieb er: «Die Weltseele ist eine Naturkraft . . . Aber wie mir scheint, ist diese Kraft der Heilige Geist.»[41] Anderswo zählte er vier verschiedene Meinungen über die Weltenseele auf und fügte ihnen, als seine eigene, eine fünfte hinzu: Es handle sich bei der Weltseele um die göttliche Vorsehung oder das auf göttlicher Weisheit beruhende Schicksal.[42]

Hier ist also der Brückenschlag zu Plato nicht gelungen. Aristoteles, wie stets das Mythische abschwächend, setzte an die Stelle der zwischen Werkmeister und Schöpfung vermittelnden Kraft ein unindividuelles Prinzip, die Entelechie. Das war die innere Zielstrebigkeit der Organismen zu ihrer gottgewollten Form hin. Einen ähnlichen Weg wählte Bernardus Silvestris, bei dem freilich in diesem Zusammenhang immer noch der Heilige Geist genannt wurde.[43] Schließlich verschob sich, Aristoteles folgend, das Problem endgültig aus der Theologie in die Naturphilosophie. Dort waren zurückbleibende Unklarheiten nicht gefährlich.

Hugo von Saint-Victor sprach von «einer geheimen Naturkraft, die unsichtbar ist, aber alles nährt und lebendig macht».[44] Alanus von Lille stellte sich die Weltseele als eine rotierende Sphäre vor, die jedoch mit Verstand begabt (intelligibilis) ist;[45] er schrieb ihr die Funktionen der «Natura» zu,[46] also eines Vernunftwesens. So ist es zu erklären, daß «Natura» in der spekulativen Dichtung die Rolle einer Göttin annehmen konnte und im Mittelpunkt der Ereignisse stand, die vom Kosmos und den Menschen erzählt wurden.

Die Weltseele betraf Theologen und die werdende Naturphilosophie, also ein Fachschrifttum höherer Art. Mehr Streit entfachten andere Gedanken Platos, weil sie für den grammatischen Unterricht ein philosophisches Fundament vorgaben. Es handelt sich um das vielberufene «Universalienproblem».

Von allem, was er formte, hatte der göttliche Werkmeister «Ideen», die vor den Dingen waren und etwas anderes als sie. Das mußte auch für die Wörter und Sätze der Sprache gelten. Was sich von mehr als einem einzigen Gegenstand aussagen läßt, steht für uns in der Sphäre der Begriffe oder, wie man einst sagte, der Universalien. Der Unterschied besteht darin, daß der Begriff für uns als gedankliche Erscheinung existiert, die Universalien jedoch vielfach – in Nachfolge Platos – als metaphysische Wesenheiten im Sinne der Ideen-

lehre angesehen wurden. Auch dieses Problem hatte der *Timaios* aufgeworfen.
Dort kam es auf das schöpferische, künstlerische Moment in den Urbildern an,
nicht auf ihre reale Existenz, während man im Mittelalter diese in den Mittelpunkt stellte. Für den nüchternen Aristoteles hat es keine überirdische Welt der
Ideen gegeben, und er vermied es zumeist, über das Wesen der Begriffe nähere
Aussagen zu machen.[47] Die *Neue Logik*, in der er näher darauf einging, war
vorerst im Abendland noch nicht bekannt. Sein «gemäßigter Realismus» stand
im Gegensatz zu dem «extremen Realismus» der Neuplatoniker und dem
späteren «Nominalismus», für den die Begriffe keine Realität besaßen, sondern
nur «Namen» waren. In den Schulen des 12. Jahrhunderts wurde der Streit
nicht vom Zaun gebrochen, er war ein altes Erbe: Man fand das Problem schon
am Beginn des gängigen Lehrbuches der Dialektik, der *Isagoge* (Einführung) in
die logischen Schriften des Aristoteles durch den Neuplatoniker Porphyrius.[48]
Übrigens waren alle mittelalterlichen Denker, auch nominalistische, Realisten
in dem Sinne, daß sie an die Realität und Erfaßbarkeit der Außenwelt glaubten.[49]

   Die Konsequenzen des extremen Platonismus auf diesem Gebiet hat schon
im 9. Jahrhundert Ratramnus von Corbie geschildert, dem ein Zeitgenosse
erklärte, «daß alle Menschen ihrer Substanz nach ein einziger Mensch sind, daß
alle vernunftbegabten Seelen ihrer Substanz nach eine einzige Seele sind».[50]
Auf diese Weise wollte man z. B. die Erbsünde als Schädigung der gemeinsamen
Seelensubstanz erklären.[51] Für Thierry von Chartres lebten Formen (Ideen)
und Namen (Begriffe) der Dinge untrennbar im Geiste Gottes zusammen. Für
ihr Dasein wesentlich war ihre Namengebung durch Gott; daß dann Adam die
Tiere usw. benannte, gab ihm der Heilige Geist ein.[52] So hatten platonische
Gedanken sehr bald theologische Folgerungen. Zugleich waren sie – neben den
wenigen Kontroversproblemen der Theologenschaft – ein Ausgangspunkt für
die Bewährung des Scharfsinnes der Gelehrten. So hat z. B. der junge Abaelard
das Universalienproblem dazu benützt, den berühmten Pariser Lehrer Wilhelm
von Champeaux zu einer Korrektur seiner Thesen zu zwingen. Er rang ihm ab,
daß in den Einzeldingen die gemeinsame «Sache» nicht «dem Wesen nach»,
sondern «ohne Unterschied» vorhanden sei.[53] Das hatte Folgen für beide:
Wilhelms Ansehen sank, jenes Abaelards stieg im Kreis der Studenten.

   Abaelard hat viel für die «Entmythisierung» des Universalienproblems und
für eine neue Sprachphilosophie getan. Man ist sich nicht einig darüber, ob er
als Nominalist bezeichnet werden soll; jedenfalls war er kein Nominalist im
Sinne des 14. Jahrhunderts.[54] Er ist Plato nahe geblieben, indem er sagte, die
Formen (Ideen) seien Entwürfe Gottes, aber der Inhalt von Worten (d. h. die
Begriffe) sei nicht das, was im Geist Gottes existiert. Nach Abaelard gibt es
Sachen, geistige Abbilder von Sachen und (göttlichen) Ideen. Die beiden letzteren sind nicht real (res),[55] aber auch nicht willkürliche Zuschreibungen: sie
stehen mit den Sachen in einer realen Beziehung. Wir würden von einem
«a priori» sprechen.

Damit war auch ein Problem entschärft, das sich für die kühnsten unter den
Realisten stellte: die Anwendung der Sprachphilosophie auf den Gottesbegriff. Plato hatte zwischen der völlig transzendenten Gottheit und dem auf die
Ideen ausgerichteten göttlichen Werkmeister geschieden; das wurde im Christentum nicht rezipiert. Aber Gilbert von Poitiers, sowohl vom Platonismus
als auch von der Sprachlogik herkommend, beharrte auf der Unterscheidung
von Gott und göttlicher Wesenheit (essentia). Als ihn in Reims 1148 der Papst
befragte, ob er nicht doch die Identität von beidem annehmen könne, antwortete er: «Nein!» Otto von Freising, der das berichtet,[56] fügte daran lange
Erläuterungen, die Gilbert am nächsten Tag gab. Ein Satz hätte genügt, um
ihn vom Häresieverdacht freizusprechen: Daß es sich bei dem Unterschied um
eine gedachte, aber nicht um eine real bestehende Größe handle. Doch Gilbert
blieb in diesem Punkt Platonist.

Platos Ideenlehre hat durch viele Jahrhunderte das Denken befruchtet. Im
zwölften war es weniger die Theologie als die Sprachphilosophie, die dabei im
Vordergrund stand. Sie ging einen Schritt weiter auf dem Weg, den schon
Aristoteles und Boethius beschritten hatten, den Mythos dem Reich der Vernunft einzuverleiben. Man war durch die Bilder des Philosophen gefordert
und veränderte sie zu akademischen Thesen.

Weder Plato noch die Frühscholastik haben ein durchgehendes System hinterlassen, beide waren aber von dem Willen beseelt, die Vielfalt der Erscheinungen und des Geschehens aus wenigen einfachen Prinzipien abzuleiten.
Dazu zählte auch, daß der *Timaios* die Parallele von Makrokosmos und Mikrokosmos aufzeigte, nicht als Allegorie, sondern im Sinne eines physisch gleichartigen Baues. Als Mikrokosmos erschien der Mensch beseelt, so wie man
auch den Makrokosmos dachte, und aus den vier Elementen zusammengesetzt. Während im «wilden» Denken alles mit allem zusammenhing, war es
ein Fortschritt der Erkenntnis, Mensch und Umwelt zu trennen und beide als
zusammengesetzte Einheiten eines wohlgeordneten Kosmos zu begreifen. Die
Kommentatoren des *Timaios* haben die alte, keineswegs nur bei Plato begeg-
nende Anschauung weitergetragen; im Mittelalter findet sie sich bei Johannes
Scotus und wurde dann seit dem zweiten Viertel des 12. Jahrhunderts ziemlich
rasch und allgemein rezipiert.[57] Eine Generation später hat man – etwa im
Bereich von Regensburg und bei Herrad von Landsberg – versucht, den «Kos-
mosmenschen» in einer Gestalt abzubilden, deren byzantinische Ursprünge
erkennbar sind.[58] Da konnte man z. B. den Kreislauf des Wassers mit dem
Blutkreislauf vergleichen, was zuerst Honorius Augustodunensis tat.[59] Zog
man solche Vergleiche ganz durch, wurden sie absurd. So bei Hildegard von
Bingen, wo die Hirnschale dem «oberen lichten Feuer» des Himmels, das
Gehirn dem «dunklen Feuer» entspricht, die Region von der Augenhöhe bis
zum Nasenende dem Äther mit Sonne und Mond korrespondiert.[60] Hier
herrscht der Gedanke, daß der Mikrokosmos «Mensch» ein Spiegel des Makrokosmos sein muß und es der Ehre Gottes dient, diese Parallele aufzuzeigen.

Uferlos ging die Suche nach Beziehungen weiter, ähnlich dem «wilden» Denken von einst: «Der Mensch enthält alles . . . und in ihm ist alles verborgen.»[61] Hildegard hat unter anderem die Monate mit ihren Qualitäten in Entsprechung «zu den Lebensaltern gesetzt und diese wieder auf die Körperteile bezogen und endlich die Produkte der Erde mit den Werken der Seele in Analogie gebracht».[62]

Gutgemeinte Versuche, das Gleichnis Platos zu konkretisieren, hat es im 12. Jahrhundert mehrfach gegeben, auch zusammen mit der Aufzählung der politischen Strukturen aus Platos *Staat*. In einer Glosse zum *Timaios* schrieb ein unbekannter Autor: Sokrates sah an der Spitze des Makrokosmos Gott und die Planeten, in seiner Mitte Geister, die Gott dienen, und in der unteren Sphäre die Dämonen. In ähnlicher Art haben die hohen Gaben des Menschen, wie etwa die Weisheit, im Kopf, mittlere, wie die Tapferkeit, im Herz, niedere, wie die Begierlichkeit, in den Lenden ihren Sitz. «Gemäß dieser Disposition» hat der Mensch hohe Beamte wie Senatoren, mittlere wie z. B. Offiziere und niedere wie Handwerker bestellt.[63] Öfter begegnet die Gegenüberstellung von Makrokosmos und Mikrokosmos zur einfachen Bezeichnung des außermenschlichen und des menschlichen Bereichs. So etwa bei Bernardus Silvestris, der in einem ersten Buch namens *Megacosmus* über die Welt schreibt, im zweiten sich dem *Microcosmus* Mensch und seiner Schöpfung zuwendet.[64]

Platos Parallele hat dazu beigetragen, den Menschen als Naturwesen zu begreifen, während das Bild von einem menschenartigen Kosmos nicht weiterführte. Man dachte nicht nur über Gott und den Menschen, sondern auch über die außermenschliche Schöpfung nach, und besonders in Chartres wurde sie zu einem Studienobjekt. Das geschah gewiß nicht ganz im Geiste Platos und hat sich von seinem Denken oft weit entfernt. Wenigstens in Ansätzen entstand hier eine abendländische, über die antike hinausgehende Naturphilosophie.

Wir haben noch von der Lehre des *Timaios* über die Gestirne zu sprechen: Auf jedem Stern sitzt eine Seele und betrachtet (oder überwacht) die Natur. Diese Seelen, die an Zahl den Sternen gleichkommen, wurden vom Weltenmeister über die Gesetze der unvergänglichen Ordnung belehrt.[65] Die Bewegung der Himmelskörper faszinierte seit jeher die Menschen und führte zu der Vorstellung von intelligenten Bewohnern auf den Planeten. So hat man auch Platos Weltseele auf die Himmelssphäre reduziert und den Gestirngottheiten ein hohes Wissen um die Schicksale der Welt zugesprochen. Calcidius schrieb, mit Recht leite «der Mathematiker» von den Sternen die Gunst eines Augenblicks ab.[66] Künftiges in den Sternen zu lesen war für den Menschen des Mittelalters nicht unchristlich, solange man glaubte, daß die Sterne Gott gehorchten und nicht selbst Götter waren.[67] Auf diese Verteidigungslinie hat man sich im 12. Jahrhundert unter dem Eindruck der arabischen Sternenkunde zurückgezogen, die stark astrologisch orientiert war. Von Seelen aller Sterne war nicht mehr die Rede, jetzt ging es vor allem um die Planeten mit ihren merkwürdigen Sonderbewegungen.

Raimund von Marseille meinte, der Heilige Geist sei der Ausgangspunkt für die Fähigkeit der Planeten, die Zukunft vorherzusagen; so wie es sieben Planeten

gebe, rede man auch von dem «siebengestaltigen» Geist Gottes[68] – gemeint
waren die sieben Gaben des Heiligen Geistes. Das war die Deutung, mit der
man Platonisten in der Diskussion entgegenkommen konnte. Ähnlich war es
mit der Weltseele, die, wie schon gesagt, Wilhelm von Conches in die Nähe
des Heiligen Geistes stellte.[69] Es entsprach der allgemeinen Anschauung,
wenn Bernhard von Chartres schrieb: «Wir glauben nicht, daß die Sterne oder
die Planeten Götter sind, und wir beten sie nicht an, sondern wir glauben an
ihren Schöpfer . . . und beten ihn an. Wir glauben jedoch, daß der Allmächtige
den Planeten die Gewalt gegeben hat, von der die Alten meinten, daß sie von
den Sternen selbst herrühre.» Diese Gewalt bestehe darin, daß die Planeten
«von Natur aus allen Sterblichen ihr Schicksal vorschreiben», falls nicht Gott
sich durch Bitten erweichen läßt oder den Menschen zürnt und Schlimmes
statt Gutem schickt.»[70]

Hier blieb eine Hintertür offen, das astrologische Fatum mit dem Eingreifen
Gottes zu vereinen. Schwieriger war es, neben einem solchen Denken der
menschlichen Willensfreiheit ihr Recht zu belassen. Augustinus, Gregor der
Große und dann auch Abaelard sahen, daß die Lehre der Astrologen determi-
nistisch orientiert sein mußte, und Johannes von Salisbury hat sich dem angeschlossen.[71] Einen Anlauf zur Harmonisierung unternahm Wilhelm von Conches in seinem Kommentar zu der zitierten *Timaios*-Stelle: Nur die körperliche Welt ist den Gestirnen unterworfen. Die Planeten bringen Wärme, Kälte,
Trockenheit und Feuchtigkeit auf die Erde und in den Körper, auch bei Empfängnis und Geburt, von ihnen können also Einflüsse auf den Menschen
ausgehen. Falsch ist es, daß die Sterne Reichtum und Macht gewährleisten
können.[72] Einer der Feinde Wilhelms sagte trotzdem, es sei fast dasselbe, den
Timaios sowie die philosophischen Schriften Wilhelms von Conches zu lesen
und daran zu glauben, daß die Sterne Götter seien.[73]

So manche Versuche, Plato zu christianisieren, sind nicht nur an der Verschiedenheit der Aussagen gescheitert, sondern an einem methodischen Mißverständnis: Sie nahmen die einprägsame und bildhafte Sprache Platos nicht
metaphorisch, sondern wörtlich. In einer Zeit, da man auf dem Gebiet der
Bibelkunde den Rückweg von der allegorischen Betrachtungsweise zum Wortsinn gefunden hatte, war es schwierig, Plato als Verfasser von Gleichnissen zu
lesen. Eine um so bedeutendere Leistung ist es, daß einige Platonisten daran
gingen, dieses Element wieder zu beleben und auf das künstlerische Gebiet zu
verpflanzen. Freilich: Platos Kraft und Begabung haben sie nicht besessen,
und was dabei herauskam, war Gelehrtenpoesie.

Man nahm damit eine alte literarische Tradition wieder auf, deren Erzeugnisse zur Schullektüre gehörten. Da war vor allem das Werk des Martianus
Capella *über die Heirat der Philologie mit Merkur*, in dem übrigens Prosaein-
lagen mehr Raum als die Verse einnehmen. Bei Martianus, im frühen 5. Jahrhundert, handelt es sich noch um den allegorisch gedeuteten antiken Götter-
himmel, durch den die Reise geht. Neben den drei Grazien und den vier

Kardinaltugenden erscheinen hier die sieben freien Künste, ähnlich wie sie dann an der Kathedrale von Chartres abgebildet wurden. Nicht wegen der Fülle des ausgebreiteten Wissens haben Platonisten des 12. Jahrhunderts auf derartige Muster zurückgegriffen; vielmehr bot ihnen das Genre des poetischen Mythos die Möglichkeit, den platonischen zu verarbeiten und weiterzudenken, ohne daß sie damit einer Zensur verfielen. Bei Martianus Capella erscheint z. B. die Göttin Natura, die in der Dichtung des Alanus von Lille eine Hauptrolle spielt. Schon Plotin und seine Nachfolger hatten antike Götter zur mythischen Umschreibung abstrakter und trotzdem im Kosmos wirksamer Begriffe verwendet. Auch jetzt ging es den Platonisten um «die Verkörperung der Weltordnung».[74]

Wenn Gelehrte dieser Weltordnung Aufmerksamkeit schenkten, so geschah dies lange mehr nebenbei. Das Mönchtum hatte sich sozusagen demonstrativ von der Welt abgewendet, verlangte aber nicht, von den Werken der Schöpfung zu schweigen. Es bedurfte trotzdem eines äußeren Anstoßes, um die Sicht auf den Kosmos wieder zu eröffnen. Das bewirkte im 12. Jahrhundert die Lektüre platonistischen Schrifttums, und hier fand sich auch die «offene» Methode Platos und der philosophischen Poeten. Man konnte das Alte weiterdichten.

Bernardus Silvestris (etwa 1085–1178) schrieb einen Kommentar zu Martianus Capella und, in den vierziger Jahren des 12. Jahrhunderts, sein Hauptwerk, die *Cosmographia*. Ihr ist ein heidnischer oder doch unchristlicher Charakter zugeschrieben worden; sie enthält jedoch ein Kompliment für Papst Eugen III., und eine Glosse des frühen 13. Jahrhunderts behauptet, das Werk sei in Gegenwart des Papstes vorgelesen und von Eugen III. wohlwollend aufgenommen worden.[75]

In dieser durchaus unbiblischen Schöpfungsgeschichte treten handelnd einige Damen auf; es sind keine antiken Göttinnen, sondern Personifizierungen von Begriffen. Die wichtigste von ihnen ist Natura. Sie bittet Noys – die göttliche Vorsehung –, die ungeordnete Materie zu formen. Noys scheidet die vier Elemente voneinander, konstituiert die neun himmlischen Ordnungen der Engel, heftet die Sterne an das Firmament; dann wird ausführlich beschrieben, wie Winde, Tiere, Flüsse, Getreidearten, Fische, Vögel usw. geschaffen werden. Im zweiten Buch rühmt Noys gegenüber der Natura die Schönheit der Schöpfung und verspricht ihre Vollendung durch die Erschaffung des Menschen. Noys schickt die Natura deshalb zu Urania; sie durchwandert die Himmel und wird von Urania zum obersten der Himmel geleitet, wo Gott dem Plan zustimmt. Dann folgt der Abstieg durch Sternen- und Mondregion. Noys konzipiert die Idee des Menschen, dessen Vorbild der Umlauf der Gestirne sein soll. Urania, Physis und Natura führen das Konzept des Menschen aus, dessen Bau im *Microcosmus* beschrieben wird.

Die Erzählung dieser Handlung tritt zurück hinter die Schilderung des *Megacosmus* mit einem zahlreichen Personal aus der antiken Mythologie und einem geringeren christlichen. Immerhin gibt es die neun Chöre der Engel, den Erzengel Michael und die «dreieinige Majestät» Gottes; Christus ist Sohn der Jungfrau, in den Wassern des Jordan getauft, er ist wahrer Gott. Man kann also nicht, wie R. L. Poole und E. R. Curtius es taten, Bernardus Silvestris unter die Heiden rechnen.[76] Er war auch kein Skeptiker, der an Christliches ebensowenig wie an die heidnische Religion glaubte. Ein Halbsatz – «. . . wenn du [den] theologischen Argumenten Glauben schenkst . . .» – genügt nicht, um dies zu erweisen. Er bezieht sich auf ein Detail, den Sitz Gottes im obersten Himmel,[77] worauf ohne Vorbehalt die Lehre von den Engeln wiedergegeben wird. Andererseits gibt es auch Unchristliches wie den Emanationsgedanken oder das Schweigen über die Herkunft der Materie. Es handelt sich aber nicht um das Glaubensbekenntnis des Bernardus, sondern um sein Experiment, heidnische und christliche Gottes- und Welterkenntnis auf dem neutralen Boden der Dichtung auf einen gemeinsamen Nenner zu bringen. Abstrakte Begriffe werden in Parallele zur antiken Allegorisierung des Götterhimmels, ähnlich wie bei Martianus Capella, mit persönlichem Leben erfüllt.

Für den Glauben des Bernardus ist bezeichnend, was er über die Bibelstelle Gen. 1, 6 f. geschrieben hat. Dort wird berichtet, daß Gott die Wasser unter dem Himmel von den «Wassern über dem Himmel» getrennt habe; diese Vorstellung war nötig, solange man nichts vom Kreislauf des Wassers wußte. Bei den Theologen fand sie geteilte Aufnahme, und Wilhelm von Conches entschied sich gegen sie. Doch Bernardus lehnte das ab und berief sich auf die Kirchenväter, besonders Beda Venerabilis. In solchen Fragen des Glaubens und in jenen der Moral sei es nicht erlaubt, den Vätern zu widersprechen. Anders sei es mit der Philosophie. Die Kirchenväter seien größer gewesen als wir, aber doch nur Menschen.[78] Hier gab es also eine Art «Freiheit der Wissenschaft».

Es ist darum auch unrichtig, die «zwei Prinzipien», von denen Bernardus in seiner Kosmographie einmal spricht,[79] theologisch als Dualismus zu deuten. Es handelt sich um Gott und das (von ihm) Verschiedene (diversum), «sehr alt», also nicht ewig. Bevor Platos Werkmeister die Materie formte, war sie gemäß dem *Timaios* eine «formlose Möglichkeit»; ihrem Wesen nach stand sie zwischen einer und keiner Substanz.[80] Sie hieß auch «hyle» («der Wald»). Dieser war dem Griechen fremdartig, ein ungeordneter Holzvorrat. Im Kommentar des Calcidius nahm die «hyle» unheimliche Züge an, war aber noch immer nicht das Prinzip des Bösen.

Bei Bernardus Silvestris beklagt sich gleich am Anfang des Gedichtes Natura über die Unordnung, die jetzt einer schönen Ordnung weichen soll; ja, «der Wald» selbst ersehnt diesen Zustand – wenn er als «böse» bezeichnet wird, ist das eine Zutat nach Calcidius. Bernardus Silvestris zeigte eine positiv orientierte Weltbetrachtung, in der dem Teufel kein Platz zugemessen ist. Philosophischem Denken entspricht auch, daß hier Gott in einen fernen Himmel über den Himmeln gerückt wird. Immerhin kümmert er sich durch seine Beauftragten um die Weltregierung. Wer waren sie? Jesus, freilich nicht einzi-

ges Kind Gottes; als Poet konnte sich Bernardus erlauben, dem Schöpfer eine
erstgeborene (prima) Tochter namens Noys und eine Enkelin, Natura, zuzu-
teilen. Zum Katharismus finden sich keine Parallelen bis auf das «mythische
Erzählen» im allgemeinsten Sinn. Gemeinsam war hier wie dort das hohe
Interesse an der Kosmogonie, doch teilten es – nach Wilhelm von Conches –
«fast alle Zeitgenossen [moderni]».[81]

Hier steht der Makrokosmos im Mittelpunkt der Betrachtung, und die
Fortsetzung über den Mikrokosmos Mensch fällt gegen den ersten Teil des
Werkes ab. Anders ist das schon gegen Ende des Jahrhunderts bei Alanus von
Lille (Alanus ab Insulis), der in Paris lehrte und als Zisterzienser (seit 1179)
zwei gelehrte Dichtungen – in einer Kombination von Versen und Prosa –
schrieb. Er hat auch einen Traktat gegen die Häretiker verfaßt, die er vielleicht
in Südfrankreich, eher aber wohl in Flandern kennengelernt hatte.[82] Alanus
war Platonist, ließ jedoch seiner Phantasie nur dort die Zügel schießen, wo es
vom Standpunkt der Orthodoxie her ungefährlich schien. Vor allem war er
Moralist; seine *Klage der Natur* hielt sich formal an das Muster des Bernardus
Silvestris, inhaltlich ging es darin um das Problem der Homosexualität.

Natura, deren Aussehen eingehend geschildert wird, hat von Gott, dem
Himmelskaiser, den Auftrag empfangen, die Geschöpfe ins Leben zu rufen;
allein der Mensch gehorcht nicht den Geboten, er wendet sich – so wie die
Planeten am Sternenhimmel – von der allgemeinen Ordnung ab. Antike Ge-
nien treten auf, die Ideen werden durch einen «Genius» aufgezeichnet, aber
trotz vielem Personal fehlt fast vollkommen eine wirkliche Handlung. Dramatisch ist der Schluß, eine Verfluchung der Sünder. In einer Handschrift folgt
ein Epilog mit der Nachricht, Alanus habe gegen einen Abt geschrieben, der
«so Vielen dieses Übel beibrachte».[83]

Man hat in diesem dem Thema nach wenig bedeutenden Werk «den inter-
essanten Versuch eines neuen Mythos auf christlichem Boden» sehen wollen;
hier sei «die Kluft zur orthodoxen Theologie nicht mehr zu übersehen», denn
in dem Gedicht «ist vom Sündenfall Adams, der Erbsünde des Menschen und
der Erlösungstat Christi an keiner Stelle die Rede».[84] Sollte sich Alanus gegenüber seinem Ketzertraktat so sehr geändert haben? Sündenfall, Ebsünde und
Erlösung betreffen alle Nachkommen Adams, während es hier um ein Spezial-
problem geht. Mit dem gelehrten Aufwand des Martianus Capella und des
Bernardus Silvestris bezweckt Alanus, dem Problem abweichenden Sexualverhaltens kosmische Bedeutung zu geben.

Näher steht dem Plan der *Kosmographie* des Bernardus das zweite Epos des
Alanus mit dem Titel *Anticlaudianus de Antirufino*. Vorbild war ein Gedicht
des Claudianus gegen einen Günstling des Kaisers Theodosius I. (gest. 395), in
dem ein großer mythologisch-moralischer Apparat aufgeboten wurde. Wieder
steht Natura im Zentrum; sie will einen vollkommenen Menschen schaffen
und beruft dazu eine Konferenz der Tugenden, ihrer Schwestern, in ihr Haus,
das mit den Porträts von Plato, Aristoteles, Vergil und anderen antiken Gro-

ßen geschmückt ist. Nach einigen Diskussionen beschließt man eine Himmelsreise in einem Wagen, der von den sieben freien Künsten gefertigt wurde. Es geht vorbei an den Engelschören und der Jungfrau Maria, hinauf zum Palast Gottes. Gott erschafft die Seele durch Noys, dann beginnt die Rückfahrt abwärts in die Körperwelt, in der durch Natura der menschliche Leib geformt wird. Der neugebildete Mensch hat freilich den Zorn der Laster und der Plagen erweckt, die jetzt gegen ihn antreten. Aber die Tugenden kommen zu Hilfe, die schlimmen Feinde weichen in die Unterwelt hinab, und so kann in ungetrübter Harmonie auf Erden das Gute herrschen.[85]

Wer ist dieser «vollkommene Mensch», den Natura nicht allein schaffen konnte und der ein «göttlicher Mensch» (divinus homo) sein soll, mit dem ein neues Zeitalter beginnt? Man hat ihn politisch gedeutet als Capetingerkönig, der an die Stelle der Plantagenets tritt,[86] doch ist das wenig wahrscheinlich. Die Sache ist ungeklärt; einiges könnte auf Christus deuten: «Auf Erden ist er ein Mensch, göttlich ist er zwischen den Sternen ... So wird er ein Mensch, so wird er ein Gott.»[87]

Wichtiger als diese Sonderfrage ist die Problematik, die mit Begriff und Person der Natura verbunden ist. Nach dem biblischen Schöpfungsbericht war Gott allein tätig, ohne Beauftragte oder gar Zwischeninstanzen. Daran hat Augustinus auch angesichts der Frage streng festgehalten, wie das Sechstagewerk mit der kontinuierlichen weiteren Entstehung von Schöpfungsobjekten zu vereinbaren sei. Er fand einen Ausweg in der These von dem Bestehen der «rationes seminales» in den Dingen, die nicht alle zugleich realisiert wurden: Waren diese Keimkräfte (oder Baupläne) geschaffen, schien die Hauptsache getan zu sein, das Sechstagewerk war abgeschlossen, bevor die einzelnen Dinge und Wesen in Erscheinung traten. Dem hat sich Abaelard angeschlossen: «Die schöpferische Natur [Natura artifex] ist dasselbe wie Gott.»[88]

Das ist eine völlige Absage an Anschauungen, wie wir sie bei Bernardus Silvestris und Alanus von Lille eben kennengelernt haben. Bei ihnen schafft Gott nur das Nötigste selbst, etwa die Elemente und die Menschenseele; alles andere wird seinen Dienerinnen überlassen, die Aristoteles als «causae secundae» neben der «causa prima», Gott, bezeichnet hätte. Das Wirken Gottes war in den allermeisten Fällen nicht die nächste, wenn auch stets die letzte Ursache irdischer Erscheinungen. Gott als Himmelskaiser war in den Gedichten, von denen wir sprachen, in die Ferne gerückt. Wer mit den unanschaulichen «rationes seminales» nichts anfangen konnte, stellte sich die Zwischenursachen und die ganze Kausalkette am besten in Form von Personen vor. Noch hatte Natura streng begrenzte Aufgaben; aber sie war die Hauptträgerin der Handlung, die sich in den Gedichten abspielte. Die Figur der Natura hatte es in der Dichtung gegeben, aber jetzt erlebte sie eine Ausweitung auf dem Gebiet der Naturphilosophie. Was wir «die Natur» nennen, wurde dabei als eine universale Gesamtheit verstanden wie der Kosmos in der Antike; der Begriff Universum, der sich bei Johannes Scotus findet, wurde in die «Fachliteratur» übernommen.[89] Das Werk des Bernardus Silvestris trug auch den Titel *De universitate mundi*. Universum und Natur waren zwei Wörter, die in den Bereich großer Zusammenhänge hineinführten in einer Zeit, die Großes in große, zukunftsträchtige Begriffe faßte.

Man hat «das Wiedererstehen der Idee der Natur» als «eines der wesentlichen Merkmale der Ideengeschichte des 12. Jahrhunderts» bezeichnet.[90] Dieser Vorgang beschränkte sich nicht auf die von uns genannten dichterischen Erzeugnisse, er hat seinen Niederschlag auch in der philosophisch-theologischen Literatur gefunden. Spurenweise gab es derartiges schon im 11. Jahrhundert, etwa bei den Klerikern von Orléans, die im Jahre 1022 die Jungfrauengeburt mit den Worten leugneten: «Was die Natur verweigert, weicht vom Willen des Schöpfers ab.»[91] Sie erscheint hier als ausführendes Organ Gottes, gebunden an seinen Willen oder das von ihm erlassene Naturgesetz. Von diesem Gesetz gibt es keine Ausnahme, Gott wirkt durch allgemeine Gesetze und nicht durch ihre individuelle Durchbrechung im Wunder.

Natura tritt nicht im *Timaios* auf; man findet sie in der lateinischen Antike etwa bei Plinius dem Jüngeren. Hier gingen also Bernardus Silvestris und Alanus von Lille über Plato hinaus; daß es sich um eine christliche Larvierung der Weltseele handle, wie man meinte,[92] ist wenig wahrscheinlich. Wohl hat Natura jedoch Funktionen der Weltseele übernommen, und sie wurde auch dem göttlichen «nous» (Noys) als Archetyp der im Geiste Gottes vorhandenen Dinge gleichgesetzt.[93] Die Vorstellung von der «Mutter Natur» war in der Spätantike, aus verschiedenen Quellen kommend, so verbreitet, daß sich der christliche Apologet Lactantius gegen sie wandte: Die Heiden meinten, die Natur sei die Mutter aller Dinge, doch sie sei nichts ohne die göttliche Vorsehung; Gott als «die Natur» zu bezeichnen, wie die Heiden tun, sei eine Verirrung.[94]

Bei den Versuchen, aus Platos Dialogen und der zeitgenössischen Religiosität ein System zu entwickeln, konnte Natura nicht fehlen: Sie findet sich bei den Kommentatoren Calcidius und Macrobius.[95] Calcidius schied zwischen den Werken Gottes, dem Werk der Natur und dem Menschenwerk, das die Natur imitiert. Ursprung des Werks der Natur sind die Keime (semina).[96] Hier ist die Natur Vollstreckerin der «rationes seminales» ohne eigene Wirkkraft. Zur persönlich wirkenden Natura sind Bernardus Silvestris und Alanus von Lille im Bewußtsein der Interpretationsmöglichkeiten zurückgekehrt: Alanus schrieb, auch die ungeformte Materie (hyle) könne so genannt werden oder Gott selbst mit Natura identisch sein.[97] Die erste Anschauung verwies auf die Stoa, die zweite auf Abaelard.

Alanus hat als Zisterziensermönch Mißverständnissen über seine Orthodoxie gleich am Beginn seines Gedichtes über die Klage der Natur zu begegnen gesucht. Im Prosatext erklärt Natura, eine demütige Schülerin Gottes zu sein und gleichsam von weitem und seufzend auf Gottes Werke zu schauen; sie bekennt sich als Geschöpf, ihre Werke als veränderlich. «Jener schafft aus dem

Nichts, ich erbettle mein Werk aus Bestehendem [ex aliquo]... Ich wirke unter seinem Namen.»[98] Dieser letzte Satz hätte freilich auch mißverstanden werden können. Im metrischen Teil wird dann die Verehrung für Natura deutlich: «Oh, du Kind Gottes, Erzeugerin der Dinge...» Sie ist «die Vikarin» Gottes, und es handelt sich um «ihre» Gesetze, die nicht gebrochen werden dürfen. «Wie einer Weltherrscherin, so zollt dir alles seinen Tribut.»[99] Der Poet konnte – in letzthin unverbindlichen Wendungen – preisen, was dem Mönch als theologische Aussage nicht zustand.

Ganz ohne Vorbilder war das nicht, auch abgesehen von der antiken Dichtung und gelegentlichen Metaphern bei mittelalterlichen Autoren. Natura als Erzeugerin (creatrix) und Wahrerin des (inneren) Gesetzes tritt bei Hildebert von Lavardin auf, der 1125 Erzbischof von Tours wurde. Dort lebte wahrscheinlich Magister Bernardus Silvestris.[100] Natura als «Mutter der Zeugung» (mater generationis) findet sich übrigens auch in der astronomischen Schrift eines Arabers, die in lateinischer Übersetzung zugänglich war.[101] Als «Künstlerin, Bildnerin» (artifex) trat Natura in einem «hermetischen», bisher ungedruckten Traktat *De VI principiis* auf, wo sie «in allseitiger Nachahmung der Welt den Menschen zusammensetzte».[102]

Wer das Gebiet der Dichtung verließ, mußte sich trotz aller Absicherungen auf den Vorwurf der Häresie gefaßt machen. Neuartige Anschauungen waren manchen so wenig sympathisch, daß sie sich keine Mühe machten, zu ihrem Verständnis zu gelangen. Wilhelm von Conches hat gelehrt, Gott wirke in der Welt teils direkt, teils durch Natura; wie wir schon hörten, fällt unter die erste Kategorie die Schaffung der Menschenseelen, unter die zweite die Formung der Körper. Abt Wilhelm von Saint-Thierry zählte die «Irrtümer Wilhelms von Conches» in einer Anklageschrift auf und wählte den Wortlaut: «Bei der Beschreibung der Schöpfung des ersten Menschen sagt er, daß sein Körper nicht von Gott gemacht sei, sondern von der Natur.» Das war aus dem Zusammenhang gerissen und darum mißverständlich, genügte aber dennoch nicht für eine Anklage. Darum fügte Wilhelm hinzu: «Dann aber sagt er, der Körper sei von Geistern gemacht, die er Dämonen nennt, und von den Sternen.» Der Abt will dann eine andere Lehre «dummer Philosophen» wiedergeben, der Wilhelm folgte, und spricht über stoische Anschauungen von der Körperlichkeit alles Vorhandenen. Schließlich kehrt er zur ersten Behauptung zurück und klagt, daß hier Wilhelm «ein deklarierter [manifestus] Manichäer» sei, «indem er sagt, daß die Seele des Menschen von dem guten Gott geschaffen wurde, sein Körper aber durch den Fürsten der Finsternis».[103]

So konnte man einen Platonisten zum Manichäer (oder Katharer) stempeln, und das gegenüber Bernhard von Clairvaux, an den die Anklageschrift gerichtet war. Tatsache ist, daß Wilhelm von Conches über die Rolle der Sterne spekulierte, die Gott in Bewegung setzte, damit sie den Elementen Hitze und damit Leben spenden, und so auch auf die Körper des ersten Menschenpaares zu sprechen kam («denn man kann nicht wörtlich nehmen, daß Gott dem ersten Menschen eine Rippe nahm»).[104] Was die Rolle der Natura bei der Bildung der Körper betrifft, hat er sich in seinem Hauptwerk gegen den Vorwurf verteidigt, damit der Macht Gottes Abbruch zu tun: Sie wird im Gegenteil dadurch gesteigert, daß Gott «durch das Wirken der Natura den menschlichen Körper schuf»; später hätte man gesagt, daß Gott die Kausalkette in Bewegung setzte, aus der der menschliche Körper hervorging.[105]

Natura, die personifizierte Wirkkraft mit Anteil an der Schöpfung, hat im 12. Jahrhundert die Aufgabe erfüllt, sinnfälliger Ausdruck des Freiraumes zu sein, der zwischen der letzten Ursache Gott und den Einzelabläufen in der geschöpflichen Welt konstatiert wurde. War Gott immer und überall persönlich tätig, gab es also diesen Raum nicht, so konnte es auch keine «Naturforschung» geben: Wer maßte sich an, Gottes Wirken zu entschlüsseln? Von Natura konnte man zu erzählen suchen, wie sie im einzelnen – und immer in Gottes Auftrag – die Lebewesen formierte. Als im 13. Jahrhundert die Zeit einer poetischen Naturphilosophie vorbei war, hat sich Natura wieder in die unphilosophische Poesie zurückgezogen, in den Raum, den sie seit der Antike ständig einnahm; aber sie ist auch im *Roman de la Rose*, bei Chaucer und anderswo anzutreffen.[106] Man zog ihr die schon erwähnten «rationes seminales» vor. Der aristotelische Begriff hatte schon vorher in der Schule von Chartres neues Ansehen gewonnen. Thierry von Chartres war der Meinung, daß nach der Erschaffung der Materie eine Evolution einsetzte, «die an die Zeit gebunden ist und von gewissen Prinzipien der Entwicklung geleitet wird, deren Urheber Gott selbst ist.» Von den vier Elementen, die materielle Ursachen der Evolution sind, ist das wichtigste das Feuer, weil es die dafür erforderliche Wärme erzeugt; es folgt seine Einwirkung auf Wasser und Erde, die durch das Feuer die Kraft gewinnen, Leben hervorzubringen. Die Keimkräfte wirken also in den Elementen aufeinander ein. Unter dem göttlichen Werkmeister (artifex) steht als «quasi-artifex» das Feuer[107] – auch in dieser entpersonalisierten Philosophie konnte auf ein persönliches Wesen nicht ganz verzichtet werden.

Thierry war gewiß nicht der Erfinder der Evolutionstheorie. Etwas zu modern gedacht ist es zu sagen: «Was ihn fesselte, war der neu gefundene Gedanke einer innerweltlichen eigenmächtigen Evolution; mit Vorliebe sprach er von der Zeugungskraft des Urstoffes und von der schöpferischen Kraft der Elemente.»[108] Zumindest das Wort «eigenmächtig» muß man bestreiten. Diese Generation war fest überzeugt vom Wirken Gottes in der Welt; und es ging nur um die – direkte oder indirekte – Art dieses Wirkens. Anders war das bei manchen Katharern der Spätzeit; wenigstens findet sich unter den Inquisitionsprotokollen eines aus dem Jahre 1280, in dem es heißt: «Nicht Gott, sondern nur die Feuchtigkeit der Erde läßt die Früchte wachsen. Gott hat sich nicht in die Dinge eingemischt, die vom Himmel abwärts geschahen, sondern gestattete es ihnen, ihren Lauf zu nehmen.»[109] Zu dieser Stimme aus Oberitalien (Treviso) kommen andere aus Südfrankreich (Montaillou): «Die Bäume

entstehen aus der Natur der Erde und nicht durch Gott.» «Der Verlauf der
Witterung bewirkt die Kälte, die Blumen und das Getreide, und Gott kann
absolut nichts dazutun.»[110] Einer der letzten Katharer Südfrankreichs hat
dann im Jahre 1326 ein pantheistisches Glaubensbekenntnis gesprochen, das
schon an der Schwelle zum Agnostizismus steht: Die Natur selbst sei der gute
Gott, und die jungfräulichen Elemente Erde, Wasser und Wind seien die Dreifaltigkeit.[111]

Es läßt sich nicht erkennen, daß das naturphilosophische Denken solche
Ansichten schlichter Landbewohner bestimmt hat. Interessant ist, daß jetzt
auch der Teufel nicht mehr die Welt beherrschte. Er trat in den Halbschatten,
in dem der gute Gott schon lange stand. Die Elemente sind in ihrer Dreizahl
nicht ein Sinnbild der Trinität, die Trinität ist eine Ausdeutung elementaren
Waltens. Die Religiosität trat zurück, man hielt sich an das, was man beobach-
tete.

Auch bei Gelehrten breitete sich, vorerst kaum merklich, ein Übergang zu
nichtreligiöser Weltbetrachtung vor. Schon Anselm von Canterbury sprach in
seinem *Monologion* von Gott als der «höchsten Natur» (summa natura).[112]
Was den – von Philosophen gemiedenen – Teufel angeht, so meinte Abaelard,
daß er sich bei seinem Handeln durchwegs natürlicher Mittel bediene, und hat
das ausführlich begründet.[113] Wenn schon Gottes Wunder immer enger be-
grenzt wurden, so bestand nach Wundern des Teufels keinerlei Bedarf.

Seit dem 11. Jahrhundert hatte man begonnen, den Begriff des «falschen
Wunders» zu präzisieren[114] und dem Wunderbaren vernünftige Grenzen zu
setzen. Nach einem bäuerlichen Sprichwort war Gott imstande, aus einem
Baumstrunk ein Kalb zu machen; doch, so fragte Wilhelm von Conches, hat
Gott das jemals getan? Auch ein Wunder habe einen Grund und einen Nutzen.[115] So wie anderswo auch, waren hier Kausalität und Finalität die Instan-
zen, vor denen sich alles Seiende – außer Gott – zu verantworten hatte.
Während in einem früheren Stadium die gesamte Welt dem Bereich des Wunderbaren angehörte, wurde es jetzt zum gerade noch geduldeten Ausnahme-
fall.

Alanus von Lille sah die Gefahr, daß das Wunder – und damit Gott – aus
dem weltlichen Geschehen eliminiert wurde. Er wußte von seiner Missionstätigkeit her, daß die Katharer das Wunder in der «niederen» Menschenwelt
leugneten: «Es ist die Meinung einiger Häretiker, daß in den unteren Bezirken
keine Kausalität außerhalb der Natur der Dinge wirksam ist. Das ist falsch.
Gott wirkt vieles jenseits des üblichen Laufes der Natur, um seine Autorität
aufzuzeigen...»[116] Einen ähnlichen Weg sollte um die Wende zum 13. Jahrhundert der Pariser Magister David von Dinant gehen, der unter dem Einfluß
der antiken Naturwissenschaft Wunder des Alten Testaments, aber z. B. auch
den Stern von Bethlehem und das Erdbeben beim Tode Christi aus natürlichen
Ursachen erklärte.[117] Er wurde im Jahre 1210 kirchlich verurteilt, allerdings
nicht wegen dieser Äußerungen.

Wenn Gott und seine direkte Wirksamkeit in der Welt nicht mehr im Mittelpunkt der Betrachtung standen, verschob sich dieser auf den Kosmos. Schon Manegold von Lautenbach hatte über jene Forscher geklagt, die (wie Plato?) in Höhlen die Sonne suchen, getrieben von einem «Naturhunger» (naturali fame).[118] Alanus von Lille schrieb, daß manche ihr Leben lang bei den weltlichen Wissenschaften verblieben, ohne zur Theologie aufzusteigen: «Ich sage das nicht deshalb, weil Gott die Naturwissenschaften [naturales scientias] verdammen würde, die er doch selbst eingerichtet hat.» Aber man solle nicht bis ins Alter hinein bei den sieben freien Künsten ausharren. Wer das tue, bleibe dort stehen, wo eine Brücke (zur Theologie) erbaut werden solle.[119] Und Hugo von Saint-Victor sah als Zweck des Studiums an, daß wir unsere eigene Natur erkennen und lernen, nicht außer ihr (extra) zu suchen, was wir in uns finden können.[120] So mag man den Zornesausbruch begreifen, mit dem Wilhelm von Conches auf dauernde Vorhaltungen konservativer Kreise reagierte: «Weil sie die Naturkräfte nicht kennen, wollen sie jede Forschung verhindern, um alle zu Gefährten ihrer eigenen Unwissenheit zu machen; sie wollen, daß wir einen Glauben wie die Bauern haben und nicht nach Gründen fragen ... Wenn sie wissen, daß jemand forscht, dann schreien sie, er sei ein Häretiker ...»[121]

Die Worte «Forschung» und «forschen» sollen hier nicht in einem modernen, experimentellen Sinn der Naturforschung verstanden werden; sie sind der Ausdruck eines Wissenstriebes, der im Bereich des reinen Denkens verblieb. Er kündigte sich vereinzelt schon im späten 11. Jahrhundert an, wenn z. B. der Mönchstheologe Gilbert Crispin schrieb: «Vieles geschieht in uns und um uns, und doch wissen wir nicht, wie es geschieht. Wir spüren den Sturm, aber was es ist, das die Luft bewegt, ... davon wissen wir gar nichts.»[122] Plato hatte gelehrt, daß alles Seiende durch eine Ursache hervorgebracht wurde, und die Erforschung von Kausalzusammenhängen ließ nun «moderne» Theologen nicht mehr los. Wie kam es zu einem Erdbeben, wie wirkten die Kräfte in den Pflanzen, deren sich der Arzt bediente? Die Lehre von den unsichtbaren Ursachen sichtbarer Dinge hieß «Physik»; in ihr gab es kein unmittelbares Eingreifen Gottes. «Die natürliche Ordnung erfordert es», es geschieht «secundum physicam», durch Naturgesetze[123] – diesen freien Raum zu erforschen, war man aufgerufen. Vieles, das man früher allegorisch verstanden hatte, wurde nun «physisch» erklärt, z. B. das Buch Genesis. Dem Drang des Jahrhunderts zu großen Synthesen entsprechend hat Abaelard die Summe der Naturgesetze als Einheit gefaßt und dem «geschriebenen Gesetz» der Offenbarung gegenübergestellt: Gott hat sich nicht nur in der Bibel geoffenbart, sondern ebenso in seiner Schöpfung, die voll von Rationalität und Perfektion ist.[124]

Die Begeisterung für die Schönheit des Kosmos war bei Plato zu Hause, seine deduktive Methode – die Einzeldinge aus den Ideen oder Formen abzuleiten und so zu untersuchen – war für die Naturwissenschaft jedoch nicht

zielführend. Daran hat auch Aristoteles wenig geändert. Er förderte die Hinwendung zu konkreten Einzelerscheinungen und ihre systematische Einordnung in den großen Zusammenhang; man dachte über sie nach, anstatt sie zu
beobachten. Denn weiterhin galt der Satz, daß solche Beobachtungen zu Sin-
nestäuschungen führen konnten, denen das Denken nicht unterworfen war.
Gewiß, es gab einige Ansätze zu experimenteller Forschung, aber sie waren
sehr bescheidener Art. Thierry von Chartres blickte durch ein rot gefärbtes
Glas in ein Buch – das Pergament schien rot und war doch weiß. Anderseits,
sagte er, gibt es sicher die Luft, und wir können sie trotzdem nicht sehen. Das
Auge ist eben ein grobschlächtiges Organ, es registriert Erscheinungen nicht
oder läßt sich von ihnen täuschen.[125]

In Fächern wie Medizin und Astromonie waren Beobachtungen unerläß-
lich, aber auch hier überwogen theoretische Ausdeutungen.[126] Wir dürfen
nicht vergessen, daß Bildung weiterhin eine Sache der Geistlichen blieb, die
mit dem Studium keinerlei praktische Ziele verbinden sollten. Naturwissenschaften hätten eines weltlichen Mäzenatentums bedurft, das im Mittelalter
im Gegensatz zur Neuzeit sehr selten gegeben war. Den Geistlichen stellte
man weiterhin vor Augen, daß es wesentlichere Dinge gab als die Beschäftigung mit der Außenwelt. Von diesem inneren Kosmos wird nun zu reden
sein.

Achtes Kapitel

Erbauung und biblische Sinndeutung

Im Römerbrief (8,4) unterschied der Apostel Paulus jene Menschen, die «dem Fleisch nachleben», von denen, die «gemäß dem Geist leben». Das Wort «Fleisch» gewinnt bei Paulus manchmal eine Bedeutung, die es sonst in der Bibel nicht hat; es ist dem Begriff der Sünde benachbart. «Geist» meint nicht den Heiligen Geist, doch wer im Geiste lebt, ist eng mit Gott verbunden.

Die große Bewegung einer neuen Religiosität hat in den ersten Jahrhunderten nach Christus für viele Menschen die Frage mit sich gebracht, ob sie Angehörige der Bürgerschaft Gottes oder jener des Teufels, Kinder der Finsternis oder Kinder des Lichtes sein wollten. Wer den Weg des Heiles wählte, der mußte darauf achten, von der Sünde freizukommen und Gott anzugehören, ein «spiritueller Mensch [homo spiritualis, pneumatikos]» zu werden. Seit Pelagius (gest. zwischen 423 und 429) ist das Wort «Spiritualität» in Gebrauch.[1] Es bedeutet nicht viel mehr als «Frömmigkeit», zeigt aber vor allem den geistlichen Fachmann am Werk, der sein Leben auf Gott hin ausrichtet und sich der dazu geeigneten Techniken bedient. Das konnte ein gemeinsames Leben mit strenger Disziplin sein oder die Einsamkeit. Bernhard von Clairvaux pflegte zu sagen, er habe oft keine anderen Lehrer besessen als Eichen und Buchen, wenn er in den Wäldern betete und meditierte; «Steine werden dich das lehren, was du nicht von den Lehrern erfahren kannst.»[2]

Faßt man den Begriff der Spiritualität weit, so kann man sie auch bei Weltlichen finden,[3] und natürlich gab es sie in verschiedenen Schattierungen im Klerus jenseits des Mönchtums. Dieses war aber doch der Mutterboden und das Zentrum spiritueller Bestrebungen: Der Mönch hatte sich von der Welt abgewandt, wenigstens in der Theorie, und war ganz frei, sich Gott zuzuwenden. Im Weltklerus hatte man irdische Pflichten und blieb der Welt wenigstens teilweise verbunden. Mit Recht wurde festgestellt, «daß die gesamte Spiritualität der abendländischen Kirche ... auf allen Gebieten, wo sie sich zeigte, von der monastischen Lehre durchdrungen war.»[4] Diese Lehre war nicht spekulativ ausgerichtet, sondern suchte existentielle Erfahrung; nicht Erkenntnis Gottes so sehr wie Gottesliebe, Sehnsucht nach dem höchsten Gut und seiner Betrachtung. Das war alles eingebunden in einen von Gebet und Liturgie bestimmten Tagesablauf und eine Gemeinsamkeit, in der das Wort «Persönlichkeit» nicht existierte.

In Gebet und Liturgie des Mönchtums waren die Psalmen eine Hauptquelle der Betrachtung (meditatio). Ihre Sprache, manchmal dunkel, fast stets poetischer Art, ist weniger auf verstandesmäßige Aussagen als auf die Schilderung eines Zustandes der Seele gerichtet. Dazu kamen die mündliche Unterweisung, von der wir wenig wissen, und Lesungen, offizielle und private. All das sollte kein Selbstzweck sein, sondern ein Anfang der Beschäftigung mit dem Gehörten. Für die meditative Betätigung hat man auch das Gleichnis vom «Wiederkäuen [ruminatio]» verwendet: «Der Meditierende macht sich den Inhalt eines Textes zu eigen, indem er ihn gleichsam verspeist und seinen Geschmack empfindet...»[5] Zeit spielt keine Rolle; es kann lange brauchen, bis der Mönch etwas von dem Aufschwung der Seele zu Gott, oder gar von einer Vorahnung des Paradieses spürt.

Die «erbauliche» Lektüre von einst ist schwer genießbar für uns, die wir schnell und präzis gedankliche Inhalte aufzunehmen und zu speichern gewohnt sind. Eine logisch gegliederte Darstellung, ja auch der schlichte Fortgang von einem Gedanken zum anderen schien unnötig, vielleicht sogar störend. Betrachtendes Schrifttum geht von einem Gedanken oder einem Text aus und umkreist ihn, geht von ihm weg in andere Bereiche und kehrt vielleicht zum Ausgangspunkt zurück. Diese diskursive Art findet sich auch dort, wo es sich um einen Kommentar handeln soll, etwa einen der in diesem Bereich so häufigen Psalmenkommentare. Man hatte große Vorbilder in der patristischen Zeit und ahmte sie noch im 12. Jahrhundert nach, während daneben ein Schrifttum ganz anderer Art zu wachsen begann. Der spekulativen Theologie ging es um klare Begriffe und gesicherte Aussagen, der spirituelle Text vermittelte Erlebnisse durch eine Abfolge von Bildern, die zur Erbauung hinführten, in einer Sprache, die manchmal der Dichtung nahekam. Wohl der größte Meister dieser an der Bibel geschulten oder der Bibel entnommenen Sprache war Bernhard von Clairvaux. Die Fülle seiner Beredsamkeit hat mitgeholfen, einen Kreuzzug ins Werk zu setzen und die Spiritualität seines Ordens auszuprägen. Gegenüber Häretikern, die den Aufschwung des Geistes zu Gott nicht suchten, waren seine Erfolge jedoch sehr bescheiden.

Es gehörte zur Erbauung als einer Art emotionaler Technik, sich maßvollen Gemütsregungen zu überlassen, der Freude am kommenden Himmelreich und der Trauer über diese Welt, dem Abscheu gegen die Sünde und dem Hineinwachsen in die göttliche Liebe. Seit Jahrhunderten war es ein Teil dieser Technik, daß der Mönch seine Physis steuerte, so daß er z. B. im richtigen Augenblick Tränen vergießen konnte.[6] Um 1152 borgte Gerhoh von Reichersberg einen von ihm verfaßten Psalmenkommentar einem Bekannten; dieser sandte ihn zurück mit hohem Lob und der Entschuldigung, daß er jene Seiten der Handschrift mit seinen Tränen befleckt habe, wo Christus mit Odysseus verglichen wird. Peter Classen hat solche Spuren tatsächlich gefunden, als moderner Mensch jedoch hinzugefügt: «Ob die Flüssigkeit nun wirklich Tränen waren oder ein weniger betrüblicher Stoff, vermag heute allenfalls [eine] chemisch-kriminalistische Untersuchung zu klären.»[7] Sei dem wie immer; der Text Gerhohs, heute kaum mehr irgendeinen Leser ansprechend, hat seinen Zweck erfüllt. Gerhoh war Propst eines reformierten Chorherrenstiftes, in dem man der mönchischen Frömmigkeit nacheiferte.

Nach Spiritualität strebte die Mönchsgemeinde gemeinsam in ihrem liturgischen Tagewerk; daneben bestand ein Freiraum für individuelle Beschauung,
vor allem durch Lektüre und Psalmengebet. Dieser Freiraum wurde im
12. Jahrhundert zur Hauptsache, ein wichtiges Phänomen der «religiösen Bewegung» innerhalb des Klerus. Wähend Ketzergruppen eine ihnen gemäße
Gemeindefrömmigkeit pflegten, verschob sich das religiöse Training der Geistlichkeit – sicherlich unter dem Einfluß des Eremitentums – in die Richtung des
einzelnen. Gott und der Mensch traten in ein Zwiegespräch ein, dem Aufschwung zu Gott folgte Gottes Einkehr in die Seele. Das hat schon im 11. Jahrhundert bedeutende Leistungen hervorgebracht, wie die *Meditationen* des
Abtes Johannes von Fécamp, die später sogar dem heiligen Augustinus zugeschrieben wurden und einer der meistgelesenen Texte des Mittelalters waren.

Gott wirkt in der Seele und läßt sich dort schauen. Das ist jene Form der
Meditation, die den – viel mißbrauchten – Namen der Mystik verdient. Schon
in diesem Leben, nach dem mühsamen Weg der Reinigung von der Sünde,
kann es zu einer persönlichen Nähe zu Gott kommen: «Gott bewirkt in euch
das Wollen und das Tun» (Phil. 2, 13), und er offenbart der Seele seine Geheimnisse. Hier ist ein kritischer Punkt erreicht. Es erhebt sich die Frage, ob
und wie weit eine solche «Privatoffenbarung» kirchlicher Zensur verfällt, vor
allem dann, wenn sie nicht als Vision auftritt.

«Wir haben ein Gesetz, das durch den Heiligen Geist in unser Inneres
eingeschrieben wurde», verkündeten die Ketzer von Orléans im Jahre 1022
und setzten diese Offenbarung in Gegensatz zu jener, die «auf Tierhäuten
geschrieben» stand.[8] Rupert von Deutz beteuerte, daß er vom Wort Gottes
nicht schweigen könne, auch wenn er das wolle: «Ich vertraue darauf, daß ich
Gott als Zeugen in meiner Seele habe.»[9] Das verstandesmäßige Denken war
hier nicht ausgeschaltet, doch neben ihm wirkte eine Tendenz zur Schwärmerei, die übermächtig werden konnte. Alanus von Lille hat von einer «nüchternen Trunkenheit» gesprochen, mit der die Gottesgelehrsamkeit aus der höchsten Vernunft schöpft.[10] Anders als bei den Platonisten gab es für Mystiker
keine Zwischeninstanzen zwischen Gott und der geschöpflichen Welt. Diese
erschien in allen ihren Einzelerscheinungen als unmittelbarer Ausdruck des
göttlichen Willens,[11] und war insofern für den Menschen bedeutsam, als die
Naturphänomene Symbole moralischer Realitäten waren; eitle Neugier schien
es, sich den Erscheinungen der Außenwelt zuzuwenden, wenn man Gott direkt (in seinem Inneren) schauen konnte.[12] Auch die klösterliche Kunst hatte
mit der profanen Außenwelt nichts zu tun, sondern unterstützte innere Vorgänge.

Als «der eigentliche Begründer» der mittelalterlichen Mystik gilt Bernhard
von Clairvaux, der eine neue mystische Theologie schuf, indem er das affektive Moment der mönchischen Frömmigkeit in Gott selbst verlegte und vom
«sich sehnenden Gott [deus desiderans]» sprach.[13] Bernhards Gotteserfahrung
erfaßte alle Bereiche des Erlebens und machte ihn mißtrauisch gegen Männer,

die sich mit dem Verstand Gott zu nähern suchten. Menschen wie Gilbert von Poitiers waren ihm durchaus fremd, obwohl er die Schulwissenschaften nicht grundsätzlich ablehnte.

Abaelard, Gilbert und andere waren ihrerseits mißtrauisch gegen jeden Überschwang des Gefühls in theologischen Dingen, da ja doch nur eine saubere logisch begründete Methode zu mystischen Höhen zu führen schien. Im Prolog seiner berühmten Schrift *Sic et non* machte Abaelard eine Bemerkung, die seine Skepsis gegenüber einer angemaßten göttlichen Erleuchtung sehr klar zeigt: «Es steht fest, daß sogar die Propheten manchmal ohne prophetische Gabe waren und aus ihrem eigenen Geist heraus Falsches vorbrachten, obwohl sie glaubten, den prophetischen Geist zu besitzen.»[14]

Diese Skepsis hätte sich auch auf einen Mann beziehen können, den Abaelard noch nicht kennen konnte und der als Mystiker zum Propheten wurde: Joachim von Fiore (gest. 1203). Er wurde von einem Zeitgenossen gefragt, woher er seine Prophezeiungen über ein drittes Weltalter des Heiligen Geistes nehme, und antwortete: «Gott, der einst den Propheten den Geist der Prophetie gab, hat mir den Geist der Einsicht [intelligentia] gegeben, so daß ich im Geiste Gottes alle Mysterien der Heiligen Schrift auf das klarste erkenne, so wie sie die heiligen Propheten erkannten, die sie einst im Geiste Gottes verfaßten.»[15] Hier wird die Spiritualität zu einem Geistchristentum am Rande der Orthodoxie. Im 13. Jahrhundert hat das Bedürfnis nach geistlicher Freiheit in Gott vielfältige Formen angenommen, auch in der Nachfolge Joachims. Von der Wissenschaft hielten die meisten der spirituell Bewegten nicht viel, ihnen ging es um ein Jenseits und Diesseits verbindendes Leben in Gott. Joachim hat «das Lesen» zur Sache des Weltklerus erklärt und den Mönchen das Psallieren zugeordnet, den geistlichen Jubel im Zeitalter des Heiligen Geistes.[16]

Je geringer der intellektuelle Anteil an einer mystisch orientierten Frömmigkeit war, um so mehr drängte sie nach bildlicher und nicht nach verbaler Aussage: Die Beschauung wurde zur visionären Schau. Hildegard von Bingen (gest. 1179) hat beschrieben, wie sie ohne in Ekstase zu geraten und mit offenen Augen, also nicht schlafend, Visionen empfing. Das geschah nicht in der Einsamkeit, sondern an öffentlich zugänglichen Orten, «jedoch nur in meiner Seele».[17] Die Bilder lassen Einflüsse zeitgenössischer Theologie erkennen, verweisen z. B. manchmal auf Rupert von Deutz, ihren Lehrer, der wieder von Johannes Scotus beeinflußt war.[18] In kurioser Weise suchte man sich dieser Gabe zu bedienen, als auf dem Konzil von Reims (1148) über eine These Gilberts von Poitiers verhandelt wurde, die von äußerster Unanschaulichkeit war. Es ging um die Frage, ob «Gott» und «Gottsein [divinitas]», «Vater» und «Vatersein [paternitas]» dasselbe seien oder nicht. Der Pariser Magister Odo von Ourscamp wandte sich an Hildegard, deren schriftliche Antwort lautete: «In einer wahrhaftigen Vision, ... bei dem wahren Licht sah und lernte ich, nicht durch mich selbst und in mich hineinfragend, daß Vatersein und Gottsein Gott sind.» Sie gab dazu die keineswegs visionäre Begründung, daß der

Mensch nicht so über Gott reden dürfe, wie man es über Menschen tun kann.
Wer Gott mit Worten zweiteilt, leugnet ihn.[19]

Odo hat übrigens später die Front gewechselt, er trat in den Zisterzienserorden ein. Als er zum Kardinal berufen wurde, hielt er das für die Strafe Gottes wegen seines früheren Lebens als Magister und sagte: «Trotz des göttlichen Verbotes wollte ich vom Baum der Erkenntnis des Guten und des Bösen essen.»[20] Wissen und Wissenschaft, auch die theologische, waren gefährlich für jene, die nicht ein bestimmtes Maß einhielten; Einsicht müsse durch Enthaltsamkeit gezügelt werden, schrieb Manegold von Lautenbach, sonst wachse sie ins Maßlose empor oder gehe unter in der Finsternis von Albernheiten.[21]

Hildegard gehörte nicht jenem Typus an, für den nur Gott und die Seele Objekt der Betrachtung sind. Sie «sah» auch Erscheinungen des Kosmos einschließlich des Menschen, ja Begriffe, die im Normalfall kaum bildlich zu fassen sind. Ihre Werke zeigen das Interesse an der «physica», einer Naturkunde, ebenso wie an der Heilkunde; sie selbst war zeitweise von psychisch bedingten Lähmungserscheinungen betroffen. Man zollte ihr hohe Achtung, und niemand hat sie der «curiositas» geziehen, der Neugier, die Augustinus mit dem «Wissen von den Dingen» gleichsetzte, im Gegensatz zur Weisheit, die sich auf die Gottesschau richtet.[22] Hildegard zitierte lateinische Sätze und kannte zeitgenössisches Schrifttum, doch läßt sich ihre oft behauptete geistige Nähe zu Bernardus Silvestris und seiner Kosmographie nicht belegen.[23] Sie trieb nicht «Wissenschaft» mit erbaulichem Vorzeichen, sondern kosmische Kontemplation, wie man sie damals aus einem Traktat des «Asclepius» kannte.[24]

«Es gibt Menschen», schrieb Bernhard von Clairvaux, «die wissen wollen, um zu erbauen, und das ist [ein Ausdruck der] Liebe; und solche, die wissen wollen, um sich erbauen zu lassen, und das ist Klugheit.» Wer aber Wissen um seiner selbst sammelt, handelt aus schmählicher Neugier; wer sich damit berühmt machen will, aus schmählicher Eitelkeit.[25] Jakob von Vitry (gest. 1240) hat in einem Rückblick auf das 12. Jahrhundert diese Sätze nachgeschrieben und mit einer Spitze gegen die Pariser Schulgelehrsamkeit versehen: Nur wenige seien es, die lernen, um zu erbauen, oder erbaut zu werden.[26]

Mönchische Kontemplation bedurfte der Ruhe und Sammlung, nicht einer Vielfalt der Interessen und der «Zerstreuung». Man könnte meinen, daß die Wendung gegen die Neugier der Wißbegierigen hier ihre Wurzel habe; tatsächlich gibt es sie jedoch schon in der Antike. Damals hat man das Wissenwollen oft bis zu einem gewissen Maß positiv beurteilt, alles darüber Hinausgehende aber abgelehnt. Seneca schrieb: «Mehr wissen wollen als genug ist, das ist eine Art der Maßlosigkeit.»[27]

Freilich: Was ist «genug»? In der Antike verfügte der Gebildete noch über ein Wissen, das nicht weit unter dem Gesamtwissen seiner Epoche lag. Im

Mittelalter hatte niemand die Möglichkeit, sich lebenslang so weit zu bilden, daß er auf der Höhe der Zeit stand. Für Geistliche schien der alte Lehrgang der freien Künste zu genügen, von dem meist nur die Unterstufe gelehrt wurde. Unter eremitischem Einfluß hat das monastische Reformertum die Grenze dessen, was an Wissen genügte, so eng gezogen, daß man sogar von einem «exzessiven Antiintellektualismus des Reformmönchtums» reden konnte.[28] Das geht vielleicht zu weit, doch hat sicherlich diese negative Haltung zur Blüte der hohen Schulen neuen Typs viel beigetragen. Seit dem frühen 12. Jahrhundert wuchs von Generation zu Generation die Zahl der Menschen, denen Wissenschaft ein Bedürfnis war, und es wuchs zugleich die Menge dessen, was von der antiken Gelehrsamkeit zugänglich wurde. Es nützte wenig, daß Bernhard von Clairvaux fragte: «Was haben die Apostel gelehrt? ... Nicht, Plato zu lesen und die Trugschlüsse des Aristoteles umzukehren, nicht ein fortwährendes Studium, dessen Ergebnis niemals die Erkenntnis der Wahrheit ist. Sie lehrten uns, wie wir leben sollen.»[29]

Da blieb die Nützlichkeit von Bildung für praktische Zwecke. Bernhard erklärte, er wisse gut, wieviel die Kirche den Gebildeten verdanke, und nannte dafür zwei Gebiete: Die Abwehr der Häretiker und eine Vermittlung von Elementarbildung. Jedenfalls müßten Früchte (fructus) und Nutzen (utilitas) einer solchen Tätigkeit sichergestellt sein.[30] Die Ketzer Südfrankreichs durch intellektuelle Argumente zu bekehren, hat später der Dominikanerorden versucht; dazu bedurfte es eher der Bibelfestigkeit als des antiken Lehrgutes. Ein Lehrgang, wie er an Klosterschulen gehalten wurde, entsprach schon gar nicht dem, was sich an Bildungsmöglichkeiten auftat. In einer solchen Perspektive stand die Schulwissenschaft neuer Art der traditionellen Bildung als Fremdkörper gegenüber, und man konnte einen Gegensatz zwischen Männern der Kirche (ecclesiastici) und Schulmännern (scholastici) statuieren.[31]

Benedikt von Nursia hatte seinen Mönchen als Lektüre die Bibel und Lebensbeschreibungen von Wüstenheiligen empfohlen.[32] Einzelzellen oder Studierräume gab es nicht, man war für das private Lesen auf den Kreuzgang, Kapitelsaal, Schlafsaal und die Kirche angewiesen.[33] Im Zisterzienserorden fand man es nötig, Aufpasser auszusenden, die zu den Stunden privater Lektüre umhergehen und nachsehen sollten, ob nicht unter dem Schutz der Kapuze ein Mönch schlief.[34] Dazu kam die gemeinsame Lesung im Rahmen der Liturgie, bei den Versammlungen des Kapitels und im Speisesaal. Die dort gelesenen Texte bildeten oft einen Sonderfonds, die Bibliothek des Refektoriums.[35] Das waren die Werke, die wirklich in täglichem Gebrauch standen, eine Kleinstbibliothek neben der für unsere Begriffe sehr kleinen des Klosters. Wenn es bei Paulus heißt, «die Wissenschaft bläht [den Menschen] auf» (1 Cor. 8, 1), so waren die meisten Mönche vor dieser Gefahr sicher; ihnen stand der Weg zur Gelehrsamkeit keineswegs offen. Ihr Anteil blieb jene heilige Einfalt, die schon Hieronymus gelobt hatte, freilich mit der Anmerkung, daß eine «sancta rusticitas» nur für den einzelnen selbst (und nicht für andere) zu etwas nutze sei.[36]

Solche Aussagen bedürfen jedoch gewisser Einschränkungen. Von Jahrhundert zu Jahrhundert war die Zahl der Priestermönche in den Klöstern gewachsen, und jetzt bildeten sie zumeist eine Majorität. Ihr Studium führte über jenes des Mönchs hinaus, und dies hat dem Reformmönchtum gelegentlich Sorgen bereitet. Petrus Damiani schrieb: «Es ist uns nicht nur verboten, im Mönchsstand das Erlernte weiter zu betreiben, sondern wir müssen von dem, was wir vorher lernten, das Überflüssige wegschneiden.»[37] Trotzdem sind aus dem Mönchtum viele Gelehrte scholastischer Prägung hervorgegangen oder haben sich solche Lehrer in späteren Jahren, vor allem als Zisterzienser, diesem Stand zugewandt. So mancher hat als Magister, beauftragt mit weltlichen Geschäften, das kontemplative Fundament des Mönchtums nicht aufgegeben. Anselm von Canterbury, dem einige den Titel eines «Vaters der Scholastik» zugesprochen haben, schrieb sehr viel Erbauliches, teilweise in Form des Gebetes und in dichterischer Sprache. Am Beginn seines *Monologion*, eines Selbstgespräches also, berichtet er, Mitbrüder hätten ihn gebeten zu publizieren, was er ihnen über die Betrachtung der göttlichen Wesenheit gesagt habe.[38] Das war ein Thema, das auch von der spekulativen Theologie der Scholastik immer wieder behandelt wurde. In der monumentalen Ausgabe von Anselms Werken füllt das meditative Schrifttum einen ganzen Band.

Schwierig war die Frage der Seelsorge durch Mönche – und besonders jene ihrer Predigt – zu lösen, nachdem sie Rupert von Deutz und andere aufgerollt hatten. Der heilige Hieronymus hatte gemeint, das Amt des Mönchs sei nicht zu lehren, sondern zu trauern. Sich und die Welt solle er beweinen und angstvoll die Ankunft des Herrn erwarten. Diese Sätze zitierte in einem Brief an Abaelard Roscelin, sein früherer Lehrer, und schloß mit den Worten: «Weil du jedoch nach Empfang des Mönchskleides das Amt eines Lehrers usurpiert hast und Lügen lehrst, hast du durchaus aufgehört, ein Mönch zu sein.»[39]

Noch Joachim von Fiore wies die Predigt dem Säkularklerus, ehrfurchtsvolles Schweigen den Mönchen als standesgemäße Haltung zu.[40] In den Klöstern war man angesichts der religiösen Bewegungen mit ihrem Zug zum apostolischen, also der Wanderpredigt gewidmeten Leben in dieser Frage längst uneinig geworden. Mönchische Wanderprediger wurden zu Kloster-, ja Ordensstiftern; andere Mönche, wie jener Heinrich, von dem wir schon hörten, verließen das Kloster als Sektenprediger. Bernhard von Clairvaux, der das Wort des Hieronymus wiederholte, ist der größte Prediger seiner Epoche gewesen. Bei Ketzern und Predigern gegen deren Lehren ging es nicht nur um das Apostelleben, sondern auch um Theologie. Die Wirklichkeit des 12. Jahrhunderts war zu vielgestaltig, als daß sie sich in die alten Schemata hätte pressen lassen. Der Gegensatz der Haltungen fand aber noch seinen Ausdruck in den beiden großen Bettelorden: Nach Franziskus von Assisi sollten die Illiteraten unter seinen Jüngern nicht lesen lernen, sondern sich um den Geist des Herrn bemühen. Dominikaner hingegen konnte man werden, wenn man studierte.

Der Mönch lebte auf zwei Ebenen, der physischen und der geistlichen, dem Alltag verpflichtet und dem alles Irdische transzendierenden Mysterium. Die Begriffe Mythos und Mysterium sollten nicht, wie das manchmal geschieht, gleichgesetzt werden: Der religiöse Mythos handelt von Geschehnissen, als Mysterium bezeichnet man Unbegreifliches, weil Übervernünftiges, einen «weißen Fleck» auf der Landkarte der Theologie. Das griechische Wort hängt mit «die Lippen schließen» zusammen, es umschrieb ein Geheimnis oder die Geheimlehre eines Mysterienkultes. Nicht das Geschehen ist die Hauptsache, soweit es sich überhaupt um ein solches handelt, sondern die Uneinsichtigkeit eines trotzdem als wirklich begriffenen Tatbestandes. Man kann versuchen, durch einen Aufschwung der Seele oder durch scharfsinnige Analogien sich ihm zu nähern – auflösen kann das Mysterium niemand. Der Scholastik wurde vorgeworfen, daß sie bei derartigen Versuchen die Scheu vor dem Heiligen vermissen ließ, die dem Mönch innewohnt; er betrachtet gleichsam auf den Knien, was andere vom Katheder herab definieren möchten.

Seit jeher wird in den lateinischen Bibelübersetzungen der Begriff durch das Wort «sacramentum» übersetzt. Dieses hatte eine viel weitere Bedeutung als heute, da wir von kirchlichen Sakramenten sprechen; es konnte sich z. B. um einen Eid oder eine sonstige sakral gebundene Form handeln, um das Zeichen für eine heilige Sache oder «ein heiliges Geheimnis». Im Alten Testament gab es «sacramenta», die jedoch nicht heilig waren,[41] usw. Wenn Augustinus «sacramentum» als «heiliges Zeichen [sacrum signum]» erklärte, tat er das in der Tradition des Platonismus: Dem Zeichencharakter des Materiellen steht die Realität im Geist Gottes (die Idee) gegenüber. Seit der zweiten Aristoteles-Rezeption wurde das Existierende immer mehr zum Realen, die Idee zum «bloßen» Symbol. Diese Dinge spielten vor allem in den Kontroversen um das Wesen der Eucharistie eine Rolle.

Solche Diskussionen verminderten die Scheu vor der Sphäre des Göttlichen und taten eher der Frömmigkeit Abbruch, als sie zu fördern. Völlig ungeeignet waren sie für Weltliche, denen die nötige Schulung fehlte. So klagte etwa Bernhard von Clairvaux: «In Vorstädten [vicis] und auf öffentlichen Plätzen diskutiert man über den katholischen Glauben, die Jungfraugeburt, das Altarssakrament und das unbegreifliche Mysterium der heiligen Trinität.»[42] Auf kirchlichen Versammlungen, so in Limoges 1011, wurde verboten, über die Trinität vor Laien zu debattieren; 1199 schrieb Innocenz III. an die Gläubigen der Diözese Metz: «Die geheimen Mysterien des Glaubens dürfen nicht allenthalben allen Menschen erklärt werden, da sie nicht überall und von allen verstanden werden; sondern nur jenen, die sie mit gläubigem Verständnis aufnehmen können... So groß ist nämlich die Tiefe der Heiligen Schrift, daß nicht nur naive und ungebildete Leute, sondern auch kluge und gelehrte Menschen nicht völlig zu ihrem Verständnis gelangen können...»[43]

Tiefe Mysterien sind also in der Bibel verborgen. Laien werden als Illiteraten oder Halbliteraten bei einer «Bibelforschung» ohne fachmännische Anleitung dem Irrtum verfallen. Ihnen fehlt zur richtigen Einstellung nicht nur das Wissen, sondern auch die beschauliche Lebensform. Geistliche müssen sich nicht als spekulative Theologen betätigen, um auch für diese Disziplin Wertvolles zu bieten; manches ist aus der beschaulichen Betrachtung in die Theologie übernommen worden, etwa die Vorzüge Marias betreffend.[44] Das gilt auch für die große bibelkundliche Literatur, die schon seit der Spätantike existierte und die Allegorese vorantrieb. Das alles war nicht Selbstzweck, sondern diente dem geistlichen Leben.

Das Neue Testament wurde unter Eingebung durch den Heiligen Geist verfaßt, und man konnte von vornherein annehmen, daß dort viel mehr Sinn und Bedeutung verborgen lag, als einem normalen Lesen zugänglich war. Hieronymus sprach für alle Bibelforscher, wenn er behauptete: «Die einzelnen Sätze, Silben, Buchstaben und Pausenzeichen in den Schriften Gottes sind voll von Sinn.»[45] Origenes, der die allegorische Methode zum Sieg führte, meinte, es sei außerordentlich schwer, wenn nicht unmöglich, diese Dinge bis ins Detail aufzudecken; Augustinus sprach von der Bibel als der «Schrift der Mysterien».[46] Es war eine Sinnsuche ähnlich jener der Gnostiker und Platonisten. In nüchtern rationalem Denken schrieb später Thomas von Aquino: «Plato hatte eine schlechte Art der Darstellung. Alles lehrt er nämlich bildlich [figurate] und durch Symbole [per symbola].»[47] Thomas hat auch die Allegorese wenig geschätzt.

Dem römischen Intellektuellen war die Art vertraut, in der Mythologie des Götterhimmels einen philosophisch-moralischen Hintersinn zu finden. Für jüdische Schriftgelehrte hatten Vorgänge und Fakten des Alten Testaments tiefere Bedeutung, und Paulus arbeitete eine solche Bedeutung für Teile der eben erlebten Heilsgeschichte heraus. Hier handelte es sich nicht um eine rhetorische Überhöhung, sondern um eine theologische Sinnfindung für einfache Aussagen. In einem Pastoralschreiben an die Epheser (5, 31) verquickt Paulus ein Bibelwort über die Ehe mit Gedanken über die christliche Religion: Im Buch Genesis heißt es, der Mensch wird Vater und Mutter verlassen und der Frau anhangen und mit ihr vereinigt werden (Gen. 2, 24). Paulus fährt fort: «Dieses Mysterium ist groß; ich verstehe darunter Christus und die Kirche.» Vorher wird das Gleichnis ausgeführt, die Ernährerfunktion des Gatten gegenüber der Gattin und die Einheit beider dienen dem Vergleich mit Christus und der Kirche. Das hatte schon bei Paulus einen erbaulichen Zweck.

Es wäre freilich unrichtig zu meinen, die Allegorese – und damit fast alles, was es bis in das 12. Jahrhundert an theologischer Wissenschaft gegeben hat – sei als Abfolge erbaulicher Vergleiche und sonst nichts betrachtet worden. Wenn das Vergängliche nur ein Gleichnis der ewigen Ideen und ihres Werkmeisters ist, dann liegt dort die geistige Realität. Das galt nicht nur für die Platonisten; ganz allgemein wurde die Welt der Erscheinungen als immer irrealer aufgefaßt. Die Katechetenschule von Alexandria, das Hauptzentrum hellenistischer Bildung, trieb keine historische und grammatische Bibelexegese wie etwa die Schule von Antiochia. Zeigte nicht die Bibel selbst, daß der Wortsinn keineswegs immer der wirkliche Sinn war? Wenn zum Beispiel von dem «Arm Gottes» gesprochen wurde, hatte man sich Gottes Kraft vorzustellen. Sollten die Worte über die Vereinigung von Mann und Frau nur «physice» und nicht in einem weit höheren Sinne zu verstehen sein? Wer die Bibel als einen Ozean von Geheimnissen ansah, konnte hier auf Entdeckungsreise gehen. Das war eine Art schöpferischer Tätigkeit, die ihren christlichen Lohn in sich trug. «Allegorische» und «moralische» Bibelauslegung waren fast dasselbe.

Für die spirituelle Bildung des Mönchs bot sich hier eine Fülle von Anregungen. Es entsprach seiner Existenz, das physische Leben nur als nötiges Übel anzusehen, also Spiritualist zu sein. Auch der Mönch kam von der Volksfrömmigkeit her, mit ihren grobschlächtigen Anschauungen, und mußte erst langsam in die höheren Sphären hineinfinden. Wir können uns hier wie so oft auf Abaelard berufen, der zwar ein kühler Logiker, aber auch ein Dichter religiöser Hymnen für sein Paraklet-Kloster gewesen ist. Er teilte diese Hymnen in zwei Bücher: das eine handelte von den nächtlichen Gesängen und war dem «Dunkel des Wortsinnes» gewidmet, das andere von jenen des Tagesablaufs: «Das Licht der Auslegung soll dem Tag vorbehalten bleiben.»[48] Dem ersten Teil war das Alte Testament zugeordnet, dem zweiten die allegorisch-moralische Ausdeutung des Neuen Testaments. In seinem *Dialog zwischen einem [heidnischen] Philosophen, einem Juden und einem Christen* erklärte Abaelard, gestützt auf die Kirchenväter, daß Höllenstrafen und Paradies der Endzeit nicht grob-sinnlich gesehen werden dürfen, «eher mystisch als körperlich», als seelische Zustände. Keineswegs sitze z. B. der Sohn Gottes wirklich zur Rechten des Vaters.[49] Die bildliche Betrachtungsweise kam Abaelard und anderen auch zugute, wenn es Widersprüche zwischen platonisch-platonistischen Aussagen und christlichem Denken zu überbrücken galt. Tatsächlich hat sich der Neuplatonismus der «Verhüllungen» bedient, doch ging Abaelard über diesen Tatbestand hinaus, wenn er solche Widersprüche immer wieder auf eine Geheimaussage (involucrum) der Philosophen zurückführte: Die Philosophie wolle ihre Geheimnisse nicht mit nackten Worten sagen, besonders jene über Gott und die Seele, sondern hülle sie in Fiktives (fabulosa) ein.[50]

Die Allegorie ergänzte Symbole, mit denen vor allem die Liturgie ausgestattet war. Beide dienten dazu, das Mysterium zu «umkreisen», das sich einem groben Zugriff entzog; beide hatten einen engen Bezug zur eigenen Existenz und waren keine blutleeren Abstraktionen. Seit Goethe und der Romantik besaß das Wort Allegorie keinen guten Klang und weckte Assoziationen an die langweilige Allegorisierung der Epen Homers und des Götterhimmels. Die Bildbezüge des Symbols dagegen hatten unmittelbare Aussagekraft. Für den Mönch handelte es sich um zwei gleichwertige Zugänge zu ein und derselben Sache: Beide führten in die Nähe der göttlichen Herrlichkeit und wahrten doch deren Geheimnisse.

In der katholischen Kirche wird heute die paulinische Exegese beibehalten, ein weiteres Allegorisieren jedoch eher geduldet als gefördert. Seiner Herkunft nach gehört das allegorische Verständnis zum alten «präkategorialen Denken», in dem alles mit allem zusammenhängen kann und die Kausalität nur eine Nebenrolle spielt; oft handelt es sich um ein freies Assoziieren. Man kannte den Wortlaut heiliger Texte, und wenn man einen von ihnen betrachtete, erinnerte man sich an andere, die mit ihm verknüpft wurden. Das war keine bloße Gedächtnisleistung, sondern es geschah mit dem Herzen, und gab darum dem Mönch jenen Gefühlsaufschwung, der ein wesentlicher Teil seiner geistlichen Existenz war. Legitimiert wurde dieses Tun nicht mit psychischen Erfordernissen, sondern durch den Glauben, ewige Wahrheiten zu entdecken. Ihre unendliche Fülle war ein Kennzeichen ihrer göttlichen Herkunft. Wenn strenge Begriffe fehlten, was tat es? Man bewegte sich im Bereich des Übervernünftigen, wo sie ohnehin versagen mußten.

Wichtig war dagegen der existentielle Bezug der Aussagen. Jerusalem ist dem Wortsinn nach eine Ortsbezeichnung; für den Mönch ist dieser Ort jedoch überall. Er sucht in seinem nächsten Leben das himmlische Jerusalem und lebt schon auf Erden so, wie wenn er dieses Ziel erreicht hätte. Mit solchen Ausführungen bleibt Bernhard von Clairvaux im traditionellen Bereich, dann fährt er fort: «Wenn ihr es genau wissen wollt: ich spreche von Clairvaux. Dort findet ihr ein Jerusalem, das dem himmlischen schon angegliedert ist durch die vollkommene Hingabe des Herzens...»[51] Natürlich ließ sich dieser Bezug auf die eigene Lebenssphäre und ihre Aufgaben nicht immer durchhalten. Oft mußte es genügen, wenn schon bekannte Beziehungen vermehrt oder die Kenntnisse sonstwie bereichert wurden. Da die Bibel Wort für Wort erklärt wurde, gab es keinen Ort und keine Person, über die man nichts erfahren hätte. Ganz allgemein war der Glaube verbreitet, daß im Namen das Wesen einer Person verborgen lag, und man konnte aus ihm – oft in halsbrecherischer Interpretation – dieses Wesen zutage fördern. War von Tieren, Pflanzen, edlen Steinen die Rede, konnte man in Bestiarien, Herbarien und Lapidarien nachschlagen. Was man über ihr Aussehen und ihre Bezüge zum Menschen fand, konnte in erbaulichem Sinne gedeutet werden, und dabei kam man oft von einem zum anderen, vom Stein auf seine Farbe, von der Farbe auf die Temperamente. Das Detail machte sich selbständig und eröffnete neue Perspektiven. Sehr stark kam derlei bei der Zahlensymbolik zum Ausdruck, die Augustinus als «großes Mysterium» bezeichnete; pythagoreisches Denken hat auf ihn und auf den ganzen antiken Kulturkreis eingewirkt. So glaubte man, der Sinn der Zahlenangaben der Bibel sei «nur mit den Augen des Glaubens» zu erfassen. Die Eins war die perfekte Zahl, die Zwei die Zahl der Unreinheit (Hieronymus), oder: ungerade Zahlen sind männlich, gerade weiblich (Macrobius) usw.[52] Drei (Trinität), Fünf (Bücher Mosis), Sieben (Schöpfungstage), Zehn (Gebote) waren bevorzugte «heilige Zahlen», aber auch die Vier konnte Anregung zu den verschiedensten erbaulichen Bezügen geben: Da waren die Evangelisten, Paradiesesflüsse, Weltregionen – ein Verzeichnis solcher Verbindungen der Vier umfaßt bei de Lubac fünf Druckseiten, und es gibt ein umfangreiches Lexikon der mittelalterlichen Zahlenbedeutungen.[53] Hier lebt noch nach, was auch die Völkerkunde aufzeigen konnte, eine «mythische Hypostasierung» der Zahlen, ihre Erhebung «zu einem unabhängigen Dasein und einer unabhängigen Kraft».[54]

Da jedermann berechtigt war, den bestehenden Deutungen neue hinzuzufügen, wuchs das allegorische Schrifttum ins Uferlose, und man versuchte, durch eine wenigstens formale Gliederung einige Ordnung hineinzubringen: Neben historischem und allegorischem Sinn wurde der moralische als selbständige Größe anerkannt, dazu kam der «anagogische», zum Himmel emporführende. Jerusalem war (historisch) eine Stadt, (allegorisch) die Kirche, (moralisch) die Seele, (anagogisch) der Himmel. Nach Thomas von Aquino beziehen sich die Worte «Es werde Licht!» auf das wirkliche (historische) Licht, auf die (allegorische) Geburt Christi in der Kirche, auf die (moralische) Begeisterung oder Erleuchtung durch Christus sowie auf die (anagogische) Einführung in das Himmelreich.[55] Über die Einteilung war man sich nicht immer einig; schließlich konnte sie von einzelnen Autoren bis auf sieben Gruppen gesteigert werden.[56] Hier mischte sich schon scholastisches Denken in ein Gebiet ein, das ihm fremd bleiben mußte.

Durch viele Jahrhunderte war die Allegorese in ihrem Wesen und ihrer Wirkung gleichgeblieben. Jetzt begann sie zwar nicht zu verschwinden, aber doch zu verblassen. Es gab immer mehr Kommentatoren biblischer Bücher, die ankündigten, sie wollten nicht allegorisch arbeiten – das hätten schon viele getan –, sondern «ad litteram», also auf dem Boden der Textinterpretation und ohne Aufschwung in höhere Gefilde. Man kann hier einen allgemeinen Zug zu nüchterner Rationalität erkennen; dazu kommt das Erstarken des höheren Schulwesens, ein neues Interesse für die Natur und vielleicht auch die Ketzermission: Allegorische Deutungen sind ungeeignet für die Argumentation, und die Katharer hatten ihre eigene eigenwillige Allegorese. Man mußte ihnen mit dem Text des Evangeliums kommen. Joachim von Fiore sagte über sie: «Sie verfälschen [die Schrift] durch ihr Mißverstehen des Wortlautes.»[57]

Die Untersuchung des biblischen Wortes war schon lange fällig, denn seit dem heiligen Hieronymus war auf diesem Gebiet wenig geschehen. Man hatte das Gebäude der Allegorese immer höher wachsen lassen, ohne die Fundamente auf ihre Tragfähigkeit zu prüfen. Seit der Neubewertung des Literalsinnes – vor allem durch Hugo von Saint-Victor in Paris – war die Möglichkeit gegeben, eine wissenschaftliche Theologie zu begründen, in der auch Allegorisches seinen angemessenen Platz hatte. Jetzt gab es eine theologische Literatur für Lehrer und Schüler und eine solche für Mönche und Novizen; eine, die zu geschlossenen Systemen strebte, und eine Bibelkunde, die mit kleinsten Einheiten des Textes arbeitete und sie zu biblischen oder außerbiblischen Dingen in Beziehung setzte. Den Meinungen und Bestrebungen des Tages waren beide ausgesetzt; man kannte auch eine aktualisierende Exegese, die in Psalmen-kommentare Anliegen der Kirchenreform und Kirchenpolitik mischte.[58]

Hugo von Saint-Victor hatte geschrieben: «Wir lesen die Heilige Schrift, aber nicht ihre Buchstaben; wir kümmern uns nicht um den Buchstaben, sondern lehren die Allegorie. Wenn aber der Buchstabe wegfällt, was ist dann die Heilige Schrift?»[59] Hier tat sich wirklich eine Gefahr auf, die schon Otloh von St. Emmeram in Regensburg gefühlt hatte: Da es einen tieferen Sinn biblischer Aussagen gab, konnte man sie wörtlich nehmen? Handelte es sich bei diesem Wortlaut vielleicht um Fabeleien?[60] Wenn die «biblische Ge-schichte» aus dem Christentum entfernt wurde, geriet man nicht nur in Ge-schichtslosigkeit, sondern in einen Raum jenseits des Christentums. Ihn konnte jede Art von Gnosis oder Mythos ausfüllen.

Umgekehrt hatte auch eine Absolutsetzung des Wortsinns ihre Gefahren. Sie konnte zu einer anthropomorphen Gottesvorstellung führen oder gar zur Selbstkastration. Der Pariser Magister Amalrich von Bena (gest. 1206) wurde zum Ketzer, weil er verlangte, ein Satz des heiligen Paulus müsse zur Glau-benswahrheit erklärt werden: «Wir sind Glieder seines [d. h. Christi] Leibes» (Eph. 5, 30).[61] Er übersah, daß es bei einer Metapher keinen Wortsinn geben kann.

Das alles betraf primär die Wortexegese. Wenn die Bibel voll von Mysterien war, so blieben diese doch in sprachliche Begriffe und Aussagen gefaßt. Es wäre verwunderlich, wenn unter den Menschen der damaligen Zeit neben dem gedanklich-abstrakten Element nicht auch das bildhafte seinen Ort gehabt hätte. Begriffe mußten vielfach in (gedankliche) Bilder gefaßt sein, um über-haupt verstanden zu werden. Das Abstraktum «Kirche» dachte man am leich-testen als Kirchengebäude mit darin versammelter Gemeinde. Wer über eine starke visuelle Phantasie verfügte, brauchte sich die Kirche nicht vorzustellen, er sah sie. Dieses Sehertum konnte sich auf durchaus abstrakte Begriffe er-strecken, wie wir bei Hildegard von Bingen gesehen haben: In einer Vision stellte sie fest, daß Gott und «divinitas» nicht zwei verschiedene Begriffe seien.[62] Leichter war es natürlich, Bilder der Außenwelt vor sich erstehen zu lassen, auch und vor allem solche, die nicht aus der Bibel «erlesen» waren. Die Spiritualität des Mönchtums war auf die Bibel hin ausgerichtet, eine Tradition, der man nachzufolgen hatte. Für Nonnen bestand eine solche Tradition kaum. Sie konnten über die Bibel hinausgehen und die gesamte Welt zum Objekt ihrer Betrachtung machen.

Aber auch Männer wie Rupert von Deutz mochten auf diese Weise vom Wort zum Bild gelangen – oder zu einer mystischen Schau jenseits der Exegese wie Richard von Saint-Victor. Bei diesem macht die vernünftige Betrachtung der Dinge den zweiten Grad der Kontemplation aus.[63] Je höher man diese Leiter der Betrachtung hinaufstieg, um so mehr trat die Textexegese zurück und öffnete sich der Geist Bildern. Es war eine Wendung, die ungelehrte Nonnen und Chorfrauen schon auf einer früheren Stufe vollzogen haben. Die

Äbtissin Herrad von Landsberg (gest. 1195) schrieb zur Erbauung ihrer Chorfrauen in Odilienberg im Elsaß den *Hortus deliciarum* (Lustgarten), ein enzy-
klopädisches Werk mit 336 Illustrationen und sehr vielen Zitaten aus Bibel
und Kirchenvätern. Hier konnte man sich an symbolischer Bildsprache ebenso
wie an Wortallegorien erbauen. Überhaupt liebte das 12. Jahrhundert die Umsetzung biblischer, vor allem eschatologischer, aber auch philosophischer The-
men in bildliche Darstellungen.

Hildegard von Bingen ging durch dieselbe spirituelle Erziehung wie sehr
viele andere Nonnen. Nur sie hatte jedoch die Gabe, daß ihr Begriffe zum Bild
wurden: Gottes Macht zu einem Berg, seine Voraussicht zu einem Spiegel.
«Was ich schreibe, sehe und höre ich in einer Vision. Ich verändere die Worte
nicht, die ich höre, gebe sie bloß in ungeschliffenem Latein wieder.»[64] Zum
Unterschied von manchem gelehrten Exegeten war sie sich der literarischen
Quellen ihrer Gesichte nicht bewußt, auch dort nicht, wo es sich um recht
komplizierte Hervorbringungen in mehr oder minder traditionellem Geist
handelte, «Konfigurationen aus vielen einzelnen Bildelementen».[65] So sah sie
z. B. die Kirche als eine Figur, deren Haupt in hellem Licht strahlte; dieses
bedeutete «die Grundlegung der priesterlichen Ordnung durch die Apostel».
Brust und Oberbauch schimmerten in rötlichem Glanz, was sich auf die Jungfräulichkeit der Mönche und Nonnen bezog. Die untere Hälfte der Figur war
in einer hellen Wolke verborgen, «um anzudeuten, daß das Ende der Weltzeit
noch nicht gekommen ist»; gemeint waren die Weltlichen und die Fortpflan-
zung.[66] Im medizinischen Bereich schrieb Hildegard recht unbefangen im
Sinne der antiken Kräfte- und Säftelehre, wahrte aber stets die Grenzen erbaulicher Darstellung.

Man konnte die Natur nach Art einer Göttin schildern, wie es im Umkreis
von Chartres geschah, oder als ein aufgeschlagenes Buch sehen, das es zu
entschlüsseln galt, ähnlich wie man die Bibel erforschte. Eine Hildegard von
Bingen oder Herrad von Landsberg hat sich freilich nicht als Forscherin gefühlt, sondern widmete ihre Existenz der Erbauung und dem Ruhm Gottes aus
seiner Schöpfung. Im Grunde war beides miteinander verwandt, steckte ein
Stück spiritueller Erbauung in den naturphilosophischen Lehrgedichten und
«forschte» auch Hildegard, wenn sie den Kosmos und den Menschen schaute.
Sie tat es unbewußt, und manche ihrer Bilder hatten darum etwas von der
visuellen Kraft des religiösen Mythos.

Katharertum, Platonismus und geistliche Spiritualität sind verschiedenartige Erscheinungen. Sie haben das 12. Jahrhundert nicht geprägt, betrafen ja
auch relativ kleine Gruppen von Menschen. Daß es das alles nebeneinander
geben konnte, ist aber ein Zeichen für die besondere Stellung dieses Jahrhunderts in der europäischen Geschichte. Hier kündigt sich so mancher Aufbruch
an, nach innen gerichtet und in späterer Zeit auch folgenreich für die äußere
Welt. Von dem wichtigsten dieser Aufbrüche haben wir noch nicht gesprochen, jenem zu einer stärkeren Rationalität.

III.
Das Reich der Vernunft

Neuntes Kapitel

Ratio und Auctoritas

«Wir sind wie Zwerge, die auf den Schultern von Riesen sitzen, so daß wir
mehr und weiter entfernte Dinge als sie sehen können; nicht durch die Schärfe
des eigenen Blickes oder die Körpergröße, sondern weil wir durch die Größe
der Riesen in die Höhe gehoben werden.» So pflegte Bernhard von Chartres
(gest. vor 1130) zu sagen,[1] der dem Platonismus nahestand, andererseits der
Lehrer Gilberts von Poitiers wurde. Wilhelm von Conches kannte das Wort
und gebrauchte es in Verbindung mit einem Satz des Grammatikers Priscian
über die Anhänger seiner Kunst: «Je jünger sie sind, um so scharfsichtiger.»[2]
Alexander Neckam (gest. 1217) setzte das Gleichnis in Parallele zu der Tierfa-
bel vom Sperling, der im Gefieder des Adlers in die Luft aufsteigt und dann
mit eigenen Kräften etwas höher als dieser fliegt.[3]

Man hat diese Aussagen verschiedenartig interpretiert, als Bekenntnis zum
Modernismus oder Verbeugung vor einer großen Vergangenheit, als Ausdruck
stolzer Bescheidenheit und Zeugnis der Demut.[4] Vor allem handelt es sich um
einen Blick in die Außenwelt, und dieser Blick umfaßt weit Entferntes, das die
Alten noch nicht sehen konnten. Bernhard von Chartres tat seinen Ausspruch
in den zwanziger Jahren des 12. Jahrhunderts, zu einer Zeit, da sich noch
kaum erkennen ließ, welche Wege die Wissenschaft der nächsten Generationen gehen werde. Er ahnte ihren Aufschwung voraus, nicht in Abwertung der
Philosophen von einst, sondern voll Hochachtung vor den großen Vorgängern,
ohne die man klein geblieben wäre.

Wer sind die «Riesen» der Vergangenheit? Sicherlich gehört zu ihnen Plato,
vielleicht Aristoteles, sehr wahrscheinlich sind auch Augustinus und andere
Kirchenväter gemeint. Auch später haben ja nur wenige eine Kluft zwischen
Patristik und modernem Platonismus, zwischen Tradition und Erneuerung
gesehen. Was die «Zwerge» den Alten voraushaben, ist nicht die Fülle des
Wissens, sondern die neue Schärfe des Blicks. Mit ihr beginnt das Zeitalter der
Scholastik.

Wilhelm von Conches leitete das Gleichnis mit den Worten ein: «Wir
wissen nämlich nicht mehr als die Alten, aber wir sehen [perspicimus] mehr.
Wir haben ihre Schriften und daneben einen natürlichen Scharfsinn, mit dem
wir etwas Neues erkennen.»[5] Die Worte «naturale ingenium» meinen nicht
Genialität, sondern fürs erste bloß «die angeborene Art», in zweiter Linie
natürlichen Scharfsinn. Man soll die Sätze Wilhelms nicht überinterpretieren,
aber sie nennen doch das beim Namen, was die eigentliche Grundlage der
Scholastik ist: Nicht eine Summe von Techniken vor allem der Dialektik,
sondern die Geistesgabe, die nötig ist, um mit ihnen etwas ins Werk zu setzen.

Der junge Abaelard, wohl ein Generationsgenosse Bernhards von Chartres, kam 1113 nach Laon zu einem Lehrer, den er mit einem dürren Baum verglich. Kollegen fragten ihn, ob er etwa Besseres geben könne und brachten ihn dazu, sich selbst an einer theologischen Vorlesung im kleinen Kreis zu versuchen. Man riet ihm ab, als Termin schon den nächsten Tag zu wählen. Zornig antwortete Abaelard, es sei nicht seine Gewohnheit, durch Routine (per usum) Erfolg zu haben, sondern durch sein «ingenium»,[6] was man hier vielleicht mit «Intelligenz» übersetzen könnte. Und tatsächlich wurde aus dem Wagnis ein Erfolg.

Es bedurfte eines sehr großen Selbstbewußtseins für einen jungen Studenten, einen so plötzlichen Einstieg in das Fach Theologie zu wagen. Noch kühner war es, angesichts der Leistungen Platos und der Kirchenväter zu behaupten, daß man über sie hinausgelangen könne, wie es Bernhard von Chartres wenig später andeutete. Nicht, daß völlig Neues an ihre Stelle treten sollte, aber immerhin wollte man überprüfen und verbessern, was bis dahin den meisten als ein heiliges Erbe der Vergangenheit galt.

Als Wilhelm von Saint-Thierry eine Schrift *gegen die Irrtümer Wilhelms von Conches* schrieb, stellte er darin folgendes Programm auf: «Was auch immer wir reden, wollen wir gemäß den Kirchenvätern [ex Patribus] reden, unseren Lehrern und Führern, auf ihren Spuren wandelnd, nichts aus eigener Kraft anstrebend.» In Glaubenssachen gelte es, «alle menschliche Vernunft hintanzusetzen oder sie als Gefangene zur Dienstleistung für den Glauben zu zwingen; die Grenzen des Glaubens, die unsere Väter gezogen haben, zu erkennen und in keiner Weise zu überschreiten».[7] Anderswo trennte er Wissen und Glauben in dem Sinne, daß Wissen mit dem Intellekt gesammelt werde, der Glaube auf der Autorität allein beruhe.[8] Hier gab es keine Zwischensphäre, und Autorität wurde nicht näher definiert. Gemeint ist nicht so sehr die Autorität des kirchlichen Lehramts als eine Summe von Autoritäten schriftlicher Natur: Bibel und Kirchenväter.

Wenn man dieses Programm strikt durchführte, konnte es keine persönliche Meinungsäußerung geben, oder sie mußte sich unter Zitaten von Autoren verstecken. Theologische Disputationen wurden dann, so wie es auch bei solchen mit Katharern der Fall war, zu einem Kampf der Belegstellen, die man für die Gültigkeit seiner These anführen konnte. Auf dem Reimser Konsistorium von 1148 mußte sich Gilbert von Poitiers gegen seine Feinde verteidigen, die auf einem einzigen Pergamentblatt «auctoritates» gegen seine Thesen in die Versammlung mitbrachten. Die Kleriker Gilberts jedoch – was ebenso Otto von Freising wie Gaufred von Auxerre vermerkt – hatten große Bände herbeigeschleppt, aus denen sie ihrerseits derartige «auctoritates» vorlasen.[9] Das war methodisch sicher richtig, für den praktischen Zweck jedoch kaum geeignet. Als damit der Tag hinging, ließ der Papst gelangweilt die Verlesung abbrechen und richtete das Wort direkt an Gilbert.

In dem sehr großen Schrifttum von Bibel und Kirchenvätern hatte man also zu suchen, was der eigenen Meinung entsprach und die Thesen des Gegners widerlegte. Dazu verhalfen im günstigen Fall auch Florilegien, Sammlungen von Sentenzen und ähnliches. Widersprüche in den ihrem Umkreis entnommenen Aussagen konnten nicht ausbleiben, und so kam es zu endlosen Debatten. Daß sich Abaelard und andere um eine eigene Methodenlehre zur Ausschaltung von Widersprüchen bemühten, wird noch zu erläutern sein.

Einen Katalog der Werke mit autoritativer Geltung gab es nicht; nur ganz allgemein wurden in erster Linie die Schriften der Apostel und der Propheten genannt, in zweiter alle von der Kirche «angenommenen» Werke, wobei es auf den wahren Autor – etwa des Buches Job – nicht ankam.[10] Hier bot sich ein ausgedehntes Feld für Erweiterungen des Horizonts. Von den griechischen Kirchenvätern waren fast nur erbauliche Werke übersetzt, dazu einige Bibelkommentare und geschichtliche Zusammenfassungen, während die Kontroversschriften gegen Häresien am seltensten abgeschrieben und darum auch selten übersetzt wurden.[11] Die Schüler Gilberts von Poitiers konnten für Kontroversen ein großes, bisher im Westen unbekanntes Material von Autoritäten einbringen. Hugo von Honau hat über diese Kämpfe mit Worten berichtet, die Gregor von Nazianz gegen die Arianer gebraucht hatte – man sah sich also in der Rolle der irrtumslosen Kirche bei der Wahrung des Glaubens gegen Widersacher, die nicht über das volle Rüstzeug des Theologen verfügten.

Nicht zu den Autoritäten zählten Hilfstexte für das Studium, so etwa die immer zahlreicheren Glossenwerke. Praktisch gesehen war diese Behelfsliteratur bald unersetzlich, vor allem in Gestalt von Textauszügen, die nach einem Ordnungsprinzip gereiht wurden. Das erleichterte den Zugriff, zerstörte aber den Sinnzusammenhang und damit viel von dem, was den autoritativen Charakter eines Werkes ausgemacht hatte. Man mußte den Wortgebrauch eines Autors kennen, um zu ermessen, was er im Einzelfall gemeint hatte, und man mußte wissen, wie andere zu formulieren pflegten, deren Aussagen den seinen zu widersprechen schienen. Darum schrieb Abaelard: «Leicht ergibt sich oft eine Lösung von Kontroversfragen, wenn wir zeigen können, daß dieselben Worte von verschiedenen Autoren in verschiedenen Bedeutungen gebraucht wurden.»[12] Als Sprachlogiker sah Abaelard weiter als andere. Die Texte der «Riesen» von einst wurden nicht in scheuer Verehrung wiederholt, sondern nach den Regeln der Wissenschaft überprüft.

Für das 10., 11. und 12. Jahrhundert hat man an den abendländischen Bibliotheken ein «ausgesprochen patristisches Gepräge» ihrer Bestände festgestellt; am Ende dieses Zeitraumes ändert sich das, man schrieb die Kirchenväter nur noch selten ab.[13] Die Zeit der «auctoritates» war damit nicht abgelaufen, aber sie beherrschten jetzt nirgends mehr das Feld. Autoren wie Manegold von Lautenbach und Rupert von Deutz zitierten fast nur mehr die Bibel, ohne Verweis auf Kirchenväter.[14] Neben solchen Rigoristen gab es Modernisten, die sich um das Schrifttum von einst wenig kümmerten und sich lieber auf Werke von Zeitgenossen bezogen. In Deutschland kommentierte man noch Texte der Vergangenheit in ihrem Zusammenhang,[15] im Westen dagegen überwogen – unter dem Einfluß der hohen Schulen – schon die zergliedernden Bearbeitungen in Form von Sentenzensammlungen.

Schließlich hat Thomas von Aquino ausgesprochen, was manche schon längst gedacht haben dürften: «Eine Begründung durch Autorität ist eine sehr schwache Begründung.» Wenn ein Lehrer eine Frage dadurch löst, daß er auf «nackte Autoritäten» verweist, ohne von sich aus etwas hinzuzufügen, «dann weiß der Hörer, daß sich die Sache so verhält. Aber er wird wissenschaftlich und verstandesmäßig nichts gewinnen, und leer [im Kopf] abziehen.»[16] Hier ist die innere Distanz von der großen Vergangenheit und das neue Selbstbewußtsein der Schulwissenschaft voll ausgeprägt. Man kennt jetzt zwei einander ebenbürtige Bereiche: «authentica» (Bibel, Väter) und «magistralia» (das Schrifttum der modernen Gelehrten).[17]

Als erster scheint Anselm von Laon beide Gruppen von Zeugnissen nebeneinander angeführt zu haben, und zwar in einem Arbeitsinstrument, seiner *Glossa ordinaria*.[18] Er war der Lehrer, über den sich Abaelard so abfällig äußerte, immerhin aber ein Mann auf der Höhe seiner Zeit, ein Schüler Anselms von Canterbury. Dieser hat es gewagt, in zwei Hauptwerken, dem *Monologium* und dem *Proslogium*, auf die Anführung von Autoritäten zu verzichten; nur im Prolog des ersten schreibt er kurz, daß sich seine Anschauungen (über Trinität und Christologie) mit den Aussagen des heiligen Augustinus decken. Im übrigen sei das, was er sage, eine verstandesmäßige Notwendigkeit (rationis necessitas).[19] Das Stichwort «ratio» fällt hier, im Jahre 1076, noch wirklich ungewöhnlich als Gegensatz zum Argumentieren mit Autoritäten der Vergangenheit. Und das in einer Schrift, die durchaus dem mönchischen, beschaulichen Lebenskreis entstammt. Anselms Schüler wollten, so begründete er die Niederschrift, das lesen können, was er ihnen bei der Meditation über die Trinität gesagt hatte.

Auch in einer Zeit, da die mönchische Spiritualität besonders im individuellen Bereich wirksam war, mußte man sich hüten, subjektive Meinungen von sich zu geben. Man bedurfte der Deckung durch eine höhere Instanz, die Autorität, Vernunft oder auch göttliche Eingebung sein konnte. Rupert von Deutz hat seinen Kommentar zum Hohen Lied durch Verweise auf seine Visionen legitimiert.[20] Aber selbst dieser Mann vertraute anderswo dem eigenen Scharfsinn – natürlich im Rahmen der unbestechlichen Vernunft –, wenn er die Apokalypse des Johannes «mit der Pflugschar des eigenen Scharfsinns [proprii ingenii vomere]» kommentieren wollte.[21]

Was zur Entwertung des Ansehens der christlichen Autoritäten beitrug, war neben dem wachsenden Selbstbewußtsein die Erweiterung des Horizonts durch Kenntnis der antiken Philosophen. Hugo von Honau, der sich um den Brückenschlag zwischen West und Ost verdient machte, wies darauf hin, daß alle Wissenschaften (disciplinae) der Lateiner aus griechischen Quellen herkamen; er wollte danach trachten, «durch unwiderlegliche Autoritäten der Wei-

sen Griechenlands... eine Entscheidung unserer Streitigkeiten zu erreichen».[22] Hier waren vor allem christliche Autoren wie Cyrill von Alexandrien,
Johannes Damascenus usw. gemeint.[23] Aber andere scheuten sich nicht, im
Streit der Meinungen von «auctoritates» der heidnischen Philosophen Gebrauch zu machen.[24]

Bernardus Silvestris zählte unter den «auctores», Männern mit Autorität,
auch die – heidnischen und antik-christlichen – Dichter auf, denn «die Dichter
sind es, die in die Philosophie einführen».[25] Das erstaunte niemand, da man
doch bei Vergil einen christlichen Hintersinn festgestellt hatte und gerne Ovid
zitierte, weil man seinen moralischen Gehalt schätzte.[26] Freilich gab es auch
Leute, denen die heidnischen Dichter und Philosophen von Herzen zuwider
waren.

Was die Philosophen betraf, so sah man als ihre Stärke den Gebrauch an,
den sie von der Vernunft als Richtschnur der Erkenntnis machten. Abaelard
wandte sich gegen jene unerfahrenen Menschen, «die, wenn sie sehen, daß wir
den philosophischen Schriften Beispiele oder Vergleiche entnehmen, um unsere Intentionen klarer werden zu lassen, uns sofort zu Feinden des heiligen
Glaubens» erklären möchten.[27] Der Glaube war eine Sache des Herzens und
sollte es auch gegenüber der neuen Hochschätzung des Verstandes und rationaler Methoden bleiben. Nach Petrus Venerabilis war Autorität gut für die
Frommen (oder Mönche; religiosi), Vernunft eine Sache von Neugierigen
(curiosi).[28] Es ließ sich nicht leugnen, daß jene Zwerge, die von den Schultern
der Riesen aus in die Ferne blickten, dies aus Erkenntnisdrang und damit einer
Art Neugier taten.

Voll Leidenschaft hat sich Abaelard gegen die Beschränkung auf den Gebrauch der «auctoritates» gewehrt: Dieser sei nur gegenüber Menschen angebracht, die ohne Vernunft und darum Vernunftgründen nicht zugänglich
sind.[29] Wir würden aufhören, Philosophie zu treiben, wenn wir uns vor allem
auf Autoritäten stützen wollten, deren Aussage von der Sache selbst weitab
liegt und die eher in Meinungen als in der Wahrheit ihren Grund haben[30] – ein
bedenklicher Satz, den Abaelard darum einem Nichtchristen in den Mund
legte. Und weiter: Führt denn nicht das Zitieren von Autoritäten zu Irrtümern? Wenn alle dieselben Autoren zitierten, könnte es nicht so viele verschiedene Glaubensmeinungen (fidei secte) geben. Aber der einzelne wählt
aus, welchen Autoren er folgen will. Darum: «Vernunftgründe haben vor
Autoritäten den Vorrang!»[31]

So spricht ein heidnischer Philosoph. Abaelard wollte die Stellung der «auctoritates» in der Diskussion mindern, nicht ein Vernunftchristentum jenseits
der Konfessionen von Griechen und Lateinern schaffen, die ja tatsächlich über
die Autorität von Synodalentscheidungen stritten. Im Verlauf des 12. Jahrhunderts hat man sogar noch kräftigere Töne gegen die «auctoritates» gefunden; Alanus sprach das berühmte Wort, daß Autoritäten wächserne Nasen
hätten: Man könne sie nach verschiedenen Seiten drehen und müsse darum

auf Vernunftgründe zurückgreifen.[32] Auch hier handelt es sich vorsichtiger-
weise um die Ansicht eines heidnischen Philosophen; doch mochte Alanus bei
der Abfassung seiner Schrift gegen die Häretiker auch an die Deutungen
biblischer Texte durch Ketzer erinnert werden. Grabmann meinte, die Stelle
richte sich nicht gegen die «auctoritates», sondern bloß gegen die Art ihrer
Verwendung.[33] Das hätte Alanus doch wohl präziser ausgedrückt. Als Platonist stand er auf der Seite der Philosophen, und von «Plato» (Calcidius) hatte
er vielleicht die Anregung zu dem Gebrauch des Bildes. Dort wird die Urmaterie dem formbaren Wachs verglichen, das in verschiedene Gestalten gebracht
werden kann.[34] Studenten mochten bei dem Vergleich weniger an die Urmaterie denken als an einen Kathederscherz, was dem Ansehen der «auctoritates»
nicht guttat. Adelard von Bath bezeichnete sie sogar als «eine Falle».[35]

Konservative Kreise meinten eher, daß Fallen durch die Dialektiker gestellt
wurden, durch jene modernen Theologen, die zusammen mit der Rationalität
die dialektische Methode des Schließens einbrachten. Männer wie Manegold
von Lautenbach werden darum als «Antidialektiker» gekennzeichnet, was
nicht ganz den Kern der Sache trifft. Die theologische Wissenschaft in eine
fromme Bibelkunde zurückzuverwandeln, haben Gelehrte dieses Schlages
nicht vermocht. Aber noch am Ende des 12. Jahrhunderts gab es Leute wie
Garnier von Rochefort, der klagte, man habe es eher mit (heidnischen) Philosophen zu tun als mit Theologen, «denn wenn sie wirklich Theologen wären,
würden sie lieber dem Zeugnis der Heiligen zustimmen als der menschlichen
Vernunft und wissen, daß der Glaube dann ohne Verdienst ist, wenn die
menschliche Vernunft den Beweis für ihn liefert».[36] Letzteres hatte schon
Gregor der Große festgestellt.

Auf die Dauer wurde der Streit um «ratio» und «auctoritates», da doch
beide miteinander leben mußten, zu einer Rangfrage. Man konnte sich auf die
Kirchenväter mit der Behauptung stützen, die Autoritäten hätten den Vorrang
gegenüber der Vernunft, beide aber dienten zur Bekräftigung einer Meinung.[37] Das erkannte offiziell auch Abaelard an, indem er Augustinus zitierte:
«Die Autorität soll gegenüber der Vernunft den Vortritt haben.» Vernunftgründe sind schwach, wenn sie eine Ergänzung durch Autoritäten benötigen.[38]
«In jeder Diskussion ist es sicherer, eine Wahrheit zu erweisen, als eine Autorität aufzuzeigen»[39] – nach dieser Maxime handelte nicht nur Abaelard. Man
trat aus dem Schatten der Giganten heraus und begann selbst zu denken, statt
Vorgedachtes zu wiederholen.

Es war ein kleiner, aber nicht unwichtiger Schritt in dem großen Zusammenhang dessen, was Max Weber den «Prozeß der Rationalisierung» genannt
hat. Der Begriff Rationalismus läßt sich auf das Mittelalter jedoch nicht anwenden, trotz der Nähe von «rational» zu «rationell», die in einigen Sprachen
zur Wortidentität geworden ist. Es war ebenso zweckmäßig wie vernünftig, im
Sinne der antiken Methodenlehre zu denken, und schien sicherer als ein empi-
rischer Befund: Man vertraute als selbstverständlich angesehenen Axiomen,

nicht jenen bloßen Meinungen, die sich aus der Betrachtung der Umwelt gewinnen ließen.[40] Das hatte freilich seine Grenzen im traditionellen Weltbild. Da die Offenbarung weiterhin ihren Platz behauptete, konnte «ein systematischer Glaube an die Vernunft als einzige Methode der Wahrheitsfindung» nicht bestehen.[41] Gründe der menschlichen Vernunft (rationes humanae) verblaßten vor den Mysterien. Wir haben schon erwähnt, daß Gregor der Große geschrieben hatte, ein vom menschlichen Verstand erwiesener Glaube sei ohne religiöses Verdienst.[42]

Abaelard konnte diese Aussage nicht bestreiten. So setzte er jene in ein schiefes Licht, die sie zu zitieren pflegten: Sie täten das, weil sie unfähig zu einer Diskussion von Glaubensdingen seien. Wenn aber nicht diskutiert werden darf, kann ein Götzenanbeter sagen, ein Stück Holz oder ein Stein sei sein Gott.[43] Diese Worte ließ Abaelard einen heidnischen Philosophen sprechen, und so kam nicht zum Ausdruck, was auch ein Bernhard von Clairvaux bejahte: Daß rationale Argumente gegen rationale Zweifel an christlichen Lehren eingesetzt werden mußten, wie sie etwa von Katharern vorgebracht wurden.

Aufgrund der Position des Glaubens einen festen Punkt zu finden, von dem aus man verstandesmäßige Einsichten gewinnen konnte – das war der Sinn des Wortes «credo, ut intelligam». Anselm von Canterbury gebrauchte es nicht gegenüber Theologen wie Abaelard, die für ein Nebeneinander von Glauben und Wissen eintraten, sondern «gegen jene, die nicht glauben wollen, was sie nicht verstehen, und die Gläubigen verlachen».[44] Solche Leute gab es wirklich. Abaelard hatte mit Schülern zu tun, die sagten, «man könne nichts glauben, bevor man es verstanden habe. Es sei lächerlich, wenn jemand anderen vortrage, was weder er noch seine Hörer mit dem Verstand erfassen könnten; da doch der Herr selbst anerkenne, daß es Blinde gebe, die Führer von Blinden seien».[45] Das war ein schlichter Skeptizismus, kein System des Rationalismus und auch nicht jene Beschränkung der Mysterien auf einen Kernbereich, die Männer wie Abaelard anstrebten. Man warf sie manchmal mit den Skeptikern in einen Topf. Wilhelm von Saint-Thierry bezog gegen beide Stellung, wenn er schrieb: «Wer alles wissen und nichts glauben will, vernichtet... den Glauben.»[46] Anselm von Canterbury vertrat da eine gemäßigte Haltung; seinem *Proslogium* wollte er den Titel geben: *Der Glaube auf der Suche nach dem Verstehen.* Schon sein *Monologium* sollte ein «Beispiel der Meditation über die Vernünftigkeit des Glaubens» sein.[47]

Hier waren Glaube und Wissen zwei Sphären, die zusammengehörten. Der Optimismus, mit dem man in der Frühscholastik rationale Methoden auf die Theologie übertrug, wurzelte in der Überzeugung, daß den Glauben nichts erschüttern könne – eine Grundhaltung, die weit entfernt war von dem echten Rationalismus, der alles mit dem Verstand prüfen will, bevor er es sich zu eigen macht. Anselms Glaube suchte nach einem von Gott erleuchteten, in der Betrachtung der göttlichen Dinge geschulten Verständnis, und auch Abaelard betonte die göttliche Herkunft der Vernunft in der «höchsten Weisheit», dem Logos.[48] Die durch viele Jahrhunderte gepflegte Spiritualität schuf die Brücke zu verstandesmäßiger Erkenntnis. Für Hugo von Saint-Victor war «jede geschöpfliche Erkenntnis ein Erkennen in Gott, eine Teilnahme... an der Weisheit des ewigen Logos»; «Gott ist dadurch Gott, daß er wissend ist» – ein kühner Satz.[49]

So konnte man von «fides rationabilis» sprechen, von dem Glauben, der der Vernunft zugänglich ist, ohne «rationalis», der Vernunft unterworfen zu sein.[50] Für Wilhelm von Conches war die Theologie «ratio de divinis», Erklärung göttlicher Dinge, denn «theos ist Gott, logos die Vernunft [ratio]» – hatte doch schon Augustinus Gott das Prinzip der Vernunft und die Quelle allen rationalen Denkens genannt.[51] Wer wollte, konnte sich auf den Römerbrief berufen, wo (Rom. 12,7) von «ratio fidei» die Rede ist, allerdings mit ursprünglich anderer Bedeutung: Verschieden sind die Gaben Gottes, so z. B. die Prophetie nach Maßgabe (secundum rationem) des Glaubens. Schon Berengar von Tours und seine Zeitgenossen gebrauchten gerne die biblische Wendung.[52]

Das vernunftbetonte Denken trat langsam aus dem Rahmen der Spiritualität heraus. Es gab nun eine spekulative Theologie, die immer weniger in der Mönchsgemeinschaft und immer mehr auf dem Katheder ihren Platz hatte. Gewiß, man konnte sie weiterhin für Zwecke der Spiritualität einsetzen. Dasselbe galt für die Ethik, die sich jetzt als Schulddisziplin konstituierte. Was oft fehlte, war jener Aufschwung der Sprache, von dem die eigentliche Wirkung erbaulicher Texte ausging. Das geschriebene Wort stand unter der Kontrolle der Sprachlogik, es kam auf seine Vernünftigkeit an. An die Stelle von Symbol und Allegorie trat immer mehr die Suche nach Kausalzusammenhängen. Der Mensch «soll danach suchen, aus welchem Grund er geschaffen ist, und er wird sehen, welcher Liebe sein Schöpfer würdig ist».[53]

Plato hatte im *Timaios* (28 A) geschrieben, nichts geschehe ohne Ursache. Calcidius fügte hinzu, es sei die Aufgabe der Vernunft, Ursachen zu erkennen.[54] Das Studium der antiken Philosophen hat die Hinwendung zur Frage nach Kausalität und Finalität der irdischen Erscheinungen wesentlich gefördert. Seine eigentliche Wurzel hatte dieses Denken jedoch anscheinend in einer neuen Einstellung, die dem Verstand mehr Rechte als bisher einräumte. Wer diese Umstellung nicht vollzog, konnte heftiger Kritik der Neuerer verfallen. Wilhelm von Conches wurde dabei pathetisch und rief seinen traditionalistischen Kollegen zu: «Ihr Elenden! Was ist elender, als zu sagen, das sei so, weil Gott es tun [oder: schaffen] kann, und keinen Grund zu kennen, warum es so ist; keinen Nutzen aufzuzeigen, den es haben soll?»[55]

Eine Begründung, die der damaligen Vorstellung von Wissenschaft entsprach, mußte notwendig sein, d. h. immer und überall Geltung haben. Außerdem führte jede Kausalkette auf Gott zurück. Es konnte also keinen Zufall geben. Darauf wies Abaelard hin,[56] für dessen Schule die Vernunft zum Zentralbegriff wurde. Man sagte, Gott könne nicht ohne Vernunft handeln, er vermöge nichts ohne sie.[57] Bei Alanus von Lille tritt die Vernunft als Göttin auf; sie besitzt Spiegel, in denen sie die Kausalzusammenhänge sieht und den «Abgrund der Dinge» erforscht.[58]

Die hohe Einschätzung der Vernunft als Grundprinzip innerhalb des Kosmos bot die Möglichkeit, die Vielfalt der Erscheinungen zusammenzufassen und, wenn man so sagen will, zu «entzaubern». Während urtümlichem Denken das Wunder eine Normalerscheinung ist, paßt es in die Welt der Vernunft höchstens am Rande. Gott ist die erste Ursache aller Dinge; die Folgeursachen (causae secundae) bilden eine durch die Vernunft geregelte Kette, innerhalb derer ein direktes Eingreifen Gottes nur mehr eine seltene Ausnahme sein kann. Die Juden, so schreibt Abaelard, brauchten die Wunder Christi, aber seither fehlen Wunderzeichen zumeist, und man muß die Menschen mit Worten überzeugen – wobei die Vernünftigen den Worten eine höhere Kraft als den Wundern zubilligen, die außerdem vom Teufel stammen können.[59] Jetzt hat eine «Rationalisierung» auch diesen Bereich erfaßt: Die Dämonen bedienen sich natürlicher Kräfte von Steinen, Pflanzen usw., deren Wirkungen sie ebenso genau kennen wie diejenigen der seelischen Kräfte.[60]

Vor allem veränderte die zentrale Rolle, die jetzt der Vernunft zufiel, ihr Verhältnis zu den «auctoritates». Diese ließen sich ja nicht ausschalten, sie bildeten das Um und Auf der christlichen Lehre, trotz jener methodischen Schwächen, deren sich die rationale Theologie immer stärker bewußt wurde: Hier gab es verschiedenartige Aussagen, die man mit einer neuen Methodenlehre auf einen gemeinsamen Nenner bringen wollte. Diese Lehre arbeitete mit historischen Mitteln und versuchte, einen Text aus seinem Umfeld zu verstehen. Vor allem wurde die Interpretation der Texte jedoch mit dem Werkzeug des Philologen betrieben. Das galt auch für die Bibel selbst. In ihr seien, so schrieb Honorius Augustodunensis, Syllogismen verborgen wie Fische im Wasser.[61] Die heiligen Worte wurden nicht mehr als gottgegeben hingenommen, sondern sie waren Untersuchungsobjekt. Dafür gab es bald Hilfsmittel: Alanus von Lille schrieb *Regulae theologicae*, in denen er Axiome der Grammatik, Arithmetik und Dialektik auf das Gebiet der Theologie übertrug und dort als Maximen verwendete.[62] Man blieb sich dabei bewußt, daß die für die «freien Künste» geschaffenen Begriffe und Methoden nicht zu Aussagen über Gott passen; doch bestand die Hoffnung, daß dieses Denken wegen seiner Vernünftigkeit nicht allzu weit von dem ablag, was sich von dem Geheimnis des Göttlichen in Worte fassen ließ. Vor allem konnten Vergleiche zwischen weltlichen und göttlichen Dingen stattfinden.[63] Aus moderner Sicht kann die Ausbeute für die Bibelforschung als ziemlich gering angesehen werden; so manches davon erscheint uns selbstverständlich, aber man freute sich, daß es eine wissenschaftlich untermauerte Selbstverständlichkeit war: Daß z. B. «der Heilige Geist» eine umschreibende Ausdrucksweise nach Art einer rhetorischen «circumlocutio» sei; daß mathematische

Begriffe eher auf Gott übertragbar seien als sonstige; daß die Übertragung auf Gott immer nur begrifflicher, nicht aber realer Art sein könne usw. Der fatale Hang der Schulwissenschaften, sich als Selbstzweck zu empfinden, wird hier recht deutlich.

Dieser ziemlich grobe und direkte Zugriff auf die angesammelten Autoritäten vermochte nicht, die Theologie auf ein höheres wissenschaftliches Niveau zu heben. Bedeutsamer wurde da anderes, das ursprünglich nicht auf die Theologie abzielte, obwohl es später als deren «Sic-et-non-Methode» Berühmtheit erlangte: eine Methodik der Kompromisse zwischen anscheinend gegenteiligen Aussagen. Der Name der Methode entspricht einem Buchtitel Abaelards, aber dieser hat die Sache keineswegs erfunden, die von fernher in die Theologie gekommen ist.

Bei der Fülle des biblischen, patristischen und kirchenrechtlichen Schrifttums konnte es nicht ausbleiben, daß man auf Widersprüche zwischen Quellen stieß. In frommen und selbstsicheren Zeiten haben sie keineswegs die Gemüter verstört. Am Beginn des 12. Jahrhunderts tritt bei Gilbert Crispin ein Christ auf, der sagt: In Gen. 1,29 gab Gott die Früchte der Bäume den Menschen als Speise frei, in Gen. 2,17 widerrief er dies für den Baum in der Mitte des Paradieses. «Nicht ohne [Wertung als] Mysterium kann man das akzeptieren», so meint der Christ. Ein Jude kennt hier überhaupt keine Bedenken: Gott hat befohlen, man muß ihm gehorchen.[64] Der Rekurs auf den Willen Gottes war auch die übliche Reaktion der Christen angesichts solcher Unstimmigkeiten. Ein Jurist hätte sie lösen können, indem er darauf hinwies, daß zuerst eine allgemeine Erlaubnis gegeben und dann von ihr eine Ausnahme gemacht werden kann; daß also die «praeceptio generalis» keinen logischen Widerspruch zur «praeceptio particularis» bildet.

Man kennt die Dialektik als Kunst des Streitens; hier wird sie zur Kunst der Versöhnung. Vor allem auf dem Gebiet kirchlicher Rechtsfragen bestand ein sehr großer Bedarf an harmonisierenden Lösungen. Da gab es kanonische Bestimmungen verschiedensten Alters und verschiedenster Herkunft; man entnahm ihnen, was zum eigenen Standpunkt paßte. Je mehr man sich mit diesen Beständen beschäftigte, um so störender empfand man auch die Mängel der handschriftlichen Überlieferung. Von hier sind Methoden ausgegangen, die auch für die rationale Theologie vorbildlich wurden.

Mit den Mitteln der Dialektik läßt sich auf dem Gebiet der bildhaften, symbolisch andeutenden Aussage wenig ausrichten; um so mehr jedoch dort, wo klare Begriffe vorherrschen, womöglich in binären Konstellationen: Ja (sic) oder Nein (non). Den Platonisten führte die Dialektik nicht weit, wohl aber den Aristoteliker. Es entsprach einem Bedürfnis der Zeit, daß im späteren 12. Jahrhundert ein neuer Schub von einschlägigen Werken (aus dem Organon) des Aristoteles bekannt wurde, der sehr die dialektischen Fähigkeiten befruchtete. Dazu kam ein lange Zeit unterschätzter Einfluß aus den arabischen Ländern. Seit dem 9. Jahrhundert blühte eine islamische Dialektik, und «die Sic-et-non-Methode hat ihr natürliches Wohngebiet im moslemischen religiösen Recht».[65] Vielleicht könnte man sagen, daß in beiden Kulturkreisen ähnliche Bedingungen aufgrund eines gemeinsamen antiken Wissenschaftserbes zu ähnlichen Ausformungen führten. Daß man dabei im islamischen Recht früher als im abendländisch-kanonischen zur Stelle war,[66] mag durchaus sein.

Jeder Fortschritt kann als Rückschritt angesehen werden, und so hat es Martin Grabmann bedauert, «daß der Sprachlogik und Wortklauberei Einlaß in das Heiligtum der theologischen Wissenschaft gewährt» wurde: «Das Sichversenken in die großen Zusammenhänge der Glaubensgeheimnisse, wie es Anselm [von Canterbury] liebte und übte, verträgt sich nicht gut mit dem dialektischen Herumstreiten.»[67] Schon in Anselms Zeit gab es neben der spirituellen Betrachtung kirchenpolitische und andere Nöte, in denen die Dialektik nicht streitbar, sondern versöhnend wirkte. Gegenseitige Exkommunikationen der streitenden Parteien hatten die Lage verwirrt, und in einer nach 1084 verfaßten Schrift über dieses Problem finden sich «Konkordanzregeln», die zukunftsweisend wirkten. Hier wurden Widersprüche in kanonischen Bestimmungen und Väterzitaten mit rationalen und historischen Mitteln aufgelöst.[68]

Wenn z. B. zwei kanonische Verfügungen miteinander unvereinbar zu sein schienen, dann war es wichtig, nicht nur sie selbst zu erfassen, sondern ebenso ihr Umfeld und die Umstände ihres Entstehens. Neben Zeit und Ort konnten es auch die beteiligten Personen sein, die zum Verständnis der betreffenden Sätze herangezogen werden mußten. Aus welcher Ursache, welchem Anlaß ist die Bestimmung zustande gekommen, und wie weit sollte sie verpflichtend sein: zeitweise oder dauernd? Es war ein Fragenkatalog, wie er in späteren Jahrhunderten zur historischen Kritik ganz allgemein angewandt wurde. Waren die Widersprüche nicht auflösbar, mußten die Texte auf ihre Authentizität untersucht werden, denn es konnte ja beispielsweise Abschreibefehler geben. Der mühsame Weg der Wissenschaft zum Verständnis des «rechten Textes» hatte begonnen.

Die Methode war in ihren Grundzügen schon früh angewendet worden. Sie empfahl sich für Autoren wie Augustinus, die Kontroversfragen gründlich untersuchen wollten und nicht mit einem Verweis auf den Willen Gottes umgingen. In kirchenrechtlichen Sammlungen findet sich derartiges schon vor dem Investiturstreit bei Burchard von Worms.[69] Je mehr die Verrechtlichung der Kirche fortschritt, um so stärker wurde das Bedürfnis nach einem gesicherten Text ähnlich jenem der Bibel. Wo vieles im Fluß war, sollten feste Pfeiler Sicherheit geben.

Solcher Stützen bedurfte auch die Kontroverstheologie. Neben Trinität, Christologie und Mariologie war ihr Hauptgebiet die Eucharistielehre, deren Auswirkungen ja jeden Christen betrafen. Schon Gerbert von Aurillac hatte die strittigen Lehren über die vorhandene oder nicht vorhandene Identität des natürlichen Leibes Christi mit dem eucharistischen einander gegenübergestellt und die Widersprüche als scheinbar bezeichnet.[70] Es kam auf die Interpretation weniger Worte Christi an; dadurch wurde man auf eine allgemeine Bedeutungs- und Figurenlehre verwiesen und natürlich wieder auf die Dialektik. Freie Künste der Antike, oft als Ballast der Erziehung im Kloster angesehen, bekamen eine unerwartete Aktualität.

Wie auf dem Gebiet des kirchlichen Rechts hat auch in der Theologie die Schulwissenschaft nicht einen Angriff auf das Bestehende eingeleitet, sondern Hilfen zur Verfügung gestellt und damit ihr Ansehen gesteigert. Auch auf diesem Feld stand Abaelard mit einer Logik für Anfänger (Logica ‹Ingredientibus›) und mit seinem berühmtesten Buch Sic et non im Mittelpunkt.[71] Hier sind 158 kontroverse Ansichten aneinandergereiht, zum größten Teil den Kirchenvätern entnommen, aber vereinzelt auch den Rechtsquellen, einschließlich Justinian. Abaelard konnte sich auf Vorarbeiten stützen, trotzdem war seine Leistung groß. Auch wenn er von den Autoritäten nicht sehr viel hielt, wollte er sie mit der Aufzeigung ihrer Schwächen nicht verhöhnen. Er enthielt sich auch einer eigenen Meinung, gab jedoch in dem berühmten Prolog des Werkes Fingerzeige, wie man solche Widersprüche auflösen konnte. Sie ähneln den «Konkordanzregeln» der Juristen.

Die Sammlung war als Übungsmaterial für junge Leute gedacht und konnte darum auch jeglicher Ordnung entbehren. Hier geht es um sehr Verschiedenes: «Daß Adam und Eva als Sterbliche geschaffen wurden, und daß sie das nicht wurden» (51); daß man lügen darf, «und daß man das nicht darf» (64); «daß man vor der dritten Tagesstunde keine Messe zelebrieren darf, außer zu Weihnachten, und die gegenteilige Meinung [et contra]» (212). Wichtiger sind biblische Kontroverstexte, doch hier waren der Arbeit engere Grenzen gezogen: Es gibt, schreibt Abaelard, keinen Irrtum der Aussage des Autors, wohl aber kann der Kodex Fehler enthalten, nach dem der Text zitiert wird, oder der Übersetzer (aus dem Hebräischen oder Griechischen) lieferte einen falschen Text, «oder du verstehst die Sache nicht». Bei jüngeren Werken soll man untersuchen, ob die Aussage durch kanonische Texte gestützt wird; andernfalls ist der Leser in seinem Urteil frei: «Wenn ihm [der Satz] mißfällt oder er ihn nicht glauben will, wird er dafür nicht getadelt.» Freilich wird man, wenn Widersprüche bleiben, der angeseheneren Autorität den Vorzug geben, ohne deshalb die Kirchenväter als Lügner zu bezeichnen. Denn sogar Propheten und Apostel seien nicht völlig ohne Irrtum – ein Satz, der aufhorchen läßt, den Abaelard jedoch hätte beweisen können.

In der Auseinandersetzung zwischen «auctoritas» und «ratio» beginnt hier kein grundsätzlich neues Kapitel, denn Abaelard ließ den Kernbereich der Autoritäten unangetastet. Immerhin durfte man anderer Meinung als sie sein. Konservativen Zeitgenossen galt das als Frevel; Wilhelm von Saint-Thierry sah geradezu die Sache der Christenheit in Gefahr: Abaelard treibe auf dem Gebiet der Heiligen Schrift mit Neuerfindungen das, was er in der Dialektik zu treiben gewohnt sei, als ein Zensor des Glaubens, nicht sein Schüler; ein Emendator, kein Imitator (Christi).[72] Die Forderung, daß die Autorität eines Textes an seine korrekte Wiedergabe gebunden sei, wich von dem ab, was in Sammlungen von Sätzen kirchlicher Autoren der Spätantike bis dahin der Brauch gewesen war.[73] Die «Emendatoren» konnten in der Diskussion die Unwissenschaftlichkeit der Gegenseite anhand ihres Zitatengebrauches behaupten. Das gab ihnen eine Macht, deren sie sich selbst vorerst kaum bewußt waren. Wer sich den neuen Regeln nicht fügte, dem konnte man Unvernunft vorwerfen oder – was in gelehrten Kreisen das Schlimmste ist – Unwissenschaftlichkeit.

Zehntes Kapitel

Schulwissenschaften

Als Alanus von Lille im Jahre 1202 in Cîteaux starb, gedachte man dort seiner mit den Worten: «Alanus hatte einen Kropf und war klein von Statur, aber er wußte alles, was ein Mensch wissen kann.» Auch ein zweites Epitaph hob hervor, daß er «alles Wißbare wußte».[1] Noch am Ende der Epoche, die wir als Frühscholastik bezeichnen, gab es Mönche, die nicht zwischen aktueller Bildung und ihren Möglichkeiten, zwischen Erforschtem und Erforschbarem unterschieden und sich mit dem begnügten, was der Schulunterricht bot. Man konnte die Meinung vertreten, durch die Erbsünde sei die menschliche Fähigkeit zur Erkenntnis geschwächt worden, da Adam wissen wollte, was ihm zu wissen nicht zustand.[2] Die Sünde, meinte dagegen Hugo von Honau, lag im Ungehorsam; seither muß der Mensch zu lernen versuchen, was ihm strafweise an Wissen entzogen wurde. Freilich gibt es auch Menschen, die als Dumme geboren wurden oder körperliche Erbschäden haben, Verrückte, Blinde usw. Das Nichtwissen ist in diesen Fällen ebenso unüberwindlich wie bei Kleinkindern, und es gibt auch die Verblödung von Greisen: Ein Gelehrter, Simon von Tournai, verlor vollkommen sein Gedächtnis, andere erkannten nicht einmal mehr die Buchstaben.

Wer keinen Verstand hat, so Hugo, braucht nichts zu wissen. Er ist unwissend, aber kein Ignorant. Dieser weiß nicht, was er wissen sollte; er hat sich – wie z. B. der Säufer – von seiner Wissenspflicht durch Nachlässigkeit abgewandt oder befindet sich in einem «Irrtum menschlicher Gebrechlichkeit» entweder aus Haß auf das Studium oder weil es langweilig sei oder weil er lieber andere Dinge betreibe. Kurzum: Wer sich als Angehöriger dieser Gruppe gegen das Studium wendet oder es links liegen läßt, ist ein lasterhafter Mensch.[3]

Was gut und was böse ist, glaubte der Christ seit jeher zu wissen. Hier, um 1180, hat sich der Kanon der Laster in Polemik gegen die klerikalen Ignoranten jenseits des modernen Schulbetriebes erweitert. Der positive Gehalt der These findet sich schon zwei Generationen früher bei Hugo von Saint-Victor. Er begann eine theologische Vorlesung mit den Worten: «Das Streben nach Wissen ist wahrhaft ein Gut der Seele. Von Natur aus wohnt es jeder Seele inne.»[4] Das war nicht selbstverständlich und hatte eine in die Zukunft weisende Bedeutung. Die Kirchenväter, voran Augustinus, schieden zwischen «scientia» – Wissen oder Wissenschaft – und «sapientia», der Weisheit. «Scientia» ist die Kenntnis körperlicher und anderer zeitlicher, wandelbarer Dinge, die man für das irdische Leben benötigt. «Sapientia» ist die Erkenntnis oder Kontemplation der ewigen Wahrheiten. Sie richtet sich auf das Eine, während die Wissenschaft die zeitlichen Gegenstände zergliedert, die sie erforscht.[5]

Wissen war also eine Angelegenheit zweiten Ranges. Das hat Hugo von Saint-Victor übernommen, doch in der Schule Gilberts von Poitiers sah man die Sache anders: Wissen (oder Wissenschaft) begreift die Dinge mit dem Verstand, Weisheit ist nicht-rationale Gottesliebe. «Was wir durch sie erfassen, nennen wir ‹glauben›, nicht ‹wissen›.»[6] Man kann also auch Theologisches rational erkennen, es gibt eine Wissenschaft von Gott.

Die Weisheit in die Sphäre des Glaubens zu verbannen, widersprach antiken Anschauungen, die Thierry von Chartres bei Boethius fand: «Die Philosophie ist... die Liebe zur Weisheit, die Weisheit ist das vollständige Erfassen der Wahrheit der existierenden Dinge... Niemand ist also weise außer dem Philosophen.»[7] Das Wort «scientia» hatte noch nicht den vollen Klang, den heute der Begriff «Wissenschaft» besitzt. Über die «vollständig erfaßte Wahrheit» regierte als Königin die Philosophie, deren Name ja Liebe zur Weisheit bedeutet. Seit dem 9. Jahrhundert hat man sie wieder mit Zügen ausgestattet, die Boethius dieser Gestalt gegeben hatte. Sie trug in der einen Hand ein Zepter, in der anderen ein Buch oder Bücher; dazu kam dann eine Krone.[8] Königin war die Philosophie nicht nur über die Wissenschaft, sondern auch über die christlichen Tugenden. Cyprian hatte geschrieben: «Wir [Christen] sind Philosophen durch Taten, nicht durch Worte!»[9] Das änderte nichts an der heidnischen Herkunft dieser Dame. Nach dem Zeugnis Ottos von Freising verabscheute Bernhard von Clairvaux jene Magistri, die der «weltlichen Weisheit» allzu sehr vertrauten.[10]

Neben der Liebe zur Weisheit mußte die neu erwachte Liebe zur Wissenschaft erst langsam an Boden zu gewinnen suchen. Man wies darauf hin, daß es ein angeborenes Streben der Menschen nach Erkenntnis gebe und ihnen Gott selbst die Erkenntnis zuteile, ist er doch der «Geist der Wissenschaft» (spiritus scientiae).[11] Auch das profane Wissen hatte damit seinen theologischen Stellenwert. Dabei gab es keinen Unterschied zwischen der Aneignung von Erkenntnissen früherer Zeit und ihrer Erweiterung durch persönliches Bemühen, also um Forschung. Derartige Bemühungen hatte es immer gegeben, jetzt fanden sie ihre Rechtfertigung. Freilich war eine solche bisher nicht dringend gewesen, denn in vielen Fällen handelte es sich eher um ein Reagieren auf aktuelle Einzelprobleme vor allem der Kontroverstheologie als um eine grundsätzliche Einstellung. Seit dem Ende des 11. Jahrhunderts ging man auf breiter Front über das Ererbte hinaus, es gab «Neudenker»[12] neben den Trägern des Überkommenen; wobei man stets bedenken muß, daß jene bis ins zweite Drittel des 12. Jahrhunderts eine Minorität neben den Traditionalisten bildeten. «Frühscholastik» ist ein Begriff, der nur mit dieser Einschränkung sinnvoll erscheint.

Die innere Haltung, die zu den bedeutenden Leistungen der frühen Schulwissenschaft führte, und äußere Bedingungen, die dabei mithalfen, kann man nur unvollkommen erfassen. Zu letzteren zählt auch die stärkere Erschließung der griechischen Patristik und antiken Philosophie, gefördert durch die dem Westen zugewandte Regierung des Kaisers Manuel I. Komnenos (1143–1180). Das Studium griechischer «auctores» früherer Zeit war durch das kirchliche Schisma zwischen Ost und West nicht betroffen; man übersetzte manches, zog es für die eigene spekulative Theologie heran und ließ sich davon zu selbständigen Gedanken anregen.

Einer dieser Vermittler war Hugo von Honau, Pfalzdiakon Friedrich Barbarossas und Schüler Gilberts von Poitiers. Er war zweimal in Konstantinopel und wandte sich von dort aus gegen jene Leute im Westen, die eine solche Tätigkeit mißtrauisch beobachteten: «Wir verurteilen jemand nicht als Häretiker, weil er in seinen Schriften oder Lehren Neues bringt, sondern dann, wenn er vom richtigen Verständnis des Sinns abirrt.»[13] Auch Wilhelm von Saint-Thierry, der die Neuerer bei Bernhard von Clairvaux denunzierte, gab das zu,[14] zitierte jedoch anschließend ein Wort des heiligen Paulus: «Selbst wenn ich oder ein Engel vom Himmel herab anderes verkünden wollte, als ich getan habe, soll er verflucht sein!»[15] Eine wirkliche Rückkehr zu einem biblischen Fundamentalismus konnte freilich auch Wilhelm nicht im Sinn haben. Er und die meisten anderen Konservativen nahmen Stellung zu Fragen der spekulativen Theologie, vor allem der Trinitätslehre, über die Paulus nichts geschrieben hatte.

In früheren Jahrhunderten, etwa im neunten, hatte man in einem kleinen Kreis von Theologen Ausschnitte des Glaubensgutes diskutiert, meist ohne dabei Schüler um sich zu scharen. Jetzt gab es bei den Auseinandersetzungen ein weitaus breiteres Echo und wenig Ehrfurcht vor den göttlichen Dingen. Petrus Cantor klagte, man behandle den Bibeltext so, wie wenn es um das Gebiet einer der freien Künste oder ein Handwerk ginge.[16] Die Schüler brachten wenig spirituelle Erfahrung mit, und auch Lehrern mangelte sie oft. Dafür wußte man sich im Besitz einer ewig gültigen, streng objektiven Methode, die nun auf die göttlichen Dinge angewendet werden sollte.

Als Charakteristika der Scholastik werden meistens die methodische Diskussion und die Spezialuntersuchung in Form der «quaestio» genannt. Ebenso wichtig ist in unserem Zusammenhang der Wille zu Abgrenzung und Definition der verwendeten Begriffe, etwas, das in der Antike wenig gepflegt und später zumeist vergessen wurde. Hier wirkte das schulmäßige Element durchaus segensreich; nachteilig war ein hoher Formalismus, der meinte, alle Probleme des sprachlichen Ausdrucks seien gelöst oder auf formalem Wege lösbar; wir wissen heute, daß das anders ist. Weiters war die Begriffsbildung mangelhaft. Ein und dasselbe Wort mußte verschiedene Begriffe abdecken: «Ratio» hatte z. B. die Bedeutungen «Rechnung, Rechenschaft» und «Vernunft».[17]

Als der schon erwähnte Hugo von Honau einen Traktat *Über die Verschiedenheit von Natur und Person* (in der Trinität) schrieb, wollte er seiner Abhandlung eine Erklärung wichtiger Wörter voranstellen: «persona, natura, substantia, essentia». Er tat das, «damit wir, wenn wir von den Gegenständen reden, nicht unwissend über deren Sachinhalt [res verborum] bleiben».[18] Das ersetzte nicht den immer noch fehlenden «Begriff des Begriffs»; immerhin bemühte man sich um ihn. Ebenso wichtig war das Bestreben, allzu sehr mit Inhalt befrachtete «Popularbegriffe» aufzulösen. Das distinguierende Denken der Scholastik erbrachte, nach den Worten Johanns von Salisbury, jetzt eine logisch fundierte «Unterscheidung dessen, was mehrdeutig vorgebracht wird».[19] Was ist eine Person, fragt Hugo von Honau, und zählt die Möglichkeiten auf: Im engsten Sinn ist es die Maske des Schauspielers, weiters die Standesperson (Senatoren, weltliche und geistliche Würdenträger), drittens – schon in übertragenem Sinn – jeder Mensch; von dieser letzten Bedeutung wird das Wort «Person» auch auf «die theologischen Personen» übertragen,[20] also jene der Trinität.

So galt die Philosophie jetzt nicht nur als Liebe zur Weisheit, sie wurde die «Wissenschaft der Unterscheidung» (discernendi scientia).[21] Klarheit und Subtilität des Ausdrucks sind Kennzeichen eines solchen Vorgehens, das außerordentlich viel Positives, dazu manches Negative eingebracht hat: Gefühlswert und Lebendigkeit der Bilder, das Halbdunkel der symbolisch-allegorischen Ausdrucksweise wich einer nüchternen, dem Unsagbaren abholden Einstellung. Bei den Diskussionen sind Lösungen – oder auch Scheinlösungen – sehr oft aus dieser terminologischen Differenzierung abgeleitet worden, ohne doch wirklichen Lebenswert zu erlangen; die Trinitätslehre der Fachleute wurde schon vom Sprachlichen her immer komplizierter und damit weniger verständlich, und so ging es anderswo auch. Das formale Element, so nötig seine Beachtung war, begann in den Hörsälen ein gespenstisches Eigenleben zu führen, und die Glaubensgeheimnisse wurden zum Übungsmaterial für Seminaristen. Andererseits machten bedeutende Gelehrte die Theologie erst zur Wissenschaft im engeren Sinn des Wortes; daß sie manchmal der Häresie geziehen wurden, davon wird noch im Zusammenhang zu reden sein.

Dieser Aufschwung wäre nicht möglich gewesen ohne einen verstärkten Glauben an die Möglichkeiten der menschlichen Vernunft und das daraus abgeleitete Selbstgefühl des Forschertums. Man hat sich auf Boethius berufen, der die Fähigkeiten der menschlichen Seele in vier Klassen gegliedert hatte: Sinneswahrnehmungen, Vorstellungskraft, die Vernunft (ratio) als Fähigkeit der Unterscheidung und Urteilskraft und schließlich die über das Irdische hinausgehende, in den Bereich der ewigen Formen verweisende «intelligentia». Das war recht unanschaulich, und so ist Alanus von Lille zu den Formen spätantik-christlicher Dichtung zurückgekehrt, als er über das Thema in allegorischer Form handelte: Die vernunftbegabte Seele fährt auf einem Wagen, dessen vier Räder die genannten Bereiche darstellen. Sie ist hoch erhaben über die animalische Welt: Wahrnehmungs- und Vorstellungskraft besitzen auch Tiere, Vernunft und Fähigkeit zur «intelligentia» zeichnen den Menschen aus.[22] Die neue Wissenschaft stand sozusagen auf zwei Beinen, der christlichen und der antiken Tradition, oder: Offenbarung und Vernunft. Was die Begriffe und ihre Differenzierung angeht, so bemühte man sich, sie in lexikalischer Form zu überblicken. Dabei war es hinderlich, daß die Allegorese eine Fülle von Bedeutungen biblischer Begriffe kannte. Auch mit diesen hatte der Theologe immer noch zu tun, und auch hierin hat scholastischer Ordnungssinn eine Aufgabe erblickt. Im späten 12. Jahrhundert entstanden fünf größere Sammlungen, die eine Vielzahl von – vorwiegend biblischen – Worten und Wortbedeutungen in alphabetischer Reihenfolge boten, oft mit den Bezugsstellen – eine sehr große Arbeit, die in dieser hybriden Form jedoch nur erbaulich schreibenden Autoren nützlich sein konnte. Auch Alanus von Lille hat ein solches Lexikon *Über die Unterscheidungen der theologischen Ausdrücke* verfaßt. Da erfährt man z. B., daß das Wort Wermut (absinthium) eine bittere Glaubenslehre, den Teufel und manches andere bezeichnen konnte.[23] Es ist gut, sich vor Augen zu halten, daß die Theologie auch damals praktische Zwecke erfüllte und nicht das Neue völlig an die Stelle des Alten getreten ist. Man lebte in einem gemeinsamen Haus.

Die eigentliche Arbeit des Forschers gehorchte den Regeln der Logik oder Dialektik, wie sie die Antike ausgebildet hatte. Abaelard setzte sie der «Unterscheidung der Argumente» gleich, betonte also auch hier die Differenzierung, wie das schon Cicero und Boethius getan hatten.[24] Die Definition spielte nicht nur auf die logischen Schlüsse an; es handelte sich um das weite Feld der Sprachlogik überhaupt, die aus der grammatischen Disziplin hervorgegangen war und gerade durch Abaelard sehr gefördert wurde. Über Grammatik und Dialektik, zwei der «freien Künste», wird im Zusammenhang gesprochen werden. Wichtig sind, das sei schon hier angemerkt, Universalität und Kühnheit, mit der die dialektische Methode auf die Theologie übertragen wurde. Das spekulative Denken beschränkte sich jetzt nicht mehr auf wenige Kontroversfragen, es drängte zu einem System. Dieser Zustand war voll im 13. Jahrhundert erreicht, doch hat es schon im späten 12. theologische «Summen» gegeben.

Dialektik ist die Kunst der Unterredung zwischen Gesprächspartnern in Argumenten und Gegenargumenten. Wer allein war, mußte auf dieses belebende Moment nicht verzichten; er machte im Namen einer fiktiven Person Einwürfe und widerlegte sie. Für die akademische Jugend war der Hörsaal eine Art Fechtplatz des Geistes, man konnte einander oder sogar den Lehrer widerlegen. Noch interessanter wurde es, wenn in einer Stadt wie Paris rivalisierende Magistri Schule hielten. Hier herrschte eine Anspannung des Intellekts, die ruhigeren Orten mit einzelnen Lehrern fremd war.[25] Freilich führten Disputationen in einem solchen Rahmen oft zur Klopffechterei, um recht zu behalten und sein Ansehen zu vergrößern. Auch dann dienten sie jedoch der Schulung des Denkens der Teilnehmer und Zuhörer und formten eine neue Geisteshaltung.

Den Typus des streitbaren Theologen von hoher intellektueller Wachheit hatte es schon in der alten Kirche gegeben; später trat er nur hin und wieder auf. Es scheint, daß die allgemeinen Veränderungen des 11. Jahrhunderts hier belebend wirkten. Juridische und soziale Bedingungen des Lebens änderten oder differenzierten sich rasch,[26] während sich «Staat» und «Kirche» neu definierten. Erscheinungen wie das Aufkommen der Städte wird man jedoch nicht als ursächlichen Faktor des Neuen ansehen können. Das Leben in der Stadt mochte eine neue Geistigkeit begünstigen; letztlich handelt es sich bei ihr um ein Phänomen, das sich aus keinem anderen ableiten läßt.

Stets hatte man die «freien Künste» – wenigstens die sprachlichen – in der Schule gelehrt; gering war jedoch der Wille zu einer «philosophia» gewesen, wie sie Boethius als «vollständige Erfassung der existierenden Dinge»[27] verstand. Hier änderte sich manches. In den Auseinandersetzungen der Magistri begann sich eine theologische Wissenschaft neuer Art zu konstituieren, die auf Grammatik und Dialektik nicht verzichten konnte. Von den sieben «freien Künsten» blühten vor allem diese beiden auf, während die Rhetorik zurücktrat und die Oberstufe des «quadrivium» – Arithmetik, Geometrie, Astronomie und Musik(theorie) – weiterhin eine Randexistenz führte, bis arabische Traktate die astronomischen Interessen belebten.

Einst hatte es sich um «freie» Künste insofern gehandelt, als sie des Freien würdig schienen, da man mit ihnen – im Gegensatz zu den praktischen Disziplinen – kein Geld verdienen konnte. Die Siebenzahl trat zurück in einer Zeit, in der mit dem alten Schema kaum mehr auszukommen war. Manche stellten neben die «artes liberales» Ethik, Physik und Mechanik, oder Theologie, Ethik und Physik. Die Rhetorik hatte ihren Platz in der politischen Versammlung verloren und einen neuen auf der Kanzel gefunden, so schlug man sie der (praktischen) Theologie zu; oder man rechnete sie, im Hinblick auf die antike Gerichtsrede, zur Rechtsgelehrsamkeit, die selbst eine heimatlose Disziplin war.[28] Diese hat im 13. Jahrhundert ihren festen Platz auf der Universität gefunden, zusammen mit der «Physik» im engen Sinne von ärztlicher Kunst, denn die Naturwissenschaften mußten noch auf ihre akademische Anerkennung warten. Ärzte und Juristen galten als geldgierig. Die Vielzahl praktischer Berufe und Technologien (artes mechanicae) hielt man weiterhin vom Schulbetrieb fern. So blieb es trotz des Versuchs, diesen Zustand zu ändern, den Hugo von Saint-Victor in seinem *Didascalicon* machte. Er meinte, daß auch hier die Vernunft walte, die zu Gott emporführt. Erfolg hatte Hugo keinen; selbst seine Schüler hielten Handel, Ackerbau usw. für Beschäftigungen, die des Philosophen unwürdig seien.[29]

Grammatik und Logik (Dialektik) sollten für die Theologie schulen, wurden aber sehr umfangreiche und spezialisierte Hauptfächer des neuen Schulbetriebes. Man sprach davon, daß der Student sechs bis acht Jahre brauchte, um sie zu beherrschen. Darum war der Schüler jetzt kein junges Bürschchen, sondern ein Erwachsener. Viele strebten nach einer gesicherten Existenz und hofften, diese dank des Studiums zu finden. Manche blieben jedoch der Grammatik und Logik treu, als deren ewige Studenten, als junge Dozenten oder aber als wandernde Quasi-Intellektuelle. Es war eine Zeit der Konjunktur für Gelehrte und solche, die es zu sein schienen. Früher war das anders gewesen; Guibert von Nogent (1053–1124) schrieb: «Vor meiner Zeit und teilweise auch in ihr war der Mangel an Grammatikern so groß, daß in Burgorten [oppida] fast keiner, in Städten nur wenige zu finden waren. Wenn es gelang, einen aufzutreiben, dann war sein Wissen gering und ließ sich nicht einmal mit jenem vazierender Kleriker der jetzigen Zeit vergleichen.»[30]

Von Klöstern wird hier nicht gesprochen; kaum hatte jedes von ihnen einen fähigen Lehrer zur Verfügung. Ein gewisser Bedarf an lateinischer Bildung bestand auch bei Weltlichen gehobenen Standes, so wie Abaelard und schon sein Vater auf einer Burg bei Nantes in der Bretagne Lehrer hatten. Wer sich weiterbilden wollte, mußte reisen, und das tat auch Abaelard in sehr jugendlichem Alter.

Latein, auch in romanischen Ländern damals schon eine Fremdsprache, blieb das Medium des Unterrichts in den freien Künsten vor allem deshalb, weil die Ausdrucksfähigkeit der Volkssprachen im abstrakten Bereich außerordentlich gering war. Für Grammatik und Logik gab es von der Spätantike her ein lateinisches Vokabular, doch mußte abstraktes Denken erst erlernt werden, und dazu genügten die Klosterschulen kaum. Wer nicht Jahre auf das Studium verwendete, dem blieb diese Welt verschlossen.

So manchem Klosterschüler wird es so ergangen sein wie Hildegard von Bingen: Sie konnte sich in «ungeschliffenem Latein» ausdrücken, war aber in der Grammatik nicht sattelfest.[31] Latein als Verständigungssprache und Medium erbaulicher Lektüre war etwas anderes als das scholastische Latein, das auf Präzision des Ausdrucks und Differenzierung der Wortbedeutungen ausgerichtet war. Als Theologe mußte man versuchen, über die Sprache antiker Philosophen, ja auch der lateinischen Kirchenväter hinauszugelangen. Die Grenzen der Sprache waren die Grenzen des Denkens, die es zu erweitern galt.

Was zurückblieb, war die grundsätzliche Verschiedenheit jeder Sache von dem sie bezeichnenden Wort, oder wie es schon Hilarius von Poitiers formuliert hatte: «Die Rede steht tiefer als die Natur, und Worte können eine Sache nicht so ausdrücken, wie sie ist.» Er erklärte weiter, was für die Väterzeit nahelag, daß Häresien aus einer anderen Intention oder Interpretation eines Wortgebrauches hervorgingen, nicht aus der Aussage selbst.[32] Besonders Gilbert von Poitiers erneuerte die Lehre von der möglichen Differenz zwischen grammatischem Ausdruck und Intention des Autors. So habe z. B. Boethius manchmal statt «Gott» «Gottheit» und statt «Menschsein» (humanitas) «Mensch» geschrieben.[33] Man mußte die Metaphern und Redefiguren der Heiligen Schrift kennen, um sie auszulegen, und ebenso die allegorischen Aussagen auf den Wortlaut zurückführen. Von hier aus ergibt sich übrigens, daß die oben erwähnten Begriffslexika auch für die Schulwissenschaft keine unnützen Wälzer waren.

«Geringer als die Sache ist ihr Verständnis, geringer als dieses die Aussage.»[34] Diese Klage ist bis heute nicht verstummt. Am schlimmsten wirkte sich die Sachlage in der spekulativen Theologie aus, zuerst für Spezialprobleme wie die Eucharistielehre, etwa bei Berengar von Tours.[35] Immer wieder zeigte sich die Unfähigkeit, das Wesen Gottes in Worte zu fassen: Menschliche Schwäche, sagte Hugo von Honau, kann dafür keine würdigen und zutreffenden Worte finden. «Was sollen wir also tun? Schweigen können wir nicht, Würdiges und der Sache Angemessenes zu sagen, haben wir nicht die Fähigkeit. Darum wollen wir so sprechen, wie er [Gott] es uns eingibt [inspiraverit], und verkünden, was er selbst zu seiner Erkenntnis beigetragen hat, so würdig, wie es uns möglich ist.»[36] Der Drang zur Forschung wird nicht aufgehoben durch das Wissen um die Unerforschlichkeit ihres Gegenstandes. Man ist dabei optimistisch: Gott wird dem Forscher beistehen, ja ihn sogar «inspirieren». Aus dem Mund eines Gilbertiners klingt das Wort nicht so verdächtig wie bei anderen weniger rational Veranlagten. Hinter der Aussage steht übrigens eine alte Tradition, die man «grammatischen Platonismus» genannt hat: Nach ihr haben zusammen mit den Sachen ihre Worte (Begriffe) im Geist Gottes schon vor der Formung der Welt existiert. Der Mensch Adam benannte die ihn umgebenden Dinge nicht aus freien Stücken, sondern durch Eingebung des Heiligen Geistes. Gottes Weisheit heißt «das Wort» wegen dieser Verbindung von Begriffen und Dingen.[37]

Die grammatische Forschung – wenn das Wort am Platz ist – beschäftigte sich eifrig mit den semantischen Voraussetzungen der Sprache und hat hier eine Arbeit geleistet, die von Aristoteles vernachlässigt worden war.[38] In der ersten Hälfte des 12. Jahrhunderts diskutierte man eingehender über die Bedeutungslehre als über die syntaktische Funktion des Wortes. Die Wortbedeutungen, sagte Abaelard, gehen der Konstruktion von Sätzen voran.[39] Man hat in dieser Einstellung sogar Ausgangspunkt und Grundlage von Abaelards Philosophie gesehen.[40]

Während andere, auch Anselm von Canterbury, von einer Theologie der Sprache nicht loskamen, hat Abaelard jenseits der Theorien Texte auf ihre Art der Aussage und Bedeutung von Einzelworten hin untersucht; ja, er hat es gewagt, Sätze von Augustinus zu verändern, weil dieser zu wenig Wert auf die Genauigkeit des Ausdrucks gelegt hätte. So sei z. B. das vieldeutige Wort «Wille» im Zusammenhang mit der Sünde durch «Zustimmung» zu ersetzen.[41] Seine Sprachphilosophie verlor nicht den engen Zusammenhang mit der Textinterpretation, aus deren Studium er grundsätzliche Feststellungen ableitete. So ergab erst die Kasuistik eine Lösung des Problems der Mehrdeutigkeit eines Wortes. Fragte man, welchen Sinn das Wort in einem bestimmten Fall hatte, wurde man auf die Intention des Autors verwiesen. Das konnte in den Bereich der Psychologie hineinführen.

Wollte man Doppeldeutigkeit und terminologische Ungenauigkeit vermeiden, galt es, den richtigen Ausdruck zu finden oder, wenn es ihn nicht gab, zu erfinden. Schon in alter Zeit hatte man bei Übersetzungen aus dem Hebräischen oder Griechischen zum Mittel der Wortschöpfung gegriffen. Dieses Verfahren wurde seit dem 12. Jahrhundert sehr häufig; im praktischen Bereich war es besonders die städtische Lebensform, die neuer Begriffe bedurfte, im gelehrten vor allem die Theologie. Wieder war hier Abaelard am Werk, und Johann von Salisbury schrieb über ihn: «Es gibt jemanden, der zu dem Hilfsmittel einer Neusprache greift, weil er nicht genug Latein kann.»[42]

Gute Editionen des Schrifttums dieser und der folgenden Zeit bieten Listen neuartiger Wörter, die zeigen, wie sich damals der Wortschatz des Lateinischen besonders im Bereich des Substantivs – vor allem um abstrakte Begriffe – erweiterte.[43] Daß dabei das rationale und oft rein formale Element im Vordergrund stand, braucht nicht gesagt zu werden. Was damit entstand, war eine Fachsprache der Scholastik; wer sie und die Methoden beherrschte, aus denen sie hervorgegangen war, der fühlte sich als Vertreter der Wissenschaft.

Die Grammatik als ursprünglich rein profane Disziplin war schon in der Zeit der Kirchenväter in ein gewisses Spannungsverhältnis zur gelehrten Bibelkunde geraten. Gregor der Große fand es unwürdig, die himmlische Botschaft in die Regeln der Schulgrammatik des Donat zwängen zu wollen; ähnliche Stimmen gab es im 12. Jahrhundert genug.[44] Dem widersprach der scholastische Glaube an die grundsätzliche und durchgehende Vernünftigkeit des biblischen Gotteswortes; als solches mußte es, ohne Schaden zu nehmen, auch den universell gültigen grammatischen Regeln untergeordnet werden können. Dabei handelte es sich jetzt um eine spekulative Weiterbildung der antiken Grammatik. Sie glaubte an eine Universalsprache, der eine universale Grammatik zugrunde lag. Stets suchte man Verbindungen zur Theologie; wir haben schon erwähnt, daß Thierry von Chartres feststellte, man könne statt von Gottvater, Gottsohn und Heiligem Geist auch von «Mutter, Tochter, donatio [Geschenk, Gabe]» sprechen, da ja Gott nicht männlichen Geschlechtes sei.[45] Früher einmal hatte es übrigens einen «grammatischen Anthropomorphismus» gegeben, der die Regeln der Grammatiker auf Begriffe der Theologie wie Gerechtigkeit, Weisheit und Kraft Gottes anwenden wollte.[46] Später war man vorsichtiger, hat aber doch für theologische Probleme oft die Grammatik herangezogen.

Schon im 11. Jahrhundert hat man begonnen, neben dem mehr praktisch orientierten Lehrbuch des Donat das «wissenschaftliche» Werk des Grammatikers Priscian (aus der Zeit um das Jahr 500) zu studieren. Jetzt war er nicht ein Autor neben anderen mehr, sondern *der* Grammatiker, neben dem das Buch des Donat – auch in seiner ausführlicheren Version – nur mehr eine geringe Rolle spielte. Leider handelte es sich bei den Priscian-Manuskripten um keinen dem scholastischen Wesen entsprechenden Text; viel Ballast in endlosen Glossen wurde mitgeschleppt, bis man gegen Ende des 12. Jahrhunderts aus dem Wesentlichen eine Art «Summa» anfertigte, die die Längen des Autors und der Glossen tilgte.

Trotz dieser Schwierigkeiten ergaben sich so viele Studenten dem Studium der Grammatik, daß Petrus Damiani heftig gegen die Mönche Stellung nahm, die sich nach der Profeß «zum gemeinen Volk [vulgus] der Grammatiker begeben, sich mit den Äußerlichkeiten und Dummheiten dieser Künste abgeben» und «voll Übermut in die theaterartigen Gymnasien der Grammatiker eindringen».[47] Schon damals begann anscheinend der studentische Zulauf zu den Vertretern dieser gewiß nicht alle ansprechenden, aber «exakten» Disziplin. Um das Jahr 1100 gab es Lehrer, die ihre Vorlesungen mit Erörterungen über grammatische Eigenheiten eines Textes begannen, den sie interpretieren wollten. Es konnte länger dauern, bis sie auf seinen moralischen und philosophischen Gehalt eingingen.[48]

Die Hinwendung zur Grammatik förderte eine Rückkehr zum Studium des Wortsinnes jener biblischen Texte, die man allegorisiert hatte. Für diese philologische Arbeit bedurfte es, wo immer möglich, eines Rückgriffes auf die Ursprache. Für das Neue Testament boten sich da keine Schwierigkeiten, wohl aber für das viel umfangreichere Alte Testament. Hugo von Saint-Victor soll den Wortsinn des Pentateuch von Juden «erlernt» haben, und auch Richard von Saint-Victor konsultierte jüdische Gelehrte.[49] Solche Studien erbrachten eine gewisse Erweiterung des Gesichtsfeldes, viel stärker war diese jedoch durch die Übersetzung bedeutender Werke griechischer Kirchenväter bedingt. Hier betätigten sich Schüler Gilberts von Poitiers, der selbst kein Griechisch konnte.[50] Im Grammatikunterricht herrschten so wie im Kloster profane Texte vor, besonders Klassiker. Im 13. Jahrhundert blieb dieser Zustand in der «Provinz» bestehen, also etwa in Chartres und Orléans, während an der Pariser Artistenfakultät schon Philosophen gelesen wurden, vor allem der lateinische Aristoteles; zum Übungsstoff gehörten jedoch auch Übersetzungen islamischer und jüdischer Autoren.[51]

In die Zukunft wies das philologische Interesse, vor allem aber das logische (oder dialektische). Bald vor der Mitte des 12. Jahrhunderts führte Petrus Helie logische Begriffe in grammatische Aussagen ein, obwohl er an der Trennung der beiden Disziplinen festhielt.[52] Hier trat zutage, was schon in der stark rationalen Tendenz der grammatischen Arbeiten der Zeit vorgebildet war und auch der Theorie von einer gemeinsamen Ursprache zugrunde lag. Im Verlauf des Jahrhunderts geriet die Grammatik immer mehr in den Sog der Dialektik. Die Sprachlogik zog die jungen Intellektuellen an, während die reinen Grammatiker immer mehr Wert auf eine Theorie der Bedeutungen legten. Was ist die Funktion von Nomen, Pronomen, Verbum, Adjektiv usw. bei der Bezeichnung gedachter Gegenstände? Im 13. Jahrhundert wurde die ziemlich trockene Spezialdisziplin dieser «modi significandi» noch ausgebaut, ihre Vertreter hießen «modistae». Linguistisches und logisches Element halfen zusammen, als seit dem Beginn des 13. Jahrhunderts systematische Arbeiten im Sinne einer neuen, spekulativen Grammatik geschaffen wurden. Die Sprachtheorie trat ganz aus dem praktischen Unterricht heraus und verlor damit ihre natürlichen Wurzeln.

Grundsätzlich verblieb die Grammatik bei der Bedeutungslehre und Lehre von der richtigen Formulierung von Sätzen; in keinem Fall konnte es ihr um die Wahrheit der Aussage gehen, deren formale Voraussetzungen zu prüfen Sache der Dialektik war. Beide Disziplinen hatten in der Praxis der Autoren schon immer friedlich nebeneinander existiert und ihre eigenständige Terminologie bewahrt. Im Mittelpunkt beider standen sprachliche Äußerungen, denn die Logik des Boethius handelte nicht von Begriffen und Urteilen, sondern von Wörtern und Sätzen, und mühsam mußte man sich erst den «Begriff des Begriffs» erarbeiten.[53] Die Sprachlogik kam nicht ohne Beschäftigung mit Problemen der Bedeutungslehre aus, drang also auch in den semantischen Teil der Grammatik ein; später sollte es eine eigene «terministische Logik» geben. Früher war man einzelnen Grundfragen ziemlich hilflos gegenübergestanden, wie etwa jener nach den Universalien (Allgemeinnamen). Jetzt halfen Grammatik und Logik zusammen, das Problem auf eine höhere Stufe zu heben.

Angesichts dieser engen Verbindung beider «Künste» waren Rivalitäten selten, jedenfalls sind sie erst spät bezeugt. Wo Grammatiker die Wendung zur Logik ablehnten, empfand man sie als rückständig. Der Troubadour Henri d'Andeli verfaßte um 1250 ein Gedicht im Sinne dieser Meinungen: Die Grammatik zieht aus der Stadt Orléans in den Kampf gegen die Pariser Logik und unterliegt in der Schlacht.[54]

In der Abkehr von den Klassikern zeigte sich ein Stück neuen Selbstbewußtseins und die Lust am geistigen Abenteuer. «Die Bücher sind abgegriffen, nur die Logik gefällt», hatte Johann von Salisbury geklagt. «Wer sich mit den Künsten und geschriebenen Texten abgibt, gilt als schlechter Debattierer, denn ein Anhänger der Vergangenheit kann kein Logiker sein . . . Das einzige, was gilt, ist die Logik.»[55] Diskussionen waren Schaukämpfe, in denen junge Leute ihren Ehrgeiz und ihr Selbstgefühl befriedigen konnten. Was zählte, war die Fähigkeit, in der Öffentlichkeit aufzutreten und sich dort durchzusetzen, viel weniger aber die Meisterung des geschriebenen Wortes. In Bologna ist man einen anderen, berufsnäheren Weg gegangen: Boncampagnus, berühmter Professor der Grammatik, übte seine Kunst als Lehrer praktischer Stilistik für die verschiedenen Zwecke des Lebens, die «ars dictandi». Wer sie beherrschte, hatte eine Voraussetzung für die Laufbahn des Juristen erfüllt.

Das beste Beispiel für kämpferisches Durchsetzungsvermögen der neuen Art bietet der junge Abaelard. Er schildert in seinem Lebensbericht[56] seine Herkunft aus ritterlichem Geschlecht, den Verzicht auf das weltliche Prestige seines Standes (militaris glorie pompam) und seine Hinneigung zur «Waffenrüstung dialektischer Argumente»; dem Kriegsruhm habe er die Kämpfe der Disputationen vorgezogen. «Ich habe disputierend verschiedene Landstriche durchwandert und wurde überall dort, wo . . . diese Disziplin blühte, zum Nacheiferer der Peripatetiker.» Schon als ganz junger Mensch (adulescentulus) wollte Abaelard eine Schule leiten. Einige Jahre später brachte er seinem Lehrer in Paris eine Niederlage im Disput über das Universalienproblem bei, was diesen viele Schüler kostete und Abaelards Lehrertum begründete. Schließlich «schlug er außerhalb der Stadt [Paris] das Kriegslager seiner Schule auf und wollte denjenigen sozusagen belagern, der ihn von seinem Platz verdrängt hatte», nämlich den Nachfolger seines früheren Lehrers. Aber dieser kehrte zurück, «sozusagen um den Kriegsmann, den er zurückgelassen hatte, von der Belagerung zu befreien». Stolz zitierte Abaelard Ovid: «Wenn ihr fragt, wie die Schlacht ausging: Ich wurde von ihm nicht besiegt.»

In dieser ersten Blütezeit der Dialektik wurden ehrgeizige junge Intellektuelle weder durch kirchliche Weihen behindert, die sie zumeist nicht hatten, noch durch feste Institutionen. Später haben sich die Verhältnisse geändert, und Abaelard wurde reifer. Was blieb, war ein stiller Wettstreit zwischen Kollegen, der nicht immer mit rein geistigen Mitteln ausgefochten wurde. Die dialektische Methode hat sich im ganzen Zeitraum der scholastischen Wissenschaft im Schrifttum niedergeschlagen: Man stellte eine These auf und notierte mit «sed contra» Gegenargumente, die zurückgewiesen wurden. Natürlich blieb der Autor bei seiner «conclusio» stets im Recht. Das war die feine akademische Art; es gab auch eine gröbere, in der man einander beschimpfte. Abaelards früherer Lehrer Roscelin schrieb diesem, man solle ihm nach seiner Verstümmelung auch noch die Zunge abschneiden.[57]

Konservative Gelehrte lehnten nicht das Diskutieren ab, sondern seine Auswüchse: «Über den richtigen Sinn zu diskutieren, ist die Sache von Männern, mit Worten zu streiten die Sache von Knaben, die nur ein schwaches Verständnis der Dinge besitzen, die sie hören oder reden.»[58] Die wissenschaftliche Diskussion hatte eine ehrwürdige Tradition, von Disputationsübungen an mittelalterlichen Schulen bis zurück zum Neuplatonismus und zu den griechischen Philosophen. Gerbert von Aurillac führte 980 in Ravenna vor dem Kaiser Otto II.[59] ein Streitgespräch mit dem Domscholaster von Magdeburg, Ohtric, über die Einteilung der Wissenschaften.

Man hat die Dialektik als «Kunst, gut zu diskutieren», bezeichnet.[60] Als Vater dieser etwas einseitigen Definition gilt Aristoteles. Im achten Buch seiner *Topik* stellte er Regeln für Disputationen auf,[61] die aber erst im 13. Jahrhundert stärker beachtet wurden. In seinem *Metalogicon* (1160) hat sich Johann von Salisbury zum Propagator der aristotelischen Logik gemacht, einer «neuen Logik» aufgrund neuer Übersetzungen von Schriften über die einzelnen Formen des Schlusses: einfacher (Syllogismus), beweisender, Wahrscheinlichkeitsschluß und die Fehlschlüsse, vor allem natürlich die Trugschlüsse der Sophisten; es gab 13 verschiedene Fehlschlußarten. Man sollte sie meiden wie den Teufel und war doch von ihnen fasziniert. Die Beispiele kamen nicht aus der Praxis, sondern lehrten eine Präzisierung und Differenzierung der Aussagen, etwa wenn ein Wort in verschiedenen Zusammenhängen eine Änderung der Bedeutung erfuhr.[62]

Johann von Salisbury befürwortete das Studium der Logik als Kunst des Denkens und Schließens, ohne Rücksicht auf praktischen Nutzen. Auch die

logischen Gaukeleien der Sophisten, mit denen man Außenstehende ver-
blüffen konnte, dienten hier nicht einem Jahrmarkt der Eitelkeiten, sondern
der notwendigen Falsifizierung unkorrekten Denkens.[63] Natürlich ließ sich
dabei ein – in modernem Sinn – artistisches Moment nicht völlig ausschalten und damit die Gefahr, durch formale Subtilitäten diese Wissenschaft
immer mehr von der Realität zu entfernen. Petrus von Poitiers, später der
erste Kanzler der Pariser Universität, hat darum in seinem Sentenzenwerk
(1175) als Beispiele von Schlüssen solche aus wirklichen (zumeist theologischen) Diskussionen gewählt – alles andere sei kein Gegenstand der Disputation. Daneben bediente er sich des professoralen Humors, um die trok-
kene Materie aufzulockern; etwa bei der Erörterung der Allmacht Gottes
mit der Frage, ob Gott aus Sokrates einen Esel hätte machen können.[64]

Einige Jahre später hat Walter von Saint-Victor den Petrus von Poitiers
als eines der «vier Labyrinthe Frankreichs» geschmäht und die Parodie
zweier syllogistischer Schlüsse angefügt. Der erste beginnt mit einem
Obersatz im Geiste Gilberts von Poitiers und einer Anspielung auf die sen-
sualistische Universalienlehre, deren Vertreter (Abaelard?) als Häretiker
auftritt (Untersatz, assumptio). Den Schluß (conclusio) zieht der Teufel.
Hier der Text:[65]

«Der Dialektiker stellt den Satz auf: Jeder Mensch ist ein Mensch durch
das Menschsein (humanitate).

Der Häretiker nimmt an: Aber das Menschsein ist nichts.

Der Teufel zieht den Schluß: Jeder Mensch ist also ein Nichts. Wenn er
also durch das Menschsein Mensch ist, jeder Mensch und das Menschsein
nichts ist, dann ist kein Mensch ein Mensch. Welch ein Monstrum!»

Gilbert galt für Walter ebenfalls als eines der «Labyrinthe». Durch seine
Schriften zieht sich als roter Faden die konsequente Scheidung von Sache
und Ursache (id quod, id quo), wobei es sich um Formalursachen handelt,
wie dies dem Logiker ziemt. Walter hingegen war Fundamentalist: «Sie sagen, daß der Mensch durch das Menschsein Mensch sei... Das ist falsch.
Nicht sich selbst noch seinem Menschsein verdankt er etwas, sondern
Gott... Die Wahrheit der Dinge straft die falschen Regeln der Philosophen
Lügen.»[66] Mit den Dingen, konnte ihm ein Logiker erwidern, hat diese
Wissenschaft erst in zweiter Linie zu tun, nämlich soweit sie in Worte ge-
faßt sind. Als «Wortkunst» (ars sermocinalis) war die Dialektik sehr weit
entfernt von der Naturwissenschaft, oder, wie man damals sagte, von der
«Physik».

Die Haltung Walters von Saint-Victor gegenüber den Vertretern der Dialektik wird zum Teil aus der Tradition der Chorherren seines Stiftes schon
seit Hugo (gest. 1141) zu erklären sein. Man stand hier der Dialektik reser-
viert gegenüber.[67] Weiters scheint Walter zu jenem Teil der Gelehrten gehört zu haben, denen es nicht gegeben war, logische Subtilitäten zu erfassen; daß es solche «doctores» gab, konstatierte Abaelard und schloß daran

den Hinweis auf die Füchse, denen die Trauben zu sauer waren.[68] Walters Traktat steht auf keinem hohen Niveau und entfaltete auch keine bedeutende Wirkung. Es war ein später Nachhall der Bemühungen jener «Antidialektiker», die es schon im 11. Jahrhundert gegeben hatte.

Dazu muß freilich gesagt werden, daß sie die Dialektik meist nur in ihrer neuen ausufernden Form ablehnten, nicht in der Art, wie sie schon in der Zeit der Kirchenväter gelegentlich gebraucht worden war. Petrus Damiani zog als Rigorist gegen Mönche zu Feld, die sich mit philosophischen Disziplinen beschäftigten, und stellte die «freien Künste» in eine Linie mit jenen der Dichter, Magier und Sterndeuter; die Philosophie habe der Theologie als Magd zu dienen und nicht das Recht auf freie Lehre (ius magisterii) an sich zu reißen.[69] Besonders empörte es ihn, daß er einige Dialektiker gefunden hatte, «die so simpel waren, daß sie alle Sätze der Heiligen Schrift an die Autorität der Dialektik gebunden wissen wollten»,[70] also auf ihren logischen Gehalt untersuchten. Immerhin hat er sich gelegentlich auf die Ebene der gegnerischen Argumentation begeben und mit deren Methode, und zwar einem Umkehrschluß, eine Ansicht über Gottes Allmacht widerlegt.[71] Manegold von Lautenbach verwendete in einem theologischen Traktat keine dialektischen Argumente, in einem politischen tat er dies sehr wohl.[72] Hier gebrauchte er Dialektik und Rhetorik in der alten Art als Mittel zur Beeinflussung politischer oder juridischer Meinungen. Der «Antidialektiker» Otloh von St. Emmeram in Regensburg war ein solcher nur insoweit, als er vor den Gefahren warnte, die dieser Disziplin innewohnten: Sie sollte der Verteidigung des Glaubens dienen,[73] wofür es seit alter Zeit Beispiele gegeben hatte. Auch sonst handelte es sich zumeist um keine grundsätzliche Verdammung der Dialektik, sondern um Kritik an ihrem Gebrauch.

Wir haben in diesem Zusammenhang zwei Mönche genannt. Ihnen ging es um die Einfalt des Herzens und den Einbruch der «Welt» in eine Sphäre, die nicht die ihre war. Was man ganz allgemein der Dialektik vorwerfen konnte, war ein allzu großes Vertrauen in ihre Ergebnisse und ihren Wert als Selbstzweck. Johann von Salisbury fand nach einer Abwesenheit von zehn Jahren seine einstigen Pariser Mitschüler über die gleichen Fragen diskutierend wie damals; er kam zu dem Urteil, daß die Dialektik anderen Fächern nützlich sei, für sich jedoch blutleer und steril.[74] Er zitierte den heiligen Paulus: Immer lernen sie und kommen niemals zum Wissen um die Wahrheit. Sie reden unnützes Zeug und wollen Gelehrte sein.[75] Es war der Leerlauf eines Wissenschaftsbetriebes, der sich im Sammeln sämtlicher geäußerten Meinungen über Einzelfragen erschöpfte, ohne selbst Stellung zu beziehen. Man stellte die Subtilität über das Sachliche, bewies Selbstverständliches und besaß vielfach nicht den Sinn für das Wesentliche. Eine Unzahl von Einzelproblemen beherrschte das Feld, «die Studenten waren mit Rätsellösen beschäftigt».[76] Das galt vor allem für die zweite Hälfte des 12. Jahrhunderts, als der große Aufschwung logischer Studien bereits vorüber war.

Schon Abaelard hat neben hohem Lob der Dialektik auch Kritisches in einer Lebensphase geäußert, da er selbst von den Äußerlichkeiten des akademischen Betriebs abrückte. Damals wandte er sich gegen die «Bekenner [professores] der Dialektik», die glaubten, mit den Waffen der Vernunft alles begreifen und formulieren zu können; sie rühmten sich, nur an sich selbst zu glauben, und verachteten alle Autoritäten (Kirchenlehrer). Es sei zweierlei, durch Studien zum Zweck der Erbauung die Wahrheit zu erforschen oder Disputationen abzuhalten, die dem Hochmut und dem Ruhmesstreben dienen. Dann rechtfertigte Abaelard seinen eigenen Gebrauch der Dialektik: Nur auf Angriffe hin habe er zu diesem Mittel Zuflucht genommen – was allerdings unwahr ist.[77] Damals war Abaelard schon Mönch und schrieb so, wie es einem Mönch zustand.

In dem gleichen Werk Abaelards werden jedoch die Leistungen der «professores dialecticae» gerühmt: «Mehr als alle Feinde Christi, Häretiker, Juden und Heiden, und subtiler untersuchen sie die Glaubenswahrheit der Trinität und kämpfen für sie mit scharfsinnigeren Argumenten»[78] – so wie er selbst es auch jetzt noch tat oder zu tun glaubte. In einem Schreiben leitete Abaelard die Logik von dem Wort «logos», also Christus, ab und verwies auf dessen Versprechen (Luc. 21,15): «Ich werde euch die Rede und die Weisheit geben, der eure Gegner nicht widerstehen können.» Damit habe Christus die Seinen auf die «Waffenrüstung der Vernunft» verwiesen, «durch die sie bei den Disputationen die besten [summi] Logiker werden.»[79] Im gleichen Brief zitierte er Augustinus über die «Disziplin der Disziplinen, die man Dialektik nennt. Sie lehrt lehren, sie lehrt lernen ... Nur sie weiß etwas; sie will nicht bloß zum Wissen führen, sondern sie kann das auch.» Augustinus habe so geschrieben, «wie wenn sie [die Logik] als einzige eine Wissenschaft genannt werden könnte».[80] Das meinte Augustinus nicht, doch hat er die Nützlichkeit der Dialektik für Christen gegenüber Rigoristen verteidigt und dabei starke Worte gebraucht. Daß diese Disziplin eine Art Grundwissenschaft sei, da sie über die (freilich nur formale!) Gültigkeit von Sätzen urteilt, darüber war man sich weitgehend einig.

Aristoteles war der Vater der Logik als wissenschaftlicher Disziplin, Boethius der Bewahrer und Verkünder der aristotelischen Dialektik im christlichen Abendland. Durch fast fünf Jahrhunderte spielten seine Schriften nur eine geringe Rolle. Vielleicht war damals die Zeit noch nicht reif für eine Dominanz verstandesmäßigen Denkens. Das Neue kündigte sich an, als Einzelgänger stark intellektueller Prägung auftraten: Gerbert von Aurillac, Fulbert von Chartres, Berengar von Tours. In dessen Spätzeit begann die neue Blütezeit logischer Studien. Eingeleitet wurde sie durch das Handbuch eines gewissen Garlandus (vor 1076); es brachte nicht bloß den überlieferten Stoff, sondern fügte Eigenes hinzu.[81]

Mit dem Beginn des 12. Jahrhunderts ist jener Aufschwung der Logik verbunden, den sie im Mittelalter weder vorher noch späterhin erreichte.[82] Wirkliche Erfolge hat sie jedoch nur im Dienst anderer Wissenschaften errungen, als Selbstzweck blieb die Dialektik steril. Im Schulbetrieb spielte sie weiterhin eine sehr bedeutende Rolle; statt sich mit Grammatik und Rhetorik zu beschäftigen, wandten sich viele Studenten «so schnell als möglich» der Dialektik zu, «auf der Suche nach jener streitbaren Beredsamkeit, die bewirken sollte, daß sie gewitzt und scharfsinnig schienen».[83] Daß es sich auch um eine Art Mode handelte, zeigte sich, als sich das Interesse am Beginn des 13. Jahrhunderts Aristoteles zuwandte, dessen Schriften viel mehr und Zeitgemäßeres als die von ihm begründete Dialektik zu bieten hatten.

Im 12. Jahrhundert hat sie Bedeutendes zur Schulung des Geistes beigetragen und Ansatzpunkte für eine neue spekulative Theologie geboten. Boethius, der fünf kurze theologische Traktate verfaßte, hat hier einen Zusammenhang hergestellt und das spekulative Element der Platonisten in die Diskussion eingebracht.[84] Daß man schon in der Spätantike die Dialektik bei Auseinandersetzungen um theologische Spezialprobleme gelegentlich zu Hilfe rief, wurde bereits gesagt. Das wiederholte sich in stärkerem Ausmaß in der Kontroverse des 11. Jahrhunderts zwischen Lanfranc von Bec und Berengar von Tours über die Abendmahlslehre. Von da an erweiterte sich der Umkreis der behandelten Probleme ständig, und schließlich erfaßte er die gesamte Theologie. Schon Anselm von Canterbury versuchte einen logischen Gottesbeweis: Gott ist das größte denkbare Wesen; ein solches Wesen kann nicht nur in den Gedanken der Menschen bestehen, sondern muß wirklich sein. Mit Recht antwortete man ihm, keine mentale Vorstellung könne die Existenz des Vorgestellten beweisen; die größte denkbare Insel muß es nicht wirklich geben. Anselm war objektiv genug, diese Kritik im Anhang zu seinem *Proslogium* zusammen mit seiner Antwort auf die Argumente des Gegners abschreiben zu lassen.[85]

Der Anwendung logischen Schuldenkens auf die Theologie standen einige Schwierigkeiten im Weg. Zu ihnen gehörte die mangelnde Klärung des Verhältnisses von Begriff und Realität, Bezeichnendem und Bezeichnetem; dazu die Verschiedenheit des Wesens von Natur und Übernatur, von philosophischer und theologischer Grundposition. Darum konnte man nur Analogieschlüsse vom Irdischen auf das Himmlische versuchen, die wahrscheinlich, aber nicht zwingend waren. Gilbert von Poitiers mit seiner grammatisch-logischen Theologie wurde unter Bedenken zitiert: «So wagen wir es also und sprechen entgegen den Gesetzen der philosophischen Disputation, wenn wir von Gott reden [und] folgendes vorbringen», nämlich Gilberts trinitarische Spekulation.[86]

Die Dialektik verdrängte in ihrer Blütezeit nicht nur das Interesse an dem Fach Grammatik, sondern unterwarf sich fast die Rhetorik, obwohl immer noch die alte Regel galt: «Die Grammatik bietet den Anfang der Beredsamkeit, die Dialektik ist ihr Fortschritt, die Rhetorik ihre Vollendung.»[87] Gegen die Meinung, die Rhetorik sei mit der Logik identisch oder einer ihrer Teile, wandte sich Thierry von Chartres. Nach ihm handelt die Logik vom Allgemei-

nen, die Rhetorik von Einzelfällen, von «causae» kontroverser Art: Ob z. B.
Orestes seine Mutter zu Recht umgebracht habe oder nicht.[88] Hier wird die
Nähe zur antiken Gerichtsrede deutlich, der man Schulbeispiele nachkonstru-
ierte. Mit der Dialektik verband die Redekunst deren Aussage über Zweifel-
haftes, das «durch wahrscheinliche Argumente als wahr oder falsch erwiesen
wird».[89]

Gerichtliche wie politische Rhetorik spielten damals nur eine geringe Rolle,
auch bei den Geistlichen, die Latein sprachen oder wenigstens verstehen sollten. Die gesprochene Rede verkümmerte, die schriftliche erhielt sich durch
Lektüre der rhetorischen Prosaiker und hatte ihren Platz in der Kunst, Briefe
und rechtliche Schriftstücke zu verfassen. Dieser praktische Zweig der Rhetorik hat sich in der «ars dictandi» selbständig gemacht. Die Abfolge der Teile
der antiken Kunstrede, wie sie Cassiodor dem Abendland übermittelt hatte,
wirkte sogar in dem Aufbau mittelalterlicher Urkunden nach. Im 11. Jahrhundert begann man, auf Ciceros einschlägige Schriften zurückzugreifen und sie
zu kommentieren. Eine konkrete Anwendung von Ciceros *De inventione* und
Ad Herennium gibt die kuriose *Rhetorimachia* des Anselm von Besate (1046/
48).[90] Er war ein Mailänder Kleriker aus bester Familie, der in Parma Dialektik
und in Reggio Rhetorik studierte und auf Wanderungen seine Künste als
«Anselmus peripateticus» zum besten gab. Anselm hat es zeitweise bis zu
einer Verwendung als Notar Kaiser Heinrichs III. gebracht. Seine *Rhetorimachia* ist ein Wortgefecht gegen einen höchst wahrscheinlich fiktiven Vetter,
durch das er sich Aufsehen und Ansehen bei Hof versprach, trotz oder wegen
der eingeflochtenen Zoten und Anekdoten. Der Rhetoriker, auch jener der
Antike, hatte vor allem die Aufgabe, dem Publikum eine Meinung beizubrin-
gen. Daneben diente die Disziplin – bei Cicero und anderen – auch moralischen Zwecken. Das fehlte hier; die Rhetorik trat in die Nähe der Vagantenpoesie der jungen Leute, die Moral überließ man Älteren. So hat Abaelard erst
seine Geliebte besungen[91] und dann in reifen Jahren eine *Ethik* verfaßt.

Es kann nicht verwundern, daß Strenggesinnte an der Rhetorik ebensoviel
auszusetzen fanden wie an der Dialektik. Robert von Melun, der Lehrer Johanns von Salisbury, wandte sich gegen den rhetorischen Aufputz der Aussagen und gegen den Schulbetrieb, der ihn lehrte: Das Alte Testament kenne
keine Rhetorik, und auch das Neue sei in seiner Diktion einfach und schlicht.
Wer diese Dinge treibe, stehe im Gegensatz zu den Evangelisten und nament-
lich zu Paulus.[92] Letzteres ist durchaus falsch; Paulus verfügte über eine
klassische Bildung und über ein Talent, das ihm große Sprachgewalt gab – es
war gerechtfertigt, in den Briefen an die Gemeinden die Kunst der Überredung
anzuwenden. Erbauliche Texte haben selten auf diese Mittel verzichtet, wobei,
wie schon gesagt, die alte Redekunst zu einer Kunst des Schreibens geworden
ist. Entgegen rigoristischen Tendenzen von Zeitgenossen hat Augustinus ausführlich dargetan, daß Christen auf rhetorische Elemente der Darstellung
nicht verzichten sollten: So wie einst die Juden aus Ägypten goldene und

silberne Gefäße ihrer Unterdrücker mitnahmen, sei es auch gerechtfertigt, von den Künsten der Heiden nützlichen Gebrauch zu machen. Augustinus antwortete damit auch Nichtchristen, die die Bibel wegen ihrer Kunstlosigkeit «verachteten»: Auch hier gebe es Rhetorik, jedoch ohne mit ihr zu prunken.[93] Seither sind rhetorische Elemente in sehr vielen Texten ein natürlicher Bestandteil der Stilistik geworden. Die Disziplin selbst wurde zwar weiter gelehrt, als solche jedoch wenig gefördert; sie zerfiel in Spezialgebiete, etwa die «Predigtkunst», Stilkunde (ars dictandi), «Notarskunst» und anderes. Bei den Notaren Italiens wurde diese «Kunst» immer mehr zu einem Teil der Rechtskunde, wie das den praktischen Bedürfnissen entsprach. Vereinzelt sind im 12. Jahrhundert Plädoyers nach den Kunstregeln verfaßt worden, sie verdanken aber mehr dem Kirchenrecht Gratians als Cicero und Quintilian.[94]

Es hat auch eine nichtlateinische Beredsamkeit gegeben, erwachsen aus den gleichen Wurzeln wie die antike Rhetorik: Sprachliche Ausdrucksfähigkeit, Intelligenz und Wissen um die Wirksamkeit verschiedenster Mittel und Kniffe. Beide Richtungen konnten zusammentreffen, wie dies ein Autor für das Jahr 1123 und die Stadt Brügge bezeugt. Dort verbot der Graf alle Fehden, und man mußte sich deshalb auf gerichtlichen Tagungen mit seinen Gegnern auseinandersetzen. «Damals gab es eine Ausübung der Rhetorik, sowohl der erlernten wie auch der natürlichen; viele waren nämlich Illiteraten... Ihnen konnten jene, die die Rhetorik erlernt hatten, in keiner Weise widerstehen.» Aber Gott, der den Ungelehrten die Redegabe geschenkt hatte, wollte nicht, daß sie durch Fallstricke (fallaciis) siegten, und sandte der Stadt darum eine Hungersnot.[95]

Die Existenz einer natürlichen Rednergabe gebrauchten Studenten als Vorwand, sich um die Lehrgänge von Grammatik und Rhetorik herumzudrücken. Johann von Salisbury bezeichnete diesen Typus von Hörern mit dem Namen des Cornificius, eines literarischen Gegners Vergils. Johann schrieb, voll schamloser Unwissenheit gingen diese Leute an den Lehrgang der Rhetorik heran, nur auf die rasche Beendigung des Studiums bedacht. Sie behaupteten, die sprachlichen Disziplinen mit ihren Regeln seien überflüssig, denn die Sprache sei eine Gabe der Natur, man müsse darum diese Regeln nicht studieren.[96]

Die Reaktion Johanns auf solche Meinungen könnte man als überzogen bezeichnen, wüßte man nicht, daß sie selbst rhetorischer Art war. «Cornificius» wurde zum Staatsfeind (hostis publicus) erklärt, denn nach Cicero handelt es sich hier um die Grundlagen der (Staats-)Gesellschaft![97] Derartiges konnte man nicht ganz ernst nehmen. Es gehörte zur «witzigen» Seite der Rhetorik, die ihr Publikum damit festzuhalten hoffte. Damit vertrug sich, daß Johann von Salisbury mit der Polemik gegen «Cornificius» und sein Gefolge einen ernsthaften pädagogischen Zweck verfolgte.

Kürzer als die Unterstufe der «freien Künste», das «trivium», kann die Oberstufe behandelt werden, die schon in der klösterlichen Erziehung sehr oft vernachlässigt wurde; zumeist fehlten dafür geeignete Lehrer, und junge Mönche wurden manchmal an weit entfernte Klöster delegiert, um dort wenigstens einen Teil der Fächer studieren zu können. Auch die hohen Schulen neuer Prägung konnten keinen wirklichen Ausgleich zwischen der Lehre der sprachlichen sowie der sachbezogenen Fächer und der Mathematik bieten. Das zeigt z. B. eine Handschrift mit dem Studienprogramm Thierrys von Chartres: Von insgesamt 595 Folien sind nur 161 den Fächern des «quadrivium» gewidmet.[98] Immerhin sollte ein Student der Theologie von Arithmetik, Geometrie, Astronomie und Musiktheorie etwas wissen – nicht, weil sich hier die Formal- und Naturwissenschaften der Zukunft anmeldeten, sondern aus theologischen Gründen. Denn sie führten zu Gott hin, der höchsten Vernunft.

In die gleiche Richtung wies übrigens schon der Platonismus. Von Plato selbst berichtete man, er habe keinen der Mathematik Unkundigen in seine Akademie aufgenommen; der platonisch-pythagoreische Gedanke von einer «Weltharmonie» wirkte im Mittelalter weiter, ja er bewegte noch Galilei und Kepler. Am Beginn des *Timaios* stehen Spekulationen zur Zahlenlehre, und sie erwies weiterhin ihre Kraft, göttliche Dinge anschaulich zu machen. Das konnte im Rahmen der Allegorese geschehen und ebenso durch rationale, darum besonders der Mathematik zugetane Spekulationen.

Auch hier hat man Begriffe und Sachen nicht so geschieden, wie wir das heute tun. Nach Thierry von Chartres bringt die Zahl eins alle anderen Zahlen hervor, so wie das Eine (Gott) alle Dinge. Man könne also von einer Allmacht der Eins zur Schaffung unbegrenzt vieler Zahlen reden. So leitet Thierry eine Art Theologie der Zahlen ein.[99] Dabei geht es auch um die Trinität, die jedoch einleuchtender aus einem geometrischen Vergleich abgeleitet wird, nämlich durch das gleichseitige Dreieck.[100] Derartige Spekulationen finden sich immer wieder, so z. B. am Ende des Jahrhunderts in zwei Traktaten Garniers von Rochefort.[101] Nach ihm besteht das Mysterium (sacramentum) des gleichseitigen Dreiecks in der Einzigartigkeit seines Wesens: Man kann nichts davon wegnehmen und nichts hinzufügen, ohne den Kreis zu zerstören, in den man es einschreiben kann. Es ist dreifach ohne Störung durch die Einheit, einfach ohne Störung durch die Dreiheit usw. Damit hatte auch die Geometrie ihren Zweck, obwohl ihre praktische Nutzanwendung als Feldmeßkunst längst vergessen war.

Weiterhin beschäftigte man sich gerne mit den Sternen, deren Bezüge zur göttlichen Sphäre ja auf der Hand lagen. Freilich waren Astronomen und astronomische Handschriften im Abendland rar. Von einem Fall astronomischer Belehrung berichtet Adelard von Bath (gest. um 1130): Der Normannenherzog Heinrich habe lateinische Schriften und «Sentenzen» von Arabern über den Umlauf der Sterne gelesen und pflegte folgendes zu sagen: Wer Material und Bauart seines Wohnhauses nicht kenne, sei dieses Hauses nicht würdig – ebenso, wer im Palast der Welt geboren und erzogen wurde. Wer sich nach dem Erreichen eines vernünftigen Alters für deren Beschaffenheit nicht interessiere, sei (des Fürstenamtes) unwürdig und womöglich zu entfernen.[102] Gewiß war dies vor allem die Meinung Adelards; im übrigen erinnert es an den bei Johann von Salisbury zu lesenden und damals schon gängigen Satz, ein ungebildeter König sei ein gekrönter Esel.[103]

Gerbert von Aurillac war nicht zuletzt wegen seines nächtlichen Hantierens mit astronomischen Instrumenten dem Volk verdächtig, man hielt ihn für einen Zauberer. Groß mag auch der Eindruck gewesen sein, den eine Armillarsphäre auf die junge Héloïse machte; wo das war, ist unklar, jedenfalls hat sich Abaelard nicht mit Astronomie abgegeben. Dieses Instrument zur Darstellung der Himmelskreise hieß seit Ptolemäus «Astrolabium», und Héloïse hat ihr Söhnchen «Petrus Astrolabius» genannt. Kannte sie vielleicht nur das Wort, und «wollte sie einfach ausdrücken, daß das Kind einen himmlischen Ursprung hatte»? Dann wäre «Astrolabius» gleich «astrolapsus»,[104] ein mittelmäßiger Scherz, und das astronomische Interesse kaum gegeben.

Eine gelehrte Beschäftigung mit der Astronomie läßt sich bei Wilhelm von Hirsau nachweisen, der 1091 als streitbarer Gregorianer starb und vor 1069 im Kloster St. Emmeram in Regensburg lebte. Dort war er mit dem Mönch Otloh befreundet, mit dem er einen «Kurs in Dialogform» über Astronomie begann: Er diktierte, und Otloh schrieb den Traktat, von dem leider nur die Vorrede erhalten ist.[105] Das Unternehmen mußte vor jenen Kritikern gerechtfertigt werden, die sagten, dem Mönch stehe nicht die Kenntnis der freien Künste zu, sondern das Psalmensingen. Doch sei allen rechtgläubigen Gebildeten (catholicis inidiotis) klar, daß man sich bemühen müsse – so man das Talent dazu habe –, von dem durch die Sünde verlorenen Wissen Adams um die physischen Dinge etwas zurückzuerwerben.

Sicherlich war Wilhelms *Astronomie* zum allergrößten Teil eine Nacherzählung alten Bildungsgutes; wenn wir dem Vorwort glauben dürfen, waren in ihr aber doch auch «wunderbare Entdeckungen» enthalten, Dinge, die Gott dem Wilhelm geoffenbart hatte – was er Otloh in den Mund legt, denn ein Mönch muß bescheiden sein. Auch falls es sich bloß um kleine Umdeutungen handelte, ist die Sache wegen ihrer zukunftsorientierten Haltung interessant. Wilhelm schrieb auch einen Traktat über Musik, der auf Boethius und mittelalterlichen Autoren beruht und in einem Punkt über sie hinausgeht: in der Annahme dreier weiterer Intervalle. Angeblich hatte ihn Otloh gebeten, die Thesen der früheren Gelehrten durch eigene Zusätze auszugestalten.[106]

Der Wille, über das Alte hinauszugelangen, hat im 12. Jahrhundert die Astronomie nicht zu bedeutenden eigenen Leistungen geführt. Wohl aber hatte man durch die Zurückdrängung der Mauren in Spanien die Möglichkeit, an das arabische Wissen heranzukommen. Dessen Kennzeichen war eine Weiterbildung vor allem des aristotelischen und ptolemäischen Weltbildes: Das Universum galt hier als eine Art Zwiebel, deren kugelige Sphären übereinander lagen, im Mittelpunkt die Erde. Wie kam es zu der so verschiedenartigen Bewegung dieser Sphären, vor allem der einzelnen Planetensphären, vor dem Hintergrund des Fixsternhimmels? Man konnte dafür die Weltseele verantwortlich machen, die das Ganze zusammen und in Schwung hielt, oder Gestirngottheiten, wie es in der Astrologie geschah. Im Gefolge antiken Denkens hat die arabische Wissenschaft eine mechanistische Lösung des Problems vorgeschlagen: Das Universum ist eine Art Uhrwerk, das, einmal durch Gott in Bewegung gesetzt, weiterläuft. Während die Gestirnsphären kreisen, «vibrieren» die mit ihnen in der Weltharmonie verbundenen irdischen Sphären und auch die Menschenseelen. Wenn Menschen musizieren, ist das ihr Dank für die Einbindung in diese kosmische Harmonie.

So lehrte Hermann von Kärnten in seinem Hauptwerk über die Grundprinzipien *De essentiis*, das erst in den letzten Jahrzehnten gewürdigt worden ist.[107] Hermann ist eine schon seinem Lebenslauf nach merkwürdige Gestalt. Wer hat den Kärntner nach Nordfrankreich gesandt, wo er Thierry von Chartres als seinen Lehrer bezeichnete und selbst einen Schüler namens Rudolf von Brügge hatte? Wie kam Hermann von dort nach Toulouse, und woher nahm er die Kenntnisse, Ptolemäus und arabische Autoren aus der arabischen Sprache ins Lateinische zu übersetzen? Hinweise bietet die Nachricht, der Abt von Cluny habe Hermann den Auftrag erteilt, bei einem Aufenthalt «am Ufer des Ebro» Nachrichten über Mohammed und den Mohammedanismus zu sammeln. Man war damals daran, Teile Spaniens und damit auch spanische Bibliotheken dem Christentum des Westens zu erschließen.

Ptolemäus und die Araber teilten das Universum in die Gestirnsphäre und die von ihr beeinflußte irdische Welt. Jene wurde von mathematischen Gesetzen beherrscht, diese von Axiomen der «Physik», die durch Sinneswahrnehmungen erkannt wurden. Die Modernität dieser Aussagen wurde vermindert durch das spekulative Element in beiden Bereichen. Auch bei den Arabern stand Theologisches dabei Pate, die Astronomie wurde zwischen Mathematik und Theologie eingereiht. Hermann hat die Verbindung von Erdenwelt und Himmelssphären aus dem Verhältnis der Acht (Himmelssphären) zur Vier (Elemente) abgeleitet und aus der Tatsache, daß die Erde der geometrische Mittelpunkt des Weltalls sei.

Für moderne Leser ist derlei eine harte Zumutung. Immerhin wollte Hermann nach dem Vorbild von Griechen und Arabern auch aus Beobachtungen Schlüsse ziehen; er führte weiters das mathematische Element in die abendländische Kosmologie ein.[108] Er wollte die Entfernung von Sonne und Mond zur Erde berechnen, ist dabei freilich in die antike Musiktheorie hineingeraten. Sie bot konkrete Meßzahlen für die Verhältnisse der Töne zueinander, und diese Verhältnisse sollten dem ganzen Universum zugrunde liegen.

Auch dieser weltgängige, über die alten Grenzen der Wissenschaft hinaussehende Mann konnte mit Denkart und Mitteln seiner Zeit nicht zu den neuen Ufern vorstoßen, die viel später Kopernikus und Kepler erreicht haben. Seine

Spekulationen waren im wesentlichen platonistisch; Aristoteles und Avicenna kannte er höchstens indirekt. Hermann hat jedoch auf seinem Gebiet den geistigen Dialog mit den Arabern begonnen, der am Beginn des nächsten Jahrhunderts ein Hauptthema strittiger Lehren an der jungen Universität Paris bildete.

Überblickt man die Studien der «freien Künste» im 12. Jahrhundert, so sieht man den stärksten Aufschwung bei der Dialektik, den geringsten in der Musikwissenschaft, für die auch von den Arabern am wenigsten zu gewinnen war. Neben dem üblichen Lehrgang der «artes» als Vorbereitung mönchischer Spiritualität gab es jetzt immer stärker ein Interesse an den Gegenständen der Wissenschaft um ihrer selbst willen, ja aus innerem Bedürfnis. Darum schrieb z. B. Wilhelm von Hirsau, stärker als alle Leidenschaften beherrsche ihn, «von einem Wink Gottes gezwungen», die Liebe zum «quadrivium» und besonders jene zur Astronomie.[109]

Gelehrte dieser Art hatte es in früheren Jahrhunderten als seltene Einzelerscheinungen gegeben. Jetzt waren Lehrer und Schüler solcher Art zwar immer noch eine Minorität, aber sie fanden in zunehmendem Maß ein neues Bewußtsein als eigene Gruppe mit übernationalen Verbindungen. Sie unterschieden sich von der Menge ihrer Mitbrüder durch eine konsequente Hervorkehrung der Vernünftigkeit als Prinzip von Aussagen, selbst solcher über das Fachgebiet der Übervernunft, die Theologie. Man schwor auf Methoden, die von Heiden ausgebildet worden waren, und konnte sie akzeptieren, weil Heidentum und Christentum eine Gemeinsamkeit im Glauben an die Vernünftigkeit der kosmischen Ordnung hatten. Diese wurde von manchen Gelehrten in ihr religiöses Denken aufgenommen. Schon der erst viel später in Verruf geratene Johannes Scotus hatte von zwei Evangelien gesprochen, von der Heiligen Schrift und einem «körperlichen, sichtbaren Evangelium» der geschöpften Welt.[110] Nach Boethius reihte Thierry von Chartres die Theologie unter die Teilfächer der Philosophie ein, zusammen mit Logik, Ethik, Mathematik und «Physik».[111]

Das konnte geschehen, weil die Philosophie nicht nur der Welt, sondern auch Gott zugewandt war. Ihr lateinischer Parallelbegriff «sapientia» meinte nach Boethius das Verstehen der Realitäten in ihrer «unbeweglichen Form»,[112] also in Form platonischer Ideen, die im Geist Gottes lebten. Abaelard wollte nach seinem Eintritt in das Kloster Saint-Denis «ein wahrer Philosoph nicht der Welt, sondern Gottes» werden und nur mehr der «heiligen Lesung» obliegen. Er hat dann aber doch die freien Künste gelehrt, um durch sie junge Leute der Theologie näherzubringen.[113]

Zwischen der alten Bibelkunde (sacra pagina, sacra lectio) und der «modernen» Theologie gab es eine Übergangszone insofern, als die Lesung wenigstens am Rande auch von Problemen der spekulativen oder praktischen Theologie handeln konnte. Immer wieder müssen wir auf Abaelard zurückkommen, so auch bei der Konstituierung einer theologischen Wissenschaft. Er hat das Wort Theologie als erster[114] oder einer der ersten gebraucht, und zwar an prominenter Stelle als Titel für sein Hauptwerk *Theologia christiana*. Abaelard hat das Wort mit fest umschriebenem Inhalt versehen, aber nicht erfunden: Er konnte es bei Boethius und anderen lesen. Für Bernhard von Clairvaux verschmolz Abaelards Name mit dem neuen Begriff. Er nannte ihn spöttisch «unseren Theologen» oder den «neuen Theologen».[115]

Zu «theologia» gesellte sich das Attribut «speculativa». Diesen Begriff hat man ebenfalls in früheren Jahrhunderten gelegentlich verwendet; jetzt bekam er eine neue und wichtige Funktion. In der Zwettler *Summa* aus der Schule Gilberts von Poitiers heißt es über die Theologie: «Die gebrechliche Natur des menschlichen Geistes steigt empor, um die göttliche, allüberragende Macht auszuspähen.»[116] Ausspähen (speculari) oder besser: erforschen konnte man die Sphäre des Göttlichen nicht mit den menschlichen Sinnen, sondern mit der vernünftigen Methode, die sich in der Philosophie bewährt hatte.

Spekulative Theologie hatten für einzelne Kontroversfragen schon Kirchenlehrer wie Augustinus und Hilarius von Poitiers betrieben. Jetzt standen wieder Probleme der Trinität und Christologie im Vordergrund, aber die neue Disziplin breitete sich im Laufe des 12. Jahrhunderts über das gesamte Fachgebiet aus. Man kam dadurch auf Fragen, die eher aus Gründen der Systematik als wegen ihrer Dringlichkeit untersucht wurden.[117] In gleicher Richtung wirkte die Notwendigkeit, immer neues Übungsmaterial für den Schulbetrieb herbeizuschaffen.

Hinter der spekulativen Theologie trat die praktische vorerst zurück. Sie begann sich, auch unter dem Einfluß der antiken Ethik, ebenfalls als eigenes Fach zu konstituieren, doch waren in dieser Pastoraltheologie eher konservative Kräfte am Werk. Beide Zweige der Theologie sind den alten Formen nicht vollkommen entwachsen. Oft bildete weiterhin die Bibelexegese den Rahmen, in dem sich die neue Wissenschaft entfaltete. Abaelard hat als Bibelexeget begonnen; er wollte, um sich als Gelehrter zu profilieren, einen Kommentar zum Buch Ezechiel schreiben, stieß in Laon damit auf Widerstand und wandte sich nach Paris, wo er seine exegetischen Vorlesungen fortsetzte. Die Grundform des Unterrichts an den höheren Schulen war dieselbe wie im Kloster: Ein geistlicher Text wurde vorgelesen, dann folgte seine Erklärung durch den Oberen oder den Magister. Darüber sollten die Hörer «meditieren». Im Kloster bedurfte es dafür kaum einer schriftlichen Grundlage, wohl aber brauchten die Studenten den Text einer Vorlesung. An die Stelle der geistlichen Meditation trat eine intellektuelle Interpretation; häufig tauchten Spezialprobleme auf, die nur mit Heranziehung kirchlicher oder philosophischer Autoritäten, d. h. im Rahmen der Schriftlichkeit, gelöst werden konnten. Man stellte Thesen und Gegenthesen auf und diskutierte sie ausführlich. Schließlich äußerte der Lehrer eine «Sentenz», die mit Angabe der Gründe die gültige Meinung sein sollte. Man sammelte solche Sentenzen in Büchern; das wissenschaftliche Schrifttum wuchs damit aus der Textexegese heraus und hat so die am meisten verbreitete unter seinen vielfachen Formen gewonnen.

Das Studium des Gotteswortes stand also nicht mehr allein; es wurde ergänzt durch Dinge, die für Studierende reizvoll waren, weil sie die Denkfähigkeit anregten und man sich in Disputationen hervortun konnte. Im 13. Jahrhundert war es dann in Paris soweit, daß die Bibelkunde arg benachteiligt, aber auch das Diskutieren eingeschränkt wurde: Nur mehr in Vorlesungen über Sentenzen durfte es Disputationen geben. Sie füllten trotzdem die Studienpläne so sehr, daß Bibelexegeten um Vorlesungszeiten betteln mußten.[118]

Wir haben über die traditionelle Bibelforschung gehört, daß sie hauptsächlich allegorische Sinnschichten herausarbeiten wollte. Jetzt wandte man sich immer mehr dem Wortsinn zu, der nach grammatischen, dialektischen und sachlichen Gesichtspunkten erklärt wurde. Man wählte unter den Büchern der Bibel vor allem jene als Objekte der Studien, die einen reichen theologischen Ertrag versprachen. Hier begann die Bibelkunde in Theologie überzugehen. Daneben gab es, vor allem in der Schule von Laon, das ernste Bemühen um eine eigenständige Methode wissenschaftlicher Art. Anselm von Laon hat nichts anderes gelehrt, als die Texte in diesem Sinne zu kommentieren – was ihm heftigen Tadel Abaelards eingetragen hat, vielleicht nicht ganz zu Recht.

Wer die Bibel Satz für Satz erklärte, fand sich bald vor Spezialfragen gestellt. Er konnte sie bloß streifen oder gründlich behandeln, wie das dem Streben nach Wissenschaftlichkeit besser entsprach. So haben manche Autoren solche Exkurse als «quaestiones» graphisch vom Text abgehoben. Man konnte sie auch ganz vom Bibeltext trennen und hatte damit eine neue Darstellungsform gefunden. Quaestionen beginnen meistens mit der kurzen Darlegung der Fragestellung («quaeritur, utrum...»). Dann folgen Meinung und Gegenmeinung, mit oder ohne Quellenangabe, und die Lösung des Problems, zumeist unter Heranziehung von Vernunftgründen nach der Methode der Dialektik. Diese wirkte hier sehr oft im Sinne des «Sic et non» eher harmonisierend. Meist handelte es sich darum zu zeigen, daß in den Argumenten eines der Kontrahenten ein Fehler steckte oder eine Mehrdeutigkeit, die durch Unterscheidung (distinctio) der Bedeutungen behoben wurde. Das war die «solutio», eine Lösung oft im Dienst eines größeren Ganzen, eines Systems. Auch die großen «Summen» des 13. Jahrhunderts haben als ihre Bausteine unzählige Quaestionen. Schon vorher gab es viele Traktate in dieser modernen Form, eine ganze Quaestionenliteratur.

Der Ursprung der Quaestionen-Methode wurde auf die Gespräche Platos mit seinen Schülern zurückgeführt. Das literarisch fixierte Streitgespräch spielte in der alexandrinischen Gelehrsamkeit ebenso eine Rolle wie bei den Kirchenvätern,[119] und im 9. Jahrhundert hielt man Disputationen, die als «quaestio» bezeichnet wurden. Das Genre der «quaestiones disputatae» erfreute sich seit dem 11. Jahrhundert steigender Beliebtheit, weil hier auch Schüler zu Wort kamen, ja selbst Anregungen zur Behandlung von Fragen geben konnten. Unter jungen Leuten setzte sich die Diskussion fort, auch ohne einen Magister, der das Vorgehen nach den Regeln überwachte. Anselm von Besate, der Verfasser der *Rhetorimachia*, sandte seinem Lehrer den Text einer Disputation, die er mit Freunden am Kaiserhof gehalten haben soll.[120] In einer (erfundenen) *Disputation eines Christen mit einem Heiden* schildert Gilbert Crispin (gest. um 1117), wie er in eine Herberge kommt. Vor der Türe sitzen mehrere gebildete Männer, die Studenten der Logik sind, und debattieren über eine «quaestio», die sich auf einen Satz des Aristoteles bezieht. Im Innern des Hauses findet zwischen einem Christen und einem Heiden eine Unterredung statt. Es handelt sich um «zwei Philosophen von großem Ruf, jedoch aus verschiedenen Schulen».[121]

Christ und Heide streiten nicht miteinander, sie bemühen sich beide um sachliche Erkenntnis. Abaelard hat diese zeitgemäße Form des Dialogs weiterentwickelt und neben einem Christen und einem Heiden auch einem Juden das Wort in einer Disputation fiktiver Art erteilt.[122] Es war ein literarisches Genus der scholastischen Untersuchung, dem Aufputz und Dramatik des rhetorischen Streitgesprächs immer fremder wurden. Dabei konnte es sich auch um die Niederschrift tatsächlicher Diskussionen handeln, so bei Alanus von Lille in seiner vierteiligen Summe *Über den Glauben*.[123] Er hatte mit Katharern zu tun gehabt und wollte jetzt «über den vernünftigen Glauben mit Vernunftgründen Rechenschaft ablegen», wie er im Prolog sagt. Er führt die Ansichten der Gegner an, sowohl die aus Schriftstellen gewonnenen wie jene aus der Vernunft, und entkräftet sie nach den Regeln der Grammatik und Dialektik.

In der rauhen Wirklichkeit waren Ketzer für solche Darlegungen kein geeignetes Publikum, und auch ihre Gegner besaßen nicht immer die nötige Schulung. Immerhin traf man sich sowohl mit Katharern als auch mit Waldensern zu regelrechten Disputationen. Man setzte den Ort der Austragung fest, bestellte Schiedsrichter und wollte sich deren Spruch unterwerfen. Von einer Disputation mit Waldensern, die der Erzbischof von Narbonne angeregt hatte, heißt es z. B.: Sie wurden von Katholiken, Klerus und Laien, «angeklagt», antworteten Punkt für Punkt, und die Diskussion ging lange Zeit hin und her; von beiden Seiten wurden viele «auctoritates» vorgelegt. Schließlich gab der Schiedsrichter, ein angesehener Priester, schriftlich seine «definitive Sentenz» bekannt – sie erklärte die Waldenser in allen Anklagepunkten für schuldig (1189 oder 1190). Praktische Folgen hatte der Spruch nicht. Die Diskussion wurde in einem Traktat schriftlich verarbeitet.[124]

Vor dem Ausbruch des Religionskrieges hat man mehrfach den gleichen Weg mit Katharern Südfrankreichs zu gehen versucht. Am eindrucksvollsten war die Disputation von Montréal 1207, die vierzehn Tage dauerte. Auf der einen Seite stand Diego von Osma, der Anreger der Gründung des Dominikanerordens, auf der anderen eine Anzahl katharischer Würdenträger. Man einigte sich auf zwei Adelige und zwei Bürger als Schiedsrichter und auf eine Einschränkung der Argumente auf das Neue Testament. Die Thesen, die man vorbringen wollte, wurden jeweils der Gegenseite schriftlich überreicht. Von ihrer Aufgabe überfordert, lehnten es die Schiedsrichter ab, einen Spruch zu fällen.[125]

Wirkliche, nicht bloß literarische Disputationen waren im Bereich der «artes» oft Schaukämpfe, in denen es um das Prestige einer Schule oder eines Gelehrten ging. Wo es sich um Glaubensdinge handelte, konnten Laien der Auseinandersetzung kaum folgen; wenn es Bekehrungen gab, wie es von Montréal berichtet wird, erfolgten sie wohl weniger durch die Schlüssigkeit der Argumente als wegen der Überzeugungskraft, mit der sie vorgetragen wurden. Wo Geistliche mit Geistlichen theologische Diskussionen führten, kamen dazu auch manchmal Mittel rhetorischer Praxis von einst. Als sich in Reims 1148 Gilbert von Poitiers vor dem Papst verantworten mußte, setzte er auf eine Ermüdungstaktik: Stundenlang ließ er Väterstellen verlesen, die mit seinen Lehren übereinstimmen sollten. Schließlich unterbrach der Papst die Lesung «wie von Überdruß ergriffen»: «Viel sagst du, Bruder, viel läßt du verlesen und Dinge, die wir vielleicht nicht verstehen...» Es ging um die Personen der Trinität; als man Gilbert in die Enge trieb, rettete er sich in eine – falsche – Etymologie des Wortes «persona» als «per se una», «von vornherein eine (einzige)». «Und nicht ohne großes Erstaunen vieler der Anwesenden wurde die Versammlung für diesen Tag aufgelöst», berichtet darüber Otto von Freising.[126]

Das war ein Mittel der Rhetorik, das hier nichts zu suchen hatte, aber durchaus seine Wirkung tat. Die auf Allegorese ausgerichtete ältere Bibelforschung hatte auf die Ausdeutung biblischer Namen stets großen Wert gelegt; seit Plato meinte man, im Wort müsse das Wesen der Sache verborgen sein – so wagte niemand, Gilbert das Wortspiel vorzuwerfen. Vielleicht glaubte er selbst an die Richtigkeit dieser Etymologie, obwohl man damals wußte, daß «persona» im engsten Sinn die «persona theatralis» war,[127] also der antike Schauspieler mit einer Maske, durch die seine Worte tönten.

Gilbert ging es um eine strenge Anwendung der grammatisch-logischen Bedeutungslehre auf die Sprache des Theologen. Wer seine Vorlesungen nicht gehört hatte, konnte seine Schlußfolgerungen als anstößig empfinden. Otto von Freising klagte, Gilberts Aussagen seien für junge Studenten unverständlich, aber auch Gebildeten und Geschulten eröffne sich kaum ihr Sinn.[128] Übertriebener Sprachrigorismus war die Reaktion auf manche Ungenauigkeit und Verwirrung, die sich in theologische Begriffe eingeschlichen hatte, auch durch Übersetzungen aus dem Griechischen. Um 1076 hatte der große Anselm von Canterbury geschrieben: «Ich habe gesagt, daß die Trinität ‹drei Wesenheiten› genannt werden kann. Dabei folge ich den Griechen, die drei Wesenheiten [substantias] in einer Person mit derselben Gläubigkeit bekennen, mit der wir drei Personen in einer Wesenheit bekennen. Denn sie bezeichnen in Gott als ‹Wesenheit›, was wir mit ‹Person› meinen.»[129]

Neben einzelnen Sprachproblemen beschäftigte den Theologen die schon erwähnte Schwierigkeit, daß unsere Sprache für den natürlichen Bereich ge-

schaffen wurde und bloß als Analogie auf den übernatürlichen übertragen
werden kann: Gott ist nicht primär Vater oder Sohn, sondern nur in unserer
Vorstellung und Aussage. Gott ist Einer in drei Personen, aber Namen und
Zahl der Personen lassen sich mit Worten nicht erfassen und mit dem Verstand nicht begreifen.[130] Dieser Linie folgend, ist die Gilbert-Schule zu einer
negativen Theologie gelangt: Man kann nicht wissen, was Gott ist, sondern
nur aussagen, was er nicht ist.[131] Das war nicht neu und kehrte auch später
wieder. Gilbert und seine Schüler haben trotzdem um Aussagen über das
Verhältnis von Wesenheit und Personen in Gott hart gerungen. Die Geheimnisse Gottes, sagte einer der Schüler, sind weder mit den Sinnen noch mit dem
Intellekt zu erfassen, aber sie sind mit dem Verstand «untersuchbar» (scrutabi-
lia); eine beschränkte «Einschau» konnte es geben, wenn man sich bewußt
war, daß «intelligentia» weniger ist als «intellectus», die volle Einsicht.[132]

Gott läßt sich durch die menschliche Sprache nicht erklären, es kann von
Gott keine Definition – und damit Erklärung des Wesens – geben. Hier und
auch sonst fast immer bleibt der Bereich des Mysteriums gewahrt. Nach
Gilbert von Poitiers irren Häretiker dadurch, daß sie Vernunftgründe ohne
Abstriche auf die göttliche Sphäre übertragen. Vater, Sohn und Heiliger Geist
sind zusammen ein Gott; man könne aber nicht sagen, Plato ist ein Mensch,
Cicero ist einer, Aristoteles ist ebenfalls einer, darum sind alle drei ein einziger
Mensch.[133]

Die neue Theologie hat nicht das Mysterium durch Vernunft ersetzt, wohl
aber nach vernünftigen Lösungen gesucht, soweit die Sprachlogik auf diesen
Bereich anwendbar schien. Um diese Grenzen ging es bei den Auseinandersetzungen mit konservativen Kreisen, und um deren Unverständnis von Subtilitäten, die spekulative Untersuchungen begleiteten. Noch hat man nicht versucht, den ganzen Bereich des religiösen Mysteriums zu erfassen und «aufzu-
arbeiten»; man begnügte sich zumeist mit den Hauptanwendungsgebieten
von Grammatik und Sprachlogik. Selten findet sich z. B. eine Aussage über
die Erbsünde. Abaelard wollte sie gelegentlich dem Bereich der Ethik zuord-
nen und «rationalisieren». In vorsichtiger Weise näherte er sich der These,
Predigt und Liebe Christi hätten die Menschen aus dem Zustand der Sünde
herausgehoben,[134] also nicht Christi Opfertod.

Abaelard, dem die spekulative Theologie richtungweisende Impulse ver-
dankte, hat in seiner letzten Lebenszeit unter Cluniazensermönchen eine
Ethik verfaßt[135] und damit manches für die praktische Theologie getan. Das
Buch führt in Handschriften den Titel Erkenne dich selbst (Scito teipsum) und
verstärkt sehr das psychologische Moment im Bereich der Sündenlehre. Es
war wohl eine rückschauende Selbstanalyse, aus der Abaelard seine These
gewann, nicht die Tat sei böse, sondern die Intention müsse bewertet werden;
es gebe keine anderen Sünden als jene, die entgegen dem Gewissen begangen
werden.[136] Schon vorher, in seinem Dialog zwischen den drei Weltanschauun-
gen des Philosophen, des Juden und des Christen, bezeichnete er die Ethik als

das Endziel und die Vollendung aller Disziplinen; sie sollte jedoch nicht mehr Ethik oder Moral heißen wie bei den Heiden, sondern «divinitas», weil sie zu Gott hinführe. Alle anderen Fächer müßten im Vergleich zu ihr verblassen,[137] also auch die spekulative Theologie.

Mit solchen Sätzen wandte sich Abaelard, weise geworden, dem schlichten Ideal mönchischer Erziehung zu – mit einem Unterschied: Die Ethik wurde jetzt als eigene Disziplin aufgefaßt, was sie bisher nicht gewesen war. In der Antike wurde sie zusammen mit der Lektüre von Autoren und innerhalb der Rhetorik gelehrt, und so blieb es lange im Mittelalter. In der zweiten Hälfte des 12. Jahrhunderts begann man, die philosophische Ethik und die christliche Moraltheologie zu trennen. Die Theologie, sagt Alanus von Lille, zerfällt in eine rationale und eine moralische Disziplin; letztere handelt von der Sittlichkeit der Menschen und ihrer Lehre.[138]

Spekulative Theologie war und blieb die Sache relativ weniger Magistri und ihrer Schüler; Moraltheologie als wichtigster Teil der praktischen (oder Pastoral-)Theologie ging alle an, Klerus wie Laien. Sie betraf Tugenden und Sünden, das Problem des freien Willens, Sexualität, Ehefragen und vieles andere; sie war eine Richtschnur für das Leben in dieser Welt. Man bezog sie aus Bibelstellen und Vätertexten, oft in praktischer Zusammenstellung als «Sentenzen», geordnet nach Bereichen. Männer wie Bernhard von Clairvaux und Petrus Venerabilis haben sich von der spekulativen Theologie ferngehalten und die praktische im alten Rahmen der «Mönchstheologie» ausgiebig gefördert; andere, wie Petrus Lombardus, vereinten beides. Petrus wurde wegen seines Sentenzenwerkes zu einem der «vier Labyrinthe Frankreichs» gestempelt und hat daneben in seinen Schriftkommentaren allegorische Exegese und Erziehung zur Kontemplation betrieben.[139] Auch der radikalste Vertreter spekulativer Theologie, Gilbert, mußte als Bischof von Poitiers Predigten halten; er konnte es freilich nicht lassen, auch bei dieser Gelegenheit über die Trinität zu sprechen, und wurde wegen seiner Äußerungen von zwei anwesenden Archidiakonen in Rom verklagt.[140]

So gab es nunmehr und gibt es bis jetzt zwei große Bereiche der Theologie, einen theoretisch-spekulativen und einen praktisch-moralischen; bisher hatte man den ersten oft der Philosophie, den zweiten sogar der Poesie zugeordnet.[141] Die Unterscheidung war wegen der nun möglichen Trennung zwischen Glaubens- und Sittenpredigt wichtig für das Verhältnis zu religiösen Randgruppen. Laiengemeinschaften wie Waldenser und Humiliaten, die sich zur Predigt verpflichtet fühlten, wurden ja von kirchlicher Seite immer wieder abgewiesen, bis Innocenz III. am Beginn seiner Regierung diese Differenzierung vornahm und 1201 den Humiliaten die Sittenpredigt erlaubte. Das war ein Wendepunkt, der für den Großteil der Waldenser freilich eine Generation zu spät kam.

Die Moraltheologie hatte nicht alle Brücken zur antiken philosophischen Ethik abgebrochen, die mit dem Studium platonistischer Schriften wieder stärker hervortrat. Im *Timaios* ging es um die «natürliche Gerechtigkeit» als Fundament der moralischen und der positiven rechtlichen Ordnung, analog der kosmischen. Diese Gedanken nahmen Wilhelm von Conches und Johann von Salisbury wieder auf: Das Naturrecht ist die Basis der Staatsordnung, ähnlich der Wirkkraft in der Seele und im Kosmos.[142] Ein Naturrecht anzunehmen, war eine Notwendigkeit auch für die Juristen, um dem positiven Recht ein Fundament zu geben. Sie trafen sich hierin mit den Theologen beider Richtungen. Nach Abaelard hat das Naturrecht, das dem Menschen als Vernunftwesen innewohnt, eine gewisse Kenntnis über Gott, ja über die Trinität vermittelt; zugleich hat es durch seine moralischen Bezüge Heiden zu einem einwandfreien Lebenswandel geführt. Philosophen und Patriarchen lebten nach dem Gebot des Naturrechts, das ja schon vor dem Gesetz des Moses existierte. Der Heide in Abaelards Dialog setzte Naturrecht und Ethik gleich.[143]

Wir nähern uns dem Bereich des Rechtswesens, das in enger Anlehnung an die Theologie und in Wechselwirkung mit ihr zu einer neuen Blüte gelangt ist. Das betrifft das «gelehrte Recht» in der Kirche, die Kanonistik, ebenso wie jenes staatlicher Ordnungen, die Legistik. Weiteres wurde nördlich der Alpen in den Schulen und späteren Universitäten nicht gelehrt; nur in Oberitalien, vor allem Pavia, gab es Lehrer des «lombardischen» und eines rudimentären römischen Rechtes. Institutionellen Charakter hatten diese «Schulen» nicht. Von ihnen ist immerhin ein schriftlicher Niederschlag aus dem Bereich des Lehnrechtes und der städtischen Rechte erhalten. In London waren es dagegen die Inns of Court, die das Gemeinrecht pflegten.[144] So gab es in dem großen Meer des Gewohnheitsrechtes mit all seinen Einzelausprägungen nur einige Inseln rechtlicher Schriftlichkeit.

Neues formierte sich, wo die Kleruskirche innerhalb der Christenheit zu straffen Organisationsformen aufwuchs und der «moderne» Staat die alten Ordnungen der Staatsgesellschaft zurückdrängte. In diesem letzteren Bereich griff man zum alten römischen Kaiserrecht, das erst in mühsamer Arbeit erschlossen und adaptiert werden mußte. Hier hat es anscheinend keine Kontinuität, sondern einen wirklichen Neubeginn gegeben. Anders war es in der Kanonistik, der große Stoffmassen kirchlicher Entscheidungen aus vielen Jahrhunderten vorlagen. Hier brauchte man eine neue, rationale Methode, um sie zu bewältigen und zu einem System auszubauen.

Im 10. Jahrhundert hatte man sich für diese Dinge nur wenig interessiert; es ist von dem Rückgang kirchenrechtlicher Kenntnis in diesem Jahrhundert gesprochen worden.[145] Aus der Epoche zwischen dem Handbuch Reginos von Prüm (gest. 915) und dem *Decretum* des Bischofs Burchard von Worms (gest. 1025) ist kein größeres kanonistisches Werk überliefert. Im Vorwort seiner Sammlung klagte Burchard über die Unwissenheit der Priester auf diesem Gebiet und die «Dissonanz» der Überlieferungen kirchenrechtlicher Autoritäten. Noch fehlte jedoch die Methode, hier Ordnung zu schaffen.

Immerhin gliederte man schon seit längerem die Sammlungen nicht mehr chronologisch nach dem Alter der Textzeugnisse, sondern systematisch nach Materien, wobei freilich Kirchenrecht und Theologie nicht wirklich geschieden werden konnten. Das galt vor allem für die Moraltheologie, aber auch für die Dogmatik etwa der Sakramente. Meistens überwog, wie auch späterhin, der praktische Charakter bei weitem die Theorie. So ist z. B. bei Burchard ein *Corrector* überliefert, der breit über Beichtfragen, Arten und Maß der Buße handelt.

Nach der Mitte des 11. Jahrhunderts begann hier ein neuer Wind zu wehen. Es war die Zeit stärkerer «Verrechtlichung» und Zentralisierung der Kirche; zur Zeit Gregors VII. und teilweise unter seinem Einfluß, dann unter Urban II. (1088–1099) wurde man kritischer. Die Autoren suchten das Material zu harmonisieren und auf die Vorrechte des Papsttums auszurichten; schon meldete sich dialektisches Denken. Neben den «gregorianischen» gab es lothringische und französische Sammlungen.[146] Als das Recht Justinians für das Abendland wiederentdeckt wurde, tat sich für das juridische Denken eine Welt auf, und man begann die Digesten zu studieren, auch wenn das vorerst wenig praktischen Nutzen versprach. Doch haben Gelehrte wie Ivo von Chartres hier manches profitiert.

Mit Ivo (gest. 1117), dem Kanonisten, und Irnerius (gest. 1130), dem Begründer der Schule des Römischen Rechtes in Bologna, beginnt eine neue, kritisch und systematisch ausgerichtete Epoche in beiden Disziplinen. Beide Autoren wahrten weiterhin die Nähe zur Theologie: Ivo hat in seinem *Decretum* z. B. ausführlich über die Abendmahlslehre gehandelt und das offizielle Glaubensbekenntnis Berengars von Tours in sein Werk aufgenommen, Irnerius schrieb ein theologisches Sentenzenwerk.[147] Als Jurist hat er in einer Zeit sich wandelnder Normen eine neue Basis in dem rationalen, auf alle Menschen bezogenen Römischen Recht gefunden; neben die rein praktische Tätigkeit oberitalienischer Richter und Rechtsanwälte trat diejenige der «Schule» und späteren Universität in Bologna. Dort lehrte ein Magister Roland, den man lange Zeit für Roland Bandinelli hielt, der dann als Papst Alexander III. (1159–1181) der bedeutendste Gegner Friedrich Barbarossas war. Dieser verkehrte mit Bologneser Juristen, die das alte Kaiserrecht wiederbelebten.

Schon Ivo von Chartres gab in seinem Sammelwerk eine Übersicht über das gesamte Kirchenrecht, systematisch gegliedert, wenn auch noch nicht in den Aussagen vereinheitlicht. Damals, am Ende des 11. Jahrhunderts, ging es angesichts der existenzbedrohenden Probleme des sogenannten Investiturstreits um die Erarbeitung von kritischen Methoden der Prüfung von Texten nach sachlichen, logischen und historischen Gesichtspunkten. Das geschah zuerst in kleinen Schriften: Bernold von Konstanz handelte über den Boykott gegen Exkommunizierte *(De excommunicatis vitandis)*, Alger von Lüttich über *Erbarmen und Gerechtigkeit*. Beide gaben Konkordanzregeln, über die schon gesprochen wurde.[148] Das geschah nach 1084 bzw. 1095, also lange bevor Abaelard sein Vorwort zu *Sic et non*[149] schrieb.

Man hat sich darum gefragt, ob die Wurzeln der scholastischen Methoden nicht eher bei den Juristen zu finden sind als bei den Theologen. Wichtiger als die Entscheidung darüber scheint die Feststellung, daß in beiden Hand in Hand arbeitenden Disziplinen ein Prozeß der «Rationalisierung» stattfand, eine Ordnung des Materials, die bald mit einem konstruktiven Neuaufbau verbunden war. So objektiv die Kriterien der Konkordanzregeln an sich waren, sind sie doch oft im Dienst eines Systems angewendet worden, dem die Ergebnisse anzupassen waren. Wie in der Theologie gab es auch hier eine ausgebreitete Literatur von Spezialuntersuchungen (quaestiones) zum Teil sprachlogischer Art.[150]

Den Gipfel der kanonistischen Arbeit brachte um 1140 der Kamaldulenser-mönch Gratian in Bologna mit seiner großen kirchenrechtlichen Sammlung, die als *Decretum Gratiani* durch Jahrhunderte berühmt war und den «Dekreti-sten», Erklärern des Werkes, den Namen gab. Gratian schöpfte aus vielen früheren Sammlungen und aus den Methoden des Römischen Rechts. Das Neue kam schon im ursprünglichen Titel seines Werkes zum Ausdruck: *Con-cord(ant)ia discordantium canonum*, Harmonisierung anscheinend wider-sprüchlicher Sätze des Kirchenrechts. Man hat Gratian als den Begründer der kanonistischen Wissenschaft bezeichnet. Vor allem war er ein Techniker von klarem Verstand, der die praktischen Erfordernisse zuoberst setzte. Zum er-sten, systematischen Teil des Werkes kam im zweiten eine Kasuistik, die aus den Einzelfällen heraus Rechtsfragen (quaestiones) erörterte und mit Belegen aus den Autoritäten löste. Die Verbindung zur Theologie blieb gewahrt, ja sie verstärkte sich.

Kanonistik und Moraltheologie hatten gemeinsame Teilgebiete wie Bußdis-ziplin oder Simoniefragen; aber auch die spekulative Theologie war in kir-chenrechtlichen Sammlungen vertreten, etwa mit der Abendmahlslehre. Da-neben hat jeweils das eine Fach beim anderen Anleihen gemacht. Juristen fanden Material in theologischen Sentenzensammlungen, Theologen beuteten Kanonessammlungen als Fundgruben von Väterstellen aus, so etwa Gilbert von Poitiers in Reims 1148.

Hier hatten die Konkordanzregeln beider Fächer ihre Grenzen. Man ver-zichtete darauf, Sätze der patristischen Literatur in ihrem Zusammenhang zu bringen; Kämpfe um die Rechtgläubigkeit dieser oder jener These wurden mit Zitaten ausgetragen, ob es sich nun um Katholiken und Sektierer oder um Magistri vor einem kirchlichen Forum handelte. Eine Nachprüfung war un-möglich, man war von der Redlichkeit des Gegners überzeugt. Während es heute als unwissenschaftlich gilt, keine Verweise auf die Herkunft von Belegen zu geben, dachten die Gelehrten damals anders. Ein Schüler Gilberts von Poitiers berichtete über diesen: «Welche Autoren er zitierte, schrieb er nicht; er überließ den geübten Lesern das Lob, das man für das Auffinden in den heiligen Schriften erhält... Im Prolog seines Werkes [über Boethius' *De Trinitate*] bezeugt er, eifrige Forscher könnten sehen, daß das, was er sage, eher abgeschrieben [furta] als seine Erfindung sei.»[151] Solche Nachforschungen waren in diesem Fall besonders schwierig, weil es sich vor allem um griechische Väter handelte.

Sowohl Theologen wie Juristen sammelten aussagekräftige Einzelsätze, «Sentenzen», in eigenen Büchern. Ebenso wie bei den Juristen Gratians *Decretum*, waren auch theologische Sentenzenwerke nicht mehr aus dem Schulbetrieb wegzudenken. Immerhin galt noch gegen Ende des 12. Jahrhunderts den Theologen die Rechtswissenschaft in diesem Punkt als Muster. Ein Schüler Gilberts von Poitiers schrieb (nach 1179) über seine Sammlung von Belegstellen zu Fragen der Trinität: «Weil es nicht leicht ist, die Menge von Büchern zu lesen oder auch zu besitzen, aus denen die genannten Autoritäten genommen sind, ... ist eine kurze Zusammenstellung einiger Autoritäten... nach Art der Bücher der Rechtsgelehrten erwünscht.»[152]

Das gelehrte Recht hat über Oberitalien hinaus in der südfranzösischen Schule von Valence und Die eine Heimstätte gefunden, wo um 1130 – und damit früher als in der nordfranzösischen Schule – Exzerptensammlungen angelegt wurden; schon vor 1160 strahlten diese bis nach Österreich aus.[153] In Paris wirkten, soviel wir wissen, seit etwa 1150 Kanonisten als Rechtsanwälte.[154] Dem Studium der Rechte durch Mönche und Kanoniker standen schon seit 1130 Konzilsbeschlüsse im Wege, die unter den folgenden Pontifikaten erneuert wurden. Mit Juristerei und Medizin ließ sich unter Umständen viel Geld verdienen; diese Berufswege führten im Normalfall aus der geistlichen Gemeinschaft heraus. Die neue Wissenschaft des gelehrten Rechtes hatte trotzdem Anhänger in Klöstern und Kanonien. Sie standen über weite Strecken hinweg, ähnlich manchen Schultheologen, miteinander in Verbindung. Wege handschriftlicher Überlieferung zeigen das für Nordfrankreich, das Rheinland und Österreich.[155] Parallel dazu hatte die spekulative Theologie der Schule Gilberts von Poitiers einen Vertreter in Wien am babenbergischen Hof, den Kapellan Petrus, der allerdings manchen Anfeindungen unterworfen war. Ihm wird eine theologische *Summa* zugeschrieben, die sich im österreichischen Kloster Zwettl erhalten hat.[156]

Im Klerus gab es jetzt eine sehr dünne, aber über Europa verbreitete intellektuelle Schicht mit Interesse an der Forschung in einem begrenzten Fachgebiet. Jetzt erlangten die Juristen auch das, was den Theologen selbstverständlich war, nämlich ein eigener Berufsstand zu sein.[157] Neben das kanonische trat das Römische Recht, das subsidiär in die gerichtliche Praxis eingeführt wurde. Es war allem Bisherigen überlegen durch seinen rationalen Charakter und durch die Universalität seiner Geltungsmöglichkeit. Vor allem in Oberitalien konnten damit so manche Differenzen zwischen fränkischem und lombardischem Recht beseitigt werden. Mit den Städten wuchs die Zahl der «Legisten» in ihrem Dienst, die fortschreitende Verrechtlichung der geistlichen

Institutionen erforderte Kanonisten zu ihrer Verwaltung. Hier eröffneten sich Aussichten für eine Laufbahn, die sehr weit nach oben führen konnte. Von den ersten zwölf Kommentatoren des *Decretum* Gratians wurden in der Folge zwei Kardinäle und fünf Bischöfe.[158]

Die Beziehungen zwischen Theologie und Rechtswissenschaft betrafen vorwiegend die Methodenlehre; auf der inhaltlichen Ebene brachte die stärkere Rationalität eher einen Rückgang des gewohnten Rechtsdenkens in theologischen Vorstellungen. Seit jeher hatte man das Mysterium der Erlösung aus dem Recht des Römerreiches und seiner Nachfolger erklärt: Adam sei durch seinen Sündenfall in das Eigentum Satans übergegangen; Christus sei wegen dieses Rechtszustandes auf die Erde herabgestiegen und habe als Unschuldiger für die Menschen den Opfertod erlitten – wodurch der Teufel sein Recht über die Menschen verlor.[159] Anselm von Canterbury wandte sich gegen diese Anschauung, doch haben die Schule von Laon und noch Bernhard von Clairvaux an ihr festgehalten. Es galt ja als selbstverständlich, daß Rechts- und Sozialverhältnisse der eigenen Epoche allgemeingültig und auf die Theologie anwendbar waren. So hat z. B. Gerhoh von Reichersberg im Kampf gegen christologische Thesen mit dem Adel (nobilitas) Christi und seiner Stellung als legitimer Erbe des Vaters argumentiert. Sechs Irrlehren zählte er auf, bei denen Christus nichtadelig oder weniger adelig als der Vater oder die Gottesmutter erschien.[160]

Auch im Denken der Frühscholastik blieb manches von der etwas grobschlächtigen und simplistischen Art früherer Generationen zurück. Aber es konnte doch nicht mehr so wie damals das Feld beherrschen. Ein Gerhoh von Reichersberg mit seinem Clan von Verwandten und Freunden wurde zum Provinzler, wenn er die «neuen und unerhörten Lehren» Gilberts von Poitiers und seiner Schule bekämpfte. Zugegeben, die neue Wissenschaftspflege formalisierte vieles und löste es darum in luftige Gebilde auf, während ihre Gegner auf festem Grund blieben. Aber diese Änderung der Denkgewohnheiten brachte doch dauernden Gewinn, allein schon vom Sprachlichen her, und führte zu einem neuen Urteilsvermögen im Bereich des Abstrakten. Leichtigkeit und Subtilität in Denken und Sprache gewannen jetzt erst einen positiven Klang, während die Worte «levitas» und «subtilitas» bisher allzumeist Leichtsinn und Spitzfindigkeit bedeutet hatten.

Elftes Kapitel

Die neuen Schulen

«Fliehet aus der Mitte Babylons, fliehet und rettet eure Seelen! Eilet zu den Stätten, die Zuflucht bieten!» Das rief Bernhard von Clairvaux den Weltgeistlichen zu[1] und propagierte damit anstelle des Lebens in der «Welt» mit ihren Gefahren den Eintritt in seinen Orden. Sein Schüler David von Himmerod (gest. 1179) war ein Muster dessen, was Bernhard meinte: Er ging von Italien nach Frankreich, um dort zu studieren, hörte vom Zisterzienserorden, «verzichtete auf das eben begonnene Studium und zog es vor, sich in den Lehren der Regel bilden zu lassen. Es war ihm lieber, einiges nicht zu wissen und dabei einen ganz sicheren Weg zu gehen, als diese Dinge unter Gefahr für sein Seelenheil zu erlernen.»[2] Die Gefahren der Wissenschaft und des Wissenschaftsbetriebes waren etwas, das nicht nur Zisterzienser fürchteten; diese verstärkten Bedenken, die seit je im Mönchtum und besonders bei Reformern lebendig waren.

Etwa um dieselbe Zeit rühmte man in studentischen Kreisen die großen Magistri und schloß mit einer Verdammung der Mönche, die Religiosität heuchelten, aber innerlich voll Aberglauben seien: «Fliehe diese Leute und meide sie!... Die Herde der Kuttenträger soll für gering geachtet und aus den Philosophenschulen vertrieben werden. Amen!» Der erste (primas) der Mönche habe dem Magister Abaelard (Palatinus) Schweigen gebieten lassen.[3] Das bezieht sich auf Bernhard von Clairvaux und die Geschehnisse von Sens im Jahre 1141. Wie Abaelard selbst über den traditionellen Bildungsweg der Mönche dachte, hat er in seiner Regel für die Nonnen des Klosters Paraklet niedergelegt: «Wer im Kloster erzogen wird, bleibt so dumm, daß er mit dem Klang der [gesungenen] Worte zufrieden ist und sich nicht um ihr Verständnis kümmert. Man bemüht sich dort nicht um Bildung des Herzens, sondern um die Sprache... Diese Leute können um so weniger Gott lieben und von ihm entflammt werden, je mehr sie sich fernhalten von Einsichten in Gott[es Wesen] und in den Sinn der Schrift, die uns über ihn belehrt.»[4]

Daß wissenschaftliche Bildung eine Voraussetzung mönchischer Spiritualität sei, konnte man mit Recht bestreiten. Eher traf Abaelards Kritik auf die Qualität vieler Klosterschulen zu. Nur ganz vereinzelt standen sie auf der Höhe der Zeit; die allermeisten taugten so wenig, daß Mönche die freien Schulen aufsuchten, obwohl sie dort nach dem Zeugnis der *Metamorphosis Golyae* nicht willkommen waren. Für diese Mängel wurden verschiedene Gründe angegeben; wohl der wichtigste war so selbstverständlich, daß man ihn kaum erwähnte: Die Anforderungen waren sehr stark gestiegen seit der Zeit, da Schulbildung nicht mehr vermitteln sollte als eine gewisse Kenntnis lateinischer Sprache und Schriftlichkeit. Aus der sprachlichen Unterstufe, dem Trivium, waren Wissenschaften hervorgegangen, mit denen sich mancher Magister sein Leben lang beschäftigte.

Verändert hatten sich auch die Schüler. Durch Jahrhunderte hatte der Hauptteil des Mönchtums aus einstigen «pueri oblati» bestanden, Kindern, die von ihren Familien dem geistlichen Stand gewidmet worden waren und im Kloster aufwuchsen, wo sie fast immer als Mönche verblieben. Diese Symbiose hatte Vorteile für beide Partner: Das Kloster erhielt von den Weltlichen Schenkungen, und die Schenkgeber erwarteten einen sicheren Platz im Himmel, wenn ihre Kinder und mit ihnen ganze Konvente für sie beteten. Nebenbei wurde man auch überzählige Söhne und Töchter auf diese Weise los und konnte sie, wenn sie gebraucht wurden, wieder in den weltlichen Stand zurückholen. Schließlich empfahl sich das Mönchtum besonders für Kinder mit irgendwelchen Gebrechen. Als im Jahre 1161 ein neugewählter Abt in das Kloster Andernes kam, bemerkte er mit Schrecken, daß die Mehrzahl der Mönche körperliche Mißbildungen aufwies. Da gab es Hinkende, Verkrümmte, Einäugige und sogar Blinde. «Fast alle von ihnen stammten aus adeligen Familien.»[5]

Körperschäden besagten selbstverständlich nichts über die geistigen Fähigkeiten – Hermann der Lahme (gest. 1054) im Kloster Reichenau war ein Grafensohn und «puer oblatus», der bedeutende Leistungen hervorbrachte. Aber die Reformer liebten die traditionellen Zustände nicht, lockerten die Bindung an adelige Familien und wandten sich gegen die Erziehung von Kindern im Kloster. So hat man z. B. in Cluny keine «äußere Schule» gehalten, d. h. Weltgeistliche und Laien nicht unterrichtet. Natürlich war es besser, Novizen in einem Alter ab etwa 15 Jahren aufzunehmen, die schon wußten, wozu sie sich verpflichteten. Es konnte sich um Ungebildete handeln, Laienmönche oder – im Zisterzienserorden – Konversen; oder um junge Leute, die eine Grundschulbildung bereits besaßen, auf der ein zu den Weihen führendes Studium aufbauen konnte. Solche Jugendliche gab es jetzt; im niederen Adel scheint man sich nun geleistet zu haben, was früher dem hohen vorbehalten war, nämlich Privatunterricht in lateinischer Sprache. Derlei gab es sogar in der Bretagne, wo ein Mann aus ritterlichem Geschlecht seine Söhne vor ihrem Unterricht im Waffendienst mit lateinischer Bildung ausstatten ließ. Einer von ihnen, Abaelard, konnte mit dem, was er auf der Burg des Vaters gelernt hatte, seine höheren Studien beginnen.

Keineswegs hat sich der Regularklerus gänzlich vom Schulwesen getrennt,[6] aber die Klosterschule war nicht mehr das natürliche Fundament höherer Bildung. So mancher lernte bei einem Kapellan oder Pfarrer der näheren Umgebung oder vielleicht bei einem vazierenden Kleriker, der von einer der Schulen kam; Näheres bleibt im Dunkel, hier versagen allzumeist die Quellen. Unterrichtet sind wir über Fälle, in denen der Abt eines Klosters einen jungen Mönch an eine der neuen Schulen schickte, um ihn für den Priesterberuf ausbilden zu lassen. Wir haben gehört, daß man dort die «Kuttenträger» verspottete und sich über sie ärgerte.

Einzelne «äußere Schulen» existierten weiter, zumeist unter der Leitung eines nicht dem Kloster angehörenden Geistlichen.[7] In Paris gab es die Abtei Saint-Victor, die eine «offene» Schule führte[8] und zu hohem Ansehen brachte. Hier handelte es sich um Augustiner-Chorherren, nicht um Mönche; Begründer des Stiftes war ein Lehrer, Wilhelm von Champeaux, mit seinen Schülern. Abaelard studierte hier und wurde bald Wilhelms Konkurrent.

Chorherren, auch wenn sie sich der Augustinus-Regel unterwarfen, standen der «Welt» näher als die Mönche und waren weniger als diese besorgt um die Wahrung ihrer Spiritualität angesichts des Aufschwunges der neuen Wissenschaften. Die Domkanoniker der Bischofsstädte waren durch eine Weisung Papst Gregors VII. aus dem Jahre 1079[9] zur Einrichtung von Schulen verpflichtet. Wenigstens zum Teil haben die Kathedralschulen den Rückgang des klösterlichen Schulwesens wettgemacht und zur Verlagerung der Schulen in den städtischen Bereich beigetragen. Sie waren hier an Institutionen gebunden, während es auch ein vollkommen freies Schulwesen geben konnte: Ein Lehrer hatte die Möglichkeit, seine Schüler dort zu versammeln, wohin sie ihm zu folgen bereit waren, also auch aufs freie Feld. Die Domschulen bereiteten auf den Beruf des Weltpriesters vor, der sich zweifelnden Fragen der Gläubigen stellen mußte. Anselm von Laon faßte das kurz zusammen: «Die Weltgeistlichen haben zu predigen und die Untergebenen zu belehren, die Mönche haben zu beten.»[10] Das führte in die Nähe der Wissenschaft. Domkanoniker waren Priester, mußten als solche von körperlichen Fehlern frei sein und sollten durch ihr Auftreten und ihre Lebensführung dem Bistum zur Ehre gereichen.

Äußere Bedingungen begünstigten die neuen Schulen. Das politische Klima im Norden Frankreichs war jetzt besser als früher, das Königtum konsolidierte sich, und der Friede im Land ermöglichte einen geistigen wie personellen Austausch. Die städtischen Siedlungen, auch Paris, waren vorerst klein und bestimmten nicht den Charakter der Oberschichten. Es gab auch kein städtisches Schulwesen,[11] und man wird sicherlich keine typisch städtische Art des Denkens in den neuen Schulen konstatieren können.[12] Enger waren die Bindungen von Juristenschulen in Oberitalien an die Städte, in deren Dienst man sein Brot verdienen konnte.

An den Kathedralen herrschte oftmals weiterhin die traditionelle Bindung ihres Personals an einen Kreis von Familien, die dem Kapitel Schenkungen zukommen ließen und die Domherrenpfründe zu besetzen pflegten. Hier waren die Schüler in einem gemeinsamen Lebenskreis aufgehoben.[13] Anders stand es um jene, die von außen kamen: sie blieben letztlich Fremde, solange es keine Universität als Korporation gab. In einem Schreiben an Papst Urban III. (1185–1187) heißt es: Wenn ein Mönch erkrankt, machen ihm zwei Brüder das Bett, füttern und tränken ihn, wachen bei ihm und reichen ihm, wenn es so weit kommt, das Viaticum. «Wenn jedoch ein Student [scholaris] erkrankt, wer leistet ihm Hilfe, außer wenn er sehr reich ist?... Ein einziger Diener oder irgendeine Dienstmagd schließt dem Sterbenden die Augen; zwei oder drei Kleriker sind dabei. Wer singt da Psalmen? Wehe dem Alleinstehenden!»[14]

Als Kleriker betrachtete man die Studenten auch dann, wenn sie noch keinen einzigen Weihegrad empfangen hatten. Sie trugen eine Tonsur und ein geistliches Gewand, für dessen Aussehen es keine bestimmten Vorschriften gab. Sie waren zum Zölibat verpflichtet, ihr Verhalten konnte jedoch kaum kontrolliert werden. Für ihren Lebensunterhalt sorgte zumeist die Familie, die vielleicht eine chancenreiche Laufbahn ihres Mitgliedes erhoffte; oder man hatte dem jungen Mann eine geistliche Pfründe besorgt, von der er am Studienort leben konnte. Den Kirchendienst, für den die Pfründe geschaffen war, leistete – meist um geringes Entgelt – ein Vertreter.

Alleinsein, abseits der gewohnten Gemeinschaft, galt damals nicht nur im Kloster als ein schlimmer Zustand. Die jungen Leute suchten nach neuen Bindungen und fanden sie im günstigen Fall als Gemeinschaft von Lernenden bei einem begnadeten Lehrer. Man pflegte von «Sekten» zu sprechen, die nach ihrem Lehrer benannt wurden; Anselm von Besate rechnete sich zur «Sekte Drogos», seines Lehrers in Parma,[15] und auch später wurde das Wort wertneutral im Sinne von «Schule» gebraucht.[16] Hugo von Honau, selbst ein Schüler Abaelards, berichtete von seinen Hörern: «Es gibt einige, die in unserer Schule erzogen wurden, uns freundschaftlich verbunden sind und deshalb ‹unsere› Hörer genannt werden können. Sie wenden ihren ganzen Eifer unseren Disziplinen zu und nehmen mit der gebührenden Verehrung an, was sie von uns hören.» Andere seien freilich einfältig und unfähig, und vor diesen schweigt Hugo «von dem, was unter Vollkommenen zu verschweigen frevelhaft wäre».[17] Das klingt etwas nach einer Geheimlehre und war wohl auch ein Schutz gegen Bezichtigungen, wie sie die Gilbertiner mehrmals erfahren mußten. «Es gibt», schrieb Hugo von Honau weiter, «noch eine andere Art von Hörern...: Einige verschreiben sich keiner Institution gänzlich, sondern irren wie Vagabunden zwischen den Schulen aller [Lehrer] umher. Sie ‹ergeben sich allen Lehrern› [ein Zitat aus Gregor von Nazianz], wie wenn sie von jedem das Beste auswählen wollten; aber nachdem sie oft [die Lehrer] gewechselt haben, lehnen sie alle ab und verachten sie, ja verspotten sie, als gäbe es nichts Vernünftiges in ihren Lehren.»[18]

Wenn Studenten ihren Lehrern nicht die «gebührende Verehrung» zollten, sondern sich enttäuscht von ihnen abwandten, konnte das verschiedenartige Gründe haben: Jugendlichen Sturm und Drang, den hochgradigen Formalismus der Lehre, die Selbstgefälligkeit der Professoren und auch die Suche nach einem Studienort, an dem es keines allzu großen Aufwandes an Zeit und Kraft bedurfte, den Lehrgang zu absolvieren. Das konnte auch materielle Gründe haben. Nicht jeder verfügte über ein gesichertes Einkommen, aus dem er durch viele Jahre seinen Lebensunterhalt bestreiten und vielleicht auch den des Lehrers mittragen konnte. Freilich war der normale Weg zu einer geistlichen Laufbahn das Studium der Theologie, wozu es einer sicheren Kenntnis der «artes» bedurfte. Die überaus große Ausweitung der Grammatik und Dialektik und die Methode der Erörterung von Detailfragen machte den einstigen Vorbereitungslehrgang zu einer schwer zu überwindenden Hürde. Wilhelm von Conches wies darauf hin, daß bei Pythagoras die Schüler sieben Jahre lang «hören und glauben» mußten, erst im achten durften sie selbst Fragen stellen. Jetzt aber «fragen sie schon bei ihrem Eintritt in den Lehrgang, bevor sie sich niedergesetzt haben, ja – was noch schlimmer ist –, sie urteilen [über Fragen]. Geringschätzig meinen die Studenten, innerhalb eines einzigen Jahres falle ihnen die gesamte Weisheit in den Schoß; von ihr reißen sie kleine Fetzen an sich, schwätzen windiges Zeug und gehen fort, voll von Hochmut und leer an gewichtigen Tatsachen.»[19]

Das andere Extrem stellten Lehrer dar, die zehn oder mehr Jahre, ja ihr ganzes akademisches Leben dazu verwendeten, immer neue «quaestiones» zu erfinden und nach allen Regeln der Kunst zu beantworten, ohne je zu einem Abschluß ihres Lehrganges und einer Synthese zu gelangen. Im günstigen Fall führte das zur Heranbildung einer zahlenmäßig kleinen Gruppe von Schülern, die später selbst akademische Lehrer wurden. Im ungünstigen gab es keine Brücke zwischen der Subtilität des Lehrers und dem Unverständnis der Hörer. Johann von Salisbury berichtet, daß Wilhelm von Conches und ein Kollege den Unterricht aufgaben, «besiegt durch die Unwissenheit der Menge, der andere Professoren versprachen, den ganzen Lehrgang der ‹artes› in weniger als zwei oder drei Jahren zu liefern. Seither verwendete man weniger Zeit und Sorgfalt auf das Studium der Grammatik.»[20]

Von ferne meldet sich hier schon das Problem der Massenuniversität – Paris hatte im folgenden Jahrhundert immerhin etliche tausend Studenten – und des Rückzuges der Wissenschaft in die Stube des Gelehrten. Wir haben schon darauf hingewiesen, daß Johann von Salisbury den auf praktischen Erfolg ausgerichteten Typus der Studenten mit dem Namen der «Cornificiani» bedachte, der Anhänger eines «Cornificius»,[21] dem Vergil ein satirisches Denkmal gesetzt hatte. Vergebens hat man versucht, in diesem Mann einen anonymen Zeitgenossen Johanns zu sehen,[22] und es wäre auch übertrieben, von einer «Bewegung» der Cornificianer zu sprechen.[23] Eher handelt es sich um eine auf das Praktische ausgerichtete, wissenschaftsfremde Geisteshaltung, die Johann am englischen Königshof studieren konnte. Unter geistlichen Karrieristen war Johann dort ein Fremdling.

Wer den langen Weg durch «artes» und Theologie scheute oder ihn aufgab, um anderswo sein Brot zu suchen, mochte von fernen Möglichkeiten träumen, doch noch Karriere zu machen. Er konnte in ein Kloster eintreten, um einmal Abt oder wenigstens Prior zu werden – obwohl man dort die Dignitäre immer mehr aus dem Kreis der Priestermönche wählte. Er konnte, wenn ihm das

Glück hold war, an einem Fürstenhof oder bei einem Adeligen als schreib-
fertiger «clericus» zu verschiedenen Geschäften herangezogen werden, mit
der Hoffnung auf spätere Belohnung durch eine Pfründe oder sogar ein Hof-
amt. Er konnte sich dem Studium der «artes lucrativae» zuwenden, also der
Juristerei oder Medizin, die man am besten in Bologna bzw. Salerno studierte.

Walter von Châtillon (gest. 1203),[24] der wahrscheinlich am Hof Heinrichs II. von England gedient hatte und durch den Sturz Thomas Beckets
(1164) das Land verlassen mußte, schrieb satirische Gedichte, in denen er
sich auch mit dem Verfall der «artes» beschäftigte. Lange hätten sie geblüht,
so klagte er, aber seit das Juristentum regiere, seien sie nutzlos; seine Vertreter seien Heuchler, habsüchtig und Simonisten. Sie erreichten ihr Ziel, Äbte
oder Bischöfe zu werden, weil sie dafür bezahlen, während ein Armer wie
Walter nur auf seine Kenntnisse in den «artes» und der Theologie verweisen
könne. Von den anderen Fächern hielt er wenig. Als Walter einmal in Bologna vor Juristen predigte, legte er dar, daß Kenntnisse des Rechts und sogar
des ganzen Kodex Justinians ebensowenig zu rechtschaffenem Leben führen
wie das Wissen der Mediziner um den menschlichen Körper. Und doch studieren viele junge Leute, fuhr Walter fort, eines der beiden Fächer, weil sie
reich werden wollen. Rechtsstudien halten von der Suche nach Weisheit ab
und können für die Gesellschaft gefährlich werden: Wenn Magistri der «artes» über Universalien und Ähnliches streiten, ist das nutzlos, aber ungefährlich. Der Streit von Juristen kann jedoch, so Walter, zu schrecklichem
Unrecht führen.

Auch Walter war nicht ein Gelehrter um der Gelehrsamkeit willen. In der
Rolle des armen Poeten stellte er fest, daß ein Leben ohne Geld so schlimm
wie der Tod sei. Wenn er keinen Mäzen finde, wäre es unsinnig, weiterhin
zu studieren. Schöner sei es, zu zweit in einem weichen Bett zu schlafen, als
nächtelang allein in einem kalten Raum den Studien nachzugehen. Man solle
sie aufgeben und die Zeit mit Essen und Trinken – auf wessen Kosten? –
verbringen.

Das ist die übliche Vagantenpoesie, eine Entlastung zu kurz gekommener
Intellektueller von ihren materiellen Sorgen. Walter wußte, daß das Studium
der «artes» zurückging, aber er sah den Hauptgrund dafür in den Zeitver-
hältnissen. Das war richtig, doch in anderer Weise als Walter meinte: Die
Chancen akademischer Studien wurden immer größer, und noch größer
wurde die Menge der Studenten, die sie ergreifen wollten. Das Studium
wurde zum Abenteuer, bei dem man hohe Würden erlangen oder zu der
neuen Schicht des akademischen Proletariats absteigen konnte.

Sicherlich wäre es verfehlt, das Wachsen der Studentenzahlen wie ein
Marktgeschehen nur aus Angebot und Nachfrage erklären zu wollen. Hier
spielte die persönliche Ausstrahlung von Lehrern eine große Rolle, die ihre
Wissenschaft den Hörern interessant erscheinen ließen. Zu Anselm von Laon

(gest. 1117), in eine Kleinstadt mit vielleicht 3000 Einwohnern, strömten – nach Schätzung Southerns[25] – etliche hundert Studenten, «eine fluktuierende Bevölkerung, die nur durch die Gegenwart des Magisters Anselm zusammengehalten wurde». Er machte es seinen Schülern gewiß nicht leicht, lehrte er doch als erster oder einer der ersten nach der Quaestionen-Methode. Wozu begeisterte Studenten fähig waren, sollte nach seinem Ausscheiden aus Saint-Denis Abaelard erfahren. Als man ihn ziehen ließ, geschah das unter der Bedingung, daß er in keine andere Kommunität eintreten, sondern in der Einöde leben sollte. Er berichtet: «Als die Schüler das hörten, liefen sie von überall her zusammen; sie verließen Städte und Burgen, wollten in der Einöde wohnen und anstelle der geräumigen Häuser [die sie bewohnten] kleine Zelte errichten..., von Kräutern und Brot leben..., Stroh und Streu kaufen.»[26]

Wenn man angab, welche Studien man betrieben hatte, wurde oft der Lehrer, nicht aber der Studienort genannt; man war «ein Meluner» (Melidunensis), wenn man – in Paris! – Schüler Roberts von Melun gewesen war. Die Schüler Gilberts von Poitiers wurden «Porretani» genannt, jene Adams von Petit-Pont in Paris «Parvipontani», usw.[27] Das persönliche Element ersetzte die mangelnde Institutionalisierung. Es begünstigte die Konventikelbildung, aber noch scheint es keine Prügeleien zwischen den Anhängern verschiedener «Sekten» gegeben zu haben.

Eine Stimmung des Aufbruchs zu fernen Ufern der Wissenschaft begleitete den Neuansatz der Dialektik noch mehr als jenen der spekulativen Theologie. Alanus von Lille hielt eine «Predigt über die Kleriker, die nicht an die Theologie herangehen»: Sie laufen den nichtigen und vorübergehenden philosophischen Studien nach und überlassen die Theologie «frivolen Untersuchungen». Zugleich wendet sich Alanus gegen alle, die «irdische Geschäfte» treiben und deshalb Apostaten sind[28] – was wohl notwendige Erwerbsquellen mancher Studenten betraf. Was dem einen als frivol galt, mochte den anderen begeistern, weil ihn solche Einsichten über die Menge der durchschnittlichen Menschen hinaushoben. Thierry von Chartres zitierte Platos Kommentator Calcidius über die Einsicht (intelligentia): Sie komme Gott zu und vorerst noch wenigen Menschen. Diejenigen, fuhr Thierry fort, die Dinge in ihrer Reinheit verstehen (intelligere) können, sind inmitten der Menschen wie Götter anzusehen.[29] Welcher ernsthafte Student wollte nicht zu dieser Elite gehören? Hier ging es nicht um Karriere, denn niemand verlangte von einem Priester oder auch Bischof spekulative Theologie. Man legte Wert darauf, daß jeder, der in diesem Bereich mitsprach, von irdischen Beschäftigungen und Sorgen frei sein solle, wunschlos, in völliger Stille des Geistes.[30] Das erinnert an klösterliche Beschauung, auf einer neuen, rationalen Ebene. Von hier war es nicht mehr sehr weit zum Mönchtum vor allem der Zisterzienser: Bernhard von Clairvaux rekrutierte seine Mönche auch unter Pariser Studenten; sein Sekretär Gottfried von Auxerre war ein einstiger Schüler Abaelards.

Der tatsächliche Unterrichtsbetrieb entsprach nur selten dem Ideal. Thierry von Chartres mokierte sich über jene Lehrer, die mit Tricks ihre Hörer bei der Stange halten mußten, um nicht im Hörsaal allein zu bleiben. Es gab Magistri, die auf dem Standpunkt standen: «Wenn ich gehört werden will, kaufe ich Hörer.»[31] Nicht so Thierry, der stolz darauf war, daß er unwürdige Teilnehmer von seinem Lehrgang auszuschließen pflegte.[32] Wer bleiben durfte, mochte sich zu den besseren Menschen zählen, zu jenen, die der Vernunft und der Suche nach Wahrheit offenstehen, im Gegensatz zum «gemeinen Volk, das nach Art des Viehs nichts außer den Sinneswahrnehmungen kennt».[33] Das sagte ein Mann, der «aus einer der am meisten adeligen Familien der Normandie« stammte – ihm und so manchem anderen lag der Adelsstolz im Blut, der sich hier zu einem Stolz auf geistigen Adel wandelte. Thierrys Großvater hatte das Kloster Bec gegründet, das einzige kulturell bedeutende weit und breit, mit einer Schule, aus der Erzbischöfe und Bischöfe hervorgingen.

Ähnlicher Geisteshaltung war der bretonische Adelssohn Abaelard, der allerdings keinem Lehrer die Treue hielt, «so arrogant und von Selbstvertrauen erfüllt, daß er kaum von der Höhe seines Geistes herabstieg, um Lehrer zu hören»[34] – so schildert ihn Otto von Freising, der als Markgrafensohn und Stiefbruder König Konrads III. eine solche Haltung nicht nötig hatte. In reiferem Alter sprach Abaelard selbst von seinem einstigen Hochmut, «der in mir vor allem durch die Wissenschaft erwuchs, gemäß dem Wort des Apostels: Die Wissenschaft führt zur Aufgeblasenheit [scientia inflat, 1 Cor. 8,1]».[35] Wir haben schon von dem kämpferischen Stil des jungen Abaelard gesprochen, der auch in der Wahl seiner Vergleiche aus dem Gebiet des Kriegswesens deutlich wird.[36] Junge Leute, ihrer selbst nicht ganz sicher, suchten Bewährung dort, wo sie am leichtesten zu erbringen war: nicht an einer Sache, sondern an Personen, also dem Lehrer und den Mitschülern, die man an Scharfsinn und in der Kunst des Diskutierens übertreffen konnte. Dazu luden besonders die sprachlichen «artes» ein. In seiner Predigt gegen die «Artisten», die nicht Theologie treiben wollten, nannte Alanus zwei Typen von Studenten: Jene, «die beabsichtigen, [anderen] Geld aus der Nase zu ziehen [emungere], wie die Legisten und die Ärzte; oder eitlen Ruhm zu erwerben, wie die Grammatiker und Dialektiker».[37]

Dieser Ruhm betraf vorerst eine sehr eng begrenzte Gruppe von Mitschülern; er brachte innere Befriedigung, nicht Geld. Gelang es jedoch, im Gefolge eines Lehrers oder auch im Gegensatz zu ihm, selbst Schüler zu sammeln, wurde der Schüler zum Magister. Otto von Freising schrieb ironisch, Abaelard habe «den Magister angezogen» (magistrum induens).[38] Durch seine außergewöhnliche Begabung war er sicherlich für den Titel qualifiziert, aber andere waren es nicht: Viele, schrieb Wilhelm von Conches, usurpierten den Magistertitel ohne philosophische Kenntnisse und schämten sich zu bekennen, daß sie irgend etwas nicht wußten. «Das, was sie nicht wissen, tragen sie unvorsichtigen Studenten vor.»[39] Erst später konnte sich die kirchliche Lehrerlaubnis wenigstens teilweise durchsetzen. Schule zu halten, konnte einträglich sein; selbstkritisch vermerkte Abaelard später, seine Vorlesungen über Philosophie und Theologie in Paris habe er «aus Sucht nach Geld und Ruhm» gehalten.[40] Magister wurde man häufig auch dann genannt, wenn man nicht lehrte; so ähnlich wie es üblich war, einen schriftlich gebildeten Laien als «clericus» zu bezeichnen, «weil er das tut, was Sache eines Klerikers ist».[41] Man hat die Magistri als «Standespersonen in einem wenig definierten sozialen Rahmen» bezeichnet;[42] neben den «freien» Lehrern wurden Dom- und Stiftsscholaster so genannt, aber auch einstige Studenten einer hohen Schule.[43] Hier handelt es sich fast immer um Nennungen in Urkunden und um jene Schicht von «clerks», die zumeist im Dienst großer Herren mit schriftlichen Ausfertigungen zu tun hatten. Nicht nur ihre Professionalität, sondern auch ihr Stand, ähnlich dem heutigen des Akademikers, sollte anscheinend durch den Magistertitel betont werden. Er findet sich fast überall auch dort, wo es keine hohen Schulen gab. Im Lauf des 12. Jahrhunderts ist die Zahl der Nennungen von Magistri stark gewachsen.[44]

Ein Vorbild für das Ansehen des Titels bot der Domscholaster, im Normalfall Mitglied des Kapitels und mit der Aufsicht über das Schulrecht der Kirche in ihrem ganzen Jurisdiktionsbereich betraut.[45] In Paris und an anderen Kathedralkirchen Frankreichs war diese Würde verbunden mit jener des Kantors, die ebenfalls in hohem Ansehen stand; darum konnte der Kantorstitel den des Schulmeisters oft verdrängen. Was das Schulrecht betraf, so hat in Paris sein Inhaber, Wilhelm von Champeaux, erleben müssen, daß es der ungebärdige junge Abaelard umging und in Melun seine eigene Schule aufmachte. Verbote nützten nichts, denn die Adelsfamilie, der Melun unterstand, war mit der Sache einverstanden.[46] In Laon und sogar in Paris selbst konnte Abaelard sein Vorgehen später wiederholen, allerdings tat er es im Rahmen eines Klosters. Ähnliches geschah anderswo, etwa in Reims.[47] Abaelard kam zugute, daß am linken Seineufer die Schulaufsicht bei dem Abt des Klosters Sainte-Geneviève-sur-Mont lag.[48] Auch als ein sehr hoher Funktionär des Kapitels von Notre-Dame, der Kanzler, die Sorge für das Schulwesen der Diözese übernahm, konnte er diese Exemtion und die blühende Schule von Sainte-Geneviève nicht beseitigen.

Das Recht zur Erteilung der Lehrerlaubnis (licentia docendi) wurde unter Papst Alexander III. neu geregelt, auch um zu verhindern, daß diese Erlaubnis an Dozenten verkauft wurde. In Paris hat die Regelung nicht voll ihren Zweck erfüllt; es sollte noch lange dauern, bis aus der Pluralität von Schulen eine feste Institution, die Universität, geworden ist. Bis dahin gab es als Lehrpersonal neben Inhabern von Pfründen, etwa als Kanoniker, eine freischwebende und recht instabile Gruppe von Lehrern, die aus verschiedenen Gegenden kamen und vielfach auf das Geld ihrer Studenten angewiesen waren. Es lassen sich auch keine Versuche dieser Magistri erkennen, zu einer korporativen Verfassung im Sinne der späteren Universität zu gelangen. In ihren Predigten geißelten sie Auswüchse des bestehenden Schulwesens, ohne organisatorische Probleme zu berühren. Eine ähnliche Kritik erfuhren von Strenggesinnten die akademischen Lehrer selbst. Wenn Bernhard von Clairvaux die verschiedenen Typen von Magistri aufzählte, so schied er von jenen, die um des Wissens willen lebten, solche, «die wissen wollen, um ihre Wissenschaft zu verkaufen, nämlich um Geld oder um Ehrenstellen – das ist ein schmähliches Geschäft!» Für Bernhard galt als einzig erlaubter Zweck der Wissenschaft, daß sie der Erbauung dienen sollte, «nicht dem eitlen Ruhm, der Wißbegier oder ähnlichen Dingen».[49]

Mönche und Kanoniker hatten es nicht nötig, für Geld zu lehren, so wie dies Abaelard zeitweise tat. Er hat noch in seiner Spätzeit, in seiner _Ethik_, zwischen Leben und Lehre geschieden: «Die Lehre derjenigen, die gut vortragen, aber ein schlechtes Leben führen, ist nicht zu verdammen; wer durch Worte erzieht, nicht aber durch sein Beispiel erbaulich wirkt, ... ist nicht so sehr wegen blinder Ignoranz als wegen seiner Nachlässigkeit schuldig zu sprechen.»[50] Intellektuelles Wissen konnte man auch dann vermitteln, wenn man das freizügige Leben eines Bohemiens führte.[51]

Solche «Nachlässigkeit» war jedenfalls weniger schlimm als unwissenschaftliches Denken. Als Bernhard von Clairvaux nach dem Reimser Verfahren Gilbert von Poitiers zu einer Aussprache aufforderte, antwortete ihm dieser, Bernhard solle vorher die «artes» besser studieren.[52] Ganz ähnlich äußerte sich ein Gilbertiner über Bernhard: Wenig sei dieser in den freien Künsten ausgebildet, gar nicht in der Behandlung theologischer Fragen. Er verstehe sich nicht auf das Argumentieren, sondern auf rhetorische Überredung (ornata persuasio). In der moralisch-praktischen Theologie (moralis facultas) sei ihm jedoch das meiste zu glauben.[53] Bernhards Stärken waren sein hohes Ethos, die Bibelfestigkeit und die Redebegabung. Das zählte wenig für eine Elite spekulativer Theologen, wie sie Gilbert heranbildete.

Berechtigter Stolz auf das Geleistete wurde zum Hochmut bei weniger Begabten, die trotzdem die Rolle eines Magisters spielen wollten. «Der Magistertitel [nomen magisterii] ist etwas Prächtiges, ihn begehrt man sehr, und von ihm betört usurpieren manche einen Beruf, in dem sie kein Wissen und kein Können besitzen; daher kommt es, daß sie vor allem dem Ruhm des Beifalls nachjagen und sich mehr daran freuen, an der Spitze zu stehen, als [anderen] zu nützen...»[54] Das schrieb ein Gilbertiner unter Anspielung auf die Mönchsregel des heiligen Benedikt, die das soziale Verhalten in einer geistigen Gemeinschaft fixiert hatte.

Es gab also kritische Stimmen aus den eigenen Reihen und nicht nur die Kritik jener, die die «Schulen» im ganzen ablehnten: Für Gerhoh von Reichersberg enthielten die Worte «scholastisch» und «kirchlich» einen Gegensatz, unvereinbar schienen ihm «die Schulen in Frankreich» und «die Römische Kirche». Ursprung irriger Lehren waren ihm die «undisziplinierten Fragestellungen» in den Schulen.[55]

Gerhoh war Propst eines kleinen Chorherrenstiftes am Inn und besaß einige Verbindungen nach Rom, aber keinen großen Einfluß auf die Zeitgenossen. Wir wissen nicht, wie viele Geistliche über die Schulen so wie er dachten. Nachteiliger wirkten sich, wenn wir Wilhelm von Conches glauben dürfen, die Ansichten französischer Bischöfe aus: «Die meisten von unseren Prälaten suchen überall auf der Welt nach Schneidern und Köchen, die gepfefferte Speisen und andere Reizmittel des Gaumens geschickt [docte] herstellen, ... die nach Wissenschaft Strebenden [studentes sapientiae] aber wie Leprakranke meiden; um ihre Schlechtigkeit zu bemänteln, werfen sie ihnen das Gift des Hochmuts oder der Schmähsucht oder eines anderen Verbrechens vor.»[56]

Im französischen Hochklerus kannte man die Schwierigkeiten, die der Einordnung von Scholaren oder Magistri in eine kirchliche Organisation entgegenstanden. Vielleicht war Wilhelm auf Ablehnung gestoßen, wenn er Schüler dort unterbringen wollte. Man wird diese Ablehnung anderseits nicht generalisieren dürfen. Von den lehrenden Magistri in Paris wurden zwischen 1179 und 1215 38–46% Prälaten (darunter vier Kardinäle und 12 Bischöfe bzw. Erzbischöfe), 35–36% Dignitäre von Kollegiatkapiteln und 18–27% Kanoniker oder Mönche ohne weiteren Aufstieg. Die Statistik ist insofern nicht zuverlässig, als sie auf einem Material von nur 47 Personen beruht. Von ihnen waren 24 Theologen, 11 «Artisten», 10 Juristen und 2 Mediziner.[57] Für die Lebenszeit Wilhelms von Conches (gest. 1154) sind zahlenmäßige Angaben noch weniger gesichert.[58]

In den beiden letzten Jahrzehnten des Jahrhunderts, als die Zahl der Studierenden sehr zugenommen hatte, kamen auf einen Lehrer gewiß mehr als zwanzig Hörer. Einer davon mochte sich selbst als lehrender Magister qualifizieren, für die anderen blieben jene Chancen, die der Abschluß des theologischen Studiums gab, und der gute Name eines Mannes, der höhere Studien betrieben hatte. Bei so manchen reichte das freilich nur aus, um einen Posten in der Pfarrseelsorge zu finden. Wer dort landete, entschwindet zu allermeist den Nachforschungen des Historikers. In einem einzigen Fall ist man systematisch dem Schicksal der Schüler eines Pariser Magisters nachgegangen, weil sie als Häretiker festgenommen wurden. Das war im Jahre 1202 oder 1203 im Zusammenhang mit der Affäre des – damals schon verstorbenen – Magisters Amalrich von Bena; wir werden von ihm noch hören. Fast alle waren Landseelsorger in der näheren oder ferneren Umgebung von Paris.

Mögen viele der einstigen Studenten in Provinzialität zurückgesunken sein, es hat sich über Teile Europas doch ein – vorerst noch sehr locker geknüpftes – Netz persönlicher Beziehungen schulmäßig gebildeter Männer erstreckt, ähnlich jenem, das die weltlichen Großen miteinander verband. Die Suche nach geeigneten Lehrern erfolgte schon im späten 11. Jahrhundert über weite Distanzen, so daß man schreiben konnte: «Rasch entwickelte sich eine Art Buschtelegraph, der die Magistri signalisierte, die zu finden wert waren, und die Orte, an denen man sie finden konnte.»[59] Zu jener Zeit, da noch nicht die Isle de France zum Treffpunkt junger Intellektueller geworden war, sind Adelssöhne bereits in den Westen gewandert. Der Piemontese Anselm (von Canterbury) wurde in der Normandie, im Kloster Bec, durch Lanfranc aus Pavia unterrichtet; dieser hatte trotz seiner edlen Herkunft das Leben eines Wanderlehrers der Dialektik geführt. Beide, Lanfranc und Anselm, wurden nacheinander Erzbischöfe mit dem Titel eines Primas von England.[60]

Beide hatten eine große Anzahl von Schülern. Wahrscheinlich haben sie den Grund gelegt zu der hohen Anschauung, die man in England am Ende des 12. und im frühen 13. Jahrhundert von Gelehrten hatte: König und Bischöfe beschäftigten dort mindestens doppelt so viele Magistri, wie dies in Frankreich mit seiner viel größeren Zahl von Studierenden geschah.[61] Es ist sicher richtig, daß man nicht Theologie aktiv betrieben haben mußte, um Priester und Bischof zu werden, und gewiß waren Sprachlogik und spätantike Grammatik keine Voraussetzungen für das Abfassen von Urkunden und Briefen.[62] Vielleicht schätzte man dennoch Zucht und Präzision des Denkens, die mit dem Studium verbunden waren. Vor allem aber scheint der «prächtige Magistertitel» (splendidum magisterii nomen)[63] seinen Eindruck auf Ungelehrte nicht verfehlt zu haben. Man kann auch vermuten, daß adelige Kreise das Prestige ihrer Familie zu heben glaubten, wenn sie Söhne studieren ließen. Markgraf Leopold III. von Österreich sandte seine Söhne Konrad und Otto nach Paris; Otto wurde Bischof von Freising, Konrad Bischof von Passau und dann Erzbischof von Salzburg, «sicherlich nicht wegen seiner gelehrten Bildung»,[64] wohl aber als Mitglied einer Fürstenfamilie, die nicht provinziell sein wollte. In diesem Zusammenhang gehört es, daß es wahrscheinlich der Markgraf war, der auf Rat Ottos von Freising einen Vertreter der «modernen» Theologie Gilberts von Poitiers, den Kapellan Petrus,[65] nach Wien einlud. Von hier aus wechselte Petrus Briefe mit Theologen in Konstantinopel. Dank der Westpolitik des Kaisers Manuel I. Komnenos war eine solche Verbindung für den babenbergischen Herzog und seine byzantinische Gattin sicherlich nicht unerwünscht.

Gilbertinische Schriften und, in geringerem Ausmaß, Werke Abaelards finden sich in österreichischen und bayrischen Bibliotheken.[66] Hier haben wohl persönliche Beziehungen von Gelehrten eine Rolle gespielt. Abaelard ist auch jenseits von Bayern im deutschen Bereich gut vertreten,[67] es gab also Theologen, die das Neue in den westlichen Schulen aufmerksam verfolgten. Daß hier «Magistri» mit schriftlichen Ausfertigungen, vor allem Urkunden, befaßt waren, wurde schon erwähnt. Wahrscheinlich haben sie in Frankreich studiert; in Deutschland fehlte ja die Schule neuer Prägung. Das Ausmaß der Anziehungskraft französischer Schulen wird sich erst erkennen lassen, wenn eine statistische Erhebung vollendet ist, die in einigen Jahren auswertbar sein soll.[68]

Wahrscheinlich geht es nicht an, schon für das 12. Jahrhundert von einem «Akademikerstand» zu reden. Immerhin war ein Teil der jungen Leute jetzt intellektuell geprägt; als Zeichen dafür durften sie einen ehrenvollen Titel auch dann tragen, wenn sie nicht als Lehrer wirkten. Der Titel ersetzte oft die Eingliederung in eine geistliche Gemeinschaft als einer ihrer Funktionäre – Kantor, Bibliothekar usw. Kapellan eines Großen zu sein, bedeutete da keinen Ersatz, denn das war kein fest umschriebener Personenkreis. Ansehen und Funktionen hafteten vielfach an der Person. Den Magister umgab die Aura seiner Bildung und Intelligenz, und durch beides trug er zum Ansehen seines Dienstgebers bei. Inmitten von Macht und Autorität gab es jetzt einen Abgesandten des sublimen Reiches der Vernunft.

Zwölftes Kapitel

Frühscholastik und Häresie

Wir hatten bisher mit verschiedenen Spielarten des Ketzertums zu tun; eine fehlt noch, die von ihnen allen verschieden ist. Es handelt sich dabei um voll ausgebildete Theologen ähnlich jenen von Orléans, die jedoch mit den Methoden der neuen Wissenschaft in einzelne Bereiche christlicher Mysterien eindrangen und dabei den Unwillen von Fachkollegen erregten. Ihre Anhänger waren nicht im Kirchenvolk zu finden, ausgenommen den einen oder anderen adeligen Sympathisanten. Subtile Theorien auf den Gebieten von Eucharistie- und Trinitätslehre konnten nur wenige Fachleute beurteilen; auf sie mußten sich die Bischöfe verlassen, oder sie reichten den Fall an das Papsttum weiter. Auch Päpste entschieden auf Grund von Gutachten in einem Konsistorium oder auf einer Synode. Man scheute dabei äußerste Konsequenzen; Märtyrer ihres Glaubens wurden im 11. und 12. Jahrhundert bei solchen Verfahren keine geschaffen. Schlimmer als verbrannt zu werden, mag es für einen Gelehrten gewesen sein, wenn er abschwören, gar sein Buch mit eigener Hand ins Feuer werfen mußte.

Im 10. Jahrhundert mochte noch das Wort eines Bischofs genügen, um vorlaute Frager zum Schweigen zu bringen. Otloh von St. Emmeram berichtet – freilich aus größerem zeitlichen Abstand – in seiner Lebensbeschreibung des heiligen Wolfgang,[1] daß Kaiser Otto II. dem Bischof aufgetragen habe, einem «Häretiker» zu antworten, der den Satz «Das Wort ist Fleisch geworden» so kommentierte: «Wenn es sich um das Wort [im Sinne des Johannesprologs] handelt, so ist es nicht geworden; wenn es geworden ist, dann handelt es sich nicht um das Wort.» Worauf der gelehrte Bischof den Mann um den – aristotelischen – Unterschied von Substanz und Accidens examinierte und das Problem löste: Gottes Menschentum sei ein Accidens, das die göttliche Substanz nicht berühre. Nicht jedem späteren Theologen hätte diese Antwort gefallen, aber der vorlaute «Teufelssohn» (filius Belial) hat sich mit ihr begnügt.

In Paris am Ende des 12. Jahrhunderts ging es anders zu. «Entgegen den geheiligten Vorschriften disputiert man über die unbegreifliche Gottheit; über die Menschwerdung des Wortes streitet mit viel Worten und ohne Ehrfurcht [menschliches] Fleisch und Blut. Die unteilbare Dreifaltigkeit zerteilt man und zeigt ihre Verschiedenheiten auf. Schon gibt es ebenso viele Irrtümer wie Doktoren, ebenso viele anstößige Lehren wie Hörerkreise [auditoria], ebenso viele Blasphemien wie öffentliche Plätze.»[2] Die Klage stammt von dem Abt von Sainte-Geneviève-sur-Mont in Paris, dem Ort einer Theologenschule. Er war mit seinen Sorgen nicht allein.

Wolfgang hatte, nach Otlohs Bericht, dem «Häretiker» Schweigen auferlegt; im Jahre 1177 wurden auf päpstlichen Befehl die Schulmeister von Paris und Reims «und der umliegenden Städte» unter Androhung des Bannes aufgefordert, über eine christologische These Schweigen zu gebieten.[3] Das Papsttum agierte nicht in diesem Bereich, es reagierte auf Anzeigen, die durch Theologen des betreffenden Landes an die Kurie herangetragen wurden. Für diese war es schwierig, klar zu sehen, ob es sich nicht um persönliche Animositäten unter Kollegen oder auch um Politisches handelte, das mit Theologischem verbunden wurde. Letzteres konnte so weit gehen, daß ein kriegerisches Unternehmen König Heinrichs I. von Frankreich gegen den Grafen von Anjou in der Form eines Ketzerkreuzzuges stattfinden sollte, weil dessen «Hoftheologe» Berengar von Tours über die Eucharistie Thesen verbreitet hatte, die durch den Papst in Vercelli 1050 (als Lehre des «Johannes Scotus») verurteilt worden waren. Die Fehde unterblieb, es kam zu einem Friedensschluß (1052), und von den auf einer Pariser Synode beschlossenen Sanktionen gegen die Anhänger Berengars – Bekehrung oder Todesstrafe – hörte man nichts mehr.[4] Noch ein Vierteljahrhundert später fürchtete Berengar, bei hartnäckiger Verteidigung seiner Lehre vor dem Papst dem Anathem «und als sozusagen notwendige Konsequenz» der Volksjustiz zu verfallen.[5] Praktische Fälle dieser Art gab es damals nicht, derartiges hätte auch den päpstlichen Intentionen widersprochen.

Wer gegen Vertreter der neuen Wissenschaft vorgehen wollte, konnte sich auf das Mißtrauen derer stützen, denen das neue freie Schulwesen nicht behagte und ebensowenig die Tatsache, daß es sich auf Lehren heidnischer Philosophen berief. Tertullian hatte gesagt: «Die Philosophen sind die Patriarchen der Häretiker», und in diesem Sinne zählte Honorius Augustodunensis 75 Häresien auf, deren Vorväter «die Philosophen» gewesen seien.[6] Schon der Gedanke, über Glaubensdinge Forschung treiben zu wollen, konnte den Verdacht der Häresie nahelegen.[7] Dazu kamen manchmal elitäre Züge bei den Magistri und ihren Anhängern. Wir haben schon gehört, daß Thierry von Chartres darauf stolz war, daß er das «gemeine Volk» (profanum vulgus, nach Horaz) von seinem Lehrgang ausschloß,[8] und wir haben gehört, daß Lehrer und Schüler manchmal verschworene Gemeinschaften bildeten, die «sectae» hießen. Das Wort konnte ebenso eine Gefolgschaft wie eine Glaubensgemeinschaft bedeuten.[9] Es lag nahe, bei solchen Gruppen Geheimlehren verdächtiger Art zu vermuten. Schon der Schule Berengars von Tours schrieb man «heimliche Disputationen» zu;[10] Abaelard wehrte sich heftig gegen den Vorwurf, er habe der Öffentlichkeit Lehren verborgen.[11] Über Gilbert von Poitiers berichtete Gaufred von Auxerre, Gilbert habe im geheimen seine Schüler Neues gelehrt, «und unter ihresgleichen verheimlichte man die neuen Dogmen; aber einmal kamen diese doch ans Tageslicht».[12]

In diesem Fall scheint der Vorwurf nicht völlig unberechtigt gewesen zu sein. Hugo von Honau schrieb unter Berufung auf Gregor von Nazianz, man

solle vor übelwollenden Zuhörern nicht «unsere Geheimnisse» ausbreiten, da
die Aussagen durch jene verdreht würden. Gutwilligen solle man die göttlichen Mysterien offenlegen, meinte Hugo, den übrigen nur in der Form von
Gleichnissen vermitteln: Auch die «doctores», also die Kirchenväter, hätten
die Wahrheit nicht prostituiert, sondern durch Gleichnisse den Unverständi-
gen so vorgetragen, daß diese sie verstanden und doch nicht verstanden.[13]
Hier mag Hugo die Meinung seines Meisters Gilbert nachgesprochen haben.
Vielleicht gehörten zu jenen, die Gilberts Thesen «verstanden und doch nicht
verstanden», zwei angesehene Persönlichkeiten: Magister Adam von Petit-
Pont, Kollege Gilberts und Kanoniker in Paris, sowie der Kanzler des Königs,
Hugo von Champfleury. In dem Konsistorium Eugens III. in Paris 1147 erklärten sie an Eides Statt, sie hätten einiges von dem, was man Gilbert als
häretisch vorwarf, aus seinem eigenen Munde gehört.[14]

Auf dem Gebiet der spekulativen Theologie wollten Gilbert und seine Schüler eine neue rationale und subtile Fachsprache schaffen, deren Aussagen zum
Stein des Anstoßes für «gewöhnliche» Theologen werden mußten. Hier stand
seine «kleine Schule», wie man sie bezeichnet, einer Übermacht unter der
Führung Bernhards von Clairvaux gegenüber. Die Auseinandersetzung
konnte in der Öffentlichkeit ein Bild ergeben, wie es dann Gutolf von Heiligenkreuz in seiner Lebensbeschreibung Bernhards zeichnete: Abaelard und
Gilbert von Poitiers seien Ungeheuer gewesen, die der Heilige erfolgreich
bekämpft habe.[15] Hier ging es nicht mehr um Thesen, sondern um die
Schwarz-Weiß-Zeichnung der Hagiographie. Damals, im späteren 13. Jahrhundert, waren die stürmischen Zeiten der Frühscholastik und ihrer Abwehr
lange vorbei.

Bernhard erzielte bei dieser Abwehr Erfolge durch das Gewicht und die
Popularität seiner Persönlichkeit. Dazu kamen historische Argumente, angebliche Parallelfälle in den frühen Jahrhunderten der Kirchengeschichte. Sie
schienen eine nähere Befassung mit den neuen Häresien zu ersparen. Ähnliches war bei ungelehrten Ketzern geschehen, als man Bogomilen und Katharer
mit den Manichäern gleichsetzte. Als erste Annäherung an neue Phänomene
mochte das genügen, ihrem Begreifen versperrte es freilich den Weg. Im Jahre
1121 wurde Abaelard in Gegenwart des päpstlichen Legaten auf einer Synode
von Soissons als «Sabellianus haereticus» verurteilt,[16] also als Anhänger des
Sabellius aus dem 3. Jahrhundert, der an eine einzige Person Gottes in drei
Erscheinungsformen – Schöpfer, Erlöser, Heiliger Geist – geglaubt hatte.
Abaelard gebrauchte dagegen für die Einheit in drei Personen Vergleiche, die
der Dialektik (Syllogistik) entstammten – «er benützte keine guten Beispiele»,
sagt dazu, wohl mit Recht, Otto von Freising. Mit diesen Dingen hatte Sabellius nur entfernt etwas zu tun. Umgekehrt wehrte sich Gilbert von Poitiers
gegen eine Verurteilung seiner Anschauung, Gott und Göttlichkeit (oder Gottheit, divinitas) seien verschiedene Dinge, indem er die Annahme einer Identität als Sabellianismus bezeichnete.[17]

Das mochte noch angehen, weil es dem Zweck der Verständigung unter Fachleuten genügte. Schlimmer ist es um ein Schreiben Papst Innocenz' II. an die Bischöfe Frankreichs und Bernhard von Clairvaux bestellt,[18] das christologische, von Konzilien verdammte Irrlehrer aufzählt: Arius, Mani, Nestorius, Eutyches und Dioskur. (Von Eutyches ist vor allem bekannt, daß er die Nestorianer bekämpfte.) «Es schmerzt uns, daß... die Häresien der Vorgenannten und andere perverse Lehren... in der verderblichen Doktrin des Petrus Abaelardus zu wuchern begonnen haben.» Walter von Saint-Victor hat das päpstliche Schreiben in einer weiter simplifizierenden Kurzform zitiert. Wenn man sich schon in Rom so wenig Mühe nahm, warum sollte man es dann anderswo tun?

Man führte den Kampf gegen die Neuerer auf dem Gebiet der spekulativen Theologie auf verschiedenen Ebenen, vor allem aber auf der literarischen. Dabei ging es um Argumente der Grammatik und Dialektik, und hier waren konservative Gelehrte ihren häresieverdächtigen Gegnern nur selten gewachsen. Das gilt auch für Bernhard von Clairvaux. Eigentlich hat nur Berengar von Tours einen ihm ebenbürtigen Gegner gefunden, nämlich Lanfranc von Bec. Für die Streitschriften sei ein Beispiel genannt, der Traktat *Gegen die vier Labyrinthe Frankreichs* Walters von Saint-Victor. Wir haben seinen Namen schon wegen seiner Travestie logischer Schlüsse genannt.[19]

Die Chorherren von Saint-Victor in Paris hatten in ihrer Schule und in ihren Schriften einen Mittelweg zwischen dem Alten und dem Neuen gesucht; erst Walter, der Schwächste an Gelehrsamkeit, wurde zum einseitigen Polemiker gegen vier bedeutende Theologen seiner Zeit, die er «Labyrinthe» nannte: Abaelard, Gilbert, Petrus Lombardus und Petrus von Poitiers. Alle seien vom Geist des Aristoteles ergriffen, mit «scholastischem Leichtsinn» glaubten sie, Probleme der Trinität und Inkarnation lösen zu können.[20] Gegen sie rief er «den heiligen Bernhard» zum Zeugen an; der Traktat ist also nach dessen Kanonisation (1174) entstanden.

Die vier Theologen sind für Walter nur Beispiele einer Richtung, die er bekämpft. Diese Menschen wollen die Mysterien erforschen, obwohl feststeht, «daß nichts dümmer ist, als etwas begreifen zu wollen, das alles Geschöpfliche übersteigt».[21] Die Mittel dazu scheinen die antiken Philosophen zu bieten, doch «werden alle Häretiker durch Philosophen und Dialektiker gezeugt».[22] Walter nennt in einem Atem «die Häretiker und Grammatiker, die in kindischer Weise streiten».[23] Leicht sei es, das richtige Schließen in den Schulen zu erlernen, «die außerhalb der Kirche stehen»; über die Wahrheit eines Satzes findet man jedoch etwas in den heiligen Schriften.[24] «Mögen endlich die neuen Doktoren, besser gesagt die neuen aus den alten hervorgegangenen Häretiker, nicht Dialektiker, aufhören, diese neuen weltlichen Sätze von sich zu geben, die bisher weder durch die Heilige Schrift gelehrt noch durch die Kirche geglaubt wurden!»[25] Sie seien gelehrte Schauspieler (doctores theatrales) und sollten statt den freien Künsten den göttlichen nachfolgen, den Aposteln und nicht den Philosophen.[26]

Von der Methode her gesehen, handelt es sich um die alte Art, Autoritäten, also in erster Linie die Bibel und die Kirchenväter, gegen die neuen, vor allem auf Vernunftgründe und Sprachlogik ausgerichteten Thesen ins Feld zu führen. Die Suche nach Argumenten dieser Art hat sich Walter von Saint-Victor leichtgemacht: Das erste Buch seines Traktats ist «nichts als fortwährendes Plagiat einer Schrift über die Menschwerdung Christi».[27] Anderes wurde anderswo geborgt, auch bei den vier Autoren, die Walter bekämpfte. Er war seit dem Tod Richards von Saint-Victor (1173) dessen Nachfolger als Prior – aber welch ein Unterschied! Richard war ein gedankenreicher Autor auf dem Gebiet der spekulativen Trinitätslehre und insofern ein geistiger Partner der dialektisch orientierten Frühscholastiker. Walter hingegen konnte aus Eigenem nichts geben; mit ihm hat Saint-Victor den Anschluß an die Epoche verloren. Polemiken vermochten das Neue weder aus der Welt zu schaffen noch zu moderieren; für letzteres bedurfte es einer neuen Spiritualität, wie sie bald in den Bettelorden entstanden ist.

Soviel zum Kapitel «Frühscholastik und Häresie» im ganzen. Weiteres sollen Fallstudien bieten; sie betreffen zum größeren Teil Gelehrte, von denen schon bisher die Rede war. Wer einen bedeutenden Namen und einen großen Schülerkreis hatte, war am ehesten zu kühnen Aussagen bereit und durch Anzeigen gefährdet. Aber es gab auch andere, weniger breit angelegte Persönlichkeiten, die es zu einer einzigen These brachten und diese lebenslang verteidigten. Diesem Typus gehörte der Älteste in dieser Reihe an, Berengar von Tours. Er berief sich auf einen Vorscholastiker, den Mönch Ratramnus von Corbie (gest. nach 868), den man damals mit Johannes Scotus verwechselte. Berengar setzte jedoch gegen seinen Widersacher Lanfranc von Bec hauptsächlich die Sprachlogik ein, da Lanfranc ein früher Dialektiker war.

Berengar wurde im ersten Jahrzehnt des 11. Jahrhunderts geboren. Er stammte aus einer sehr begüterten Familie, erhielt eine Domherrenpfründe in Tours und war Archidiakon von Angers; reichlich spendete er den Armen, und seine Feinde klagten, Berengar habe die Ärmeren unter seinen Schülern unterstützt, damit sie für ihn Propaganda trieben.[28] Berengars Lehrer war Bischof Fulbert von Chartres, eher Kirchenpolitiker als Theologe; er ist uns schon bei der Besprechung der Hintergründe des Skandals von Orléans (1022) begegnet.[29] In dieser Zeit hat Berengar einen dauernden, vielleicht sogar für seine Lehre entscheidenden Eindruck empfangen, nicht durch den Bischof selbst, sondern durch die Inschrift auf seinem Kelch: Sie enthielt die Worte «transitorium sacramentum» – nach Berengars Deutung hieß das «ein flüchtiges [vorübergehendes] Zeichen» und sei ein Augustinuszitat.[30]

Im 9. Jahrhundert hatte es den sog. «ersten Abendmahlsstreit» gegeben. Paschasius Radbertus, Mönch in Corbie, hatte (831) einen Traktat *Über Leib und Blut des Herrn* geschrieben; Ratramnus von Corbie verfaßte eine gleichnamige Gegenschrift, die später dem Johannes Scotus (Eriugena) zugeschrieben wurde. Berengar las beide Traktate und schloß sich dem Standpunkt des Ratramnus an. Er fand so einen Anlaß, als Schulmeister von Tours seine Gelehrsamkeit gegenüber der aufstrebenden jungen Schule des Klosters Bec zu erweisen. Er forderte seinen Amtskollegen Lanfranc von Bec zu einer öffentlichen Disputation über die beiden Werke heraus und erklärte, auf dem Standpunkt des «Johannes Scotus» zu stehen.

Das war sehr unvorsichtig, denn Lehren des Johannes waren seinerzeit auf zwei Synoden verurteilt worden, und Lanfranc, aus oberitalienischem Adel stammend, trug statt zu diskutieren die Sache in Rom vor. Dort wußte oder erfuhr man, daß Berengar zu dem Kreis um den Grafen Gottfried von Anjou gehörte, der eben einen schweren Konflikt mit Papst Leo IX. hatte. Gottfried hielt einen Bischof gefangen und verfiel deshalb dem päpstlichen Bann, sein Herrschaftsbereich dem Interdikt.[31] Da war es für Lanfranc nicht schwer, eine neuerliche päpstliche Sentenz gegen das Werk des Johannes Scotus zu erwirken, und damit auch gegen die Anschauungen Berengars (Rom und Vercelli 1050). Daß zugleich König Heinrich I. von Frankreich eine Art Ketzerkreuzzug vorbereitete, wurde schon erwähnt. Dabei wurde Berengar vom König sogar vorübergehend in Haft genommen.

Das weitere Leben Berengars war gezeichnet von Bemühungen um die Rechtfertigung seiner Lehre, Vorladungen zu Synoden, formalen Unterwerfungen und der Suche nach immer neuen Argumenten für seine These. Es gab eine Synode in Poitiers 1075 «über Körper und Blut des Herrn», gehalten durch den päpstlichen Legaten Gerald von Ostia, auf der Berengar beinahe getötet worden wäre; nähere Nachrichten darüber fehlen.[32] Damals war Lanfranc schon Erzbischof von Canterbury, aber «Berengars Häresie» beschäftigte die Kurie bis 1079, als Berengar auf der römischen Fastensynode auf der Erde liegend bekannte, daß er bis dahin geirrt habe. Er erhielt die erbetene Verzeihung gegen das neuerliche Gelöbnis des Schweigens über die strittige Lehre[33] und hat dieses Schweigen auch eingehalten. Erzbischof Lanfranc schrieb ihm damals: «Mit gebeugtem Körper, aber nicht gedemütigten Herzens hast du ein Feuer entzündet und die Bücher mit den perversen Lehren inmitten des heiligen Konzils hineingeworfen mit dem Schwur, ... den von den anwesenden Konzilsvätern übermittelten Glauben unverletzlich zu bewahren.»[34] Lanfranc kannte seinen Gegner gut genug, um zu wissen, daß dieser innerlich an seiner These festhielt. Übrigens hat Gregor VII. die Sache so wichtig genommen, daß er diese Glaubensfrage an die erste Stelle der Tagesordnung auf der Fastensynode von 1079 setzte; erst als zweiter Punkt wurde darüber verhandelt, gegen Heinrich IV. und seine Anhänger «das apostolische Schwert aus der Scheide zu ziehen». Berengar starb in hohem Alter 1088, Lanfranc hat ihn ein Jahr überlebt.

Berengar fand eine Stütze in dem Grafen Gottfried Martell von Anjou, der jedoch 1060 starb, und in Bruno Eusebius von Angers, dem Diözesanbischof der Grafschaft Anjou. Archidiakon von Angers war, wie wir sagten, Berengar,

doch suchte ihn nach 1060 der neue Graf von Anjou aus dem Amt zu verdrängen. Es brauchte immerhin einige Jahre, bis das gelang. Anhänger Berengars
hat es nicht im «Volk», wohl aber im Klerus gegeben. Zur Synode von Vercelli
erschien er nicht selbst, «sondern kamen einige seiner Gönner [fautores], die
sagten, sie seien seine Legaten und wollten ihn verteidigen» – was ihnen
allerdings mißlang.[35] In seinem Bericht über die römische Synode von 1078
zählte Berengar hohe Geistliche auf, «die mit ihm fühlten»; darunter waren
vier Kardinäle, der Erzbischof von Mailand und «der [päpstliche] Kanzler
Petrus».[36] Wir werden noch hören, daß es Berengar in solchen Dingen mit der
Wahrheit nicht immer genau nahm. Anderseits gab es auf der Fastensynode
von 1079 nach deren Protokoll «einige», die nicht der Meinung der Mehrheit
(multi, maxima pars) über die Eucharistielehre waren, sondern «mit allzu
großer und lang dauernder Blindheit geschlagen» Berengars These verteidigten.[37]

Worauf es für Berengar ankam, das war eine Äußerung des jeweiligen
Papstes zu seinen Gunsten. Hier hat er auch vor unsauberen Mitteln nicht
zurückgeschreckt. An Kardinal Stephan, den er von dessen Legation in Frankreich her kannte, schrieb Berengar, er benötige einen päpstlichen Schutzbrief
gegen die Verfolgungen durch den Grafen von Anjou; der Kardinal solle sich
darum bemühen und dabei durch keine Ausgaben schrecken lassen: «Ich
werde euch eure Ausgaben ersetzen, wie hoch sie immer sein mögen, und das
– wenn ihr wollt – in vierfacher Höhe.»[38] Hier ging es um den Archidiakonat,
eine Einnahmequelle, die Berengar vergebens zu retten versuchte. Er hat sich
jedoch päpstliche Schutzbriefe durch Fälschung zu verschaffen gesucht; es
handelt sich um vier «litterae» Papst Alexanders II. aus der gleichen Zeit
(etwa 1062–1064).[39] Unter Gregor VII. hat Berengar diese Tätigkeit fortgesetzt,[40] aber schon vorher den Anschein erweckt, daß Hildebrand ihm besonders gewogen sei. Ein Schreiben an Hildebrand unter dem Namen des Anjou-
Grafen Gottfried Martell behauptet, Hildebrand habe erkannt, daß der Häresieverdacht gegen Berengar unrichtig sei, aus Furcht jedoch darüber geschwiegen.[41] Zu den Verhandlungen von 1079 erzählte Berengar, Gregor VII. habe
ihm vor einem Kardinal die Richtigkeit seiner Anschauung bestätigt und dies
mit einer positiven Äußerung der heiligen Maria begründet, die er durch
einen seiner Familiaren eingeholt habe.[42]

Eine Beeinflussung der öffentlichen Meinung durch solche Mittel war da-
mals kaum möglich; sie ist erst im Zeitalter des Buchdrucks gelungen, als die
Gelehrten bis in unsere Zeit hinein Gregor VII. für einen Sympathisanten
Berengars ansahen. Dieser hat durch die Fälschungen vielleicht Anhänger
getröstet, von deren Enttäuschung über Hildebrand der Brief des Grafen Gott-
fried spricht.[43] Zur Irreführung der Gelehrten hat auch beigetragen, daß die
Brixener Synode Heinrichs IV. (1080) den Papst als «einstigen Schüler des
Häretikers Berengar» beschimpfte[44] – ein Phantasieprodukt kirchenpolitischer
Publizistik. Merkwürdig ist, daß man in diesen Kreisen erzählte, Gregor habe

durch zwei Kardinäle ein Zeichen Gottes erbeten, wer im Abendmahlsstreit im Recht sei, aber kein solches Zeichen erhalten.[45] Wenn dieses Gerücht am päpstlichen Hof verbreitet war, mag sich Berengar seiner bedient haben, um es im Sinne seiner Sache zu verwenden.

Wie groß die Zahl der Anhänger Berengars war, läßt sich nicht feststellen. Als Schulmeister in Tours hatte er jedenfalls Gelegenheit, Studenten heranzuziehen, und unter den französischen Theologen von Stand sympathisierte wohl nicht nur Bischof Bruno von Angers mit seiner Lehre. Sie betraf ein Spezialgebiet und hat keinen Anlaß zu einer wirklichen Sektenbildung gegeben; es war eine polemische, objektiv nicht haltbare Behauptung Lanfrancs, die Berengarianer hätten sich als die eigentliche Kirche und alle Andersdenkende als unchristlich angesehen.[46] Als man Berengar in Rom Schweigen gebot, machte man eine Ausnahme für die Rückführung seiner Anhänger. Er selbst bezeugte, sich an den Befehl gehalten zu haben; seine Gegner jedoch sagten, er habe «seine Häresie auch nach so vielen Verdammungen auf Synoden und nachdem er sie so oft abgeschworen hatte, weiterhin allüberall heimlich verbreitet».[47] Das ist mit Vorsicht aufzunehmen, denn an gleicher Stelle behauptet der Verfasser, Berengar habe das Papsttum als Sitz des Satans beschimpft «sowohl in seinen Reden wie in seinen Schriften», die Kirche sei eine Kirche der Übeltäter. Wäre dies seine Überzeugung gewesen, hätte er sich kaum um eine offizielle Anerkennung seiner These bemüht.

Ebenso vorsichtig wird man Anschuldigungen bewerten, wonach Berengar und Bruno von Angers Kindertaufe und «legitime» (kirchliche) Eheschließung abgelehnt hätten. Man hat gemeint,[48] dies sei wegen der materiellen Grundlage von beidem und in Parallele zu seiner Anschauung über die Eucharistie geschehen. Doch hat Berengar stets seine Distanz zum Doketismus betont: Der eucharistische Christus ist «der richtige Leib des Herrn, kein Scheinbild [phantasticum] wie die Manichäer [meinen], sondern wahr und menschlich».[49] Materielle Grundlagen der sakramentalen Ehe gibt es nicht. Die Anschuldigungen finden sich in dem Schreiben des Reichsbischofs Theodoin von Lüttich an König Heinrich I. von Frankreich (um 1050), von dem schon die Rede war.[50]

Daß die Ehe eine Sache der Ehepartner und ihrer Familie, die Taufe nur sinnvoll bei bewußtem Willen des Täuflings zu ihr sei, waren populäre Anschauungen, die auch bei Ketzern wiederkehrten. Sie sind aber nirgends in Berengars Schriften oder in kirchlichen Anklagen gegen ihn zu treffen. Der Bischof von Lüttich hat hier Bruno von Angers und Berengar mit anderen zusammengesehen, vielleicht jenen Häretikern, gegen die 1049 in Reims eine Synode gehalten wurde.

Berengars Hauptwerk antwortete dem Traktat Lanfrancs *Über Leib und Blut des Herrn*. Vor 1070 entstanden, wurde die Schrift anscheinend nicht weitergegeben, wohl wegen des damals schon bestehenden Schweigegebotes.[51] Die einzige Handschrift in Wolfenbüttel hat der dortige Bibliothekar Gotthold

Ephraim Lessing bekanntgemacht. Berengar war freilich kein Aufklärer und Rationalist im modernen Sinne des Wortes.[52] Er unterbaute eine ältere Theorie mit Sätzen eines Kirchenvaters, interpretierte jedoch die Zitate mit dialektischen Mitteln auf diese Theorie hin.

Wie schon gesagt, pflegte man das Wort «Mysterium» im Lateinischen mit «sacramentum» zu übersetzen, das Augustinus einem «heiligen Zeichen» (sacrum signum) gleichsetzte. Das war keine Definition und sollte im Kontext der Sätze verstanden werden. Berengar sammelte diese Stellen eifrig und hat auch leise Veränderungen an manchen angebracht.[53] Wenn es sich bei der Eucharistie um ein Zeichen handelte, dann gab es für dialektisch orientierte Gelehrte auch ein Bezeichnendes (res sacramenti), und das war der Körper Christi. Bezieht man, fuhr der einstige «grammaticus» von Tours fort, die Worte Christi sowohl auf Brot und Wein als auch auf die Eucharistie, wird entweder das Subjekt oder das Prädikat des Satzes vernichtet und durch ein anderes ersetzt. Für den Logiker wird jedoch ein wahrer Satz unwahr durch die Unterschiebung eines neuen Subjekts oder Prädikats.[54] Und weiter: Der verklärte Leib Christi befindet sich im Himmel, der Sohn sitzt zur Rechten des Vaters. Wenn dem so ist, kann es auf Erden nur ein Zeichen dieses Leibes geben, nicht diesen selbst.[55]

Trotzdem: Augustinus hatte gesagt, das «sacramentum» des Herrnleibes sei «in gewisser Weise» dieser Leib selbst, und daran hielt Berengar fest.[56] Das «Zeichen» ist in einem höheren Sinn – für das Auge des Geistes, nicht das materielle Auge – das «Bezeichnende». So konnte Berengar zugeben, daß Brot und Wein nach der Konsekration zu Leib und Blut Christi wurden, vorausgesetzt, daß man keine materielle Umwandlung meinte. Hier ist darauf zu verweisen, daß man damals allgemein einem «Ultra-Realismus» huldigte, so daß Berengar unterschreiben mußte, Leib und Blut des Herrn würden durch den Priester «gehandhabt, gebrochen und durch die Zähne der Gläubigen zerbissen».[57] Voll Zorn berichtete Berengar, er habe in Poitiers einen Geistlichen gesprochen, der den weiteren Weg des Sakraments beschrieb.[58] Spätere Generationen haben solche Vorstellungen modifiziert.

Für Lanfranc und viele andere hatte die These vom Zeichencharakter der Eucharistie eine abwertende Bedeutung. Bernold von Konstanz schrieb, Brot und Wein würden nach dieser These «nicht wahrhaft und wesensmäßig, sondern bloß bildlich in Fleisch und Blut des Herrn umgewandelt».[59] Auch einer seiner bedeutendsten Zeitgenossen, Kardinal Humbert von Silva Candida, hat Berengar so verstanden und auf der Ostersynode 1059 schwören lassen, daß es sich keineswegs «bloß um ein Zeichen und nicht um wahren Leib und wahres Blut» Christi handle.[60]

Die Augustinuszitate bei Berengar zeigen eine andere Perspektive, jene eines christlichen Platonismus: Gott ist das wahre Sein, die einzige wirkliche Realität, alles andere ist minderer Natur; die Sinnenwelt kann immer nur einen Schatten, ein Zeichen des Göttlichen bieten. Alles Vergängliche ist bloß ein Gleichnis der einzigen und wahren Realität; von einem «vergänglichen Zeichen» (sacramentum transitorium) hatte die Inschrift auf dem Kelch des Bischofs Fulbert gesprochen, und dieses Bruchstück ist am besten zu ergänzen durch Worte, die sich in einem Brief Berengars finden: «Zwar ist das Zeichen vergänglich, doch die Kraft, die durch das Zeichen wirkt, und die Gnade, die eindringt, sind ewig.»[61] Augustinus dachte nicht daran, das Mysterium als bloßes Zeichen zu definieren, sondern wählte für das Undefinierbare Umschreibungen, wie es andere Kirchenväter taten und schon Paulus getan hatte. Definitionen suchten erst Dialektiker; wir haben schon erwähnt, daß Manegold von Lautenbach kopfschüttelnd 23 «Definitionen» der Seele bei Plato aufzählte,[62] um Platonismus und Dialektik gegeneinander auszuspielen.

Im Kontext von Aussagen der Väterzeit wird auch klar, warum Berengar annahm, das Zeichen des Herrnleibes sei «in gewisser Weise» dieser Leib selbst. Ein moderner Autor wird hier versucht sein, von einem «metaphorischen Gebrauch» des Wortes zu sprechen.[63] Dem 11. Jahrhundert war jedoch die Anschauung durchaus geläufig, daß ein Wort oder eine Sache eine höhere Bedeutung haben konnte, und diese Bedeutung ebenso «real» wie die Grundbedeutung, ja noch «realer» als sie war. Das sind «präkategoriale» Züge des allegorischen Denkens.[64] Das «Auge des Geistes» sah die Realität, das materielle Auge nur Brot und Wein.

Berengars Gegner haben einen anderen Begriff der Realität zu Hilfe gerufen, der zwar philosophisch, aber areligiös war: Aristoteles ging nicht von der Gottheit aus, sondern von den Erscheinungen dieser Welt. Er fand hier jeweils das Wesentliche, den Kern einer Sache, und eine Anzahl von begleitenden Eigenschaften oder Seinsweisen. Man kannte diese Grundbegriffe von Substanz und Akzidentien aus Boethius. Nun schien der Begriff der Substanz – nüchtern, wirklichkeitsbezogen – geeignet, als Gegenpol zu den «Zeichen» der Berengarianer zu dienen. Auf der Fastensynode 1079 mußte Berengar schwören, der Leib des Herrn sei «substantialiter» auf dem Altar gegenwärtig, «nicht bloß durch das Zeichen [signum] und die Kraft des Sakraments, sondern in der eigentlichen Natur und wahren Substanz».[65]

Früher war der Substanzbegriff eher selten und beiläufig gebraucht worden. Von nun an bekam er immer mehr von der Bedeutung zurück, die er bei Aristoteles hatte; es war ein «christlicher Aristotelismus», der den «christlichen Platonismus» ablöste. Die Rezeption einer durchaus weltlich ausgerichteten Philosophie schuf klare Begriffe, die freilich im religiösen Bereich stark modifiziert werden mußten. Eine Verwandlung der Substanz bei gleichbleibenden Akzidentien kannte Aristoteles nicht. In den Worten «substantialiter converti» von 1079 und in der Lehre von der Transsubstantiation des vierten Laterankonzils (1215)[66] wurde deutlich, daß das Mysterium seinen Platz behielt und nicht rational aufgelöst werden konnte.

Man kann Berengar als Vorläufer der bedeutenden Dialektiker des 12. Jahrhunderts ansehen. Zwar bemühte er sich um die Anführung von Autoritäten früherer Epochen, doch verließ er sich dabei fast ausschließlich auf Augustinus, dessen Fülle von Gedanken auf eine einzige Aussage zugespitzt wird. Augustinus kannte noch andere Auflösungen des Begriffes «sacramentum», die Berengar vernachlässigte; auch dieser selbst wußte von solchen Möglichkeiten. Die Schwäche seiner Argumentation wird deutlich, wenn er Eph. 5,32 zitiert (sacramentum hoc magnum est) und darauf hinweist, daß «in dem Wort ‹sacramentum› das Mysterium der Allegorie entgegengenommen wird».[67] Die Stelle bei Paulus handelt von der Deutung der (geistigen) Beziehung von Mann und Frau als Symbol jener von Christus und der Kirche.

Ein zweiter methodischer Fehler lag in dem Versuch, aus den Worten Christi einen Beweis für die Richtigkeit von Berengars Anschauung über die Eucharistie abzuleiten. Eine Änderung von Subjekt oder Prädikat betrifft Grammatik und (philosophische) Logik der Aussage, nicht unbedingt aber eine (theologische) Realität, ein Seiendes. Der Sprung von der Semantik der Sprachlogik in die Ontologie blieb auch anderswo unbemerkt, etwa im Universalienstreit oder bei Gottesbeweisen. Man meinte damals noch, daß die Sprache ein vollständiges und korrektes Ebenbild der Dinge sei. Später hat vor allem Abaelard ihre Unzulänglichkeit erkannt und die Kluft gesehen, die sich zwischen mentalen und realen Gegebenheiten auftut.[68]

Lanfranc hatte seinem Gegner Berengar vorgeworfen, daß dieser die kirchlichen Autoritäten beiseite ließ und «bei der Dialektik Zuflucht» suchte. Berengar antwortete, das reue ihn nicht, denn er sehe, daß die Weisheit und Kraft Gottes keineswegs der Dialektik widerspreche.[69] Nur widerwillig ist ihm Lanfranc auf dieses Gebiet gefolgt, um ihn zu widerlegen. Es war die erste große Auseinandersetzung mit den Mitteln der Schulwissenschaft, sie hat die Epoche der Frühscholastik eingeleitet. Nochmals müssen wir darauf verweisen, daß neben dem Neuen das Alte fortbestand, und keineswegs die Vernunft anstelle der Autoritäten das Feld beherrschte. Das zeigt sich auch an dem weiteren Weg der Abendmahlslehre.

In der zweiten Generation nach Berengar hat der (um 1070 geborene) Rupert von Deutz wiederum an Augustinus angeknüpft. Bei ihm las er, die Eucharistie bestehe aus zweierlei, so wie es zwei Naturen in Christus gibt. Aus diesem Gleichnis machte Rupert eine reale Aussage: Wie es Christi Menschwerdung (incarnatio) gibt, so gibt es seine Brotwerdung (inpanatio). Ruperts Gegner Alger von Lüttich nannte das «eine Häresie, neu und absurd».[70] Im Jahre 1116 kam es zu einer Untersuchung gegen Rupert; mit knapper Not entging er einer Verurteilung.[71]

Zwischen der Generation Berengars und jener Ruperts steht der Dialektiker Roscelin, Kanoniker in Compiègne (geb. um 1050), der einer der Lehrer Abaelards wurde; von ihm sind – bis auf einen groben Brief an seinen einstigen Schüler – keine Schriften überliefert. Einige seiner Lehren wurden durch Zeitgenossen bekannt. Im Jahre 1092 zwang man ihn in Soissons, seine Anschauungen über die Trinität zu widerrufen; diese stand jetzt und auch im folgenden Jahrhundert an erster Stelle in der spekulativen Arbeit der Theologen. Zunächst läßt sich an Roscelins These kein Zusammenhang mit der Dialektik erkennen. Er behauptete, Vater, Sohn und Heiliger Geist seien drei verschiedene Substanzen mit gleichem Wollen, Wissen und Können; man könne sie mit drei menschlichen Seelen vergleichen. Ein gelehrter Kollege wies darauf hin, daß es sich um ein Übersetzungsproblem handle: Während die abendländischen Theologen Gott eine einzige Substanz und drei Personen zusprechen, redeten die Griechen von drei Hypostasen, was mit «substantiae» übersetzt wurde, und einer einzigen Wesenheit (essentia). Roscelin solle also nicht von drei Substanzen, sondern drei Hypostasen sprechen.[72]

Das tat er nicht und mußte sich wenig später für seine These verantworten. Als Grund für diese Hartnäckigkeit vermutet man die Position, die Roscelin gegenüber dem schon erwähnten Universalienproblem bezogen hatte. Wie wir sagten, ging es dabei um das Wesen der Allgemeinbegriffe, und das war deshalb schwierig, weil man damals den Begriff im modernen Wortsinn noch nicht kannte. Im Platonismus stellte man sich die «allgemeinen Wesenheiten» als höhere Realitäten vor, Ideen im Geist des Weltenbaumeisters. Dem «extremen Realismus» trat Roscelin entgegen, vielleicht als «Nominalist», jedenfalls als ein Neuerer. Anselm von Canterbury behauptete, Häretiker setzten die universellen Wesenheiten, also die Ideen, mit einer Lautfolge der menschlichen Stimme gleich.[73] Das war auf Roscelin gemünzt und sagte aus, daß dieser platonische Anschauungen verwarf, nicht unbedingt aber, daß er die Möglichkeit vernünftigen Erkennens leugnete. Denn die Laute des gesprochenen Wortes haben eine Bedeutung, die vielleicht auch die Existenz von Allgemeinbegriffen einschließt; diese existieren dann im menschlichen Denken. Vielleicht meinte Roscelin, die «allgemeine Wesenheit» des dreieinigen Gottes zugunsten von drei auf das engste miteinander verbundenen einzelnen Wesenheiten auflösen zu müssen. Wenn man die These vergröberte, gab es drei Götter anstelle des einen, trinitarischen Gottes.

Dieses «Tritheismus» wurde – zu Unrecht – auch Abaelard beschuldigt. Das geschah auf einer kirchlichen Versammlung in Soissons 1121 und im Beisein des päpstlichen Legaten. Otto von Freising erzählt, man habe Abaelard nicht die Möglichkeit zur Stellungnahme gegen die Anklage gegeben, weil man seine Gewandtheit im Diskutieren fürchtete. Man zwang ihn, eines seiner Bücher, die Erstfassung seiner *Theologia Summi Boni*, mit eigener Hand ins Feuer zu werfen.[74] Damit war ein Exempel für allzu moderne Theologen und für sonstige Freigeister statuiert, von denen einer gerade in Soissons um 1114 Aufsehen erregt hatte: Von dem Grafen Johann von Soissons hieß es damals, daß er «die Häretiker liebte» und sich gegen den Glauben geäußert habe.[75]

Abaelard hat nicht so wie Berengar durch Jahrzehnte eine einzige These verteidigt; er war eine umfassende Persönlichkeit und ging, wie es die Forschung verlangte, immer wieder bis an die Grenzen ihrer Möglichkeiten. Darum ist er auch aus verschiedenen Anlässen mit Konservativen in Konflikt geraten, die der Meinung waren, er habe diese Grenzen überschritten. Es gab dazu ganze Listen, wie etwa ein Verzeichnis von 14 anstößigen Punkten, von dem sein jüngster Editor sagte: «In einer Zeit, die geneigt war, durchaus diskutable theologische Meinungsverschiedenheiten als Häresien zu verwerfen, haben die in den ‹capitula heresum› zusammengefaßten Lehransichten wohl manchen Ohren wie ‹profane Neuigkeiten› geklungen, aber später keine Verwunderung mehr erregt.»[76] Ein anderer Fachmann stellte die rhetorische Frage, ob Bernhard von Clairvaux in den Fällen Abaelards und Gilberts von Poitiers nicht mit Häresien verwechselt habe, was «nichts als kühne Forschung» war, «mit allem was diese an Neuerungen und Risiken von Irrtümern ergeben kann, ohne jedoch den Glauben in Gefahr zu bringen».[77]

In Soissons war es noch nicht Bernhard, der gegen Abaelard opponierte; zwei Kollegen aus Reims zeigten ihn beim dortigen Erzbischof an. Abaelard behauptete später, die beiden hätten so sehr das Volk gegen ihn und seine Schüler aufgehetzt, daß sie bei ihrem Eintreffen fast gesteinigt worden wären. Abaelard hatte sein Buch mitgebracht und wollte es dem in Soissons anwesenden päpstlichen Legaten zur Lektüre übergeben. Dieser lehnte jedoch ab und befahl, es an den Erzbischof und die Gegner Abaelards auszuliefern. «Weil aber der Legat», so schrieb Abaelard in seiner Lebensbeichte, «weniger gebildet war, als es nötig gewesen wäre, verließ er sich ganz auf den Rat des Erzbischofs, und dieser auf den Rat jener [Feinde Abaelards].»[78]

Dieser scharfzüngige Satz besagt im Grunde dasselbe wie die Aussage Ottos von Freising: Die hohe Geistlichkeit war nicht gerüstet für ein Schiedsrichteramt in scholastischen Disputationen. Berengar hatte jahrzehntelang eine einzige These verteidigt und in Lanfranc einen ebenbürtigen Opponenten gefunden; Abaelard baute ein System auf, dessen Kritik Jahre erfordert hätte, und war ein Meister im Diskutieren – was er am Rande der Synode von Soissons seinen Gegnern bewies. Sie retteten sich in Formalien: Es genüge, das (ungelesene) Buch zu verdammen, da sein Autor daraus Vorlesungen gehalten habe, ohne eine Empfehlung durch den Papst oder den zuständigen Klerus abzuwarten. Man solle hier ein Exempel statuieren, um andere von einer ähnlichen Kühnheit abzuhalten.[79]

Schulaufsicht und Zensur konnte es nur in der Theorie geben, solange das Studium keinen institutionellen Charakter hatte und die Bischöfe über keine oder nur eine geringe scholastische Ausbildung verfügten. Man war auf einlaufende Anzeigen angewiesen, deren Motiv nicht immer die Sorge um den Glauben gewesen ist. Für die Entwicklung der spekulativen Theologie war dieser Zustand noch immer förderlicher, als es eine strenge Zügelführung gewesen wäre.

Die Aufgabe, die sich hier vor allem stellte, war die Nutzbarmachung der Grammatik und Dialektik für die neue Wissenschaft; erst durch die Klärung von Begriffen wurde die Voraussetzung für rationale Erkenntnisse auf theologischem Gebiet geschaffen. Neben dieser bleibenden Leistung nimmt sich die grammatisch-logische Spekulation über die Mysterien nicht immer günstig aus. Abaelard scheint sie besonders in seiner Frühzeit betrieben zu haben.

Otto von Freising berichtet, was nicht ganz richtig ist, Abaelard sei in Soissons 1121 deswegen verurteilt worden, weil er eine Parallele zwischen den trinitarischen Personen und dem Syllogismus – Obersatz, Untersatz, Schluß – hergestellt habe.[80] Noch im letzten Viertel des Jahrhunderts erinnerte man sich in der Schule Gilberts von Poitiers an Abaelards Gedankenexperimente über die Trinität: «Ein anderer Magister, ein Mann von sehr subtiler Denkungsart, beschritt ohne Führer einen Weg ins Unbekannte; ermüdet von seinem Lauf, schlief er in der Wildnis ein... Er träumte, daß Gottvater im Gottessohn so enthalten sei, wie die Gattung [genus] in der Art [species].» Darum sei er zu ewigem Schweigen verurteilt worden.[81] Bernhard von Clairvaux nahm diesen Vergleich so ernst, daß er «mit den Mitteln der Dialektik Abaelards» dagegen polemisierte.[82]

Bernhard und sein Freund Wilhelm, früher Abt von Saint-Thierry bei Reims und dann Zisterzienser, begannen ihren Kampf gegen Abaelard, als dieser nach argen Rückschlägen wiederum in Paris lehrte und eine immer größere Anhängerschaft gewann. «Er zog eine sehr große Menge von Gefährten hinter sich her», schrieb Otto von Freising.[83] Abaelard wurde zu einer Synode in Sens vorgeladen, der auch der König von Frankreich, viele Adelige «und Unzählige aus dem Volk» beiwohnten (1140). Als man hier über seinen Glauben debattierte, «fürchtete er einen Volksaufstand und appellierte an den apostolischen Stuhl».[84] Er entging damit einer Verdammung als Häretiker durch ein Gericht, das ihm nur formale Chancen bot. Freilich genoß Bernhard bei dem Papst Innocenz II., dessen Sache er im Schisma entscheidend gefördert hatte, außerordentliches Ansehen. Ein Brieftraktat Bernhards über Abaelards Häresien ging nach Rom ab, weiters ein Schreiben an die Bischöfe Nordfrankreichs und jene Sammlung bedenklicher Sätze, die schon erwähnt wurde.[85] Die päpstliche Entscheidung konnte nicht zweifelhaft sein. Abaelards «perverse Dogmen» wurden pauschal verurteilt. Er hatte als Häretiker dauerndes Schweigen zu bewahren, seine Verteidiger und Gefolgsleute sollten der Exkommunikation verfallen.[86] Das geschah 1141. Abaelard blieb keine Zeit, diesen Schlag zu überwinden; er ist schon im Jahr darauf gestorben.

Bernhard und die Bischöfe haben Abaelard vorgeworfen, er wolle «alles, was Gott ist, mit dem menschlichen Verstand begreifen». Über sein in Soissons 1121 verbranntes Buch berichteten sie, es sei «von den Toten auferstanden und mit ihm die Häresien Vieler, die geschlafen hatten». Das Buch war anscheinend die zweite Fassung der *Theologia Summi Boni*. Daß Abaelard alte Häresien erneuerte, warf ihm auch das päpstliche Schreiben vor. Bernhard behauptete über Abaelard: «Wenn er über die Trinität spricht, schmeckt das nach Arius; redet er von der Gnade, schmeckt es nach Pelagius; was er über die Person Christi sagt, schmeckt nach Nestorius.»[87]

In seinem Brieftraktat an Papst Innocenz II. beschränkte sich Bernhard auf die Widerlegung weniger Punkte der Häresienkataloge. In erster Linie ging es um Abaelards Versuch, den trinitarischen Personen jeweils besondere Eigenschaften zuzuordnen: dem Vater die Allmacht, dem Sohn Weisheit, dem Heiligen Geist die Güte (oder Freigebigkeit, benignitas). In einem erbaulichen Traktat früherer Jahrhunderte wäre derlei kaum als anstößig empfunden worden; bei einem auf rationale Definition und logisch fundierte Unterscheidungen ausgehenden Autor mußte es verdächtig wirken. Denn Abaelard hatte seine These mit dem Gleichnis gestützt, ein Siegel aus Erz zeige in seiner Materie die Art, in dem Siegeltypar die Gattung – ebenso sei die Weisheit ein Spezialfall der Macht, diese das Allgemeine.[88] Hier war Abaelard wieder bei seinem Gedanken angelangt, den Unterschied von Art und Gattung auf die Trinität anzuwenden. «Da... die Gattung... geringer und rangniederer ist als die Art», entgegnete ihm Bernhard, «sei es fern von uns, diesen Unterschied auf Gottvater und Gottsohn anzuwenden.»[89]

Kürzer nahm Bernhard gegen zwei weitere Punkte Stellung. Nach Abaelard sei der Glaube ein Dafürhalten (eine Meinung, aestimatio) – im Gegenteil: Der Glaube sei ein sicheres Wissen.[90] Für den Logiker war alles Unbewiesene eine Annahme, für Bernhard zählte die innere Gewißheit, die auch sein Gegner nicht leugnen wollte, aber der praktischen und nicht der spekulativen Theologie zurechnete. Weiters ging es wieder einmal um die Weltseele und den Versuch, sie mit dem Heiligen Geist gleichzusetzen. «Hier müht er sich sehr ab, aus Plato einen Christen zu machen, und erweist sich selbst dabei als Heide.»[91]

Den breitesten Raum gönnte Bernhard seiner Verteidigung einer Anschauung, die wir schon erwähnt haben:[92] Daß Adam durch seinen Sündenfall ein Knecht des Teufels geworden sei und Christus diesen Rechtszustand durch seinen freiwilligen Opfertod aufgehoben habe; es sei unmöglich gewesen, auf andere Weise den Menschen von jenem Joch zu befreien. Diese Verabsolutierung der antik-mittelalterlichen Sozialordnung und ihre Übertragung auf die Theologie hat Abaelard abgelehnt, allerdings mit anderen Argumenten. An die Stelle einer juridischen Erklärung der Erlösung trat bei ihm eine moralische und mystische: Christus habe damit die Menschen dazu angeleitet, entflammt durch seine Liebestat alles Schlimme für ihn zu erdulden.[93] «Ich höre auf Propheten und Apostel», erregte sich darüber Bernhard, «ich gehorche dem Evangelium, aber nicht dem Evangelium des Petrus [Abaelardus]. Erfindest du ein neues Evangelium?»[94]

Bernhard von Clairvaux hat dem Mönchtum jene Sicherheit über seinen Weg und sein Ziel wiedergegeben, die unter dem Ansturm der neuen Wissenschaft verlorenzugehen drohte. Den Kampf gegen den interessantesten und unbedenklichsten Vertreter des Neuen hat er gewonnen, aber die Schulen blieben und erhielten immer mehr Zulauf. Von Schülern und Enkelschülern wurde Abaelard verehrt, und einer von ihnen bezog die Worte der Leidensgeschichte Christi nach Johannes auf den Meister. Nach der Synode von Sens schrieb Berengar von Poitiers eine *Apologie gegen [den heiligen] Bernhard,* in der es heißt: «Hohepriester und Pharisäer beriefen eine Versammlung ein und sagten: Was tun wir, da dieser Mensch viel Wunderbares redet? Wenn wir ihn so ziehen lassen, werden alle an ihn glauben. Einer von ihnen mit Namen Abt Bernhard, der Oberste dieser Versammlung, prophezeite und sagte: ‹Es ist für uns gut, daß ein einziger Mensch aus dem Volk um sein Leben gebracht wird und nicht das ganze Volk zugrunde geht.› Seit diesem Tag dachten sie daran, ihn zu verurteilen.»[95]

Zur Generation Abaelards und in seine geistige Nähe gehörte Wilhelm von Conches. Er war ein Normanne, der Medizin studiert hatte, Naturphilosophie betrieb, in Häresieverdacht kam und unter dem Schutz des Grafen Gottfried von Anjou Erzieher des späteren Königs Heinrich II. von England wurde; er starb 1154, als dieser die Regierung antrat. Gleich nach der Synode von Sens wandte sich Wilhelm von Saint-Thierry, der Helfer Bernhards von Clairvaux, in einer Schrift *Über die Irrtümer Wilhelms von Conches* an seinen Meister, in der er schrieb: «Dieser Mensch . . . und Peter Abaelard sind, soweit man aus ihren Schriften urteilen kann, eines Geistes in der Diktion und der Art zu irren . . . Mit dem Geist dieser Welt erforschen sie die höchsten Dinge Gottes. Dasselbe wissen sie, dasselbe reden sie . . .»[96]

Hauptvorwurf gegen Wilhelm war die, wie man später gesagt hätte, «modalistische» Trinitätsspekulation. Er gehörte zu jenen Theologen, die eine Anwendung von Begriffen der familiären Sphäre – Vater und Sohn – auf trinitarische Personen als Notbehelf empfanden und Wege suchten, diese eingebürgerten Begriffe durch andere zu ergänzen oder gar zu ersetzen. Wilhelm von Saint-Thierry leugnete, daß die biblischen Bezeichnungen der trinitarischen Personen gleichnishaft (nuncupative) zu verstehen und durch anderes substituierbar seien. Ähnlich wie Peter Abaelard hatte Wilhelm von Conches vorgeschlagen, Gottvater als wirkende Kraft (potentia), den Sohn als die Weisheit (sapientia) und den Heiligen Geist als den Willen (voluntas) zu bezeichnen. Die wirkende Schöpferkraft bringe die Weisheit der Disposition des Geschöpflichen hervor, und beides den Willen zur Schöpfung der Dinge selbst.[97]

Die Unvollkommenheit menschlicher Sprache wurde in dieser Sphäre besonders deutlich, und es ging wohl auch noch an, das durch gedankliche Experimente zu unterstreichen. Schlimm war es, wenn man diese – wie es nahelag – als theologische Thesen ansah. Dann war Wilhelm von Saint-Thierry im Recht, wenn er auf ihre Unhaltbarkeit hinwies: Man kann noch andere Eigenschaften Gottes aufzählen, keine jedoch einer göttlichen Person allein zuweisen. Es gibt ja die Weisheit des Vaters, die Wirkkraft des Sohnes usw. Unrichtig war es, den Gegner zum «Sabellianer» zu stempeln. Die Voraussetzungen frühscholastischer Spekulation waren durchaus andere als jene des 3. Jahrhunderts, auch wenn sich «moderne» Aussagen den früheren zu nähern schienen, was mit der relativ geringen Zahl von Denkmöglichkeiten über den Gegenstand, die Trinität, zusammenhing.

Ein zweiter Vorwurf betraf Wilhelms angebliche Meinung, der Körper Adams sei nicht durch Gott, sondern durch die Natur geschaffen worden; oder – dies sei Wilhelms spätere These – «durch Geister, die er Dämonen nennt, und durch die Sterne». Nur die menschliche Seele stamme demnach von Gott.[98] Das ist eine wahrscheinlich absichtliche Vergröberung der Ansichten Wilhelms von Conches, der keineswegs die göttliche Erschaffung des Menschenleibes in Frage stellen wollte: Gott ist die erste Ursache, zu der die Naturkräfte als sekundäre Ursachen hinzutreten.[99] Wilhelm von Saint-Thierry brauchte dieses Material für seine Behautpung: «Er [Wilhelm von Conches] ist in seiner zweiten Auffassung klar als Manichäer erkennbar, indem er sagt, die Menschenseele sei von dem guten Gott erschaffen, der Körper jedoch vom Fürsten der Finsternis.»[100] Das war ein advokatischer Trick, noch dazu kein sehr geschickter. Die platonistische Personifizierung von Naturkräften war für Wilhelm von Conches eine Hilfsvorstellung, derer er sich zeitweise bediente, und kein Glaube an einen Dualismus.

Der Generation Abaelards und Wilhelms von Conches gehört noch ein dritter bedeutender Gelehrter an, Gilbert von Poitiers (oder Porretanus, «vom Lauchfeld»?), der Schwierigste von den dreien schon in den Augen der Zeitgenossen und Begründer einer Schule, die nach seinem Tod (1154) bis gegen das Ende des Jahrhunderts weiterwirkte. Wir haben von dieser «kleinen Schule» und ihrem Meister schon mehrmals gesprochen. Um die Erforschung beider hat sich Nikolaus Häring (Haring) besondere Verdienste erworben, der Gilbert dem Format nach weit über Abaelard und in eine Reihe mit Thomas von Aquino stellt. Aber Abaelard war doch wohl mehr als ein «geschickter Kompilator und Textanalytiker». Thomas, der als Fürst der Scholastik bezeichnet wurde, überragt Gilbert sicherlich nicht nur wegen der «historischen Vorteile, die diesem nicht gegeben waren».[101] Eher handelt es sich um zwei Gelehrtentypen, den «Generalisten» Thomas und den um die Anwendung einer strengen Sprachlogik auf die Theologie ringenden Spezialisten trinitarischer Spekulation.

Gilbert wurde nach Otto von Freising in Poitiers geboren, wo er seit 1142 lehrte und dann als Bischof wirkte. Vorher war er Kanoniker in Chartres und las in Paris über Logik und Theologie. 1146 geriet er als Bischof in Häresieverdacht: Zwei seiner Archidiakone beschwerten sich bei Papst Eugen III. über eine Predigt ihres Vorgesetzten. In zwei Konsistorien in Paris 1147 und nach dem Konzil von Reims 1148 verhandelten Papst und Bischöfe den Fall. Wir haben schon erzählt, daß der Papst sein mangelndes Verständnis für Gilberts gelehrte Darlegungen bekundete.[102] Eugen war ein Schüler Bernhards von Clairvaux gewesen, und dessen Helfer Gaufred sammelte in einem Traktat Material gegen Gilbert.[103] Die Stimmung der Kardinäle auf dem Konzil war jedoch für Bernhard nicht günstig; man fürchtete seinen übergroßen Einfluß, und so fand Gilbert hier Unterstützung.[104] Er mußte sein umstrittenes Buch, einen Boethiuskommentar, zurückziehen und einige Belehrungen hinnehmen,[105] blieb aber Bischof. Bernhard von Clairvaux lud ihn später zu einer persönlichen Aussprache, erlitt aber eine Abfuhr.

Bücherverbote reizen die Neugier. Gaufred von Auxerre berichtet, daß Gilberts Schüler «nicht aufhörten, weiter die verbotenen Seiten zu lesen, was umso schädlicher für sie war, je geheimer sie es taten».[106] Hugo von Honau und wohl auch andere Schüler Gilberts pflegten nicht allen ihren Hörern alles vorzutragen, sondern nur auserwählten, «Vollkommenen».[107] Ein elitärer Zug kennzeichnete die Gilbertiner, die wußten, daß die Lehre des Meisters und deren Weiterbildungen von vielen Theologen wegen ihrer Subtilität und Strenge der Begrifflichkeit nicht verstanden wurden. Sogar ein Otto von Freising, der dieser Schule nahestand, klagte, daß Gilbert «vieles sagte, das dem üblichen Sprachgebrauch fremd war».[108]

In der Gottesgelehrsamkeit früherer Jahrhunderte mit ihrem vorwiegend erbaulichen Zweck hatten Kirchenväter Wendungen gebraucht, die eher dem erweiterten Sprachschatz der Rhetorik als dialektischer Präzision entsprachen. Augustinus hatte gesagt: «Die Gestalt Gottes hat die Gestalt eines Menschen angenommen, und die Gottheit ist Fleisch geworden.» Gilbert korrigierte ihn: Eine Natur (Gestalt) kann nicht eine andere Natur annehmen, eine Person keine andere Person werden.[109] Gilbert wollte die Gottheit (oder Göttlichkeit, divinitas) so streng von Gott scheiden, daß er in den Verdacht kam, eine vierte göttliche Person erfinden zu wollen. Durch Unterstellung unter die Gebote der antiken Grammatik und Dialektik sollte die Sprache der Theologie auf ein modernes, neue Perspektiven eröffnendes Niveau gehoben werden. Was dabei auf der Strecke blieb, war die sprachliche Tradition eines Jahrtausends.

Dieses Experiment hat Gilbert dort versucht, wo es am allerschwierigsten, freilich für Theologen am interessantesten war, an der Trinitätslehre. Er mußte dabei auf den entschiedenen Widerstand konservativer Kreise stoßen, die gegen ihn eine Fülle von Autoritäten vergangener Jahrhunderte ins Feld führten oder auch einfach erklärten: «Diese Erörterung ist uns zu hoch [supra nos est].»[110] Das Gleichgewicht von Auctoritas und Ratio schien gestört, die bilderreiche und zu Herzen gehende Sprache, die Geheimnisse Gottes umschrieb, sollte dem Neuen weichen, das ein Magister ausgedacht hatte. Selbst wenn es nicht anstößig war, konnte es doch mißverstanden werden. Bernhard von Clairvaux hat Thesen Gilberts vergröbert und in dieser Form zurückgewiesen. Er tat das in einem Fall mit dem Bemerken, er wende sich nicht gegen Gilbert, sondern gegen dessen Leser und Kopisten.[111]

Gilbert ging davon aus, daß das Prädikat eines Satzes über die Teilnahme eines als Substanz gedachten Subjekts an universellen Formen – wir würden sagen: Allgemeinbegriffen – aussagt. Der Satz «Sokrates ist ein Mensch» besagt, daß dieser Person eine Qualität allgemeiner Art zugeordnet wird, nämlich das Menschsein (humanitas). Sokrates ist ein einzelnes (id quod), das Menschsein etwas Allgemeines, an dem er einen Anteil hat (id quo). Nun wendet sich Gilbert Gott zu, um diese Feststellungen für die Theologie fruchtbar zu machen. Er glaubt nicht, daß Gott so wie Sokrates aus Substanz und Qualitäten zusammengesetzt ist, «id quod» und «id quo» fallen zusammen.[112] Trotzdem kann der Mensch hier eine Analogie zu der geschöpflichen Welt herstellen und zwar keine zwingenden, aber Analogieschlüsse ziehen. Man kann also sagen: «Gottvater ist [durch seine Göttlichkeit] Gott», nicht aber: «Gott ist Gottvater, Gottsohn und der Heilige Geist», denn Personen können nicht Prädikat sein. Freilich zitierte Gaufred von Auxerre dagegen einen Satz des heiligen Augustinus: «Wir glauben, daß der eine Gott der Vater, der Sohn und der Heilige Geist ist.»[113] Das Schrifttum der Patristik gehorchte nicht immer den Regeln der Schullogik, denen nun jede theologische Aussage unterstehen sollte. Es war darum auch weniger trocken, als scholastische Traktate zu sein pflegten.

Die Zweiheit von Substanz und Qualitäten oder Eigenschaften (proprietates) bildet die menschliche Person.[114] Wenn man die menschliche Sprache auf Gott anwendet, dann gibt es – für uns Menschen – diese Zweiheit auch in Gott. Er ist Gott durch seine Göttlichkeit, Vater durch seine Vaterschaft. Schon hier versagten andere Theologen ihre Gefolgschaft: Es gebe in Gott keine solche Verschiedenheit (diversitas). Bernhard von Clairvaux beharrte in Reims 1148 darauf, daß die Eigenschaften der göttlichen Personen mit ihnen selbst identisch seien.[115] Eine klare Aussage Gilberts, daß es sich hier um gedankliche Gebilde handle, nur im Geist der Theologen existent, hätte die Situation bereinigt. Gaufred von Auxerre behauptete, Gilbert sehe die «proprietates» als «ewige Sachen» (res eterne) an, und tatsächlich findet sich eine derartige Stelle in Gilberts Traktat über die Trinität.[116] Begriffe wurden von ihm in die Sphäre der Realität übertragen.

Neben Gott konnte es dann sein Wesen (essentia) geben. «Glaubst du denn nicht», fragte Papst Eugen III. in Reims, «daß die höchste Wesenheit [essentia], von der du bekennst, daß durch sie die drei Personen Gott sind, der eine Gott selbst ist?» Vom Verhör ermüdet, gab Gilbert, so erzählt Otto von Freising, die Antwort «Nein!», worauf der Notar sofort protokollierte: «Der Bischof von Poitiers schrieb und sagte, daß das göttliche Sein nicht Gott ist.»[117] Damit war man bei einer Quaternität, der Annahme einer vierten göttlichen Person, angelangt; das war in dieser Vergröberung eine offenkundige Häresie.

Hier waren nicht nur scholastische Subtilität und der Hang zur Aufspaltung der Begriffe am Werk. Auch kann man nicht die Kategorienlehre des Aristoteles für alles verantwortlich machen; Gilbert hat sie nicht als erster, wenn auch am konsequentesten auf Gott angewendet. Aber er hatte nicht den «reinen», durchaus diesseitig orientierten Aristoteles in der Hand, sondern den des Boethius, vermischt mit platonistischem Denken. Boethius hatte geschrieben: «Daß jemand ein Mensch oder Gott ist, bezieht sich auf die Substanz, durch die [oder: aus der] etwas, nämlich Mensch oder Gott, ist.» Gilbert zitierte das und erklärte es: «Die Substanz, nicht diejenige, die er ist, sondern jene, durch die er ist.»[118] Hier handelt es sich um «res eterne», ewig und real jenseits der

Personen bestehende Ideen. So konnte man zwischen Gott und der Realität von Gottes Wesenheit scheiden, ohne diese zu einer Gottheit erheben zu wollen.

Gilbert mußte ein von Bernhard verfaßtes Glaubensbekenntnis sprechen, in dem geleugnet wurde, daß es bei Gott «Sachen oder Beziehungen oder Eigenschaften» gebe, «die von ewig her und doch nicht Gott [selbst] sind».[119] Er mochte dem insofern zustimmen, als er selbst die Einfachheit Gottes betont hatte – die verschiedenen «Formen» in Gott seien dem Namen nach verschieden, der Sache nach dasselbe.[120] Das galt für Gott, nicht aber für das menschliche Verständnis Gottes. Hier konnte Gilbert eine «realistische» Lösung des Universalienproblems für richtig halten. Er war ja Domkanoniker unter dem Kanzler Bernhard von Chartres gewesen, dem bedeutendsten Platonisten seiner Zeit. Damals lernte er wohl auch den Boethius kennen.[121] Thierry von Chartres, wahrscheinlich Bernhards Bruder, begründete damals den «grammatischen Platonismus».[122] Bezogen auf die Allgemeinbegriffe, die Universalien,[123] lehrte man, daß die «allgemeinen Formen» als metaphysische Wesenheiten existieren. Moderner dachte Abaelard, dessen Lehrer Roscelin kein Realist war und der den ersten Erfolg seiner Laufbahn im Streit gegen die realistische These Wilhelms von Champeaux errungen hatte.[124] Für Abaelard waren die allgemeinen Formen im Geist Gottes und im Menschengeist vorhanden, ohne Sachen (res) zu sein.

Gilbert von Poitiers war ein kühner Denker, an dessen Ethos nicht zu zweifeln ist. Er fühlte sich als Forscher, nicht als Artist im modernen Sinn des Wortes, auch wenn es zu atemberaubenden Balanceakten zwischen Aristoteles, Plato und der Lehre der Kirche kam. Die Schwierigkeit, ja Unverständlichkeit mancher Darlegungen hat seine Schüler nicht abgeschreckt, im Gegenteil: Keinem Magister des 12. Jahrhunderts haben seine Gefolgsleute so sehr die Treue gehalten. Sie betrieben in seinem Geist weitere Forschungen, etwa über Natur und Person im trinitarischen Bereich. Daß sie griechische Autoren für den Westen entdeckten und ein Netz von Verbindungen über weite Teile Europas knüpften, wurde schon erwähnt. Die Gilbertiner haben auch selbst Schule gehalten, wie dies gerade von dem bescheidenen Wiener Außenposten bezeugt ist.[125]

Um 1200 verschwindet die «kleine Schule» Gilberts von Poitiers aus den Quellen. Das letzte literarische Zeugnis über sie stammt von einem früheren Lehrer des Kirchenrechts, Eberhard von Ypern,[126] der Zisterzienser wurde und in den neunziger Jahren einen Dialog zwischen dem «Athener» Ratius und einem Mann namens Eberhard schrieb. Ratius, an «ratio» anklingend, ist ein Gilbertiner, sein Gesprächspartner der Verfasser. Als Zisterzienser hatte sich Eberhard von den Lehren Gilberts distanziert, aber seiner Person widmete er ein sehr positives Gedächtnis. Mit etwa fünfzehn Jahren hatte er bei dem fast Sechzigjährigen in Chartres die «artes» studiert als einer von vier Schülern, und 1141 ging er mit Gilbert nach Paris; inmitten von dreihundert Studenten hörte er dort den Meister, der bald Bischof wurde und die Lehrtätigkeit aufgab. Später hat Eberhard ein Epitaph auf Gilbert verfaßt und als würdiges Denkmal den Dialog. Hier sagt Ratius, man glaube, Gilbert sei nun im Palast des Himmels den Geheimnissen Gottes nahe.[127]

Seinem geschärften Gewissen als Zisterziensermönch fühlte sich Eberhard verpflichtet, den neuen Papst Urban III. (1185–1187) auf die Irrtümer ungenannter Dozenten und Studenten in Paris und anderswo aufmerksam zu machen. «Vater, in den Schulen hast du diese Irrtümer gehört und hast mit den Irrenden Umgang gepflegt.» Damals habe der spätere Papst nicht die Autorität besessen einzugreifen, jetzt aber solle er in Paris eine Diskussion über sie einleiten.[128] Es handelte sich dabei um die Trinität und das Hauptproblem der Gilbertschüler, das Verhältnis von Natur und Person (oder Naturen und Person) Christi. Der Papst hatte freilich angesichts der staufischen Umklammerung und der Positionskämpfe in Oberitalien andere Sorgen.

Eberhard kam in seiner Schrift auf das Problem des Verhältnisses von Gott und Gottheit zu sprechen, durch dessen Behandlung Gilbert in Reims 1148 Ärgernis erregt hatte. Hier wird es in vermittelnder Weise auf ein Axion der Sprachlogik zurückgeführt. Man solle nicht sagen, Gott ist die Wahrheit, sondern: Gott ist wahr. Nicht Scipios Klugheit hat Karthago zerstört, sondern der kluge Scipio. Die bildliche Sprache der Rhetorik sei in der Theologie durch eine logisch einwandfreie zu ersetzen.[129] Für die umstrittene Frage ergäbe sich: Gott ist göttlich – was freilich für die spekulative Theologie keinen Ansatzpunkt bietet. Wie wir schon sagten, waren die Ergebnisse der trinitarischen Spekulation gering, sie trug aber bei zu einer Versachlichung und teilweisen Logisierung der Fachsprache, die sich auch auf andere Gebiete ausdehnte. Das scholastische Latein hat die Grenzen der geistigen Welt erweitert, war jedoch nüchtern und glanzlos gegenüber jenem der Kirchenväter und Bernhards von Clairvaux.

Was Bernhards Wendung gegen Gilbert betraf, so hat Eberhard von Ypern auch dazu Stellung genommen, allerdings dem Ratius kritische Worte in den Mund gelegt: Bernhard habe nur etwas von praktischer Theologie verstanden, ohne Gilberts Darlegungen ganz folgen zu können. Seine negative Haltung solle man nicht Bernhard selbst ankreiden, sondern jenen, die voll Hochmut und Arroganz meinten, ein solches Verständnis zu besitzen. Bernhard habe ihnen geglaubt in jener Liebe, «die alles glaubt» (1 Cor. 13,7).[130] Mit der berühmtesten Stelle aus den Paulusbriefen, dem Hymnus über die christliche Liebe, fand Eberhard einen versöhnlichen Abschluß jenes Konflikts, der so lange Gilbertiner und Zisterzienser entzweit hatte.

Einer der Theologen, die 1148 in Reims geladen wurden, um Gilberts Fall zu hören, war Petrus Lombardus. Er schloß sich Bernhards Meinung an – oder begründete sie mit –, daß es sich hier um Häretisches handle.[131] Niemand wußte damals, daß er später selbst, zusammen mit Gilbert, Abaelard und Petrus von Poitiers, zu den «vier Labyrinthen Frankreichs» gezählt werden würde.[132] Dabei war Petrus (geb. um 1095) gewiß eher ein Sammlertyp als eine Kämpfernatur. Sein Sentenzenwerk ist eine Fundgrube verschiedener Meinungen und dazugehöriger Belegstellen aus Bibel, Kirchenvätern, kirchlichen Rechtsquellen, spekulativer und praktischer Theologie. Als Petrus 1160 als Bischof von Paris starb, begann das Werk seinen Nutzen für den Lehrbetrieb zu erweisen; im 13. Jahrhundert wurde es zu einem gängigen Handbuch, aber nicht zu einem «Lehrbuch der Dogmatik», wie man es bezeichnet hat.[133] Denn in kontroversen Fällen kann der Leser selbst seine Meinung auf Grund des vorliegenden Materials bilden. Walter von Saint-Victor hat diese Darstellungsart geschildert: Petrus bringe drei Thesen, eine häretische, eine katholische und eine, die weder dies noch das ist; als universeller Geist (magister universalis) versuche er alle drei Ansichten durch Autoritäten von Kirchenvätern zu untermauern. Welche die richtige Glaubensanschauung sei, behaupte er nicht zu wissen. Der Leser solle noch weiteres Schrifttum lesen. «Eine durchaus neue Doktrin, bei der niemand katholisch bleibt! Jedenfalls eine Häresie, die in gleicher Weise alle Häresien in sich aufnimmt!»[134]

Das Werk des Petrus Lombardus entstand um die Mitte des 12. Jahrhunderts, in einer Zeit, da der ungestüme Aufbruch der spekulativen Theologie neuer Art schon einer besinnlicheren, weniger begeisternden Wissenschaftspflege zu weichen begann. Mochte man noch so viele Zitate im Kopf haben, sie genügten nicht mehr, die Richtigkeit der eigenen These zu beweisen. Denn es gab andere, die sich auf andere Autoritäten stützten, und Petrus Lombardus gab allen ihr Recht. Er hat seine Studenten zur Objektivität erzogen und zur Zurückhaltung angesichts immer subtiler und komplexer werdender theologischer Spekulationen. Erst im 13. Jahrhundert reifte eine Generation heran, die auf dieser Basis in aller Nüchternheit ein neues universales System errichtete.

Noch war die spekulative erste Welle nicht ganz abgeebbt, und in der Sentenzensammlung fand man neue Denkanstöße. Einer davon, von Petrus Lombardus als bloße Meinung (opinio) wiedergegeben, war der sog. christologische Nihilismus (oder Nihilianismus). Im Rahmen des Themas «Natur und Person» kamen einige Theologen zu der Anschauung, Christus habe Leib und Seele eines Menschen getrennt angenommen, sei also nicht im Vollsinn Mensch geworden, sondern Gott geblieben. Alexander III. wandte sich in Paris 1170 und in einem Konsistorium in Rom 1177 gegen diese Lehre.[135] Anscheinend war ihr Hauptträger nach dem Tod des Petrus Lombardus sein Schüler Petrus von Poitiers, der an der Pariser Domschule lehrte und 1193 Kanzler des Doms, dann auch der erste Kanzler der Universität wurde. Ihn verteufelte Walter von Saint-Victor, nachdem er auf vielen Seiten Auszüge aus diesbezüglichen Erörterungen des Petrus gebracht hatte: «Dein Werk bedarf nicht der Verbesserungen, sondern es gehört in die Hölle – daran zweifelt kein Katholik, der es liest!»[136]

Bevor wir uns der Zeit um das Jahr 1200 zuwenden, soll noch ein Blick auf Italien geworfen werden. Neben den volkstümlichen Häresien hat es dort fast keine anfechtbaren Thesen «akademischer» Art gegeben. Eine Ausnahme bildet der Jurist Hugo Speroni, der vor 1145 in Bologna zusammen mit dem späteren Glossator Vacarius studierte. Hugo stammte aus Piacenza, wo er durch längere Zeit das Amt eines Konsuls bekleidete. Als solcher hatte er einen Rechtshandel mit einem Nonnenkloster, das an den Papst appellierte, den Prozeß jedoch verlor; 1189 entbrannte ein Streit zwischen Piacenza und seinem Bischof, aber schon um 1185 wurde Hugo als Häretiker bezeichnet,[137] hat also für seine Haltung kaum äußerer Anlässe bedurft.

Hugo Speroni beschuldigte die Kirchenlehrer, über die Eucharistie Dinge zu schreiben, die weder im Alten noch im Neuen Testament stehen.[138] Anscheinend betrachtete er die Bibel als Gesetz und die kirchliche Lehre als freie Rechtsbildung, also etwas, das Juristen sehr unsympathisch zu sein pflegt. Auf dieser Basis wurden Existenz und Gewalt des Klerus grundlos, die Religion beschränkte sich auf die Innerlichkeit, den Geist Jesu und der Weisheit. Speronis Anhänger führten kein apostolisches Leben und übten keine Askese. Die Sekte war noch 1235 in Piacenza lebendig.[139]

Interessanter ist der letzte in der Reihe der französischen Magistri des 12. Jahrhunderts, die der Häresie geziehen wurden; zugleich ist er jener, von dessen Lehren wir am wenigsten wissen, vielleicht weil man den Mantel des Schweigens über sie breitete. Es handelt sich um den Lehrer des Thronerben, des späteren Ludwig VIII. (1223–1226). Der Mann hieß Amalrich, stammte aus Bena (Bène) in der Diözese Chartres und hat vielleicht die berühmte Domschule besucht; ihn dem dortigen «Platonismus» zuzurechnen, reichen die Gründe nicht aus.[140] Chronisten nennen Amalrich unter den Pariser Lehrern: «Er war erfahren in der Kunst der Logik und lehrte sie und die anderen freien Künste lange in der Schule, dann ging er zur Bibelkunde [sacram paginam] über. Von dort ausgehend, pflegte er auch in der Theologie selbst hartnäckig zu behaupten, daß jeder Christ dazu angehalten sei zu glauben, daß er ein Glied Christi ist.»[141]

Der Übergang von der Dialektik zur Theologie scheint sich hier anders als etwa bei Abaelard vollzogen zu haben. Bei Amalrichs These handelt es sich nicht um die Anwendung logischer und grammatischer Methoden auf die theologische Spekulation, sondern um eine Frucht der Bibelexegese, die man vor der Theologie neuen Stils durch Jahrhunderte getrieben hatte und neben ihr in bescheidenem Rahmen weiter übte. Paulus hatte den Vergleich der Kirche mit dem mystischen Leib Christi geprägt, «denn wir sind Glieder seines Körpers, von seinem Fleisch und Bein» (Eph. 5,30), «und er ist das Haupt des Leibes der Kirche» (Col. 1,18). Das war eine allegorische Deutung, wie sie bei Paulus oft begegnet. Amalrich mußte das wissen und seine Gründe haben, wenn er den allegorischen Sinn zum Wortsinn werden ließ. Die Sache schien ihm so wichtig, daß er jedem Widerspruch begegnen wollte, indem er sich an den Papst wandte. Dessen Spruch fiel gegen Amalrich aus, der dazu gezwungen wurde, vor den Pariser Theologen das Gegenteil seiner bisherigen Lehre zu behaupten – «mit dem Mund, nicht mit dem Herzen», denn bis zu seinem bald darauf folgenden Tode (1206) blieb er bei seiner These.[142]

Im Jahre 1210 wurde auf Befehl einer kirchlichen Versammlung Amalrich von Bena als Verstorbener exkommuniziert, verurteilt und exhumiert, man zerstreute seine Überreste. Amalrich galt als Häresiarch: Ein Kreis von Schülern hatte seine Lehren weiterentwickelt und warb Gläubige für sie. Vierzehn studierte Kleriker, einige davon mit dem Magistertitel, wurden in Paris vor einer Synode angeklagt; zehn verfielen dem Feuertod, vier lebenslanger Haft. Auf einen von diesen, der «aus Angst Mönch geworden war»,[143] werden wir gleich zurückkommen. Er hieß Petrus von Saint-Cloud.[144] Die Aufdeckung der Sekte ging wie in Orléans 1022 mit Hilfe zweier eingeschleuster Vertrauensleute vor sich, war aber schwieriger, weil mehrere der Verdächtigten als Landpfarrer in nordfranzösischen Diözesen wirkten. Um welche Vorwürfe es sich handelte, erfahren wir aus dem offiziellen Dekret des Erzbischofs von Sens über die Angelegenheit nicht.

Ähnlich war es 1215 auf dem Vierten Laterankonzil, das eine neuerliche Verurteilung des «sehr perversen Dogmas Amalrichs» ohne nähere Begründung brachte. Der Dekretalist Heinrich von Susa[145] erklärte das später damit, daß es zur Schonung noch lebender Schüler Amalrichs geschehen sei. Wohl der bedeutendste von ihnen war Ludwig VIII., 1215 immer noch Thronerbe. Als König hat er seine Katholizität dadurch unter Beweis gestellt, daß er 1226 in Frankreich für Häretiker die Strafe des Feuertodes einführte. Das geschah sozusagen im Nachziehverfahren angesichts dessen, was im Süden des Landes schon lange Brauch war und Ludwigs Vater, Philipp II. August, 1210 für die Amalrikaner gebilligt hatte.[146]

Für eine gewisse Nähe dieser Gruppe zum Königtum könnte sprechen, daß Petrus von Saint-Cloud in das «Königskloster» Saint-Denis flüchtete, um dort Mönch zu werden.[147] Sehr merkwürdig ist, daß die Amalrikaner prophezeiten, dem König von Frankreich und seinem Sohn würden alle Reiche unterworfen werden; der Sohn werde in der «Zeit des Heiligen Geistes» leben und nie sterben, und es würden «dem König der Franken zwölf Brote gegeben werden, das heißt die Wissenschaft der [heiligen] Schriften und [ihre?] Macht».[148] Das Zeitalter des Heiligen Geistes entstammte der Lehre Joachims von Fiore von den drei Weltaltern, die bei den Amalrikanern besonders «ihr Prophet, Wilhelm der Goldschmied [oder: Goldmacher]» propagierte.[149]

Herbert Grundmann, der darauf hinwies, daß wir hier die erste politische Umsetzung joachitischen Geschichtsdenkens vor uns haben, war skeptisch gegenüber der seit je herrschenden Meinung, man könne von den Amalrikanern auf Amalrichs Anschauungen Rückschlüsse ziehen: «Wir wissen nichts von Amalrichs eigenen Gedanken.»[150] Es kommt darauf an, ob man den Satz über die Glaubensnotwendigkeit einer Gliedschaft Christi für alle Getauften isoliert sieht oder als Teil eines größeren Ganzen. Tatsächlich findet er sich in der einzigen systematischen Gegenschrift gegen die Amalrikaner, dem Garnier von Rochefort zugeschrieben. Der Traktat scheint sein Entstehen, sehr wahrscheinlich bald nach 1210, dem Auftreten von Amalrikanern in Amiens unter einem Magister Godinus[151] zu verdanken.

«Niemand, so sagen sie, kann das Heil erlangen, wenn er nicht glaubt, er sei ein Glied Christi.» Die Gegenschrift macht den Einwand, ein Mensch könne sündigen und sei dann ein «Glied des Teufels». Hier wird der Satz als Gleichnis verstanden, aber das war sicher nicht die Intention Amalrichs – er hätte dann auch keinen Anstoß erregt. Die Gläubigen «sind» der verklärte Christus; Chenu hat dafür das Wort «Panchristismus» geprägt und an den grammatisch-logischen Verbalismus des Pariser Magisters Adam von Petit-Pont erinnert.[152]

Christus ist sündenlos, und ein Glied Christi kann nicht sündigen. Diese logische Konsequenz dürfte Amalrich selbst gezogen haben, ohne sie öffentlich zu lehren. «Die Kraft der Liebe», berichtete ein Chronist von den Amalrikanern, «erhoben sie so hoch, daß sie sagten, keine Sünde sei, wenn man etwas, das andernfalls Sünde ist, in der Kraft der Liebe tue.» Gröber drückte es ein anderer aus: «Wenn jemand im Geiste ist, so sagten sie, und Unzucht treibt, ... so ist das keine Sünde, denn jener Geist, der Gott ist, ... kann nicht sündigen.»[153] Die Lehre findet sich nicht bei Johannes Scotus (Eriugena), wie denn überhaupt nach neueren Forschungen hier nicht mehr eine Wurzel des Denkens der Sekte gesehen wird.[154] Erst im Lauf des 13. Jahrhunderts hat man den geistigen Vater der Häresie in Johannes Scotus zu erblicken geglaubt, daneben wurde durch Thomas von Aquino und andere eine platonistische Grundidee statuiert. Ob Amalrich, der von Chartres ausging, Platonist war, muß, wie schon erwähnt, offen bleiben.[155]

Es war nur ein Schritt vom Panchristismus Amalrichs zu jenem Pantheismus, der von seinen Schülern bezeugt ist. Wie dieser Schritt erfolgte, könnte ein Satz andeuten, der von der Überzeugung der Häretiker spricht, «daß jeder von ihnen Christus und der Heilige Geist sei».[156] Wer ein Glied Christi ist, der ist Christus; wer Christus ist, ist auch der Heilige Geist (und der Vater). Im ersten Korintherbrief stehen Ausführungen über Leib und Glieder Christi (1 Cor. 12,12) nahe bei der Hauptstelle für den Pantheismus der Amalrikaner: «Es gibt verschiedene Arten des Wirkens, aber es ist ein und derselbe Gott, der alles in allen wirkt» (1 Cor. 12,6). Daraus wird die Sündenfreiheit abgeleitet: «Gott wirkt alles in allen; sie [die Amalrikaner] werfen ein: also sowohl das Gute wie das Böse. Daraus folgt, daß derjenige, der weiß, daß Gott in ihm wirkt, nicht sündigen kann.»[157]

Die Wandlung hin zum Pantheismus kann nicht in wenigen Jahren zwischen dem Tod Amalrichs und der Entdeckung der Sekte erfolgt sein. Seine «Hörer» waren zur Zeit der Entdeckung zumeist Landpfarrer in den Diözesen Paris, Troyes und Langres, die dort die häretischen Lehren weitergaben. Nach seiner Gefangennahme verabschiedete sich einer von ihnen, der Pfarrer von Ursines (in der Gegend von Versailles) mit den Worten, man solle niemandem glauben, der anderes lehre als er.[158] Alles spricht für eine Geheimlehre, die in die Zeit Amalrichs zurückreicht und wahrscheinlich von ihm zusammen mit seinen Schülern erarbeitet wurde. Einer der Verhafteten hatte zehn Jahre lang bei Amalrich Theologie gehört, ein anderer «studierte als Sechzigjähriger durch lange Zeit Theologie», und sechzigjährig war jener Pfarrer von Saint-Cloud bei Paris, der nach Saint-Denis floh.[159] Es hat sich also nicht um einen Kreis enthusiastischer Jünglinge gehandelt. Wohl aber mag der eine oder andere zusätzliche Lehren eingebracht haben, so wie in dem Kreis der Sektierer «ihr Prophet» Wilhelm mit einer westlichen Version der Sage vom Endkaisertum hervortrat. Sie ergänzte die gerade damals sehr starken Bestrebungen des Hofes, an das Kaisertum Karls des Großen anzuknüpfen.[160]

Über die Lehren der Amalrikaner liegen relativ viele Aussagen vor, wobei den Zeitgenossen vor allem die Negativa wichtig erschienen: Leugnung der Sakramente, der Auferstehung Christi, der Hölle und des Himmels im üblichen Sinn. Die Befragten selbst wiesen immer wieder auf den Grund ihrer Annahmen hin, der weniger eine These war als ein Erlebnis der Identität mit Christus bzw. mit Gott. Am Ende des 12. Jahrhunderts formierte sich auch bei Theologen manches, das der schlichten Mystik von Nonnen und Laien verwandt war: «Sie sagen, wer erfährt, daß Gott in ihm wohnt, der soll nicht weinen, sondern lachen.»[161] Erfahrung (cognitio) ist ein Schlüsselwort, es entspricht dem Begriff der Gnosis und grenzt die Wissenden aus dem Bereich der Religionsübung aus. «Wenn ein Jude die Kenntnis der Wahrheit hat, die wir besitzen, ist es nicht nötig, daß er getauft wird.»[162] «Die Hölle ist nichts anderes als das Nichtwissen, und das Paradies ist nichts anderes als die Erkenntnis der Wahrheit, die sie zu besitzen behaupten.»[163]

Johannes Scotus hatte gesagt, das ewige Leben sei die Erkenntnis der Wahrheit; es gebe kein Elend außer der Unwissenheit.[164] Trotzdem müssen die Amalrikaner nicht sein Werk gelesen haben, das erst 1225 in den Gesichtskreis der Universität Paris geriet und verboten wurde. Die Vergeistigung von Himmel und Hölle stand jedem Philosophen zu, und vor allem der neuplatonischen Identitätsphilosophie, die niemals ganz vergessen wurde. Was die Identität alles Seienden betrifft, hat man für Amalrich auf die Vorsokratiker und auf Plato verwiesen,[165] von dem auch in der Schrift *Gegen die Amalrikaner* die Rede ist:[166] Einige von diesen hätten zwischen dem realen Leib Christi und seinem «inneren Leib» unterschieden, jener göttlichen Kraft, die Plato als die Ideen bezeichnet habe. Man glaubte also an eine Zweiheit von sinnlich wahrnehmbarem Gegenstand – dem «sichtbaren und greifbaren Körper, der an das Kreuz genagelt wurde» – und dem die Idee verkörpernden Leib. Daneben gab es die Meinung, daß der Leib des Herrn überall sei, das gewöhnliche Brot darum als Leib Christi ebenso zu verehren sei wie das konsekrierte.[167] Hier war ein wirklicher Pantheismus – oder Panchristismus – am Werk. Derartige Unstimmigkeiten zeigen, daß hier kein Lehrgebäude errichtet wurde und die Glaubenslehre hinter dem Gotteserlebnis zurücktrat.

Nirgends findet sich dagegen ein Erleben des bösen Prinzips, das bei den Katharern eine solche Rolle spielte. Die Amalrikaner waren allesamt Geistliche, so wie es einst die Häretiker von Orléans gewesen waren. Diese hatten geglaubt, daß der Heilige Geist in ihnen wohne; jetzt wurde dies übertroffen durch eine Gottwerdung der Sektenmitglieder. Es war der am wenigsten Gebildete der Gruppe, ein Subdiakon Bernhard, der daraus praktische Folgen ableitete: Man könne ihn nicht foltern oder verbrennen, da er Gott sei.[168]

Die Sekte ist aus dem sich zur Universität wandelnden freien Lehrbetrieb in Paris hervorgegangen und damit aus dem Umkreis der Dialektik. Das Anliegen früherer Theologen, auf Grund von Logik und Grammatik zu spekulativen Erkenntnissen über die Mysterien der Religion zu gelangen, bedeutete diesen Leuten jedoch wenig. Sie forschten nicht mehr, nachdem Amalrich den Schlüssel zur Summe aller Erkenntnis im ersten Korintherbrief gefunden hatte. Die Theologie wurde zur äußeren Hülle einer mystischen Erfahrung, die Mysterien waren keine mehr angesichts einer neuen Gnosis in Nähe zum Platonismus. Wieviel davon historischen Wurzeln entstammte, wieviel Eigenbau und «Spontanparallele» war, wird sich nicht mehr bestimmen lassen. Amalrich hat kaum etwas geschrieben, und auch zum Datum 1210 findet sich kein Hinweis auf amalrikanische Schriften, obwohl damals solche des Aristoteles und Davids von Dinant verboten wurden. Diese letzteren Verbote wurden 1215 durch den Kardinallegaten Robert von Courson wiederholt, und daran schloß sich eines an, das «die Bücher ... des Häretikers Amalrich» betraf.[169] Vielleicht war das nur eine vorbeugende Maßnahme, die sich auf keinen konkreten Fall stützte. Das vierte Laterankonzil verdammte im gleichen Jahr die «nicht so sehr häretische als ungesunde [insana] Doktrin» Amalrichs, nicht jedoch seine Schriften. Das waren die letzten Lebenszeichen der Sekte.

Ein fernes Echo hatte ihre Tätigkeit in dem schottischen Kloster Mailros. Da meldete ein Chronist zum Jahre 1210, die Häretiker hätten Besuche in den Häusern von Witwen gemacht und sie durch verkehrte Auslegung der heiligen Schrift heimlich verführt.[170] Damit stimmt überein, daß die Richter des Jahres 1210 «die Frauen und die anderen schlichten Gemüter [simplices], die jene getäuscht hatten, verschonten»,[171] also unbehelligt ließen. Der Traktat *Gegen die Amalrikaner* wollte wissen, daß man die Lehre von der Sündenfreiheit dazu benützt habe, «sündenbeladene Weiblein geneigter zur Sünde zu machen».[172] Nirgends wird jedoch der alte Vorwurf gegen Ketzer hervorgeholt, sie hätten geheime Orgien veranstaltet.

Die Sekte der Amalrikaner verdient auch deswegen Aufmerksamkeit, weil das neue akademische Wesen hier die Hülle für eine irrationale Haltung bildete, aus der eine populäre Häresie hätte werden können. Die Ansätze zu einem neuen Mythos hat das Spätmittelalter nicht fortgeführt, wohl aber hatte damals die Mystik ihre große Zeit. Die «neue Wissenschaft» der Scholastik änderte im 13. Jahrhundert ihr Gesicht; aus dem ungestümen Wildwasser wurde ein breiter Strom, in dem eher Untiefen eine Gefahr bedeuten konnten.

Ausblick

Ketzertum und Frühscholastik sind zwei verschiedenartige Erscheinungen, die einander in einigen Punkten berühren. Das betrifft nicht in erster Linie die Ketzerprozesse, die ihrer Art nach für Laien und Theologen verschieden und für die neue Wissenschaft kaum wesentlich waren. Eher ist das Heraustreten aus der Geborgenheit des urtümlichen Vertrauens zu nennen, der Abschied vom schlichten Glauben ohne Streben nach Reflexion, die Weigerung, unbegreifliche Erscheinungen einfach hinzunehmen und den Erklärungen zu trauen, die seit jeher gegeben wurden. Betrachtet man das Neue, das an die Stelle der traditionellen Haltung tritt, so scheint die Parallele nicht mehr gegeben: Hier der Mythos, dort kühle Rationalität. Aber ganz so einfach sind die Dinge nicht. Die neue Wissenschaft erwuchs zusammen mit dem Mythos Platos und der Platonisten; den sehr bedeutenden Anregungen, die von diesem Denken ausgingen, stehen Hindernisse der Erkenntnis entgegen, die in Platonischem ihre Gründe hatten. Was die Ketzer betrifft, so lebten sie nicht allein in mythischen Vorstellungen. Auch sie haben christliche Lehren «rationalisiert». Theologische Neuerer und Ketzer waren beide sehr kleine Minderheiten neben einer dem traditionellen Wesen verbundenen Majorität. Die Fronten waren nicht immer klar und konnten sich verschieben: Man wechselte seine Anschauungen, und neben bekehrten Ketzern gab es Dialektiker, die in den Mönchsstand eintraten.

Was die Vernünftigkeit des Denkens betrifft, so hieß es über die Katharer: «Sie stützen sich nicht nur auf Schriftstellen..., sondern auch auf Vernunftgründe, die ihnen naturgegeben [naturales] oder logisch scheinen.»[1] Im frühen 13. Jahrhundert bildeten Katharer zum Erweis ihrer Lehren aus Bibelzitaten Syllogismen.[2] Aber die Rationalität war in ihrem Bereich kein so großes Anliegen wie in jenem der hohen Schulen; sie diente als Mittel, dem Mythos den Weg zu ebnen, so wie man die Allegorese zu Hilfe nahm, um die Wunder Christi wegzudeuten, weil sie oft Materielles betrafen: Die fünf Brote der Brotvermehrung sind die Evangelien und die Apostelakten.[3]

Im Ketzertum wie in der Frühscholastik wurde die Vielfalt des religiösen Kosmos auf das Wesentliche reduziert. Bei den Ketzern gab es keine Heiligen; für die Theologen existierten sie weiter, aber man kann lange suchen und wird im Fachschrifttum, wenigstens dem spekulativen, kaum jemals eine Spur ihrer Verehrung finden. Auch diese Parallele hat ihre Grenzen. Bei Häretikern wird fast immer ein intensives Erlebnis ihrer menschlichen Situation die Trennung vom Bisherigen und einen neuen Glauben mit fundamentalistischen Zügen begünstigt haben. Den Vertretern der neuen Wissenschaft kam der Gott der

Philosophen nahe, der neben sich keine Volkskulte duldete. Als «Privatleute» mochten sie weiterhin zu den Heiligen beten, in ihren Schriften hatten diese nur dann einen Platz, wenn sie – was es ja auch gab – erbaulicher Natur waren. Zum Gott der Philosophen gehörte die Anschauung von der wenig wesentlichen, d. h. nicht mit realem Sein ausgestatteten Gestalt des Bösen. Der Teufel tritt kaum in theologischen Schriften der Frühscholastik auf; übrigens hat er auch bei den Geistlichen von Orléans (1022) keine erkennbare Rolle gespielt. Bei Bogomilen und Katharern ist er dagegen der Herr der Welt. Hier verläuft die Grenze anscheinend nicht zwischen Orthodoxie und Ketzertum, sondern zwischen intellektueller und volkstümlicher Religiosität.

Ähnliches gilt von dem Verhältnis zur Schriftlichkeit. Das Christentum als Buchreligion bedarf stets einer Verkündigung, die auf Texte zurückgreift; diese sind vorerst Sache des Klerus. Wenn das Vertrauen zu ihm schwindet, kann man die Texte zu «lernen» suchen, nach denen man sein Leben gestalten will. Das bringt eine sehr starke Reduktion des Stoffes mit sich, die sich auf den Glauben auswirken kann. «Die Bogomilen leugneten alles, wozu sie keinen Zugang hatten»,[4] vor allem das sehr umfangreiche und griechisch zu lesende Alte Testament. Hier gab es wenigstens einen Mischtext aus den Evangelien, doch haben wir über die Ketzer von Arras gehört, daß sie sich mit einer Zitatensammlung zufrieden gaben, die ihr Meister Gundulf aufgeschrieben hatte.[5]

Auch in der Orthodoxie hat man Texte «verinnerlicht» und nach ihnen zu leben versucht. Dafür war das Kloster der richtige Ort, wo es sich immer nur um eine kleine Auswahl aus der riesigen Stoffmasse der patristischen Literatur handeln konnte. Anders war die Haltung der Lehrenden und Lernenden an den hohen Schulen: Hier ging es um die Eroberung neuer Erkenntnisse, also um Forschung auf rationaler Grundlage; man sollte die Autoritäten von einst kennen, hat sie aber eher als Steinbruch für den neuen Bau von Fachwissenschaften benützt. Damit geschah etwas, das der neuen Methodenlehre[6] entgegengesetzt war und auf höherer Ebene ein Vorgehen von Häretikern wiederholte. Man entnahm den Autoren oder auch bloßen Zitatensammlungen, was zur eigenen These paßte. Während es den Ketzern um ihren Glauben ging, hat sich in den Streitigkeiten der Gelehrten auch persönlicher Ehrgeiz solcher Methoden bedient. Von ihnen sagte man, in Paris gebe es ebenso viele Irrtümer (errores) wie Lehrer (doctores).[7]

Im 13. Jahrhundert ging die spekulative Theologie ihren Weg weiter, das Neueste und Aktuellste war sie nicht mehr. Als die Bischöfe im Jahre 1210 ihr Urteil über die Amalrikaner sprachen, verfügten sie zugleich, daß «die Heftchen [quaternuli] des Magisters David von Dinant bis zu Weihnachten dem Bischof von Paris gebracht und dort verbrannt werden» sollten, und weiters durften «die Bücher des Aristoteles über die Naturphilosophie und die Kommentare [zu Aristoteles] in Paris weder öffentlich noch im geheimen gelesen werden», d. h. die Grundlage von Vorlesungen bilden. Zugleich waren alle theologischen Schriften in der Volkssprache auszuliefern «sowie das Glaubensbekenntnis und das Vaterunser in romanischer Sprache». Zuwiderhandelnde sollten als Häretiker gelten.[8] Volkssprachliche Übersetzungen heiliger Texte waren verdächtig; sie konnten von waldensischer oder albigensischer Seite kommen, und wir kennen ein romanisches Vaterunser der Amalrikaner.[9]

Wer naturwissenschaftliche Werke des Aristoteles oder einen der – zumeist arabischen – Aristoteleskommentare «las», wurde damit nicht zum Ketzer, doch sollte er der Exkommunikation verfallen. Das war eine Disziplinarmaßnahme der Bischöfe. Sie sahen kommen, was man als «aristotelische Wende» in der Wissenschaftsgeschichte bezeichnen könnte. Eine erste große Veränderung hatte das aristotelische Lehrgut für die Theologie des 12. Jahrhunderts gebracht, man lernte an ihm logisches Denken. Jetzt, mit der zweiten Aristotelesrezeption, wurde die Aufmerksamkeit vieler von der spekulativen Theologie weg auf ein anderes Feld gelenkt, das vielfältige, ja kaum ermeßbare Erkenntnis versprach. Das war die Welt, der Kosmos mit all seinen Bezügen. Der Meister hatte eine recht diesseitige «Universalwissenschaft» aufgebaut und stand den Aussagen Platos, wenigstens des *Timaios*, meist distanziert gegenüber.

In älteren Darstellungen wurden die Aristotelesverbote damit gerechtfertigt, daß damals griechischer Urtext und arabische Kommentare noch untrennbar vermischt gewesen seien, der «reine» Aristoteles erst durch Dominikaner an der Universität Paris geschaffen wurde. Die Vermischung betraf Neuplatonisches mit Tendenz zum Pantheismus und auch zur Areligiosität, war also für Theologen untragbar. Die große Leistung der Dominikaner war es, die arabische Philosophie auf Distanz zu halten, Aristoteles in das Studium aufzunehmen und damit einer Verdammung der «modernen» Wissenschaft vorzubeugen. Aber reine lateinische Texte des Philosophen hat es schon um die Mitte des 12. Jahrhunderts gegeben, und zwar nicht bloß seine logischen Schriften. Ein in Konstantinopel lebender Venezianer namens Jakob hat wohl als erster die acht Bücher der Physik, die kleinen naturwissenschaftlichen Schriften und die Metaphysik des Aristoteles übersetzt.[10] Letztere handelt, auf dem naturwissenschaftlichen Lehrgebäude aufbauend, über die Weltprinzipien, beschreitet also einen induktiven Weg.

Im Westen waren solche Übersetzungen nicht unbekannt; sie haben vorerst wenig Wirkung getan. Auch die logischen Schriften hat man zumeist in späteren Bearbeitungen gelesen. Das waren spätantike, neuplatonisch orientierte Kommentare mit stoischen Einsprengseln.[11] Wahrscheinlich meinte man, es sei besser, zusätzlich zu Aristoteles auch die Erkenntnisse späterer Zeiten studieren zu können und damit etwas, das bei dem Meister selbst fehlte; so z. B. die Lehre von den wahrscheinlichen Schlüssen, den hypothetischen Syllogismen, die man nur bei Boethius finden konnte.[12] Selbst auf dem Gebiet der Logik hat Aristoteles erst im 13. Jahrhundert seine volle Wirkung entfaltet: Was in die Zukunft der Forschung wies, waren die hypothetischen Schlüsse auf Grund derjenigen Sätze, die den Menschen insgesamt oder einem Teil von ihnen als richtig erschienen.[13] Neben die reine trat die praktische Vernunft, neben das Erkennenwollen des Unwandelbaren die Erforschung wandelbarer Erscheinungen durch sich wandelnde Menschengruppen.

Objekt neuer Studien war die belebte und unbelebte Natur, wie sie Aristoteles in seinem universalen Werk zusammengefaßt und erklärt hatte. Hier fand sich eine Fülle von Sachangaben und die Methodik, deren Erarbeitung die Magistri überfordert hätte. Aristoteles hat die spekulative Theologie nicht ersetzt, aber er war jetzt attraktiver als sie. Man hatte einen Punkt erreicht, an dem die theologische Wissenschaft das traditionelle Alte verkörperte, während die Welterkenntnis aristotelischer Art aufregend neu war – etwas, das man schon früher hätte haben können, aber damals noch wenig schätzte.

Als 1210 die Lektüre naturwissenschaftlicher Schriften des Aristoteles verboten wurde, betraf das auch die «Heftchen» des Magisters David von Dinant; wir würden von Notizbüchern sprechen, die weithin Aristoteles exzerpierten. Da ging es um den Kreislauf des Wassers, um die Wolken aus Wassertröpfchen, um die Winde, um die Ursachen von Erdbeben und um die pythagoreische These, daß die Erde bloß einer der Sterne sei[14] – das Ganze kunterbunt, aber eine Fundgrube für Neugierige. Die Notizbücher kursierten an der werdenden Universität Paris, ihr Verfasser lebte jedoch an der Kurie, wo er erst 1206 zum Mitglied der päpstlichen Kapelle ernannt worden war.[15] Er hatte eine griechische Schule besucht und anscheinend die Schrift des Aristoteles *Über philosophische Probleme* aufgefunden und übersetzt. Auf sie stützte er sich in den «Heftchen», die leider nur fragmentarisch erhalten sind und erst 1963 publiziert wurden.

Naturwissenschaftliche Interessen lenkten von der Theologie ab, waren aber doch kein Grund, die Notizbücher trotz der Stellung ihres Verfassers an der Kurie für häretisch zu erklären. Tatsächlich hat David, eher nebenbei und gelegentlich, in die aristotelischen Texte andersartiges einfließen lassen. Da taucht etwa die Weltseele auf, Gott und die Welt rücken einander bedenklich nahe in einer eigenständig weitergebildeten Theorie des Seins.[16] Urmaterie und Weltseele sind beide im Gegensatz zu den Menschenkörpern und Menschenseelen Substanz ohne Akzidentien. Derartige Substanz kann es nur eine einzige geben, also ist die Urmaterie gleich der Weltseele und diese gleich Gott.[17] Hier wird die Kategorienlehre des Aristoteles unter Umgehung der nicht mehr «modernen» Ideenlehre auf den Platonismus angewendet. Wenn das Pantheismus ist, hat es doch mit jenem der Amalrikaner nichts zu tun; dort handelte es sich um die zentrale Aussage auch für die Lebenslehre, hier um einen Absatz der Notizbücher, die voll von gänzlich anderem sind. Wie vielfältig Davids Interessen waren, zeigt übrigens die Tatsache, daß er ein (verlorenes) Buch *Über die Anatomie der Venen, Arterien und Nerven des ganzen Körpers* geschrieben hat.[18] Unhaltbar ist es, ihn mit den Katharern in Verbindung zu bringen,[19] die eine Urmaterie nicht kannten[20] und über Aristoteles wahrscheinlich nur wenig informiert waren, etwa durch Autoren, die ihn zitierten. Im Schrifttum der Katharer tritt sein Name einmal auf, doch wird er mit dem jüdischen Gelehrten Avicebron (gest. um 1070) verwechselt.[21]

David wird im Ketzerkanon des vierten Laterankonzils (1215) im Gegensatz zu Amalrich von Bena nicht mehr genannt. Sein Fall ist an sich unwichtig, bietet jedoch ein Beispiel für eine kirchlich anstößige Art der Aristotelesrezeption. Nicht nur, daß sie dessen «Universalwissenschaft» verarbeitete und damit aus dem Rahmen der «freien Künste» und der christlichen Theologie heraustrat; nicht nur, daß bei ihm bedenkliche Lehren wie jene von der Ewigkeit der Welt zu finden waren; der philosophische Mythos der Platonisten war noch immer so stark, daß Aristoteles bei David platonistische Züge annahm. Er tat damit das, was vor ihm die arabischen Kommentatoren getan hatten. Vielleicht entsprach es einem allgemeineren Bedürfnis, die trockene Wissenschaft von dieser Welt mit mythischen Elementen zu versehen und dadurch genießbarer zu machen.

Dafür scheinen Epochen empfänglich zu sein, denen die Religion traditioneller Art nicht oder nicht mehr viel bedeutet. Die arabischen Philosophen, von Samarkand bis Toledo, galten dem islamischen Klerus als Freigeister, und man lehnte sie ab, hat aber doch vieles von ihnen rezipiert. Avicenna (ibn-Sina), al-Kindi, al-Farabi und al-Gazel, sie alle haben in ihrer frei schwebenden Religiosität zusammen mit Neuplatonischem einen Hang zum Pantheismus und zur Mystik in ihre Kommentare zu Aristoteles eingebracht. In der Aufzählung fehlt ein Gelehrter, der später für die Universität Paris am bedeutsamsten wurde, um 1210 dort jedoch noch unbekannt war: Averroes (ibn-Roschd, gest. 1198).[22] Die Mehrzahl der arabischen Kommentare hätte man in Spanien schon zu jener Zeit auffinden können, als Hermann von Kärnten «an den Ufern des Ebro» Nachrichten über den Mohammedanismus sammelte.[23]

Die große Zeit weltgeistlicher Magistri war im 13. Jahrhundert vorbei. Die meisten erschöpften sich im Lehrbetrieb, wenige hatten die Kraft zu neuen Thesen. Als Gegengewicht gegen Richtungslosigkeit und Neigung zu Häresien wurden Vertreter der Bettelorden an der Universität Paris angesiedelt, Dominikaner und Franziskaner, diese allerdings selbst angreifbar wegen ihres Zwiespaltes zwischen Kommunität und Spiritualen. Die letzteren neigten dem Denken des Joachim von Fiore zu, dessen Schriften manche als «das ewige Evangelium» des kommenden Weltalters bezeichneten – Munition für den Führer der weltgeistlichen Magistri, Wilhelm von Saint-Amour, im Kampf gegen die neue Konkurrenz. Der Weltklerus selbst war in sich gespalten. Viele stützten sich auf Schriften des Averroes, bei dem die Weltseele in gemilderter

Gestalt als «intellectus agens» wiederkehrte, als gemeinsamer Geist aller Menschen, so daß es keine persönliche Unsterblichkeit und natürlich auch keine Willensfreiheit geben konnte.

Averroes hatte, gleichsam mit Achselzucken, seinen Aristotelismus neben die traditionelle Lehre des Islam gestellt, die er nicht negieren wollte: Dem Philosophen bietet sich in klarer Erkenntnis dar, was der Prophet für das Volk in Bilder kleiden mußte. Manche Pariser Theologen sprachen die Lehre nach, die ursprünglich der jüdische Gelehrte Moses Maimonides zur Verteidigung des Glaubens an eine Schöpfung der Welt durch Gott aufgestellt hatte: daß etwas im natürlichen Bereich unmöglich und doch im übernatürlichen möglich sein könne. Der Bischof von Paris sah hier eine Häresie, die Lehre von der doppelten Wahrheit,[24] und verdammte sie. Er war damit im Unrecht; freilich hatte der Pariser Averroismus die Tendenz, Aristoteles in den Mittelpunkt des Denkens und das Christentum an den Rand zu rücken.

Averroes war nach Marokko verbannt, sein Werk und jenes des Aristoteles durch den Kalifen verboten worden. Aber weder in Córdoba noch in Paris war den Philosophen auf diese Weise beizukommen. Konservativen Kreisen schien der einzige Ausweg ein Rückzug auf einen christlichen Fundamentalismus zu sein, Glaube gegen Vernunft, die Bibel gegen die Summe «moderner» wissenschaftlicher Werke. Das hätte für die Universität Paris das Ende bedeutet, zumindest ihre Richtung völlig verändert. Wie weit dadurch die Säkularisierung des abendländischen Denkens schon damals fortgeschritten wäre, läßt sich höchstens erahnen.

Ein solcher Rückzug hätte auch dem jungen Dominikanerorden sein geistiges Fundament genommen. Er trägt in seinem Wappen ein Buch, denn er wurde begründet, um mit geistigen Mitteln, Predigt und Studium, die Katharer zu bekehren. Das ist nicht gelungen, und bald wurden Dominikaner zur Mithilfe bei der Inquisition kommandiert. So suchte man ein neues geistiges Arbeitsfeld. Hauptschauplatz solcher Bewährung wurde Paris, der Predigerorden zu einem Orden der Professoren und Dozenten, in dem man mehr geschrieben hat als alle lateinischen Kirchenväter zusammen. Hier fand die Hochscholastik ihr Heim.

Die Dominikaner unter Führung Alberts des Großen und seines Schülers Thomas von Aquino haben die wichtige Arbeit geleistet, die aristotelische Philosophie dem Christentum nahezubringen. In Paris waren auch Franziskaner vertreten, die in moderater Weise die scholastische Wissenschaft mit dem Erbe der Kirchenväter vereinten. So gab es drei Gruppen: Konservative, christliche Aristoteliker und Averroisten. Diese haben nur langsam an Boden verloren; trotz päpstlicher Verbote waren sie in Paris noch im 14. Jahrhundert, in Italien bis zum Ende des Mittelalters vertreten.

Eine dominierende Stellung bewahrte bis tief in die Neuzeit hinein der mit dem Christentum versöhnte Aristotelismus. Neben ihm lebte Platonistisches weiter, zumeist durch Kirchenväter vermittelt, vor allem durch Augustinus.

Die grammatisch-dialektische Grundlage ermöglichte in Erneuerung der aristotelischen Universalwissenschaft den strengen Aufbau von «Summen». Sie vereinten, wie die Jahresringe eines Baumes, was in verschiedenen Epochen die Weltsicht bestimmt hatte. Im Vordergrund stand dabei fast immer das gedankliche Element, und hier lagen die Grenzen der scholastischen Forschung. Heute hingegen sind es Fakten und Daten der Außenwelt, die im Zentrum der meisten Untersuchungen stehen. Der Vernunft, die einst als Herrin auftrat, wird dabei nur eine dienende Rolle zugemessen.

Anhang

Anmerkungen

In den Anmerkungen mehrmals genannte Werke wurden mit Kurztiteln zitiert, deren Auf-
lösung das Quellen- und Literaturverzeichnis dient (S. 334 ff.).

Einleitung

[1] Radulfus Ardens, Homiliae II, 1, MPL 155, 1947 (bezogen auf ein Problem der Trinitätslehre, was bei Gammersbach, Gilbert 144, nicht zum Ausdruck kommt).

[2] Hieronymus, Contra Vigilantium c. 15, nach Meersseman, Teologia 267.

[3] Rupert von Deutz, De omnipotentia Dei, MPL 170, 477 (c. 27). Chenu, Théologie au
douzième siècle 324.

[4] Wilhelm von Conches, Philosophia mundi I, 22, MPL 172, 56, oben 180 mit A. 121.
Chenu a. a. O. 26 A. 4. John Newell, Rationalism at the School of Chartres. Vivarium 21
(1983) 125.

[5] Abaelard, Sic et non, Prol., MPL 178, 1349; Neuedition: Blanche B. Boyer, Richard
McKeon (Chicago 1976). Hartmann, Manegold 143.

[6] Fichtenau, Lebensordnungen II, 567 ff.

[7] Otloh, De temptationibus suis I, MPL 146, 32 f.; Fichtenau a. a. O. 522. Elisabeth von
Schönau, Vita, MPL 195, 128 (c. 14).

[8] Petrus von Vaux-de-Cernay ed. Guébin I, 33 f. (II, 32). Duvernoy, Religion 52.

[9] Duvernoy a. a. O. 90 (nach dem Inquisitionsregister von J. Fournier).

[10] Tertullian, De praescriptione haereticorum c. VII/5, CC ser. lat. I, 192 f. Gerhard Rottenwöhrer, Unde malum? Herkunft und Gestalt des Bösen nach heterodoxer Lehre von
Markion bis zu den Katharern (Honnef 1986).

[11] Cosmas ed. Puech, Vaillant 75 (c. 13).

[12] A. a. O. 74 (c. 13).

[13] Jean Bollack in der Diskussion der Tagung «Terror und Spiel» 588.

[14] Herbert Grundmann, Neue Forschungen über Joachim von Fiore (Münstersche Forschungen 1, Marburg 1950) 67.

[15] Anselm, Gesta episcoporum Leodiensium c. 63, MGH SS 7, 228.

[16] Othmar Hageneder, Der Häresiebegriff bei den Juristen des 12. und 13. Jahrhunderts.
In: Concept of Heresy 42 ff. Peter Classen, Der Häresie-Begriff bei Gerhoch von Reichersberg und in seinem Umkreis. Ebd. 27 ff., Wiederabdruck in: Classen, Aufsätze 461 ff.

[17] Mariano d'Alatri, «Eresie» perseguite dall'inquisizione in Italia nel corso del duecento.
In: Concept of Heresy 222 f.

[18] Abaelard, Theol. christ. 202 (III, 17).

[19] Zitiert von Leclercq, L'hérésie 20.

[20] Wilhelm von Conches, Philosophia mundi, MPL 172 (als «Honorius Augustodunensis») 46 (I, 14); Garin, Platonismo 67.

[21] Chartularium Universitatis Parisiensis I, 59–61 Nr. 1. Zur Bewertung zuletzt Maleczek, Papsttum 97.

[22] Über Amalrich von Bena und die Amalrikaner vgl. oben 280 ff.

Erstes Kapitel

[1] Georges Duby, L'an mil (Paris 1967) 33.

[2] Rodulfus Glaber, Historiae II, 12 (23), ed. France 92, Prou 50. Die Behauptungen über weitere Ketzer in Italien, Sardinien und Spanien werden nur selten ernst genommen, so von Lambert, Heresy 24, 363. Das Zitat ist Apoc. 20, 2 f. – Zum Folgenden vgl. künftig Fichtenau, Häresien Italiens.

[3] Rodulfus Glaber a. a. O. – France a. a. O. 92 A. 1 hält für wahrscheinlich, daß Rodulfus die Nachricht über Vilgard in Dijon von dem Abt Wilhelm hörte, der mehrere Italiener dorthin gebracht hatte, darunter zwei Mönche aus Ravenna.

[4] Arno Borst, Lebensformen im Mittelalter (1973) 592.

[5] Siehe oben 32 mit A. 87.

[6] Taviani, Naissance 1242. An ein städtisches Schulwesen glaubt Moore, Dissent 23.

[7] Domenico Comparetti, Virgilio nel medio evo (Neuaufl. 1937) I, 113 und Lupus von Ferrières: Loup de Ferrières ed. L. Levillain I (Les classiques de l'histoire de France, 20, Paris 1964) 70 Nr. 8 (837).

[8] Caesarius von Heisterbach ed. Strange I, 304 (V, 22).

[9] de Lubac IV (II/2) 247.

[10] Abaelard, Theol. christ. 127 (I, 128).

[11] Abaelard, Theologia «Summi Boni» ed. E. M. Buytaert, C. J. Mews, CC cont. med. 13/3 (1987) 99 (c. 38).

[12] de Lubac IV (II/2) 236.

[13] Historiae II, 11 (22), ed. France 88 ff., Prou 49 f.

[14] Man vermutet dort den letzten Sitz des französischen Bischofs der Katharer, so Borst, Katharer 93 mit A. 15. Zweifelnd Duvernoy, Histoire 127.

[15] Nach einer «alten Chronik» in einer ungedruckten Diözesangeschichte erwähnt. Duvernoy, Histoire 94 f.; Gorre 253 A. 120, mit ausführlichen Angaben.

[16] Gorre 242 A. 16.

[17] Abbo von Fleury, Apologeticus, MPL 139, 462 f.; Grundmann, Ketzergeschichte 8 mit A. 20.

[18] Für die Zeit vom 7. bis zum 12. Jahrhundert ist ansonsten nur ein einziges konkretes Zeugnis bekannt. Fritz Peter Knapp, Der Selbstmord in der abendländischen Epik des Hochmittelalters (German. Bibliothek, 3. Reihe. Heidelberg 1979) 75 mit A. 38. Zweifelhaft ist der Fall, den Ekkehard IV. von St. Gallen berichtet, Fichtenau, Lebensordnungen II, 521 A. 85.

[19] Die ungeschlechtliche Vermehrung der Bienen war ein Thema der klassischen Literatur, der katholischen Liturgie und auch der Ketzer von Monforte (über diese oben 44 ff.) nach Violante, Società 220.

[20] Gregor von Tours, Historia Francorum X, 25, MGH SS rer. Merov. 1 (1875) 437.

[21] Puech in Cosmas ed. Puech, Vaillant 170.

[22] Bonaccursus, Manifestatio ed. Manselli 208 (c. 10).

[23] Moore, Dissent 152, Runciman, Manichäismus 97.

[24] Fearns, Peter 318, 331.

[25] In schärfster Form wird die Verstoßung der Gattin als Voraussetzung des Seelenheils bezeichnet bei Euthymios v. d. Periblepstos (um 1050), Puech in Puech, Vaillant, Cosmas 266: «Hostis ouk aphesei ten gynaika autou, ou sozetai.»

[26] Das vermutet Violante, Povertà 93.

[27] Bautier, Foires 104; eine Beschreibung der Gegend bei Elizabeth Chapin, Les villes de foires de Champagne des origines au début du XIVe siècle (Bibl. de l'Ecole des Hautes Etudes, sc. hist. et philol. 268, Paris 1937) 3.

[28] Chapin 233.

[29] Jean Favier in: Hermann Kellenbenz (Hg.), Handbuch der europäischen Wirtschafts- u. Sozialgeschichte 2 (Stuttgart 1980) 318. Karl Ferdinand Werner, Entfaltung 261: «die seit dem ausgehenden 10. Jahrhundert greifbar werdenden Messen».

³⁰ Bautier, Foires 98 f. John Gilissen, The notion of the fair in the light of the comparative method, in: La foire (Rec. Soc. J. Bodin 5, Brüssel 1953) 334 definiert die Messen als «large organized gatherings at regularly spaced intervals of merchants coming from distant regions». Um das Jahr 1000 war diese Definition sicher noch nicht erfüllt.

³¹ Oben 19 mit A. 15.

³² Mansi 19, 423 nach d'Achery, Spicilegium 1, 606. Das Wort «supplicium» kann sich um diese Zeit noch nicht auf die Folter beziehen.

³³ Forschungsgeschichte bis 1954: Noiroux 843. Seither Jeffrey Burton Russell, A propos du synode d'Arras de 1025, Revue d'histoire ecclésiastique 57 (1962) 66–87 (für Reginhard). Violante, Povertà 89 A. 26 (nach Russell). Moore, Dissent 36 (für Roger). Duvernoy, Histoire 93 (unentschieden). Ausführlich begründet die Zuweisung an Roger Erik Van Mingroot, Acta synodi Attrebatensis (1025): Problèmes de critique de provenance. Studia Gratiana 20 (1976, Mélanges G. Fransen) 203–230.

³⁴ Noiroux 855. Ein Brief der Kirche von Lüttich mit Beschwerden über Ketzer stammt nicht aus den Jahren 1048–1054, sondern erst aus 1144/45. Hubert Silvestre in der Revue d'histoire ecclésiastique 58 (1963) 979 f. und Bonenfant, Clerc cathare 278.

³⁵ Egberts von Lüttich Fecunda Ratis ed. Ernst Voigt (Halle 1889) 205.

³⁶ Lesne, Histoire V, 351.

³⁷ Synodus Atrebatensis bei Mansi 19, 424–460, der Brief als Praefatio a. a. O. 423.

³⁸ Über Gerhard vgl. Theodor Schieffer, Ein deutscher Bischof des 11. Jahrhunderts. Deutsches Archiv 1 (1937) 323–360; Heinrich Sproemberg, Gerhard I. Bischof von Cambrai, in: Mittelalter und demokratische Geschichtsschreibung (Berlin 1971) 103–118; Josef Flekkenstein, Die Hofkapelle der deutschen Könige, II (Schriften d. MGH 16/2, Stuttgart 1966) 186.

³⁹ Hartmut Hoffmann, Gottesfrieden u. Treuga Dei (Schriften d. MGH 20, Stuttgart 1964) 58 f. Über Gerhards theoretische Begründung seines Vorgehens Fichtenau, Lebensordnungen II, 502.

⁴⁰ J. F. Böhmer, Regesta Imperii III,I/1: Die Regesten des Kaiserreiches unter Konrad II., von Heinrich Appelt (Graz 1951) Nr. 22 b. Zum Folgenden vgl. künftig Fichtenau, Häresien Italiens.

⁴¹ Mansi 19, 460 D (c. 17).

⁴² Duby, Le chevalier 122, ähnlich Moore, Dissent 288.

⁴³ Mansi a. a. O. 430 (c. 2).

⁴⁴ A. a. O. 424 D (c. 1).

⁴⁵ Littera Gregors VII. an französische Bischöfe mit Beschwerden über die «Ausplünderung» (durch Zollerhebung) italienischer Kaufleute, «die zu einem Markt in der Francia zogen». Das Register Gregors VII. ed. Erich Caspar (MGH Epistolae sel. II/1, Berlin 1920) 130–135 (II, 5), vgl. 150 f. (II, 18).

⁴⁶ Mansi a. a. O. 425 D: «de laboribus manuum suarum victum parare». Die Deutung durch Ernst Werner, es habe sich um Kaufleute gehandelt, die «von ihrer Hände Arbeit leben» wollten, «d. h. sie lehnten das Pfründenpriestertum ab», ist unhaltbar. Werner, Häresie und Gesellschaft im 11. Jahrhundert. Sitzungsberichte d. Sächsischen Akademie, philolog.-histor. Kl. 117/5 (1975) 49.

⁴⁷ Liste bei K. F. Werner, Entfaltung 261.

⁴⁸ Bonenfant, Episode 104; Gesta abbatum Trudonensium, MGH SS 10, 310 (XII, 12).

⁴⁹ Mansi 425 B (c. 1). Über das Verhältnis von Wort und Schrift siehe oben 128 f.

⁵⁰ A. a. O. 425 D.

⁵¹ J. F. Niermeyer, Mediae latinitatis lexicon minus (Leiden 1976) 862.

⁵² Violante, Povertà 88. Positiv auch Duby, Les trois ordres 42. Von einer «alleged interrogation» spricht Stock, Literacy 121. Im Sinne von Stocks Buch kann man die Leute von Arras als «textual community» bezeichnen, wobei sie allerdings einen Grenzfall darstellen. Abzulehnen ist der Gedanke von Taviani, Mariage 1084, sie hätten apokryphe Andreasakten benützt. Das tat vielmehr der Bischof. Um sie einführen zu können, verwies er darauf, daß

unter den Aposteln, die die Häretiker als Vorbild ansahen, auch Andreas war. Mansi 19, 433 C (c. 2).

[53] Mansi 457 B (c. 6).

[54] Mansi 433 B (c. 2); 425 DE (c. 1); 436 A (c. 2); 448 A (c. 8).

[55] Gorre 162.

[56] Mansi 430 C (c. 1).

[57] Mansi 427 E (c. 1).

[58] Mansi 444 DE (c. 5).

[59] Mansi 430 C (c. 1).

[60] «De connubiis vero, quae vos [...] abominanda iudicatis, dicentes coniugatos in sortem fidelium nequaquam computandos [...]» Mansi 449 A (c. 10), was ausführlich widerlegt wird. Vgl. Duby, Le chevalier 122–125.

[61] Oben 296 A. 25.

[62] Mansi 19, 459 D (c. 17): «[haeresis] quae legitima connubia devitat.» Legt man den Akzent auf «legitima», kann der Satz Dubys a. a. O. 121 gelten: «Les prêtres ne doivent pas se mêler aux cérémonies qui se déroulent à proximité du lit nuptial» (Eheschließung als Sache der Weltlichen, nicht des Klerus).

[63] Mansi 453 CD (c. 13).

[64] Mansi 445 A (c. 7).

[65] So Violante, Povertà 85.

[66] Anselm von Lüttich, Gesta episcoporum Leodiensium, MGH SS 7, 226 f. (c. 62).

[67] Bei Anselm, 227 f. (c. 63). Wiederabdruck bei Fearns, Ketzer 52–54 Nr. 17.

[68] Manselli, Eresia del male 141 f. A. 45.

[69] Dondaine, Origine 66 mit A. 39.

[70] Act. 6,5 f.; 8,17; 13,2 f.; zum Ausdruck «Geisttaufe» Ioh. 1,33.

[71] De civitate Dei I, c. 20, CSEL 40/1 ed. E. Hofmann (Wien 1899) 38. Wazo schreibt die Anschauung den Arianern zu, obwohl Augustinus die Manichäer nennt.

[72] Oben 32 f.

[73] Mansi 19, 742; Fearns, Ketzer 54 Nr. 18.

[74] Gegen die Nähe der «novi haeretici» zu Berengar: Ovidio Capitani, Studi per Berengario di Tours, II, Bullettino dell'Istituto Storico Italiano per il Medio Evo 69 (1957) 125 f.

[75] Fredericq, Corpus I, 31 f. Nr. 30. Zur Identifizierung Borst, Katharer 91 f. mit A. 11.

[76] Lamperti monachi Hersfeldensis opera ed. O. Holder-Egger, MGH SS rerum Germanicarum 38 (1894) 63 (zu 1053). Rottenwöhrer III, 219–222.

[77] Herimanni Augiensis Chronicon, MGH SS 5, 130 (zu 1052).

[78] Manegold von Lautenbach, Liber ad Gebehardum, MGH Libelli de lite 1 (1891) 378 Z. 38 ff.

[79] Gesta (oben Anm. 66) 228 (c. 63 f.).

[80] Oben A. 71 und ep. 236 an Bischof Deuterius, MPL 33, 1033: «Animas non solum hominum, sed etiam pecorum de Dei esse substantia ...»

[81] So zuletzt Borst, Katharer 80 A. 23, der jedoch den Zusammenhang mit Châlons erkannt hat: «Ihr Glaube war wohl ein getreues Abbild der Häresie von Châlons», a. a. O. 79.

[82] Ademar von Chabannes ed. Chavanon 194 (III, 69).

[83] Ademar ed. Chavanon, Appendix, 210, nach Ms. Bibl. Nat. lat. 6290; vgl. 173 (III, 49): Taufe, Kreuz, Abstinenz, Keuschheit «wie Mönche».

[84] Mansi 19, 849 (c. 13) und Fearns, Ketzer 54 Nr. 18 B. Ademar ed. Chavanon 185 (III, 59), zur Handschriftenlage Chavanon, Einleitung S. VII und Monica Blöcker, Ein Zauberprozeß im Jahre 1024, Schweizerische Zeitschrift für Geschichte 29 (1979) 535–542.

[85] Theodoin von Lüttich, Contra Brunonem 1439–1442. Über Berengar vgl. oben 266 ff.

[86] Anders sieht die Sache Jeffrey B. Russell, Les cathares de 1048–1054 à Liège. Bulletin de la Société d'Art et d'Histoire du diocèse de Liège 148 (1961) 6–8.

[87] Verbesserter Text bei Lambert, Heresy 347. Der ausgelassene, von einer zweiten

Hand verbesserte Satz bezieht sich auf Frankreich. Letzter Abdruck: CC cont. med. 49 (1978) ed. G. Silagi, 51.

[88] Colomannus Juhász, Gerhard der Heilige, Bischof von Maroschburg. Studien u. Mitteilungen zur Gesch. d. Benediktiner-Ordens 48 (1930) 23 A. 11. – Zur Sache vgl. künftig Fichtenau, Häresien Italiens.

[89] Lambert a. a. O.

[90] Loos, Heresy 157 f.

[91] Cartulaire de St.-Père 109–115 (c. 3). MPL 155, 263–268.

[92] Blöcker, Häresie 220 A. 122 gibt eine Zusammenstellung der Nachweise.

[93] Todesjahr des Normannenherzogs. Bautier, Hérésie 67 datiert «vor 1026».

[94] Den politischen Rahmen der Angelegenheit behandelte ausführlich Bautier, Hérésie 77–88. Seither vgl. Michel Bur, La formation du comté de Champagne, v. 950 – v. 1150 (Nancy 1977) 158. Thomas Head, Hagiography and the Cult of Saints: The Diocese of Orléans, 800–1200 (Cambridge 1990) 265–267, 270. Heinrich Fichtenau, Die Ketzer von Orléans (1022), in: Festschrift Harald Zimmermann (Sigmaringen 1991) 417–427.

[95] Ademar ed. Chavanon 184 (III, 59). Von Weltlichen redet nur der Brief des Mönchs Johannes: «de melioribus clericis sive de nobilioribus laicis prope XIIII eiusdem civitatis.» André de Fleury, Vie de Gauzlin 180. Wohl deshalb sprechen Poly und Bournazel, Mutation féodale 384, von «zwei adeligen Laien». Trotzdem dürfte es sich, wie die anderen Quellen berichten, nur um Geistliche verschiedener Weihegrade gehandelt haben. Rodulfus Glaber nennt die Gesamtzahl 13. Historiae III, 8 (31), ed. France 150, Prou 80.

[96] Blöcker 198.

[97] Rodulfus Glaber a. a. O., ed. France 150, Prou 80 f.

[98] Oben 18 mit A. 3.

[99] Monica Blöcker, Volkszorn im Mittelalter. Francia 13 (1985) 131, schreibt König Robert die Absicht zu, «die Ketzer geradewegs in die Hölle zu befördern».

[100] Ademar ed. Chavanon 185 (III, 59).

[101] Odorannus ed. Bautier, Gilles 11, 14, 100 (zu 1023). Bautier, Hérésie 82. Oben 124 mit A. 22.

[102] Rodulfus Glaber, Historiae III, 8 (31), ed. France 150, Prou 81.

[103] Vgl. oben 125 und Helgald v. Fleury 64, 66 (6).

[104] Les poèmes satiriques d'Adalbéron, ed. G.-A. Hückel (Paris 1901) 176, v. 308–326. Darüber zuletzt Poly, Bournazel, Mutation féodale 386 f.

[105] In: André de Fleury, Vie de Gauzlin ed. Bautier, Labory 180, 182 Nr. 4. Bautier, Hérésie 65. – Eine Fälschung ist der angebliche Brief des Bischofs Balduin von Thérouanne mit Warnungen vor den Ketzern von Orléans, ein Gemisch der Texte von Rodulfus Glaber und Ademar von Chabannes. Russell, Dissent 28, 276 f. A. 24; richtig Lambert, Heresy 346.

[106] Adalbéron de Laon, Poème au roi Robert, ed. C. Carozzi (Paris 1979) p. 4–6, v. 56 f.; Blöcker, Häresie 216 A. 103.

[107] Darüber zuletzt Jean-François Lemarignier, Le gouvernement royal aux premiers temps capétiens (Paris 1965) 80 A. 53. Bautier, Hérésie 76.

[108] Rodulfus Glaber, Historiae III, 8 (26), ed. France 138, Prou 74.

[109] Ademar ed. Chavanon 184 (III, 58) mit A. b. Borst, Katharer 75 A. 10. Anders Blöcker, Häresie 204 A. 40: «Wohl von Ademar selbst beigefügt.»

[110] Rodulfus Glaber: «[mulier], ut erat diabolo plena . . .»; Ademar: «Adorabant diabolum . . .» Vgl. auch Vauchez, Diables et hérétiques 574 ff.

[111] Ademar ed. Chavanon 184 f. (III, 59).

[112] Cartulaire de St.-Père 112. – Nach Abschluß des Manuskripts erschien die schöne Studie von Patschovsky, Ketzer als Teufelsdiener, wo (320–322) der apologetische Charakter der Erzählung im Cartular gekennzeichnet wird.

[113] Guibert ed. Labande 430 (III, 17). Patschovsky a. a. O. 322 f.

[114] Blöcker, Häresie 204 A. 44. Von einer schwarzen Messe, die Heinrich IV. und sein Hof in der Alten Kapelle in Regensburg gefeiert haben sollen, berichtet Gerhoh von Reichersberg,

dem man davon in Regensburg erzählte. Diese politische Verleumdung wurde ernstgenommen durch Karl Heisig, Eine gnostische Sekte im abendländischen Mittelalter. Zeitschrift für Religions- und Geistesgeschichte 16 (1964) 271–274.

[115] Herbert Grundmann, Der Typus des Ketzers in mittelalterlicher Anschauung. In: Grundmann, Aufsätze 324 f. A. 37.

[116] Tertullian, Apologeticum ed. H. Hoppe, CSEL 69 (1939) 18 (VII, 1), mit Variationen 21 f. (VIII, 1–9), 23–27 (IX, 1–20). Vgl. Duvernoy, Histoire 34 A. 38, 87. Patschovsky, Ketzer als Teufelsdiener nennt in diesem Zusammenhang noch Justinus Martyr und Minutius Felix, a. a. O. 318.

[117] Moore, Heresy 27, 33.

[118] André de Fleury ed. Bautier, Labory 98 (c. 56 a). Bautier, Hérésie 66.

[119] Oben A. 105.

[120] Rodulfus Glaber, Historiae III, 8 (27), ed. France 142, Prou 76.

[121] Gorre 89 f., 268 A. 79 zitiert einen Satz des Johannes Scotus über die Identität der Wesenheiten (Ideen) mit Gott «antequam in formam essendi veniant», was eine andere Aussage ist.

[122] Borst, Katharer 75 A. 11, sieht hier «altbogomilischen Dualismus» am Werk. Vorher hat Dondaine, Origine 75, den Widerspruch der Aussage des Cartulars («a Deo omnium creatore») mit einer Ewigkeit der Welt gesehen, sein Lösungsversuch A. 59 ist sehr unwahrscheinlich. Richtig Rottenwöhrer III, 169.

[123] So Blöcker, Häresie 217 A. 106 mit einem möglichen Beispiel (De civitate Dei XI, 4).

[124] Cartulaire de St.-Père 111, auch zum Folgenden.

[125] A. a. O. 114. Zur Aussage über die Jungfraugeburt vgl. auch oben 176.

[126] Bei Dondaine, Origine 69, angeführt für eine bogomilische Herkunft der Häresie.

[127] André de Fleury, Vie de Gauzlin ed. Bautier, Labory 98 (c. 56 a). Wörtlich: «sie besäßen eine in allem [Maria] ähnliche Gottesmutter.»

[128] Zitiert von Runciman, Manichee 78 (dt. Ausg. 102). Vgl. oben 74 mit A. 32.

[129] Augustinus, epistula 147, CSEL 40/3, 278–280. Zitiert in diesem Zusammenhang von Blöcker, Häresie 225 mit A. 143 f.

[130] Oben 41. Fichtenau, Ketzer von Orléans 426 mit A. 53.

[131] Cartulaire 111.

[132] Kusch, Studien 200.

[133] Kusch a. a. O. 181 (Conf. 13, 22, 32).

[134] Delaruelle, Piété populaire 152 (91).

[135] Verbeke in: Concept of Heresy 192 f. Chartularium Universitatis Parisiensis I, 71 Nr. 12: «Spiritus sanctus in eis incarnatus, ut dixerunt, eis omnia revelabat [. . .]» usw. Vgl. oben 282 mit A. 156 (Caesarius von Heisterbach).

[136] Oben 41, über den Naturbegriff oben 175 f.

[137] Abaelard, Expositio in Hexaemeron, MPL 178, 746 C und Luscombe, Nature 315.

[138] So Moore, Heresy 26.

[139] Mansi 19, 438 (c. 3), zitiert von Blöcker, Häresie 212 A. 80. Ebenda 211 der Verweis auf Augustinus, De civitate Dei VII, 5; CSEL 40/1, 308 f.

[140] André de Fleury, wie A. 127. Nach ihm lehnten die Ketzer den Kirchenbegriff überhaupt ab («non credebant Ecclesiam esse»).

[141] «Modo quodam locutionis ostenditur, quo significatur per id quod continetur, illud, quod continet, sicut [. . .] appellamus ecclesiam basilicam, qua continetur populus qui vere appellatur Ecclesia [. . .]» Epistula 190, CSEL 57 ed. A. Goldbacher (Epp. t. 4, Wien 1911) 154 (c. 19).

[142] Gerhoh ep. 21 an die Kardinäle, darin sein Schreiben an Innocenz II., MPL 193, 585 A.

[143] Nach dem allgemein akzeptierten Vorschlag von Ilarino, Eresie 68 A. 35. «Nicht sicher zu bestimmen» nach Taviani, Naissance 1224.

[144] Landulf sen., MGH SS 8, 65 (c. 27). Landulf ed. Cutolo 67. Violante, Povertà 98–102.

[145] Rodulfus Glaber, Historiae IV, 2 (5), ed. France 176, Prou 94. Borst, Katharer 77, nennt «etwa dreißig Edelleute».

[146] Taviani, Naissance 1246 f. Monforte lag eher im Interessenbereich des Markgrafen von Turin, der dort sehr begütert war. Vgl. Gorre 219.

[147] Taviani, Naissance 1225, sieht dies für wahrscheinlich an.

[148] Rodulfus Glaber, Historiae IV, 2 (5), ed. France 178, Prou 94 f. Vorher (IV, 1) Vorbehalte gegenüber Konrad II. France, Einleitung 1.

[149] Arno Borst in den Atti del X Congresso 350, leider ohne Quellennachweis.

[150] Oben 52 und Meersseman, Adda, Pénitents ruraux.

[151] MGH SS 8, 66. Hier steht die sicher falsche Lesung «misterium». Ebenso Landulf ed. Cutolo 69.

[152] Zur «endura» Manselli, Eresia del male 239 (bezeugt seit ca. 1240). Borst, Katharer 197 f. mit A. 22; Duvernoy, Religion 165 A. 89 («endura» gleich Fasten, nicht Selbstmord), 166 A. 93 (keine Verbindung der Tötungen von Monforte mit dem Katharismus); Rottenwöhrer II/2, 600. Zu «endura» stellt Manselli, Eresia del secolo XII, 225–231 das Wort «martirium» in einem Abschwöreid aus Moissac (12. Jahrhundert), a. a. O. 234.

[153] Die Lesung «qui omnia ut ab initio» wurde zu Recht durch Violante, Società 221, emendiert in «qui omnia est ab initio».

[154] Taviani, Naissance 1236.

[155] «Animus itaque, id est intellectus omnium, Dei filius est. Ipse est enim, ut ait sanctus Augustinus, intellectus omnium, immo omnia.» A. a. O., A. 66.

[156] Die Erklärung Tavianis a. a. O. 1238 («sensus interior») kann nicht überzeugen. Das Wort «sensualiter» spielte eine Rolle in der Eucharistiedebatte von 1059, wo es die konkrete Realität des Herrnleibes bedeutete; Berengar von Tours wollte die Formulierung «intellectualiter» wählen.

[157] Annales Nivernenses, MGH SS 13, 90. In die Diskussion eingeführt durch Russell, Dissent 182 mit A. 66.

[158] Fredericq, Corpus I 8 f. Nr. 5. Vgl. oben 297 Anm. 34.

[159] MPL 143, 1346 f. Ilarino, Eresie 78, glaubte hier eine Einfallspforte außereuropäischer Häresien entdeckt zu haben. Russell, Dissent 182, meint, die Warnung wäre nicht ausgesprochen worden, hätte es in der Provence keine Ketzer gegeben. Ebenda 198 sieht er hier kein Zeugnis für Katharer, «[it] can be rapidly dismissed».

[160] Manegold, Liber contra Wolfelmum ed. Hartmann. Fragestellung und Nachweise bei Hartmann, Manegold 84 f.

[161] Manitius III, 176.

[162] Borst, Katharer 80.

[163] Bernold von Konstanz, Chronicon (zu 1091), MGH SS 5, 451 f., 462, und Grundmann, Ketzergeschichte 15 mit A. 11.

[164] Register Gregors VII. ed. Caspar I, 309 (IV, 10) und II, 490 (VII, 16).

[165] Vacarius ed. Ilarino, Speroni 485 (I, 2). Siehe oben 280.

[166] Chron. s. Andreae castri Cameracensis, geschrieben 1135 von einem Mönch des Klosters, MGH SS 7, 540 (III, 3).

[167] So Fredericq, Corpus I, 11 A. 1.

[168] Register I, 328 f. (IV, 20; 1077 März 25).

[169] A. a. O. 332 (IV, 22; 1077 Mai 12).

[170] Borst, Katharer 82.

[171] Liber de unitate Ecclesiae conservanda, MGH Libelli de lite 2, 266 (c. 38).

[172] Annales Augustani (zu 1075), MGH SS 3, 128.

[173] Oben 45 mit A. 150. Bernold (oben A. 163) 452 f. (zu 1091).

[174] Bernold a. a. O. 453.

Zweites Kapitel

[1] Grundmann, Ketzergeschichte 16.

[2] Letzter Druck bei Fearns, Ketzer 15–18 Nr. 3, vorher Fredericq, Corpus I, 15–18 Nr. 11. Einen Überblick über Quellen und Schrifttum bietet Russell, Dissent, Appendix B; vgl. Grundmann, Ketzergeschichte 16 A. 2. Zur Chronologie der Romreise Russell a. a. O. 65, 282 A. 9.

[3] Vita Norberti archiepiscopi Magdeburgensis (erste Fassung) c. 16, MGH SS 12, 690 f. und Fredericq, Corpus I 23 Nr. 14.

[4] Vita Norberti (zweite Fassung), MGH SS ebenda (Fußnote) und Fredericq a. a. O. 24 Nr. 15. Beide Fassungen sind aus dem Brief der Utrechter abgeleitet, also keine gute Quelle.

[5] Fredericq, Corpus I, 26 Nr. 17, jetzt auch in CC cont. med. 13/3.

[6] Edouard de Moreau, Histoire de l'Eglise en Belgique II (1940) 312. Moreau schreibt, die Mehrzahl der Kanoniker seien Nicht-Priester gewesen, sie «devaient uniquement s'acquitter de la récitation de l'office divin».

[7] Wilhelm von Newburgh, Historia rerum Anglicarum ed. R. Howlett (Rerum Britannicarum Scriptores 82/1 London 1884, 1964) 60 f. (I, 19), auch zum Folgenden.

[8] Continuatio Praemonstratensis des Sigebert von Gembloux (zu 1148), MGH SS 6, 454; Cont. Gemblacensis (zu 1146), MGH SS 6, 389.

[9] Otto, Gesta Friderici ed. Waitz, Simson 81 (I, 56).

[10] Über ihn vgl. u. a. Borst, Katharer 83; Duvernoy, Histoire 200 f.; Fearns, Peter 311–335; Manselli, Studi 25–43; Russell, Dissent 74 f.; Merlo, Eretici 21–26.

[11] Petrus Venerabilis, Contra Petrobrusianos ed. Fearns; der Widmungsbrief an den Klerus der Dauphiné ebenda 3–6 und bei Fearns, Ketzer 18–21 Nr. 4.

[12] Borst, Katharer 83 A. 10. Fearns setzt dieses Jahr an den Beginn der Wirksamkeit des Petrus, seinen Tod zu 1139 oder 1140; anderseits denkt Borst a. a. O. 83 an die Jahre 1105–1126. Die oben gegebenen Ansätze nach Manselli, Studi 29. Ausführliche Gegenargumente bei Fearns, Peter 313–317.

[13] Contra Petrobr. ed. Fearns 9 f. (c. 4), 162 (c. 274).

[14] Fearns, Peter 323. Zustimmend Lambert, Heresy 53.

[15] Contra Petr. ed. Fearns 9 (c. 4): «populi rebaptizati». Auf die Stelle bei Abaelard, Introductio ad theologiam (= Theologia ‹Scholarium›) II 4 hat Manselli aufmerksam gemacht, Studi 25 A. 1.

[16] Das schließt Fearns, Peter 321, aus dem Wort «lavantur [peccata]» bei der Erwachsenentaufe.

[17] Fearns, Peter 330 mit A. 98.

[18] Fearns a. a. O. 326 vermutet für Orléans die Ablehnung deshalb, weil die Ketzer «nicht an die Inkarnation glaubten». Zu Arras a. a. O. 325.

[19] Fearns a. a. O. 329.

[20] Über ihn vgl. besonders Manselli, Studi 45–67, und vorher ders., Monaco Enrico, hier mit der Edition einer «disputatio» Heinrichs mit einem Mönch Wilhelm (36–63).

[21] Brief Bernhards an den Grafen von Toulouse, letzter Druck: Fearns, Ketzer 22 Nr. 5. Alberich von Trois-Fontaines, MGH SS 23, 839, nennt ihn einen einstigen «schwarzen Mönch» (Benediktiner) in der Gegend von Albi; letzteres dürfte nicht richtig sein.

[22] Gesta Pontificum Cenomannensium, in: Recueil des historiens des Gaules et de la France 12 (Paris 1875) 550 C, ebenda 547–550 zum Folgenden.

[23] Ein zweites Mitglied der Delegation hieß «der Heide Aldrich [paganus Aldricus]», das dritte Hugo «de Osello», was wörtlich übersetzt «vom Knöchelchen» (Spielwürfel?) hieße. Gesta pont. Cenomann. 548 E.

[24] «[. . .] ipse, cuius divinitati non desinis contraire [. . .]», vgl. vorher: «multa contra fidem catholicam, quae fidelis Christianus retractare exhorrescit [. . .] protulisti». A. a. O. 549 AB.

[25] Petrus Venerabilis, Widmungsbrief zu Contra Petrobrusianos, ed. Fearns 5 (c. 10); Fearns, Ketzer 20 f. Nr. 4.

[26] Oben A. 20.

[27] Manselli, Studi 58, Monaco Enrico 19.

[28] Mansi 21, 226 f. (c. 3).

[29] Ebenda 532 (c. 23).

[30] Gesta Treverorum, continuatio I, MGH SS 8, 193 f. Es handelt sich um Ivois, cant. Carignan, arr. Sedan, Diözese Trier. Zu 1112: Duvernoy, Histoire 107.

[31] Oben 48 mit A. 158.

[32] Manselli, Monaco Enrico 48: «parvulos, quod verum est, originale peccatum contrahere asseris, sed sine baptismi lavarro salvos esse deliras». A. a. O. 47: «[...] in qua sententia originale peccatum destruis, in Pelagianam haeresim incidisti».

[33] Annales Rodenses, MGH SS 16, 711; vgl. Ann. Aquenses ebenda 685. – In Bucy-le-Long bei Soissons waren (1115) Ketzer angeklagt worden, u. a. Altarssakrament, Kindertaufe und Ehe («coniugia») abzulehnen. Vgl. oben 76, unten A. 42.

[34] MPL 182, 676–680; Teildruck (nur die Katharer Befreffendes) bei Fearns, Ketzer 24–26 Nr. 6 (zu 1143). Über diese Katharer oben 78.

[35] MPL 182, 678 (c. 4), auch zum Folgenden.

[36] A. a. O. 679 (c. 6).

[37] Gesta Friderici ed. Waitz, Simson 133 (II, 28).

[38] Jacques Verger, Abélard et les milieux sociaux de son temps. In: Abélard en son temps 118.

[39] Arsenio Frugoni, Filii Arnaldi. Bullettino dell'Istituto Storico Italiano 70 (1958) 521–524.

[40] Ekbert, Sermo V, c. 11, MPL 195, 34.

[41] Oben 64.

[42] Manselli, Ecberto 331 A. 45. Eine gewisse Übereinstimmung ergibt sich auch mit der Aussage von Guibert v. Nogent ed. Labande 430 (III, 17) über die Ketzer von Bucy-le-Long bei Soissons: «[...] ita ut vir cum femina, singulus cum singula, non moretur, sed viri cum viris, feminae cum feminis cubitare noscantur, nam viri apud eos in foeminam coitus nefas est.» Diese Gruppe lehnte jedoch, nach Art der Katharer, die Ehe überhaupt ab. Vgl. oben A. 33 und oben 76.

[43] Sigebert von Gembloux, Chronographia, cont. Aquicinctina (zu 1183), MGH SS 6, 421. Fredericq, Corpus I, 48 Nr. 48. Trotz der zeitlichen Differenz dürfte es sich um jene flandrische Gruppe handeln, die sich 1162 bei Papst Alexander III. über eine Anklage des Erzbischofs von Reims gegen sie beschwerte. Fredericq, Corpus I, 37 Nr. 37, 38 f. Nr. 38. So läßt sich erklären, daß Alexander über die Ketzer seine eigene Meinung hatte, während Ludwig VII. sie in seinem Schreiben an den Papst für Manichäer oder «Populicani» (Katharer) hielt, Fredericq a. a. O. 37 Nr. 37, Grundmann, Bewegungen 55–57. Katharer aus Flandern wurden in Köln 1163 verbrannt, oben 83.

[44] Manselli, Passagini 189–210. Weiteres Schrifttum bei Borst, Katharer 112 A. 11.

[45] Oben 52.

[46] Meersseman, Adda, Pénitents ruraux 350–390.

[47] Grundmann, Bewegungen 73–91, zur sozialen Einordnung 157–161.

[48] Gottfried Koch, Neue Quellen und Forschungen über die Anfänge der Waldenser. Forschungen und Fortschritte 32 (1958) 147. Vorsichtig Fearns, Peter 334.

[49] Grundmann, Bewegungen 452 f.

[50] So der Mönch Wilhelm (gegen den Mönch Heinrich), Text bei Manselli, Monaco Enrico 46.

[51] Selge, Waldenser I, 250 f., bes. 251 A. 60. Walter Map ed. James, Brooke, Mynors 126 (I, 31).

[52] Aus dem zahlreichen Schrifttum sei nur genannt Giovanni Gonnet, Le cheminement des vaudois vers le schisme et l'hérésie (1174–1218). Cahiers de civilisation médiévale 19

304 Anmerkungen S. 69–75

(1976) 309–345, bes. 333. Über Waldenser und Katharer im Herzogtum Österreich: Peter
Segl, Häresie und Inquisition im Bistum Passau im 13. und beginnenden 14. Jahrhundert.
Ostbairische Grenzmarken Jg. 1981, 45–65, und ders., Ketzer.

Drittes Kapitel

[1] Cosmas ed. Puech, Vaillant, wo der Name «Bogomilen» noch nicht zu finden ist.
[2] Ernst Werner, Bogomil eine literarische Fiktion? Forschungen und Fortschritte 33 (1959)
24–28 (ablehnend, gegen V. S. Kiselkov). Vaillant in Puech, Vaillant 27 denkt an ein Pseudo-
nym.
[3] Vaillant a. a. O. 27 A. 2 lehnt die Übersetzung «Gottlieb» (cher à Dieu) ab, die oft, u. a.
bei Runciman, Manichäismus 89, zu finden ist.
[4] Puech in Cosmas ed. Puech-Vaillant 132 f. mit A. 6, vgl. 289.
[5] Cosmas 57 (c. 2).
[6] Cosmas 71 (c. 11), 55 (c. 2).
[7] A. a. O. 86 (c. 19).
[8] Dimitur Angelov, Aperçu sur la nature et l'histoire du bogomilisme en Bulgarie, in:
Hérésies et sociétés 79.
[9] So richtig Manselli, Eresia del male 88 f.
[10] Cosmas ed. Puech, Vaillant 85 (c. 19), dazu Puech a. a. O. 277.
[11] Obolensky in der Diskussion der Tagung Hérésies et sociétés 144 f.
[12] Cosmas 83 (c. 17), dazu Puech a. a. O. 273.
[13] Cosmas 81 (c. 15).
[14] A. a. O. 120 f. (c. 30).
[15] A. a. O. 121 (c. 30).
[16] A. a. O. 121 f. (c. 30).
[17] A. a. O. 76 (c. 13).
[18] A. a. O. 85 (c. 18).
[19] A. a. O. 77 (c. 14); Loos, Heresy 58.
[20] Cosmas 81 f. (c. 15).
[21] A. a. O. 58 (c. 3), 59 (c. 5), 82 f. (c. 16).
[22] A. a. O. 58 (c. 3).
[23] A. a. O. 83 (c. 17).
[24] A. a. O.
[25] A. a. O. 63 (c. 7, vgl. c. 6).
[26] Puech in Puech, Vaillant 242 f.
[27] Panoplía dogmatiké, Migne, Patrologia graeca 130. Puech in Puech, Vaillant 142.
[28] Runciman, Manichäismus 104. Puech in Puech, Vaillant 140 f.
[29] Puech in Puech, Vaillant 254 f.
[30] Näheres bei Dondaine, Origine 66.
[31] Moore, Dissent 148.
[32] Puech in Puech, Vaillant 258 f. Über eine ähnliche Aussage der Ketzer von Orléans
siehe oben 41 mit A. 128.
[33] Forschungsgeschichte bei Šanjek, Rassemblement 789–791, dazu Hamilton, Origins.
[34] Obolensky, Bogomils 133.
[35] Zur Lokalisierung vgl. u. a. Söderberg, Religion 34 f.; Hamilton, Origins 115 f.
[36] Obolensky, Bogomils 127–129. Eine Wurzel der Erzählung scheint sich bei Cosmas ed.
Puech, Vaillant 77 (c. 14) zu finden: Der Teufel hat die Menschen dazu verführt, Fleisch zu
essen, Wein zu trinken und geschlechtlich zu verkehren.
[37] So richtig Manselli, Eresia del male 94; Hamilton, Origins 121.
[38] Euthymios vom Peribleptoskloster, zitiert bei Puech, Vaillant 180 mit A. 4; oder man
sah eine Trinität Gottvater – Satan – Christus, a. a. O. 181.
[39] Cosmas ed. Puech, Vaillant 75 (c. 13).

[40] Hier verkürzt; die ausführliche Erzählung durch Euthymios Zigabenos bei Runciman, Manichäismus 98–100.

[41] Borst, Katharer 175.

[42] Oben 21 mit A. 23.

[43] Guibert ed. Labande 428–434 (III, 17), auch zum Folgenden. Rottenwöhrer III, 227 ff.

[44] Oben 38 mit A. 113.

[45] So Manselli, Eresia del male 146.

[46] Guibert ed. Labande 428 (III, 17), 224–228 (III, 16). Tractatus de incarnatione contra Iudeos, MPL 156, 489–498, bes. 490 f.

[47] MPL 156, 492 (I, 2).

[48] A. a. O. 493.

[49] Borst, Katharer 95 A. 21.

[50] Moore, Dissent 173. Anders (1182/83) M. Brandt bei Ernst Werner, Die Bogomilen in Bulgarien. Studi medievali ser. III, 3 (1962) 270 mit A. 68.

[51] Runciman, Manichäismus 95.

[52] MPL 182, 679 (c. 6); Fearns, Ketzer 26 Nr. 6, Merlo, Eretici 39. Duvernoy, Histoire 110, übersetzt «tempore martyrum» mit «depuis les temps des apôtres». Zum Geschichtsbewußtsein noch Ekbert von Schönau, Sermones contra Catharos, I, MPL 195, 13: «per multa tempora latuerunt [. . .] per omnes terras multiplicati sunt [. . .]»; 16: «Talia iam longo tempore susurraverunt».

[53] Oben 64 f. mit A. 34–36. Der Zeitpunkt des Schreibens wird verschieden angegeben: 1143 (Fearns), zwischen 1143 und 1144 (Borst, Katharer 4); gegen 1144 (Manselli, Eresia del male 92); um 1145 (Rottenwöhrer I 1, 155).

[54] Annales Brunwilarenses, MGH SS 16, 727.

[55] Manselli, Ecberto 315 f. mit A. 11.

[56] Auf diese Parallele machte Borst, Katharer 201 A. 31, aufmerksam.

[57] Borst a. a. O. 210 spricht von dem «Versuch eines katharischen Papsttums» (als Ehrentitel).

[58] Borst a. a. O. 211 mit A. 29.

[59] Fredericq, Corpus I, 32 f. Nr. 30. – Georges Despy, Hérétiques ou anticléricaux? Les «cathares» dans nos régions avant 1300. In: Aspects de l'anticléricalisme du Moyen Age à nos jours. Hommage à Robert Joly (Brüssel 1988) 23–33 sieht hier eine Reformbewegung ohne Zusammenhang mit dem Katharismus. Näheres dazu bei Alessandra Mascalchi in: Medioevo latino 12 (1991) 850.

[60] Oben 29 mit A. 75.

[61] Borst, Katharer 176.

[62] Heribertus monachus, Epistola de haereticis Petragoricis, MPL 181, 1721 f. Letzter Druck (von drei Fassungen) bei Lobrichon, Clair-obscur 441 f., 443 f., 444 (letztere mit dem Datum 1163). Nach Lobrichon: Vauchez, Diables et hérétiques 578 f. Zur Datierung (vor 1147) Borst, Katharer 4 mit A. 8. – Fünf Überlieferungen stammen aus dem 12. Jahrhundert, eine sechste fand Lobrichon in einer Pariser Sammelhandschrift des 9. bis 11. Jahrhunderts. Letzterem soll der Brieftext angehören und zwischen 1020 und 1030 verfaßt sein. Es habe sich nicht um einen objektiven Bericht über Häretiker gehandelt, sondern um ein «Pamphlet» gegen Widersacher der Cluniazenser, Bischöfe oder konkurrierende Reformer. Da alles auf der paläographischen Datierung des Textes beruht, wäre diese nochmals zu überprüfen.

[63] Bernhard, Sermo in Cantica 65, MPL 183, 1088 f. (c. 2).

[64] A. a. O. 1100 (c. 12).

[65] A. a. O. 1092 (c. 5).

[66] Fredericq, Corpus I, 33 Nr. 31.

[67] Oben Anm. 62. In der Fassung A bei Lobrichon steht nur «laicus», in C (spätes 12. Jh.) fehlt der Satz gänzlich.

[68] Borst, Katharer 92.

[69] Mansi 21, 843 (c. 1).

[70] Dazu Borst, Katharer 248 mit A. 3.

[71] Oben 78 mit A. 55. Zum Folgenden Manselli, Ecberto; Borst, Katharer 6 f.

[72] MPL 195, 11–102. (98–102 seine Exzerpte aus Augustinus).

[73] Borst, Katharer 93 f. mit A. 18; Duvernoy, Histoire 112; Russell, Dissent 224 ff. (zu 1166). Rottenwöhrer III, 330–338.

[74] Chronica regia Coloniensis ed. G. Waitz, MGH SS rerum Germanicarum (18; 1880, 1978) 114. Manselli, Ecberto 317 A. 14. Vgl. Caesarius v. Heisterbach ed. Strange I, 298 (V, 19).

[75] Bonenfant, Clerc cathare 271–280.

[76] Rottenwöhrer I/2, 450 Nr. 4 f.

[77] Aufgezählt bei Borst, Katharer 103 A. 18 f.

[78] Loos, Heresy 147 f.

[79] Wanda Cherubini, Movimenti patarinici in Orvieto. Bollettino dell'Istituto Storico Artistico Orvietano 15 (1959) 13. Auch zum Folgenden Manselli, Eresia del male 276 f., 185 f.; Duvernoy, Histoire 170 f.

[80] Borst, Katharer 93, 96, 235. Duvernoy, Histoire 167.

[81] Oben 32 mit A. 87.

[82] Eine Spätdatierung (zwischen 1174 und 1177) versuchte Hamilton, Council.

[83] Manselli, Eresia del male 198.

[84] Borst, Katharer 244.

[85] A. a. O. 100.

[86] Ausführlich Borst, Katharer 240–253 (Anhang II), dazu Bonenfant, Clerc cathare 276; Söderberg, Religion 7 A. 1 (Novatianer); Duvernoy, Religion 303–311. – Gleichsetzung von Albigensertum und radikalem Dualismus (seit Dondaine, 1946): Manselli, Eresia del male 170; Duvernoy, Religion 8. – James W. Marchand, On the Origins of the Term Popelican(t). Medieval Studies 38 (1976) 496–498; Moore, Dissent 182 f., 185. – «Patarener»: Grundmann, Ketzergesch. 24 A. 8. – «Arianer» (gleich gemäßigten Dualisten): Manselli, Designazione.

[87] Sermo II, MPL 195, 19 (c. 2).

[88] Katharertraktat bei Durandus von Huesca ed. Thouzellier, Liber 227 (c. 14): «Sed quid ego vos hereticos ammonendo diucius laboro?»

[89] Oben 55 mit A. 2.

[90] Oben 78 mit A. 52.

[91] Ecritures ed. Nelli 220.

[92] Duvernoy, Religion 227 f.; Schmitz-Valckenberg, Grundlehren 50 f. (nach Moneta, 1241).

[93] Borst, Katharer 198; Rottenwöhrer II/1, 35 f.

[94] Manselli, Ecberto 336; MPL 195, 52 (sermo VIII, c. 3).

[95] Duvernoy, Religion 236.

[96] Einen eigenen Ritus der Ordination zum Bischof lehnt Rottenwöhrer II/1, 345 ab.

[97] Text des «Konzils» bei Šanjek, Rassemblement 773 f.: «N.episcopus Ecclesiae N.venit cum consilio suo». Weiters Duvernoy, Histoire 216–218; Hamilton, Council 51–53.

[98] Letzter Druck: Fearns, Ketzer 24 Nr. 6. Duvernoy, Religion 238, vermutet, daß die Einrichtung um 1200 in der Lombardei erfunden worden sei, verweist aber, Histoire 225, (wohl zu 1178), auf einen Bischof von Toulouse «und seinen Zweiten».

[99] Duvernoy, Religion 206 f.

[100] In den Konzilsakten heißt es «coepit consolare», d. h. er legte als erster seine Hand auf das Haupt des betreffenden Bischofs, andere folgten.

[101] Manselli, Eresia del male 194.

[102] Hugo von Amiens (Rouen; gest. 1164), Contra haereticos II,1, 1273.

[103] Petrus von Vaux-de-Cernay ed. Guébin I, 32 (II, c. 28).

[104] Hamilton, Origins 118.

[105] Vgl. z. B. für die Spendung der Geisttaufe die ausführlichen Tabellen bei Rottenwöhrer II/1, 214 ff., 230 ff., 259 ff.

[106] A. a. O. II/2, 458.

[107] Borst, Katharer 191.

[108] Grundmann, Bewegungen 79. Borst, Katharer 191 A. 5: «Einhundert Vaterunser täglich sind für die Waldenser und die Bettelmönche des 13. Jahrhunderts nichts Außergewöhnliches.»

[109] Manselli, Ecberto 333; Duvernoy, Religion 147. Borst, Katharer 192, spricht von einem «Vor-consolamentum». Für die Trennung vom «consolamentum» auch Rottenwöhrer II/1, 143.

[110] Morghen, Medioevo 269 f. (nach dem Katharer-Rituale), 270 A. 1. Rottenwöhrer II/1, 59. Manselli, Eresia del male 233 denkt an die Ausdeutung des Brotes als Gotteswort.

[111] Arno Borst, Abälard und Bernhard. Historische Zeitschrift 186 (1958) 504.

[112] Borst, Katharer 192.

[113] Petrus von Vaux-de-Cernay ed. Guébin I, 15 (II, c. 13). Daß es darum auch keine sozialen oder politischen Direktiven für die Gläubigen geben konnte, hat Mundy, Men and Women 3, richtig erkannt.

[114] Manselli, Ecberto 327 mit A. 35.

[115] Ekbert, Sermo I, MPL 195, 14: «qui perfecte sectam illorum ingressi sunt»; Alanus, Eberhard von Béthune: Duvernoy, Religion 235. Selbstbezeichnung «perfecti» der Vollendeten: Ekbert, Sermo V c. 5, MPL 195, 31.

[116] de Lubac I, 578.

[117] Sermo IV c. 1, MPL 195, 25.

[118] Borst, Katharer 101.

[119] Puylaurens ed. Duvernoy 26 (Prolog); Thouzellier, Catharisme 15 A. 9.

[120] Duvernoy, L'acception 204.

[121] Petrus von Vaux-de-Cernay ed. Guébin I, 18 (II, c. 17).

[122] Duvernoy, Religion 154.

[123] Petrus von Vaux-de-Cernay I, 34 (II, c. 33).

[124] Rottenwöhrer II/2, 558.

[125] Duvernoy, Religion 176; Rottenwöhrer II/2, 690.

[126] Eberhard von Béthune, zitiert bei Duvernoy, Religion 300 A. 26: «Praetendentes faciei pallorem, intonsi cum capillorum prolixitate incedentes et barbati, o barbata barbaries!»

[127] Übersetzt in: Ecritures ed. Nelli, im «Rituel occitan», 215–217 (Übergabe des Vaterunsers), 218–222 (Consolamentum).

[128] Bernhard, Sermo 65 (c. 6, c. 4) MPL 183, 1092, 1091. In Nachwirkung Bernhards scheint der erste Kanon des Konzils von Reims 1157 verfaßt worden zu sein, der über dasselbe Thema handelt: Mansi 21, 843.

[129] Puylaurens ed. Duvernoy 48 (c. 8, 1207), dazu Mundy, Men and Women 23 A. 5, und Koch, Frauenfrage 52.

[130] «L'us teis e l'autra fila, l'autra fa so sermo, cossi a fag diable tota creatio.» Duvernoy, Religion 219, 265 A. 103, nach: Le débat d'Izarn et de Sicart de Figueiras.

[131] Wie oben A. 128.

[132] Abels, Harrison, Participation 226 (nach Rainer Sacconi). Duvernoy, Religion 265, der 264 f. wenig frauenfreundliche theologische Ansichten der Katharer aufzählt.

[133] Koch, Frauenfrage 55 f.; Abels, Harrison (oben A. 132). Eleanor McLaughlin, Die Frau und die mittelalterliche Häresie. Concilium 12 (1976) 34–44. Peter Segl in: Religiöse Frauenbewegung und mystische Frömmigkeit im Mittelalter (1988) 100, 105.

[134] Koch, Frauenfrage 51; Werner, Erbstösser, Ketzer 345 f.

[135] Koch a. a. O. 57. Abels, Harrison, Participation 231 f.

[136] Koch a. a. O. 56 f.; Werner, Erbstösser, Ketzer 336.

[137] Jordan von Sachsen, Libellus de principiis Ordinis Praedicatorum, Monumenta Or-

dinis Praedicatorum Historica 16 (1935) 39. Koch, Frauenfrage 28; M.-H. Vicaire in: Pierre Mandonnet, St. Dominique I (Paris o. J.) 102; Duvernoy, Histoire 249.

[138] Lambert, Heresy 117. Verschiedene Berufe zählt für das 13. Jahrhundert Borst auf, Katharer 125.

[139] Duvernoy, Religion 253.

[140] J. Lestocquoy, Inhonesta mercimonia. Mélanges Louis Halphen (Paris 1951) 413 f. Es handelt sich um Synodalstatuten von 1275 und eine Erweiterung der Liste der «unehrlichen» Berufe (Henker, Roßtäuscher usw.) auf das Tuchgewerbe.

[141] Gesta abbatum Trudonensium c. 12, MGH SS 10, 310. Dazu Bonenfant, Episode 104.

[142] Borst, Katharer 248: «ein Spottname». Zustimmend Loos, Heresy 125 A. 93.

[143] Ekbert, Sermo I, MPL 195, 14. Vgl. Bernhard, Sermo 65 c. 4, MPL 183, 1091: «vos in tenebris et subterraneis domibus delitescitis».

[144] Everwin, bei Fearns, Ketzer 24 Nr. 6.

[145] Epistola de haereticis Petragoricis, über Alter und Drucke oben 80 mit A. 62. Fehlt in Lobrichons Fassung C.

[146] Volkssprachliche Rituale, Ecritures ed. Nelli 224.

[147] Puylaurens ed. Duvernoy 22 (Prolog).

[148] Durandus, Liber antihaeresis ed. Selge, Waldenser II, 72. Duvernoy, Religion 197.

[149] Duvernoy, Histoire 204 f.; Puylaurens ed. Duvernoy 43 A. 1.

[150] MPL 182, 679 (diese Worte nicht bei Fearns, Ketzer 26 Nr. 6, der sie anscheinend auf die andere Gruppe der Kölner Ketzer von 1143 bezieht).

[151] Oben 305 A. 62.

[152] Bonaccursus, Manifestatio ed. Manselli.

[153] Petrus von Vaux-de-Cernay ed. Guébin I, 24 f. (II, c. 22); Duvernoy, Religion 15.

[154] Thouzellier, Catharisme 38–40, vgl. 21–23. Oben 137.

[155] Petrus von Vaux-de-Cernay ed. Guébin I, 47 f. (II, c. 54); Puylaurens ed. Duvernoy 50, 52 (c. 9).

[156] «Volumen magnum decem quaternorum», Borst, Katharer 12 mit A. 28.

[157] Liber de duobus principiis in: Ecritures ed. Nelli 161.

[158] Zitate bei Duvernoy, Religion 29.

[159] Manselli, Eresia del male 207.

[160] Duvernoy, Religion 71, nach einem Inquisitionsprotokoll.

[161] A. a. O. 103, nach Moneta und Sacconi. Manselli, Eresia del male 207.

[162] Katharertraktat bei Durandus ed. Thouzellier, Liber 168 (c. 5).

[163] Schmitz-Valckenberg, Grundlehren 53.

[164] Loos, Heresy 140.

[165] Russell, Dissent 203.

[166] Loos, a. a. O. 140. Über Varianten der Lehre Borst, Katharer 155 mit A. 16, 18, zur späteren teilweisen Anerkennung der Gottheit Christi A. 17. Duvernoy, Religion 80.

[167] Petrus von Vaux-de-Cernay ed. Guébin I, 11 (I, c. 11). Vgl. Gal. 2,20: Paulus lebt nicht mehr als er selbst, in ihm lebt Christus.

[168] Duvernoy, Religion 85 (nach Moneta von Cremona), 86.

Viertes Kapitel

[1] Caesarius ed. Strange I, 300 (V, 21).

[2] Duvernoy, Religion 366–377, 387 f.: «essentiellement origéniste», «origénisme indubitable»; Taviani, Naissance 1244.

[3] Duvernoy, Religion 366. Über griechische Vorläufer Borst, Katharer 61.

[4] Söderberg, Religion 267 f.

[5] A. a. O. 268.

[6] A. a. O. 7.

⁷ Sermo I, c. 5, MPL 195, 18; der Text nach Augustinus: 97–102.

⁸ Söderberg, Religion 266. Über den Manichäismus als eine Form der Gnostizismen vgl. Puech, Manichéisme 69–72.

⁹ Oben 30 mit A. 79 f.

¹⁰ «Nos et patres nostri generati apostoli», Fearns, Ketzer 25 Nr. 6.

¹¹ Obolensky, Bogomils 20.

¹² Dondaine, Origine 72 f. mit A. 57. Gegen eine manichäische Taufe Puech, Manichéisme 181 f. A. 364.

¹³ Ecritures ed. Nelli (Einl.) 10. MGH SS 23, 945.

¹⁴ Ilarino, Eresie 44 f.; Borst, Katharer 73 A. 3.

¹⁵ In einem 1952 gehaltenen Vortrag: Die Entstehung des Manichäismus im Abendland. In: Sproemberg, Mittelalter und demokratische Geschichtsschreibung (Ausgewählte Abhandlungen, Berlin 1971) 85–102.

¹⁶ Abel, Aspects 33–46. Eher skeptisch Puech, Manichéisme 64.

¹⁷ Runciman, Manichäismus 9.

¹⁸ Dondaine, Origine 64. Zur Kritik vgl. besonders Russell, Interpretations 36 f.; Loos, Heresy 118 f. A. 1.

¹⁹ Dondaine a. a. O. 75, zur Kritik oben 39 mit A. 122 f.

²⁰ Dondaine a. a. O. 75 A. 59.

²¹ Morghen, Medioevo 212–286; ders., Neomanicheismo 84–160. Weitere Arbeiten Morghens und seine kirchengeschichtliche Position bei Fichtenau, Häresien 75–86. Siehe auch oben 153 f.

²² Moore, Dissent 295 A. 27.

²³ Moore, Heresy 35. Ähnlich Puech, Catharisme; vgl. Russell, Interpretations 37 f.

²⁴ Lambert, Heresy 32 f.; Borst, Barbaren 212.

²⁵ Oben 21 mit A. 23, 72 f.

²⁶ Oben 60.

²⁷ Fearns, Peter 325.

²⁸ A. a. O. 320–322.

²⁹ Musy, Mouvements 52.

³⁰ Ademar ed. Chavanon 184 (III, 59).

³¹ Rodulfus Glaber, Historiae III, 8 (26) ed. France 138, Prou 74, Oben 37 mit A. 108.

³² Lambert, Heresy 33. Gegen eine Beweiskraft der Handauflegung Puech, Catharisme 81.

³³ Cosmas ed. Puech, Vaillant 93 (II, 22).

³⁴ Fichtenau, Gentiler und europäischer Horizont, in: Fichtenau, Beiträge III, 85.

³⁵ Oben 32 mit A. 87.

³⁶ Werner, Erbstösser, Ketzer 82, leider ohne Belege. Es könnte sich um eine Verwechslung mit Monforte handeln.

³⁷ Puech in: Cosmas ed. Puech, Vaillant 166, 140.

³⁸ Oben 65, 78. Mit «Griechenland» ist wohl Byzanz gemeint.

³⁹ Lambert, Heresy 63, deutet so den Bericht Ekberts von Schönau. Anders Manselli, Ecberto 331 mit A. 45.

⁴⁰ Oben 79 f. Über die möglichen Wege nach dem Westen Puech, Catharisme 62.

⁴¹ Anselm, Tractatus de haereticis ed. A. Dondaine, Archivum fratrum Praedicatorum 20 (1953) 308–324. Eine allzu positive Bewertung der Nachricht bietet Christine Thouzellier, Hérésie et croisade. Revue d'Histoire ecclésiastique 49 (1954) 855–872, korrigierter Wiederabdruck in: Thouzellier, Hérésie et hérétiques (Storia e letteratura 116, Rom 1969) 17–37. Vgl. Arno Borst im Deutschen Archiv 11 (1954/55) 617 f.; Russell, Interpretations 49. Puech, Catharisme 64 f., denkt an Franken im engsten Sinn, also Nordfranzosen.

⁴² Atti del X Congresso 354.

⁴³ Jeffrey Burton Russell, Lucifer (Ithaca, London 1984) 184.

⁴⁴ Violante, Società 230.

[45] Johannes Fried im Sammelbericht in der Historischen Zeitschrift 245 (1987) 644 ff., mit berechtigter Kritik 646–651. (Freundlicher Hinweis von Othmar Hageneder, Wien).

[46] Russell, Interpretations 53.

[47] Die Engels-Stelle zitierten zuletzt Musy, Mouvements 37, und Segl, Ketzer 240 A. 623. Die Arbeiten Werners und Angelovs sind zu zahlreich, um hier zitiert werden zu können.

[48] Duby, Les trois ordres 198. Vgl. Gorre 235 A. 11. Ähnlich Duby, Le chevalier 117.

[49] Hans-Georg Beck, Actus fidei. Wege zum Autodafé. In: Sitzungsberichte d. Bayerischen Akademie d. Wissenschaften, phil.-hist. Kl. 1987/3, 58.

[50] Oben 84 mit A. 80.

[51] Zitat bei Ernst Werner, Die gesellschaftlichen Grundlagen der Klosterreform im 11. Jahrhundert (Berlin 1953) 77.

[52] Cinzio Violante, Eresie nelle città e nel contado in Italia dall'XI al XIII secolo. In: Violante, Studi 349 f., 379. (Vorher erschien die Arbeit in französischer Sprache in dem Band Hérésies et sociétés, 171 f., 201).

[53] Wolff, Toulouse 67.

[54] Landulf sen., MGH SS 8, 66 (II, 27); Violante a. a. O. 356 (Hérésies et sociétés 176 f.); Landulf ed. Cutolo 69 (II, 27).

[55] Werner, Erbstösser, Ketzer 334.

[56] Bonaccursus, Manifestatio (nicht in Mansellis Edition) MPL 204, 778.

[57] Borst, Katharer 231 A. 1a. Oben 79 f. mit A. 59.

[58] Herbert Grundmann, Neue Beiträge zur Geschichte der religiösen Bewegungen im Mittelalter. In: Grundmann, Aufsätze I, 74.

[59] Petrus Venerabilis, Contra Petrobrusianos ed. Fearns 10 (c. 6).

[60] Everwin an Bernhard von Clairvaux, ed. Fearns, Ketzer 24 Nr. 6; MPL 182, 677 D (c. 3). Oben 78 mit A. 54–56.

[61] Mansi 21, 843; oben 82 mit A. 69

[62] Grundmann, Bewegungen 40 A. 57.

[63] J. Becquet auf der Tagung Hérésies et sociétés 140, 144; Obolensky ebenda 144 f.

[64] Loos, Heresy 57.

[65] Violante, L'eremitismo. In: Studi 139 f.

[66] Petrus Damiani, Briefe ed. Reindel II, 21 Nr. 44.

[67] A. a. O. 14 Nr. 44.

[68] Ein Fall (1207) bei Petrus von Vaux-de-Cernay, oben 97 mit A. 153.

[69] Selge, Waldenser I, 305.

[70] Zum Folgenden vgl. Fichtenau, Häresien 75–86.

[71] Gioacchino Volpe, Eretici e moti ereticali dall'XI al XIV secolo, nei loro motivi e riferimenti sociali. Wiederabdruck in: Volpe, Movimenti religiosi e sette ereticali nella società italiana (Florenz 1922). Über das Weiterwirken bei Ernst Troeltsch vgl. Stock, Literacy 94 f.

[72] Morghen, Neomanicheismo 101; ders., Movimenti 352.

[73] Morghen, Medioevo 278.

[74] Morghen, Movimenti 337.

[75] A. a. O. 340.

[76] Medioevo 244.

[77] A. a. O. 271.

[78] Morghen, Neomanicheismo 93; ders., Problémes sur l'origine de l'hérésie au moyen-âge, in: Hérésies et sociétés 125 f.

[79] Medioevo 274–276.

[80] A. a. O. 276 A. 1.

[81] Morghen, Movimenti 343.

[82] Medioevo 280.

[83] Herbert Grundmann, Hérésies savantes et hérésies populaires au moyen âge. In: Hérésies et sociétés 209–214 (Diskussion: 215–218). Wiederabdruck bei Grundmann, Auf-

sätze I, 417–422. In der (dort nicht wieder abgedruckter) Diskussion sagte Grundmann: «Dans sa génèse, l'hérésie n'est pas le fait d'illettrés.» Hérésies et sociétés 218.

[84] Darauf verweist Duvernoy, Histoire 17 f.

[85] Delaruelle, Piété populaire 160 (99).

[86] Morghen, Movimenti 351 f.

[87] Russell, Dissent (1965), und vorher ders., Interpretations (1963).

[88] Russell, Dissent 6 f., 38 usw.

[89] A. a. O. 191 f.

[90] Russell, Interpretations 41, nach Söderberg.

[91] A. a. O. 44.

[92] Russell, Dissent 5.

[93] Ladner, Reform 30 f.

[94] A. a. O. 61.

[95] Moore, Dissent 41; Lambert, Heresy 29 f.; Borst, Barbaren 212.

[96] Hérésies et sociétés 118. Einen Gleichklang sieht Stock, Literacy 88, in der Nähe beider zur Schriftlichkeit.

[97] Wilhelm von Saint-Amour; Grundmann, Bewegungen 63.

[98] Chenu, Moines 62 mit A. 5. Zur Autorschrift des zitierten Traktats 62 A. 1.

[99] Stanislaw Trawkowski, Entre l'orthodoxie et l'hérésie: ‹vita apostolica› et le problème de la désobéissance. In: Concept of heresy 159.

[100] Text bei Manselli, Monaco Enrico 46.

[101] Oben 67 f.

[102] Chenu, Moines 70.

[103] Hugo von Amiens (Rouen), Contra haereticos 1294 (c. 7).

[104] Beryl Smalley in der Rezension von Moore, Dissent, in: English Historical Review 93 (1978) 855. Vgl. die unten 313 A. 58 genannte Arbeit.

[105] Durandus von Huesca, Liber antiheresis, bei Selge, Waldenser II, 95.

[106] Alanus von Lille in Ms. Vat. lat. 903 bei Thouzellier, Catharisme 96 A. 92. Vgl. auch Grundmann, Bewegungen 95 mit A. 46.

[107] So Hugos Kollege Magister Vacarius in seiner Streitschrift, bei Ilarino, Speroni 559 (XXVIII,II). Zur Widerlegung zieht Vacarius den konträren Schluß: «Si laicus, procul dubio est immundus» (a. a. O., III).

[108] MPL 185, 412 (c. 5). Koch, Frauenfrage 27 A. 86.

[109] Kolmarer Chronik, MGH SS 17, 232; Grundmann, Bewegungen 372.

Fünftes Kapitel

[1] Alanus von Lille, De fide catholica 309 (I, 3).

[2] Landulf d. J., Historia Mediolanensis c. 57, MGH SS 20,45; Rerum Italicarum Scriptores, nuova ed. V,3, p. 35. Auf die Stelle macht Manselli, Passagini 210 A. 1 aufmerksam. Landulf gebraucht Umschreibungen («ignorant, minime amant»).

[3] Zum Folgenden vgl. Herbert Grundmann, Rotten und Brabanzonen. Deutsches Archiv 5 (1942) 419–492. Jacques Boussard, Les mercenaires au XIIe siècle. Bibliothèque de l'Ecole des Chartres 106 (1945/46) 189–224.

[4] Walter Map ed. James, Brooke, Mynors 118 (I, 29). Grundmann, Rotten 427 f. A. 1.

[5] Thouzellier, Catharisme 24.

[6] Marc Van Uytfanghe, Scepticisme doctrinal au seuil du Moyen Age. In: Grégoire le Grand. Colloques internationaux du CNRS, Chantilly 1982 (Paris 1986) 317, vgl. 323 A. 16.

[7] František Graus, Volk, Herrscher und Heilige im Reich der Merowinger (Prag 1965) 451–455.

[8] Alanus von Lille, De virtutibus c. 2, art. 1, ed. Lottin 40.

[9] Gregory, Anima mundi 151.

[10] Wolff, Toulouse 89.

[11] Le Roy Ladurie, Montaillou 535 f., 536 A. 1.

[12] Duvernoy, Religion 270.

[13] Petrus von Vaux-de-Cernay ed. Guébin I, 211 (III, c. 212).

[14] Petrus a. a. O. I, 228 f. (III, c. 228).

[15] Walter Map ed. James usw. 120 (I, 30).

[16] Epistola de haereticis Petragoricis, MPL 181, 1722. Lobrichon, Clairobscur (alle Fassungen). Zur Datierung oben 305 A. 62.

[17] Cassirer, II 72.

[18] Hugo von Amiens (Rouen), Contra haereticos I, 9, MPL 192, 1263.

[19] Abaelard, Dialogus ed. Thomas 147.

[20] Puylaurens ed. Duvernoy 46, 48 (c. 8).

[21] Rather, Sermo II de quadragesima c. 29, MPL 136, 705 ff.; Ilarino, Eresie 51 A. 22.

[22] Odorannus de Sens ed. Bautier, Gilles 11, 14, 100, 264 (c. 13). Oben 36 mit A. 101.

[23] Mansi 19, 433 B (c. 2).

[24] Ekbert, Sermones contra Catharos, XI, c. 15. MPL 195, 93; c. 14, 92.

[25] Duvernoy, Religion 214.

[26] Hugo von Amiens (Rouen), Contra haereticos 1288 (III, 3).

[27] Giorgio Cracco, Spunti storici e storiografici in Elgaudo di Fleury. Rivista storica italiana 81 (1969) 125–132, bes. 126.

[28] Helgaud ed. Bautier, Labory 66 (c. 6). Vgl. oben 36.

[29] Delaruelle, Piété populaire 12 f. (318 f.).

[30] Southern, Saint Anselm 351.

[31] Mandrou in der Diskussion der Tagung Hérésies et sociétés 136.

[32] Chenu, Théologie au XIIe siècle 333.

[33] Contra haereticos 1297 (III, 9).

[34] Alanus von Lille, De fide catholica 328 f. (I, 27).

[35] Abaelard, Theol. christ. 211 (III, 42).

[36] Oben 295 A. 7.

[37] A. a. O.

[38] Dennis Howard Green, The Millstätter Exodus (Cambridge 1966) 353, mit weiterer Literatur über «zwîvel» 354.

[39] Christopher N. L. Brooke, Heresy and Religious Sentiment. Bulletin of the Institute of Historical Research 41 Nr. 104 (1968) 123.

[40] Contra Petrobrusianos ed. Fearns 165 (c. 278).

[41] Hugo von Amiens (Rouen), Contra haereticos 1264 (I, 9).

[42] Violante in der Diskussion der Tagung Hérésies et sociétés 205.

[43] Hugo von Honau, De diversitate ed. Haring 132 (VIII, 1).

[44] Stock, Literacy 455.

[45] Oben 25 mit A. 49.

[46] Stock, Literacy 150, 90 f.

[47] Ekbert von Schönau, Sermo XII, c. 1, MPL 195, 94.

[48] Selge, Waldenser II, p. XII. Über weitere Taschenbücher (in der Bibliothèque Nationale in Paris) Delaruelle, Piété populaire 217 (159).

[49] Vaillant in: Cosmas ed. Puech, Vaillant 33.

[50] Wilhelm Dittmar, Vetus Testamentum in Novo (Göttingen 1903) 331–340, 311–321.

[51] Borst, Katharer 157. Ausführlich bei Le Roy Ladurie, Montaillou 454 f.

[52] Franz H. Bäuml, Varieties and Consequences of Medieval Literacy and Illiteracy. Speculum 55 (1980) 246.

[53] Petrus Damiani, Briefe ed. Reindel III, 393 Nr. 121. Vgl. unten 328 A. 2.

[54] Duvernoy, Religion 32 f.

[55] Duvernoy, Histoire 196 und die Karte S. 233.

[56] Oben 118 mit A. 104.

[57] Duvernoy, Histoire 197.

[58] B. Guillemain, Le duché d'Aquitaine hors du Catharisme. In: Effacement du catharisme? (Cahiers de Fanjeaux 20, 1985), vgl. Studi medievali ser. III, 29 (1988) 470 f.

[59] Petrus von Vaux-de-Cernay ed. Guébin I, 174 (III, c. 172).

[60] A. a. O. I, 139 (III, c. 136).

[61] Puylaurens ed. Duvernoy 90 (c. 23).

[62] Belperron, Croisade 30 (58).

[63] Puylaurens ed. Duvernoy 26 (c. 1).

[64] John Hine Mundy, Liberty and Political Power in Toulouse, 1050–1230 (New York 1954) 21,23.

[65] Belperron, Croisade 20 (48) mit A. 4 (3).

[66] Oben 121.

[67] Wolff, Toulouse 70.

[68] Belperron, Croisade 20 (47 f.).

[69] John Hine Mundy, Urban Society and Culture. Toulouse and its Region. In: Renaissance and Renewal 240.

[70] Die Zahl der Erben bei Belperron 19 f. (47). Zur Bedeutung der Burgen für den Katharismus vgl. Thouzellier, Catharisme 244 f.

[71] Oben 132 mit A. 63. Duvernoy, Histoire 205 A. 38.

[72] Puylaurens 26,28 (c. 1).

[73] A. a. O. 48, 50 (c. 8).

[74] Petrus von Vaux-de-Cernay ed. Guébin I, 44 (II, c. 48). Loos, Heresy 172.

[75] Petrus a. a. O. I, 188 f. (III, c. 185).

[76] Belperron, Croisade 102 (128).

[77] A. a. O. 111 f.

[78] Puylaurens 86, 88 (c. 22).

[79] Petrus von Vaux-de-Cernay ed. Guébin I, 9 (I, c. 9).

[80] Manselli in: Atti del X Congresso 349.

[81] Denis de Rougemont, L'amour et l'Occident (Paris 1937). Gegengründe bei Belperron, Croisade 48 (76).

[82] Belperron 43 f., 102 f. A. 1, 49 (72, 128 A. 1, 77).

[83] Ariane Loeb, La définition et l'affirmation du groupe noble comme enjeu de la poésie courtoise? Cahiers de civilisation médiévale 30 (1987) 307.

[84] Morris, Discovery 109, 111.

[85] Mediae latinitatis lexicon minus ed. J. F. Niermeyer, C. Van de Kieft (Leiden 1976) 658.

[86] Belperron, Croisade 20, 25 (48, 52).

[87] Petrus von Vaux-de-Cernay ed. Guébin I, 201 (III, c. 200).

[88] A. a. O. I, 38 f. mit A. 3, 40 (II, c. 42).

[89] MPL 216, 141 f. Nr. 109.

[90] Puylaurens ed. Duvernoy 42 (c. 6).

[91] Belperron, Croisade 25 A. 1 (52 A. 1).

[92] Innocenz III. an den Abt von Cîteaux und päpstliche Legaten, MPL 215, 355 f. Nr. 75. Ich verdanke das Zitat Othmar Hageneder.

[93] Belperron 102 (128).

[94] MPL 214, 905 (annus III, Nr. 24).

[95] MPL 182, 434 Nr. 24. Fearns, Ketzer 21 Nr. 5.

[96] Michel Parisse, La conscience chrétienne des nobles aux XIe et XIIe siècles. In: La cristianità dei secoli XI e XII in Occidente (Mendola 1980, Miscellanea del Centro di Studi medievali 10, 1983) 271 f.

[97] Mundy, Toulouse 1050–1230, 81.

[98] Puylaurens ed. Duvernoy 40–44 (c. 6 f.).

[99] Petrus von Vaux-de-Cernay ed. Guébin I, 221 f. (III, c. 221). Puylaurens a. a. O. 42.

[100] Puylaurens ed. Duvernoy 24 (Prolog).

[101] Thouzellier, Catharisme 21 f., 40.

[102] Petrus von Vaux-de-Cernay I, 22 f. (II, 20).
[103] A. a. O. I, 25 (II, 22); I, 12 (I, 12) usw.
[104] A. a. O. I, 100 (III, 99).
[105] Register Innocenz' III. ed. Hageneder u. a. II, 4 Nr. II/1.
[106] Duvernoy, L'acception 208 A. 52.
[107] Das Folgende nach Mundy, Toulouse 1050–1230. Wolff, Toulouse.
[108] Puylaurens 92 (c. 24).
[109] Belperron, Croisade 30 A. 1 (58 A. 1).
[110] Mundy, Toulouse 1050–1230 78 f.
[111] Belperron, Croisade 15 (42 f.).
[112] A. a. O. 27 (55).
[113] Petrus von Vaux-de-Cernay I, 35 (II, 38).
[114] A. a. O. I, 77 f. (III, 77), 78 A. 1.
[115] Belperron, Croisade, Einl. XIV (20); Borst, Katharer 49 f.; Runciman, Manichäismus 224 f. (engl. Ausg.: 187).
[116] Jean Pierre Dubuc, La pensée cathare au XXe siècle (Narbonne 1970) 8 f., 134, 251.

Sechstes Kapitel

[1] Verbeke in: Concept of Heresy 180 A. 44; MPL 210, 307 (Prolog).
[2] Schmitz-Valckenberg, Grundlehren 7.
[3] Merkelbach in der Diskussion der Tagung «Terror und Spiel» 589.
[4] Claude Lévi-Strauss, La pensée sauvage (Paris 1962) 38. Herzog in der Diskussion «Terror und Spiel» 610 A. 24.
[5] Cassirer II, 6.
[6] Borst, Katharer 165–167.
[7] Cassirer II, 62, 299 f.
[8] A. a. O. 59.
[9] Anders Borst, Katharer 144.
[10] Marenbon, Gilbert 338.
[11] Alanus von Lille, Regulae theologicae, MPL 210, 654 f. Nr. 68.
[12] Jean Jolivet und Maurice de Gandillac in der Diskussion der Tagung Pierre Abélard, Pierre le Vénérable 609.
[13] Abaelard, Dialogus ed. Thomas 168 f.
[14] Durandus von Huesca nach Thouzellier, Catharisme 340.
[15] René Nelli, Le phénomène cathare (Nouvelle Recherche 21, Paris 1964) 20 f.
[16] Katharertraktat bei Thouzellier, Liber 217 f. (c. 13).
[17] A. a. O. 175 (c. 9), dazu Durandus 176 f.; 244 (c. 15).
[18] Loos, Heresy 22.
[19] Puech, Manichéisme 69.
[20] So H. Jonas, Gnosis und spätantiker Geist (Forschungen zur Religion und Literatur des Alten und Neuen Testaments, N. F. 33, 1934) 47, Zitat nach Söderberg, Religion 39 A. 1.
[21] Söderberg a. a. O. 39.
[22] A. a. O. 8.
[23] Lambert, Heresy 7; Borst, Katharer 59–61.
[24] Cassirer II, 119.
[25] Durandus, Liber ed. Thouzellier 105 (c. 2).
[26] Liber de duobus principiis, ed. Nelli, Ecritures 151.
[27] Schmitz-Valckenberg, Grundlehren 88; 88–92 eine Liste «dualistischer» Bibelstellen (nach Moneta).
[28] Näheres u. a. bei Fichtenau, Lebensordnungen II, 332.
[29] Fichtenau, Häresien 90.

30 Chenu, L'homme 58.

31 Hugo, Adnotatio in quosdam psalmos, MPL 177, 596.

32 Southern, Saint Anselm 94.

33 Gilbert Crispin ed. Sapir Abulafia, Evans 174 (c. 13, Sermo in Ramis Palmarum).

34 Alain de Lille ed. d'Alverny 251 (Sermo in die s. Michaelis).

35 Loos, Satan 23.

36 Loos a. a. O. 25 f.

37 Oben 57.

38 Zusammenfassend zuletzt Edina Bozóky, Les apocryphes bibliques. In: Le Moyen Age et la Bible 429–448, bes. 430, 432. Borst, Katharer 8.

39 Duvernoy, Religion 93.

40 Durandus von Huesca, Liber ed. Thouzellier 256–259 (c. 16).

41 Zitat (nach Rainer Sacconi) bei Morghen, Medioevo 276, dort auch zur Datierung.

42 Text (nach der lateinischen Übersetzung) mehrfach gedruckt, etwa bei R. Reitzenstein, Die Vorgeschichte der christlichen Taufe (1929, 1967) 297–311. Ecritures cathares ed. Nelli 34–51. Söderberg, Religion 96–100. Edina Bozóky, Le Livre secret des Cathares (Paris 1980). Der bulgarische Text ist eine spätestens im 12. Jahrhundert entstandene Kompilation.

43 Manselli, Eresia del male 202, nach dem anonymen Text De heresi Catharorum.

44 Schmitz-Valckenberg, Grundlehren 76; Duvernoy, Religion 59 (nach Moneta).

45 Schmitz-Valckenberg a. a. O. 77 f.

46 Rottenwöhrer II/2, 531 f., 541, 543.

47 De confessione hereticorum et de fide eorum c. 3 f., ed. Manselli, Eresia nel secolo XII, 206.

48 Bonaccursus, Manifestatio ed. Manselli 210 (c. 25).

49 Morghen, Medioevo 271–273.

50 Caesarius ed. Strange I, 301 (V, 21).

51 Borst, Katharer 169. Text der Geschichte (eine von mehreren Versionen) noch bei Le Roy Ladurie, Montaillou 454.

52 Duvernoy, Religion 96.

53 Manegold, Liber contra Wolfelmum ed. Hartmann 45 (c. 1). Morghen, Medioevo 234 (Moneta). Söderberg, Religion 153.

54 d'Alverny, Alain de Lille 141 f.

55 Bonaccursus, Manifestatio ed. Manselli 207 (c. 2).

56 Moneta, Text bei Morghen, Medioevo 272.

57 Loos, Heresy 58.

58 Jean Leclercq, Modern Psychology and the Interpretation of Medieval Texts. Speculum 48 (1973) 478.

59 Landgraf, Einführung 29.

60 «Symbolica theologia non est argumentativa», Zitate bei de Lubac IV (II/2) 277.

61 Chenu, Décadence 134.

62 Zitat bei de Lubac IV (II/2) 61 A. 11.

63 Otloh, Liber de temptationibus suis, MPL 146,32 f. Fichtenau, Lebensordnungen II, 522.

64 Runciman, Manichee 51 (dt. Ausg. 71).

65 Cosmas ed. Puech, Vaillant 62 (I, 6); zur Brotvermehrung ähnlich 83 (I, 16).

66 A. a. O. 63 (I, 6).

67 Alanus von Lille, Distinctiones dictionum theologicalium, MPL 210, 890. Das Bibelzitat ist Thren. 4, 4.

68 Zitat bei de Lubac II, 407. Hildebert, Locorum Scripturae moralis applicatio, MPL 171, 1278.

69 Manifestatio, zitiert durch Duvernoy, Religion 50.

70 Ekbert, Sermones, praef., MPL 195, 13 f.

[71] Rituale latinum, in: Ecritures cathares ed. Nelli 230 A. 4. Weiteres bei Rottenwöhrer II/2, 784 f.

[72] Söderberg, Religion 245, nach dem Liber Supra Stella des Salvo Burci.

[73] Borst, Katharer 267.

[74] Vgl. etwa den mißglückten Syllogismus (zum Erweis des Dualismus) bei Garnier von Rochefort, Isagogae theophaniarum symbolicae I c. 1, nach (Garnier), Contra Amaurianos ed. Baeumker 28 A. 2; weiter die Versuche einer Umdeutung von Ioh. 1, 3 im Liber de II principiis, Ecritures cathares ed. Nelli 120, 134 f., 143 usw. Schmitz-Valckenberg, Grundlehren 105 f.; Duvernoy, Religion 53, vgl. unten 333 A. 2.

[75] Ivos Brief an Erzbischof Girald von Bordeaux, nur durch Matthäus Paris überliefert, MGH SS 28, 230–233. Zur Bewertung: Fichtenau, Beiträge I, 204–206; Segl, Ketzer 76–111, zu dieser Nachricht a. a. O. 88.

Siebtes Kapitel

[1] Bollack in der Diskussion der Tagung «Terror und Spiel» 67.

[2] Gregory, Platonic inheritance 54.

[3] Stock, Myth 19.

[4] Plato, Timaeus ed. Jensen, Waszink 41 DE.

[5] Manegold, Liber contra Wolfelmum ed. Hartmann 49 f. (c. 3).

[6] Peter Dronke, Fabula (Mittellateinische Studien u. Texte hg. v. K. Langosch, 9, Leiden-Köln 1974) 66.

[7] Alanus, Sermo de sphaera intellegibili ed. d'Alverny, Alain de Lille 303.

[8] Gersh, Platonism 512.

[9] Gregory, Platonic inheritance 55.

[10] Gersh, Platonism 530 f.

[11] Borst, Katharer 273.

[12] Hans Sedlmayr, Die Entstehung der Kathedrale (Zürich 1950) 314 und öfter.

[13] Edouard Jeauneau, Le renouveau érigénien du XIIe siècle. In: Eriugena redivivus 44.

[14] Garin, Platonismo 2.

[15] Vgl. etwa Hartmann, Manegold 78–81; Gregory, Platonic inheritance 60.

[16] Ein ungedruckter Traktat, angezeigt durch Marie-Thérèse d'Alverny in Recherches de théologie ancienne et médiévale 21 (1954) 299–306; vgl. d'Alverny, Alain de Lille 168 A. 26.

[17] Schrifttum bei Wetherbee, Philosophy 21 A. 1.

[18] Garin, Platonismo 50.

[19] Dronke, Thierry.

[20] A. a. O. 365 mit A. 28. Oben 220 mit A. 45.

[21] Gregory, Anima mundi 80.

[22] Silverstein, Cosmogony 113 mit A. 144.

[23] Jeauneau, Note 826.

[24] Dronke, Approaches 119.

[25] Häring, Erschaffung 164 f.

[26] A. a. O. 257 f. mit A. 44.

[27] Dronke, Approaches 121.

[28] Confessiones VII, 29, CSEL 33 (Wien 1896) 144.

[29] Glossen in Ms. lat. 8624 der Bibliothèque Nationale, Paris, nach Gregory, Platonismo 125.

[30] De civitate Dei VIII, 11, zitiert durch Abaelard, Theol. christ. 122 (I, 118). Gregory, Anima mundi 45 mit A. 1.

[31] Wetherbee, Philosophy 38; Jolivet, Doctrines 105.

[32] Abaelard, Theol. christ. 100 (I, 68).

[33] Gregory, Anima mundi 68 f.

[34] Jolivet, Doctrines 107 f.

[35] Theol. christ. 94 f., 139–156 (I, 54–60; II, 14–58).
[36] Timaeus 30 B; Economou, Natura 72 f.
[37] Gregory, Anima mundi 125, 127.
[38] Theol. christ. 118 (I, 111), vgl. 100 (I, 68).
[39] So Abaelard in seiner Dialektik, also vor der Theol. christ. Vgl. Murray, Abélard 80 A. 2; Jolivet, Abélard 162 f.; Gregory, Anima mundi 147.
[40] Oben 272. Capitula ed. Mews, Lists 108 Nr. 3. Otto von Freising, Gesta Friderici ed. Waitz, Simson 74 (I, 51).
[41] Wilhelms Comm. in Boethium (Ms.), nach Silverstein, Cosmogony 114 A. 160.
[42] Silverstein a. a. O. 114 f.
[43] A. a. O. 115 f.
[44] Chenu, L'homme 55 f. mit A. 4.
[45] Alanus, Sermo de sphaera intelligibili, bei d'Alverny, Alain de Lille 299.
[46] Gregory, Anima mundi 153.
[47] Tweedale, Abailard 307.
[48] Ferruolo, Origins 149.
[49] Tweedale, Abailard 9.
[50] Ratramnus an Oddo von Beauvais, MGH Epistolae VI, 153 f. Nr. 11; Garin, Platonismo 26.
[51] Tweedale, Logic (I) 210.
[52] Dronke, Thierry 372 f.
[53] Historia calamitatum ed. Monfrin 65 Z. 85 ff.
[54] Tweedale, Abailard 8.
[55] Luscombe, Abelard 291. Tweedale, Logic (I) 217.
[56] Gesta Friderici ed. Waitz, Simson 82 f. (I, 58). Vgl. oben 276.
[57] Chenu, L'homme 39.
[58] Liebeschütz, Hildegard 105.
[59] A. a. O. 91.
[60] A. a. O. 86.
[61] Schipperges, Menschenbild 15.
[62] A. a. O. 17.
[63] Gregory, Platonic inheritance 62.
[64] Bernardus, Cosmographia ed. Dronke 97, 121.
[65] Oben 161 mit A. 4.
[66] Zitat bei Helbling-Gloor, Natur 26 A. 65.
[67] A. a. O. 14.
[68] d'Alverny, Abélard et l'astrologie 619 A. 28.
[69] Oben 167 mit A. 41.
[70] Gregory, L'idea 53.
[71] Helbling-Gloor, Natur 96 f.
[72] A. a. O. 27.
[73] Walter v. St.-Victor, Contra IV labyrinthos ed. Glorieux 273 (IV, 6).
[74] Wetherbee, Philosophy 44.
[75] Cosmographia ed. Dronke 105 (III, 55); 2 (Glosse) mit A. 3 (Datierung).
[76] Etienne Gilson, La ‹cosmogonie› de Bernardus Silvestris. Archives d'histoire doctrinale et littéraire du Moyen Age 3 (1928) 8, 12, 20.
[77] Cosmographia ed. Dronke 128 (V, 1).
[78] Jeauneau, Note, 848 f.
[79] Cosmographia ed. Dronke 146 (Microcosmus XIII, 1).
[80] Timaeus ed. Jensen, Waszink 51 B.
[81] Stock, Myth 228.
[82] Alanus, De fide catholica; d'Alverny, Alain de Lille 158.
[83] d'Alverny, Alain de Lille 43 mit A. 53. Text: De planctu Naturae ed. Haring 806–879.

[84] Hans Robert Jauss, Allegorese, Remythisierung und neuer Mythos. In: Terror und Spiel 205.

[85] Text: Alain de Lille, Anticlaudianus ed. Bossuat.

[86] Linda E. Marshall, The Identity of the ‹New Man› in the Anticlaudianus of Alan of Lille. Viator 10 (1979) 77–94.

[87] Anticlaudianus I 236, ed. Bossuat 64.

[88] Tullio Gregory, Considérations sur ‹ratio› et ‹natura› chez Abélard. In: Pierre Abélard, Pierre le Vénérable 569–584, bes. 575 f.

[89] Chenu, L'homme 48.

[90] Philippe Delhaye, La nature dans l'œuvre de Hugues de St.-Victor. In: Filosofia della natura 272.

[91] Oben 40.

[92] d'Alverny, Alain de Lille 35, 169.

[93] Nach Hugo von St.-Victor bei Silverstein, Cosmogony 104 Nr. 1, 105.

[94] Economou, Natura 55.

[95] A. a. O. 19 f.

[96] Zitat bei Silverstein, Cosmogony 109. Die Stelle wurde durch Hugo von St.-Victor und durch Wilhelm von Conches nachgeschrieben, a. a. O.

[97] Santo Arcoleo, La filosofia della natura nella problematica di Alano di Lilla. In: Filosofia della natura 256, nach Alanus, Liber de distinctionibus dictionum theologicalium, MPL 210, 871.

[98] De planctu Naturae ed. Haring 829.

[99] A. a. O. 831 (c. 7), vgl. 805: Ihre «subvicaria» ist Venus.

[100] Dronke in der Einleitung zu Bernardus, Cosmographia, S. 7.

[101] Stock, Myth 65 mit A. 7.

[102] Zitat bei Silverstein, Cosmogony 106.

[103] Wilhelm v. St.-Thierry, De erroribus ed. Leclercq 389 f. (c. 3). Über Wilhelm und seine Leistung für die Mystik: Ruh, Mystik I 276–319.

[104] Gregory, L'idea 46.

[105] Philosophia mundi I, 22, MPL 172, 56; Marie-Dominique Chenu, Nature ou histoire? Archives d'histoire doctrinale et littéraire du Moyen Age, année 28, 1953 (t. 20, Paris 1954) 29.

[106] Näheres bei Economou, Natura 104–150.

[107] Häring, Erschaffung 189–191.

[108] Widmer, Thierry 560.

[109] Borst, Katharer 148 A. 19, vgl. 153 f.

[110] Le Roy Ladurie, Montaillou 531.

[111] Borst a. a. O. 156.

[112] Dronke, Thierry 375. Bernardus, Cosmographia ed. Dronke, Megacosmus III, 12, p. 104: «Extramundanus creditur esse Deus». Anselm, Monologion ed. F. Schmitt, Opera I, 27 (c. 13), 29 (c. 14), 31 (c. 17) und weiterhin.

[113] Maurice de Gandillac in der Diskussion der Tagung Pierre Abélard, Pierre le Vénérable 630. Zur Begründung siehe auch Abaelard, Ethica ed. Luscombe 36.

[114] Le Goff in der Diskussion der Tagung Hérésies et sociétés 102.

[115] Wilhelm von Conches, Philosophia mundi II 3, 58. Stiefel, Revolution 75 A. 35.

[116] Alanus, Expositio prosae de angelis, in: d'Alverny, Alain de Lille 209.

[117] Kurdzialek, David als Ausleger 191, und oben 288.

[118] Manegold, Liber contra Wolfelmum ed. Hartmann 58 f. (c. 8). Gregory, Platonismo 23.

[119] Alanus, Sermo de clericis ad theologiam non accedentibus, bei d'Alverny, Alain de Lille 275.

[120] Hugo, Didascalicon I, 1, MPL 176, 742 (die Edition durch Ch. H. Buttimer, Washington 1939, war mir nicht zugänglich).

[121] Wilhelm, Philosophia mundi I 22, 56; Chenu, L'homme 52 mit A. 2; Murray, Reason 238.

[122] Gilbert Crispin ed. Sapir Abulafia, Evans 160 f. (c. 23 f.)

[123] Dronke, Approaches 133, nach Thierry von Chartres. Burnett, Speculations 166 f.

[124] Luscombe, Nature, in: Filosofia della natura 318 f.

[125] Thierry, Commentum 91 (II, 2 f.).

[126] Burnett, Speculations 152–154.

Achtes Kapitel

[1] Jean Leclercq, Spiritualitas. Studi medievali, IIIa ser. 3 (1962) 280.

[2] Murray, Abélard 20 f.

[3] So Delaruelle, Piété populaire, der (142 ff.) ein Kapitel der «spiritualité populaire» des 11. Jahrhunderts gewidmet hat und in der zweiten Hälfte des 12. eine «véritable revolution» durch den Einfluß der Laien auf die Spiritualität sieht, a. a. O. 188 (575).

[4] Leclercq, Wissenschaft 216.

[5] A. a. O. 85 f.

[6] Fichtenau, Lebensordnungen II, 336.

[7] Classen, Aufsätze 391.

[8] Oben S. 40.

[9] Ohly, Hohelied-Studien 122 f.

[10] Alain de Lille, Anticlaudianus ed. Bossuat 128 (V, 169 f.).

[11] Gregory, Anima mundi 138 f.

[12] A. a. O. 176.

[13] Grabmann, Methode II, 104. Ohly, Hohelied-Studien 138 f. nach Etienne Gilson, Die Mystik des hl. Bernhard von Clairvaux (Wittlich 1936). Ruh, Mystik I, 230, 259.

[14] MPL 178, 1345 (Prolog).

[15] Radulphus von Cogeshall, Chronicon Anglicanum, Text zuletzt zitiert bei Grundmann, Ausgewählte Aufsätze II, 201, vgl. 324.

[16] Joachim, Vita s. Benedicti, zitiert bei Thouzellier, Catharisme 123 A. 77.

[17] Zitate bei Liebeschütz, Hildegard 43 A., 168 A. 2.

[18] Christel Meier, Eriugena im Nonnenkloster? Frühmittelalterliche Studien 19 (1985) 495.

[19] Gammersbach, Gilbert 41 f. MPL 197, 352 f. Nr. 127.

[20] Leclercq, Wissenschaft 220.

[21] Manegold, Liber contra Wolfelmum ed. Hartmann 53 (c. 5). Zugrunde liegt Rom. 12, 3.

[22] Augustinus, Confessiones 21, 38. Kusch, Studien 133. Vgl. oben 212 f. mit A. 5.

[23] Dronke in der Einleitung zu seiner Edition der Cosmographia, 11.

[24] Wetherbee, Philosophy 26.

[25] Zitat bei Grabmann, Methode II, 106. MPL 183, 968 (In Canticum sermo 36).

[26] Zitat nach Abel, Aspects 44.

[27] Seneca, Ep. LXXXVIII, 36. Richard Newhauser, Towards a History of Human Curiosity. Deutsche Vierteljahresschrift f. Literaturwissenschaft u. Geistesgeschichte 56 (1982) 572.

[28] Meersseman, Teologia 266.

[29] Sermo in festo ss. Petri et Pauli I, 3, MPL 183, 407.

[30] Bernhard, Sermo 36, nach Ehlers, Monastische Theologie 62 mit A. 22.

[31] So Gerhoh von Reichersberg. Johanek, Klosterstudien 43.

[32] Regula c. 73, dazu Nebbiai-Dalla Guarda, Listes 272.

[33] Nebbiai-Dalla Guarda a. a. O. (nach den Consuetudines).

[34] Text bei Pl. Lefèvre, A propos de la ‹lectio divina› . . ., Revue d'Histoire ecclésiastique 67 (1972) 802, 805.

[35] Nebbiai-Dalla Guarda 317.

[36] Leclercq, Wissenschaft 232 A. 82.

[37] De profectione monachorum, MPL 145, 307, zitiert durch Hartmann, Manegold 114 A. 301.

[38] Anselm, Opera I ed. Schmitt, 7.

[39] Ediert durch Reiners, Nominalismus 80.

[40] Zitat bei Thouzellier, Catharisme 123 A. 82.

[41] Vgl. die ausführlichen Darlegungen bei (Garnier von Rochefort), Contra Amaurianos ed. Baeumker 48 ff. (c. 12).

[42] MPL 182, 537, ep. 332. Vgl. oben 258 mit A. 2 und Murray, Abélard 7.

[43] Register Innocenz' III. ed. Hageneder et alii II, 272 f. Nr. II/132.

[44] Leclercq, Wissenschaft 245.

[45] Zitat nach de Lubac IV (II/2) 61 A. 11.

[46] A. a. O. 85, 87 f.

[47] Zitat nach F. J. E. Raby, ‹Nuda Natura› and Twelfth Century Cosmology. Speculum 43 (1968) 74.

[48] David Luscombe, From Paris to the Paraclete: The correspondence of Abelard and Heloise. In: Proceedings of the British Academy 74 (1988) 269 A. 112.

[49] Abaelard, Dialogus ed. Thomas; de Lubac IV (II/2) 153.

[50] Chenu, Théologie au douzième siècle 123 mit A. 2, 4.

[51] Leclercq, Wissenschaft 68.

[52] de Lubac IV (II/2) 7–15.

[53] A. a. O. 36–40. Vgl. Heinz Meyer, Rudolf Suntrup, Lexikon der mittelalterlichen Zahlenbedeutungen (Münstersche Mittelalterschriften 56, München 1984).

[54] Cassirer II, 171 f.

[55] Thomas in Gal. c. V lect. 7, nach de Lubac II, 644.

[56] Chenu, Décadence 130.

[57] Zitat bei Thouzellier, Catharisme 117 A. 44.

[58] Classen, Gerhoch 141.

[59] Marie-Dominique Chenu, Les deux âges de l'allégorisme scripturaire au Moyen Age. Recherches de théologie ancienne et médiévale 18 (1951) 25 A. 22. Hugo, De scripturis et scriptoribus sacris..., MPL 175, 13 (c. 5).

[60] MPL 146, 32 f. Fichtenau, Lebensordnungen II, 522.

[61] Vgl. 1 Cor. 6, 15 und 12, 27, siehe oben 280.

[62] Oben 185.

[63] Richard von St.-Victor, Beniamin maior I, 6, MPL 196, 70. Ruh, Mystik I, 401.

[64] Liebeschütz, Hildegard 6 A. 1.

[65] Christel Meier, Scientia divinorum operum. In: Eriugena redivivus 94 f. Gegen die Annahme einer Nähe Hildegards zum Werk Eriugenas wendet sich Ruh, Mystik I, 14 A. 3.

[66] Liebeschütz, Hildegard 21.

Neuntes Kapitel

[1] Johann von Salisbury, Metalogicon ed. Webb 136 (III, 4).

[2] Jeauneau, Nani 84 (Wilhelm von Conches, Glossen zu Priscian, Ms. Florenz); 86 (Ms. Kopenhagen): «Antiqui multo meliores fuerunt modernis.»

[3] Ladner, Terms and Ideas 8 A. 41.

[4] Jeauneau a. a. O. 80–82.

[5] Ladner a. a. O.

[6] Abaelard, Historia calamitatum ed. Monfrin 69 Z. 208 f.

[7] De erroribus ed. Leclercq 384 (c. 2).

[8] Wilhelm von St.-Thierry, Liber de corpore et sanguine Domini, MPL 180, 345.

[9] Otto, Gesta Friderici ed. Waitz, Simson 82 (I, 58). Brief Gaufreds an (den päpstlichen Vikar) Albinus, MPL 185, 589 f. (c. 4). Zum Adressaten: N. M. Haring in Medieval Studies

24 (1962) 182 A. 13. «Am nächsten Tag», schreibt Gaufred weiter, «brachten wir so viele Codices mit, daß die Befürworter des Bischofs [Gilbert] erstarrten.» MPL a. a. O. 590 (c. 6).

[10] So Robert von Melun; Grabmann, Methode II, 346 f.

[11] Leclercq, Wissenschaft 106 f.

[12] Abaelard, Sic et non (prol.); Chenu, Théologie au douzième siècle 362; MPL 178, 1344.

[13] Grabmann, Methode II, 87.

[14] Hartmann, Manegold 109.

[15] Classen, Frühscholastik 302.

[16] Thomas, Summa theol. Ia p. 1 a. 2, ad 2; Quodl. IV, a. 18. Zitate nach Chenu, Théologie 127, 338 A. 1.

[17] Baldwin, Masters 161.

[18] Gammersbach 5.

[19] Anselm, Opera I ed. Schmitt 7.

[20] Ohly, Hohelied-Studien 124.

[21] Classen, Hohe Schulen 24.

[22] Hugo von Honau, De diversitate ed. Haring 121 (I, 4).

[23] A. a. O. 123 (I, 9).

[24] So Alanus von Lille, De fide catholica, MPL 210, 314 (I, 7). Über «heidnische» Definitionen von Glaubensdingen: Chenu, Théologie au douzième siècle 316.

[25] O'Donnell, Sources 247.

[26] Über Vergil vgl. oben 18 f., zu Ovid Delhaye, ‹Grammatica› 98.

[27] Theol. christ. 198 (III, 8 b).

[28] Contra Petrobrusianos ed. Fearns 164 (c. 278).

[29] Abaelard, Letters ed. Smits 271 Nr. 13.

[30] Abaelard, Dialogus ed. Thomas 91.

[31] A. a. O. 94.

[32] Alanus, De fide catholica 333 (I, 30).

[33] Grabmann, Methode II, 467.

[34] Dronke, Introduction 7 f.

[35] Maria Teresa Fumagalli, Beonio Brocchieri, ‹Ratio›, ‹sensus› e ‹auctoritas› nelle opere di Adelardo di Bath. In: Pierre Abélard, Pierre le Vénérable 631.

[36] (Garnier von Rochefort), Contra Amaurianos ed. Baeumker 32 (c. 10). Gregor d. Gr., Homil. 26 in Evangelia, MPL 76, 1197.

[37] Wilhelm von Champeaux, bei Grabmann, Methode II, 156.

[38] Abaelard, Theol. christ. 194 (III, 1).

[39] Abaelard, Dialogus ed. Thomas 97.

[40] Näheres bei Burnett, Speculations 154.

[41] Murray, Reason 8.

[42] Oben 204 mit A. 36.

[43] Abaelard, Dialogus ed. Thomas 93.

[44] Verbeke in: Concept of Heresy 76 f., 177 A. 28.

[45] Abaelard, Historia calamitatum ed. Monfrin 83 Z. 696–701. Das Zitat ist Matth. 15, 14.

[46] Wie oben A. 8.

[47] Proslogion (Prolog). Anselm, Opera I ed. Schmitt 94.

[48] Jolivet, Abélard 92. Zu Anselm: Gammersbach, Gilbert 2 mit A. 10. Meersseman, Teologia 261.

[49] «Deus est eo, quod est sciens, Deus.» Zitate nach Landgraf, Dogmengeschichte II/2, 69 f.

[50] «[...] disertis rationibus de fide rationabili reddere rationem», ein Halbsatz, der die Breite der Bedeutung von «ratio» zeigt, aus einem ungedruckten Ms. Vat. lat. 903, Alanus von Lille, Summa quadripartita, bei Thouzellier, Catharisme 82 A. 9. Zur Sache vgl. oben 206.

[51] Evans, Old Arts 34, 36.

[52] Gibson, Lanfranc 88 A. 3.

[53] Gilbert Crispin ed. Sapir Abulafia, Evans 63 (c. 6).

[54] Burnett, Speculations 169.
[55] Wilhelm von Conches, Philosophia mundi II c. 3, nach Chenu, Théologie au douzième siècle 26 A. 3.
[56] Stiefel, Revolution 30 A. 37.
[57] Luscombe, School 155.
[58] Alanus, Anticlaudianus I v. 455 ff., p. 70 f.
[59] Abaelard, Letters ed. Smits 276 Nr. 13. Dialogus ed. Thomas 90.
[60] M. de Gandillac in der Diskussion der Tagung Pierre Abélard, Pierre le Vénérable 630.
[61] Châtillon, Bible 186.
[62] Evans, Old Arts 112 f. Alanus, Regulae theologicae, MPL 210, 621–684.
[63] Evans a. a. O. 116. Zum Folgenden Alanus a. a. O. 646 Reg. 53; 636 Reg. 31.
[64] Disputatio Iudei et Christiani, Gilbert Crispin ed. Sapir Abulafia, Evans 12 (c. 20), 15 (c. 33 f.)
[65] Makdisi, Method 648 f.
[66] A. a. O. 649.
[67] Grabmann, Methode II, 212.
[68] Vgl. u. a. Hartmann, Manegold 139; Grabmann, Methode II, 237, auch zum Folgenden.
[69] Oskar Greulich, Die kirchenpolitische Stellung Bernolds von Konstanz. Historisches Jahrbuch 55 (1935) 12.
[70] Gerbert, De corpore et sanguine Domini, MPL 139, 180–182.
[71] Editionen siehe Quellenverzeichnis.
[72] Zitat nach Verbeke in: Concept of Heresy 178 A. 37.
[73] Stock, Literacy 364.

Zehntes Kapitel

[1] d'Alverny, Alain de Lille 24. Die zweite Fassung dürfte die «offizielle» gewesen sein; Bossuat in seiner Edition des Anticlaudianus, p. 10.
[2] Hugo von Honau, De ignorantia ed. Haring 218 (VII, 20–VIII, 23), mit Hinweis auf Gen. 3,5: «Eritis sicut dii, scientes bonum et malum.»
[3] Hugo a. a. O. 219 (IX, 24 ff.).
[4] Bernhard Bischoff, Aus der Schule Hugos von St. Viktor. In: Bischoff, Mittelalterliche Studien II (Stuttgart 1967) 184.
[5] Augustinus, De trinitate 12, 15, 25 nach Kusch, Studien 144 f.
[6] Zwettler Summe ed. Häring 25 f. (I, 4).
[7] Thierry, Prologus in Eptatheucon ed. E. Jeauneau, Studi medievali, IIIa serie 5/2 (1964) 854. Dronke, Thierry 361.
[8] d'Alverny, ‹Theologia› 112.
[9] de Ghellinck, Mouvement 93.
[10] Otto, Gesta Friderici ed. Waitz, Simson 68 (I, 49).
[11] Abaelard, Theol. christ. 196 (III, 6).
[12] Landgraf, Einführung 13.
[13] Hugo, De diversitate ed. Haring 124 (II, 1).
[14] Wilhelm von St.-Thierry, De erroribus ed. Leclercq 384 (c. 2).
[15] Galat. 1, 8.
[16] Leclercq, Wissenschaft 229.
[17] Oben 206 mit A. 50.
[18] Hugo, De diversitate ed. Haring 138 (XII, 8).
[19] «Distinctio eorum, quae multipliciter proferuntur.» Metalogicon, nach Grabmann, Methode II, 450 A. 1.
[20] Hugo, De diversitate ed. Haring 138 ff. (XIII, 1 bis XV, 1).
[21] Luscombe, Abélard 298.

[22] Boethius, De consolatione philosophiae V, 4 f.; d'Alverny, Alain de Lille 170, 182.
[23] Alanus von Lille, Liber in distinctionibus dictionum theologicalium, MPL 210, 689.
[24] Luscombe, Abelard 283 mit A. 15. Vgl. Abelard, Letters ed. Smits 272 f. Nr. 13.
[25] Classen, Hohe Schulen 23.
[26] Violante in der Diskussion der Tagung Hérésies et sociétés 205.
[27] Übernommen durch Thierry von Chartres. Oben 322 A. 7.
[28] Delhaye, ‹Grammatica› 86, 89–93.
[29] Wetherbee, Philosophy 23. Ferruolo, Origins 35.
[30] Guibert ed. Labande 26 (I, 4).
[31] Hildegard, Scivias (praef.), zitiert durch Liebeschütz, Hildegard 161 A. 1, vgl. 162.
[32] Häring, Commentary 196; ders., Treatise 30.
[33] Häring, Commentary 196 f.
[34] Gilbert von Poitiers über die Trinität, ed. Häring, Treatise 47 Nr. 62. Dazu Häring a. a. O. 30.
[35] Oben 268 mit A. 68.
[36] Hugo, De diversitate ed. Haring 126 (IV, 2).
[37] Jean Jolivet, Quelques cas de «platonisme grammatical» du VIIe au XIIe siècle. In: Mélanges R. Crozet I (Poitiers 1966) 99 (Thierry von Chartres).
[38] Pinborg, Logik 11 f.
[39] Karen Margareta Fredborg, Speculative Grammar. In: A History ed. Dronke 181.
[40] Jolivet, Abélard 90.
[41] Luscombe in der Einleitung zu seiner Edition von Abaelards Ethica, p. XXXIV.
[42] Johann von Salisbury, Metalogicon ed. Webb 95 (II, 17), zitiert von Jean Jolivet, Notes de lexicographie Abélardienne. In: Pierre Abélard, Pierre le Vénérable 531.
[43] So z. B. in der Einleitung zu Bernardus Silvestris, Cosmographia ed. Dronke 51–53.
[44] Evans, Old Arts 117. Häring, Commentary 195.
[45] Thierry, Glosa super Boethii librum de Trinitate V, 22, Zitat bei Dronke, Thierry 365. Oben 164 mit A. 20.
[46] Ulger von Angers. Chenu, Théologie au douzième siècle 101, 104.
[47] Petrus Damiani, De perfectione monachi II, MPL 145, 306 f. (c. 11). Leclercq, Wissenschaft 223 A. 44.
[48] Morris, Discovery 55.
[49] Häring, Commentary 197.
[50] Häring a. a. O.
[51] Grabmann, Sprachlogik 114.
[52] Jan Pinborg, Die Entwicklung der Sprachtheorie im Mittelalter (Beiträge zur Geschichte d. Philosophie u. Theologie des Mittelalters 42/2, Münster 1967) 23.
[53] Reiners, Nominalismus 14, vgl. 61.
[54] Grabmann, Sprachlogik 115.
[55] Leclercq, Wissenschaft 224.
[56] Historia calamitatum ed. Monfrin 63 ff.
[57] Druck: Reiners, Nominalismus 64.
[58] Anselm von Laon, Brief an Abt «H.», MPL 162, 1587, zitiert bei Grabmann, Methode II, 154 A. 1.
[59] Richer, Historiarum libri IV, läßt den Kaiser dabei die Eingangsrede halten: III, 58, ed. Latouche Bd. II (2. Aufl. Paris 1964) 68, 70.
[60] Jean Châtillon, Abélard et les écoles. In: Abélard en son temps 135 f.
[61] Grabmann, Methode II, 18.
[62] Jacobi, Logic (II) 238–240.
[63] Jacobi a. a. O. 250, 243.
[64] Grabmann, Methode II, 510.
[65] Walter, Contra IV labyrinthos 223 (II, 2). Gammersbach, Gilbert 117.
[66] Walter a. a. O.

[67] Joachim Ehlers, Hugo von St. Victor (Frankfurter historische Abhandlungen 7, Wiesbaden 1973) 46.

[68] Abélard, Letters ed. Smits, Nr. 13.

[69] Verbeke in: Concept of Heresy 175 A. 16. Ladner, Theologie 32, 115 A. 122.

[70] Verbeke a. a. O. 175 A. 20.

[71] Hartmann, Manegold 117.

[72] Hartmann, Manegold 110.

[73] Irven M. Resnick, Scientia liberalis, Dialectics and Otloh of St. Emmeram. Revue bénédictine 97 (1987) 252.

[74] Johann von Salisbury, Metalogicon ed. Webb 79 f. (II, 10), zitiert durch Delhaye, Organisation 262 A. 40.

[75] 2 Tim. 3, 7; 1 Tim. 1, 6 f. Metalogicon ed. Webb 79 f. (II, 7) und (auch zum Folgenden) das Zitat bei Jacobi, Logic (II) 231.

[76] Jacobi, Logic (II) 235.

[77] Theol. christ. III, 20; III, 15; IV, 161, S. 203, 202, 346.

[78] A. a. O. III, 4, S. 195.

[79] Letters ed. Smits 275 Nr. 13.

[80] A. a. O. 271 f. Grabmann, Methode II, 183.

[81] Über den Inhalt ausführlich Tweedale, Logic (I) 198–204.

[82] A. a. O. 196.

[83] Gerald von Wales, Speculum ecclesiae (1220), zitiert von Ferruolo, Origins 181.

[84] Tweedale, Logic (I) 197.

[85] Über Anselms Gottesbeweis vgl. zuletzt Haren, Thought 101 f.

[86] Häring, Literati 209: Hugo von Amiens (Rouen), De fide catholica, MPL 192, 1327.

[87] Scholion zur ars poetica des Horaz, 10./11. Jahrhundert. O'Donnell, Sources 245. – Über Rhetorik im Hochmittelalter zuletzt Köhn, Schulbildung 265–281.

[88] Thierry, Kommentar zu Cicero, De inventione, bei Haring, Thierry 282 f. (c. 6, 8).

[89] Haring, Thierry 283.

[90] Anselm von Besate, Rhetorimachia ed. K. Manitius. Vgl. ebenda die Einleitung 61 ff. und Gibson, Lanfranc 13.

[91] Historia calamitatum ed. Monfrin 73.

[92] Grabmann, Methode II, 351 f.

[93] Augustinus, De doctrina christiana IV, ed. G. Green, CSEL 80 (Wien 1963) 118 ff.

[94] Hubert Silvestre, Dix plaidoiries inédites du XIIe siècle. Traditio 10 (1954) 373–397. Delhaye ‹Grammatica› 93. Wahrscheinlich sind es Schulübungen, vgl. Silvestre a. a. O. 375.

[95] Galbert von Brügge, Passio Karoli comitis Flandrensis, MGH SS 10, 562 (c. 1).

[96] Ferruolo, Origins 141, siehe auch oben 249.

[97] Ernst Robert Curtius, Europäische Literatur und lateinisches Mittelalter (Bern 1948) 84; Metalogicon ed. Webb 7, 13 ff.

[98] Widmer, Thierry 558 f.

[99] Ausführlich bei Häring, Erschaffung 194 ff.

[100] Thierry, Commentum ed. Haring 101 (II, 35).

[101] Contra Amaurianos ed. Baeumker 33 und Garniers Traktat Isagogae theophaniarum symbolicae (cod. Troyes), zitiert ebenda (Fußnote).

[102] Zitat bei Gregory, Anima mundi 8, Anm.

[103] Johann von Salisbury, Policraticus ed. Webb (Oxford 1909) I, 254 (IV, 6), zitiert bei Grundmann, Ausgewählte Aufsätze III, 52 A. 33.

[104] d'Alverny, Abélard et l'astrologie 611 mit A. 2. Andere Vermutungen bei Arno Borst, Astrolab und Klosterreform an der Jahrtausendwende. Sitzungsberichte der Heidelberger Akademie d. Wiss., Philos.-histor. Kl. 1989/1, 85.

[105] MPL 150, 1639–1642.

[106] Manitius III, 221–223.

[107] Hermann of Carinthia, De essentiis ed. Charles Burnett (Leiden, Köln 1982). Hier und

im Folgenden zitiere ich Charles Burnett, Hermann of Carinthia, in: A History ed. Dronke 386–404.

[108] Burnett, Hermann 396. Über Arithmetik in der Praxis und die wachsende Bedeutung der Zahlen vgl. Murray, Reason 157–187.

[109] Wilhelm, Astronomica, praef., MPL 150, 1639.

[110] de Lubac I, 124.

[111] Thierry, Commentum ed. Haring 93 (II, 8).

[112] A. a. O. 93 (II, 7), 91 (II, 2).

[113] Historia calamitatum ed. Monfrin 82.

[114] d'Alverny, ‹Theologia› 113.

[115] Evans, Old Arts 31.

[116] Zwettler Summe ed. Häring 30 (I, 18).

[117] Landgraf, Dogmengeschichte II/1, 172.

[118] de Lubac I, 117. Chartularium Universiensis Parisiensis I, 473 Nr. 419. Zum Folgenden Châtillon, Bible 176, 186.

[119] de Lubac I, 95.

[120] Gedruckt als Anhang zu der oben A. 90 zitierten Edition, 181–183. Es geht um die logische Möglichkeit der Enthaltung von Urteilen in Kontroversfragen.

[121] Gilbert Crispin ed. Sapir Abulafia, Evans 62 (c. 1,4).

[122] Abaelard, Dialogus ed. Thomas.

[123] Alanus, De fide catholica, MPL 210, 305–430 und dazu Thouzellier, Catharisme 81–106.

[124] Bernhard von Fontchaude (Fonte Calida), Contra Valdenses et contra Arianos, MPL 204, 793–810. Thouzellier, Catharisme 50 f.

[125] Thouzellier a. a. O. 198.

[126] Otto, Gesta Friderici ed. Waitz, Simson 82, 76 (I, 58, 54). Nach Eberhard von Ypern, Dialogus ed. Haring 274, sagte Papst Eugen III. von Gilbert: «Wie sollen wir über etwas urteilen, das wir nicht verstehen? Dieser Mensch spricht ja nicht zu den Menschen, sondern zu Gott.»

[127] Oben 215 mit A. 20.

[128] Otto, Gesta 75 (I, 52), vgl. 67 f. (I, 48).

[129] Anselm, Monologion, Prolog. Opera I ed. Schmitt 8. Vgl. oben 269.

[130] Haring, Case of Gilbert 23.

[131] Zwettler Summe ed. Häring 27 (I, 9).

[132] Hugo von Honau, De ignorantia ed. Haring 216 (IV, 10; V, 12).

[133] Marenbon, Gilbert 335.

[134] Luscombe, Abelard 306.

[135] Abelard, Ethics ed. Luscombe.

[136] Jolivet, Abélard 87 f.

[137] Abaelard, Dialogus ed. Thomas 88 f. (c. 1265, 1275, 1285).

[138] Alanus von Lille, De virtutibus, Prolog, ed. Lottin 25.

[139] Philippe Delhaye, Pierre Lombard (Montreal, Paris 1961) 19.

[140] Otto von Freising, Gesta Friderici ed. Waitz, Simson 68 (I, 48).

[141] Delhaye, ‹Grammatica› 91.

[142] Wetherbee, Philosophy 25, 42.

[143] Luscombe, Abelard 299, 303.

[144] Charles M. Radding, The Origins of Medieval Jurisprudence (New Haven, London 1988) 97, 158. Charles Homer Haskins, The Renaissance of the Twelfth Century (New York 1960) 218, 220.

[145] Horst Fuhrmann, Einfluß und Verbreitung der pseudoisidorischen Fälschungen, II (Schriften der MGH 24, II, Stuttgart 1973) 309. Zum Folgenden ebenda 442.

[146] Eine Übersicht bei de Ghellinck, Mouvement 423–445.

[147] Wiederentdeckt durch Martin Grabmann; Grabmann, Methode II, 131.

[148] Oben 209 mit A. 68.
[149] Oben 210.
[150] Landgraf, Einführung 12; über die Priorität ebenda 40.
[151] Hugo von Honau, De diversitate ed. Haring 123 (I, 10).
[152] Liber de vera philosophia ed. Fournier 402.
[153] Stelzer, Gelehrtes Recht 32 f., 190.
[154] Baldwin, Masters 146.
[155] Stelzer a. a. O. 190–193.
[156] Fichtenau, Petrus von Wien; Zwettler Summe ed. Häring 131.
[157] Johannes Fried, Die Entstehung des Juristenstandes im 12. Jahrhundert (Forschungen zur neueren Privatrechtsgeschichte 21, Köln, Wien 1974), bes. 249.
[158] de Ghellinck, Mouvement 211 A. 3.
[159] Haren, Thought 103. Luscombe, School 174 f. Der Gedanke wurde schon von Origenes ausgesprochen. Vgl. auch oben 151, 272.
[160] Classen, Gerhoch 97 mit A. 27.

Elftes Kapitel

[1] Bernhard, De conversione ad clericos c. 21, Zitat nach Delhaye, Organisation 227 A. 14.
[2] Vita Davids, nach Leclercq, Wissenschaft 221.
[3] Metamorphosis Golyae episcopi, ed. R. B. C. Huygens, Mitteilungen aus Handschriften (III). Studi medievali ser. IIIa 3 (1962) 771 f. Zur Bewertung J. F. Benton in Speculum 50 (1975) 215 f. Wetherbee, Philosophy 40 f.
[4] Abaelard's Rule for Religious Women, ed. T. P. McLaughlin. Medieval Studies 18 (1956) 290.
[5] Chronicon Andrensis monasterii, nach Delhaye, Organisation 230.
[6] Das betont zu Recht Johanek, Klosterstudien 62.
[7] Delhaye, Organisation 229.
[8] Dronke, Introduction 12; Haren, Thought 87.
[9] Ehlers, Monastische Theologie 72.
[10] A. a. O. 72 A. 69.
[11] Was bei Leclercq, Wissenschaft 216, 218 usw. als «Stadtschulen» bezeichnet wird, meint Schulen in den Städten.
[12] So richtig Jean Leclercq, The Renewal of Theology. In: Renaissance and Renewal ed. Benson, Constable 74.
[13] Johanek, Klosterstudien 65 f.
[14] Eberhard von Ypern an Urban III., Text bei J. Leclercq, Textes sur Saint Bernard et Gilbert de la Porrée. Medieval Studies 14 (1952) 126 und Eberhard, Dialogus ed. Haring 288. Von Moos, Dialogform 203.
[15] Anselm, Rhetorimachia ed. K. Manitius 181 (Brief an Drogo).
[16] Gilbert Crispin, Disputatio ed. Sapir Abulafia, Evans 62 (c. 4): «duos magne fame sed diverse secte philosophos».
[17] Hugo, De diversitate ed. Haring 127 f. (V, 1 u. 4). Vgl. 132 f. (IX, 2) und unten 260 mit A. 13.
[18] A. a. O. 132 (VIII, 1).
[19] Wilhelm von Conches, Dragmaticon, zitiert von Gregory, Anima mundi 265.
[20] Johann von Salisbury, Metalogicon ed. Webb 57 f. (I, 24). Classen, Hohe Schulen 21 mit A. 65.
[21] Oben 229 mit A. 96.
[22] Ward, Date 223 f. A. 3.
[23] Ward a. a. O., der von einer «Cornifician crisis» und einem «Cornifician movement» spricht.
[24] Das Folgende nach Ferruolo, Origins 98 ff.

25 Southern, Schools 116 f.
26 Abaelard, Historia calamitatum ed. Monfrin 92.
27 Southern, Schools 114.
28 Sermo de clericis ad theologiam non accedentibus, ed. d'Alverny, Alain de Lille 274.
29 Thierry von Chartres, Commentum ed. Haring 92 (II, 6).
30 Hugo von Honau, De diversitate ed. Haring 133 (X, 1), nach Gregor von Nazianz.
31 Lesne, Histoire V, 488 A. 5.
32 Haring, Thierry 277 A. 52.
33 Gilbert Crispin ed. Sapir Abulafia, Evans, 62 f. (c. 5). Gilbert redet von «vulgus», Thierry (oben A. 32) von «vulgus profanum» in Anlehnung an Horaz. Das Zitat auch bei Classen, Hohe Schulen 21 A. 66.
34 Otto, Gesta Friderici ed. Waitz, Simson 69 (I, 49).
35 Abaelard, Historia calamitatum ed. Monfrin 71, Z. 267.
36 Oben 222 f.
37 Wie Anm. 28.
38 Wie Anm. 34.
39 Wilhelm von Conches, Philosophia mundi, Prolog.
40 Abaelard, Historia calamitatum ed. Monfrin 81. Classen, Hohe Schulen 7 A. 15.
41 Philipp von Harvengt, Abt von Bonne-Espérance, De institutione clericorum c. 110, MPL 203, 816, Zitat bei Delhaye, Organisation 211: «Loquendi usus obtinuit, ut, quem viderimus litteratum, statim clericum nominemus, [...] quoniam agit quod clerici est.»
42 Southern, Schools 134 f. (appendix II).
43 Herkenrath, Magistertitel 34.
44 Herkenrath a. a. O.
45 Lesne, Histoire V, 472.
46 Abaelard, Historia calamitatum ed. Monfrin 64.
47 Lesne, Histoire V, 473.
48 Ferruolo, Origins 189.
49 Bernhard, Sermo 36 c. 3, MPL 183, 968. Maleczek, Papsttum 94.
50 Abaelard, Ethics ed. Luscombe 106.
51 Abaelard, Historia calamitatum ed. Monfrin 73.
52 Zitat bei Gammersbach, Gilbert 105 A. 10, nach Johann von Salisbury, Historia Pontificalis c. 12, ed. R. L. Poole (Oxford 1927) 27.
53 Eberhard von Ypern, bei Gammersbach, Gilbert 122 f.
54 Hugo von Honau, De diversitate ed. Haring 125 (III, 1). Das Wortspiel «praeesse – prodesse» findet sich schon in der Regula s. Benedicti (c. 64).
55 Classen, Häresie-Begriff, Aufsätze 471.
56 Wilhelm von Conches, Dragmaticon 157, Zitat (nach dem Druck von 1567) bei Gregory, Anima mundi 266, Anm.
57 Baldwin, Masters 144 ff. Vgl. Maleczek, Papsttum 86 f.
58 Nach Ehlers, Scholaren 114, stiegen unter Philipp I. (1060–1108) fünf, unter Ludwig VI. (1108–1137) 10 «scholares» unmittelbar zu Bischöfen auf, «viele aber brachten es zum Archidiakon oder Kanzler ihrer Kathedrale». Unter Ludwig VII. (1137–1180) wurden 3 % der Lehrer (magistri regentes) Bischöfe, unter seinem Nachfolger Philipp II. August 13 bis 16 %. Baldwin, Masters 154.
59 Southern, Schools 115.
60 Manitius III, 88.
61 Köhn, Schulbildung 284 (nach Baldwin). Noch am ehesten für England gilt, was Murray, Reason 220, sagt, daß im 12. Jahrhundert das «golden age of careerism via the schools» begonnen habe.
62 Das betont Köhn a. a. O. (bes. 283) als Gegenthese zu Classen, Hohe Schulen.
63 Oben 254 mit A. 54.
64 Ehlers, Scholaren 111.

[65] Oben 243 mit A. 156.
[66] Zusammengestellt bei Classen, Frühscholastik 290 ff.
[67] Classen a. a. O. 287 f.
[68] Ehlers, Scholaren 99.

Zwölftes Kapitel

[1] Otloh, Vita s. Wolfgangi episcopi, MGH SS IV, 537 f. (c. 28). Köhn, Schulbildung 257 f.
[2] Chartularium Universitatis Parisiensis I, 48 Nr. 48 (Stephan von Tournai an Papst Coelestin III. oder Innocenz III., vor 1203). Für den topischen Charakter der Stelle sprechen die beiden oben 130 mit A. 53 und 189 mit A. 42 zitierten Sätze (Petrus Damiani, Bernhard von Clairvaux).
[3] Jaffé-Löwenfeld, Reg. Pont. Rom. 12785, zitiert bei Walter von St.-Victor, Contra IV labyrinthos ed. Glorieux 202 (Prolog). A. a. O. 195 (c. 3): «De novis hereticis qui dicunt Christum non esse aliquid in eo quod est homo» (der sog. christologische Nihilismus, oben 279. Glorieux, Mauvaise action 180).
[4] Erdmann, Gregor und Berengar 64 f. Nach Durandus von Troarn, der diese Dinge berichtet, hätten Berengars Gefolgsleute kurze Zeit später auf einem Konzil abgeschworen. MPL 149, 1423 (c. 32).
[5] Berengar, Iuramentum ed. Huygens 402 (Fastensynode in Rom 1079).
[6] Verbeke in: Concept of Heresy 172; Evans, Old Arts 147.
[7] Vgl. den Satz Wilhelms von Conches oben 180 mit A. 121.
[8] Oben 252 mit A. 32.
[9] Den Übergang dazu zeigt die Formulierung Bernolds von Konstanz, Berengar betreffend: «[...] cum ipse sectam suam catholicae fidei contrariam denegare non posset [...]», letzter Druck bei Huygens, Bérenger 382 f. (De Berengario).
[10] Evans, Old Arts 147.
[11] Abaelard, Confessio fidei ed. Charles S. Burnett, Medieval Studies 48 (1986) 132.
[12] Gaufred von Auxerre, Contra capitula Gilberti, MPL 185, 595 (c. 1). Gammersbach, Gilbert 110 A. 9.
[13] Hugo, De diversitate ed. Haring 129 (VI, 5), 135 (XI, 5 f.).
[14] Otto von Freising, Gesta Friderici ed. Waitz, Simson 75 (I, 53).
[15] Nikolaus Haering, Abälard und Gilbert nach der Darstellung des Dichters Gutolf von Heiligenkreuz. In: Cîteaux, Commentarii Cistercienses 4 (1968) 265–283.
[16] Otto von Freising, Gesta Friderici ed. Waitz, Simson 69 (I, 49).
[17] Otto a. a. O. 83 (I, 58). Vgl. auch oben 169.
[18] Jaffé-Löwenfeld, Reg.Pont. Rom. 8148, 1141 Juli 16, erhalten unter den Briefen Bernhards, MPL 182, 360 f. Nr. 194 (c. 3). Walter, Contra IV labyrinthos 309 (Additamenta) in Kurzform. Volltext bei Otto von Freising, Gesta Friderici ed. Waitz, Simson 71–73. Vgl. oben 271 mit A. 86.
[19] Oben 224 mit A. 65 f.
[20] Walter, Contra IV labyrinthos ed. Glorieux 201 (Prolog).
[21] A. a. O. 197 (zu III, 7).
[22] A. a. O. 197 (zu IV, 8).
[23] A. a. O. 246 (III, 1).
[24] A. a. O. 257 (III, 8).
[25] A. a. O. 268 (III, 15).
[26] A. a. O. 270 (IV, 1).
[27] Apologia de Verbo incarnato (fälschlich dem Johann von Cornwall zugeschrieben). Glorieux, Mauvaise action 187, und die Verweise zur Ausgabe.
[28] So Gutmund von Aversa, nach Montclos, Lanfranc et Bérenger 30 A. 4.
[29] Oben 33 f.
[30] Briefsammlungen ed. Erdmann, Fickermann 153 Nr. 88. Die Stelle konnte bei Augusti-

nus nicht aufgefunden werden. Den vollen Text der Inschrift könnte der Zusatz a. a. O. 154 bieten. Vgl. oben 267.

[31] Zu letzterem Erdmann, Gregor und Berengar 63 mit A. 4.

[32] Chronik von Saint-Maixent zu 1075, Recueil des Historiens des Gaules et de la France Nouv. ed. par L. Delisle 12 (Paris 1877) 401. Das Glaubensbekenntnis, das Berengar in Poitiers sprechen mußte, fand Robert Somerville, The Case against Berengar of Tours: A New Text. Studi Gregoriani 9 (Rom 1972) 55–75 (68 f.), Wiederabdruck in Somerville, Papacy, Councils and Canon Law in the 11th – 12th centuries (Aldershot 1990) Nr. I.

[33] Register Gregors VII. ed. Caspar II, 425–427 (VI, 17a). Berengar, Iuramentum ed. Huygens 402 (prostratus [...] me errasse confessus sum).

[34] Lanfranc an Berengar, bei Huygens, Bérenger 371.

[35] Bernold von Konstanz bei Huygens, Bérenger 379.

[36] Berengar, Iuramentum ed. Huygens 390 f.

[37] Register Gregors VII. ed. Caspar II, 425 f. (VI, 17a).

[38] Briefsammlungen ed. Erdmann, Fickermann 168 Nr. 100.

[39] Jaffé-Löwenfeld, Reg. Pont. Rom. 4546, 4547, 4588, 4601, Druck: Edmund Bishop, Unedirte Briefe zur Geschichte Berengar's von Tours. Historisches Jahrbuch 1 (1880) 273–275. Über die Fälschung: Erdmann, Gregor und Berengar 52–55. Für die Fälschungen Berengars hat Montclos, Lanfranc et Bérenger 20, weitere Argumente gegeben. Anders jedoch vielfach Ovidio Capitani, zuletzt: Status quaestionis dei falsi berengariani. In: Fälschungen im Mittelalter (MGH Schriften 33, II, Hannover 1988) 191–215, dort 191 A. 1 eine Bibliographie über die Frage.

[40] Jaffé-Löwenfeld, Reg. Pont. Rom. 5103, 5197. Erdmann, Gregor und Berengar 50, 54 f.

[41] Briefsammlungen ed. Erdmann, Fickermann 148 ff. Nr. 87. Nach Erdmann gefälscht nach 1079, nach Capitani und Montclos 1059 entstanden.

[42] Berengar, Iuramentum ed. Huygens 401.

[43] Briefsammlungen ed. Erdmann, Fickermann 151 Nr. 87.

[44] MGH Constitutiones I, 119 Nr. 70.

[45] Beno, Gesta Romanae Ecclesiae contra Hildebrandum I c. 4, MGH Libelli de lite II, 370 f.; Ladner, Theologie 121 f. A. 153, 157.; Miethke, Theologieprozesse 90.

[46] Gibson, Lanfranc 82.

[47] Bernold von Konstanz bei Huygens, Bérenger 382.

[48] Gibson, Lanfranc 65, 78; sie meint, Berengar sei von der allgemeinen Sakramentenlehre ausgegangen.

[49] Berengar, Iuramentum ed. Huygens 399. Ähnlich in der Epistola contra Altmannum bei Montclos, Lanfranc et Bérenger 531.

[50] Theodoin, Contra Brunonem, oben 83 mit A. 85. Ilarino, Eresie 78 f.

[51] Meist zitiert als «De sacra coena», in der neuen Ausgabe als «Rescriptum contra Lanfrancum», ed. Huygens (siehe Quellenverzeichnis).

[52] Montclos, Lanfranc et Bérenger 442.

[53] A. a. O. 133.

[54] Berengar, Iuramentum ed. Huygens 396, 398.

[55] Brief an Adelmann von Lüttich bei Montclos, Lanfranc et Bérenger 531.

[56] A. a. O. 533 mit A. 4.

[57] Synode von Tours 1054, Text bei Bernold von Konstanz ed. Huygens, Bérenger 381.

[58] Briefsammlungen ed. Erdmann, Fickermann 153 Nr. 88.

[59] Bernold bei Huygens, Bérenger 378.

[60] Volltext des Eides nur bei Lanfranc; Ladner, Theologie 90 f. A. 8.

[61] Briefsammlungen ed. Erdmann, Fickermann 154 Nr. 88. Vgl. oben A. 30.

[62] Oben 162. Manegold wird zu den «Antidialektikern» gezählt, er war vielleicht ein bekehrter Dialektiker.

[63] Montclos, Lanfranc et Bérenger 147, 589.

[64] Oben 192.

⁶⁵ Protokoll der Fastensynode im Register Gregors VII. ed. Caspar II, 426 f. (VI, 17a).
⁶⁶ Im Glaubensbekenntnis gegen die Katharer. Der Ausdruck ist seit Anfang des 12. Jahrhunderts (als Substantivum oder Verbum) mehrfach gebraucht worden.
⁶⁷ Schreiben an Adelmann, ed. Montclos, Lanfranc et Bérenger 536.
⁶⁸ L. M. de Rijk, The Semantical Impact of Abailard's Solution of the Problem of Universals, in: Petrus Abaelardus hg. v. Thomas, Jolivet 132 f. Stock, Literacy 278.
⁶⁹ Berengar, Rescriptum 84 f. (II, 1756 f., 1789–1791).
⁷⁰ Alger von Lüttich, De sacramento corporis et sanguinis Dominici, MPL 180, 754 (I, 6).
⁷¹ John Van Engen, Rupert of Deutz and William of Saint-Thierry. Revue bénédictine 93 (1983) 328.
⁷² Brief Walters von Honnecourt an Roscelin, ediert bei Germain Morin, Un écrivain inconnu du XIe siècle: Walter, moine de Honnecourt, puis de Vézelay. Revue bénédictine 22 (1905) 173–175. Zur Sache vgl. oben 237.
⁷³ Reiners, Nominalismus 29 f. (auch zum Folgenden). Über einen Vorgänger Roscelins, Garlandus Computista, vgl. Tweedale, Logic (I) 198–204 und oben 226.
⁷⁴ Otto von Freising, Gesta Friderici ed. Waitz, Simson 69 (I, 49). Abaelard, Historia calamitatum ed. Monfrin 82, 87. Miethke, Theologieprozesse 91–95.
⁷⁵ Oben 77 und die Häretiker von Bucy-le-Long bei Soissons (oben 76), deren Anführer Johann als den Weisesten bezeichnete, den er je gesehen habe. Guibert ed. Labande 428 (III, 17).
⁷⁶ Häring, Die vierzehn capitula 43. Eine Liste von 19 Punkten druckte zuletzt Mews, Lists 108–110, eine dritte, verfaßt durch Wilhelm von Saint-Thierry, bietet J. Leclercq, Revue bénédictine 79 (1969) 377 f. Auf die Formulierung einiger Punkte hatte Bernhard von Clairvaux Einfluß, der anscheinend die Redaktion des Textes vor der Synode von Sens leitete; Mews a. a. O. 96 f.
⁷⁷ Leclercq, L'hérésie 26.
⁷⁸ Abaelard, Historia calamitatum ed. Monfrin 87.
⁷⁹ A. a. O.
⁸⁰ Otto, Gesta Friderici ed. Waitz, Simson 69 (I, 49). Oben 260.
⁸¹ Liber de vera philosophia ed. Fournier 408. Zur Verfasserfrage Gammersbach, Gilbert 61.
⁸² Bernhard, Epistola 190, MPL 182, 1060 (c. 7).
⁸³ Gesta Friderici ed. Waitz, Simson 69 (I, 50).
⁸⁴ A. a. O. 70 (I, 50). Der wesentlich kompliziertere Verlauf der Sache wird geschildert bei Kolmer, Abaelard 136 ff.
⁸⁵ Bernhard, Epistola 190; Schreiben der Bischöfe bei Otto a. a. O. 70 f.; Capitula ed. Häring oder (eher) Mews, oben A. 76.
⁸⁶ Jaffé-Löwenfeld, Reg. Pont. Rom 8148 (1141 Juli 16). Druck bei Otto, a. a. O. 71–73. Vgl. oben 261 mit A. 18. Über Sens ausführlich Miethke, Theologieprozesse 96–102, Schrifttum 96 A. 46, dazu seither Kolmer, Abaelard.
⁸⁷ Bernhard, Epistola 192, MPL 182, 358, zitiert von Häring, Litterati 217 mit der Bemerkung: «His basic and standardized accusation.»
⁸⁸ Capitula ed. Häring 43 f. Nr. 1.
⁸⁹ Epistola 190, a. a. O. 1058 (c. 4).
⁹⁰ A. a. O. 1062 (c. 10).
⁹¹ A. a. O.
⁹² Oben 244 mit A. 159.
⁹³ Capitula ed. Häring 46 (IV, 4).
⁹⁴ Epistola 190, 1063 (c. 12).
⁹⁵ Vgl. Joh. 11, 47–51. Berengar von Poitiers, Apologia contra sanctum Bernardum [. . .] et alios qui condemnaverunt Petrum Abaelardum, ed. R. M. Thomson, The satirical works of Berengar of Poitiers. Medieval Studies 42 (1980) 115.
⁹⁶ Wilhelm von Saint-Thierry, De erroribus ed. Leclercq 384 (c. 2).

⁹⁷ A. a. O. Über ähnliche Versuche Thierrys von Chartres siehe oben 164, bei Abaelard oben 272.
⁹⁸ A. a. O. 389 f. (c. 8). Oben 177.
⁹⁹ So zuletzt Dorothy Elford, William of Conches, in: A History ed. Dronke 317 f.
¹⁰⁰ De erroribus ed. Leclercq 390 (c. 8). Oben 177.
¹⁰¹ Haring, Case of Gilbert 2.
¹⁰² Oben 237 mit A. 126. Über Gilbert in Paris 1147 und Reims 1148: Miethke, Theologieprozesse 104–110.
¹⁰³ Gaufred von Auxerre, siehe Quellenverzeichnis.
¹⁰⁴ Gammersbach, Gilbert 87. Ausführlich, auch zum Folgenden, Haring, Litterati 219 ff. Vgl. oben 254 mit A. 52.
¹⁰⁵ Mansi 21, 713.
¹⁰⁶ Gaufred, Contra capitula Gisleberti, MPL 185, 597.
¹⁰⁷ Oben 248 mit A. 17.
¹⁰⁸ Oben 237 mit A. 128.
¹⁰⁹ Zitiert bei Walter von Saint-Victor, Contra IV labyrinthos ed. Glorieux 226 (II, 3).
¹¹⁰ Gaufred von Auxerre; Häring, Treatise 33.
¹¹¹ Haring, Case of Gilbert 13.
¹¹² A. a. O. 8 und Haring, Treatise 21.
¹¹³ Contra capitula Gilberti, MPL 185, 606 (c. 31).
¹¹⁴ So die gilbertische Lehre bei seinem Schüler Hugo von Honau, De diversitate ed. Haring 146 f. (XVIII, 11), wo diese Aussage der Kategorienlehre des Aristoteles mit Sätzen griechischer Kirchenlehrer belegt wird.
¹¹⁵ Häring, Treatise 18 f., 21.
¹¹⁶ Häring, Treatise 19 mit A. 37, 21 mit A. 46.
¹¹⁷ Otto, Gesta Friderici ed. Waitz, Simson 82 (I, 58). Vgl. auch oben 169.
¹¹⁸ Haring, Case of Gilbert 12.
¹¹⁹ Otto, Gesta 85 (I, 59).
¹²⁰ Haring, Case of Gilbert 18.
¹²¹ Gammersbach, Gilbert 13. Zu Bernhard und Thierry vgl. oben 164.
¹²² Oben 219 mit A. 37.
¹²³ Oben 168, 269.
¹²⁴ Oben 168.
¹²⁵ «Caute in scolis tuis doceas», ermahnte Gerhoh von Reichersberg den Gilbertschüler Petrus von Wien; vor seinen Schülern, die ihm in allem zustimmten, breite Petrus «doctrinas novas» aus. Fichtenau, Petrus von Wien 229 f.
¹²⁶ Das Folgende nach von Moos, Dialogform 169, 172. Eberhard, Dialogus ed. Haring 252.
¹²⁷ Dialogus a. a. O.; Haring, Everard 152.
¹²⁸ Eberhard von Ypern, Epistola [...] ad Urbanum papam III, ed. Haring, Everard 162 (c. 3), 167 (c. 19).
¹²⁹ von Moos, Dialogform 192 f.
¹³⁰ Eberhard, Dialogus ed. Haring 272.
¹³¹ Zur Haltung des Petrus Lombardus vgl. Nikolaus M. Haring, The Porretani and the Greek Fathers. Medieval Studies 24 (1962) 190.
¹³² Walter von St.-Victor, oben 262.
¹³³ Grundmann, Ketzergeschichte 22.
¹³⁴ Walter von St.-Victor, Contra IV labyrinthos ed. Glorieux 201, (Prolog), vgl. 225, 246 f. (II, 3; II, 5).
¹³⁵ Walter a. a. O. 201 (Prolog). Vgl. oben 279 mit A. 3. Jaffé-Löwenfeld, Reg. Pont. Rom. 12785.
¹³⁶ Walter a. a. O. 304. (additamenta priora).
¹³⁷ Ilarino, Speroni 42 ff.; Merlo, Eretici 63 ff.

[138] Ilarino a. a. O. 66.

[139] Lambert, Heresy 81 f.

[140] d'Alverny, Fragment 326 A. 3.

[141] Chronica Alberichs von Trois-Fontaines, nach Guillelmus Brito, MGH SS 23, 890.

[142] Alberich von Trois-Fontaines a. a. O. Das Todesjahr 1206 ergibt sich aus Alberichs Angabe (zu 1210) «post quatuor annos sue tumulationis [. . .]» Für das Folgende vgl. Gary Dickson, The burning of the Amalricans. Journal of Ecclesiastical History 40 (1989) 347–369.

[143] Caesarius von Heisterbach ed. Strange I, 304, 307 (V, 22), der nur 13 Namen nennt.

[144] Chartularium Universitatis Parisiensis I, 70 Nr. 11. Auch der «aurifaber» ist als Beiname und nicht als Berufsbezeichnung zu erklären: es handelte sich um einen Geistlichen, der die Weihen verlor.

[145] Lucentini, Amalrico 185 und das Zitat 175 A. 2.

[146] Caesarius a. a. O. 307: «in adventu regis, qui tunc praesens non erat, exusti.»

[147] Chartularium a. a. O. und oben A. 143.

[148] Caesarius a. a. O. 305 f.

[149] A. a. O. 304 f., vgl. oben A. 144.

[150] Grundmann, Bewegungen 361 A. 13.

[151] (Garnier von Rochefort), Contra Amaurianos ed. Baeumker 24 (c. 8). d'Alverny, Fragment 328 f. Godinus tritt in Contra Amaurianos c. 9 (S. 24) und c. 10 (S. 30) auf, als «Gott» und «Inkarnation Christi» verspottet.

[152] Chenu, Théologie au douzième siècle 319.

[153] Guillelmus Brito, Gesta Philippi Augusti ed. F. Delaborde (Œuvres de Rigord et de Guillaume le Breton, I, 1882) 232, zitiert von Lucentini, Amalrico 175 f. A. 3, und Grundmann, Bewegungen 373 A. 40. Caesarius von Heisterbach ed. Strange I, 304 f. (V, 22).

[154] So Lucentini, Amalrico 185, durch den z. B. auch Grundmann, Bewegungen 361, 363 usw. überholt ist. Man schrieb seit 1271 dem Amalrich Häresien des (inzwischen verurteilten) Johannes Scotus zu.

[155] Wie A. 140.

[156] Caesarius von Heisterbach ed. Strange I, 305 (V, 22).

[157] Contra Amaurianos 9 (c. 2).

[158] Bruchstück eines Verhörs bei d'Alverny, Fragment 332.

[159] Caesarius a. a. O. 304.

[160] Robert Folz, Le Souvernir et la Légende de Charlemagne dans l'Empire germanique médiéval (Publications de l'Université de Dijon, 7, Paris 1950) 277–279.

[161] (Garnier von Rochefort), Contra Amaurianos ed. Baeumker 19 (c. 6).

[162] A. a. O. 17 (c. 5).

[163] A. a. O. 13 (c. 3).

[164] Zitiert durch d'Alverny, Fragment 333 A. 2.

[165] Karl Albert, Amalrich von Bena und der mittelalterliche Pantheismus. In: Die Auseinandersetzungen an der Pariser Universität im XIII. Jahrhundert (Miscellanea mediaevalia 10, 1976) 211.

[166] Contra Amaurianos 46 (c. 11).

[167] A. a. O. 47 (c. 12).

[168] Chartularium Universitatis Parisiensis I, 71 Nr. 12 und dazu Caesarius von Heisterbach ed. Strange I, 304 (V, 22).

[169] Chartularium a. a. O. 78 f. Nr. 20 und d'Alverny, Fragment 325.

[170] Zitiert bei Grundmann, Bewegungen 357 A. 4.

[171] Wie A. 141.

[172] Contra Amaurianos 9 (c. 2).

Ausblick

[1] Moneta von Cremona, Adversus Catharos et Valdenses, nach der Edition von Ricchini (Rom 1743) 23 zitiert bei Morghen, Medioevo 253.

[2] Beispiele (nach Eberhard von Béthune und Moneta) bei Duvernoy, Religion 48, 81, 181. Vgl. oben 316 A. 74.

[3] Vgl. oben 158 mit A. 65.

[4] Oben 129 mit A. 49. Vaillant nennt weiters die Kirchenväter; «la science religieuse était toute grecque». A. a. O.

[5] Oben 25 mit A. 49.

[6] Oben 201 mit A. 12.

[7] Chartularium Universitatis Parisiensis I, 48 Nr. 48, oben 258 mit A. 2.

[8] Chartularium a. a. O. 70 Nr. 11.

[9] Druck bei d'Alverny, Fragment 330 Nr. 1.

[10] L. Minio-Paluello, Iacobus Veneticus Grecus, canonist and translator of Aristotle. Traditio 8 (1952) 265–304.

[11] Pinborg, Logik 16.

[12] Jolivet, Abélard 105; Grabmann, Methode II, 443.

[13] Grabmann, a. a. O.

[14] David von Dinant, Quaternuli ed. Kurdzialek. Zu seinen Erklärungen biblischer Wunder aus natürlichen Ursachen vgl. Kurdzialek, David als Ausleger, und oben 179 mit A. 117.

[15] Innocenz III. 1206 Juni 6 an Abt und Kapitel der Kirche von Dinant (Diözese Lüttich). Potthast, Reg. Pont. Rom 2790. Maccagnolo, David 431, mit weiteren Nachrichten über David und Literaturangaben.

[16] Marian Kurdzialek, David von Dinant und die Anfänge der Aristotelischen Naturphilosophie. In: Filosofia della natura 413.

[17] Quaternuli ed. Kurdzialek 70 f.; Maccagnolo, David 440. Die Arbeit ist durch den Tod des Verfassers leider unvollständig, so daß die Begründung seiner These, David sei kein Häretiker gewesen, nicht ganz deutlich wird.

[18] Erwähnt in den Quaternuli ed. Kurdzialek 38.

[19] Robert Kalivoda, Zur Genesis der natürlichen Naturphilosophie im Mittelalter. In: Filosofia della natura 402–404.

[20] Duvernoy, Religion 42.

[21] Johannes de Lugio, Liber de duobus principiis ed. Ch. Thouzellier: «sicut probat Aristoteles in tertio phisicorum.» Zitat nach Verbeke in: Concept of heresy 185 A. 82. Dazu Thouzellier a. a. O.: «Non inveni; revera Avicebron, Fons vitae [. . .]»

[22] Maccagnolo, David 429 A. 4, bezog die «commenta», die verboten wurden, auf Averroes, vgl. aber die redaktionelle Anmerkung ebendort.

[23] Oben 232.

[24] Die Lehre von der doppelten Wahrheit wurde niemals als These festgelegt, trotzdem in Paris 1277 verurteilt. Darüber zuletzt Richard C. Dales, The Origin of the Doctrine of the Double Truth, Viator 15 (1984) 169–179. Ludwig Hödl, «. . . sie reden, als ob es zwei gegensätzliche Wahrheiten gäbe.» In: Philosophie im Mittelalter, hg. v. J. P. Beckmann u. a. (Hamburg 1987) 225–243.

Quellen- und Literaturverzeichnis

In das Verzeichnis wurden nur mehrmals genannte Werke aufgenommen.
Folgende Abkürzungen und Siglen werden verwendet:

CC cont. med. Corpus Christianorum, Continuatio mediaevalis
CSEL   Corpus Scriptorum Ecclesiasticorum Latinorum
Mansi   J. D. Mansi, Sacrorum conciliorum nova et amplissima collectio
MGH   Monumenta Germaniae Historica
MPL   J. P. Migne, Patrologiae cursus completus, series latina
SS   Scriptores

A. Quellen

Abaelard: siehe Petrus Abaelardus

Ademar von Chabannes: *Adémar de Chabannes, Chronicon ed. J. Chavanon* (Collection de textes..., 20, Paris 1897).

Alanus von Lille (ab Insulis): *Alain de Lille, Anticlaudianus ed. R. Bossuat* (Textes philosophiques du Moyen Age, I, Paris 1955).

–, *De fide catholica* contra haereticos sui temporis praesertim Albigenses. MPL 210, 306–430.

–, *De planctu Naturae ed. N. Haring,* Alan of Lille ‹De planctu naturae›. Studi medievali, IIIa serie 19 (1978) 797 (806)–879.

–, *Regulae theologicae.* 1) MPL 210, 617–686. 2) ed. N. M. Häring, Archives d'histoire doctrinale et littéraire du Moyen Age, année 1981, 197–226.

–, *De virtutibus* et de vitiis et de donis Spiritus Sancti *ed. O. Lottin,* Medieval Studies 12 (1950) 25–56.

–, M.-Th. *d'Alverny, Alain de Lille.* Textes inédits (Editionsteil beginnt S. 185), siehe Literaturverzeichnis.

Alberich von Trois-Fontaines: Albericus Trium Fontium, *Chronicon ed.* P. Scheffer-Boichorst. MGH SS 23, 631–950.

Andreas von Fleury: *André de Fleury, Vie de Gauzlin* abbé de Fleury *ed. R.-H. Bautier, G. Labory* (Sources d'histoire médiévale, 2, Paris 1969).

Anselm von Besate: Gunzo, Epistola ad Augienses und *Anselm* von Besate, *Rhetorimachia ed. K. Manitius* (MGH Quellen zur Geistesgeschichte des Mittelalters, 2, Weimar 1958).

Anselm von Canterbury: S. Anselmi *opera* omnia *ed. F. S. Schmitt,* Bd. I (Seckau 1938, Edinburgh 1946, Stuttart 1968).

Berengar von Tours: Iuramentum Berengarii *ed. R. B. C. Huygens, Bérenger* (siehe Literaturverzeichnis) 388–403.

–, *Rescriptum* contra Lanfrancum *ed. R. B. C. Huygens.* CC cont.med. 84 und 84 A (Faksimile, 1988).

Bernardus Silvestris: Cosmographia ed. P. Dronke (Textus minores, 53, Leiden 1978).

Bernhard von Clairvaux: *Epistola CXC* contra quaedam capitula errorum Abaelardi ad Innocentium II papam. MPL 182, 1053–1072.

Bernold von Konstanz (St. Blasien): *Chronicon.* 1) MGH SS 5, 385–467. 2) Die Chroniken

Bertholds von Reichenau und Bernolds von St. Blasien hg. von I. S. Robinson (MGH SS rerum Germanicarum, n. s. 14, 1992 im Druck).

Bonaccursus: Manifestatio haeresis Catharorum *ed.* R. *Manselli*, Bullettino dell'Istituto Storico Italiano per il Medio Evo 67 (1955) 207–211.

Briefsammlungen der Zeit Heinrichs IV. *hg.* von C. *Erdmann*, N. *Fickermann* (MGH Die Briefe der deutschen Kaiserzeit, 5, Weimar 1950).

Caesarius von Heisterbach: Caesarii Heisterbacensis Dialogus Miraculorum *ed.* J. *Strange*, Bd. I (Köln, Bonn, Brüssel 1851, Köln 1922).

Capitula heresum Petri Abaelardi: 1) *Die vierzehn capitula* heresum Petri Abaelardi *ed.* N. *Häring*. Cîteaux, commentarii Cistercienses 1 (1980) 34 (43)–52. 2) Anonymi Capitula heresum Petri Abaelardi, CC cont.med. 12 ed. E. Buytaert (1969) 473–480.

–, siehe *Mews, Lists* (Literaturverzeichnis).

Cartulaire de l'abbaye *de Saint-Père* de Chartres ed. M. Guérard (Collection des cartulaires de France, 1, Paris 1840) 109–115.

Chartularium Universitatis Parisiensis, I, ed. H. Denifle, E. Châtelain (Paris 1899, Brüssel 1964).

Contra Amaurianos siehe: Garnier von Rochefort.

Corpus documentorum inquisitionis haereticae pravitatis Neerlandicae *ed.* P. *Fredericq*, I (Gent, Den Haag 1889).

Cosmas presbyter: Le Traité contre les Bogomiles de Cosmas le Prêtre *ed.* H.-Ch. *Puech*, A. *Vaillant* (Travaux publiés par l'Institut d'Etudes slaves, 21. Paris 1945).

David von Dinant, Quaternulii: Davidis de Dinanto Quaternulorum fragmenta *ed.* M. *Kurdzialek* (Studia Mediewistyczne 3, Warschau 1963).

Dietrich: siehe Thierry.

Durandus von Huesca: Une somme anti-cathare: Le *Liber* contra Manicheos de Durand de Huesca ed. Ch. *Thouzellier* (Université catholique de Louvain, Etudes et documents, 32, Löwen 1964).

–, *Liber antihaeresis.* K.-V. *Selge*, Die ersten *Waldenser* (siehe Literaturverzeichnis), Bd. II: Edition des Liber antihaeresis des Durandus von Osca (Berlin 1967).

Eberhard von Ypern: Dialogus Ratii et Eberhardi. N. Haring, A Latin Dialogue on the Doctrine of Gilbert of Poitiers. Medieval Studies 15 (1953) 243 (Beginn der Edition: 245)–289.

Ecritures cathares ed. R. *Nelli* (Paris 1959, 1968).

Ekbert von Schönau: Sermones contra Catharos. MPL 195, 11–102.

Fearns, Ketzer: siehe: Ketzer.

Fredericq, Corpus: siehe *Corpus*.

(*Garnier von Rochefort*:) Contra Amaurianos ed. C. Baeumker (Beiträge zur Geschichte der Philosophie des Mittelalters 24, H. 5/6, Münster 1926).

Gaufred von Auxerre: Libellus *contra capitula* Gisleberti episcopi Pictavensis. N. Haring, The Writings against Gilbert of Poitiers by Geoffrey of Auxerre. Analecta Cisterciensia 22 (1966) 3–83. Vorher MPL 185, 595–618.

Gerhard, Bischof von Cambrai-Arras siehe: Synodus Atrebatensis.

–, Brief an Bischof «R.». Mansi 19, 423 f.

Gilbert Crispin: The Works of *Gilbert Crispin*, Abbot of Westminster, ed. A. *Sapir Abulafia*, G. R. *Evans* (Auctores Britannici medii aevi 8, London 1986).

Gilbert von Poitiers: De Trinitate. Siehe N. *Haring*, A *Treatise* (Literaturverzeichnis; Edition: 34–50).

Guibert von Nogent: *Guibert de Nogent*, Autobiographie *ed.* E.-R. *Labande* (Les classiques de l'Histoire de France au Moyen Age, 34, Paris 1981).

Helgald von Fleury: *Helgaud de Fleury*, Vie de Robert le Pieux *ed.* R.-H. *Bautier*, G. *Labory* (Sources d'histoire médiévale 1, Paris 1965).

Heribertus monachus: *Epistola de haereticis Petragoricis.* 1) MPL 181, 1721 f. 2) Drei Fassungen bei *Lobrichon, Clair-obscur* (Literaturverzeichnis) 441–444.

Hugo von Amiens (Rouen): Contra haereticos sui temporis... libri tres. MPL 192, 1253–1298.

Hugo von Honau: Liber *de diversitate* naturae et personae *ed.* N. M. *Haring,* The Liber de diversitate naturae et personae by Hugh of Honau. Archives d'histoire doctrinale et littéraire du Moyen Age, année 1962, 103 (Edition: 120) –216.

–, Liber *de ignorantia.* N. *Haring,* Hugh of Honau and the ‹Liber de ignorantia›. Medieval Studies 25 (1963) 209 (Edition: 214) –230.

Papst Innocenz III., Briefe: 1) Die *Register Innocenz' III.,* 2. Pontifikatsjahr, bearb. v. O. Hageneder, W. Maleczek, A. Strnad (Publikationen des österr. Kulturinstituts in Rom, II. Abt., I. Reihe, Bd. 2, Rom–Wien 1979). 2) MPL 214–217.

Johann von Salisbury: Metalogicon ed. C. C. J. *Webb* (Oxford 1929).

Ketzer und Ketzerbekämpfung im Hochmittelalter *hg.* v. J. *Fearns* (Historische Texte, Mittelalter, 8, Göttingen 1968).

Kosmas siehe: *Cosmas.*

Landulf der Ältere von Mailand: Historia Mediolanensis. 1) MGH SS 8, 37–100. 2) Landulphi senioris Mediolanensis Historiae libri quattuor *ed.* A. *Cutolo.* Rerum Italicarum Scriptores, nuova edizone IV/2 (Bologna 1942).

Liber de vera philosophia (eines Unbekannten), *ed.* P. *Fournier,* Un adversaire inconnu de S. Bernard et de Pierre Lombard. Bibliothèque de l'Ecole des Chartes 47 (1886) 394–417.

Manegold von Lautenbach: Liber *contra Wolfelmum ed.* W. *Hartmann,* MGH Quellen zur Geistesgeschichte des Mittelalters, 8 (Köln 1972).

Odorannus von Sens: *Odorannus de Sens,* Opera omnia *ed.* R.-H. *Bautier,* M. *Gilles* (Sources de l'histoire médiévale, 4, Paris 1972).

Otloh von St. Emmeram in Regensburg: Liber *de temptationibus* suis. MPL 146, 27–58.

Otto von Freising: Ottonis et Rahewini *Gesta Friderici* I. imperatoris *ed.* G. *Waitz,* B. de *Simson,* MGH SS rerum Germanicarum, 46 (Hannover, Leipzig 1912).

(Paul von Chartres) siehe: *Cartulaire.*

Petrus *Abaelardus: Dialogus* inter Philosophum, Judaeum et Christianum *ed.* R. *Thomas* (Stuttgart, Bad Cannstatt 1970).

–, Peter Abelard's *Ethics ed.* D. E. *Luscombe* (Oxford 1971).

–, Abélard, *Historia calamitatum ed.* J. *Monfrin* (Bibliothèque de textes philosophiques, Paris 1959, 1962, 1978).

–, E. R. *Smits,* Peter Abelard, *Letters* IX–XIV (Groningen 1983).

–, *Sic et non.* 1) MPL 178, 1339–1610. 2) Peter Abailard, Sic et non *ed.* B. *Boyer,* R. *McKeon* (Chicago 1976).

–, *Theologia christiana.* CC cont. med. 12 (1969).

Petrus Damiani: Die *Briefe* des Petrus Damiani *hg. v.* K. *Reindel.* MGH Die Briefe d. deutschen Kaiserzeit IV. Bd., Teil 2 (München 1988), 3 (1989).

Petrus von Vaux-de-Cernay: Petri Vallium Sarnaii monachi Hystoria Albigensis *ed.* P. *Guébin,* E. Lyon. 3 Bde. (Paris 1926, 1930, 1939).

Petrus Venerabilis: Petri Venerabilis *Contra Petrobrusianos* hereticos *ed.* J. *Fearns,* CC cont. med. 10 (1968). Teilabdruck (Widmungsbrief): *Ketzer ed. Fearns* 18–21 Nr. 4.

Plato: Timaeus a Calcidio translatus *ed.* P. J. *Jensen,* J. H. *Waszink.* Corpus Platonicum medii aevi II, 1, 4 (London 1962).

Puylaurens: siehe: Wilhelm von Puylaurens.

Das *Register Gregors VII. hg.* v. E. *Caspar,* MGH Epistolae selectae II/1, II/2 (Berlin 1920, 1923).

Rodulfus Glaber: Rodulfi Glabri Historiarum libri quinque *ed.* J. *France.* Eiusdem auctoris Vita Domni Willelmi abbatis ed. N. Bulst (Oxford 1989). Weitere Editionen: 1) Raoul Glaber, Les cinq livres de ses Histoires *ed.* M. *Prou* (Collection de textes 1, 1886). 2) Rodolfo il Glabro, Cronache dell'anno mille *ed.* G. Cavallo, G. Orlandi (Mailand 1989).

Summa Zwetlensis: Die *Zwettler Summe hg.* v. N. M. *Häring* (Beiträge zur Geschichte der Philosophie u. Theologie des Mittelalters, Neue Folge 15, Münster 1977).

Synodus Atrebatensis (Arras 1025): 1) Mansi 19, 424–460. 2) (gekürzt) *Ketzer hg. v. Fearns* 12–15 Nr. 2.
Theodericus siehe: Thierry.
Theodoin von Lüttich: Contra Brunonem et Berengarium epistola. MPL 146, 1439–1442.
Thierry von Chartres: Commentum super Boethium De Trinitate *ed.* N. *Haring,* Two commentaries on Boethius (De Trinitate et De Hebdomadibus), by Thierry of Chartres. Archives d'histoire doctrinale et littéraire du Moyen Age, année 1960, 80–136.
Walter Map: De nugis curialium *ed.* M. R. *James,* L. *Brooke,* R. A. B. *Mynors* (Oxford 1983).
Walter von Saint-Victor: Contra IV labyrinthos Franciae *ed.* P. *Glorieux.* Archives d'histoire doctrinale et littéraire du Moyen Age, année 27 (1952), 195–334.
Wilhelm von Conches: De *Philosophia mundi.* MPL 172, 39–102 (als «Honorius Augustodunensis»).
Wilhelm von Hirsau: Astronomica. MPL 150, 1639–1642.
Wilhelm von Puylaurens: Guillaume de *Puylaurens,* Chronique *ed.* J. *Duvernoy* (Sources d'histoire médiévale, Paris 1976).
Wilhelm von Saint-Thierry: De erroribus Guilelmi de Conchis ad sanctum Bernardum *ed.* J. *Leclercq,* Les lettres de Guillaume de Saint-Thierry à Saint Bernard. Revue bénédictine 79 (1969) 375 (Edition: 382) –391.
Zwettler Summe: siehe: Summa Zwetlensis.

B. Literatur

Armand *Abel, Aspects* sociologiques des religions ‹manichéennes›. In: Mélanges René Crozet, I (Poitiers 1966) 33–46.
Abélard en son temps. Actes du Colloque . . . IXe centenaire de la naissance de Pierre Abélard, (Paris 1981).
Richard *Abels,* Ellen *Harrison,* The *Participation* of Women in Languedocian Catharism. Medieval Studies 41 (1979) 215–251.
Marie-Thérèse *d'Alverny, Abélard et l'astrologie.* In: *Pierre Abélard, Pierre le Vénérable* 611–628.
–, *Alain de Lille* (Etudes de philosophie médiévale, 52, Paris 1965).
–, Alain de Lille et la ‹*Theologia*›. In: L'homme devant Dieu, Mélanges H. de Lubac, II (Théologie, 57, Paris 1964) 111–128.
–, Un *fragment* du procès des Amauriciens. Archives d'histoire doctrinale et littéraire du Moyen Age, année 1950/51, 325–336.
Atti del X Congresso internazionale di Scienze Storiche, Rom 1955 (Florenz 1957).
John W. *Baldwin, Masters* at Paris, 1179 to 1215. In: *Renaissance and Renewal* 138–172.
Robert-Henri *Bautier,* Les *Foires* de Champagne. In: La Foire (Recueils de la Société J. Bodin, 5, Brüssel 1953) 97–147.
–, L'hérésie d'Orléans et le mouvement intellectuel au début du XIe siècle. In: Actes du 95e Congrès national des sociétés savantes, Reims 1970, Sect. philol. et. hist., I (Paris 1975) 63–88.
Pierre *Belperron,* La *croisade* contre les Albigeois et l'union du Languedoc à la France (Paris 1942, 1946, Nachdruck mit anderer Paginierung, ohne Register, Paris 1967).
John F. *Benton,* Philology's Search for Abelard in the Metamorphosis Goliae. Speculum 50 (1975) 199–217.
Monica *Blöcker,* Zur *Häresie* im 11. Jahrhundert. Zeitschrift für Schweizerische Kirchengeschichte 73 (1979) 193–234.
Paul *Bonenfant,* Un *clerc cathare* en Lotharingie au milieu du XIIe siècle. Le Moyen Age 69 (1963) 271–280.
–, L'*épisode* de la nef des tisserands de 1135. In: Etudes sur l'histoire du Pays mosan au moyen âge. In: Mélanges Félix Rousseau (Brüssel 1958) 99–109.

Arno *Borst, Barbaren,* Ketzer und Artisten (München, Zürich 1988).

–, Die *Katharer* (Schriften der MGH, 12, Stuttgart 1953).

Charles *Burnett, Hermann* of Carinthia. In: *A History* ed. *Dronke* 386–404.

–, Scientific *speculations.* In: *A History* ed. *Dronke* 151–176.

Ernst *Cassirer,* Philosophie der symbolischen Formen, II: Das mythische Denken (Oxford 1954, Darmstadt 1977).

Jean *Châtillon,* La *Bible* dans les écoles du XIIe siècle. In: *Le Moyen Age et la Bible* 163–197.

Marie-Dominique *Chenu,* La *décadence* de l'allégorisation. In: L'homme devant Dieu, Mélanges P. H. de Lubac, II (Théologie, 57, Paris 1964) 129–135.

–, *L'homme* et la nature. Archives d'histoire doctrinale et littéraire du Moyen Age, année 27, 1952 (1953) 39–66.

–, *Moines,* clercs, laïcs. Revue d'Histoire ecclésiastique 49 (1954) 59–89.

–, La *théologie au douzième* siècle (Etudes de Philosophie médiévale, 45, 3. Aufl. Paris 1976).

Peter *Classen,* Ausgewählte *Aufsätze* (Vorträge und Forschungen 28, Sigmaringen 1983).

–, *Gerhoch* von Reichersberg (Wiesbaden 1960).

–, Zur Geschichte der *Frühscholastik* in Österreich und Bayern. In: *Classen, Aufsätze* 279–306.

–, Der *Häresie-Begriff* bei Gerhoch von Reichersberg und in seinem Umkreis. In: *Classen, Aufsätze* 461–473.

–, Die *hohen Schulen* und die Gesellschaft im 12. Jahrhundert. In: Classen, Studium und Gesellschaft im Mittelalter (Schriften der MGH 29, Stuttgart 1983) 1–26.

The *Concept of Heresy* in the Middle Ages (11th–13th centuries). Proceedings of the International Conference Louvain 1973 (Mediaevalia Lovaniensia ser. I, studia, 4.(Löwen, Den Haag 1976).

Etienne *Delaruelle,* La *piété populaire* au Moyen Age (Turin 1975).

Philippe *Delhaye, Enseignement* et morale au XIIe siècle (Vestigia, 1, Fribourg, Paris 1988).

–, ‹Grammatica› et ‹Ethica› au douzième siècle. In: *Delhaye, Enseignement* 83–134.

–, L'*organisation* scolaire au XIIe siècle. Traditio 5 (1967) 211–268. Wiederabdruck in: *Delhaye, Enseignement.*

Antoine *Dondaine,* L'*origine* de l'hérésie médiévale. Rivista di storia della Chiesa in Italia 6 (1952) 47–78.

Peter *Dronke,* New *Approaches* to the School of Chartres. Anuario de Estudios Medievales 6 (1969) 117–140.

–, siehe: *A History.*

–, *Introduction.* In: *A History* ed. *Dronke* 1–18.

–, *Thierry* of Chartres. In: *A History* ed. *Dronke* 358–385.

Georges *Duby,* Le *chevalier,* la femme et le prêtre (Paris 1981).

–, *Les trois ordres* ou l'imaginaire du féodalisme (Paris 1978).

Jean *Duvernoy,* L'*acception* de ‹haereticus› (iretge) = ‹parfait cathare› en Languedoc au XIIIe siècle. In: *Concept of Heresy* 198–210.

–, Le catharisme, Bd. I: La *religion* des cathares (Toulouse 1976, 1979, 1989), Bd. II: L'*histoire* des cathares (Toulouse 1979, 1989).

George D. *Economou,* The Goddess *Natura* in Medieval Literature (Cambridge, Mass. 1972).

Joachim *Ehlers,* Deutsche *Scholaren* in Frankreich während des 12. Jahrhunderts. In: *Schulen und Studium* hg. v. J. Fried 97–120.

–, *Monastische Theologie,* historischer Sinn und Dialektik. In: Antiqui und Moderni hg. v. A. Zimmermann (Miscellanea mediaevalia 9. Berlin, New York 1974) 58–79.

Carl *Erdmann, Gregor* VII. *und Berengar* von Tours. Quellen und Forschungen aus italienischen Archiven und Bibliotheken 28 (1937/38) 48–74.

Eriugena redivivus. Abhandlungen der Heidelberger Akademie der Wissenschaften, phil.-hist. Kl., Jg. 1987, 1. Abhandlung.

Gillian Rosemary *Evans,* Old *Arts* and new Theology (Oxford 1980).

James *Fearns, Ketzer* und Ketzerbekämpfung, siehe: *Ketzer* (Quellenverzeichnis).

–, *Peter* von Bruis und die religiöse Bewegung des 12. Jahrhunderts. Archiv für Kulturgeschichte 48 (1966) 311–335.

Stephen C. *Ferruolo*, The *Origins* of the University (Stanford 1985).

Heinrich *Fichtenau*, *Beiträge* zur Mediävistik I (Stuttgart 1975), III (Stuttgart 1986).

–, Zur Erforschung der *Häresien* des 11. und 12. Jahrhunderts. Römische Historische Mitteilungen 31 (1989) 75–91.

–, Die *Ketzer von Orléans* (1022). In: Ex ipsis rerum documentis. Festschrift Harald Zimmermann (Sigmaringen 1991) 417–427.

–, Zur Geschichte der *Häresien Italiens* im 11. Jahrhundert. In: Società, Istituzioni, Spiritualità nell'Europa medioevale. Studi in onore di C. Violante (soll 1992 erscheinen).

–, *Lebensordnungen* des 10. Jahrhunderts (Monographien zur Geschichte des Mittelalters 30/ I, 30/II, Stuttgart 1984).

–, Magister *Petrus von Wien.* In: *Fichtenau, Beiträge* I, 218–238.

La *filosofia della natura* nel medioevo. Atti del III Congresso... Mendola 1964 (Mailand 1966).

Suitbert *Gammersbach, Gilbert* von Poitiers und seine Prozesse im Urteil der Zeitgenossen (Neue Münstersche Beiträge zur Geschichtsforschung 5, Köln 1959).

Eugenio *Garin*, Studi sul *platonismo* medievale (Florenz 1958).

Stephen *Gersh*, Platonism – Neoplatonism – Artistotelianism. In: *Renaissance and Renewal* ed. Benson, Constable 512–534.

Joseph *de Ghellinck*, Le *mouvement* théologique du XIIe siècle (Brügge, Brüssel, Paris 1948).

Margaret *Gibson, Lanfranc* of Bec (Oxford 1978).

Palémon *Glorieux*, ‹*Mauvaise action* et mauvais travail›. Recherches de théologie ancienne et médiévale 21 (1954) 179–193.

Renate *Gorre*, Die Ketzer im 11. Jahrhundert (Philos. Diss. Konstanz 1981).

Martin *Grabmann*, Geschichte der scholastischen *Methode.* 2 Bde. (Freiburg 1909, 1911, Graz 1953).

–, Die Entwicklung der mittelalterlichen *Sprachlogik.* In: Grabmann, Mittelalterliches Geistesleben Bd. I (München 1926) 104–146.

Tullio *Gregory, Anima mundi* (Pubblicazioni dell'Istituto di Filosofia dell'Università di Roma, 3, Florenz 1955).

–, *L'idea* di natura prima dell'ingresso della fisica di Aristotele. In: *Filosofia della natura* 27–65.

–, *Platonismo* medievale (Istituto Storico Italiano per il Medio Evo, Studi storici 26/27, Rom 1958).

–, The *Platonic Inheritance.* In: *A History* ed. Dronke 54–80.

Herbert *Grundmann*, Ausgewählte *Aufsätze* (Schriften der MGH 25, 3 Bde. Stuttgart 1976, 1977, 1978).

–, Religiöse *Bewegungen* im Mittelalter (Historische Studien 267, Berlin 1935, Darmstadt 1961, 1970).

–, *Ketzergeschichte* des Mittelalters. In: Die Kirche in ihrer Geschichte, II, G 1 (Göttingen 1963, 1967, 1978).

Nikolaus Häring siehe Haring.

Bernard *Hamilton*, Monastic *Reform*, Catharism and the Crusades. Reprints (London 1979).

–, The Cathar *Council* of Saint-Félix reconsidered. In: *Hamilton, Reform*, IX, 23–53.

–, The *Origins* of the Dualist Church of Drugunthia. In: *Hamilton, Reform*, VII, 115–124.

Michael *Haren*, Medieval *Thought* (New Studies in Medieval History, London 1985).

Nikolaus M. *Haring* (Häring, Haering), *Alan of Lille*, siehe: Alanus von Lille (Quellenverzeichnis).

–, *Die vierzehn capitula* heresum, siehe: Capitula heresum (Quellenverzeichnis).

–, The *Case of Gilbert* de la Porrée, Bishop of Poitiers. Medieval Studies 13 (1951) 1–40.

–, *Commentary* and Hermeneutics. In: *Renaissance and Renewal* 173–200.

–, Two commentaries on Boethius (De Trinitate et De Hebdomadibus), by Thierry of Chartres. Archives d'Histoire doctrinale et littéraire du Moyen Age, année 1960, 65–136. Siehe auch: *Thierry, Commentum* (Quellenverzeichnis).

–, A Latin *Dialogue* on the Doctrine of Gilbert of Poitiers. Siehe Eberhard von Ypern (Quellenverzeichnis).

–, The ‹Liber *de diversitate* naturae et personae› by Hugh of Honau. Siehe Hugo von Honau (Quellenverzeichnis).

–, Die *Erschaffung* der Welt und ihr Schöpfer nach Thierry von Chartres und Clarenbaldus von Arras. In: Platonismus in der Philosophie des Mittelalters (Darmstadt 1969) 161–267. Vorher englisch, Archives d'Histoire doctrinale et littéraire du Moyen Age 30 (année 1955) 137–216.

–, The Cistercian *Everard* of Ypres and His Appraisal of the Conflict between St. Bernard and Gilbert of Poitiers. Medieval Studies 17 (1955) 143–172.

–, *Hugh of Honau* and the ‹Liber *de ignorantia*›, siehe: Hugo von Honau (Quellenverzeichnis).

–, Saint Bernard and the ‹*litterati*› of his day. Cîteaux, Commentarii Cistercienses 3 (1974) 199–222.

–, *Thierry* of Chartres and Dominicus Gundissalinus. Medieval Studies 26 (1964) 271–286.

–, A *Treatise* on the Trinity by Gilbert of Poitiers. Recherches de Théologie ancienne et médiévale 39 (1972) 14 (34) –50.

–, The Writings against Gilbert of Poitiers, siehe: Gaufred von Auxerre (Quellenverzeichnis).

–, Die *Zwettler Summe*, siehe: Summa Zwetlensis (Quellenverzeichnis).

Wilfried *Hartmann, Manegold* von Lautenbach und die Anfänge der Frühscholastik. Deutsches Archiv 26 (1970) 47–149.

Barbara *Helbling-Gloor, Natur* und Aberglaube im «Policraticus» des Johannes von Salisbury (Philosophische Diss. Zürich. Einsiedeln 1956).

Hérésies et sociétés dans l'Europe pré-industrielle, 11e–18e siècles (Civilisations et sociétés, 10, Paris, Den Haag 1968).

Rainer Maria *Herkenrath*, Studien zum *Magistertitel* in der frühen Stauferzeit. Mitteilungen des Instituts für österreichische Geschichtsforschung 88 (1980) 3–35.

A *History* of Twelfth-Century Western Philosophy, ed. P. *Dronke* (Cambridge 1988).

R. B. C. *Huygens, Bérenger* de Tours, Lanfranc et Bernold de Constance. Sacris erudiri 16 (1965) 355–403.

Ilarino da Milano, L'eresia di Ugo *Speroni* nella confutazione del Maestro Vacario (Studi e testi 115, Città del Vaticano 1945).

–, Le *eresie* popolari del secolo XI nell'Europa occidentale. Studi Gregoriani 2 (1947) 43–88.

Klaus *Jacobi*, Logic *(II)*: The later twelfth century. In: *A History* ed. Dronke 227–251.

Edouard *Jeauneau, Nani* gigantum humeris insidentes. Vivarium 5 (1967) 79–99.

–, *Note* sur l'Ecole de Chartres. Studi medievali ser. IIIa, 5/2 (1964) 821–865.

Peter *Johanek, Klosterstudien* im 12. Jahrhundert. In: *Schulen und Studium* 35–68.

Jean *Jolivet, Abélard* ou la philosophie dans le langage (Philosophes de tous les temps, Paris 1969).

–, *Doctrines* et figures de philosophes chez Abélard. In: *Petrus Abaelardus hg. v. Thomas, Jolivet)* 103–120.

Gottfried *Koch, Frauenfrage* und Ketzertum im Mittelalter (Forschungen zur mittelalterlichen Geschichte 9, Berlin 1962).

Rolf *Köhn, Schulbildung* und Trivium im lateinischen Hochmittelalter und ihr möglicher praktischer Nutzen. In: *Schulen und Studium* 203–284.

Lothar *Kolmer, Abaelard* und Bernhard von Clairvaux in Sens. Zeitschrift für Rechtsgeschichte, Kanonistische Abt. 67 (1981) 121–147.

Marian *Kurdzialek, David* von Dinant *als Ausleger der* Aristotelischen Naturphilosophie. In: Auseinandersetzungen an der Pariser Universität im 13. Jahrhundert, hg. v. A. Zimmermann (Miscellanea mediaevalia 10, Berlin, New York 1976) 181–192.

Horst *Kusch, Studien* über Augustinus. In: Festschrift F. Dornseiff (Leipzig 1953) 124–200.

Gerhart B. *Ladner,* The Idea of *Reform* (Cambridge, Mass. 1959).

–, *Terms and Ideas* of Renewal. In: *Renaissance and Renewal ed. Benson, Constable* 1–33.

–, *Theologie* und Politik vor dem Investiturstreit (Veröffentlichung des österreichischen Instituts für Geschichtsforschung 2, Baden b. Wien 1936, Darmstadt 1968).

Malcolm D. *Lambert,* Medieval *Heresy* (London 1977, deutsch: Ketzerei im Mittelalter, München 1981).

Artur Michael *Landgraf, Dogmengeschichte* der Frühscholastik, II. Teil (2 Bde. Regensburg 1953, 1954).

–, *Einführung* in die Geschichte der theologischen Literatur der Frühscholastik unter dem Gesichtspunkt der Schulenbildung (Regensburg 1948).

Jean *Leclercq, L'hérésie* d'après les écrits de S. Bernard de Clairvaux. In: *Concept of heresy* 12–26.

–, Les lettres de Guillaume de Saint-Thierry, siehe Wilhelm von Saint-Thierry (Quellenverzeichnis).

–, *Wissenschaft* und Gottverlangen (Düsseldorf 1963). Französisch: L'amour des lettres et le désir de Dieu (Paris 1957).

Emmanuel *Le Roy Ladurie, Montaillou,* village occitan, de 1294 à 1324 (Paris 1975 usw.)

Emile *Lesne, Histoire* de la propriété ecclésiastique en France. Bd. V. (Lille 1940).

Hans *Liebeschütz,* Das allegorische Weltbild der hl. *Hildegard* von Bingen (Studien der Bibliothek Warburg 16, Leipzig 1930, Darmstadt 1964).

Guy *Lobrichon,* Le *clair-obscur* de l'hérésie au début du XIe siècle en Aquitaine: une lettre d'Auxerre. Historical Reflections/Réflexions historiques, 14 (Waterloo, Ontario 1987) 423–444.

Milan *Loos,* Dualist *Heresy* in the Middle Ages (Prag 1974).

–, *Satan* als Erstgeborener Gottes. Byzantino-Bulgarica 3 (1969) 23–35.

Henri *de Lubac,* Exegèse médiévale (Etudes... Lyon-Fourvière, Théologie, 41, 42, 59. 4 Bde. Paris 1959–1964).

Paolo *Lucentini,* L'eresia di *Amalrico.* In: *Eriugena redivivus* 174–191.

David Edward *Luscombe,* Peter Abelard. In: *A History ed. Dronke* 279–307.

–, *Nature* in the thought of Peter Abelard. In: *La filosofia della natura* 314–319.

–, The *School* of Peter Abelard (Cambridge Studies in Medieval Life and Thought, 14, Cambridge 1969).

Enzo *Maccagnolo, David* of Dinant and the Beginnings of Aristotelianism in Paris. In: *A History ed. Dronke* 429–442.

George *Makdisi,* The scholastic *method* in medieval education. Speculum 49 (1974) 640–661.

Werner *Maleczek,* Das *Papsttum* und die Anfänge der Universität im Mittelalter. Römische Historische Mitteilungen 27 (1985) 85–143.

Max *Manitius,* Geschichte der lateinischen Literatur des Mittelalters, Bd. III (Handbuch der Altertumswissenschaft IX/2/3, München 1931).

Raoul *Manselli, Ecberto* di Schönau e l'eresia catara in Germania alla metà del secolo XII. In: Arte e Storia, Studi L. Vincenti (Turin 1965) 311–338. Wiederabdruck in *Manselli, Secolo XII* 227–250.

–, L'*eresia del male* (Collana di storia..., 1, Neapel 1963, 1980).

–, Per la storia dell'*eresia nel secolo XII.* Bullettino dell'Istituto Storico Italiano per il Medio Evo e Arch. Mur. 67 (1955) 189–264.

–, Il *monaco Enrico* e la sua eresia. Bullettino dell'Istituto Storico Italiano 65 (1953) 1–63. Neufassung in *Manselli, Studi* 45–67. Wiederabdruck: *Manselli, Secolo XII,* 101–118.

–, I *Passagini.* Bullettino dell'Istituto Storico Italiano 75 (1963) 189–210. Wiederabdruck: *Manselli, Secolo XII* 295–310.

–, Il *secolo XII* (Rom 1983).

–, *Studi* sulle eresie del secolo XII (Istituto Storico Italiano per il Medio Evo, Studi storici, 5, Rom 1953).

John *Marenbon, Gilbert* of Poitiers. In: *A History ed. Dronke* 328–351.

Gilles Gerard *Meersseman*, ‹*Teologia* monastica› e riforma ecclesiastica da Leone IX a Callisto II. In: Il monachesimo e la Riforma ecclesiastica. Atti della quarta settimana . . . Mendola . . . 1968 (Pubblicazioni dell'Università cattolica, Mailand 1971) 256–270.

–, E. *Adda, Pénitents ruraux* communautaires en Italie au XIIe siècle. Revue d'Histoire ecclésiastique 49 (1954) 343–390.

Grado G. *Merlo, Eretici* ed eresie medievali (Bologna 1989).

Constant J. *Mews,* The *Lists* of Heresies imputed to Peter Abelard. Revue bénédictine 95 (1985) 73–110.

Jürgen *Miethke, Theologieprozesse* in der ersten Phase ihrer institutionellen Ausbildung: die Verfahren gegen Peter Abaelard und Gilbert von Poitiers. Viator 6 (1975) 87–116.

Jean *de Montclos, Lanfranc et Bérenger* (Etudes et documents, 37, Spicilegium sacrum Lovaniense, Löwen 1971).

Robert J. *Moore,* The Origins of European *Dissent* (London 1977, Oxford, New York 1982).

–, The Origins of Medieval *Heresy.* History 55 (1970) 21–36.

Peter *von Moos,* Literatur- und bildungsgeschichtliche Aspekte der *Dialogform* im lateinischen Mittelalter. In: Tradition und Wertung, Festschrift F. Brunhölzl (Sigmaringen 1989) 165–209.

Raffaello *Morghen,* L'eresia nel *medioevo.* In: Morghen, Medioevo cristiano 212–286 (Bari 1951, 1962, 1968).

–, *Movimenti* religiosi popolari nel periodo della Riforma della Chiesa. X Congresso Internazionale di Scienze Storiche, Roma 1955. Relazioni Bd. 3 (Florenz o. J.) 333–356.

–, Il cosidetto *neomanicheismo* occidentale del secolo XI. In: *Oriente e Occidente* 84–160.

Colin *Morris,* The *Discovery* of the Individual, 1050–1200 (Toronto usw. 1972, 1987).

Le Moyen Age et la Bible ed. P. *Riché,* G. *Lobrichon* (Bible de tous les temps, 4, Paris 1984).

John Hine *Mundy,* Liberty and Political Power in *Toulouse 1050–1230* (New York 1954).

–, *Men and Women* at Toulouse in the Age of the Cathars (Studies and Texts 101, Toronto 1990).

Alexander Victor *Murray, Abelard* and St. Bernard (Manchester, New York 1967).

–, *Reason* and Society in the Middle Ages (Oxford 1978, 1985).

Jean *Musy, Mouvements* populaires et hérésies au XIe siècle en France. Revue Historique, année 99, no. 253 (1975) 33–76.

Donatella *Nebbiai-Dalla Guarda,* Les *listes* médiévales de lecture monastiques. Revue bénédictine 96 (1986) 271–326.

Jeanne-Marie *Noiroux,* Les deux premiers documents concernant l'hérésie aux Pays-Bas. Revue d'Histoire ecclésiastique 49 (1954) 842–855.

Dmitri *Obolensky,* The *Bogomils* (Cambridge 1948).

J. Reginald *O'Donnell,* The *Sources* and Meaning of Bernard Silvester's Commentary on the Aeneid. Medieval Studies 24 (1962) 233–249.

Friedrich *Ohly, Hohelied-Studien* (Schriften d. wiss. Ges. a. d. J. W. Goethe-Universität Frankfurt, Geisteswiss. Reihe Nr. 1, Wiesbaden 1958).

Oriente e Occidente nel medio evo (Accademia Nazionale dei Lincei, XII convegno Volta. Rom 1957).

Alexander *Patschovsky,* Der Ketzer als Teufelsdiener. In: Papsttum, Kirche und Recht. Festschrift Horst Fuhrmann (Tübingen 1991) 317–334.

Petrus Abaelardus, hg. v. R. *Thomas,* J. *Jolivet* (Trierer theologische Studien 38, Trier 1980).

Pierre Abélard, Pierre le Vénérable. (Colloques int. du CNRS, 546, Paris 1975).

Jean *Pinborg, Logik* und Semantik im Mittelalter (Problemata 10, Stuttgart 1972).

Jean-Pierre *Poly,* Eric *Bournazel,* La *mutation féodale,* Xe–XIIe siècles (Nouvelle Clio, 16, Paris 1980).

Henri-Charles *Puech, Catharisme* médiéval et Bogomilisme. In: *Oriente e Occidente* 56–84.

–, Le *Manichéisme* (Musée Guimet, Bibliothèque de diffusion, 56, Paris 1949, 1967).

–, siehe *Cosmas* (Quellenverzeichnis).

Joseph *Reiners*, Der *Nominalismus* in der Frühscholastik (Beiträge zur Geschichte der Philosophie des Mittelalters VIII/5, Münster 1910).

Renaissance and Renewal in the Twelfth Century *ed.* R. L. *Benson* and G. *Constable* with C. D. Lanham (Oxford 1982).

Gerhard *Rottenwöhrer*, Der *Katharismus* (3 Bde. Honnef 1982, 1990).

Kurt *Ruh*, Geschichte der abendländischen *Mystik*, Bd. I (München 1990).

Steven *Runciman*, The Medieval *Manichee* (Cambridge 1947, 1955). Deutsch: *Runciman*, Häresie und Christentum – Der mittelalterliche *Manichäismus* (München 1988).

Jeffrey Burton *Russell*, *Dissent* and Reform in the early Middle Ages (Berkeley, Los Angeles 1965).

–, *Interpretations* of the Origins of Medieval Heresy. Medieval Studies 25 (1963) 26–53.

Franjo *Šanjek*, Le *rassemblement* hérétique de Saint-Félix-de-Caraman (1167) et les Eglises cathares au XIIe siècle. Revue d'Histoire ecclésiastique 67 (1972) 767–799.

Heinrich *Schipperges*, Das *Menschenbild* Hildegards von Bingen (Erfurter theologische Schriften 5, Leipzig 1962).

Georg *Schmitz-Valckenberg*, *Grundlehren* der katharischen Sekten des 13. Jahrhunderts (Münchener Universitätsschriften 11, München 1971).

Schulen und Studium im sozialen Wandel des hohen und späten Mittelalters *hg.v.* J. *Fried* (Vorträge und Forschungen 30, Sigmaringen 1986).

Peter *Segl, Ketzer* in Österreich (Quellen und Forschungen aus dem Gebiet der Geschichte, N. F. 5, Paderborn usw. 1984).

Kurt-Victor *Selge*, Die ersten *Waldenser* (Arbeiten zur Kirchengeschichte 37, 2 Bde. Berlin 1967).

Theodore *Silverstein*, The Fabulous *Cosmogony* of Bernardus Silvestris. Modern Philology 46 (1948) 92–116.

Hans *Söderberg*, La *religion* des Cathares (Thèse Uppsala 1949).

Richard W. *Southern*, St. *Anselm* and his Biographer (The Birkbeck Lectures 1959. Cambridge 1963).

–, The *Schools* of Paris and the School of Chartres. In: *Renaissance and Renewal ed. Benson, Constable* 113–137.

Winfried *Stelzer, Gelehrtes Recht* in Österreich (Mitteilungen des Instituts für österr. Geschichtsforschung, Erg.-Bd. 26, 1982).

Tina *Stiefel*, The Intellectual *Revolution* in Twelfth-Century Europe (London, Sidney 1985).

Brian *Stock*, The Implications of *Literacy* (Princeton 1983).

–, *Myth* and Science in the Twelfth Century (Princeton 1972).

Huguette *Taviani*, Le *mariage* dans l'hérésie de l'an mil. Annales ESC 32 (1977) 1074–1089.

–, *Naissance* d'une hérésie en Italie du Nord au XIe siècle. Annales ESC 29 (1974) 1224–1252.

Terror und Spiel: Probleme der Mythenrezeption, hg. v. M. Fuhrmann (Poetik und Hermeneutik IV, München 1971).

Christine *Thouzellier, Catharisme* et Valdéisme en Languedoc à la fin du XIIe siècle (Löwen, Paris 1966, 1969, 1982).

Martin M. *Tweedale, Abailard* on Universals (Amsterdam 1976).

–, *Logic (I)*: From the late eleventh century to the time of Abelard. In: *A History ed. Dronke* 196–226.

André Vaillant siehe *Cosmas* (Quellenverzeichnis).

André *Vauchez, Diables et hérétiques*. In: Santi e demoni, Settimane... Spoleto 36, 1988, II (Spoleto 1989) 573–607.

Gerard *Verbeke*, Philosophy and Heresy. In: *Concept of Heresy* 172–197.

Cinzio *Violante*, La *povertà* nelle eresie del secolo XI in Occidente. In: *Violante, Studi* 69–107.

–, La *società* milanese nell'età precomunale (Bari 1953, 1974).

–, *Studi* sulla cristianità medioevale (Cultura e storia, 8, Mailand 1972).

John O. *Ward*, The *date* of the commentary on Cicero's ‹De inventione› by Thierry of Chartres and the Cornifician attack on the Liberal Arts. Viator 3 (1972) 219–273.

Ernst *Werner*, Martin *Erbstösser*, *Ketzer* und Heilige (Wien, Köln, Graz 1986).

Karl Ferdinand *Werner*, Vom Frankenreich zur *Entfaltung* Deutschlands und Frankreichs (Sigmaringen 1984).

Winthrop *Wetherbee*, *Philosophy*, Cosmology, and the twelfth-century Renaissance. In: *A History* ed. Dronke 21–53.

Berthe *Widmer*, *Thierry* von Chartres, ein Gelehrtenschicksal des 12. Jahrhunderts. Historische Zeitschrift 200 (1965) 552–571.

Philippe *Wolff*, Histoire de Toulouse (Toulouse 1958).

Personen- und Ortsregister

A. = Anmerkung, B. = Bischof, EB. = Erzbischof, Kg. = König, Kl. = Kloster

Abaelard 19, 42 f., 56, 59, 65, 90, 121, 148,
162 f., 164, 166–168, 171, 175 f., 179 f.,
185, 188, 191, 200–206, 208–210, 216,
218–220, 222–224, 226, 228, 231, 233 f.,
236, 238–240, 242, 245 f., 251–254, 256,
259 f., 261, 268–274, 277 f., 280
Abbo, Abt v. Fleury, hl. 19
Adalbero, B. v. Laon 36
Adalbold, B. v. Utrecht 23
Adam v. Petit-Pont, Magister 251, 260,
282
Adela, Gräfin v. Flandern 50
Adelard v. Bath 204, 230 f.
Ademar v. Chabannes 31, 33, 37 f., 107
Agnes v. Poitou, Gattin Kaiser Hein-
richs III. 30 f.
Alanus v. Lille (Alanus ab Insulis) 91, 120,
122, 145, 151, 155 f., 167, 172, 174, 176,
179 f., 184, 203 f., 206 f., 212, 215 f., 236,
239, 251 f.
Alba, Bistum 44, siehe Benzo
Alberich v. Trois-Fontaines 104
Albert d. Gr. (Albertus Magnus) 290
Albi, Bistum 83, 85, 87 f., 148, 302 A. 21
Aldebert, Häretiker 17
Alexander II., Papst 264
Alexander III., Papst 66, 68, 83, 121, 241,
253, 279, 303 A. 43
Alexander Neckam 199
Alexandria 101 f., 115, 190, siehe Anselm
Alexios I. Komnenos, Kaiser 73
Alexius, hl. 68
al-Farabi 289
al-Gazel (Gazali) 289
Alger v. Lüttich 241, 268
al-Kindi 289
Alphons II., Kg. von Aragón 131
Amalrich v. Bena (Bène) 42, 194, 255,
280–283, 289
Amiens 22, 282, siehe Hugo
Anaklet II., Gegenpapst 120
Anatolien 73 f.
Andernes, Kl. 246

Andreas, Apostel 108, 297 f. A. 52
Andreas, Mönch v. Fleury 33, 38, 41 f., 44
Angers 262, siehe Bruno, Ulger
Anjou 259, 263 f., siehe Gottfried
Anselm v. Alexandria 108 f.
Anselm v. Besate 228, 235 f., 248
Anselm, EB. v. Canterbury, hl. 179, 188,
202, 205, 209, 219, 227, 244, 256, 269
Anselm v. Laon 202, 235, 250 f.
Anselm v. Lüttich 30, 298 A. 66
Antiochia 191
Antwerpen 56
Aquitanien 31 f., 110, 118, 121, 134, 138,
140
Aragón 131, 136 f., siehe Alphons, Peter
Arefast, normannischer Adeliger 33–35
Aribert, EB. v. Mailand 44 f.
Aristoteles 10, 13, 105, 150, 161, 167–169,
174 f., 181, 189, 199, 208, 221, 223, 227,
233, 236, 238, 261, 267, 276 f., 284,
286–289, 290, 331 A. 114
Arius 49, 261
Arles 141
Arnold v. Brescia 54, 65
Arras 22 f., 24–29, 43, 48, 50, 60, 107,
128, 141, 286, 297 A. 52
Asti, Bistum 44
Athen 163
Augustinus, hl. 17–19, 28, 30 f., 39,
41–43, 47, 76, 85, 90, 103–105, 148,
161 f., 165 f., 171, 175, 184, 186, 189 f.,
192, 199, 202, 204, 209, 219, 226, 228 f.,
234, 246, 266 f., 268, 275 f., 290
Auxerre 22, 39, siehe Gaufred
Averroes (ibn-Roschd) 289 f.
Avicebron (Avencebrol) 289
Avicenna (ibn-Sina) 289

Balduin, B. v. Thérouanne 299 A. 105
Balduin, Bruder Raimunds VI. v. Toulouse
134
Barcelona 131, 136
Basel 97

Basileios, Mönch 73
Basilius d. Gr., hl. 129
Beauvais 37
Bec, Kl. 252, 256, 263, siehe Gilbert, Lan-
    franc
Belin, Belinois 48
Belinus, Häretiker 48
Benedikt v. Nursia, hl. 107, 187, 254,
    327 A. 54
Benzo, B. v. Alba 51
Berengar I., B. v. Carcassonne 138
Berengar II., EB. v. Narbonne 136
Berengar v. Poitiers 273
Berengar v. Tours 29, 32, 48, 125, 206,
    219, 226 f., 241, 259, 261–268, 270,
    301 A. 156, 329, A. 32
Bernardus Silvestris 19, 165, 167, 170,
    172–177, 203
Bernhard Raimund, B. v. Carcassonne 134
Bernhard v. Chartres 164 f., 171, 199 f.,
    277
Bernhard v. Clairvaux, hl. 11 f., 54, 58,
    60–62, 64, 81 f., 90, 92 f., 119, 133, 136,
    177, 182, 184, 186–189, 192, 205, 213 f.,
    234, 239, 244 f., 251, 254, 260 f.,
    270–278, 330 A. 76
Bernhard v. Tiron, hl. 112
Bernhard, Subdiakon 284
Bernold v. Konstanz (St. Blasien) 52, 241,
    265, 328 A. 9
Bertrand de Borne, Troubadour 140
Béziers 131 f., siehe Trencavel
Boethius 148, 162, 165, 169, 213,
    215–217, 226 f., 231, 233, 243, 276, 288
Bogomil, Pope 9, 70
Bologna 241, 250, 280
Bonaccursus, Magister 21, 97
Boncampagnus, Magister 222
Bonifatius, hl. 17
Bonifaz, Markgraf v. Tuszien 31
Bonn 66, 78 f., 81 f.
Bordeaux 62
Bosnien 77
Brabant 54
Bretagne 56, 246
Brixen 264
Brügge 229, siehe Rudolf
Brüssel 83
Bruno Eusebius, B. v. Angers 32, 48, 263,
    265
Bruys (b. Rosans) 58, siehe Petrus
Bucy-le-Long, Dorf 76, 303 A. 33 u. 42,
    330 A. 75

Bulgarien 70, 84 f., 91
Burchard, B. v. Worms 209, 240 f.
Burkhard, B. v. Cambrai 56

Caesarius v. Heisterbach 101, 155
Calcidius, Neuplatoniker 160–163, 170,
    173, 176, 204, 206, 251
Calixt II., Papst 63
Cambrai 23 f., 50, 56, siehe Burkhard, Ger-
    hard, St. Andreas
Carcassonne 83, 131 f., 134, 148, siehe Be-
    rengar, Bernhard Raimund
Cassiodor 228
Châlons-sur-Marne 19, 22, 24 f., 28–31
Champagne 19, 21 f., 29, 34, 79–81, 84,
    104, 108, 111
Charroux 31
Chartres 10, 34, 164 f., 172, 178, 195, 221,
    277, 282, siehe Bernhard, Eberhard, Ful-
    bert, Ivo, Thierry, Saint-Père
Cicero 18, 166, 216, 228 f., 238
Cîteaux, Kl. 62
Clarenbald v. Arras 165
Claudius, B. v. Turin 21, 116
Clemens, Häretiker 76
Cluny, Kl. 17, 44, 59, 232, 246, siehe Pe-
    trus
Comminges, Grafen v. 140
Concorezzo, Katharerbistum 84, 88, 153,
    siehe Markus, Nazarius
«Cornificius» 229, 249
Córdoba 290
Cremona 97
Cyprian, hl. 213
Cyrill, Patriarch v. Alexandrien, hl. 203

Dalmatien 74
Dauphiné 58, 60
David v. Dinant, Magister 179, 286, 288 f.
David v. Himmerod 245
Deodatus, Domkantor in Orléans 35 f.
Desenzano 98
Diego (Didacus), B. v. Osma 94, 124, 236
Diokletian, Kaiser 103
Dionysius 163, siehe Pseudo-Dionysius
Dioskur, Gegenpapst 261
Dominikus v. Caleruega, hl. 94, 97
Dominikus, Asket 112
Donat(us), Grammatiker 220
Drogo v. Parma 248
«Drugunthia» 74 f., siehe Simon
Durandus v. Huesca (Osca) 96, 99, 129,
    153, 158

Eberhard, Domsakristan in Chartres 33 f.
Eberhard v. Ypern 277 f., 326 A. 14
Eberhard, Häretiker 76
Egbert, Schulmeister in Lüttich 22 f.
Ekbert, Abt, d. Kl. Schönau 66, 78 f., 82 f.,
	85–87, 90 f., 95, 102, 125, 129, 158
Elisabeth v. Schönau, hl. 9, 66, 82, 127
Elsaß 69, 195
Empedokles 49
Eon v. Stella 56–58, 82, 128
Esclarmonde, Gräfin v. Foix 93 f.
Eugen III., Papst 172, 260, 274, 276,
	325 A. 126
Euthymios v. d. Peribleptos, Mönch 108,
	296 A. 25
Euthymios Zigabenos 31, 41, 73, 152,
	305 A. 40
Eutyches, Häretiker 261
Everwacher, Priester 55
Everwin,. Propst d. Kl. Steinfeld 64–66,
	79, 86 f., 96 f., 104, 111

Férin, Dorf 50
Flandern 51, 54, 66, 83, 174, 303 A. 43
Fleury, Kl. 36, 39, siehe Abbo, Andreas,
	Helgald, Johannes Florenz 84
Foix, Grafen u. Grafschaft 123, 135, 140,
	siehe Esclarmonde, Philippa, Raimund
	Roger
Franziskus v. Assisi, hl. 69, 188
Friedrich I. (Barbarossa), Kaiser 83, 121,
	131, 214, 241
Friedrich II., Kaiser 12
Fulbert, B. v. Chartres 33 f., 226, 262, 267
Fulco, B. v. Toulouse 133, 137 f.
Fulgentius, B. v. Ruspe, hl. 19

Garattus, Katharerbischof 91
Garlandus Computista, Logiker 226,
	330 A. 73
Garnier v. Rochefort 204, 230, 281 f.,
	316 A. 74, 320 A. 41
Gascogne 82 f., 130
Gaufred v. Auxerre 119, 200, 259,
	274–276, 320 f. A. 9
Gebuin I. B. v. Châlons-sur-Marne 19 f.,
	22
Gebuin II., B. v. Châlons-sur-Marne 19
Gerald v. Ostia, Kardinallegat 263
Gerbert v. Aurillac (Papst Silvester II.)
	104, 209, 223, 226, 231
Gerhard I., B. v. Cambrai-Arras 22–28,
	32, 43, 63, 107, 124

Gerhard II., B. v. Cambrai 50 f.
Gerhard, B. v. Csanád 32 f., 63, 84, 116
Gerhard v. Monforte 44–47, siehe Mon-
	forte
Gerhard, Häretiker 82
Gerhoh, Propst v. Reichersberg 43, 183,
	244, 254, 299 A. 114, 331 A. 125
Gilbert Crispin, Abt v. Bec 180, 208, 236
Gilbert v. Poitiers, Magister 7, 148, 164 f.,
	169, 185, 199–201, 213 f., 218, 221, 224,
	227, 234, 237–239, 242–244, 251, 254,
	256, 259–261, 270 f., 274–278, 325
	A. 126
Goslar 30 f., 48, 103
Gottfried (II.) Martell, Graf v. Anjou
	263 f.
Gottfried (IV.), Graf v. Anjou 273
Gottfried, Herzog v. Oberlothringen 30 f.
Gratian, Kamaldulensermönch 229, 242 f.
Gregor I. d. Gr., Papst 117, 151, 171,
	204 f.
Gregor II., Papst 49
Gregor VII. (Hildebrand), Papst 50, 116,
	241, 247, 263 f.
Gregor (d. J.) v. Nazianz, hl. 248, 259
Gregor, B. v. Tours, hl. 20
Guibert, Abt d. Kl. Nogent-sous-Coucy
	38, 76, 218
Gundulf, Ketzermeister 25 f., 128, 286
Gutolf, Mönch v. Heiligenkreuz 260

Hartwin (Köln) 66
Heinrich II., Kaiser 24, 44
Heinrich III., Kaiser 30, 228
Heinrich IV., Kaiser 49, 51, 263 f.,
	299 A. 114
Heinrich V., Kaiser 56
Heinrich I., französischer Kg. 32, 48, 259,
	263, 265
Heinrich II., Kg. v. England 83, 121, 250,
	273
Heinrich, Abt v. Clairvaux, Kardinalbi-
	schof 121
Heinrich v. Susa, Jurist 281
Heinrich, Mönch 58–63, 65, 68, 81, 110 f.,
	117, 128, 136, 188
Helgald v. Fleury 33, 125
Héloïse 231
Herbert, Kleriker 34
Herbert, Mönch 80, 82, 97, 124, 305 A. 62
Hermann v. Kärnten 232 f., 289
Hermann (d. Lahme), Mönch d. Reichenau
	30, 246

Herrad v. Landsberg 169, 195
Hieronymus, hl. 7, 148, 157, 187, 190, 193
Hilarius, B. v. Poitiers, hl. 218, 234
Hildebert v. Lavardin, B. v. Le Mans, EB.
  v. Tours 61 f., 158, 177
Hildebrand, siehe Gregor VII.
Hildegard v. Bingen, hl. 41, 77, 83, 169 f.,
  185 f., 194 f., 218, 320 A. 65
Hilduin, Abt v. Saint-Denis 163
Hirsau, Kl. 51, siehe Wilhelm
Homer 191
Homobonus, Kaufmann 97
Honorius III., Papst 12, 164
Honorius Augustodunensis 169, 207, 259
Horaz 17, 259
Hubert, Archidiakon v. Thérouanne 50
Hugo Capet, französischer Kg. 19
Hugo v. Amiens 124
Hugo v. Champfleury, kgl. Kanzler 260
Hugo v. Honau 201 f., 212, 214 f., 248,
  259 f., 275, 331, A. 114
Hugo v. Saint-Victor 151, 167, 180, 193 f.,
  206, 212 f., 217, 221, 224, 318 A. 93 u.
  96
Hugo Speroni 119, 280
Humbert, Kardinalbischof v. Silva Candida
  266

Innocenz II., Papst 120, 261, 271 f.
Innocenz III., Papst 67, 89, 97, 118, 135 f.,
  138, 189, 239
Irnerius, Jurist 241
Iuvenal 17
Ivo, B. v. Chartres, hl. 241
Ivo v. Narbonne 159

Jakob v. Vitry 186
Jakob, Venezianer (Veneticus) 287
Jerusalem 108, 192 f.
Joachim v. Fiore 11, 185, 193, 281, 289
Johann v. Salisbury, B. v. Chartres 164,
  171, 215, 220, 222–224, 228 f., 231, 240,
  249
Johann, Graf v. Soissons 77, 269, 330 A. 75
Johannes Tzimiskes, Kaiser 70
Johannes Chrysostomos, hl. 66, 73
Johannes Damascenus, hl. 203
Johannes, Abt d. Kl. Fécamp 184
Johannes, Mönch (in Fleury) 33, 36, 39,
  107
Johannes Kolobos, Mönch 151
Johannes v. Lugio, Katharer 98

Johannes Scotus (Eriugena) 39, 47, 151,
  163 f., 169, 185, 233, 259, 262 f., 282 f.,
  300 A. 121, 320 A. 65
Justinian I., Kaiser 101, 103, 241, 250

Kalabrien 108
Karl d. Gr., Kaiser 283
Karl II. d. Kahle, Kaiser 163
Koblenz 125
Köln 55 f., 64 f., 78–81, 83, 96, 104, 108 f.
Konrad II., Kaiser 44
Konrad III., römischer Kg. 78, 120, 252
Konrad, B. v. Passau, EB. v. Salzburg 256
Konstantin d. Gr., Kaiser 18, 86
Konstantinopel 71, 73 f., 78, 84, 88, 108,
  153, 256, 287, siehe Johannes Chrysosto-
  mos, Niketas
Konstanze, Gattin Kg. Roberts II. 35
Kornelimünster, Kl. 95 f.
Kosmas, Priester 9 f., 20 f., 31, 70–75, 108,
  112, 115, 152, 158, 304 A. 36

Lactantius 176
Lampert v. Hersfeld 30
Landulf (d. Ältere) 44, 46
Lanfranc v. Bec, EB. v. Canterbury 227,
  256, 261–266, 268
Langres 282
Laon 234, 244, 253, siehe Anselm
Lausanne 60
Lavaur, Dorf 87
Le Mans 61 f., siehe Hildebert
Leo IX., Papst 29, 263
Leopold III., Markgraf v. Österreich, hl.
  256
Le Puy 97, 136
Leutard v. Vertus 19–22, 28 f., 60, 76, 80,
  106, 128
Leutrich, EB. v. Sens 34, 125
Lisoius, Domkanoniker v. Orléans 34 f.
Lombardei 69
Lombers, Burg 87, 133
London 240
Looz 95
Lothar III., Kaiser 120
Lothringen 30–32, siehe Gottfried
Loudeac, Ort 56
Lucius II., Papst 29, 79 f.
Lucius III., Papst 67
Ludwig d. Fromme, Kaiser 163
Ludwig VI., französischer Kg. 327 A. 58
Ludwig VII., französischer Kg. 77,
  303 A. 43

Ludwig VIII., französischer Kg. 280f.
Ludwig IX. (d. Hl.), französischer Kg. 131
Lüttich 22−24, 63, 68, 80f., siehe Alger,
Anselm, Egbert, Reginhard, Theodoin
Lyon 68f., 88

Macrobius, Grammatiker 49, 166, 176, 192
Magdeburg 223
Mailand 44, 46, 51, 83f., 86, 97, 111, 117,
120f., siehe Aribert
Mailros, Kl. 284
Maimonides, siehe Moses
Mainz 82
Manegold v. Lautenbach 49, 162, 180, 186,
201, 204, 225, 267
Mani 29, 49, 103, 105, 261
Manuel I. Komnenos, Kaiser 77, 214, 256
Markus, Katharerbischof v. Concorezzo
84f., 88, 95
Marseille 134, 137, siehe Raimund
Martianus Capella 171f., 174
Mazedonien 71
Melun 253, siehe Robert
Michael II. d. Stammler, Kaiser 163
Michael Psellos 38, 152
Mirepoix, Burg 133
Modena 95
Monforte d'Alba, Burgort 44−48, 101,
110f., 114, 129, 141, 158, 301 A. 146 u.
152, 309 A. 36
Montaillou, Dorf 178
Mont-Aimé, Burgort 19, 29, 79, 111
Monteforte, Diözese Asti 44
Montréal, Burg 98, 133, 237
Monségur, Burg 141
Moses Maimonides 290
Muret, Schlachtort 134

Narbonne 130, 136, 236, siehe Berengar II.
Natura, Göttin 10, 172, 174, 176, 178
Nazarius, Katharerbischof v. Concorezzo
84, 153
Nestorius 261, 271
Nevers 48, siehe Wilhelm
Niketas, Katharerbischof 75, 78, 84, 88,
152f.
Nikolaus II., Papst 48
Nilus v. Rossano, hl. 108
Norbert v. Xanten, hl. 54, 56, 112
Normandie 256
Notre-Dame, Domkapitel in Paris 253

Odilienberg, Chorfrauenstift 195
Odo II., Graf v. Blois 34

Odo v. Ourscamp, Magister 185f.
Odorannus, Mönch von Sens 36, 124
Ohtric, Domscholaster 223
Origenes 49, 101f., 115, 148, 190
Orléans 24, 31, 33−45, 47, 60, 105, 107f.,
110, 115, 124, 128, 141, 158, 176, 184,
221f., 258, 262, 281, 284, 286, siehe
Thierry, Ulrich
Ormanninus v. Parma 84
Orvieto 83f.
Otloh v. St. Emmeram b. Regensburg 9,
127, 157, 194, 225, 231, 258
Otto II., Kaiser 223, 258
Otto, B. v. Freising 57f., 65, 169, 200,
213, 237, 252, 256, 260, 269−271,
274−276
Ovid 18, 203, 223

Pamiers, Katharerkonvent 94
Paraklet, Kl. 90, 245
Paris 13, 37, 50, 65, 117, 159, 164, 179,
186, 216, 221f., 224, 223−235, 243, 247,
251, 253, 255, 259f., 271, 274, 277−282,
286f., 289f., 333 A. 24, siehe Notre-
Dame, Sainte-Geneviève-sur-Mont,
Saint-Victor
Parma 228, 248, siehe Drogo, Ormanninus
Paschal II., Papst 55f.
Paschasius Radbertus, Mönch v. Corbie
262
Paul, Mönch v. Saint-Père in Chartres
33f., 37
Paulus, Apostel 25, 95, 108, 115, 149, 157,
163, 187, 190, 194, 214, 225, 228, 267f.,
280
Pavia 240, 256
Pelagius 182, 271
Périgord 37, 80f., 96f., 124
Peter II., Kg. v. Aragón 131, 134
Peter, bulgarischer Zar 70
Peter v. Amiens 52
Petrus, Apostel 108
Petrus Astrolabius 231
Petrus v. Bruis 21, 58−63, 106f., 110,
127f., 302 A. 12
Petrus Cantor 214
Petrus Damiani, Kardinalbischof, hl. 112,
118, 129, 188, 221, 225
Petrus Helie, Grammatiker 221
Petrus, päpstlicher Kanzler 264
Petrus Lombardus, B. v. Paris 239, 261,
278f.
Petrus, EB. v. Ravenna 18

Petrus v. Poitiers 224, 261, 278 f.
Petrus, Pfarrer v. Saint-Cloud 281, 283
Petrus v. Vaux-de-Cernay 90 f., 138, 140
Petrus Venerabilis, Abt v. Cluny, hl. 58,
   60, 62 f., 65, 111, 127, 203, 239
Petrus Waldes, siehe Waldes
Petrus v. Wien, Kapellan 243, 256,
   321 A. 125
Philipp I., Kg. v. Frankreich 327 A. 58
Philipp II. August, Kg. v. Frankreich 281
Philipp v. Harvengt, Abt v. Bonne-Espé-
   rance 327 A. 41
Philippa, Gattin Raimund Rogers v. Foix
   94
Phrygien 108
Piacenza 280, siehe Hugo
Piemont 69
Pithiviers, Burg 34
Plato 10, 18, 145, 148, 150, 160 f.,
   165–172, 174, 176, 180, 187, 190, 204,
   206, 230, 235, 237 f., 251, 267, 272, 277,
   283, 285, 287
Plinius d. Jüngere 176
Plotin 163, 172
Poitiers 62, 134, 263, 266, siehe Berengar,
   Gilbert, Hilarius, Petrus, Wilhelm
Porphyrius, Neuplatoniker 168
Priscian, Grammatiker 199, 220
Prouille, Frauenkl. 94
Provence 9, 69, 82, 121, 130 f., 140
Pseudo-Dionysius Areopagita 151, 157,
   162–164
Ptolemäus, Astronom 231 f.
Pythagoras 49, 155, 249

Quintilian, Rhetor 229

Rabastens, Burg 134
Raimund v. Marseille 170
Raimund v. Rabastens, B. v. Toulouse 134
Raimund IV., Graf v. Toulouse 140
Raimund V., Graf v. Toulouse 131, 134,
   140
Raimund VI., Graf v. Toulouse 9, 89, 92,
   123, 134 f., 140
Raimund VII., Graf v. Toulouse 131
Raimund Roger, Graf v. Foix 94, 133
«Ramihrdus» v. Férin 50 f.
Rather, B. v. Verona 124
Ratramnus, Mönch v. Corbie 168, 262 f.
Ravenna 17, 19, 32, 223
Regensburg 169, 299 A. 114, siehe Otloh
Reginhard, B. v. Lüttich 22

Regino v. Prüm 240
Reichersberg, Chorherrenstift 183, siehe
   Gerhoh
Reims 22, 24, 29, 57, 82, 112, 185, 200,
   242, 253 f., 259, 265, 270, 274, 276, 278,
   303 A. 43, 307 A. 128
Richard II., Graf d. Normandie 34
Richard v. Saint-Victor 194, 221, 262
Robert II. d. Fromme, französischer Kg.
   19, 33–36, 125
Robert v. Arbrissel, hl. 112
Robert v. Courson, Kardinallegat 284
Robert v. Melun, Magister 228, 251
Rodulfus Glaber 17–20, 33, 35 f., 39, 44,
   105, 107
Roger I., B. v. Châlons-sur-Marne 22–24
Roger II., B. v. Châlons-sur-Marne 28–30
Roland Bandinelli, siehe Alexander III.
Roland, Bologneser Magister 241
Rom 34, 49, 55 f., 68, 108, 121, 254, 263,
   265, 279
Roscelin v. Compiègne 188, 223, 268 f., 277
Rudolf v. Brügge 232
Rupert v. Deutz 117, 157, 184 f., 188, 194,
   201 f., 268

Sabartès, Dorf 92
Sabellius, Häretiker 260
Saint-Denis, Kl. 36, 163 f., 233, 251, siehe
   Hilduin, Suger
Saint-Félix-de-Caraman 84, 87 f.
Saint-Père, Kl. in Chartres 33 f., 37, 39, 44
Saint-Sernin, Kanonie in Toulouse 137,
   139
Saint-Victor, Kanonie in Paris 164, 247,
   261 f., siehe Hugo, Richard, Walter
Sainte-Geneviève-sur-Mont, Kl. in Paris
   253, 258
Salerno 250
San Giorgio (Maggiore), Kl. in Venedig 33
St. Andreas, Kl. in Cambrai 50
Sardinien 17 f.
Schönau, Kl. 82, siehe Ekbert, Elisabeth
Schwaben 52, 67
Sedan 63
Seeland 54
Sens 34, 271–273, 281, 330 A. 76, siehe
   Leutrich, Odorannus
Sigebert v. Gembloux 17
Silvester I., Papst 86
Simeon v. Polirone, hl. 108
Simon, Katharerbischof v. «Drugunthia»
   74

Simon v. Montfort 123, 131, 135, 139
Simon v. Tournai 212
Sisteron 48
Soissons 38, 76, 260, 269–271, siehe Johann
Sokrates 161, 170, 224, 275 f.
Stephan d. Hl., ungarischer Kg. 32
Stephan, Domkanoniker v. Orléans 33–35
Suger, Abt v. Saint-Denis 58, 163 f.

Tanchelm, Häretiker 54–56, 58, 63, 86, 110, 116, 131
Termes, Burg 131
Tertullian 9, 38, 107
Theodoin, B. v. Lüttich 32, 48, 63, 265
Theodosius I. d. Gr., Kaiser 174
Thierry (Dietrich), B. v. Orléans 34
Thierry v. Chartres, Magister 164 f., 168, 178, 181, 213, 220, 227, 230, 232 f., 251 f., 259, 277
«Thierry», recte Wilhelm v. Nevers, Katharer 97
Thomas v. Aquino, hl. 157, 164, 190, 193, 202, 274, 282, 290
Thomas Becket, EB. v. Canterbury, hl. 250
Timaios, Schüler des Sokrates 161
Toulouse 31 f., 62, 83, 87 f., 97, 122 f., 131, 134–140, 148, 232, 306 A. 98, siehe Balduin, Fulco, Raimund
Tours 48, 83, 177, 262 f., siehe Berengar
Trencavel, Vizegrafen v. Béziers 132, 140
Treviso 178
Troyes 22, 282
Turin 44, 108, 301 A. 146

Ulger v. Angers 323 A. 46
Ulrich, B. v. Orléans 34, 37
Urban II., Papst 45, 241
Urban III., Papst 247
Utrecht 55 f., 302 A. 4

Vacarius, Jurist 280, 311 A. 107
Varro, römischer Autor 43
Venedig 32 f., 84, siehe San Giorgio
Vercelli 259, 263 f.

Verfeil, Burg 124, 132 f.
Vergil 17–19, 165 f., 174, 203, 229, 249
Verona 32 f., 84, 108, siehe Rather
Vertus, Dorf 19, 21, 28 f., 76, 80, siehe Leutard
Vicenza 124
Vich, Bistum 36, 39
Vienne 124
Viktor IV., Gegenpapst 83
Vilgard (Ravenna) 17–19, 35
Vitalis, Abt v. Savigny 112
Viterbo 84, 138

Waadtland 68
Waldes 68 f., 116
Walter v. Châtillon 250
Walter Map, Archidiakon 68, 121
Walter v. Saint-Victor 224 f., 261 f., 279
Wazo, B. v. Lüttich 28–30
Wibert, EB. v. Ravenna (Clemens II., Gegenpapst) 49
Wien 243, 256, 277, siehe Petrus
Wilhelm V., Herzog v. Aquitanien 31
Wilhelm v. Champeaux, Magister 168, 247, 253, 277
Wilhelm v. Conches, Magister 12, 122, 165 f., 171, 173 f., 177, 179 f., 199, 206, 240, 249, 252, 254 f., 273 f., 318 A. 96
Wilhelm «Goldschmied», Häretiker 281, 283
Wilhelm, Abt v. Hirsau 52, 231, 233
Wilhelm, Kanoniker in Nevers 97, siehe Thierry
Wilhelm v. Newburgh 57 f.
Wilhelm IX., Graf v. Poitiers, Herzog v. Aquitanien 134
Wilhelm v. Puylaurens 137
Wilhelm v. Saint-Amour 289
Wilhelm, Abt v. Saint-Thierry b. Reims 122, 177, 200, 205, 210, 214, 271, 273 f.
Wilhelm, Mönch 62 f., 117
Wolfgang, hl. 258
Wolfram v. Eschenbach 127

Zwettl, Kl. 242

Literatur zum Mittelalter bei C. H. Beck

Helmut Beumann (Hrsg.)
Kaisergestalten des Mittelalters
3., durchgesehene Auflage. 1991.
396 Seiten. Leinen

Ferruccio Bertini (Hrsg.)
Heloise und ihre Schwestern
Acht Frauenportraits aus dem Mittelalter
1991. 259 Seiten mit 13 Abbildungen.
Gebunden

Rolf Bräuer (Hrsg.)
Dichtung des europäischen Mittelalters
Ein Führer durch die erzählende Literatur
1991. 575 Seiten mit 16 farbigen Abbildungen
auf Tafeln. Leinen

Alain Demurger
Die Templer
Aufstieg und Untergang 1118–1314
2., unveränderte Auflage. 1992.
344 Seiten mit 9 Abbildungen im Text, 5 Karten.
Gebunden

Herwig Wolfram
Die Goten
Von den Anfängen bis zur Mitte des sechsten Jahrhunderts.
Entwurf einer historischen Ethnographie
3., neubearbeitete Auflage. 1990.
596 Seiten. Leinen

Wilhelm Volkert
Adel bis Zunft
Ein Lexikon des Mittelalters
1991. 307 Seiten. Leinen

Verlag C. H. Beck München